suhrkamp taschenbuch
wissenschaft 246

Heinrich Keupp, Prof. Dr. phil., Jahrgang 1943, Studium der Psychologie, Soziologie und Pädagogik, arbeitet gegenwärtig im Bereich der Sozialpsychologie am Institut für Psychologie der Universität München. Arbeitsschwerpunkte: Sozialwissenschaftliche Aspekte der psychosozialen Versorgung, Gemeindepsychologie.
Manfred Zaumseil, Dr. med., Jahrgang 1943. Dozent für Klinische Psychologie/Verhaltenstherapie am Psychologischen Institut III der Universität Hamburg. Arbeit im Bereich der psychiatrischen Versorgung. Arbeitsschwerpunkte: Stadtteilbezogene Projektarbeit, klinische Diagnostik zur Therapieplanung, Psychosomatik, Sozialpsychiatrie.

Die große Mehrheit von Psychologen geht mit einigen therapierelevanten theoretischen Kenntnissen und technologischen Kompetenzen in die verschiedensten Praxisfelder und wird dort noch einmal einer spezifischen beruflichen Sozialisation unterworfen. Der berufliche Alltag schleift bei ihnen routinehafte Handlungsmuster ein, die durch die wissenschaftsorientierten Kriterien ihrer Ausbildung nicht mehr abgedeckt sind. Die institutionelle Struktur der Praxisfelder setzt Handlungsimperative, die das verfügbare Repertoire wissenschaftlich mehr oder weniger gut begründbarer Interventionsstrategien erheblich einschränkt oder modifiziert – und das für den Praktiker oft unbemerkt durch den »stummen Zwang« der latenten und manifesten Ziele der jeweiligen Institution. Eine Ausbildung, die die Vermittlung des gesellschaftlichen Strukturierungsprozesses klinisch-psychologischer Tätigkeit nicht systematisch in ihr Curriculum aufnimmt, liefert den einzelnen unvorbereitet dem »heimlichen Curriculum« des beruflichen Alltags aus.

Dieses Buch will Material für ein alternatives Curriculum und für eine alternative berufliche Identitätsfindung bereitstellen.

Die gesellschaftliche Organisierung psychischen Leidens

Zum Arbeitsfeld klinischer Psychologen

Herausgegeben von
Heinrich Keupp und Manfred Zaumseil

Suhrkamp

suhrkamp taschenbuch wissenschaft 246
Erste Auflage 1978

Satz: IBV Lichtsatz KG, Berlin
Druck: Nomos Verlagsgesellschaft, Baden-Baden
Printed in Germany.
Umschlag nach Entwürfen von
Willy Fleckhaus und Rolf Staudt.

Inhalt

Vorwort 7

Lesehilfen und Struktur des Buches 11

A *Psychisches Leiden als Anlaß für institutionelle Problemlösungen* 13

Manfred Zaumseil
Institutionelle Aspekte klinisch-psychologischer Arbeit 15

Barbara Riedmüller
Psychosoziale Versorgung und System sozialer Sicherheit 59

Hagen Kühn
Gesellschaftliche Bedingungen der Finanzierung professioneller Gesundheitsleistungen 90

Stephan Wolff
Klinisch-psychologische Tätigkeit in sozialpsychiatrischen Institutionen – Administrative Bedingungen und Möglichkeiten ihrer »alternativen« Gestaltung 119

Heinrich Keupp
Gemeindepsychologie als Widerstandsanalyse des professionellen Selbstverständnisses 180

Psychologinnengruppe München
Spezifische Probleme von Frauen und ein Selbsthilfe-Ansatz 221

B *Psychisches Leiden als Anlaß für die Etablierung von Professionen* 267

Manfred Cramer
Zum Problem der Interessenvertretungen im Bereich der Klinischen Psychologie 269

Cornelia Schwartz
Professionalisierung im Bereich Klinische Psychologie 298

Waltraud Bolz und Ulrich Stuhr
Die gewerkschaftliche Perspektive: Solidargemeinschaft und Reformen 326

Dieter Kleiber
Berufliche Sozialisation zum Klinischen Psychologen durch Hochschule und Praxis 371

Hans Joachim Wilkening
Das Psychotherapeut-Patient-Verhältnis als berufliche Beziehung 407

Barbara Winkler
Humanistische Psychologie und Gruppenbewegung in der Psychoszene 438

C *Psychisches Leiden als Anlaß für seine theoretische Bearbeitung* 467

Reiner Bromme
Wissen als Grundlage und Gegenstand therapeutischen Handelns 469

Irma Gleiss
Probleme und Perspektiven der sozialen Epidemiologie psychischer Störungen 499

Ernst v. Kardorff
Modellvorstellungen über psychische Störungen: Gesellschaftliche Entstehung, Auswirkungen, Probleme 539

Literaturverzeichnis 591

Autorenverzeichnis 625

Vorwort

Expansiv sucht gegenwärtig eine neue Berufsgruppe ihren Platz im Arbeitsfeld der psychosozialen Versorgung: Die klinischen Psychologen. Sie erheben den Anspruch, mit ihren psychotherapeutischen Kompetenzen die Qualität der psychosozialen Versorgung grundlegend verbessern zu können. Aus verschiedenen Traditionen der akademischen Psychologie heraus haben sich in den letzten Jahren therapeutische Ansätze entwickelt (z. B. Verhaltenstherapie, Gesprächstherapie, Gestalttherapie u. a.), die zusammen mit psychoanalytischen Verfahren dem Psychologen eine wachsende Handlungskompetenz anbieten. Er vertritt sein berufliches Selbstverständnis mit mehr und mehr Selbstbewußtsein.

Der desolate Zustand der psychiatrisch-psychotherapeutischen Versorgung in der Bundesrepublik Deutschland, den eine Expertenkommission im Auftrag der Bundesregierung 1975 hochoffiziell diagnostiziert hat, gibt dem Angebot der klinischen Psychologen ein besonderes Gewicht. Die berufliche Identität dieser neuen Profession stützt sich auf den kompetenten Umgang mit den sich entwickelnden therapeutischen Technologien. Deren Durchsetzung in einer Gesetzesvorlage zur heilberuflichen Anerkennung wurde zum Kristallisationspunkt vielfältiger berufsständischer Aktivitäten. Die Ausbildung in universitären und außeruniversitären Institutionen konzentriert sich im wesentlichen auf die Vermittlung therapeutisch-technischer Fertigkeiten.

Ist der Anspruch klinischer Psychologen, zu einer qualitativen Verbesserung der psychosozialen Versorgung beizutragen, an ihrer therapeutisch-technischen Kompetenz zureichend zu überprüfen? Reicht es aus, eine Vermehrung von Psychologenstellen zu fordern und lediglich die technischen Fertigkeiten der Bewerber für diese Stellen zu überprüfen? Ist eine bedürfnisgerechte Versorgung der Bevölkerung dadurch sicherzustellen, daß man jedem hilfsbedürftigen Individuum eine im Vergleich zum status quo bessere Chance verschafft, eine Psychotherapie zu bekommen? Soll die Qualifikation als »Psychotherapeut« die dominierende Qualifikation des künftigen klinischen Psychologen sein? Die psychologischen Berufsverbände, die das berufliche Interesse der klinischen Psychologen der Öffentlichkeit gegenüber zu vertreten versuchen, werden bei der Bejahung dieser Fragen kaum Probleme haben. Natürlich versichern sie der fragenden Öffentlichkeit, daß die angebotenen psychologischen Kompetenzen der Verbesserung der Volksgesundheit dienen. Doch sind bislang Fragen nach dem gesellschaftlichen Stellenwert dessen, was klinische Psychologen tun, und nach dem gesellschaftlichen Kontext, in dem sie arbeiten, weitgehend unberücksichtigt geblieben. Klinisch-psychologische Tätigkeit wurde bisher kaum als gesellschaftliche Praxis gesehen noch als spezifische Form der gesellschaftlichen Organisierung psychischen Leidens untersucht.

Die große Mehrheit von Psychologen geht mit einigen therapie-relevanten theoretischen Kenntnissen und technologischen Kompetenzen in die verschiedensten Praxisfelder und wird dort noch einmal einer spezifischen beruflichen Nachsozialisation unterworfen. Der berufliche Alltag schleift bei ihnen routinehafte Handlungsmuster ein, die aus der wissenschaftlichen Orientierung des jeweils vertretenen therapeutischen Ansatzes nicht abgeleitet werden können und durch sie auch nicht erklärbar sind. Die institutionelle Struktur der einzelnen Praxisfelder setzt Handlungszwänge, die das erlernte Repertoire wissenschaftlich mehr oder weniger gut begründbarer Interventionsstrategien erheblich einschränken oder modifizieren. Das geschieht für den Praktiker oft unbemerkt oder unbegriffen durch den »stummen Zwang« der latenten oder manifesten Ziele der jeweiligen Institution. Ebenso ist die Abhängigkeit der Institution von einem bestimmten System der sozialen Sicherung und einem bestimmten sozialpolitischen Kontext keine »psychologische« Thematik. Eine Ausbildung aber, die die Vermittlung des gesellschaftlichen Strukturierungsprozesses klinisch-psychologischer Tätigkeit nicht systematisch in ihr Curriculum aufnimmt, liefert den einzelnen unvorbereitet dem »heimlichen Curriculum« des beruflichen Alltags und den »unheimlichen Curricula« konkurrierender Therapieverbände aus.

Dieses Buch will Material für eine alternative berufliche Identitätsfindung bereitstellen und gravierende Ausbildungsdefizite aufzeigen: Es stellt einen ersten Versuch dar, den klinisch-psychologischen Arbeits- und Ausbildungsprozeß systematisch mit verschiedenen sozialen Einflußgrößen in Beziehung zu setzen. So wird untersucht, in welcher Weise psychische Störungen an spezifische soziale Lebensprozesse gebunden sind und wie Wissen darüber der praktischen Tätigkeit verfügbar gemacht werden kann. Es werden die institutionellen Strukturen untersucht, in denen klinisch-psychologisch gearbeitet wird, und es wird gefragt, welche Auswirkungen diese Arbeitsbedingungen auf jene Modelle haben, die wissenschaftlich und alltagstheoretisch das »Wesen« psychischer Störungen zu erfassen versuchen. Weitere Fragen sind: Wie bestimmen Sozialpolitik und spezifische Finanzierungssysteme die Möglichkeiten und Grenzen psychotherapeutischer Tätigkeit? Welche Interessengruppen bestimmen auf welche Weise die professionelle Identität? Wie vollzieht sich gegenwärtig die berufliche Sozialisation zum Psychotherapeuten in Ausbildungsinstitutionen und in der Praxis? Wie wird die Experten-Klienten-Interaktion vom jeweiligen institutionellen Kontext bestimmt? Schließlich werden auch alternative Perspektiven klinisch-psychologischer Tätigkeit entwickelt und diskutiert: Klinisch-psychologische Tätigkeit in sozialpsychiatrischen Reformversuchen; Frauentherapie und -Selbsthilfemöglichkeiten; das Potential einer gemeindepsychologischen Orientierung; Berufs- und Gesundheitspolitik im Rahmen gewerkschaftlicher Arbeit.

Wir haben als Herausgeber beide jeweils zwei berufliche Sozialisationsprozesse hinter uns (Medizin/Psychologie bzw. Soziologie/Psychologie) und die dabei auftretenden Brüche als teilweise schmerzhafte und heilsame Konfrontation erfahren. Wir meinen, daß Brechungen des beruflichen Selbstverständnisses zur Zeit entscheidend sind, um nicht in einer Phase der Etablierung klinischer Psychologen den Sinn dieser Etablierung aus den Augen zu verlieren. Dieser Sinn, nämlich die Orientierung an den Bedürfnissen der Betroffenen, zieht sich wie ein roter Faden durch das Buch. Um die notwendigen Brechungen des beruflichen Selbstverständnisses zu vermitteln, haben wir uns deshalb um eine Autorengruppe bemüht, die der Komplexität des Themas gerecht werden konnte. Wir haben psychologisches Wissen zu integrieren versucht mit Beiträgen aus dem Bereich der Sozialpolitik, der Gesundheitsökonomie, der Medizin-Soziologie und den Organisations- und Verwaltungswissenschaften. Bei der gemeinsamen Planung dieses Buches und bei seiner Herstellung haben wir gemerkt, wie spannend ein interdisziplinärer Arbeitsprozeß sein kann und wie borniert doch letztlich ein Wissenschafts- und Ausbildungsbetrieb sein muß und ist, der solche Möglichkeiten nicht nutzt und sich in kleinlichem Revierverhalten an die artifiziellen Fachgrenzen hält.

Uns ist bei der Vorbereitung dieses Buches klar geworden, daß es uns nicht gelingen wird, im ersten Anlauf alle Probleme so aufzunehmen und zu bearbeiten, daß ein vollständig integrierter und bruchloser lehrbuchartiger Text entstehen könnte. Viele Thematisierungen mögen etwas einseitig, selektiv und überpointiert erscheinen, doch können sie vielleicht gerade dadurch die von uns gewünschten Diskussionsprozesse anregen. Die uns durchaus bewußten Defizite sollten als das verstanden werden, was sie ja tatsächlich sind: Einerseits Resultat der Grenzen unserer jeweiligen Erfahrungshorizonte und andererseits Defizite in der wissenschaftlichen Bearbeitung des beruflichen Handlungszusammenhanges von Gesundheitsarbeitern in der psychosozialen Versorgung.

Wir sprechen mit diesem Buch in erster Linie Psychologen an, doch sind die thematisierten Problemperspektiven für alle anderen Berufsgruppen im Bereich der psychosozialen Versorgung gleichfalls bedeutsam. Nicht nur deshalb, weil sie mit klinischen Psychologen zusammenarbeiten und deshalb deren Problemfelder kennen sollten, sondern weil ihr jeweiliges berufliches Selbstverständnis von den gleichen Fragestellungen tangiert wird. Für Psychiater, Sozialarbeiter und psychiatrische Krankenschwestern stellt sich natürlich auch die Frage, in welcher Weise ihre Professionalisierung einer bedürfnisgerechten Versorgung dient oder ihr im Wege steht. Wie die Psychologen müssen sie problematisieren, inwieweit ihr berufsspezifisches Verständnis von Hilfsbedürftigkeit der Betroffenen eher ihre eigene als die Situation der Betroffenen zum Ausdruck bringt.

München/Hamburg im Sommer 1978

Heinrich Keupp/Manfred Zaumseil

Lesehilfen und Struktur des Buches

Das folgende Schema gibt einen Überblick über einzelne Themenschwerpunkte und ihre Beziehungen untereinander. Die Konfrontation mit psychischem Leiden gibt Anlaß zu unterschiedlichen gesellschaftlichen Prozessen:

A. Im ersten Abschnitt werden institutionelle Problemlösungen und ihre ökonomische und rechtliche Absicherung problematisiert. Außerdem werden die Möglichkeiten der Selbstorganisation behandelt, und es werden Alternativen zur gegenwärtigen Versorgung entwickelt.

B. Der zweite Abschnitt befaßt sich damit, daß sich angesichts psychischen Leidens »zuständige« Berufe bilden mit ihren Ausbildungsgängen und Berufsorganisationen.

C. Der dritte Bereich bezieht sich auf die Problematisierung der theoretischen Konzeption, die Gesundheitsarbeiter zum einen von ihrer Praxis und zum anderen von ihrem Gegenstand, nämlich dem psychischen Leiden bzw. den psychisch Leidenden haben.

In jedem dieser drei Bereiche, deren enge Verflechtungen untereinander in den Beiträgen zum Ausdruck kommt, lassen sich noch zwei zusätzliche Dimensionen zur Charakterisierung der einzelnen Arbeiten einführen:

Entweder wird vorwiegend eine makrosoziale Ebene thematisiert (z. B. die Struktur des Systems der sozialen Sicherung in der BRD) oder eher eine mikrosoziale Ebene (z. B. das Psychotherapeut-Klient-Verhältnis). Entweder geht es mehr um die Analyse der Situation, oder es geht mehr um die Entwicklung von neuen Perspektiven und alternativen Lösungen.

Entsprechend den eingeführten Charakterisierungen sind die Namen der jeweiligen Autoren in das Schema eingetragen. Bei thematischen Überschneidungen wurde der Name mehrfach eingetragen.

Das Schema ist ein Anhaltspunkt für den Leser, um den Zugang zu dem Gesamtthema – entsprechend eigenen Interessen und Vorinformationen – selbst wählen zu können. Unsere Empfehlung für die, die den Text als Einführung lesen, spiegelt sich in der Anordnung der Beiträge im Buch. Als Einstiege zu den drei Problemabschnitten halten wir die Beiträge von Zaumseil, Cramer und Bromme für geeignet.

Schema zur Struktur des Buches

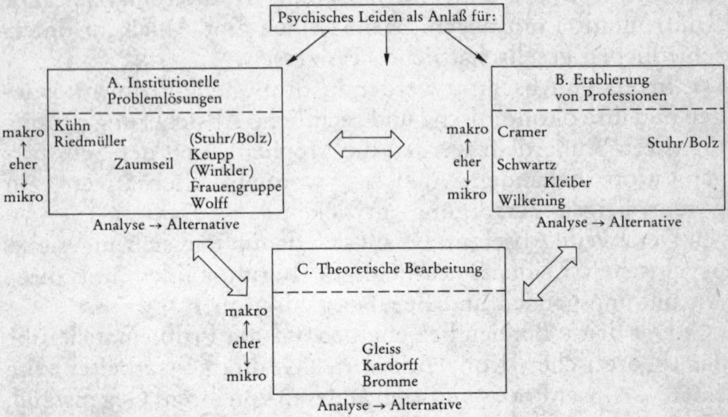

A
Psychisches Leiden als Anlaß für institutionelle Problemlösungen

Manfred Zaumseil
Institutionelle Aspekte klinisch-psychologischer Arbeit

Einleitung und Zusammenfassung
1. Die Perspektive der Betroffenen
   1.1. Bedürfnis und Bedarf
   1.2. Ein Fallbeispiel
   1.3. Perspektive einer Bedürfniserfassung
   1.4. Übersicht über die Probleme im Vorfeld
2. Die Perspektive der Institutionen
   2.1. Heilung und Bedürfnis
   2.2. Vollzug und Bedürfnis
3. Institutionen und Selbsthilfe

Einleitung und Zusammenfassung

Eine häufig ausgesprochene Selbstverständlichkeit lautet: »Die Hilfsangebote von Institutionen der psychosozialen Versorgung und die Ausbildungsgänge von zugehörigen Berufen sollen sich an den Bedürfnissen der Bevölkerung orientieren.« Die meisten, die mit diesem Bereich zu tun haben, haben eine mehr oder weniger klare Vorstellung davon, wie weit wir von der Erfüllung solcher Forderungen entfernt sind. Zum einen ist unser Wissen um die »Bedürfnisse der Bevölkerung« äußerst dürftig, und selbst wenn wir mehr darüber wüßten, sind wir uns zum anderen bewußt, daß Ausbildungsgänge und die Art der Arbeit in Versorgungsinstitutionen inneren und äußeren Bedingungen unterliegen, die andere Interessen ins Spiel bringen, als die Erfüllung von Bedürfnissen der betroffenen Bevölkerung. Wenn wir in Institutionen der psychosozialen Versorgung arbeiten oder arbeiten wollen, so sind wir gewohnt, unsere berufliche Tätigkeit über den oben formulierten Anspruch zu legitimieren und geraten unweigerlich in ein Dilemma, mit dem wir unterschiedlich umgehen können:

1. Wir erfahren individuell unsere Hilflosigkeit angesichts der Zwänge des beruflichen Alltags, dem gesetzten Anspruch zu

genügen und richten uns recht und schlecht ein – irgendwo zwischen Resignation und Anstrengungen bei einzelnen Fällen, die immer wieder als mehr oder weniger vergeblich empfunden werden.

2. Wir machen uns etwas vor und verleiben uns eine wohlklingende professionelle Ideologie ein, wie sie häufig von berufsständischen Verbänden vertreten wird: wir wähnen uns im wohlverstandenen Einklang zwischen eigenen und ökonomischen Interessen und dem Wohle der Patienten (Klienten) in einem im großen und ganzen optimalen System der Gesundheitsversorgung.

3. Wir fügen der ersten Position eine wesentliche Dimension hinzu und schließen uns einer Gruppierung der »Systemveränderer« an, die es sich zum Ziel setzt, in gemeinsamer, in der Tat mühsamer Anstrengung Aspekte der psychosozialen Versorgung so zu verändern, daß sie den Interessen und Bedürfnissen der Betroffenen näherrückt.

Für diejenigen, die über Veränderungen nachdenken, will ich versuchen, Bedingungen zusammenzustellen und zu diskutieren, die in systematischer Weise verhindern, daß Bedürfnisse von Betroffenen zu Bedürfnissen der institutionellen Arbeit werden. Ich werde mich dabei zum einen am regionalen Bezug orientieren, d. h. ich werde das Handeln von Institutionen oder Betroffenen auf eine umschriebene Region, meist ein Stadtteil, beziehen. (Für »Stadtteil« könnte hier auch immer »Landkreis« stehen.) Zum anderen werde ich mich bemühen, immer wieder den Bezug zur Struktur des Systems der sozialen Sicherung als Bedingung institutioneller Arbeit herzustellen. Der dritte durchgängige Orientierungspunkt ist das professionelle Selbstverständnis derer, die in den Institutionen arbeiten.

Im ersten Teil steht die Perspektive der Betroffenen im Vordergrund. Diese Perspektive wird an der Gegenüberstellung von Bedürfnis und Bedarf und an einem Fallbeispiel erläutert. Es folgt ein Ansatz zur besseren Bedürfniserfassung, und dann wird ausführlicher den Problemen im vorinstitutionellen Bereich nachgegangen, die dazu führen, daß es zu einem Kontakt zwischen Betroffenen und Institutionen nicht kommt. Im zweiten Teil steht die Perspektive der Institutionen im Vordergrund. In dem Abschnitt über Heilung und Bedürfnis wird die Rolle des dominierenden kurativen Prinzips untersucht: Zum einen als Konstruktionsprinzip des Systems der sozialen Sicherung und zum anderen als dominierendes professionelles Selbstverständnis. Im Abschnitt über Vollzug und Bedürfnis wird die mangelnde Zielorientiertheit sozialpolitischen und institutionellen Handelns untersucht und das weitgehende Fehlen von Partizipation und politischer Kontrolle durch die Betroffenen angesprochen. Es folgt eine Diskussion der Vollzugsroutinen sozialer Dienste und ihrer vorwiegend bürokratischen Kontrolle. Das Problem der Kontrolle und Legitimation wird dann auch bei den mehr kurativ orientierten Institutionen erörtert.

Im dritten und abschließenden Abschnitt über Institutionen und Selbsthilfe werden verschiedene Möglichkeiten behandelt, wie sich die Kluft zwischen der Perspektive der Betroffenen und der Perspektive der Institutionen überbrücken läßt.

1. Die Perspektive der Betroffenen

1.1. *Bedürfnis und Bedarf*

Unter Bedarf wird üblicherweise ein von Experten festgelegter Normwert verstanden. Mit einer solchen Norm wird das Ausmaß des Notwendigen entschieden, das an Geld- oder Dienstleistungen einer bestimmten Bevölkerungsgruppe zur Verfügung stehen soll. (Z. B. wird nach einem Richtwert der Weltgesundheitsbehörde der Bedarf an ambulanten psychiatrischen Fachleistungen für 50 000 Menschen durch einen Psychiater gedeckt.) Zur Legitimierung solcher Bedarfssetzungen werden Zahlen aus der Epidemiologie und Erfahrungswerte über den Zeit- und Personalaufwand zur Behandlung bestimmter psychiatrischer Erkrankungen verwandt.

Das Bedürfnis ist auf der anderen Seite – bei den Betroffenen – angesiedelt. Hier soll es sich um die Bedürfnisse drehen, die für die psychosoziale und gesundheitliche Entwicklung notwendig sind und der Abwendung von Störungen dieser Entwicklung dienen. Derartige Bedürfnisse entwickeln sich in Wechselwirkung zu den jeweiligen Lebens- und Arbeitsbedingungen, sie sind damit statistisch nicht faßbar.

Die Wahrnehmung der Störung der gesundheitlichen, psychischen und sozialen Situation ist sehr unterschiedlich. Da mag es vier Leute mit heftigen Magenschmerzen geben, die Streit mit ihrer Frau und belastende Arbeitsbedingungen haben. Zwei davon sehen ihr Problem beim »empfindlichen Magen«. Der eine hält nicht viel von Ärzten und versucht irgendwie selbst mit den Schmerzen zurechtzukommen, der andere geht regelmäßig zum Hausarzt und betrachtet sich als »Magenkranker«. Der dritte meint, er müsse sich von seiner Frau trennen, und der vierte quält sich damit, ein »Versager« im Beruf zu sein.

Außerdem ist die Möglichkeit, sich selbst helfen zu können oder von Nahestehenden helfen zu lassen, sehr ungleich. Thorbecke (1975) analysiert diese Ungleichheit bei drei unterschiedlichen Bevölkerungsgruppen: Arbeiterfamilien in gewachsenen Arbeitervierteln, geographisch mobilen Arbeiterfamilien und mobilen Mittelschichtsfamilien. Besondere Probleme ergeben sich bei geographisch mobilen Arbeiterfamilien, die nicht mehr in traditionellen Familien- und Nachbarschaftsbeziehungen leben. Wenn die eigenen Hilfsmöglichkeiten und die von Bezugspersonen erschöpft sind,

– und wenn jemand fremde Hilfe nicht rundheraus ablehnt,

– und wenn die Wahrnehmung des Betroffenen das Problem richtig identifiziert,

– und wenn der Betroffene den Willen und die Zeit hat, eine Institution aufzusuchen, die ihm hilft,

– und wenn er Kenntnis über solche Institutionen in seiner Umgebung hat,

– und wenn er die Erwartung und das Vertrauen hat, das man ihm in dieser Institution wirklich helfen kann,

dann und nur dann hat der Professionelle, der in einer Institution sitzt und auf Klienten wartet, eine gewisse Chance, etwas über die Bedürfnisse dieses einen Klienten zu erfahren. Aus diesem Zusammenhang wird auch klar, daß der einfache Mechanismus der Nachfrage wenig über Hilfsbedürfnisse aussagt.

Wenn man nun die etablierte wissenschaftliche Lösung der Epidemiologie zur Bedarfsschätzung genauer betrachtet, so zeigt sich wieder die Distanz zum Bedürfnis: Die Epidemiologie sieht das Problem durch ihre eigene methodische Brille. Mit dieser Brille wird das Vorliegen von Hilfsbedürftigkeit im allgemeinen danach entschieden, ob bei einer bestimmten Anzahl von Individuen bestimmte Symptome vorliegen, die sich mit bestimmten Diagnosen zur Deckung bringen lassen. Man stellt bei Untersuchungen über die wahre Prävalenz fest, wie viele »Neurotiker« oder »Schizophrene« in einer bestimmten Bevölkerungsgruppe vorkommen und schließt über den Umweg einer solchen Etikettierung auf den Bedarf an Versorgungsleistungen. Ein solches Vorgehen mißt den Bedarf entsprechend den Bedürfnissen vor allem medizinischer Institutionen und entsprechend den Bedürfnissen eines bestimmten Krankenkassenabrechnungssystems und stellt sich damit außerhalb der Bedürfnisse der Betroffenen.

In medizinischen Institutionen wird der Umgang mit hilfsbedürftigen Menschen so strukturiert, daß mit einer individuellen Diagnosestellung die individuelle »Falldefinition« erfolgt. Entsprechende Maßnahmen (Therapie) orientieren sich dann an der diagnostischen Falldefinition und die Leistungsvergütung durch die Krankenkasse knüpft sich daran, daß die Kasse die zu einer diagnostischen Kategorie passenden Leistungen bezahlt. So rechtfertigt z. B. der Verdacht auf eine Leberzirrhose die Durchführung und Bezahlung bestimmter Laboruntersuchungen, einer Leberpunktion und u. U. einer Leberspiegelung. Die Feststellung einer Leberzirrhose rechtfertigt u. U. einen längeren Krankenhausaufenthalt, eine regelmäßige Kontrolle bestimmter Laborwerte, die Einnahme bestimmter Medikamente usw.

Diese Verfahrensprozedur bei einem Menschen, der an einer Leberzirrhose leidet, erscheint auf den ersten Blick unproblematisch. Wenn man genauer hinsieht, und wenn man die psychosoziale Komponente einer solchen chronischen Erkrankung und die Familie des Klienten mit in den Blick bekommt, werden jedoch gravierende Probleme deutlich.

1.2. *Ein Fallbeispiel*

Betrachten wir diesen Patienten mit seinem Leberleiden und seinem Hilfsbedürfnis genauer. Nehmen wir an, der behandelnde Arzt sei ihm gegenüber völlig offen: Der Patient erfährt, daß die Erkrankung langfristig tödlich ist. Nehmen wir an, der Befund an seiner Leber rechtfertigt die Aussage, daß er statistisch gesehen noch etwa 5 bis 8 Jahre zu leben hat. Er erfährt auch, daß jederzeit die Adern in seiner unteren Speiseröhre platzen können und daß er dann innerlich verblutet, wenn er nicht schnellstens in ein Krankenhaus gebracht wird. Es wird ihm eingeschärft, daß jedes Glas Alkohol Gift für seine Leber ist. Durch die regelmäßige Einnahme von Medikamenten könne er schlecht und recht verhindern, daß sich gewaltige Mengen von Gewebswasser in seiner Bauchhöhle ansammeln. Außerdem sei damit zu rechnen, daß er durch die Störung des Hormonstoffwechsels bald völlig impotent ist und sein Körper ein weibliches Aussehen annimmt – seine Scham- und Achselhaare würden weitgehend verschwinden und es könne sein, daß er Ansätze weiblicher Brüste bekäme. Er müsse in Zukunft eine strenge Diät einhalten und könne jetzt im Alter von 46 Jahren seinen Beruf als Monteur nicht mehr ausüben.

Die Erkrankung greift praktisch in alle Aspekte seines alltäglichen Lebens ein. Es stellt sich die Frage, inwieweit er Hilfs- und Stützungsmöglichkeiten innerhalb seiner sozialen Bezüge vorfindet, die ihn mit dieser ungeheuren Belastung fertigwerden lassen. Die Erkrankung greift in ihren Konsequenzen weit über seine Person hinaus und stürzt seine Familie in eine gravierende Krise. Wie ist hier die Hilfsbedürftigkeit zu erfassen? Das medizinische Versorgungssystem wird sich der körperlichen Seite der Erkrankung annehmen. Man wird ihm Medikamente verordnen, gegebenenfalls eine stationäre Behandlung veranlassen, und man wird regelmäßig Kontrolluntersuchungen der Leberenzyme durchführen. Die ganze psychosoziale Seite der Problematik bei ihm und seiner Familie wird durch das diagnostische Kategorien- und Verfahrenssystem der behandelnden medizinischen Institutionen hindurchfallen und nicht wahrgenommen werden. Die Rentenversicherung wird ihm einen Prozentsatz seines früheren Lohnes zahlen. Unser Patient wird es weit von sich weisen, zu einer Institution zu gehen, die ihm Hilfe bei psychischen Problemen anbieten könnte, zum einen kann er sich nicht so recht vorstellen, welche Institutionen es da gibt und was die überhaupt machen, und schließlich habe er ja »keine Macke«.

Seine Frau wird in einem Jahr ihrem Hausarzt folgendes Symptomangebot machen: Sie schlafe schlecht, habe ständig kalte Füße und Hände – häufig werde es ihr schwarz vor den Augen, sie sei so nervös und kribbelig. Häufig habe sie so eine Enge in der Brust und könne nicht richtig durchatmen. Der Arzt führt eine körperliche Untersuchung durch und stellt fest, daß kein körperlicher Befund vorliegt. Er verordnet dreimal eine Tablette eines Tranquilizers und trägt in seine Kartei die Diagnose »vegetative Dysregulation« ein. Außerdem führt er verschiedene Leistungen aus der Gebührenordnung auf wie körperliche Untersuchung, Verschreibung usw. Diese Leistungen sind in verschlüsselter Form Bestandteil seiner Quartalsabrechnung mit der kassenärztlichen Vereinigung.

Inzwischen sitzt neben dem Vater auch der Sohn die meiste Zeit zu Hause herum, weil er aus der Schule entlassen ist und keine Lehrstelle findet. Es ist zu Auseinandersetzungen zwischen Vater und Sohn gekommen über alle möglichen Alltagsprobleme, und weil der Junge zu viel trinkt. Er ist schon dreimal in der Zentralambulanz für Betrunkene zur Ausnüchterung gelandet und aktenkundig geworden. Dort wurde vermerkt »Jugendalkoholismus und Verwahrlosung«. Maßnahmen wurden nicht ergriffen, da keine Behandlungsmöglichkeiten für Jugendliche mit Alkoholproblemen zur Verfügung stehen. Der Sohn hat auch von sich aus nichts unternommen, da er sich zum einen nicht für hilfsbedürftig hält und zum anderen auch gar nicht wüßte, wo er da hingehen sollte. Die 23jährige Tochter ist verheiratet und hat zwei kleine Kinder und wohnt in einer anderen Stadt. Sie sieht keine Möglichkeit, sich nun ständig um die elterlichen Probleme zu kümmern. Auf der Seite der Reaktion versorgender Institutionen wurden folgende Probleme deutlich:

– Reduktion der Problematik aus dem Aspekt körperlicher Störungen (Somatisierung)

– Reduktion der Problematik auf das Erkennen und Behandeln von Erkrankungen einzelner Personen. (Individualisierung)

– Passive Rolle der Institutionen

– Trennung zwischen einer reduzierten medizinischen Sehweise und einer reduzierten Sehweise der sozialen Problematik: Erfüllung medizinischer Versorgungsansprüche am Einzelfall auf der einen und Erfüllung des Rentenanspruchs auf der anderen Seite.

– Keine Berücksichtigung psychischer Probleme

Auf der Seite der Betroffenen zeigen sich entsprechende Handlungsmuster:

– Institutionen werden zum Zweck der Hilfeleistung aufgesucht, soweit ein körperlich begründetes Symptomangebot vorgetragen werden kann. Der Familienvater behandelte sich so lange selbst, bis er arbeitsunfähig war – die Leberzirrhose wurde daher erst sehr spät erkannt.

– Mit psychischen Problemen versuchte man selbst fertig zu werden.

1.3. *Perspektive einer Bedürfniserfassung*

An dem dargestellten Beispiel wird deutlich, daß das Hilfsbedürfnis offenbar sehr schwer zu erfassen ist. Wenn ein Epidemiologe die Häufigkeit bestimmter Symptome und in der Folgerung bestimmter Diagnosen in einer Fragebogenuntersuchung zur wahren Prävalenz psychischer Störungen bestimmen würde, so fragt man sich, wieviel auf diese Weise von der Hilfsbedürftigkeit der beschriebenen Familie erfaßt worden wäre. Es wird deutlich, daß man weder mit einer Epidemiologie, die Diagnosen zählt, an die Bedürfnisse der Bevölkerung herankommt noch über die in unserem Fall beschriebenen Institutionen, die passiv auf Patienten warten und die Problematik der beschriebenen Familie künstlich in individualisierte und somatisierte Aspekte zerstückeln. Eine Perspektive der Bedürfniserfassung kann nur in unmittelbarer Verbindung mit der stadtteilbezogenen Praxis von Institutionen erfolgen, die die soziale, psychische und physische Realität von Problemen nicht aus dem Lebenszusammenhang des Stadtteils und seiner mikrosozialen Bezüge reißt. Ein wesentlicher Aspekt der praktischen Arbeit solcher Institutionen bestünde darin, unspezialisiert zu sein, und eine aktive Rolle beim Auffinden solcher Probleme zu spielen. Eine solche Konzeption entspricht am ehesten dem im Bericht zur Lage der Psychiatrie in der Bundesrepublik (1975, im folgenden »Psychiatrie-Enquête« genannt) vorgeschlagenen Modell einer multidisziplinär besetzten »Psychosozialen Kontaktstelle«, wie sie zur Zeit in Hamburg erprobt wird (Autorenteam, im Druck).

Die Ermittlung von Bedürfnissen im psychosozialen Bereich hätte in einer solchen Institution in einem permanenten Rückkoppelungsprozeß zu erfolgen. Die aktive Rolle einer solchen Institution dürfte nicht in einer »Fallfindung« bestehen, da es nicht um die Zuordnung von Diagnosen und Therapien geht, sondern sie müßte Problemlagen und vorhandene Bewältigungsstrategien im Stadtteil herausfinden und mit den Betroffenen lernen, wie man damit umgeht. Die viel zitierte Hilfe zur Selbsthilfe ist keine neue Therapietechnik, die Professionelle den Betroffenen beibringen könnten, sondern hier müssen die Professionellen die Grundlagen ihrer eigenen Professionalität, nämlich ihre Kompetenz überprüfen. Das größte Hindernis für die Arbeit der Experten im Stadtteil scheint mir die Unfähigkeit zur Inkompetenz zu sein. Nicht nur die richtigen Hilfen, selbst die Bedürfnisse der anderen werden immer schon gewußt.

Außerdem müssen die Mitarbeiter einer solchen Institution in der Lage sein, die Übersetzungsprozesse zu leisten, die notwendig werden, wenn spezialisiertere Institutionen mit ihren Hilfsangeboten eingeschaltet werden müssen. Solange diese spezialisierteren Institutionen in ihrem Angebot und ihren Verfahrensregeln noch sehr wenig gemeindebezogen arbeiten, ist es auch notwendig, daß die psychosoziale Kontaktstelle sich bemüht, den Problemzusammenhang während einer länger dauernden Intervention solcher Institutionen zu wahren. In dem geschilderten Fallbeispiel wäre diese Funktion besonders wichtig, um die sehr unterschiedlichen Hilfen, die hier notwendig wären auf die familiäre Belastungssituation als ganze zu beziehen.

1.4. *Übersicht über die Probleme im Vorfeld*

Es zeigt sich, daß wesentliche Aspekte der Problematik institutioneller Bedingungen klinisch-psychologischer Arbeit schon im Vorfeld der Institutionen liegen. Man muß sich nicht nur fragen, wie Institutionen mit Betroffenen verfahren, sondern auch, warum es bei sehr vielen Hilfsbedürftigen zu einem solchen Verfahren überhaupt nicht kommt. Diese beiden Probleme hängen eng miteinander zusammen. Nicht nur die mangelnde Information von Betroffenen läßt sie nicht den Weg in die Institutionen finden, sondern auch die Art des Angebots und des Verfahrens in Institutionen hindert Betroffene daran, sich an solche Institutionen zu wenden. Diesen Aspekt werde ich versuchen, weiter unten ausführlicher zu analysieren.

Zunächst möchte ich noch einmal zusammenfassend die Probleme im vorinstitutionellen Bereich in einem Schema darstellen.

Schema 1: Probleme im vorinstitutionellen Raum

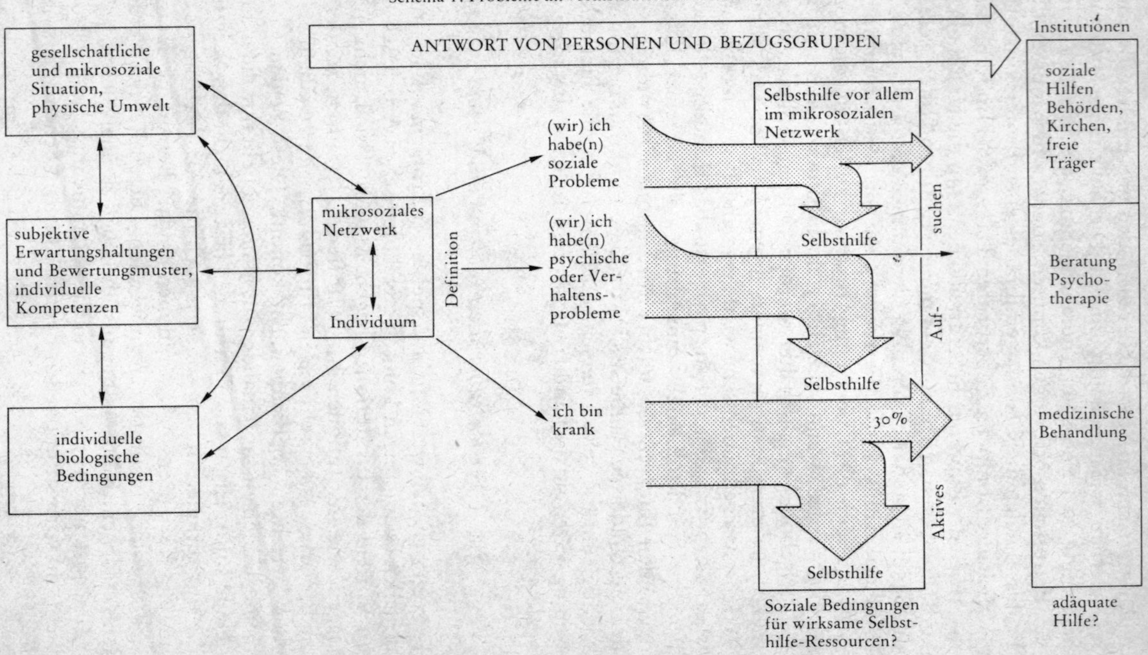

In dem Schema fällt von oben nach unten eine Dreiteilung auf, die allein bei der Wechselwirkung von mikrosozialem Netzwerk und Individuum nicht auftaucht. Hier sind die Problemebenen, wie auch in unserem Fallbeispiel, untrennbar verwoben. Die Einheiten, in denen Belastungen auftreten, sind Familien bzw. Bezugsgruppen und meist nicht vorrangig das Individuum. Der Vorgang der Individualisierung setzt, wie wir gesehen haben, erst beim Kontakt mit den Institutionen ein.

Auf der linken Seite kann man auf der analytischen Ebene von Einflußfaktoren die soziale, die individuell psychische und die individuell somatische Ebene auseinanderdividieren. Das ist allerdings nur zulässig, wenn man ihre wechselseitigen Beeinflussungen mit darstellt und in der Antwort und im aktiven Handeln der Betroffenen ihre Einheit erkennt. In der Realität fachlicher Zuständigkeiten stellt man fest, daß diese Einheit nicht nur auf der institutionellen Ebene, sondern auch auf der Ebene professioneller Spezialisierungen in einer Weise zerrissen ist, daß Vertreter einzelner Professionen sich kaum mehr sprachlich verständigen können. Die Vertreter unterschiedlicher Berufe favorisieren bei einem gegebenen Problem jeweils unterschiedliche der links angegebenen Bedingungsebenen. Oben ließen sich am ehesten Sozialarbeiter und Soziologen einordnen, in der Mitte die Klinischen Psychologen und unten die Mediziner. Jede dieser Berufsgruppen kultiviert ihre nach außen hin streng isolierte Ausbildung und ihre eigenen Sprachspiele. Wenn es tatsächlich passiert, daß z. B. Mediziner und Psychologen in einer Institution zusammenarbeiten, so prallen derartig unterschiedliche Denk- und Begriffssysteme aufeinander, daß man erst mühsam lernen muß – so weit das überhaupt geht – das Problem eines Klienten von der einen in die andere Begriffssprache zu übersetzen. Der eine redet z. B. von einer »abnormen Persönlichkeit mit Verdacht auf eine paranoide Prozeßpsychose« und der andere von »sozialen Ängsten« und »sozialer Isolierung«.

Ganz rechts auf dem Schema, wo Gruppen von Institutionen dargestellt sind, wird die Trennung noch grotesker: Da gibt es Institutionen, die soziale Hilfen anbieten, ein dürftiges Angebot von Institutionen, die darauf warten, daß Psychotherapie nachgefragt wird, und Institutionen, die medizinische Leistungen anbieten. Diese drei Gruppen von Institutionen sind vollständig voneinander getrennt. Innerhalb der einzelnen Gruppen gibt es wieder eine Vielzahl unterschiedlicher Institutionen, die ebenfalls kaum miteinander kooperieren.

Was muß nun geschehen, damit sich jemand an solche Institutionen wendet und es ihm gelingt, seine Probleme so zu übersetzen, daß es den Bedürfnissen dieser Institutionen in bezug auf ein reibungsloses Verfahren entspricht?

Wenn in einer Familie bzw. in einer mikrosozialen Gruppe in Wechselwirkung mit den links aufgeführten Bedingungen eine Belastung entsteht, so ist zunächst ein Wahrnehmungs- und Definitionsprozeß zu leisten. Es entsteht eine Vorstellung davon, welcher Art die Belastung ist und ob es sich um ein gemeinsames oder ein individuelles Problem handelt. Die Problemdefinition wird oft unmittelbar mit einem Lösungsweg verbunden: »Die Frau muß reinemachen gehen, sonst kriegen wir das Geld für die Miete nicht zusammen, der Junge ist doch groß genug, um auf die beiden Kleinen aufzupassen.« »Wenn das mit dem Trinken so weitergeht, ziehe ich mit den Kindern zu meiner Mutter.« »Ich kann überhaupt nicht mehr richtig schlafen, ich muß mal beim Doktor vorbei und mir was Starkes verschreiben lassen.«

In der Mehrzahl der Fälle erfolgt nach der Problemdefinition ein mehr oder weniger effektiver Selbsthilfeversuch. Entweder bewältigt man das Problem allein oder nahestehende Personen helfen einem dabei. Bei einem geringeren Teil der erkannten Probleme (veranschaulicht durch die Stärke der Pfeile) erfolgt ein aktives Aufsuchen von institutioneller Hilfe.

Ich will im folgenden kurz die einzelnen Wege diskutieren, die bei unterschiedlichen Problemdefinitionen eingeschlagen werden und u. U. zum Aufsuchen einer Institution führen.

Die Definitionsmöglichkeit »ich bin krank« oder »du bist krank« ist am besten untersucht. Dörner (1975) hat die einzelnen Etappen in unserem Schema für den Bereich der Krankheitsdefinition anschaulich beschrieben. Dörner betont die weitgehend unerforschte Bedeutung der Laien- oder Volksmedizin. Innerhalb der Volksmedizin ist die in unserem Schema vorhandene Trennung zwischen den einzelnen Problemebenen nicht in dem Ausmaß vorhanden. Dörner schreibt: »Volksmedizin ist Selbstbehandlung, wirkt also durch gefühlsmäßiges Engagement, was gerade in der wissenschaftlichen Medizin verboten ist. Dadurch hat sie einen größeren Interpretationsspielraum, kann grundsätzlich alle subjektiven Bedürfnisse berücksichtigen. Darin ist sie der wissenschaftlichen Medizin überlegen, und darin beruht ihre Vitalität und Attraktion.« (Dörner, 1975, S. 158) Über das Ausmaß und die Effektivität der Selbstbehandlung ist relativ wenig bekannt. Thorbecke (1975) kommt bei einer Sichtung der Literatur zum Krankheitsverhalten zu dem Schluß, daß etwa Dreiviertel bis Zweidrittel der Krankheitsepisoden selbst behandelt werden. In Arbeiterfamilien sind Selbstbehandlungen wahrscheinlich häufiger. Als wesentliches Problem stellt er heraus, daß die Volksmedizin eher auf die Behandlung akuter Fälle, nach dem Modell der Infektionskrankheit orientiert ist. Auch für die wissenschaftliche Medizin stellt die Verschiebung des Krankheitsspektrums von akuten zu chronisch degenerativen Erkrankungen ein Problem dar. So ergibt sich in der Laienmedizin das Problem, daß tatsächlich »triviale Fälle« bei den Selbstdiagnosen nicht von Anfangsphasen chronischer Krankheiten unterschieden werden. Thorbecke betont, daß die Erwartungen, die Klienten an Institutionen haben, durch Verhaltensweisen der Professionellen in diesen Institutionen entstehen. Bei Arbeiterfamilien scheinen negative Erfahrungen bei Kontakten mit medizinischen Institutionen das Entstehen von Einstellungen und Verhaltensweisen zur Folge zu haben, die die Konsultationsneigung solcher Familien herabsetzen.

Man könnte in diesem Zusammenhang auch vermuten, daß das Verfahren in medizinischen Institutionen auch Auswirkungen auf die Selbstdefinition »ich bin krank« hat. So könnte die Häufigkeit psychovegetativer Störungen z. T. ein Effekt unseres zu kurativ orientierten Versorgungssystems sein: ohne ein körperlich begründetes Symptomangebot kann man schlecht zum Arzt gehen und sich von Rollenverpflichtungen entbinden lassen. Zum anderen braucht der Arzt bei der Struktur der Gebührenordnung diagnostische und therapeutische Maßnahmen, um etwas mit der Kasse abrechnen zu können.

Über das Schicksal der Selbstdefinition »wir haben oder ich habe psychische oder Verhaltensprobleme« ist relativ wenig bekannt. Die Definition »verrückt sein«, »nicht richtig im Kopf sein«, »geisteskrank sein« wird entsprechend der Stellung der Psychiatrie individualisiert und dem Kranksein zugeordnet, allerdings als eine bedrohliche Sache, die in Form der Unterbringung »Geisteskranker« ja auch gesellschaftlich ausgesondert wird. Über die Krankheitskarriere und die Etikettierungsprozesse bei schweren psychischen Störungen ist seit Szasz (1961) viel geschrieben worden. Weniger ist über die Wahrnehmung von und den Umgang mit alltäglichen Problemen wie Partnerproblemen, Erziehungsproblemen, Ängsten, Einsamkeit usw. bekannt. Hierhin gehören auch die psychischen Belastungen durch soziale Probleme (Arbeitsbedingungen) und Körperkrankheiten. Viele dieser Belastungen werden wahrscheinlich bewältigt, ohne daß überhaupt »Probleme« definiert werden. Der Stadtteilbezug oder der Bezug zu den gesellschaftlichen Bedingungen ist hier häufig sehr wichtig. (Z. B. wenn massenhaft »Schulängste« auftreten, wäre eine massenhafte individuelle Behandlung absurd.)

Ich werde weiter unten diskutieren, wie problematisch die Anwendung des »Diagnose- und Therapiemodells« – also eines kurativen Modells – auf solche Störungen ist. Ebenso problematisch ist es, solche Störungen als banal abzutun. Das Ausmaß dieser Störungen läßt sich an der Häufigkeit der Probleme abschätzen, für die sich Professionelle bereits als allein kompetente Problemlöser bezeichnet haben – die Tendenz ist steigend. Die Bereitschaft, Professionelle ohne eigenen Prestigeverlust als Experten für die Lösung individueller Lebensprobleme zu akzeptieren, ist bei Mittelschichtsangehörigen wesentlich größer. Beratungsstellen für Erziehungs- und Lebensfragen haben vorwiegend eine Mittelschichtsklientel. Die, die es sich leisten können, bezahlen auch privat: es gibt schon mehr niedergelassene Psychologen, für deren Leistungen die gesetzliche Krankenversicherung nicht bezahlt, als niedergelassene Psychiater, für deren Leistungen die Kassen zahlen.

Barbara Winkler untersucht in ihrem Beitrag die Rolle des »freien Psychomarktes«. Hier gibt es einen expandierenden Kreis von Interessenten – im allgemeinen mit Mittelschichtssozialisation – die für »individuelles Wachstum« und individuelle »Selbstentfaltung« Geld ausgeben. Hier gilt die Definition, daß jeder psychische Probleme habe und daß die Vervollkommnung individueller psychischer Kompetenzen allgemeines Gebot sei. Häufig verbindet sich hiermit ein präventiv-psychohygienischer Anspruch im Sinne einer glückbringenden »Bewegung« oder »Heilslehre«. Das Heilen individueller Probleme durch professionelle Therapeuten wird abgelöst durch die Unterweisung vieler einzelner, zur persönlichen Vervollkommnung fortzuschreiten. Die sozialen Bedingungen geraten dabei in immer größere Distanz zur eigenen psychischen Entwicklung.

Zusammenfassend ist festzuhalten, daß die Definition »ich habe psychische oder Verhaltensprobleme« in einem Veränderungsprozeß steht. Dieser Veränderungsprozeß steht in Beziehung zu den bisher ungeklärten Lösungsmöglichkeiten für psychische Probleme. Der Druck der Professionalisierung bei den Medizinern und bei den Klinischen Psychologen geht in die Richtung massenhafter Psychotherapien. Die Mittelknappheit spricht dagegen. Die Alternative, nämlich die Neubestimmung der Rolle von Selbsthilfemöglichkeiten ist ungeklärt. In der Mittelschicht entstehen neue Bedürfnisse nach psychischer Vervollkommnung, die in der Art einer attraktiven »Psychopädagogik« vermarktet werden und die Beschäftigung mit psychischen Problemen mehr und mehr gesellschaftsfähig machen. Die Rate derer, die entsprechend unserem Schema mit der Selbstdefinition »ich habe psychische Probleme« eine Beratungsstelle oder einen Psychotherapeuten aufsuchen, ist gering. Die Frage, ob sie eine ihren Bedürfnissen entsprechende Hilfe bekommen, ist ungeklärt.

Der Bereich der sozialen Hilfen ist ein schwer faßbares Gebiet. Ich werde weiter unten noch auf die institutionellen Aspekte dieser Dienstleistungen eingehen. Wenn man den Gesamtbereich von Sozialleistungen betrachtet, der durch immer neue Sozialgesetze (meist kurz vor den Wahlterminen) kompliziert wird, so haben wir ein verwirrendes Durcheinander von Geldumverteilungen vor uns, das durch Maßnahmegesetze – an den Lohnauseinandersetzungen vorbei – zu grotesken Ungleichheiten und Privilegienstrukturen führt, die nur noch von Experten durchschaubar sind. Ein Großteil dieser Gelder kommt nicht denen zugute, die gravierende soziale Probleme haben, sondern verschwinden als Steuererleichterung, Sparförderung, Kindergeld oder Sozialwohnungen für gut Verdienende usw. (aktuelle Zahlen und Beispiele hierzu s. »Der Spiegel«, 5, 1978, S. 32-44).

In unserem Schema sind die Mittel gemeint, die über Behörden, Kirchen und freie Träger über verschiedene Institutionen in Form von Geld- und Dienstleistungen im sozialen Sektor ausgegeben werden (Sozialhilfe, Familienfürsorge, Jugendhilfe, Altenhilfe, Wohngeld usw.).

Der Nachweis versagender Selbsthilfe – soweit sie Familienangehörigen per Gesetz obliegt – ist zunächst einmal vom Anspruchberechtigten zu führen. Das, was in Partnerbeziehungen, Familien und in den Beziehungen zu nahestehenden Personen passiert, bevor bei einer Einzelperson die »Bedürftigkeit« und Mittellosigkeit aktenkundig wird, erschließt sich bei der Arbeit in Arbeitervierteln mit steigender Arbeitslosigkeit. Es bestehen extreme ökonomische und persönliche Abhängigkeiten (besonders bei Frauen). Oft kommt Alkohol ins Spiel. Der sozialrechtliche Status des Sozialhilfeempfängers ist häufig das Endprodukt einer Kette von psychosozialen Problemen. Die häufig entwürdigenden Vergabeprozeduren, mangelnde Information der Betroffenen und die Stigmatisierung als »Fürsorgeempfänger« lassen vermuten, daß viele die ihnen zustehenden Sozialleistungen nicht in Anspruch nehmen. Auf der anderen Seite steht der Druck, sich das Existenzminimum zu sichern. Bujard & Lange (1978) wiesen nach, daß die Hälfte aller sozialhilfeberechtigten alten Menschen ihre Ansprüche nicht geltend machen. (»Konstante Dunkelziffer«)

Die Ausgabenseite ist gut erfaßt: 1974 war jeder 31. Bürger Sozialhilfeempfänger, 63% davon waren Frauen – Ausdruck ihrer besonderen ökonomischen Abhängigkeit. Wenn man die Jugendhilfe, soziale Hilfen und Wohngeld zusammenfaßt, so wurden 1976 hierfür 15,4 Milliarden DM ausgegeben, das sind 4,3% des Sozialbudgets (1970 waren es 3,2%). Für die medizinische Versorgung wurde 1976 etwa das 7- bis 8fache aufgewandt (Zahlen aus: »Gesellschaftliche Daten« [1977]).*

Über den Gesamtumfang der Wahrnehmung »wir haben oder ich habe soziale Probleme« läßt sich wenig sagen. Hier spielt zum einen die augenblickliche ökonomische Situation (z. B. Ausmaß der Arbeitslosigkeit) und zum anderen die Entwicklung von Bedürfnissen bei den Betroffenen eine Rolle.

* Faktisch verschiebt sich die Relation zwischen medizinischen und Sozialleistungen dadurch noch etwas zugunsten Gesundheitsleistungen, daß auch über die Sozialhilfe »Krankenhilfe« vergeben wird.

2. Die Perspektive der Institutionen

Ich will im folgenden Abschnitt den Bedürfnissen der Institutionen nachgehen und mich wieder am regionalen Bezug orientieren. Das Problem, das deutlich werden soll, ist, warum sich auf der Ebene der Institutionen die Bedürfnisse der Betroffenen nicht durchsetzen können. Der Stadtteilbezug scheint mir wichtig, weil nur so die Diskrepanzen zwischen Bedürfnis und Angebot deutlich gemacht werden können.

Ursachen für das Problem und auch Lösungswege sind nur zum geringen Teil auf der Ebene des Stadtteils und der Institutionen zu suchen. Die Rahmenbedingungen sind im System der sozialen Sicherung der BRD vorgegeben, wie sie in dem Beitrag von Barbara Riedmüller dargestellt sind, und sie sind nur innerhalb der Sozialpolitik veränderbar. Rahmenüberlegungen zur Durchsetzbarkeit sozialer Bedürfnisse in der BRD findet man bei Widmaier (1977). Die kommunale Ebene sozialpolitischer Arbeit darf jedoch nicht vernachlässigt werden. Hier ist die Projektrealisierung ein wichtiges Instrument zur Vergegenständlichung dieser Arbeit. Stephan Wolff versucht in seinem Beitrag die Grenzen abzustecken, die bei der Projektarbeit durch die generelle sozialpolitische Situation diktiert werden.

Es gibt eine Reihe von Theorieansätzen, Institutionen zu analysieren, die m. E. jeweils in unterschiedlicher Weise zu kurz greifen. Am bekanntesten sind die Ansätze der Organisationssoziologie, der Sozialökologie und der systemanalytische Ansatz. Diese Herangehensweisen bleiben in ihrer Analyse auf der Ebene von Einzelkomponenten der Institution und suggerieren meist, daß Problemlösungen durch direkte Eingriffe in die Institution möglich seien. Die Zielsetzung dieses Beitrages liegt nicht in der theoretischen Auseinandersetzung mit diesen Ansätzen. Statt dessen will ich zeigen, wie bestimmte Prinzipien in unserem Ausbildungs- und Versorgungssystem den Kontakt mit den Bedürfnissen der Betroffenen auf der Ebene der Institutionen systematisch verhindern.

2.1. *Heilung und Bedürfnis*

Die Krankenversicherungen teilen sich – je nach Status und Verdienst – die, die in einem Arbeitsverhältnis stehen. Die Versicherungsleistung erfolgt im Schadensfall – bei Krankheit und Arbeitsunfähigkeit. Das Strukturprinzip des Gesundheitssystems ist kurativ: Heilung bei Krankheit auf Nachfrage. Die Heilungsmacht ist monopolisiert von mächtigen Anbietergruppen. Die Bedürfnisse sind expertendefiniert und beziehen sich auf den Einzelfall. Die Institutionen sind die Praxis des niedergelassenen Arztes und das Krankenhaus. Jeder einzelne kann solange bestimmte Gesundheitsleistungen nachfragen, wie er Krankheitssymptome anbietet. Was Krankheitssymptome sind, wird im wesentlichen in der Wissenschaft festgelegt. Das Einkommen des niedergelassenen Arztes bemißt sich an der Menge und Art von Einzelleistungen, die er erbringt. Krankenhausleistungen werden über kostendeckende Pflegesätze abgerechnet. Es wird angenommen, daß die Bedürfnisse der Leute in einer Region darin bestehen, von den in der medizinischen Wissenschaft definierten Krankheitssymptomen befreit zu werden. Möglichkeiten zur systematischen Überprüfung dieser Annahme bestehen nicht. Das Ausmaß der Nachfrage besagt wenig über die Bedürfnisse. In der Medizinsoziologie gibt es bisher nur wenig Befunde, die die Determinanten eines Arztbesuches in der BRD klären (vgl. Schmädel, [1975]). Rohde (1975) macht anschaulich klar, wie die Bedürfnisse des Patienten im Krankenhaus hinter den Bedürfnissen der Institution zurücktreten. Die expertendefinierten Routinen, die zur Befreiung von Krankheit führen, verlangen weitgehend eine Unterwerfung unter die Expertenherrschaft, die mit einer psychosozialen Entwurzelung beginnt und sich in einer relativen Entpersönlichung und Infantilisierung fortsetzt.

Das expertendominierte kurative Modell ist nach wie vor das Leitbild helfender Institutionen. Dadurch, daß dieses Modell und die damit verbundene Professionalisierung jetzt auch mehr und mehr auf dem Sektor der psychosozialen Versorgung und der Sozialmedizin vormarschiert, werden Widersprüche dieses Modells besonders deutlich.

Neue Experten wie »Fachärzte für Psychotherapie«, »Klinische Fachpsychologen« rüsten sich, um zu definieren, was im Einzelfall kurierbar ist. In der Psychiatrie-Enquête (1975) finden sich Vorschläge für eine nahezu lückenlose Expertenpräsenz auf regionaler Ebene – die totale »Versorgungskonzeption«. Die Regionalisierung psychosozialer Dienste wurde in einer Weise mißverstanden, daß nun die Professionellen besser an Patienten herankommen, nicht, daß die Betroffenen eher die Möglichkeit haben, mit ihren Bedürfnissen das zu bestimmen, was in den Institutionen sinnvollerweise geschieht.

Die Professionalisierungsprozesse in der Medizin, der Klinischen Psychologie und der Sozialarbeit scheinen ziemlich parallel zu laufen. Alle basteln in tiefer hochschulbedingter Abgeschiedenheit von den psychosozialen Problemen in den sie umgebenden Regionen an unterschiedlichen »Therapiequalifikationen«. Unterschiedliche Therapie- und Berufsverbände rüsten dabei zur endgültigen Verteilungsschlacht um den kurativen Markt. Die Professionellen lernen mehr und mehr vom selben, nämlich kurative Kompetenz. Je mehr sie davon haben, desto inkompetenter werden sie m. E. sein, um herauszufinden, was sie eigentlich im Stadtteil sollen, desto unfähiger werden sie sein, an die Bedürfnisse der Betroffenen heranzukommen und mit ihnen zusammen Lösungen zu erarbeiten. Statt dessen werden sie immer neue Fälle für die Anwendung ihrer Psychotherapien suchen.

Der andere Bereich, in dem das kurative Modell deutlich an seine Grenzen stößt, ist der der Sozialmedizin. Die relative Zunahme der chronisch Kranken und alten Menschen schafft Probleme, die mit einer Perfektionierung der kurativen Kompetenz nicht zu lösen sind. Die traditionell zuständigen Gemeindeschwestern sind längst überfordert, die psychosozialen Probleme chronisch Kranker fallen, wie wir anfangs in unserem Fallbeispiel gesehen haben, durch das Netz medizinischer Versorgungsinstitutionen hindurch. Gewerkschaften, SPD und FDP propagieren unterschiedliche Modelle regionaler Gemeinde- oder Sozialzentren. Der Aufbau sozialmedizinischer Institute steht in den Anfängen. Die Aufgaben, die in diesem Bereich in interdisziplinärer Zusammenarbeit zu lösen sind – sicher nicht innerhalb des kurativen Modells – sind von den beteiligten Disziplinen bisher kaum erkannt.

Die Überbetonung des kurativen Modells steckt in den Konstruktionsprinzipien unseres Krankenversicherungssystems, die Kooperation ungleich mächtiger Gruppen ist in der Reichsversicherungsordnung festgeschrieben. Die Anbieter von »Heilung« haben eine außerordentlich starke Marktposition und ein hohes gesellschaftliches Prestige. Die Anziehungskraft für andere potentielle »Heil«-Berufe, an diesem Glanz teilzuhaben, ist groß. Dabei gerät die Frage, inwieweit »Heiler« überhaupt gefragt sind und ob Heilung nicht zum großen Teil ein expertendefinierter Bedarf ist – weit weg vom Bedürfnis – mehr und mehr aus dem Blick.

Wenn man sich die Institutionalisierung der Ausbildungen anschaut und prüft, wo sie zwischen abstraktem Heilungsanspruch und Bedürfnis angesiedelt sind, so zeigt sich wieder das kurative Übergewicht: In diesem Zusammenhang ist die Vorstellung einer fernen Utopie der Institutionalisierung nützlich, um einen Blick für die Absurditäten der Realität zu bekommen: man stelle sich integrierte Forschungs- und Ausbildungsstätten vor, in denen Psychologen, Mediziner, Soziologen, Sozialarbeiter und Krankenschwestern für die Arbeit im psychosozialen Bereich ausgebildet werden. Diese Ausbildungsstätten müßten gleichzeitig alle in einer Region anfallenden Aufgaben der Prävention, Beratung, Behandlung, Rehabilitation und Evaluation lösen. Nur innerhalb eines solchen Modells eines integrierten, gemeindenahen Ausbildungs-, Dienstleistungs- und Forschungsmodells wäre es in selbstverständlichem Zusammenhang möglich, das, was man lernt und forscht an dem zu orientieren, was gebraucht wird. Vorläufig wird man sich mit mehr oder weniger weit in die Praxis hineinreichenden Projektstudiengängen begnügen müssen. Wenn statt dessen das Behandeln von psychischen Störungen mit Psychotherapie die Qualifikation von Klinischen Psychologen und anderen Berufsgruppen bestimmt, so läßt sie diese Kompetenz und deren Verkauf blind werden für eine bedürfnisgerechte Weiterentwicklung von Institutionen im Stadtteil. (Für »Stadtteil« könnte hier natürlich auch immer »Landkreis« stehen.)

Ich habe versucht, deutlich zu machen, daß der Heilungsanspruch in Widerspruch zu den Bedürfnissen der Betroffenen tritt. Dies gilt vor allem für die psychosozialen Dienste und den sozialmedizinischen Bereich. Das, was schwerpunktmäßig in den Institutionen passiert, ist weitgehend programmiert durch die Struktur des Systems der sozialen Sicherung. Und dieses System finanziert fast ausschließlich kurative Leistungen. Die mangelnde Orientierung auf ein präventives Denken läßt sich auch in den Vorschlägen zur Neuordnung der Versorgung in der Psychiatrie-Enquête (1975) wiederfinden. Hier sind die

Privilegienstrukturen der »Heiler« nicht in Frage gestellt.

Meine Kritik an dem gegenwärtigen Prozeß der Professionalisierung ist nicht als Antiprofessionalismus gemeint. Ebensowenig meine ich, daß es ausreicht, mahnend den Zeigefinger zu erheben, auf daß sich alle Professionellen in ihren Institutionen besinnen und sich ab morgen an den Bedürfnissen der Betroffenen orientieren. Eine Chance liegt darin, gemeinsam die Bedingungen des Systems der sozialen Sicherung und der Ausbildungsgänge beteiligter Berufe und schließlich die Bedingungen, unter denen Institutionen arbeiten und Projekte möglich sind, so zu ändern, daß die Aufgabenfindung und das Selbstverständnis der beteiligten Berufe sich anders entwickelt. Dies ist ein mühsamer Prozeß. Dörner (1977) hat darauf aufmerksam gemacht, daß bei einer solchen Änderung des Selbstverständnisses der beteiligten Berufe die Selbsthilfe der Betroffenen und die der Professionellen in einer Wechselbeziehung zueinander stehen. Die »Normalisierung« der Beziehungen zwischen Therapeuten und Klienten bzw. Patienten liegt ganz wesentlich darin, daß Professionelle eine »therapeutische oder solidarische Grundhaltung« erlernen. Hierbei wird das Diagnostizieren und Kurieren durch eine Haltung ersetzt, die stark die Selbstwahrnehmung im Umgang mit den Betroffenen übt und problematisiert. Man lernt, den anderen in seinem Bemühen um Selbsthilfe ernst zu nehmen und durch sein eigenes Verhalten zu bestärken (s. Dörner, 1977).

Das kurative Prinzip hat in der Geschichte der Psychiatrie eine widersprüchliche Rolle gespielt. Zu Griesingers Zeiten, der um die Mitte des 19. Jahrhunderts die deutsche Universitätspsychiatrie gründete (s. Dörner, 1969) war es fortschrittlich, die »Irren« unter den Schutz des Krankenstatus zu stellen. Die Psychiater kamen damit zu wissenschaftlichem Ansehen als akademisch fundierte Heilberufler. Psychiatrische Universitätspolikliniken übernahmen damals – von Griesinger bereits definierte – Aufgaben einer regionalen ambulanten Versorgung. Trotz der massiven sozialwissenschaftlichen Kritik des Krankheitsparadigmas (s. Beitrag von Ernst von Kardorff) ist es nicht möglich gewesen, den psychosozialen Sektor aus dem Schatten der Medizin zu lösen. Die Gründe hierfür liegen u. U. darin, daß die Individualisierung, Somatisierung und Klinifizierung ein effektives Mittel zur Umleitung sozialer Konflikte darstellt. Wenn der einzelne sich aus unerträglichen Bedingungen zurückzieht, so bleibt ihm der Status des Kranken, des Sozialhilfeempfängers oder des Frührentners. Konsequent präventive Strategien können erheblich mehr politische Brisanz entfalten.

In der Psychiatrie-Enquête (1975) wird die Gleichstellung der körperlich und psychisch Kranken und Behinderten gefordert. Dies ist sicher eine sozial berechtigte Forderung, wie über ein Jahrhundert früher die Forderungen Griesingers. Sie bindet aber gleichzeitig die psychisch »Kranken« und »Behinderten« eng in das Krankenversorgungssystem ein. Sicher ist auch unter den Gesichtspunkten der Regionalisierung und Dezentralisierung die Einrichtung psychiatrischer Abteilungen und Ambulanzen an Allgemeinkrankenhäusern sinnvoll. Gleichzeitig schlagen wir damit einen Weg ein, der das kurative Prinzip zementiert.

In derselben Tradition steht die heilberufliche Anerkennung von Klinischen Psychologen und anderen Berufsgruppen. Selbstverständlich müssen diese Berufsgruppen selbständig und eigenverantwortlich arbeiten können. Das Aufgabenspektrum der hierfür in Frage kommenden Institutionen liegt nach ihrem Selbstverständnis zwischen individualisierendem Fürsorge-, Heilungs- und Erziehungsanspruch mit unterschiedlich starken Kontrollanteilen. Es dominieren Tätigkeiten der Bevormundung. Die einzige Chance zur Weiterentwicklung psychosozialer Dienste wird – wie ich später noch zeigen will – darin liegen, die Betroffenen zu involvieren und die eigene Expertendominanz aufzugeben. Man fragt sich beklommen, wie ein neues Heer von Heilberuflern diese Aufgabe bewältigen soll.

2.2. *Vollzug und Bedürfnis*

In den Institutionen der psychosozialen Versorgung gibt es neben dem Komplex des Heilanspruchs den Vollzug. Vollzogen werden soziale Gesetze und Maßregeln: Im Rahmen gesetzlicher Bestimmungen werden bestimmte Leistungen erbracht, sofern Ansprüche geltend gemacht werden oder Tatbestände bekannt werden, die nach dem Gesetz ein aktives Eingreifen der Behörden notwendig machen (z. B. Zwangseinweisung).

Es ergibt sich eine widersprüchliche Mischung aus Verwalten, Kontrollieren, Helfen, Behandeln und Erziehen, vor allem in staatlichen Institutionen (z. B. in der Familienfürsorge oder dem psychiatrischen Dienst des Gesundheitsamtes).

Bevor ich näher auf den Vollzugsaspekt eingehe, will ich ein Charakteristikum institutioneller Realität beschreiben, das den Bezug zum Bedürfnis herstellt. Theoretisch kann man zwischen zwei Typen von Institutionen unterscheiden: Solchen, die ablauforientiert und solchen, die zielorientiert arbeiten.

Zielorientiert würde eine Institution etwa in einem Stadtteil arbeiten, wenn sie für einen bestimmten Zeitraum die Ziele ihrer Arbeit angeben und an den außerhalb dieser Institution festgestellten Erfolgen messen und ausrichten würde. Zum Beispiel könnte sie in Zusammenarbeit mit anderen Institutionen im Stadtteil in definierten Zeitabschnitten anstreben, bestimmte Indikatoren um ein bestimmtes Maß zu ändern wie Jugendalkoholismus und Jugendkriminalität, Zwangs- und Wiedereinweisungsrate in psychiatrische Kliniken oder ähnliches. Andere Feedbacksysteme wären über eine Kontrolle der Institutionen durch die Betroffenen möglich. Ein Beispiel ist das schwedische Ombuds-Mann-System. Unabhängige Ombuds-Männer im Stadtteil, die erhebliche Eingriffmöglichkeiten haben, könnten angerufen werden, wenn man sich in Behörden ungerecht behandelt fühlt. Aus der Arbeit solcher Unabhängiger ließen sich ebenfalls zielorientierte Indikatoren für die Arbeit bilden. Die Ziele von Institutionen dürften nicht allein expertendefiniert sein wie üblicherweise in der Projektevaluation, sondern sie müßten politischer Kontrolle durch kommunale Gremien und direkter Kontrolle durch die Betroffenen (Partizipationsmodelle) unterliegen. Wichtig in diesem Zusammenhang ist die Unterscheidung zwischen zwei Arten von Zielen. Gemeint sind hier nicht Ziele, die sich in Vollzügen definieren lassen, z. B. »diese Institution soll in der Woche 50 Klienten versorgen«, sondern gemeint sind Ziele, die sich auf Wirkungen beziehen, z. B. »50 Klienten sollen die und die Veränderungen ihrer Situation angeben«.

Der Typ der ablauforientierten Institution ist eher die Regel: Es besteht keine klare Definition der Zielsetzung in Form außen feststellbarer Wirkungen, und es erfolgt keine aktive Nachprüfung dieser Wirkungen. Statt dessen orientiert sich die

Praxis an wiederkehrenden, festgelegten Vollzügen, z. B. diagnostische, therapeutische und sozialdienstliche Maßnahmen, die dadurch legitimiert werden, daß sie von Experten durchgeführt oder bürokratisch kontrolliert werden. Die bürokratische Kontrolle besteht in der Vorlage und Absegnung der Akte bei Vorgesetzten. Beratungsstellen, Praxen und vor allem soziale Dienste bewerten ihre Arbeit nach dem Klienten- oder Patientendurchgang und nach den jeweils erbrachten Leistungen.

Von der Realisierung des Finalprinzips sind wir im Bereich der psychosozialen Versorgung noch weit entfernt. Die Sozialberichterstattung der Bundesregierung gibt als soziale Leistung lediglich an, daß bestimmte Gelder für bestimmte Zwecke ausgegeben wurden, nicht daß bestimmte Dinge erreicht wurden. Eine verbindliche Zielorientiertheit der Handlungsabläufe existiert weder auf der Ebene einzelner Institutionen noch auf der Ebene der Sozial- oder Gesundheitspolitik. Diese Evaluationsfeindlichkeit hat zum einen politische, zum anderen methodische Gründe. Werner (1977) weist darauf hin, daß »die Entscheidungsträger dazu tendieren, die Maßnahmen als solche und den – erheblichen – Mitteleinsatz herauszustellen, ohne sich über die eigentlichen Zwecke auszulassen. Auf diese Weise ist eine nachträgliche Interpretation, die auch eine mißlungene Maßnahme noch als respektabel erscheinen läßt, möglich. Wenn jedoch genaue Angaben gemacht werden, wie viele Arbeitslose eingegliedert werden sollen, welches Versorgungsniveau für Renten und Sozialleistungen erzielt werden soll, welche Zwecke die Regionalförderung hat, oder welche Effekte Maßnahmen für Obdachlose, Behinderte oder Drogenabhängige haben sollen, ist ein Mißlingen oder Scheitern aufweisbar und würde auch von Oppositionen im Sinne der Interessenmaximierung ausgenutzt werden. Sie könnten sozusagen die Handlungsunfähigkeit der Exekutive anhand von deren eigener Zielsetzung aufweisen.« (S. 466) Zum anderen ist die Entwicklung von sozialen Indikatoren und die Entwicklung der Planung und Evaluation methodisch noch nicht besonders weit fortgeschritten. Allerdings könnten, nach Meinung Werners, genaue Bestimmungen über das Berichtswesen fixiert werden, und es könnte versuchsweise Evaluation ermöglicht werden.

Ein interessantes Beispiel in diesem Zusammenhang ist die Psychiatrie-Enquête (1975) und die in ihrer Folge erarbeitete

Planungsstudie (1976). In der Planungsstudie wurde von einer Planungsfirma im Auftrag des Bundesministers für Familie, Jugend und Gesundheit der Versuch unternommen, die im Psychiatriebericht enthaltenen Vorschläge zur Neuordnung der psychosozialen Versorgung in ein Planungsraster zu bringen, Realisierungsstufen und Kosten zu berechnen. Der Logik unseres Versorgungssystems folgend ist diese Planungsstudie völlig frei von Gesichtspunkten der Evaluation, also der Erhebung und Bewertung von Auswirkungen auf die Betroffenen. Es handelt sich ausschließlich um eine Gruppierung expertendefinierter Zielsetzungen und Maßnahmen und die Berechnung der jeweils entstehenden Kosten beim Durchspielen unterschiedlicher expertendefinierter Prioritäten für die nächsten dreißig Jahre. Ein Feedback durch die Realität ist im Planungsprozeß nicht mit eingeplant.

Die Evaluation und Zielorientierung allein wäre noch kein Fortschritt, wenn die Ziele nicht von den Betroffenen kontrollierbar sind. Hier gibt es ein erhebliches demokratisches Defizit des immer stärker umverteilenden, planenden und lenkenden »Sozialstaats«. Dieses Defizit zeigt sich u. a. in der Ineffektivität der sozialen Selbstverwaltung bei den über 1500 Sozialversicherungsträgern. Standfest (1977) nennt eine Reihe von Gründen für diesen Mangel. Besonders gravierend ist die mangelnde Basisanbindung: 70% der Versicherten ist überhaupt nicht bekannt, daß es die Selbstverwaltungsgremien in der Sozialversicherung gibt. Standfest schlägt eine gemeindenahe Lösung des Problems mangelnder Partizipation vor: »Die funktionale Alternative zur ideologisch abqualifizierten Einheitsversicherung und zur gegenwärtigen zersplitterten Struktur könnte darin bestehen, daß die Selbstverwaltung regional und örtlich bezogene Arbeitsgemeinschaften der Sozialversicherungsträger mit jeweils zielgerichteter Aufgabenstellung (z. B. Rehabilitation, Gesundheitsvorsorge etc.) initiiert, die sowohl mit den Leistungsanbietern (medizinische Versorgung) als auch mit anderen wichtigen Organisationen (z. B. Betrieben, Schulen) gemeinsam an der Lösung dieser Sachprobleme arbeiten.« (S. 435)

Nach diesem Ausflug in die Mängel, die sich durch das Fehlen der Zielorientiertheit und das Partizipationsprinzip ergeben, will ich zum Vollzug zurückkehren. In ablauf- oder vollzugsorientierten Institutionen gibt es für die dort Arbeitenden unterschiedlich breite Handlungsspielräume. Diese unterschiedlich breiten Handlungsspielräume sind gekennzeichnet durch unterschiedliche Kontrollsysteme des Vollzugs von bestimmten Maßnahmen. In eher therapieorientierten Institutionen gibt es die Kontrolle durch Experten oder die Expertenselbstkontrolle und in Institutionen für soziale Dienste dominiert eher eine bürokratische Rolle.

In dem Beitrag von Barbara Riedmüller wird die Tendenz zur zunehmenden Verrechtlichung von Lebenslagen behandelt. Dies geschieht über eine Vielzahl von Maßnahme- und Förderungsgesetzen, über die Geld- und Dienstleistungen verteilt werden. Hierbei wächst der relative Anteil von personenbezogenen Dienstleistungen. Es gibt eine hohe Differenzierung innerhalb der Anbietersysteme und ihrer Zuständigkeiten. Die Zugehörigkeit zur Zuständigkeit eines bestimmten anbietenden bzw. versorgenden Systems (oder mehrerer Systeme) bestimmt den sozialrechtlichen Status einer Person (z. B. Rentner, Sozialhilfeempfänger, Pensionär, Behinderter, privat Versicherter usw.) und hat aufgrund der Ungleichheit der Leistungen und der Ungleichheit der mit der Leistung verbundenen persönlichen Kontrolle gravierende Auswirkungen für den Betroffenen. Die unterste Stufe der sozialrechtlichen Karriere ist die Zugehörigkeit zum Fürsorgesystem; hier ist die Kontrolle am höchsten und das Leistungsniveau am geringsten.

Unser System der sozialen Sicherheit definiert die Position eines Betroffenen und seiner Angehörigen an seiner Stellung im Produktionsprozeß. Je besser diese Stellung, um so besser ist im allgemeinen die Möglichkeit, sich gegen soziale Risiken abzusichern. Die soziale Situation (z. B. Arbeitsbedingungen, Wohnbedingungen, Ausbildungsbedingungen), die psychische und gesundheitliche Verfassung und die Arbeitsfähigkeit stehen in unmittelbarem Zusammenhang miteinander, wir haben versucht, das eingangs in unserem Fallbeispiel deutlich zu machen. Insofern ist die Arbeit sozialer Dienste wie z. B. des Sozialamtes oder der Familienfürsorge nicht von der Arbeit der kurativ oder rehabilitativ tätigen Dienste zu trennen, auch dann nicht, wenn sie organisatorisch künstlich voneinander getrennt sind.

Die schematisierten Routinen, die für die Behördenbürokratie typisch sind, stellen den Prototyp der Vollzugsorientiertheit dar, der sich auch mehr und mehr im kurativen Sektor ausbreitet. Man denke z. B. an eine durchrationalisierte Praxis eines gut verdienenden Arztes, in der das gut eingespielte Hilfspersonal vielfältige Routinen an den Patienten erledigt, sie schließlich zum Entkleiden in unterschiedliche Warteboxen dirigiert, die sich kreisförmig um das Behandlungszimmer gruppieren, in dem dann wie am Fließband die personenbezogene Dienstleistung des Arztes erbracht wird. Zusätzliche ärztliche Anweisungen technischer Art werden dann anschließend zu weiteren Routinen für das Hilfspersonal.

Auch die gutachterliche Tätigkeit der Heilberufler, mit der die Zugehörigkeit zu bestimmten sozialrechtlichen Kategorien und damit die Anspruchsberechtigung geregelt wird, ähnelt stark dem Vollzug der Behördenbürokratie. Im folgenden Überblick sind einige Beispiele über Wahrnehmungs- und Maßnahmesysteme aufgeführt, die Alltagsroutine in den Institutionen in einer Region darstellen. Sie vermitteln eine Vorstellung von der Breite des psychosozialen Bereichs und von der Vielfalt von professionellen Zuordnungssystemen.

Schema 2: Einige Kategorisierungs- und Maßnahmeroutinen im gegenwärtigen Versorgungssystem (Tabelle nächste Seite)

Bei vielen der auf der linken Seite aufgeführten diagnostischen Kategoriensysteme geht es um folgenschwere Entscheidungen, die auf der Beurteilung und Voraussage von Verhalten und Erleben bzw. Befinden beruhen und die erhebliche psychische Auswirkungen und soziale Konsequenzen haben. Die Grundlagen für solche folgenschweren Entscheidungen sind bisher kaum empirisch untersucht. In der klinisch-psychologischen Literatur gibt es Berge von Untersuchungen darüber, ob und in welcher Variante z. B. die systematische Desensibilisierung oder bestimmte andere Maßnahmen bei phobischen Studenten angebracht seien. Welche Kriterien jedoch routinemäßig verwandt werden, um zu entscheiden, daß Leute mit psychischen Problemen zu »Zwangseingewiesenen«, »Frührentnern«, »Entmündigten« oder »Berechtigten für Berufsförderungsmaßnahmen« gemacht werden, wird nicht untersucht. Bisher ist lediglich die Problematik der Krankheitsfestschreibung in den Blick der Psychologie geraten, nicht die der sozialrechtli-

Schema 2:
Einige Kategorisierungs- und Maßnahmeroutinen im gegenwärtigen Versorgungssystem

Was wird festgestellt? Diagnost. Kategorie	Was wird vollzogen? Maßnahme	Institution	Normierung
Anspruchsberechtigung auf Sozialhilfe	Stattgebung, Gewährung als Geld- oder Dienstleistung	Behördenbürokratie	BSHG, Schwerbehindertenges. etc.
Erwerbs- oder Berufsunfähigkeit	vorzeitige Berentung	nach ärztl. Gutachten: Rentenversicherung	RVO
Gefährdung: sich selbst → andere → Eigentum Wohl des Kindes	Meldung/Beratung »Zwangseinweisung« offiziell: Unterbringung Entziehung von Rechten	Gesundheitsamt Zuführdienst/u. U. Polizei, Familienfürsorge über Amtsgericht	Psych. KG BGB
Erziehungs-, Ehe-, Lebensprobleme	Beratung, Training Therapie	Beratungsstellen	teilweise BSHG, Jug. Wohlf. Ges., Spielraum der freien Wohlfahrtspflege
Neurotische Fehlentwicklung	Psychoanalyse	Niedergelassener Psychotherapeut	RVO
Krankheit	medizinische Behandlung	Niedergelassener Arzt, Krankenhaus	RVO
Arbeitsunfähigkeit	Krankschreibung	Niedergelassener Arzt	RVO
ein Drittel Erwerbsfähigkeit	berufsfördernde Maßnahmen	Berufsförderwerk	Reha-Gesetze
seelische Behinderung	Reha-Maßnahmen	Kurkliniken, Heime, Tagesstätten, Patientenclubs etc.	Reha-Gesetze
Gebrechlichkeit	Pflege	Alten- und Pflegeheim Gemeindeschwestern	BSHG, RVO

chen Festschreibung, die meist noch erheblich folgenschwerer ist. Das diagnostische Maßnahmesystem im Schema 2, das Klinischen Psychologen am vertrautesten ist, nämlich die Feststellung und Behandlung von Erziehungs-, Ehe- und Lebensproblemen, hat quantitativ eine relativ geringe Bedeutung. Auf die Problematik einer entsprechenden Selbstdefinition von Klienten bin ich schon eingegangen.

Ebenso quantitativ unbedeutend ist bisher noch die Nische, die sich die Psychoanalytiker in den ärztlichen Gebührenordnungen mit der Definition der Neurose als behandlungsbedürftiger Krankheit geschaffen haben. Daraus ergibt sich die Kuriosität, daß bisher versicherungsrechtlich und auch in den Selbstdarstellungen der Psychoanalytiker Psychoanalyse und Psychotherapie gleichgesetzt wird. Diese Gleichsetzung fand über die Zusammensetzung der Sachverständigenkommission sogar Eingang in die Psychiatrie-Enquête (1975).

Bei den meisten der übrigen Kategorien- und Maßnahmesystemen entscheiden die bisher einzig anerkannten Heilberufler, nämlich die Ärzte. Es fragt sich, inwieweit hier durch eine Ausdehnung der Heilberufe eine Änderung eintritt. Der Maßnahmevollzug liegt nur bei der medizinischen Behandlung und beim Krankschreiben in den Händen des Arztes und seines Hilfspersonals. Hierbei ist es wichtig zu sehen, daß nur bei der medizinischen Behandlung das medizinische Krankheitsmodell, d. h. die Feststellung von Krankheit, handlungsanleitend ist. Schon bei der »Krankschreibung« müssen andere Kriterien herangezogen werden: Es kann z. B. jemand eine behandlungsbedürftige Krankheit haben (z. B. Diabetes), ohne arbeitsunfähig zu sein.

Wie fällt die Entscheidung, ob jemand arbeitsunfähig ist, bei psychischen Belastungen aus? Wie wird bei seelisch Behinderten entschieden, ob sie noch ein Drittel ihrer Erwerbstätigkeit besitzen, so daß sie Anspruch auf berufsfördernde Maßnahmen haben? Wie wird entschieden, daß jemand mit einer chronischen psychischen Beeinträchtigung Frührentner wird? Wie wird entschieden, daß jemand andere gefährdet? – Sicher ist es im ersten Schritt sinnvoll, daß künftig Psychologen nach der Reliabilität und Validität solcher Urteile fragen, damit ginge es um die Art der Problemlösung. Entscheidender für die Betroffenen wird es sein, nach der Art der Problemstellung durch das

Versorgungssystem zu fragen.

Im folgenden will ich auf verschiedene Aspekte der in dem Schema angesprochenen Vollzüge der Hilfe und Kontrolle von Behörden und von seiten der sogenannten Freien Wohlfahrtspflege eingehen. Die Verrechtlichung von Lebenslagen durch Maßnahmegesetze produziert eine Behördenbürokratie, die damit beschäftigt ist, bei Einzelpersonen nachzuprüfen, ob sie bestimmten im Gesetz fixierten Personenkreisen zugehören, bei denen im Gesetz bezeichnete Lebensumstände bestimmte im Gesetz bezeichnete Maßnahmen notwendig machen. Ein Teil der Betroffenen muß aktiv aufgesucht werden, um kontrollierend einzugreifen (z. B. durch eine Zwangseinweisung oder einen Sorgerechtsentzug), der andere Teil kommt von selbst. Hier muß dann nachgeprüft werden, ob ein ungerechtfertigter Anspruch abzuwehren ist, oder ob eine Hilfe zu »gewähren« ist. Zwischen diesen beiden Tätigkeiten steht der Gesetzesauftrag, zu »helfen«, d. h. in verrechtlichter Form: Geld- und Dienstleistungen an Einzelpersonen heranzubringen, die ihren Anspruch nicht selbst geltend machen. Das Ganze passiert in einer Situation mit mehr oder weniger extremer Mittel- und Personalknappheit.

Besonders deutlich spiegelt sich dieses widersprüchliche Spektrum von Zuständigkeiten, Aufgaben und Einengungen in der Berufssituation der Sozialarbeiter wider.

Preußer und Völkel (1977) beschreiben sehr anschaulich die Beziehung zwischen dem Sozialarbeiter und seinem Klienten als Momente einer verwirrten Interaktion. Um zu überleben brauche der Sozialarbeiter »feinsinnige Arbeitsvermeidungsstrategien, die sich in der täglichen Praxis zu regelmäßigen Gesetzmäßigkeiten verdichten: 1. Man vermeide es unter allen Umständen, Klienten aus der Arbeiterklasse in deren Wohnung aufzusuchen, sondern bestehe statt dessen auf dem Besuch der regelmäßigen Sprechstunden. 2. Man verlege die Sprechstunden an einen Ort, der vom Wohnort des Klienten gehörig entfernt ist, möglichst in ein Bürohochhaus mit endlosen Fluren und nicht voneinander zu unterscheidenden Bürozellen. Dies führt unweigerlich zu Berührungsängsten und Orientierungsschwierigkeiten und löst gelegentlich unerfreuliche Assoziationen an Kasernen und Gefängnisse aus. 3. Man halte Sprechstunden zu einer Zeit ab, die Arbeiter nicht einhalten können, ohne Urlaub zu nehmen. 4. Dennoch ist mitunter ein Hausbesuch nicht zu vermeiden. Man führe ihn zu einer Zeit durch, wo entweder mit hoher Wahrscheinlichkeit niemand zu Hause ist, oder wenn doch, dann so beschäftigt, daß man kaum mit langen Erzählungen behelligt wird. 5. Weitere Vorsichtsmaßnahmen sind empfehlenswert, um den befürchteten Redeschwall nicht erst zur Entfaltung kommen zu lassen: (a) man lehne freundliche Angebote (Schnaps, Bier, Kaffee, Kuchen, Brot) rundweg ab mit der Bemerkung, man sei im Dienst und folglich dem Genießen abhold. (b) Man behalte – wenn es die Jahreszeit zuläßt – am besten Mantel und Handschuhe an, mache es sich unter keinen Umständen bequem, sondern nehme an der äußersten Stuhlkante Platz, womit jedem deutlich wird, daß man eigentlich schon längst woanders sein müßte. (c) Man setze eine geschäftsmäßige Miene auf, gucke grimmigen oder gelangweilten Auges durch die Leute hindurch und beziehe sich beim Reden immer auf das, was aktenkundig vorliegt. (d) Man gucke in regelmäßigen Abständen auf die Uhr, beginne daraufhin verschiedene motorische Aktivitäten zu entwickeln und den Atem zu beschleunigen. (e) Man mache um Himmels willen keine Witze und bediene sich einer eingefrorenen Mimik und Gestik: Sozialarbeit ist eine traurige Pflicht und ohne den gebührenden sittlichen Ernst kaum durchzuhalten...

Es gibt Sozialarbeiter, die über die erwähnten bedingten Reflexe – Resultat oft jahrelanger Berufserfahrung – noch nicht verfügen. In diesem Fall ist der Sozialarbeiter dem proletarischen Lebenszusammenhang hilflos ausgeliefert. Was anfänglich nur als ein Antrag auf vermehrtes Kohlengeld aussah, zieht im Laufe des Gesprächs einen Rattenkönig ungelöster Schwierigkeiten ans Licht: Der Ehemann kann aus gesundheitlichen Gründen seinen Beruf nicht mehr ausüben, eine Rente wird ihm dennoch nicht bewilligt; der älteste Sohn ist arbeitslos und geht undurchsichtigen Beschäftigungen nach; die jüngste Tochter leidet an Anämie, weil die Wohnung feucht ist, und die Oma will nicht ins Altersheim...« (Preußer und Völkel, 1977, S. 44/45)

Diese Beschreibung der beiden Autoren, die eine mehrjährige Arbeit in Obdachlosensiedlungen hinter sich haben, spricht für sich. Auf empirischer Ebene versuchte Blinkert (1976) die berufliche Situation von Sozialarbeitern in unterschiedlichen Institutionen zu erfassen. Sie entwickelten eine Rollentypologie für die Berufspraxis von Sozialarbeitern und überprüften durch strukturierte Interviews die Häufigkeit der einzelnen Rollentypen in unterschiedlichen Institutionen und im Ausbildungssektor. Es wurde zwischen einer Vollzugs-Helfer-Rolle, einer Erzieher-Helfer-Rolle, einer Vollzugs-Kontrolleur-Rolle und einer Erzieher-Kontrolleur-Rolle unterschieden. Es zeigte sich, daß in der Ausbildung vor allem die Erzieher-Helfer-Rolle vermittelt wird und auch das Selbstverständnis jüngerer Sozialarbeiter prägt. Diametral entgegengesetzt ist eine Vollzugs-Kontrolleur-Rolle, die von 35% der professionalisierten

Sozialarbeiter angenommen wird. Verallgemeinernd stellt Blinkert fest, daß »die Folgerung nicht übertrieben ist, daß ungefähr 3/4 der Sozialarbeiter in einer Rolle tätig sind, die keine Beziehung zu dem beruflichen Selbstverständnis als Erzieher und Helfer besitzt. Diskrepanzen zwischen beruflichen Ansprüchen und beruflicher Wirklichkeit zeigen sich am deutlichsten in den Ämtern (Jugendamt, Sozialamt) und bei den Einrichtungen der Freien Wohlfahrtsverbände, die über allgemeine Aufgabenstellungen verfügen und sich in zunehmendem Maße an den gleichen Kodifizierungen der Hilfevoraussetzungen orientieren wie die öffentlichen Einrichtungen« (Blinkert, 1976, S. 89). Zusätzlich wurden auch Reaktionsformen von Sozialarbeitern auf den Widerspruch zwischen beruflichem Anspruch und beruflicher Realität untersucht. Zu Beginn der Berufskarriere erfolgt ein umfassender Plausibilitätsverlust der Berufsrolle, der sich als Empfinden der Normlosigkeit, Sinnlosigkeit und Machtlosigkeit nachweisen läßt. Später lassen sich verschiedene Anpassungsstrategien nachweisen. Blinkert sieht das Dilemma der beruflichen Situation von Sozialarbeitern eng verbunden mit dem Dilemma der benachteiligten Gruppen, aus denen sich die Handlungsadressaten von Sozialarbeitern überwiegend rekrutieren. Wichtige Forderungen wären: Einführung einer Grundversorgung für alle Bürger dieses Staates und Erweiterung des Kreises der global gesicherten Bedarfsgemeinschaften und damit weitere Verringerung der Bedeutung des Fürsorgeprinzips im System der sozialen Sicherung. Befreiung der Jugendhilfe von allen Polizei- und Justizfunktionen. Abbau bürokratischer Kontrollstrukturen und andere Forderungen, die sich auf die Struktur des Systems der sozialen Sicherung beziehen (Blinkert, 1976, S. 154/155).

Ein wesentliches Merkmal der Vollzugspraxis sozialer Dienste ist die bürokratische Kontrolle. Es handelt sich um eine anonyme Form der Experten- oder Anbieterdominanz. Hierzu gehört, daß derjenige, der unmittelbar mit einem Klienten zu tun hat, keine Entscheidungskompetenz über die den Klienten betreffenden Angelegenheiten besitzt. Eine vorgesetzte Ebene muß in jedem Fall die Akte zur Überprüfung vorgelegt bekommen, wobei es darum geht, ob Ausführungsbestimmungen, Regeln, Kompetenzen und Ermessensspielräume adäquat gehandhabt werden. Die Entscheidung erfolgt nach der Überprüfung durch die vorgesetzte Ebene. Für den Klienten fällt die Entscheidung »höheren Ortes«, nicht im Kontakt mit seinem Gegenüber. Für den untergeordneten Berufspraktiker ist die bürokratische Kontrolle eine Kontrolle der korrekten Form, nicht der fachlich inhaltlichen Arbeit, wie etwa bei der Supervision mit fachlich legitimierter Diskussion des beruflichen Handelns. Die Trennung zwischen Entscheidungsebene und Ebene des Klientenkontaktes findet sich z. B. bei den Außendiensten wie Familien- und Jugendfürsorge. Hier werden die Entscheidungen von der zentralen Behörde getroffen.

Besonders extrem ist die Situation im Sozialamt: Entscheidungsgrundlagen sind in relativ schneller Wandlung befindliche Gesetze und oft nur den Verwaltungsangehörigen zugängliche Verwaltungsvorschriften und Verfahrensanweisungen der obersten Behörden. Lucht (1977) hat die Organisationsprobleme dieser Ämter analysiert. »Da immer spezialisiertere Kenntnisse zur Beurteilung eines Sachverhaltes verlangt werden, verliert der Verwaltungsangehörige die Kompetenz, zunächst die gesamte Lage des Betroffenen, später den gesamten Entscheidungsprozeß zu überblicken... Die Entscheidungsprozesse werden – so weit möglich – schematisiert; der Verwaltungsangehörige beurteilt nicht mehr Sachverhalte, sondern entscheidet allenfalls, nach welchem Schema die bestimmte Leistung zu ermitteln ist, wobei ihm selbst hier kaum Entscheidungsmöglichkeiten belassen sind, da auch die Auswahl der Schemata vorgeschrieben ist.« (Lucht, 1977, S. 355) Die Sachbearbeiter auf unterster Ebene werden schlecht bezahlt, haben geringe Karriere-Chancen und keine Entscheidungskompetenz. Das Ausmaß an Personalfluktuation ist hoch. »Dies wiederum zwingt dazu, die Tätigkeiten so zu gestalten, daß sie mit immer geringeren Qualifikationen erfüllt werden können. Zugleich steigen die Anforderungen an die – wenigen – Hochqualifizierten. Neben der Erfindung praktikabler Schemata haben diese deren Einhaltung immer rigider zu überwachen; sie müssen daneben stets darauf achten, daß die Schemata den geänderten Rechtsvorschriften noch entsprechen.« (Lucht, 1977, S. 358) Ein solcher bürokratischer Vollzug befindet sich in extremer Distanz zu den Bedürfnissen der Betroffenen.

Neben den öffentlichen Wohlfahrtsdiensten gibt es in Deutschland die Freie Wohlfahrtspflege mit den Spitzenverbänden: Deutscher Paritätischer Wohlfahrtsverband, Deutscher Caritasverband, Arbeiterwohlfahrt, Deutsches Rotes Kreuz, Diakonisches Werk und die Zentralwohlfahrtsstelle der Juden in Deutschland. Die freien Träger stehen zum großen Teil in der Tradition der caritativen Armenpflege und sind frei vom Zwang der Bindung an Rechtsnormen. Von daher ist eine flexiblere Einstellung zu bestimmten Notständen möglich, und punktuell werden neue Modelle gefördert. Allerdings sind die freien Träger auch auf öffentliche Gelder angewiesen und übernehmen über eine solche Finanzierung mittelbar die durch Gesetze definierten Aufgaben, wobei die spezifische z. T. religiöse Zielsetzung bei der Personalpolitik, der praktischen Arbeit und dem gesellschaftlichen Einfluß der Verbände mit einfließt. Die öffentliche Fürsorge tritt erst ein, wenn die Freie Wohlfahrtspflege nicht schon hilft. Ich habe oben schon erwähnt, daß sich die Berufsrollen der Sozialarbeiter und die administrativen Routinen in ihrer Vollzugsorientierung bei den Ämtern und den großen freien Verbänden kaum mehr unterscheiden.

Ich habe in diesem Abschnitt über Vollzug und Bedürfnis das Fehlen einer Zielorientiertheit sozialpolitischen und institutionellen Handelns angesprochen. Hinzu kam das weitgehende Fehlen von Partizipation und politischer Kontrolle durch die Betroffenen. Dann ging es um die von bürokratischen Notwendigkeiten gesteuerten Vollzugsroutinen der sozialen Dienste. Die Routinen der beratenden und therapierenden Dienste wurden bereits in dem Abschnitt über Heilung und Bedürfnis behandelt: der Vollzug besteht im kurativen Prinzip der Zuordnung von diagnostischen und therapeutischen Maßnahmen bei Einzelfällen. Ich will hier nur noch auf die Kontrolle und Legitimation kurativen und diagnostischen Handelns eingehen:

Eine Evaluation der Effekte findet in der Praxis der Institutionen in der Regel nicht statt. Davon kann man sich leicht überzeugen, wenn man sich die Dokumentationssysteme von Beratungsstellen, Praxen oder Kliniken anschaut (außerhalb des Universitätssektors). Wir haben den Zustand einer fast absoluten Anbieterdominanz: Die fachliche, die soziale und die politische Kontrolle der Dienstleistungsproduktion liegt nahezu ausschließlich beim Anbieter sozialer Dienste. Die Legitimation für die fachlichen Vollzüge institutioneller Praxis liegt im

Expertentum der Professionellen. Ein Experte trifft die unter Berücksichtigung der gegebenen Umstände angemessenen diagnostischen und therapeutischen Entscheidungen, sonst wäre er kein Experte. Kontrollsysteme zur Aufrechterhaltung von Ethos und Kenntnisstand der Profession liegen in der Verantwortung des Berufsstandes selbst. Der Berufsstand der Ärzte bekommt auch per Gesetz eine weitgehende politische Kontrolle über das Versorgungssystem (z. B. durch den Sicherstellungsauftrag für die ambulante Versorgung). Dadurch entsteht ein System, das von den tatsächlichen Wirkungen seines eigenen Handelns weitgehend isoliert ist. Dieses Prinzip bestimmt auch die Praxis der Institutionen im Stadtteil. Über Expertenurteile kann diese Praxis von ihren Effekten auf die Betroffenen abgekoppelt werden. Sie endet dort, wo von zuständigen Experten unter Berücksichtigung vorhandener Mittel die Grenzen des Notwendigen abgesteckt werden.

In unterschiedlichen Institutionen gibt es unterschiedliche Differenzierungen des Experten-Kontroll-Modells. Der vereinzelt freiberuflich Tätige kontrolliert sich lediglich selbst. Als Gegenpart zum ökonomischen Druck des Abrechnungssystems in Richtung Qualitätsverlust der Leistung behauptet der Berufsstand die ideelle Verpflichtung gegenüber dem Berufsethos. Das Argument der ökonomischen Eigengesetzlichkeit der Einzelleistungsabrechnung gilt in gleicher Weise für die Gemeinschaftspraxis, in der ein begrenztes Ausmaß an Teamkontrolle bestehen mag. In Kliniken existiert in unterschiedlichem Maße eine Kontrolle durch die Expertenhierarchie, die Formen bürokratischer Kontrolle annehmen kann. In manchen Kliniken setzt sich Teamkontrolle durch. Selten ist eine Teamkontrolle durch ein interdisziplinär besetztes Team, da die Verantwortung nach wie vor beim Arzt liegt.

Im Modell der therapeutischen Gemeinschaft gibt es Versuche, in Kliniken die Patienten mit an der Expertenkontrolle zu beteiligen. Weit fortgeschrittene Versuche der Kontrolle von vormals expertendominierten Problemlösungen im psychiatrischen Sektor durch die Betroffenen und ihre politischen Vertretungen gibt es in der italienischen Psychiatrie. Die neuen Modelle begannen mit der Negierung der Institutionen (s. Basaglia, 1971).

3. Institutionen und Selbsthilfe

Am Schluß sollen Überlegungen darüber stehen, wie sich die Perspektive der Betroffenen und die Perspektive der Institutionen einander annähern lassen. Es wurde in verschiedenen Facetten gezeigt, wie über die Struktur des Systems der sozialen Sicherung diese Perspektiven auseinandergerissen werden. Die Notwendigkeit einer solchen Annäherung liegt vor allem für den Bereich der Sozialmedizin und den der psychosozialen Dienste auf der Hand.

Im Bereich der vermehrt auftretenden chronisch-degenerativen Krankheiten sind die Heilungserfolge gering. Die Ursachen dieser Krankheiten liegen in einer Kombination von Umweltfaktoren, vor allem der Arbeitswelt, und in allgemein verbreiteten Verhaltensmustern. Die einzig erfolgversprechenden Problemlösungen liegen in präventiven Strategien, die bei den Umwelt- und Arbeitsbedingungen ansetzen und Verhaltensgewohnheiten (Genußmittelmißbrauch, Überernährung, Bewegungsmangel) verändern. Bei der Verbesserung der Lebensbedingungen chronisch Kranker und Alter ist eine Ausgliederung aus ihrem bisherigen Lebenszusammenhang in durchorganisierte Pflegeheimgettos vor den Toren der Städte inhuman. Alternativen liegen in der sinnvollen Verknüpfung institutioneller Aktivitäten und gegenseitiger Hilfe vor Ort; hierbei muß die gegenseitige Familien- und Nachbarschaftshilfe eine systematische sozialpolitische Unterstützung finden. Sowohl der präventive als auch der rehabilitative Bereich erfordert somit bei chronischen Krankheiten eine Mobilisierung und Einbeziehung der Betroffenen.

Bei den psychosozialen Problemen hatte ich die kurative und bürokratische Verplanung der Betroffenen zu passiv versorgten Einzelfällen kritisiert. Auch hier ist eine Stärkung der von den Betroffenen und deren Umfeld selbst mobilisierten Problemlösungen und Ressourcen die einzig gangbare Alternative zur versorgenden und verwaltenden Expertenherrschaft. Entscheidend wäre die Neubestimmung der Grenzen und der Art bürokratischer, professioneller und informeller Erbringung von Hilfen. Im Bereich der bürokratisch und professionell erbrachten Leistungen wäre eine verstärkte Partizipation und vermehrte politische Kontrolle durch die Betroffenen notwendig, mit der zusammen sich ein neues Selbstverständnis der Professionellen entwickeln könnte. Bei den informell erbrachten Hilfen müßten Solidarität, Eigeninitiative, Selbsthilfe und Selbstorganisation ein höheres Maß an sozialpolitischer Unterstützung finden. Es ist somit wichtig, nicht die Aktivierung von Selbsthilfe als neue losgelöste Aufgabe von Institutionen und Professionellen zu definieren, die wiederum ›versorgend‹ unter die Leute gebracht werden muß, sondern zu sehen, daß Institutionen und ihre Aufgaben mehr zur Sache der Betroffenen werden. Das kann dadurch geschehen, daß sie durch verantwortliches Einbeziehen und politisches Bestimmen auf Institutionen Einfluß nehmen.

Für den Bereich bürokratisch erbrachter Dienstleistungen fühle ich mich nicht genügend kompetent, um weiterführende Vorschläge zu diskutieren, die geeignet sein könnten, das Bedürfnis der Betroffenen zum permanenten Organisationsprinzip zu machen. Genannt hatte ich das Ombudsmann-System und die Dezentralisierung der Entscheidungsbefugnisse. Generell kann die Problematik wohl nur über einen Abbau des Fürsorgeprinzips angegangen werden. Das bedeutet, daß jeder einen generellen Anspruch auf eine Grundversorgung haben muß, der nicht erst im Einzelfall bürokratisch überprüft wird.

Welche Möglichkeiten der Partizipation und politischen Kontrolle gibt es nun bei den professionellen Diensten? Ein entscheidender Ansatzpunkt bei den Institutionen, die von den Sozialversicherungsträgern (Kranken- und Rentenversicherung) finanziert werden, wäre die angesprochene regionale Bildung von Arbeitsgemeinschaften durch die Selbstverwaltungsgremien der Sozialversicherungsträger. Tennstedt (1977) schlägt vor, solche Arbeitsgemeinschaften zu Trägern von Beratungsstellen und vielleicht Ambulatorien zu machen, die eine stärkere Publikumsorientiertheit haben sollen. Dieser Vorschlag steht vor allem im Zusammenhang mit sozialmedizinischen Aufgaben. Hierbei wäre die Repräsentation der Arbeitgeber in diesen Selbstverwaltungsgremien problematisch, die eine echte Partizipation der Betroffenen z. T. verhindern würde. (Meist sind die Versicherten [über Gewerkschaftsvertreter] und die Arbeitgebervertreter paritätisch vertreten; bei den Ersatzkassen gibt es nur Versichertenvertreter; bei der Bundesknappschaft 2/3 Versichertenvertreter und bei der Bundesanstalt für Arbeit 1/3 Versicherte, Arbeitgeber und Staat.) In einer Studie des Wirtschafts- und Sozialwissenschaftlichen Instituts des DGB (WSI-Studie, 1977) wird eine Wiederherstellung der Versichertenmehrheit gefordert, wie sie bis 1933 bei den Krankenkassen bestand. Die Studie gibt einen ausgezeichneten Überblick über grundlegende Mängel des Systems der sozialen Sicherung und das gravierende Demokratiedefizit in diesem Bereich. Es wird darin deutlich, daß Chancen der politischen Partizipation im Bereich der Gestaltung der psychosozialen Versorgung durch die Betroffenen ungenutzt sind. Wesentlich ist die Forderung, die Selbstverwaltungsgremien auf der unteren regionalen Ebene zusammenzufassen, nur dadurch können die Betroffenen an Entscheidungen teilnehmen, die ihre eigenen Bedürfnisse nach Dienstleistungen betreffen. In der Studie werden die strukturellen und die politischen Voraussetzungen für eine solche Dezentralisierung der Planungs- und Entscheidungsebenen untersucht.

In der Psychiatrie-Enquête (1975) werden zu diesem Zweck psychosoziale Ausschüsse und Arbeitsgemeinschaften vorgeschlagen, die allerdings nicht nur ein Mittel zur Koordination und Kooperation von Experten, sondern ein entscheidendes Instrument zur Partizipation und politischen Kontrolle durch die Betroffenen sein sollten.

Im folgenden will ich kurz auf ein Modell der Institutionalisierung eingehen, das zumindest die Chance hat, ein hohes Maß an Partizipation durch die Betroffenen zu sichern und in hohem Maß Selbsthilfe zu mobilisieren. Es handelt sich um regional begrenzte Initiativen oder »soziale Aktionen« etwa zur Einrichtung eines Jugendzentrums, eines Spielplatzes, eines Treffpunktes, einer Beratungsstelle usw. In unterschiedlich intensivem Maße sind Professionelle oder Semiprofessionelle beteiligt, die sich mit den Zielen der Betroffenen solidarisch fühlen. Häufig wird ein gemeinnütziger Verein gegründet und eine öffentliche Finanzierung solcher Projekte angestrebt. Es setzt meist ein dornenreicher Weg ein, der gelegentlich über Spendenbeschaffung und publizistische Mobilisierung schließlich tatsächlich zu einer öffentlichen Finanzierung führt. Eine Gefahr solcher Modelle liegt in der schon vielfach angesprochenen Expertendominanz, mit der professionelle Macher die Sache der Betroffenen in die Hand (und ihnen aus der Hand) nehmen. Wichtig ist die Wahrung des regionalen Bezugs. Die Vereinsmitglieder, die über einen gewählten Beirat die Verantwortung für eine solche Institution (personell und von der Zielsetzung her) übernehmen, müssen sich tatsächlich aus der Region und Betroffenen rekrutieren. Bei einer solchen Konstruktion haben Professionelle eine Chance, von der Struktur der Institution her zu lernen, sich selbst mit ihrem Expertentum als Bestandteil der Situation zu begreifen, die es zu verändern gilt.

Eine weitere und letztlich entscheidende Problematik liegt in der Beziehung zu behördlichen Stellen und auch etablierten freien Trägerverbänden. Hegner und Schmidt (1977) schreiben zum Schicksal solcher sozialer Aktionen: »Die etablierten Träger und Einrichtungen haben, wie fast alle formal organisierten Kooperationssysteme mit bürokratischen Merkmalen, sowohl die Tendenz, sich selbst zu ›verewigen‹ als auch konkurrierende Initiativen ›abzublocken‹; zum anderen haben sie die Tendenz, in den Fällen, wo ihre eigene ›Leistungsunfähigkeit‹ so offenkundig wird, daß in der Öffentlichkeit konkurrierende Initiativen gefordert werden, rechtzeitig auf deren Gestaltung einzuwirken, damit diese weder eine wirkliche Konkurrenz noch ein unberechenbarer ›Störfaktor‹ werden können; zum dritten haben zahlreiche Organisationswissenschaftler – vor allem solche, die als Berater etablierter Träger und Einrichtungen wirken – die Tendenz, von einer prinzipiellen Überlegenheit formal organisierter Versorgungs- und Betreuungsangebote auszugehen, mit der fatalen Folge, daß Mängel bestehender Instanzen durch neue, formal organisierte Maßnahmen nur scheinbar ›bekämpft‹ werden.« (S. 47)

Die in dem Zitat angesprochene Situation führt dazu, daß es vor allem zwei Klippen gibt, zunächst, daß selbstorganisierte Initiativen nicht anerkannt und damit nicht finanziert werden und dann, wenn sie tatsächlich öffentliche Mittel erhalten, daß sie »geschluckt« werden, d. h., daß über Auflagen oder Angliederung die Partizipation durch die Betroffenen wieder abgeschnitten wird. Hier ist eine entscheidende Umorientierung notwendig, die sich sowohl auf die gängige sozialpolitische Orientierung als auch auf das gängige professionelle Selbstverständnis bezieht. Etablierte Institutionen müssen lernen, daß es nicht um das Abwehren, sondern um das Aufspüren, Initiieren und Unterstützen selbstorganisierter Initiativen geht.

Der Begriff der »sozialen Aktion« wird von Hegner und Schmidt wesentlich weiter gefaßt und bezieht sich nicht nur auf das eben beschriebene Modell des gemeinnützigen Vereins. Es handelt sich um den Gesamtkomplex von Selbsthilfe, Familienhilfe, Nachbarschaftshilfe, informeller Selbstorganisation (z. B. in einer Mieterinitiative) bis hin zur Gründung von Bürgerinitiativen und Vereinen. Die Autoren fordern, »es gehe um die Bereitschaft, Formen der Selbstorganisation als Alternative zu formal organisierten Veranstaltungen nicht nur zu akzeptieren, sondern politisch aktiv zu unterstützen. Dabei wird vorausgesetzt, daß soziale Aktionen bzw. Aktionsgruppen ihre positiven Wirkungen mit Bezug auf die Milderung von Benachteiligungen Behinderter und psychisch Gestörter unter den Bedingungen der gegenwärtigen Gesellschaftsordnung nicht mehr in allen Fällen ohne die Unterstützung von seiten formal organisierter Hilfsinstanzen erzielen. Dem trägt man gegenwärtig dadurch Rechnung, daß beispielsweise Familien durch die Gewährung finanzieller Erleichterung, durch Angebote von Schulungskursen in Krankenhilfe oder durch die Aufnahme der Angehörigen Behinderter in die Krankenversicherung darin bestärkt werden, körperlich, geistig und seelisch behinderte Familienmitglieder zu versorgen und zu betreuen. Zugleich werden auch heute schon gemeinnützige Vereine als private Träger von Betreuungs- und Versorgungsmaßnahmen mit öffentlichen Mitteln ausgestattet und von etablierten Trägern durch fachliche Beratung oder durch die Bereitstellung von Räumen etc. gefördert. Mit solchen Maßnahmen wird jedoch lediglich punktuell und ohne gesellschaftliches Gesamtkonzept das – zufällig – vorhandene Potential an Fähigkeiten und Bereitschaft zur Selbstorganisation und Selbsthilfe mehr reaktiv als aktiv unterstützt.« (Hegner und Schmidt, 1977, S. 546/47)

Diese Konzeption erfordert m. E., Selbstorganisation und Selbsthilfe nicht nur materiell, sondern auch durch Änderung des professionellen Selbstverständnisses unterstützen und fördern zu lernen. An die Stelle des »Kurierens« muß die Sensibilität treten, Lösungen anderer wahrzunehmen, sie ernst zu nehmen, zu bestärken, Feedback zu geben und neben dieser Art der Unterstützung materielle Ressourcen für die Problemlösungen zu mobilisieren. Die Chancen der Selbsthilfe dürfen nicht liberal mißverstanden werden. Es geht nicht um die individuelle Mobilisierung von Bürgersinn und »human potentials«. Selbstinitiative ist nicht die Ideallösung zur Verbilligung des sozialen Systems, damit würden wir einer sehr romantischen Vorstellung von Stadtteilen, Landkreisen oder Gemeinden aufsitzen. Wenn wir feststellen, daß z. B. in Hochhaus-Schlafgettos für »sozial schwache Familien«, wie sie überall als Trabanten-Städte existieren, soziale Infrastrukturen praktisch nicht existieren, wenn wir feststellen, daß dort bei einer hohen Fluktuation keine Strukturen der Nachbarschaftshilfe mehr existieren, dann reicht es nicht, Bürger mit Potentialen von Selbsthilfe zu identifizieren und zu ihren Nachbarn zu schicken, dann sind die materiellen Voraussetzungen für die Entstehung von Selbsthilfe zunächst einmal herzustellen. Die Möglichkeiten zur Selbsthilfe liegen hier ganz wesentlich in der Stabilität und den Ressourcen mikrosozialer Netzwerke: Man muß genügend lange in einer umschriebenen Region zusammenwohnen, denn gegenseitige Hilfe zahlt sich aus, wenn über längere Zeit mal der eine und mal der andere beansprucht wird. Man braucht Zeit für Hilfen und muß u. U. für einen Verdienstausfall entschädigt werden. Man darf nicht zu sehr durch eigene Nöte beansprucht sein. Man braucht außerdem eine Lebenswelt, in der man Nachbarn bei alltäglichen Aktivitäten (Einkaufen, Freizeit, Sport) überhaupt begegnet. Hierfür werden Räume und Einrichtungen benötigt, die Geld kosten. Eine differenzierte Analyse der Bedingungen für Selbstorganisation und nachbarschaftliche Hilfe in Neubaublocks findet man in dem von Gronemeyer und Bahr (1977) herausgegebenen Reader.

Für Professionelle ist es offenbar auch bei der Selbsthilfe außerordentlich schwer, sich vom kurativen Modell zu lösen. Sie können sich nicht vorstellen, daß Laien – wenn sie sich helfen wollen – etwas anderes machen, als sich gegenseitig zu »behandeln«. Das wäre dann, sofern sie die Muße dazu hätten, in der Tat billig.

Moeller (1977a) spricht bei der Selbsthilfe vom »zweiten Versorgungsweg«. Er rechnet vor, daß bei einem in Gießen erprobten Modell eines übergeordneten Treffpunktes von Selbsthilfegruppen ein »Psychotherapeut«, der auf einem solchen zweistündigen Forum i. S. einer »psychotherapeutischen

Beratung« mitarbeiten würde, 100 bis 150 Personen zur Verfügung stehen würde (S. 43). Nach seiner Auffassung handelt es sich um eine Gruppenselbstbehandlung, »die Verbindung der konfliktfreien, sozusagen kurativen Anteile aller Mitglieder bildet das Äquivalent des Therapeuten« (Moeller, 1977a, S. 46). Das kurative Prinzip, das ich bisher eher als Strukturprinzip unseres Versorgungssystems kritisiert hatte, wird hier zum mobilisierbaren Ichbestandteil erklärt und auf diese Weise individualisiert und als »kuratives Ich« (Moeller, 1977b, S. 344) verinnerlicht.

Die Rekrutierung der Mitglieder von Selbsthilfegruppen, so wie sie in den USA und mittlerweile auch in der Bundesrepublik als »Bewegung« existieren, erfolgt nicht als umschriebene regionale Initiative, sondern die Betroffenen sind weit verstreut. Es wird das Angebotskonzept von spezialisierten Behandlungsinstitutionen kopiert, und es handelt sich dann um den freien Zusammenschluß freier Individuen mit denselben Diagnosen (Neurotiker, Alkoholiker, Diabetiker, Rheumatiker usw.).

Ohne Zweifel erfüllen auch solche Selbsthilfegruppen wichtige Funktionen, und meine Kritik richtet sich gegen die Eingeschränktheit des skizzierten Konzeptes, mit dem Hilfspotentiale individualisiert und aus dem sozialen und regionalen Bezug gelöst werden. Eine solche Konzeption kann keine Leitlinien für die Rolle der Selbsthilfe und Selbstorganisation im Stadtteilbezug liefern.

Bei einer gemeindepsychologischen Perspektive wäre die Arbeit der Institutionen in einer Region auf soziale Aktionen von Betroffenen zu beziehen. Hierbei läßt sich das Selbstverständnis und die Handlungsfähigkeit Betroffener langfristig nur ändern, wenn sie eine stärkere politische Kontrolle über die Institutionen erhalten, wenn sie an Zielsetzungen und Entscheidungen der Institutionen ihrer Region beteiligt sind und ihre Initiativen gegenseitiger Hilfe aktiv aufgegriffen und unterstützt werden. Eine solche Auffassung setzt eine umfassende Änderung sozialpolitischer und institutioneller Orientierungen voraus. Bisher gibt es nur punktuelle Ansätze an der Basis in Form vielfältiger Stadtteilinitiativen auf dem psychosozialen Sektor, die sich zum Ziel setzen, die Kluft zwischen dem Bedürfnis der Betroffenen und den etablierten Institutionen zu überbrücken.

In Zusammenhang mit einer besseren Bedürfniserfassung hatte ich anfangs Zielsetzungen einer »psychosozialen Kontaktstelle« skizziert, die in der Psychiatrie-Enquête (1975) als bevölkerungsnah arbeitende Institution vorgeschlagen wurde und zur Zeit in Hamburg erprobt wird (Autorenteam, im Druck). Wichtige Merkmale dieser Konzeption sind das Unspezialisiertsein, also das Offensein für vielfältige Probleme i. S. des Schema 1, die Mobilität, d. h. das aktive Aufsuchen der Betroffenen, die Betonung regional orientierter Gruppenarbeit und der Schwerpunkt auf der Förderung von Selbsthilfeinitiativen. Der sozialmedizinische Aspekt ist bisher bei diesem in einem Hamburger Arbeiterstadtteil lokalisierten Projekt nicht ausreichend integriert. Schwierigkeiten, die sich bei der Realisierung des Konzeptes inzwischen ergeben haben und bisher noch nicht publiziert wurden, sind nach meinem Eindruck folgende: Viele Mitarbeiter haben durch ihre Ausbildung und Professionalisierung eine zu starke kurative Orientierung, mit der sie die Betroffenen zu »therapierten Klienten« machen und zu bereitwillig die Verantwortung für ihre Änderungsprozesse zu übernehmen. Das Ergebnis bei den Mitarbeitern ist das Gefühl, überfordert und überlastet zu sein, der Umlernprozeß ist mühsam. Die Verankerung im Stadtteil ist schwierig, da die Initiative auf der Ebene Hamburgs (und nicht des Stadtteils) gestartet wurde und ausschließlich von Professionellen ins Leben gerufen wurde. Hierdurch ist die Basisanbindung schwierig und der Kontakt zu den Betroffenen und ihren Selbsthilfemöglichkeiten muß erst mühsam hergestellt werden.

Die Schwierigkeiten erscheinen mir typisch für Stadtteilprojekte. Diejenigen, die bisher tatsächlich Chancen haben, so etwas zu realisieren, sind eher Professionelle, sie sind bewilligenden Behörden gegenüber eher in der Lage, »Seriosität« auszustrahlen. Das liegt an der angesprochenen sozialpolitischen Situation. Eine logische Konsequenz ist, daß dieselben Professionellen über ihre eigene heilungsorientierte Berufsozialisation stolpern. Der Aufbau von Modellen neuer Institutionen ist sicher nicht die Patentlösung für die in diesem letzten Abschnitt beschriebene Problematik und sollte sozialpolitisch nicht überschätzt werden. Neue institutionelle Modelle können jedoch eine Katalysatorfunktion bei der Überbrückung der Kluft zwischen etablierten Institutionen und den Bedürfnissen der Betroffenen übernehmen.

Weiterführende Literatur:

von Ferber, C., Kaufmann, F.-X. (Hrsg.): *Soziologie und Sozialpolitik.* Sonderheft 19 der Kölner Zeitschrift für Soziologie und Sozialpsychologie, Opladen: Westdeutscher Verlag, 1977, S. 438-462

Dörner, K.: Wege zur Selbsthilfe bei psychisch Kranken. In: *Theorie und Praxis der Sozialen Arbeit* (1977[4], S. 123f. und in: *Sozialpsychiatrische Informationen* 1977, 40/41, S. 34-40

Gronemeyer, R. und Bahr, H. E. (Hrsg.): *Nachbarschaft im Neubaublock. Empirische Untersuchungen zur Gemeinwesenarbeit, theoretische Studien zur Wohnsituation.* Weinheim: Beltz, 1977

Ritter-Röhr, D. (Hrsg.): *Der Arzt, sein Patient und die Gesellschaft.* Frankfurt: Suhrkamp, 1975

Schmid, S.: *Freiheit heilt. Bericht über die demokratische Psychiatrie in Italien.* Berlin: Wagenbach, 1977

WSI-Studie: Sozialpolitik und Selbstverwaltung – Zur Demokratisierung des Sozialstaates. Herausgegeben vom Wirtschafts- und Sozialwissenschaftlichen Institut des Deutschen Gewerkschaftsbundes (Projektleiter: Standfest, E.) Köln: Bund Verlag, 1977

Barbara Riedmüller
Psychosoziale Versorgung und System sozialer Sicherheit

1. Das System sozialer Sicherheit als institutioneller Rahmen psychologischer/psychotherapeutischer Tätigkeit
1.1. Einleitung
1.2. Sozialpolitische Perspektiven der Psychiatrie-Enquête
2. System sozialer Sicherheit als institutioneller Rahmen psychosozialer Versorgung
2.1. Einige Grundprinzipien
2.1.1. Das Versicherungsprinzip
2.1.2. Das Prinzip der Fürsorge
2.2. Sozialpolitische Thesen
2.2.1. Sozialpolitik als soziale Kontrolle
2.2.2. Verrechtlichung als Politikform
2.3. Die klinische Psychologie in der Sozialpolitik
3. Neuordnung der Rehabilitation im Sozialgesetz
3.1. Sicherstellungsauftrag
3.2. Rehabilitationsgesetze/Behindertengesetze
3.3. Bundessozialhilfegesetz
4. Ist eine Reform möglich?

1. Das System sozialer Sicherheit als institutioneller Rahmen psychologischer/psychotherapeutischer Tätigkeit

1.1. *Einleitung*

Die Reformdiskussion der letzten Jahre hatte vor allem die Kritik und Weiterentwicklung therapeutischer Modelle zum Gegenstand, dabei blieb der Versorgungsaspekt oder allgemeiner der institutionelle Kontext der Tätigkeit im psychosozialen Bereich der Gesundheitsversorgung zumeist ausgeblendet. Zwar wird in den Konzepten vor allem der ›Sozialpsychiatrie‹ und ›Gemeindepsychiatrie‹ die therapeutische Praxis nicht isoliert auf den Patienten bzw. das Verhältnis Therapeut/Patient zentriert gesehen, doch sind die spezifischen institutionellen Strukturen des Gesundheitssystems, die diese Reformkonzepte determinieren oder verhindern, noch wenig diskutiert. Vor allem die Bemühungen um die Zulassung der Psychologen zur Gesetzlichen Krankenversicherung (GKV) zeigen diese Problematik. Es wird von der Annahme einer steigenden Nachfrage psychosozialer und therapeutischer Dienstleistungen ausgegangen, eine Annahme, die in der Bundesrepublik auf ungenügenden epidemiologischen Daten über den tatsächlichen Gesundheits-/Krankheitszustand der Bevölkerung aufbaut und sich vorwiegend expertendefinierter Sollzahlen bedient. Weder die ökonomischen noch die politischen Determinanten der Gesundheitsversorgung, die diesen Bedarf lenken (durch das Angebot an Dienstleistungen im Verhältnis zum vorhandenen Beitragsaufkommen der Krankenkassen) sind Gegenstand der Professionalisierungsdiskussion der Psychologen. Diese Abstraktion von sozialpolitischen Zusammenhängen wird verstärkt durch das Unwissen der Psychologen; im Unterschied zur Ausbildung von Sozialarbeitern sind die Leistungen (und Mängel) des Systems sozialer Sicherheit nicht Ausbildungsgegenstand. Der Psychologe ist daher beim Übergang in die Berufspraxis erheblichen Schwierigkeiten ausgesetzt, was die Finanzierung von Therapien und die Inanspruchnahme sozialer Leistungen seitens seiner Klientel betrifft. Es ist daher nicht verwunderlich, daß der medizinische Professionalisierungstyp das Lernmodell psychotherapeutischer Berufspraxis darstellt, denn dieser ist sowohl sozial wünschenswert (Einkommen, Prestige) als auch sozialpolitisch erprobt. Dabei wird allerdings vergessen, daß im Braten, von dem die Psychologen essen wollen, schon die Gabel des Mediziners steckt.

Der folgende Beitrag soll eine Einführung in sozialpolitische Probleme der psychosozialen Gesundheitsversorgung sein, wobei hier der Akzent auf die gesetzliche Regelung und Weiterentwicklung der Gesundheitsversorgung gelegt wird (im Unterschied zu ökonomischen Verteilungsproblemen, die Hagen Kühn i. d. Buch behandeln wird).

Die Anknüpfung an die Psychiatrie-Enquête soll zeigen, welche Konsequenzen die Vernachlässigung sozialpolitischer Prozesse für die Reform der psychosozialen Versorgung hat. Daran schließen einige grundlegende Erläuterungen über die Prinzipien des Systems sozialer Sicherheit in der Bundesrepublik an. Darauf folgt eine Darstellung der gesetzlichen Entwicklung, wie sie für den Auf- und Ausbau der psychosozialen Versorgung relevant wird. Dies betrifft den »Sicherstellungsauftrag« mit dem zugrunde liegenden sozialpolitischen Prinzip des Versicherungssystems, die Rehabilitationsgesetze, die eine Neuordnung des vorsorgenden Versicherungswesens bedeuten, und das Bundessozialhilfegesetz, das in großen Teilen das traditionelle Prinzip der Fürsorge überwindet zugunsten einer kompensierenden Funktion der negativen Folgen des Versicherungswesens.

1.2. *Sozialpolitische Perspektiven in der Psychiatrie-Enquête*

Die Psychiatrie-Enquête umfaßt neben der Darstellung der Krise der psychiatrischen Versorgung in der BRD einen Katalog von Empfehlungen und Maßnahmen zur Verbesserung der ambulanten und stationären Versorgung. Auf diesen Empfehlungen soll eine bedarfsgerechte Versorgung aufbauen. Allerdings gehen die in der Psychiatrie-Enquête entwickelten sozialpolitischen Leitziele vorwiegend von expertendefinierten Bedarfsnormen aus, denen in der Regel institutionell festgelegte Sollzahlen zugrunde liegen (z. B. Anzahl der Klinikbetten in den psychiatrischen Landeskrankenhäusern).

Neben dieser Quelle quantitativer Hochrechnungen dienen internationale vergleichende Untersuchungen der Psychiatrie in Dänemark, Schweden und England als Modelle. Genaue Daten über den Krankenstand lassen sich aufgrund des Mangels epidemiologischer Untersuchungen in der BRD nicht anführen. Mit Ausnahme der im Jahr 1965 in Mannheim durchgeführten Studie zur Inzidenz und Prävalenz psychischer Erkrankungen (Häfner, Reimann, 1965) liegen der Enquête demnach Bedarfszahlen zugrunde, die als politisch normativ gefilterte Größen gelten können, deren sozialpolitischer Inhalt als Abbild des bestehenden medizinischen Versorgungssystems entstanden ist.

Zumindest in der Grundstruktur bleibt in den Vorstellungen der Verfasser der Psychiatrie-Enquête die Gliederung von ambulanter und stationärer Versorgung erhalten. Die Reform dieser beiden Bereiche folgt den institutionellen Prämissen der medizinischen Heilpraxis mit dem gesetzlich fixierten Versorgungsmonopol durch den niedergelassenen Arzt. Die Reform der Klinik folgt dem Modell einer weitgehenden Differenzierung und Spezialisierung nach Krankheitsarten. Die fehlende Auseinandersetzung mit den sozial- und gesundheitspolitischen Voraussetzungen für eine Reform der psychosozialen Versorgung führt dazu, daß sozialmedizinische Leitsätze wie Prävention, Orientierung am sozialen Umfeld, Gesundheitsaufklärung in das medizinische Handlungsmodell gezwängt werden. Die Erweiterung des naturwissenschaftlichen Krankheitsmodells um die psychosoziale Dimension bedeutet als Konsequenz mangelnder gesundheitspolitischer Alternativen letztlich die Verdoppelung der Rolle des Arztes in die des Therapeuten und eventuell des Sozialarbeiters. Daß das medizinische Handlungsmodell, dessen institutionelle Praxis Manfred Zaumseil i. d. Buch beschrieben hat, grundsätzlich erhalten bleibt, kann an zwei zentralen Argumentationsfiguren der Enquête demonstriert werden: *einmal* ist in der Enquête als Medium der Reform die berufspolitische Auseinandersetzung der beteiligten Gruppen um den Markt des psychisch Kranken durchgehalten, eine Konkurrenz, die das gewerbsmäßige Handeln des Mediziners imitiert. Die dominante Reformrethorik der Enquête ist in Professionalisierungsstrategien ausgedrückt: Aus-, Fort- und Weiterbildung von Medizinern, Sozialarbeitern, Lehrern usf. sollen den Reformgedanken in die betroffenen Institutionen, Schulen etc. tragen, ohne daß die Voraussetzungen für die Anwendung dieses Wissens geschaffen wären. Der Lehrer z. B. wird letztlich funktionalisiert für die Interessen therapeutischer Professionen, indem er psychisch auffällige Kinder frühzeitig an diese vermittelt. Nicht die Handlungskompetenz des Lehrers soll erweitert werden, sondern dieser soll bei auftretenden Konflikten den Experten anrufen.

Die *zweite* Argumentationsfigur der Enquête, die das medizinische Modell abbildet, betrifft den Bereich der Rehabilitation. In dem Maße, wie die Grundsäulen der medizinischen Versorgung (stationäre und ambulante) auch die psychosoziale Versorgung tragen sollen, sind Reformentwicklungen, die sich nicht in den Funktionsmodus der gesetzlichen Krankenversicherung einpassen lassen, zum Scheitern verurteilt. Der wesentliche Mechanismus des Versicherungsprinzips besteht darin, daß jede Leistung in Geldgrößen übersetzbar sein muß, d. h., daß das Angebot an Leistungen vom Beitragsaufkommen der Versicherten abhängt, *und* daß jede Leistung individuell zurechenbar sein muß. Beide Voraussetzungen würden durch das Konzept einer präventiven umfeldorientierten Sozialpsychiatrie gesprengt, denn weder gilt das einzelne Individuum als ausschließlicher Bezugspunkt, noch ist die erbrachte Dienstleistung in monetären Größen an einem durch Angebot und Nachfrage funktionierenden Markt meßbar. Die Spezifik personengebundener Dienstleistungen wird grundsätzlich ausgeblendet, da deren Effizienz unklar bleibt, gemessen an den »Stückwerten« der Praxis des niedergelassenen Arztes. Für die Beurteilung des Reformgehalts der Psychiatrie-Enquête ist wesentlich, daß unter den Bedingungen des bestehenden medizinischen Versorgungssystems eine Umorientierung der Psychiatrie zwangsläufig auf den Bereich der Rehabilitation beschränkt bleibt. Die intendierte Einbeziehung sozialer Faktoren in das therapeutische Handeln reduziert sich letztlich auf die reintegrierende, sozialkompensierende Tätigkeit der Rehabilitation. Die sozialpolitischen Ziele sind im ganzen auf die Wiederherstellung der Arbeitskraft fixiert, wie sie in den Institutionen der Sozialversicherung verfolgt werden (Rentenversicherung, Arbeitslosenversicherung). Rehabilitation ist von der Perspektive der Psychiatrie-Enquête her gesehen derjenige Bereich der psychosozialen Versorgung, der für Psychologen neue Tätigkeitsfelder im Sinne einer integrierten sozialtherapeutischen Praxis eröffnet, die allerdings im Schatten der medizinischen Psychiatrie und der ambulanten Psychotherapie durchgesetzt werden muß.

Die Einbeziehung der Bereiche Arbeit, Wohnen, Freizeit in ein Konzept psychotherapeutischen/psychiatrischen Handelns wird daher die Psychiatrie/Psychotherapie im Kern nicht verändern können. Zudem wird sich im Bereich der Rehabilitation die sozialintegrative Funktion therapeutischer Praxis mit dem Ziel der Erhaltung der sozialen Funktionsfähigkeit des Individuums durchsetzen. Diese Konsequenz soll im weiteren anhand der Entwicklung der sozialgesetzlichen Bedingungen der psychosozialen Gesundheitsversorgung begründet werden.

2. System sozialer Sicherheit als institutioneller Rahmen psychosozialer Versorgung

2.1. *Einige Grundprinzipien*

Das System der sozialen Sicherheit der Bundesrepublik beruht im wesentlichen auf dem *Versicherungsprinzip;* komplementär zum Versicherungsprinzip steht das Prinzip der *Fürsorge.* Für die Gesundheitsversorgung der Bundesrepublik unbedeutend ist das Prinzip der *Versorgung,* das im wesentlichen die Bewältigung der Kriegsfolgen (Kriegsopferversorgung und Lastenausgleich) sowie der Beamtenversorgung zur Aufgabe hat. Betrachtet werden soll das Versicherungsprinzip und das Fürsorgeprinzip (ich schließe mich hier den zusammenfassenden Darstellungen durch Rik van den Bussche [1975], Reiners/Volkholz [1977] an).

2.1.1. *Versicherungsprinzip.* Das Gesundheitswesen der Bundesrepublik baut in erster Linie auf der gesetzlichen Sozialversicherung, im wesentlichen der gesetzlichen Krankenversicherung, auf. Das Versicherungsprinzip beruht auf den Gedanken der »Risikogemeinschaft« und des »Risikoausgleichs«. Bestimmte, gemeinsam bedrohte Personen mit gleichartigen und schätzbaren Risiken schließen sich zu einer Gefahrengemeinschaft zusammen. Solche Gemeinschaften mit dem Ziel der Sicherung vor Krankheit und der Vorsorge für das Alter sind zuerst durch die »Arbeitervereine« gegründet worden (vgl. Tennstedt, 1976). Der Risikoausgleich innerhalb dieser Gemeinschaft setzt voraus, daß die Summe der Beiträge die Dekkung der Versorgungskosten im Schadensfall garantiert, und daß jeder Versicherte bei Eintritt eines Versicherungsfalls Anspruch an die Gemeinschaft auf Ausgleich hat. Das Versicherungsprinzip besteht also im wesentlichen auf »Selbsthilfe«, doch ist im Unterschied zum privatwirtschaftlichen Versicherungssystem die Beziehung Beitrag/Leistung *(Äquivalenzprinzip)* entkoppelt. Das bedeutet nicht, daß die Leistungen nicht beitrags- bzw. einkommensproportional gewährt werden (so bei der Rentenversicherung, der Arbeitslosenversicherung), doch ist das Äquivalenzprinzip in der Sozialversicherung modifiziert, indem Umverteilungen innerhalb der Risikogemeinschaft stattfinden und die Beiträge nicht nach dem individuellen

Risiko, sondern nach Einkommen berechnet werden. Diese Modifizierung des reinen Versicherungsprinzips ist im Begriff der *»Solidargemeinschaft«* festgehalten. Das Solidaritätsprinzip beinhaltet einen Rechtsanspruch auf die Art und Höhe der Leistung, die in den Abteilungen der Sozialversicherung unterschiedlich fixiert sind (z. B. gilt in der Rentenversicherung die Beitragszeit und -höhe als Maßstab). Mit diesem Prinzip werden Elemente des Versorgungssystems, d. h. dem generellen Rechtsanspruch auf den Inhalt der Leistung, in das Versicherungssystem hineingetragen (vgl. Tomandl, 1972). Damit wird zugleich ein Widerspruch mit institutionalisiert, der sich heute in der Kostendiskussion der Krankenversicherung und der Rentenversicherung aktualisiert. Denn die Umverteilung des Risikos muß durch das Beitragsaufkommen abgedeckt sein. Dies ist in der GKV gefährdet, indem die Ausgaben schneller wachsen als die Beiträge, mit der Folge, daß heute trotz der Erhöhung der gesetzlich fixierten Beitragsgrenze gleichzeitig die Ausgaben gekürzt werden sollen. Daß der Beitragserhöhung durch die Lohnentwicklung eine Grenze gesetzt ist, führt demnach aktuell zu einer Einschränkung von Leistungen, um das Beitragsdefizit zu decken. Die Mechanismen der finanziellen Steuerung der Sozialversicherung hat Hagen Kühn i. d. Buch ausführlich beschrieben.

In der Sozialversicherung ist das Äquivalenzprinzip aber auch durch nicht-monetäre Größen unterlaufen.

Die gesetzliche Regelung der Leistungen der einzelnen Versicherungsarten eröffnet dem Staat erhebliche Eingriffsmöglichkeiten. Zwar sind die Versicherungen formal vom Staat unabhängige Institutionen, aber die Festlegung des Leistungskatalogs geschieht durch Gesetz (insbesondere der Reichsversicherungsordnung, RVO). Diese politische Steuerung hat zwei Konsequenzen: einmal unterliegen damit Art und Umfang der Leistungen der Sozialversicherung politischen »bargaining«-Prozessen, d. h., daß diese im Medium politischer Auseinandersetzungen (Parteien, Gewerkschaften, Verbände) formiert werden, zum anderen sind mit dieser staatlichen Kompetenz die Selbstverwaltungsorgane der Sozialversicherung weitgehend machtlose Instanzen geworden. Die Organe, bestehend aus Unternehmervertretern und Vertretern der Versicherten, der Selbstverwaltung, werden – wie man es anhand der Geschichte der Selbstverwaltung als eine zunehmende Entpolitisierung zeigen kann (vgl. Rodenstein, 1977) – immer mehr für organisationsinterne Funktionen abgestellt, das politische Mandat wird damit von verwaltungsinternen Sachzwängen abgeschirmt.

2.1.2. *Das Prinzip der Fürsorge.* Im Unterschied zum Versicherungsprinzip kennt das Fürsorgeprinzip keinen Rechtsanspruch auf Art und Umfang der Leistung. Zwar besteht ein prinzipieller Rechtsanspruch auf Sozialhilfe, der im Bundessozialhilfegesetz (BSHG) geregelt ist, doch muß der Anspruch im Einzelfall geprüft werden. Denn die Fürsorge ist der individuellen Lebensvorsorge (und der Familie) nachgeordnet, d. h. die Sozialhilfe ist grundsätzlich *subsidiär.* Diese prinzipielle Orientierung an individuellen Notlagen bedeutet, daß der einzelne seine Ansprüche individuell anmelden muß. Untersuchungen zur Inanspruchnahme sozialer Dienste zeigen (vgl. Grunow, 1977), daß viele der betroffenen Personengruppen die angebotenen Leistungen nicht abrufen (z. B. Wohngeld, Sozialleistungen für Alte). Als Ursache für diese Tatsache ist anzusehen, daß die Systeme der Fürsorge aufgrund der Praxis der Prüfung des Einzelfalls kontrollierende Funktionen ausüben, d. h. auf den einzelnen als Instanz der sozialen Kontrolle (vgl. Peters, 1968) wirken. Diese Kontrolle hat für den einzelnen stigmatisierende, ausgrenzende Effekte, mit der Folge ungleicher Verteilung von Leistungen durch ungleiche Inanspruchnahme und persönliche Abhängigkeit bei der betroffenen Klientel.

Diese negativen Effekte sind in der Geschichte der Fürsorge mitbegründet, der Herkunft aus der caritativen Armenhilfe der Zeit der frühkapitalistischen Epoche. Damals hatte die Armenhilfe die Funktion, die Not der verelendeten Massen in den Städten zu lindern und sie ideologisch an kapitalistischen Arbeitsnormen auszurichten. Ein einschlägiges Beispiel für die sozialkontrollierende Funktion ist die von Foucault (1969) beschriebene Differenzierung der Irren und der Armen in die Irren- und die Armenhäuser.

Erst als die »soziale Lage« sich auf die Erhaltung des Arbeitsvermögens negativ auswirkte, ist das System der Fürsorge gesetzlich institutionalisiert worden. Doch hat diese *»Verrechtli-*

chung« der Fürsorge im System der Sozialhilfe den Charakter der Armenhilfe nie ganz zum Verschwinden gebracht, darüber kann auch der Namenswechsel nicht hinwegtäuschen. Nach wie vor sind die Wohlfahrtsverbände die hauptsächlichen Träger von Sozialhilfeeinrichtungen. In § 93 BSHG ist festgelegt, daß den Freien Wohlfahrtsverbänden der Vorrang vor staatlichen/kommunalen Einrichtungen einzuräumen ist. Verbandliche Interessen (religiöse, parteipolitische) bestimmen in starkem Maße den Sektor der Sozialhilfe.

Als öffentliche Hilfe hat die Sozialhilfe, die überwiegend von Gemeinden und Ländern getragen wird, eine wachsende Bedeutung. Die Tendenz von steigenden Ausgaben seit 1973 ist im wesentlichen auf die Kostensteigerung bei der »Hilfe zum Lebensunterhalt« und der »Hilfe in besonderen Lebenslagen« zurückzuführen. Doch verglichen mit den Ausgaben der GKV spielt die Sozialhilfe im Gesundheitsbereich eine untergeordnete Rolle, darüber können auch die neu hinzugekommenen Aufgaben, z. B. der Eingliederungshilfe für Behinderte, nicht hinwegtäuschen. Allerdings zeigt das Anwachsen persönlicher gegenüber sachlichen und monetären Dienstleistungen im Sozialbereich, daß das finanzielle Aufkommen der Sozialhilfe nur einen Aspekt darstellt, der andere Aspekt ist der steigende Personalbedarf und Zuschüsse der öffentlichen Hand für Beratungsaufgaben. Ein Zuwachs an Beratungsdiensten hat vor allem im psychosozialen Sektor stattgefunden: Familien- und Erziehungsberatung, Drogenberatung, Behindertenberatung etc. Auf diese Entwicklung wird unten bei der Behandlung des Bundessozialhilfegesetzes noch zurückzukommen sein.

2.2. *Sozialpolitische Thesen*

Betrachtet man den Katalog sozialer Risiken, der durch die Sozialversicherung abgedeckt ist, so zeigt sich ein deutlicher Zusammenhang zwischen Lohnarbeit und sozialer Sicherheit. Insgesamt sind Risiken versichert, die die Arbeitskraft beeinträchtigen (Krankheit) oder deren Einsatzfähigkeit behindern (Arbeitslosigkeit). Die Geschichte der Sozialgesetzgebung seit Bismarck zeigt deutlich diesen Bezug auf den Erhalt und die Wiederherstellung der individuellen Arbeitskraft. Der Staat tritt mittels der Sozialpolitik dem Verschleiß der Arbeitskraft durch Intensivierung und Steigerung der Leistungsanforderung kompensierend entgegen (vgl. Böhle/Sauer, 1975).

Bei dieser Betrachtungsweise staatlicher Sozialpolitik als Kompensation negativer Folgen für die Funktionsfähigkeit der Arbeitskraft und als Schaffung infrastruktureller Voraussetzungen für deren Einsatz darf nicht nur die Funktionalität der Sozialpolitik für ökonomische Interessen gesehen werden, sondern auch die Auswirkungen der Sozialpolitik auf das einzelne Individuum.

2.2.1. *Sozialpolitik als soziale Kontrolle.* Bei der dominanten Rolle, die das Versicherungsprinzip bei der Regelung sozialer Notlagen spielt (Krankheit, Arbeitslosigkeit, Alter), darf nicht vernachlässigt werden, daß Sozialpolitik nicht allein die ökonomische Sicherung des einzelnen verfolgt, sondern im wesentlichen auch eine Instanz sozialer Integration und Kontrolle ist. Der kontrollierende Aspekt der Sozialpolitik ist außer in Analysen der Funktionen von Sozialarbeit nicht behandelt worden. Sozialpolitik als soziale Kontrolle meint, daß die Leistungsorientierung und die Arbeitsbereitschaft Gegenstand von gezielten Maßnahmen sind. Diese Kontrollfunktion ist vor allem im System der Sozialhilfe institutionalisiert (z. B. Kontrolle der Leistungsfähigkeit bei Behinderten).

Offe/Lenhardt (1977) definieren Sozialpolitik als »staatliche Bearbeitung des Problems der dauerhaften Transformation von Nicht-Lohnarbeiter in Lohnarbeiter« (101). Neben der objektiven Funktion einer integrativen Sozialpolitik für die Spezifik des Arbeitsmarktes muß die repressive Funktion für die individuelle Arbeitskraft berücksichtigt werden, die sich im Zwang zur Mobilität und Qualifikation durchsetzt.

Die gesetzliche Einführung des Versicherungssystems als »Zwangsgemeinschaft« verweist darauf, daß die Sozialversicherung auch die Aufgabe übernimmt, die einzelne Arbeitskraft an das einkommensorientierte und individualistische Prinzip des Arbeitsmarktes zu binden. Der Zwang, einen Teil seines Lohns für die individuelle Lebensvorsorge zu verausgaben, bedeutet zugleich den Zwang, sich dem System des individualisierten Arbeitsmarktes zu unterwerfen. Rödel/Guldimann (1977) sprechen in diesem Zusammenhang von einer Sozialisationsfunktion sozialpolitischer Systeme und stellen heraus,

»daß das gesamte Spektrum von Maßnahmen staatlicher Sozialpolitik als Akt der Herrschaftsausübung interpretiert werden kann, daß diese Maßnahmen ihrer Struktur nach darauf abzielen, die Adressaten sozialpolitischer Leistungen, die Lohnabhängigen, zur Hinnahme von Verkehrsformen zu zwingen, ohne die die soziale Reproduktion des Lohnarbeit-Kapital-Verhältnisses dauerhaft nicht möglich wäre« (S. 16).

Die »Verrechtlichung« der Beziehungen im Austausch von Arbeitskraft gegen Lohn wird durch die individualistische Interessenorientierung in der Sicherung vor Notlagen praktisch motivfähig gemacht.

Der Begriff der sozialen Kontrolle meint aber nicht unmittelbare personale Herrschaft, sondern die konkrete politische Gestaltung des Lebenszusammenhangs der Lohnarbeiter mittels der zwangsweisen Subsumtion unter die Mechanismen individueller Risikovermeidung. Die konkrete Durchsetzung dieser Mechanismen sozialer Integration geschieht *durch rechtliche Normierungen.*

2.2.2. *Verrechtlichung als Politikform.* Die Geschichte der Sozialpolitik ist durch eine zunehmende Tendenz von *»Verrechtlichung«* und *»Monetarisierung«* (vgl. Achinger, 1966) gekennzeichnet. Verrechtlichung heißt, daß konkrete soziale Sachverhalte in abstrakte Rechtsbeziehungen von Individuen übersetzt werden, die für jeden Fall Gültigkeit haben und für die beteiligten Individuen eine Verhaltensvorschrift darstellen. Das Sozialrecht als Mittel der Sozialpolitik erfüllt dabei zwei wesentliche Funktionen: es ist »systemfunktional«, indem ökonomische und soziale Ungleichheiten in Rechtsgleichheiten übersetzt werden, und es ist »personfunktional«, indem es Rechtssicherheit in individuellen Lebenslagen herstellt. Diese Doppelrolle des Sozialrechts als allgemeine »Verkehrsordnung« und als »individuelle Sicherheit« (Ferber, 1977) hat als Voraussetzung, daß sozialpolitische Leistungen tatsächlich in individuelle Rechtsansprüche transformiert werden. Diese Voraussetzung war in der Geschichte der Sozialgesetzgebung immer nur akzidentiell erfüllt, denn neben den verrechtlichten Bereichen sozialer Sicherheit existierten Bereiche, die durch die Interessen privater Gruppen und durch ›quasi öffentliche‹ Verbände geregelt wurden, wie es vor allem für den Bereich der Fürsorge gegolten hat.

Die Entwicklung der Sozialgesetzgebung zeigt, daß auf der einen Seite immer mehr soziale Tatbestände in den Rechtskatalog aufgenommen werden (darauf wird im einzelnen zurückzukommen sein), auf der anderen Seite wird die Durchführung dieser Leistungen nicht öffentlichen Trägern überlassen, werden unter dem heutigen Kostendruck zunehmend Aufgaben an private Träger delegiert. Dadurch werden konkurrierende Versorgungssysteme aufrechterhalten, deren unkoordiniertes Nebeneinander im Gesundheitswesen fatale Folgen für den Kranken hat, gleichzeitig wird die Verteilung der Leistungen von organisationsinternen Filtern abhängig, die sich z. B. in schichtspezifischer Inanspruchnahme von Gesundheitsleistungen auswirken, bis hin zur Benachteiligung bestimmter Bevölkerungsgruppen (z. B. Alte, Behinderte, arbeitslose Jugendliche usf.).

Staatliche Politik im Sozialsektor hat in den letzten Jahren konkrete Maßnahmen für bestimmte soziale Gruppen durchgesetzt, diese Maßnahmen sollen jene negativen Effekte kompensieren, die durch die Zersplitterung und Interessenkonkurrenz der Versorgungssysteme im Gesundheitssektor entstanden sind. Es läßt sich ein Typus von Politik verfolgen, der auf bestimmte Gruppen und auf konkrete defizitäre Lebenslagen ausgerichtet ist.

Diese konkrete Gestaltung einzelner sozialer Konfliktherde verstärkt die Tendenz einer »kasuistischen« Orientierung des Sozialrechts, die sich in einer Fülle von Einzelmaßnahmen und Sondergesetzen niederschlägt und die Unübersichtlichkeit und Ungeordnetheit des Sozialrechts noch vertieft. Diese »situative« Rechtssetzung verweist auf Grenzen der Verrechtlichung im Sozialsektor, das juristische »Kausalprinzip«, das soziale Risiken ursächlich und individuell kalkulieren ließ, wird abgelöst vom »Finalprinzip«, das zweckgerichtet soziale Risiken ausgleichen und vermeiden will (Tennstedt, 1977), da diese nicht mehr individuell zurechenbar sind (z. B. bei Fragen der Vermeidung arbeitsplatzspezifischer Krankheiten).

Die Folgen dieser Rechtsentwicklung liegen darin, daß individuelle Rechtsansprüche durch Sonderrechte und Maßnahmen aufgeweicht werden und damit das Individuum zweckhaften opportunistischen Entscheidungen (der Verwaltung, der Verbände) ausgeliefert wird. Mit dieser personenbezogenen Sozialpolitik verstärkt sich unter Bedingungen einer zweckgerichteten situativen Rechtsentwicklung die Gefahr, daß die betroffenen Individuen personalen Herrschaftszusammenhängen ausgesetzt sind, die einer *»Entrechtlichung«* sozialer Verkehrsformen gleichkommen. Diese nehmen ähnlich wie in »Anstalten« die Form von unmittelbarer Unterordnung und Zwang an. Diese Tendenz hat U. K. Preuß (1976) beschrieben. Für die konkrete Gestaltung des Gesundheitswesens folgenreich ist, daß mit dieser Entwicklung der Entrechtlichung eine zunehmende *Bedarfsorientierung* der Sozialpolitik einhergeht, die monetäre Grenzen bei der Verteilung sozialpolitischer Leistungen kompensiert und der Notwendigkeit personenbezogener Dienstleistungen, die nicht monetär kalkulierbar sind, gerecht werden soll. Neben dem ökonomischen Verteilungskampf werden kompensierende bedarfsorientierte Kriterien der Gesundheitsversorgung eingeführt, die entweder davon motiviert sind, Gesundheitsleistungen in bestimmten Bereichen, z. B. der Klinik kostengünstiger zu machen oder je nach ökonomischer-politischer Konjunktur sozial benachteiligte oder ausgeschlossene Gruppen zu »integrieren«, deren Desintegration Folgen für die soziale Zufriedenheit und Arbeitsbereitschaft der Lohnabhängigen hat. So wird in Zeiten der Hochkonjunktur mit verstärkter Arbeitsintensivierung das Lebensschicksal von Behinderten zur sozialen Frage, die in Krisenzeiten wieder an den Rand der Sozialpolitik gedrängt wird.

Die Grenze der Finanzierbarkeit von Gesundheitsleistungen hat demnach Auswirkungen auf die Entwicklung sozialpolitischer Instrumente, wobei die Alternative einer rein monetären Sozialpolitik – sofern sie sich im Zuge einer *Reprivatisierung* sozialer Leistungen durchsetzt – die Verbesserung und die Effizienzsteigerung von Gesundheitsmaßnahmen endgültig aufschieben würde (vgl. Naschold, 1976).

Verrechtlichung als Politikform im Sozialsektor hat für die konkrete Gestaltung der psychosozialen Versorgung die Konsequenz, daß inhaltsabstrakte und individualistische Normen sich durchsetzen. Die gesetzlichen Grundlagen der psychosozialen Versorgung, z. B. die Anerkennung psychischer Krankheit im Sinne der RVO, zeigen diese Folgen der Abstraktion vom konkreten Inhalt der Krankheit. Doch wird das monetaristische Versicherungsprinzip gerade für den psychosozialen Sektor durch eine ganze Reihe von gesetzlichen Maßnahmen ergänzt und in Teilen durchlöchert. Wir haben es einmal mit Gesetzen zu tun, die eine Verrechtlichung von bislang ausgeschlossenen Problembereichen (Behinderte, psychisch auffallende Jugendliche und Kinder) bedeuten, zum anderen beinhalten die im folgenden betrachteten Gesetze gezielte personenbezogene Maßnahmen für bestimmte Gruppen, deren soziale Integration nicht mehr mittels der Sozialversicherung regelbar ist (z. B. Nichtseßhafte). Für letzteren Fall tritt am ehesten der sozialkontrollierende Charakter von Sozialpolitik hervor.

Die Entwicklung der Sozialgesetzgebung soll nun auf die Besonderheit des Problems psychischer Krankheit und seelischer Behinderung bezogen werden. Schon die Definition »seelischer Krankheit« im Sinne der RVO als »regelwidriger« Zustand bereitet besondere Schwierigkeiten bei der Gewährung von Heilmaßnahmen (vgl. Hegner/Schmidt, 1977), denn normiert wird ja nicht die Krankheit selbst, sondern die Krankheit als Ursache von *Arbeitsunfähigkeit* (AU). Doch ab welchem Grad ein seelisches Leiden zur Arbeitsunfähigkeit führt und wie die Arbeitsfähigkeit wiederhergestellt werden kann, ist objektiven Kriterien schwer zugänglich. Ebensolche Schwierigkeiten macht die Grenzziehung zur *Erwerbs- und Berufsunfähigkeit* (EU/BU) in der Rentenversicherung. Dem psychisch Kranken wird am ehesten eine »Rentenneurose« zugeschrieben, da seine Krankheit nicht objektivierbar scheint und vor allen Dingen, da die Krankheit nicht von Elementen des sozialen Umfeldes frei ist. So läßt sich immer auch ein Zusammenhang zwischen Arbeitslosigkeit oder Arbeitsplatzunsicherheit und Erwerbsunfähigkeit aufgrund psychischer Krankheit nachweisen (Henkel,

Roer, 1976).

Während die Gesetzliche Krankenversicherung die Krankheit an der AU mißt, die Rentenversicherung an der EU bzw. BU, orientiert sich das Arbeitsamt an der *Vermittlungsfähigkeit*, die aufgrund einer Krankheit nicht gegeben ist. Gerade hier wirkt sich das Vorurteil gegenüber verhaltensauffälligen Personen schwerwiegend aus, denn von der Vermittlungsfähigkeit hängt der Erhalt eines Arbeitslosengeldes ab. So daß es häufig vorkommt, daß ein Kranker zwischen Arbeitsamt und Rentenversicherung hin und her geschoben wird (dazu unten).

Die organisatorische Gliederung der Sozialversicherung: Krankenkassen, Träger der Rentenversicherung, Arbeitsamt, wirkt sich für die psychosoziale Versorgung negativ aus, vor allem durch die ungeklärte Zuständigkeit für Therapie zwischen den Trägern der Rehabilitation. In den unten dargestellten Gesetzesgrundlagen lassen sich systematische Filter und Schranken für die Inanspruchnahme von Rehabilitationsmaßnahmen zeigen. Solche Filter wirken in der Sozialversicherung durch Abweisung und Umlenkung von Ansprüchen, z. B. auf berufliche Rehabilitation, und in der Verschiebung der Klientel auf die Sozialhilfe bei nicht ausreichender Leistungsfähigkeit.

Die Balance zwischen Rehabilitation als Wiederherstellung der Arbeitskraft und sozialer Kontrolle spiegelt sich z. T. in der Verteilung der Zuständigkeit zwischen Sozialversicherungsträger und Sozialhilfeträger wider.

Die institutionellen Umgehensweisen mit psychischer Abweichung (Krankheit) lassen sich als eine Geschichte der sozialen Ausgrenzung, gefängnisartiger Internierung und Medizinisierung rekonstruieren (Dörner, 1969). Die gesetzliche Anerkennung der psychischen Krankheit als Krankheit stellt zwar gegenüber den gewaltförmigen Praktiken der Internierung in psychiatrischen Anstalten einen Fortschritt dar, konnte aber die sozialkontrollierende und stigmatisierende Funktion nicht völlig abstreifen. Ernst v. Kardorff hat den Wandel des Krankheitsparadigmas i. d. Buch ausführlich behandelt. Die medizinische Psychiatrie hat immer zugleich auch Funktionen der sozialen Entmündigung und Bestrafung erfüllt. An ihrer Praxis läßt sich schwerlich die Intention der Wiederherstellung der Arbeitskraft entdecken, wohl aber die Funktion, durch drohendes Beispiel *desintegrative* Verhaltensweisen abzuwehren und *desintegrierte* Arbeitskraft zu absorbieren. Daher wird die psychiatrische Anstalt auch nie ganz verschwinden, sich nie ganz in eine weiße Klinik umwandeln.

Bei der Betrachtung der Rolle der psychosozialen Versorgung darf diese Funktion der Integration und Desintegration nicht übersehen werden, wenn auch der Versorgungsaspekt bzw. Bedarfskriterien in einer bestimmten Phase der Gesetzesentwicklung seit 1974 in den Vordergrund treten. Psychische Krankheit ist eigentlich erst zum Gegenstand von Sozialpolitik im Sinne einer Verrechtlichung geworden, als sie für die Sozialversicherung als Problem virulent wurde. Die Statistik über Arbeitsunfähigkeitstage der Ortskrankenkassen und die Statistik über Erwerbs- bzw. Berufsunfähigkeit der Rentenversicherung sowie die Statistik über Gesundheitsmaßnahmen zeigen im Bereich Psychosen, Neurosen und psychosomatischen Erkrankungen einen erheblichen Anstieg. Die AU-Tage stiegen nach einer Erhebung der Ortskrankenkassen von 1965 bis 1972 bei den Männern um 2 Mill. von rund 7 Mill. auf 9 Mill. (vgl. Daten des Gesundheitswesens – Ausgabe 1977). Ein erhebliches Ansteigen der psychischen Krankheiten geht auch aus einer Mikrozensus-Zusatzbefragung April 1974 im Vergleich zu 1973 hervor (vgl. Daten des Gesundheitswesens – 1977).

Die EU/BU-Statistik der Rentenversicherung zeigt im Bereich Neurosen, Psychosen und psychosomatische Erkrankungen im Zeitraum 1968-76 einen Zuwachs um fast 100% (vgl. VDR-Statistik, vgl. auch Henkel/Roer, 1976).

Die Maßnahmen der medizinischen und beruflichen Rehabilitation durch die Sozialversicherungsträger sind in den letzten Jahren vor allem im Bereich Drogen/Alkohol ausgeweitet worden. Die Daten über Heilmaßnahmen geben über den Krankenstand allerdings nur beschränkt Aufschluß, da hier erhebliche Verschiebungen zum somatischen Krankheitsbild anzunehmen sind und gesetzliche/institutionelle Filter wirksam werden. Die EU/BU-Statistik gibt aufgrund der restriktiven Gewährung von Renten sowie der Abhängigkeit vom Arbeitsmarkt nur einen groben Überblick über Trendverläufe. Die skizzierte Entwicklung zeigt, daß die Orientierung der Sozialpolitik an der Erhaltung und Wiederherstellung des psychophysischen Arbeitsvermögens eine dringende sozialpolitische

Notwendigkeit darstellt, und verweist zugleich – gemessen am Entwicklungsstand der Einrichtungen der Rehabilitation und im besonderen der Rehabilitation psychisch Kranker und Behinderter – auf den enormen Nachholbedarf. Die Ausrichtung der Psychiatrie-Enquête am Konzept der Rehabilitation hat darin ihren Hintergrund.

Die Rehabilitationsgesetze sollen die Lücke in der Sozialversicherung bezüglich rehabilitativer Maßnahmen schließen und eine Koordination dieser Maßnahmen erreichen. Im folgenden sollen diese Gesetze an Beispielen, vor allem der beruflichen Eingliederungshilfen, problematisiert werden.

3. Neuordnung der Rehabilitation im Sozialgesetz

Auf folgenden drei Ebenen der gesetzlichen Entwicklung lassen sich veränderte Bedingungen für die psychosoziale Gesundheitsversorgung rekonstruieren, die für die Professionalisierung der Psychotherapie richtungweisend sind:

3.1. Sicherstellungsauftrag
3.2. Rehabilitationsgesetze
3.3. Bundessozialhilfegesetz

(nicht berücksichtigt ist das Jugendwohlfahrtsgesetz und das Verwahrungsgesetz)

3.1. *Sicherstellungsauftrag*

Die gesetzliche Ausweitung des Krankheitsbegriffs hat zu einer Anerkennung der psychischen Krankheit als Krankheit im Sinne der RVO geführt. Den institutionellen Rahmen stellt der sog. Sicherstellungsauftrag dar, d. h. psychotherapeutische Heilmaßnahmen werden über die Zulassung »geeigneter Ärzte« definiert. Das Kassenarztrecht regelt Art und Umfang therapeutischer Tätigkeit; jegliche Veränderung und Ausweitung dieser Tätigkeit muß daher auf dem Weg berufspolitischer Interessenkonflikte durchgesetzt werden. Die Kassenzulassung von Psychologen bedeutet daher eine wenig aussichtsreiche Veränderung des Kassenarztrechts. Aber selbst wenn diese gesetzliche Neuregelung des Heilberufs gegen die Interessen der medizinischen Berufsverbände durchsetzbar wäre, ist fraglich, ob dieser institutionelle Rahmen eine Reform der psychiatrischen/psychotherapeutischen Praxis möglich macht, bzw. ob nicht in dieser Regelung Bedingungen enthalten sind, die eine Einbeziehung der sozialen Lebenswelt des Kranken und primärpräventive Ansätze von vorneherein ausschließen.

Das Kassenarztrecht regelt das Verhältnis Arzt/Kasse, nicht das Verhältnis Arzt/Patient. Die Inanspruchnahme von Leistungen ist über das Versicherungsrecht (Patient/Kasse) geregelt. In dieser inhaltsabstrakten Vermittlung wird der Klient aus seiner sozialen Rolle herausgelöst und als Kranker, Versicherungsteilnehmer formiert und damit an die Handlungsregeln der jeweiligen Institution angepaßt.

In den letzten Jahren hat es einige Entwicklungen zu einer inhaltlichen Gestaltung medizinischer Leistungen gegeben, die im Sinne der oben dargestellten Bedarfsorientierung interpretiert werden können. 1970 kam es durch die Hereinnahme der Früherkennung in den Leistungskatalog der GKV zu einer ansatzweisen inhaltlichen Auslegung beanspruchbarer medizinischer Maßnahmen. In den Rehabilitationsgesetzen wird diese Tendenz fortgesetzt.

Für die psychiatrisch-psychotherapeutische Versorgung ist wesentlich, daß es aufgrund eines strukturellen Defizits vor allem im ambulanten Sektor zu einer Durchbrechung des reinen marktvermittelten Angebots an Gesundheitsleistungen kam. Das *Gesetz zur Weiterentwicklung des Kassenarztrechts* vom 28. 12. 76 soll die gleichmäßige Verteilung der Kassenärzte steuern und eine bessere Versorgung der Bevölkerung sichern, indem nach Maßgabe von Bedarfsplänen, die auf Landesebene beraten werden (in den »Landesausschüssen«), mit psychiatrischen Krankenhäusern und psychiatrischen Abteilungen an Kliniken Verträge über ambulante Leistungen geschlossen werden müssen; dies gilt nur für fachärztlich geleitete psychiatrische Abteilungen, wobei bei Verträgen mit Krankenhäusern eine zusätzliche Bedürfnisprüfung vorgesehen ist. Ein deutliches Beispiel dafür, wie der Staat den jeweiligen Machtgruppen das Aushandeln einer bedarfsgerechten Versorgung überläßt.

Von einer Durchbrechung des Sicherstellungsauftrags kann nicht die Rede sein. Eine Einschätzung, daß mit diesem Gesetz das Monopol der niedergelassenen Ärzte partiell durchbrochen wird, vernachlässigt die realen Machtverhältnisse, die eine

Neuregelung der ambulanten Versorgung bestimmen (vgl. Cramer, 1977). Denn die konkrete Durchsetzung solcher Verträge mit den Kliniken hängt von einer Bedarfsfeststellung, von der Durchsetzung dieser Bedarfsnormen in den Verhandlungen der Interessengruppen und reformbewußter Professioneller ab (vgl. dazu die Beiträge von Manfred Cramer und Cornelia Schwartz i. d. Buch).

3.2. *Rehabilitationsgesetze/Behindertengesetze*

In den Rechtsgrundlagen der Rehabilitation sind u. a. auch Bedingungen für den Ausbau der psychosozialen Versorgung festgelegt. Sie enthalten sowohl eine Ausweitung des Leistungskatalogs als auch konkrete Maßnahmen zur *Wiedereingliederung* des Kranken und Behinderten in das Arbeits- und Berufsleben. Diese Zielsetzung der Wiederherstellung der Arbeitskraft ist in den Rehabilitationsgesetzen durchgängig dominant, wenn auch eine *umfassende Eingliederung* erwähnt wird.

Im folgenden sollen die *Behindertengesetze* skizziert werden, daran anschließend stehen einige Anmerkungen zur Wirkung dieser Gesetze.

Den formalen Rahmen für die sog. Behindertengesetze stellt das Rehabilitations-Angleichungsgesetz (Reha Angl. Gesetz vom Aug. 74) dar.

Das Reha Angl. Gesetz brachte wesentliche Verbesserungen für die Eingliederung Behinderter durch eine Angleichung der Rechtsvorschriften der einzelnen Rehabilitationsträgergruppen (Gesetzliche Krankenversicherung, Unfallversicherung, Rentenversicherung, Altershilfe für Landwirte, Kriegsopferversorgung, Arbeitsförderungsgesetz); die Krankenversicherung ist als Träger der Rehabilitation einbezogen, sofern kein anderer Träger in Frage kommt. Nicht einbezogen in das RehaAnglG ist eine Rehabilitation durch die Sozialhilfe, da diese nicht aufgrund von Beitragszahlungen oder Vorleistungen der Behinderten erbracht wird, sondern ausschließlich subsidiär. Die Möglichkeit, Leistungen nach dem BSHG in das RehaAnglG einzubeziehen, wurde aber ausdrücklich offengelassen.

Das Gesetz sieht eine Zusammenarbeit der Rehabilitationsträger vor in Fragen der Beratung, wobei die Bundesanstalt für Arbeit eine vorrangige Stellung in Fragen der (Erst)Beratung von Behinderten hat (§ 2.3 AFG). Das Arbeitsamt stellt im Rahmen der *Behindertenberatung* und -vermittlung (Schwerbehindertengesetz § 30) unabhängig davon, welcher Träger zuständig ist, Notwendigkeit, Art und Umfang der Maßnahmen fest (§ 10 Arbeitsförderungsgesetz [AFG]).

Die *Zuständigkeit* wird über Beitragszeiten geregelt; ebenso bei der Rentenversicherung.

Eine wesentliche Voraussetzung berufsfördernder Maßnahmen der Rehabilitation ist die grundsätzliche *Eingliederungsfähigkeit* des Behinderten, d. h., daß der beruflichen Tätigkeit auf dem Arbeitsmarkt oder in einer Behindertenwerkstatt nichts entgegensteht. Für eine Eingliederung in eine Werkstatt für Behinderte wird die Maßnahme davon abhängig gemacht, daß der Behinderte eine Leistungsfähigkeit hat, die mindestens ein Drittel derjenigen eines Nichtbehinderten in vergleichbarer Funktion beträgt; als zeitliche Begrenzung beruflicher Eingliederung sind 2 Jahre vorgesehen.

Im Anhang zum RehaAnglG (A Reha) sind Grundsätze für die institutionelle Förderung der beruflichen Rehabilitation formuliert. Die Förderung von Einrichtungen der beruflichen Eingliederung sind allerdings Kannvorschriften (§ 60 A Reha). Förderungsfähige Werkstätten müssen die Voraussetzungen des Schwerbehindertengesetzes erfüllen (Gesetz zur Sicherung der Eingliederung Schwerbehinderter in Arbeit, Beruf und Gesellschaft vom 29. April 1974 [SchwbG]). Die Werkstatt muß die Leistungsfähigkeit des Behinderten entwickeln, wiederherstellen oder erhöhen. Außerdem soll sie ein möglichst breites Angebot an Arbeitsplätzen und Plätzen für Arbeitstraining haben und über eine Ausstattung mit begleitenden Diensten verfügen (§ 52 SchwbG). § 55 SchwbG regelt das Anerkennungsverfahren. Die Entscheidung über die Anerkennung trifft die Bundesanstalt für Arbeit im eigenen Ermessen.

Im A Reha § 67 wird dazu ausgeführt: »Vorrangig gefördert werden Werkstätten, die wegen ihres Standortes, ihrer Größe sowie ihrer besonderen personellen und sachlichen Ausstattung als beispielgebend anzusehen sind.«

Das SchwbG regelt auch die Beschäftigungspflicht von Behinderten für die Arbeitgeber, läßt als Ersatz dafür allerdings die Ausgleichsabgabe zu, die von den Unternehmern vorgezogen wird.

Obwohl diese Gesetze eine ganze Reihe von Verbesserungen im Sinne der Wiedereingliederung enthalten, müssen bezüglich ihrer Durchsetzung und ihrer Wirkung erhebliche Einschränkungen gemacht werden: Als ein durchgängiger Selektionsmechanismus erweist sich die formale Gleichbehandlung von körperlicher, geistiger und seelischer Behinderung. Am Beispiel vorhandener Rehabilitationseinrichtungen läßt sich nachweisen, daß die Gruppe der seelisch Behinderten explizit benachteiligt wird. Um dies zu verdeutlichen, müssen die Filterwirkungen der gesetzlichen und institutionellen Bedingungen für Rehabilitationsleistungen untersucht werden.

Dabei möchte ich *organisationsinterne Filter* und *krankheitsspezifische Filter* unterscheiden. Die organisationsinterne Selektion der jeweiligen Träger wird durch das Gesetz insofern verstärkt, als keine oder unzureichende Durchführungsbestimmungen entwickelt sind. Der Reform auf der Gesetzesebene entspricht auf der Organisationsebene mangelnde Koordination und Kooperation der Träger, mit der Folge von langen Wartezeiten (1/2 bis 3/4 Jahr), Parzellierung in medizinische und soziale Maßnahmen und vor allem die Durchsetzung organisationsinterner Filter durch eine strenge Handhabung des Ermessensspielraums bei der Gewährung von Heilmaßnahmen.

Nimmt man die Rehabilitationsmaßnahmen der gesetzlichen Rentenversicherung im Ganzen als Maßstab, so gilt die Einschränkung, daß die Heilmaßnahme auf die Erhaltung, Besserung und Wiederherstellung der Erwerbsfähigkeit ausgerichtet ist, d. h., daß eine Krankheit, die keinen Heilungserfolg im obigen Sinne verspricht, nicht rehabilitationsfähig ist; im Unterschied zu Heilmaßnahmen durch die GKV, die auf die Beseitigung einer AU ausgerichtet sind, obgleich die Krankenkasse die Möglichkeit hat, den Kranken »auszusteuern«. Obwohl in der Rentenversicherung psychische und psychosomatische Erkrankungen häufiger Anlaß einer EU/BU-Berentung sind, sind für diesen Bereich bislang wenig spezifische Heilmaßnahmen entwickelt worden. Der Grund liegt im Mangel entsprechender Einrichtungen, aber auch im Urteil des Mediziners über den Erfolg einer eventuellen Maßnahme.

Über den Umfang der abgelehnten Anträge und der im Vorfeld der Beratung abgewiesenen Hilfsgesuche kann anhand der veröffentlichten Statistik des Verbandes Deutscher Rentenversicherungsträger (VDR) keine Aussage gemacht werden. Festzustellen ist allerdings eine starke Abweichung der Heilmaßnahmen nach Versicherungsart (Arbeiter- und Angestelltenrentenversicherung), nach Versicherungsverhältnis (pflichtversichert, freiwillig versichert, sonstig versichert) sowie eine Rangfolge nach Geschlecht und Qualifikation bzw. Berufsposition. Frauen, die in der Arbeiterrentenversicherung in der Mehrzahl unqualifizierte Berufe ausüben, wie Putz- und Reinigungsarbeiten oder ungelernte Hilfstätigkeiten, erhalten weniger Heilmaßnahmen und werden in der Regel (bis zu 80%) nach einer Heilmaßnahme auf die Tätigkeit als Hausfrau verwiesen.

Ebenso festzustellen ist die Arbeitsmarkt- bzw. Konjunkturabhängigkeit der gestellten und bewilligten Anträge auf Heilmaßnahmen. Ein solcher konjunktureller Einbruch hat 1966/67 stattgefunden und wiederholt sich seit 1974.

Krankheitsspezifische Selektionsmechanismen wirken vor allem durch die im Gesetz formulierte Bedingung der *Leistungsfähigkeit* für Wiedereingliederungsmaßnahmen. Der psychisch Kranke gilt nach Aussagen von Experten als in der Regel nicht eingliederungsfähig. Hier mischt sich ein Vorurteil mit Erfahrungen, vor allem im Bereich der Behindertenwerkstätten.

Eine Untersuchung der psychosozialen Versorgung im Bereich Arbeit/Beruf in München (Riedmüller, 1977) ergab, daß neben dem gravierenden Mangel an Arbeitsplätzen (und Werkstattplätzen) eine zusätzliche Benachteiligung der psychisch Kranken und Behinderten festzustellen war; ein Beispiel: Im Jahr 1976 wurden in der Behindertenberatung am Arbeitsamt München 172 Fälle seelisch Behinderter registriert; davon ca. 1/3 Alkoholiker und Drogenabhängige. Insgesamt sind in München ca. 60 Arbeitsplätze in Werkstätten für diesen Personenkreis vorhanden (nicht aufgenommen werden Alkoholiker und Drogenabhängige, die dem Schwerbehindertengesetz entsprechen). Die Landesversicherungsanstalt Oberbayern gibt an, in 1 von 100 Fällen berufliche Rehabilitationsmaßnahmen für psychisch Behinderte einzuleiten.

Die Maßnahmen (Eingliederungshilfen und Vermittlungshilfen etc.) für diesen Personenkreis sind nicht differenziert erhoben worden, doch kommt nach Aussagen des Arbeitsamtes für den Personenkreis seelisch Behinderter nur die Behindertenwerkstatt in Frage. Die Berufsförderungswerke sind nicht auf psychisch Kranke eingestellt, Vermittlungen auf dem allgemeinen Arbeitsmarkt sind wenig aussichtsreich. Einen quantitativen Überblick über berufliche Rehabilität gibt Wolfgang Jantzen (1976).

Die Durchführung des Schwerbehindertengesetzes scheitert an der Voraussetzung der notwendigen 1/3 Erwerbsfähigkeit für eine Rehabilitationsmaßnahme. Schon die Feststellung der Leistungsfähigkeit des Behinderten (durch den psychologischen Dienst des Arbeitsamtes und/oder des ärztlichen Dienstes des Kostenträgers) beruht auf kaum objektivierbaren Kriterien. Orientiert sich die medizinische Begutachtung in der Mehrzahl der Fälle am medizinischen Erfolg, so ist in der Praxis die 4wöchige Arbeitserprobung (Eingangsphase), von der weitere Maßnahmen ausgehen, von der Arbeitsplatzstruktur und der Auftragslage der Werkstatt abhängig. Beide Faktoren sind von besonderen regionalen Bedingungen (Umfang und Ausbau von Arbeitsplätzen) sowie von der Arbeitsmarktlage abhängig. So wird unter den gegenwärtigen Bedingungen des Arbeitsmarktes ein verstärktes Angebot an Werkstätten notwendig sein, um die Behinderten zu absorbieren.

Die hohe Quote an gescheiterten Anlernmaßnahmen nach dem Arbeitsförderungsgesetz führt verstärkt zur Förderung über Eingliederungshilfe nach dem Bundessozialhilfegesetz (§ 39 BSHG), verschiebt demnach die Kosten auf den Sozialhilfeträger. Ein wesentlicher Grund für das Scheitern der beruflichen Rehabilitationsmaßnahmen ist auch die geringe Qualität der Arbeit in den Werkstätten und die niedrige Bezahlung. Schwerwiegender ist allerdings, daß die Orientierung auf die Wiederherstellung der Arbeitskraft losgelöst von Eingliederungshilfen im Bereich Wohnen und soziale Kommunikation stattfindet; die einseitige Reduktion der Rehabilitation auf die Leistungsfähigkeit wirkt sich beim psychisch Kranken besonders restriktiv aus.

Ein folgenreicher Bruch zwischen Gesetzgebung und Gesetzesvollzug läßt sich auch am Zulassungsverfahren von Werkstätten zeigen. Die Entscheidung für eine Anerkennung trifft die Bundesanstalt für Arbeit. Zwar werden im Schwerbehindertengesetz Kriterien für die Anerkennung der Werkstatt genannt – die ja wiederum Voraussetzung für die Sozialversicherungspflicht der Behinderten ist – doch liegt es im Ermessen der Verwaltung, wie z. B. »Wirtschaftlichkeit« ausgelegt wird. Analogien zum industriellen Produktionsprozeß legen es nahe, die technologische Ausstattung zum Maßstab zu machen. Daß die Anerkennung von Werkstätten restriktiv gehandhabt wird (in München sind von 5 Werkstätten 2 anerkannt), zeigt, wie wenig die vorhandenen Gesetze ausgeschöpft werden, was z. T. durch die Beibehaltung des gegliederten Systems der Rehabilitationsträger, z. T. durch den umfangreichen *Ermessensspielraum* der Verwaltung bedingt ist, der konjunkturabhängige Maßnahmen möglich macht.

Welche Schlußfolgerungen lassen sich aus diesen Beispielen für eine mögliche Reformpraxis ziehen? Es handelt sich in den Behindertengesetzen weitgehend um eine Verrechtlichung von Leistungsansprüchen für bislang im System sozialer Sicherheit benachteiligte Gruppen. Doch zeigt die Praxis – wofür der berufliche Rehabilitationsbereich ein Beispiel ist –, daß die tatsächliche Versorgungslage weit hinter den gesetzlichen Möglichkeiten herhinkt, auch weil die bestehende institutionelle Struktur des Versicherungswesens unangetastet bleibt, deren Organisationsziele (Reduktion der Kosten) zu der Funktion der Rehabilitation in Widerspruch treten: Das Versicherungsprinzip bedeutet ja die mögliche Intervention im ›Schadensfalle‹, d. h. die jeweilige Maßnahme ist über Mitgliedschaften, Beiträge etc. vermittelt, wodurch wiederum allein die Arbeitskraft in den Blickpunkt gerät.

Durch die intendierte Kooperation sind allerdings für die Weiterentwicklung von Eingliederungsmaßnahmen einige Weichen gestellt. Denn die Trennung von medizinischer und beruflicher Rehabilitation wird von den Sozialversicherungsträgern zunehmend als Schranke erkannt. Die Entwicklung integrierter sozialtherapeutischer Konzepte (z.B. Rehabilitationszentrum Heidelberg) als Einheit von Lebens- und Arbeitswelt wird allerdings von der Politik der Versicherungsträger abhängen und diese wiederum von der Entwicklung des Beitragsaufkommens. Interpretiert man diese Lücken nach den oben beschriebenen Funktionen der Sozialpolitik, so zeigt sich einmal, daß der Bezug auf die Leistungsfähigkeit (Arbeitsfähigkeit, Erwerbsfähigkeit) zwar abstrakt vorhanden ist, die konkreten Maßnahmen aber in der Regel konjunkturabhängig sind bzw. von institutionellen Faktoren beeinflußt werden (wie Rüth [1976] es am Beispiel der EU/BU-Entwicklung nachweist), die dem Ziel der Wiedereingliederung entgegenstehen. Natürlich hat dieses System der Rehabilitation auch disziplinierenden Charakter, die medizinischen Kontrollen sind gut durchorganisiert, individuelles Eigenverschulden durch Fehlverhalten, Rauchen, Trinken, Essen wird therapeutisch kuriert. Das Gesetz verlangt »Mitwirkung« des einzelnen bei der Wiederherstellung seiner Arbeitsfähigkeit. Das sozialpolitische Instrument der Rehabilitation beinhaltet zwar grundsätzlich die Möglichkeit, auf Arbeitsmarktbedingungen zu reagieren, wenn z. B. der Gesundheitsverschleiß in bestimmten Berufsgruppen zunimmt, doch sind den Maßnahmen finanzielle und organisatorische Grenzen gesteckt, die dieses Ziel verrücken. Es kann demnach je nach Krankheitsart und Berufsqualifikation ein spezifischer Verlauf einer *institutionellen »Karriere«* rekonstruiert werden, der von sozialen Faktoren (wie Qualifikation, Beruf, Dauer der beruflichen Tätigkeit), von biografischen Daten (wie Geschlecht, Alter, Wohnort) und von konjunkturell gesteuertem Institutionenverhalten abhängt.

Der Übergang einer seelischen Krise in eine dauerhafte Belastung bis zu einer chronischen Behinderung ist demnach abhängig von der Interventionsstufe und dem Grad der Integration derjenigen Belastungsfaktoren in das therapeutische Konzept, die eine Chronifizierung der Krankheit als Folge einer sozialen Belastung (z. B. Arbeitslosigkeit, Arbeitsplatzunsicherheit, Intensivierung der Arbeit) verhindern können. Der Umschlag integrativer und desintegrativer Maßnahmen hängt auch ab von der Art der Arbeit und dem Bedarf des Arbeitsmarktes. Einem ungelernten Arbeiter wird eine dauerhafte seelische Belastung eher zugemutet als einem qualifizierten Angestellten; ebenso wird das dauerhafte Ausscheiden aus dem Erwerbsleben je nach Qualifikationsstufe funktional bzw. dysfunktional. Ähnlich wie Forster und Pelikan (1977) von einer Krankheitskarriere im Sinne einer Zuweisung und Anerkennung der Symptome sprechen, kann hier eine institutionelle Karriere prognostiziert werden, deren Ende die Erwerbsunfähigkeitsrente oder die Behindertenwerkstatt ist.

3.3. *Bundessozialhilfegesetz*

Die Maßnahmen der Rehabilitation der Sozialversicherungsträger haben grundsätzlich das Ziel, die Arbeitskraft zu erhalten und wiederherzustellen. Das Bundessozialhilfegesetz (BSHG) dagegen verhält sich zu diesen Maßnahmen vorwiegend kompensierend, indem erst nach Ausschöpfung aller übrigen gesetzlichen Möglichkeiten eingegriffen wird. Eine Folge des Subsidiaritätsprinzips ist, daß der »Fall« für die Sozialhilfe dort beginnt, wo die berufliche und soziale Desintegration des seelisch Kranken oder Behinderten schon vollzogen ist. Der Kontakt zur Familie ist abgebrochen, ein Arbeitsplatz ist nicht in Aussicht, nach einem Aufenthalt in einer psychiatrischen Klinik ist keine Wohnung vorhanden etc. Die Eingliederungshilfen über das BSHG sind praktisch das Schlußlicht der Rehabilitationskette und die letzte Station der institutionellen Karriere des Betroffenen.

Die Eingliederungshilfe über das BSHG bildet den oben beschriebenen Typus von Sozialpolitik und der Konjunkturen der Integration bzw. Desintegration deutlich ab. Im Vergleich zur Rehabilitation durch die Sozialversicherung wird hier die soziale Lebenswelt des Betroffenen Gegenstand der Wiedereingliederung. Die Angebote beziehen sich auf Wohnen, Freizeit etc. und zum kleineren Teil auf Bereiche des Berufs und der Arbeit. Träger dieser Hilfen sind zumeist die Wohlfahrtsverbände, z. T. auch kleinere Trägergruppen mit formalem Anschluß an die großen Verbände. Die Formen der Maßnahmen haben eben jenen Charakter von *»Veranstaltlichung«*, die das Individuum total erfaßt, es absorbiert in Eingliederungsheimen, Übergangsheimen für Alkoholiker, Tag- und Nachtkliniken als Anschluß an die psychiatrische Anstalt, Verwahrheimen für Minderjährige usf. All diese Institutionen tragen deutlich den Stempel einer »totalen« Institution, wie sie von der »Antipsychiatrie« kritisiert wird. Ihre objektive sozialpolitische Funktion besteht in der Absorption, man kann auch sagen Internierung derjenigen Gruppen, die aus dem Produktionsprozeß herausgefallen sind und – zynischer formuliert – deren Reintegration sich nicht mehr lohnt. Allerdings sind bei dieser Einschätzung Bedingungen des Arbeitsmarktes und des sozialen Konfliktbewußtseins zu berücksichtigen. Sozialpolitik als soziale Kontrolle unterliegt selbst konjunkturellen Bedingungen.

Im Widerspruch und in zeitlicher Diskontinuität (was die Entstehung betrifft) zu obiger Funktion der Eingliederungshilfe des BSHG stehen die im BSHG formulierten *Beratungs- und Präventivaufgaben* der staatlichen Gesundheitsdienste und die Beratungsstellen der Sozialhilfe.

Das BSHG bietet einige Ansätze für die Weiterentwicklung der Gesundheitsversorgung als Aufgabe der Prophylaxe (§ 124, 125, 126 BSHG). So sind im BSHG für die öffentlichen Gesundheitsdienste Aufgaben der Prophylaxe, Beratung und Dokumentation festgelegt. Eine Verwirklichung dieser Aufgaben steht allerdings in den meisten Städten noch aus. Selbst im Bereich der Beratung stehen die Gesundheitsämter in ihrer psychiatrischen Arbeit noch immer unter dem Zwang des Vollzugs des Verwahrungsgesetzes, der Meldepflicht von Behinderten etc. Nur die Einrichtung *gemeindenaher* (sektoraler) Gesundheitsdienste, wie sozialpsychiatrische Dienste, können dieser ordnungspolitischen Konsequenz ausweichen. Beratende Dienste werden immer häufiger an freie Träger delegiert (dies ist z. B. der Fall im Bereich der Drogenberatung, Familien- und Eheberatung), um Kosten- und Organisationsaufwand der Verwaltung zu minimieren. Da aber die Beratungsdienste niemals kostendeckend arbeiten, also auf staatliche Zuschüsse angewiesen sind, besteht ein Trend zu den großen Wohlfahrtsverbänden (Caritas, DPWV etc.), deren Arbeit alternative Modelle aufsaugt und in der bürokratischen Infrastruktur versickern läßt. Die kleinen Träger (e. V's) können sich längerfristig finanziell nicht halten, sie sind völlig von den ökonomischen und politischen Ressourcen der Gemeinde abhängig.

Das BSHG stellt aber noch eine weitere Falle, denn eine präventive Arbeit ist durch die gesetzlich festgeschriebene Orientierung am Einzelfall determiniert (§ 3 BSHG). Eine Finanzierung über das BSHG legt mit dem Subsidiaritätsprinzip (§ 10) die Perspektive auf das schon zum »Fall« gewordene Individuum fest.

Darstellen läßt sich dieser Zusammenhang an der Eingliederungshilfe: die Eingliederungshilfe für Behinderte (und von Behinderung Bedrohter) in § 39, 40 und die Eingliederungshilfeverordnung zu § 47 BSHG hat als Ziel, den Behinderten die

Teilnahme am Leben der Gemeinschaft zu ermöglichen und die Ausübung eines angemessenen Berufs oder einer angemessenen Tätigkeit zu erreichen. Da diese Maßnahmen aber – wie oben dargestellt – dem Versicherungsprinzip nachgeordnet sind, also eine »nicht nur vorübergehende Behinderung« voraussetzen, müssen medizinische Geschütze aufgefahren werden. Eine Finanzierung therapeutischer Maßnahmen über § 39 und § 40 BSHG hat also den Nachteil, daß erst eine Behinderung (oder drohende Behinderung) mit Begutachtung durch das Gesundheitsamt nachgewiesen werden muß. Für präventive Konzepte bietet die Eingliederungshilfe kaum Spielraum; obgleich die Anzahl der therapeutischen Einrichtungen (vor allem heilpädagogischer), die sich über § 39 finanzieren, zunimmt, darf diese Begrenzung nicht übersehen werden. Wenn z. B. eine Erziehungsberatungsstelle über BSHG abrechnet, geht jegliches prophylaktische Konzept verloren, es zählt der »Fall«, die Tendenz zur Aussonderung verhaltensauffälliger Kinder und Jugendlicher wird verstärkt (vgl. Stephan Wolffs Ausführungen i. d. Buch).

Die Alternative zu dieser nur kurativen therapeutischen Arbeit im Rahmen des BSHG ist allein eine administrative oder staatlich voll finanzierte Einrichtung, deren Ausbau allerdings von besonderen regionalen und politischen Bedingungen abhängig ist, da sie in das Versorgungsmonopol des niedergelassenen Arztes eingreift. Eine Initiative seitens der Kassen ist bisher auf einige Ausnahmen beschränkt geblieben (vgl. dazu die Ausführungen von Eichner/Neuhaus [1976]).

Der staatlichen Aktivität auf dem ambulanten sozialpsychiatrischen und sozialtherapeutischen Sektor ist nicht nur durch das Subsidiaritätsprinzip eine Grenze gesetzt; noch entscheidender ist das medizinische Versorgungssystem als Schranke wirksam.

Als Beispiel: § 72 BSHG (Hilfe zur Überwindung besonderer sozialer Schwierigkeiten) umfaßt Maßnahmen für Personengruppen die in das bestehende psychiatrische/psychotherapeutische Versorgungssystem eingeschlossen werden sollen. Dies betrifft »Nichtseßhafte, Strafentlassene, verhaltensgestörte junge Menschen«. Diese Eingliederungshilfen zeigen deutlich, daß die staatliche Tätigkeit mehr oder weniger kompensierend gegenüber dem medizinischen System wirkt, sie setzt am Ende einer Rehabilitationskette an, betrifft Personen, die aus einer früheren Stufe herausgefallen oder ausgesteuert worden sind: Obdachlosenheime für Alkoholiker, Verwahrheime für verhaltensauffällige Jugendliche etc.

Wie weit die Kommunen selbst über das BSHG ambulante Dienste anbieten oder finanzieren, die eine Alternative zum niedergelassenen Nervenarzt darstellen, hängt von partei- und verbandspolitischen Konstellationen ab. Da aber auf dem Sozialsektor die Folgen der Überlastung des medizinischen Systems durch erhöhte Kosten spürbar werden, haben die Kommunen durchaus ein Interesse an der Entwicklung alternativer ambulanter Dienste, das beweisen auch die in einigen Städten errichteten sozialpsychiatrischen Dienste, die allerdings (unter der Regie des Gesundheitsamtes) das offizielle Etikett Beratung nicht ablegen konnten. Ob die sozialpsychiatrischen Dienste eine Alternative zum niedergelassenen Arzt darstellen, d. h. ob sie eine Einheit von medizinisch/therapeutischer und sozialer Tätigkeit, von praktischer Lebenshilfe und therapeutischer Intervention herstellen, hängt von partei- und berufspolitischen Interessenkonstellationen ab.

4. Ist eine Reform möglich?

Abschließend möchte ich die institutionellen Bedingungen der psychosozialen Gesundheitsversorgung in ihrer Widersprüchlichkeit und ihren Lücken zusammenfassen und damit einige Hinweise auf die Bedingungen einer möglichen Reformpraxis geben.

Die obige Skizze zeigt, daß die gesetzliche Entwicklung nur die formalen Rahmenbedingungen für institutionelle Reformen darstellt, die konkrete Durchsetzung der Neuorganisation der psychiatrischen/psychotherapeutischen Tätigkeit hängt von folgenden zusätzlichen Prämissen ab, die ich als *»politische Konjunktur«* bezeichnen möchte.

a) ist die Gesetzgebung im Gesundheitssektor bis heute nach wie vor vermittelt über die Tätigkeit bzw. die professionelle Kompetenz und das »Heilungsprivileg« des Arztes. Die RVO regelt im sog. Sicherstellungsauftrag die ambulante Versorgung, läßt aber (in § 368r RVO) die Möglichkeit von Sonderregelungen nach den Vereinbarungen zwischen Kassen und Kassenärztlicher Vereinigung offen, d. h. hier ist Raum für alternative Modelle im ambulanten Sektor.

b) ist zwischen Gesetzgebung und Gesetzesvollzug der Ermessensspielraum der Verwaltung geschaltet, der als Raum für Interesseneinflüsse von außen offensteht; diese Einflüsse können sich äußern in einer strukturellen Nichtbearbeitung von Problemen, als selektiver Filter gegenüber bestimmten Personengruppen aber auch in alternativen Versorgungsmodellen engagierter Berufsgruppen und Laien.

c) aus diesem Grunde und verstärkt durch die Interessenpolitik der Berufsverbände läßt sich zwischen der Gesetzgebung und dem Gesetzesvollzug ein eklatanter Bruch feststellen, an dem öffentliche Kritik und sozialpolitische Alternativen anzusetzen hätten.

d) ist in den Bereichen, in denen der Staat selbst aktiv wird, so im Rahmen des BSHG (mittels der Gesundheitsämter, Sozialamt etc.) das Prinzip der Subsidiarität und der strikten Einzelfallhilfe institutionalisiert, d. h., daß den Trägern der freien Wohlfahrtspflege der Vorrang eingeräumt wird, und daß die angebotenen Hilfen ausschließlich individuell und am Kranken orientiert sind. Hier liegen entscheidende Grenzen für prophylaktische Maßnahmen, aber auch Grenzen monetärer Art, die die Verwaltung zu Alternativen zwingen könnten.

e) sind auf kommunaler/regionaler Ebene historische und politisch konjunkturelle Unterschiede bei der Durchsetzung der Reform zu verzeichnen (das zeigt sich deutlich an der Entwicklung der sozialpsychiatrischen Dienste in der BRD), d. h., daß viel von der politischen Organisation von Interessen, so z. B. durch Gewerkschaften, abhängen wird.

Weiterführende Literatur

a) Theoretische Analysen zur Sozialpolitik/Gesundheitspolitik:

Badura, B. & Gross, P.: *Perspektiven der Sozialpolitik.* Eine Einführung in Grundlagen und Probleme sozialer Dienstleistungen. München: Piper Verlag, 1976

Murswiek, A. (Hrsg.): *Staatliche Sozialpolitik im Sozialsektor.* München: Piper, 1976

b) Geschichte der Sozialpolitik:

Tennstedt, F.: Ärzte, Arbeiterbewegung und die Selbstverwaltung der gesetzlichen Krankenversicherung – Historischer Rückblick aus aktuellem Anlaß. In: *Jahrbuch für Kritische Medizin,* Bd. 2, 1977, AS 17, S. 13-28

ders.: *Geschichte der Selbstverwaltung in der Krankenversicherung von der Mitte des 19. Jahrhunderts bis zur Gründung der Bundesrepublik Deutschland.* In: Soziale Selbstverwaltung Bd. 2, Bonn, Bad Godesberg: Verlag der Ortskrankenkassen, 1977

c) Beiträge zur Reform des Gesundheitswesens:

Nussbaum, H. v. (Hrsg.): *Die verordnete Krankheit.* Ffm: S. Fischer Verlag, 1977

Ferber, Ch. v.: *Gesundheit und Gesellschaft. Haben wir eine Gesundheitspolitik?* Stuttgart: Kohlhammer, 1971

d) Sozialpolitik als soziale Kontrolle:

Barabas, F. und Blanke, T. und Sachße, C. und Stascheit, U.: *Jahrbuch der Sozialarbeit, 1976.* Reinbek: Rowohlt 1975

Piven, F. F. und Cloward, R. A.: *Regulierung der Armut.* Ffm: Suhrkamp, 1977

e) Empirische Berichte:

Meyer, S. und Thiele, W. und Volkholz, V.: *Gesundheitsversorgung. Daten des Gesundheitssystems der BRD.* Hamburg: VSA, 1978

Bogs, W. et al: *Sozialenquête, Soziale Sicherung in der Bundesrepublik Deutschland.* Bericht der Sozialenquête-Kommission. Stuttgart: Kohlhammer, 1966

Hagen Kühn

Gesellschaftliche Bedingungen der Finanzierung professioneller Gesundheitsleistungen

1. Ökonomische und politische Funktionen des Gesundheitswesens
2. Die »Ökonomisierung« der Staatstätigkeit als Ursache restriktiver Gesundheitspolitik
3. Elemente restriktiver Gesundheitspolitik
4. Finanzierung im Rahmen der Gesetzlichen Krankenversicherung und der Sozialhilfe
5. Realisierungschancen klinisch-psychologischer Tätigkeiten im Zusammenhang mit den Tendenzen restriktiver Gesundheitspolitik

Vorbemerkung

Im folgenden geht es darum, einige zentrale Entwicklungstendenzen zu benennen, die sich aus der Tatsache ergeben, daß das Gesundheitswesen die Eigenschaft hat, ein ökonomisches Subsystem der entwickelten kapitalistischen Gesellschaft der Bundesrepublik zu sein. Durch diese Eigenschaft ist seine Entfaltung abhängig von den politisch-ökonomischen Zusammenhängen auf gesamtgesellschaftlicher Ebene. Daraus ergeben sich Schlußfolgerungen, die für die quantitative und qualitative Weiterentwicklung der psychosozialen Dienstleistungen im Rahmen des Gesundheitswesens von Bedeutung sein könnten.

Die individuell, auf der Basis privater Ware-Geld-Beziehungen finanzierten psycho-sozialen Dienstleistungen außer acht lassend, wird das Hauptaugenmerk auf die Finanzierung von Gesundheitsdiensten im Rahmen der Gesetzlichen Krankenversicherung und der staatlichen Sozialhilfe gelegt.

Vorab ist zu bemerken, daß die Reichweite ökonomischer Aussagen – soll nicht in verabsolutierenden Ökonomismus verfallen werden – begrenzt ist. Die politische Ökonomie kann Tendenzen angeben, die den Charakter von »notwendigen«, nicht jedoch von »hinreichenden« Bedingungen für die zukünftige Entwicklung eines ökonomischen Teilbereichs haben. Inwieweit die hieraus abgeleiteten Trends tatsächlich real werden, wird letztlich davon abhängen, in welcher Weise sich welche gesundheitspolitischen Interessen artikulieren und durchsetzen. Für die Vertreter fortschrittlicher Gesundheitskonzepte ist es jedoch unerläßlich, das politisch-ökonomische Magnetfeld zur Kenntnis zu nehmen und einzubeziehen, in das sie bei den Anstrengungen ihrer Realisierung geraten.

1. Ökonomische und politische Funktionen des Gesundheitswesens

Das Gesundheitswesen als Gesamtheit aller Angebote von medizinischen Gütern und von professionellen, gesundheitsbezogenen Dienstleistungen ist ein Wirtschaftssektor, dessen Leistungen zu den notwendigen Voraussetzungen der ökonomischen, sozialen und politischen Reproduktionsbedingungen des gesellschaftlichen Systems zählen.

Der gesamtwirtschaftliche Beitrag des Gesundheitswesens ist indirekt produktiv und besteht vor allem im Einfluß auf die Quantität und Qualität des gesellschaftlichen Arbeitskräftepotentials. Das ist insoweit der Fall, als folgende Wirkungen erzielt werden:

– Verringerung des Arbeitskräfteausfalls infolge von Krankheit, Invalidität und vorzeitigem Tod;

– Verbesserung der physischen und psychischen Leistungsfähigkeit innerhalb des Arbeitsprozesses.

Die Wachstumswirkungen beschränken sich nicht nur auf die gesundheitsbezogenen Dienstleistungen an den im Arbeitsprozeß Stehenden. Ökonomisch positive Effekte werden ebenso erreicht bei:

– günstigem Einfluß auf die Morbidität jener Teile der Arbeitsbevölkerung, die sich zwar nicht unmittelbar im Erwerbsleben befinden, jedoch erhebliche Bedeutung für die Erhaltung der Arbeitsfähigkeit haben (z. B. Hausfrauen);

– Senkung der Morbidität jener Mitglieder der Gesellschaft, die durch Pflege- oder Behandlungsbedürftigkeit psychische und/oder physische Arbeitsleistung absorbieren (beispielsweise Kinder und alte Menschen) und/oder soziale Kosten verursachen, falls die Pflege nicht intrafamiliär erbracht werden kann.

Soweit das Gesundheitswesen diese Funktion erfüllt, leistet es nicht nur einen Beitrag zum Wirtschaftswachstum, sondern – da es sich auf die Arbeitskraft bezieht – auch für die *soziale Sicherheit* derjenigen Klassen und Schichten, deren Lebensunterhalt vom Verkauf ihres Arbeitsvermögens bzw. der Ergebnisse aus eigener Arbeit abhängt. Damit ist es auch ein bedeutender Faktor der politisch-sozialen Stabilität.

Eine entscheidende Voraussetzung dafür, daß das Gesundheitswesen seinen ökonomischen und politischen Beitrag leisten kann, liegt in seiner jederzeitigen Inanspruchnahmemöglichkeit durch die gesamte Bevölkerung. Daraus erwächst die Notwendigkeit der *Sicherstellung* und *sozialen Verallgemeinerung* eines – gemessen am erreichten wissenschaftlichen Fortschritt, dem gesellschaftlichen Reichtum und den aus der Risikostruktur sich ergebenden Erfordernissen – relativen Mindestniveaus der Versorgung. Zu diesem Zweck muß die der kapitalistischen Gesellschaft eigene *Marktsteuerung* ganz oder teilweise eingeschränkt, und durch *politische Steuerungsmechanismen* ersetzt werden. Denn überall da, wo private Warenproduktion sich frei entfalten kann, wird die Produktion und Verteilung reguliert von der profitgesteuerten Disposition der Anbieter sowie von der Zahlungsfähigkeit (und deren sozialer Verteilung) der Nachfrager. Über die Inanspruchnahme wird dann nicht nach Bedarfskriterien, sondern nach der Kaufkraft des Konsumenten entschieden. Dieses marktwirtschaftliche Produktions- und Verteilungsprinzip steht im Widerspruch zur notwendigen Funktion der gesundheitsbezogenen Leistungen für die Reproduktion der kapitalistischen Gesellschaft.

Denkbar – und in vielen Ländern vergleichbarer gesellschaftlicher Entwicklung auch realisiert – ist folglich die Herausnahme des Gesundheitswesens aus jeder Ware-Geld-Beziehung und seine Einbeziehung in den staatlichen Infrastrukturbereich, d. h. die Erbringung der gesundheitsbezogenen Leistungen durch den Staat bzw. öffentlich-rechtliche Institutionen. Das ist in der Bundesrepublik lediglich subsidiär der Fall, nämlich da, wo entweder nichtstaatliche Anbieter nicht initiativ werden oder medizinische Leistungen mit behördlichen Aufgaben gekoppelt sind, wie das beispielsweise bei den Gesundheitsämtern der Fall ist.

Das bundesdeutsche Gesundheitswesen zeichnet sich durch die Dominanz und einen relativ großen Autonomiegrad privater Anbieter aus. Kapitalistische Unternehmen und freiberufliche Niederlassungen sowie privat-gemeinnützige Einrichtungen dominieren die zentralen Bereiche der medizinischen Versorgung. Der öffentliche Gesundheitsdienst bleibt bisher isoliert und finanziell-personell ausgetrocknet. Die privat- und einzelwirtschaftliche Verfassung der Angebotsseite ist Ergebnis der politisch-ökonomischen Machtverhältnisse. Das gesamtgesellschaftliche dysfunktionale, weil der sozialen Verallgemeinerung von Gesundheitsleistungen entgegenstehende, marktwirtschaftliche Verteilungs- bzw. Ausschlußprinzip gemäß der individuellen Zahlungsfähigkeit wird durch die *Finanzierung der Nachfrage* eingeschränkt: Für rund 90% der Bevölkerung, der ein nicht regulierter »Markt für Gesundheitsleistungen« den Zugang zu den entsprechenden Diensten und Gütern nicht jederzeit sichern würde, hat sich mit den Sozialversicherungen ein System der *kollektiven Finanzierung* herausgebildet, demgegenüber für die meisten Anbieter ein – zumindest faktischer – Kontraktzwang besteht. Im Zentrum stehen dabei die *Gesetzlichen Krankenversicherungen* (GKV), die rund 80% der gesundheitsbezogenen Güter und Dienste (»Sachleistungen«) des Sozialbudgets in der Bundesrepublik finanzieren (Sozialbericht 1976, S. 111, 132).

Wichtig ist, daß die Gesetzlichen Krankenversicherungen nicht als Leistungsersteller fungieren – weswegen auch der Ausdruck »Leistungen der Krankenkasse« irreführend ist–, sondern fast ausschließlich als Finanzierungsträger der ambulanten und stationären ärztlichen Versorgung. So ist es ihnen gemäß der herrschenden Rechtsauslegung des § 368, Abs. 1 der Reichsversicherungsordnung (RVO) untersagt, eigene medizinische Einrichtungen zu betreiben, da hiernach die Sicherstellung der ambulanten Versorgung (und de facto auch deren inhaltliche Gestaltung) in den Händen der Kassenärztlichen Vereinigungen zu liegen habe (»Behandlungsmonopol«). Während die Anbieter also Prioritätensetzung, Leistungsstrukturen und -inhalte weitgehend determinieren, droht die GKV zunehmend auf die Rolle einer Geldsammelstelle reduziert zu werden, der lediglich die finanzielle Mittlerfunktion zwischen Versicherten und Leistungserstellern zukommt.

Die politische Steuerung im Bereich der ambulanten und stationären Versorgung bezieht sich also vornehmlich *indirekt* auf die Durchführung und Gestaltung gesundheitsbezogener Dienste: einem stark verrechtlichten, staatlich regulierten, kollektiven Finanzierungssystem der Sozialversicherungen auf der Nachfrageseite stehen auf der Seite der Anbieter von Diensten und Gütern einzelwirtschaftliche Strukturen gegenüber, die zudem – mit Ausnahme des bedarfsdeckungsorientierten Teils der Krankenhäuser – über einen relativ hohen gewinnwirtschaftlichen Dispositionsspielraum verfügen. Wenn man davon ausgeht, daß die Sicherstellung und soziale Verallgemeinerung von Gesundheitsleistungen zu den Existenzbedingungen einer hoch entwickelten Industriegesellschaft (auch einer solchen mit kapitalistischer Produktionsweise) zählt, dann ist dieses, historisch im Ergebnis der Kämpfe und Niederlagen der Arbeiterbewegung entstandene, »indirekte«, vorwiegend über die Finanzierung wirkende Steuerungssystem als diejenige Konstruktion anzusehen, die dem Prinzip der Privatwirtschaftlichkeit am weitesten entgegenkommt.

Genau Gegenteiliges suggerieren hingegen solche fin de siècle-Parolen ärztlicher Standesführer, wie »der Arzt in den Fesseln der Sozialpolitik« (Thieding, 1966). Ein gesundheitspolitisches Steuerungssystem, das in einem noch höheren Maße privatwirtschaftlicher Disposition Spielraum gibt und mittelständische Strukturen noch weitergehend konserviert, ohne zugleich die gesundheitliche Lage der Lohnabhängigen und die Reproduktionsbedingungen der gesellschaftlichen Arbeitskraft auf das Niveau des 19. Jahrhunderts zurückzudrehen, läßt sich schwerlich vorstellen. Die indirekte Steuerung der Gesundheitsleistungen über das Finanzierungssystem der GKV hat sich, so gesehen, historisch nicht als »Fessel« des frei praktizierenden Arztes erwiesen, sondern gerade als die Konstruktion, durch die der objektive Widerspruch zwischen den gesellschaftlichen Erfordernissen nach Gesundheitsleistungen und deren privatwirtschaftlicher Form samt den daran gebundenen inhaltlichen Implikationen über lange Zeit hinweg latent gehalten werden konnte.

Auch ohne Berücksichtigung aktueller Faktoren, wie beispielsweise der seit 1973/74 andauernden Wirtschaftskrise, ist dieses Kompromißgebilde als zunehmend gefährdet anzusehen: Die aus dem tiefgreifenden Wandel der Arbeits- und Lebensbedingungen resultierenden Veränderungen der physischen, psychischen und sozialen Belastungs- und Beanspruchungsstrukturen (vgl. Naschold, F., u. a., 1975, Bd. I) werden immer weniger beherrschbar durch die bisherigen Organisationsformen des Sozial- und Gesundheitswesens. Denn diese sind vor allem gekennzeichnet durch ihre passive und kompensatorische Wirkungsweise sowie die weitgehende Beschränkung auf professionell-medizinische Bewältigungsformen, deren Zweckrationalität noch zusätzlich verbogen ist durch die einzelwirtschaftlich-desintegrierten Strukturen. Es wird heute begründet angenommen (WSI-Studie, 1977), daß der notwendige Weg von der reaktiven und kompensatorischen Sozial- und Gesundheitspolitik in Richtung einer umfassenden und präventiv ausgerichteten »Lebenslagepolitik« selbst dann im Rahmen der herkömmlichen sozialpolitischen Institutionen nicht mehr beschritten werden kann, wenn diese technokratisch »modernisiert« werden. Vor allem das indirekte System von privater Leistungserstellung und kollektiv-solidarischer Finanzierung durch die Sozialversicherungen erwies sich in den letzten Jahren zunehmend als krisenhaft.

Im Rückblick auf die Geschichte seit Bestehen der Bundesrepublik läßt sich dennoch sagen: durch die soziale Sicherung im allgemeinen und die GKV im speziellen wurde die Reproduktion der lohnabhängigen Bevölkerung gegen die immanent existenzbedrohenden Folgen der auf profitwirtschaftlicher Verwertung von Lohnarbeit basierenden Produktionsweise weitgehend gesichert. Das System der Kompensation von sozialen Folgen der »freien Marktwirtschaft« durch die kollektive Finanzierung von Geld-, Sach- und Dienstleistungen mittels Sozialversicherungen und Staat hat sich auch insoweit als leistungsfähig erwiesen, als mit der physischen, psychischen und sozialen Reproduktion der Arbeitsbevölkerung zugleich auch lebensnotwendige Funktionen für das politisch-ökonomische System der entwickelten kapitalistischen Gesellschaft erfüllt wurden. »Zwar läßt sich Sozialpolitik von ihrer Entstehung und den Motiven her nicht nur als ›systemstabilisierend‹, weder für das ökonomische noch das politische System, deuten, aber ihre faktische Wirkung – Befriedigung und Integration der Arbeiterschaft – ist unstrittig« (WSI-Studie, 1977, S. 28). Um so erklärungsbedürftiger ist nun aber die sozialgeschichtliche Tatsache, daß dennoch die Funktionsfähigkeit der Sozialpolitik und des Gesundheitswesens darauf angewiesen ist, immer wieder von der gewerkschaftlichen und politischen *Arbeiterbewegung* gegen die kapitalistischen Entwicklungsgesetzmäßigkeiten und *gegen den Widerstand* der wirtschaftlich und politisch Mächtigen, also auch des Staates, durchgesetzt, weiterentwickelt und verteidigt zu werden (vgl. Tennstedt, 1976; Peschke, 1962).

2. Die »Ökonomisierung« der Staatstätigkeit als Ursache restriktiver Gesundheitspolitik

Ohne auf die Vielzahl der Faktoren einzugehen, die für die jeweils konkret-historische Entwicklung der Sozial- und Gesundheitspolitik ausschlaggebend sind (dazu: Van den Bussche, 1975, S. 190f.), sollen hier nur einige Tendenzen aufgezeigt werden, die sich aus dem Wesen der gesellschaftlichen Grundstrukturen ergeben.

1. Die gesamtwirtschaftliche Produktion von Gütern und Diensten erfolgt zum Zweck der Verwertung privaten Kapitals und nicht nach Kriterien gesellschaftlicher Bedarfsdeckung. Daraus folgt die grundlegende »Tendenz zur Nicht-Berücksichtigung und Gefährdung der Reproduktion der Arbeitskraft« (Naschold, 1976, S. 201). Letztlich erst aus diesem Widerspruch zwischen dem konkurrenzvermittelten Zwang zur privatwirtschaftlichen Gewinnmaximierung auf der einen und dem gesellschaftlichen Charakter der Produktion auf der anderen Seite, erwächst überhaupt die Notwendigkeit für den Staat, im Interesse der Aufrechterhaltung des gesellschaftlichen Gesamtsystems in dessen Produktions- und Verteilungsmechanismen regulierend und umverteilend einzugreifen.

2. Die zu diesem Zweck in Staatshaushalten und Sozialversicherungen zentralisierten Finanzierungsfonds sind jedoch keineswegs aus dem Interessenantagonismus zwischen Kapital und Arbeit herausgelöst: Durch die »Entzugseffekte« der Einnahme aus Steuern und Beiträgen werden die Höhe der Nettoprofite und die Nettolöhne, also die individuell verfügbaren Einkommen, festgelegt. Um die Ausgaben konkurrieren wie-

derum Verwendungsarten, die – wie die Löhne – der *Reproduktion der Arbeitsbevölkerung* dienen (Bildungs- und Gesundheitsausgaben, Renten usw.), mit solchen, die entweder *unmittelbar der Kapitalakkumulation* zufließen oder mit denen die *staatlichen Verwaltungs- und Herrschaftsapparate* finanziert werden (vgl. Semmler, 1977). Das heißt zunächst, daß der Umfang und die klassenspezifischen Entzugs- und Ausgabewirkungen der öffentlich umverteilten Finanzen – wenn auch nicht der Form, so doch dem Wesen nach – ebenso vom politisch-ökonomischen *Kräfteverhältnis* zwischen Kapital und Arbeit abhängig sind, wie die marktverteilten Einkommensrelationen. Aus der Sicht der Gewerkschaftsbewegung beruht ein qualitativer Unterschied zum traditionellen Lohnkampf um die Höhe der Markteinkommen darauf, daß es hier um diejenigen Reproduktionsbedingungen der Arbeitskraft geht, die entweder – wie Renten, Kindergeld usw. – *politisch* umverteilt und *individuell* verwendet werden oder – wie öffentliche Bildungs- und Gesundheitseinrichtungen – nicht nur durch politische Umverteilung finanziert, sondern auch nach politischen Entscheidungen verwendet und *gestaltet* werden. Je mehr die Lebenslage der Bevölkerung von den öffentlich verwendeten und/oder verteilten ökonomischen Ressourcen der Gesellschaft abhängig wird, um so notwendiger muß die Durchsetzung umfassender *demokratischer Gestaltungsrechte* zum unmittelbaren Bestandteil des gewerkschaftlichen Kampfes werden, den die Lohnabhängigen im Kapitalismus zu ihrer Existenzsicherung zu führen gezwungen sind (dazu: WSI-Studie, 1977; Kühn, 1976, a).

3. Aus dem bisher Gesagten soll keineswegs gefolgert werden, staatliche Gesundheitspolitik sei primär als Ergebnis pluralistischer Einflußkonkurrenz politisch organisierter Interessen auf den Staat anzusehen. Die *strukturell ungleichen Realisierungschancen* politisch-ökonomischer Interessen im nicht-staatlichen Bereich zwischen Eigentümern und Nicht-Eigentümern an den Produktionsmitteln verlängern sich auch in den staatlichen Bereich hinein (vgl. Helfert, 1977). Dies ergibt sich aus einem Grundsachverhalt, dessen Auswirkungen im Rahmen der bestehenden Gesellschaftsordnung durch Interessenpolitik vor allem der Arbeiterbewegung zwar erheblich modifiziert werden können, der jedoch prinzipiell mit der Eigenschaft des

Staates, kapitalistischer Staat zu sein, verbunden ist (vgl. Grauhan/Hickel, 1977): Indem nämlich der *Staat* (einschließlich der öffentlich-rechtlichen Körperschaften) »über Abschöpfungsbeträge aus nicht von ihm selbst organisierter und produzierter Wertschöpfung finanziert wird« (ebenda), sind seine *Handlungsmöglichkeiten prinzipiell an die Entwicklung der privaten Wertschöpfung gebunden.*

Entsprechend befindet sich die staatliche Finanzierungs- und Gestaltungspolitik im Gesundheitswesen in einem systembedingten *Dilemma:* Zur Aufrechterhaltung und Entwicklung der gesellschaftlichen Produktion, des Wirtschaftswachstums sowie zur Sicherung des »sozialen Friedens« muß kontinuierlich ein gewichtiger Anteil des volkswirtschaftlichen Gesamtprodukts in das Gesundheitswesen umverteilt werden. Die zur Gesundheitsfinanzierung erforderlichen Beitrags- und Steuermittel sind Abzüge von den privatwirtschaftlich erzielten (Primär-)Einkommen, den Profiten und den Löhnen. Konstante Relationen der Einkommensverteilung einmal vorausgesetzt, ist das Abschöpfungspotential also direkt abhängig vom Wirtschaftswachstum. Dieses Wachstum wiederum ist aber das »Resultat der rascher oder langsamer, beschleunigt oder stokkend sich vollziehenden Vergrößerung privaten Erwerbsvermögens« (W. Hofmann), d. h. der Kapitalakkumulation. Je uneingeschränkter nun die Verfügungsmacht der Kapitaleigner, bzw. je geringer die *Mitbestimmungsrechte der Produzenten* auf den verschiedenen Ebenen wirtschaftlicher Entscheidungen sind, um so unmittelbarer ist die gesamtwirtschaftliche Entwicklung abhängig von den privatwirtschaftlich getroffenen Investitionsentscheidungen. Deren Kriterium ist die einzelwirtschaftlich realisierte und zukünftig erwartete *Kapitalrendite,* d. h. das möglichst günstige Verhältnis von eingesetztem Kapital zu erzieltem und erwartetem Profit. Letzterer wird aber geschmälert durch alle Kostenfaktoren, also durch Löhne, Steuern und Beiträge etc., auch dann, wenn deren spätere Verwendung die Lebenshaltung der Produzenten und damit die Voraussetzung der weiteren Kapitalverwertung sichert.

Ohne die Einschränkung privater Verfügungsmacht über die gesellschaftliche Produktion und deren Anbindung an die Interessen der Bevölkerungsmehrheit ist somit die zentrale strategische Größe, von der staatliche Politik abhängig ist, das *In-*

vestitionsverhalten der Unternehmer. Bei gleichbleibender Netto-Reallohnquote und unveränderter Ausgabenstruktur der öffentlichen Haushalte vermindern die Gesundheitsausgaben – abzüglich der dadurch zusätzlich geschaffenen profitablen Kapitalanlagemöglichkeiten – die Profite. D. h.: Durch die Finanzierung des Gesundheitswesens, soweit sie nicht über eine entsprechende Senkung der Nettolohnquote erreicht wird, wird das Investitionsverhalten der Kapitaleigner und damit auch die Entwicklung des Wirtschaftswachstums unter diesen Bedingungen negativ beeinflußt. Das gleiche gilt auch für gesundheitspolitische, beispielsweise primärpräventive *Eingriffe* in den Kapitalverwertungsprozeß, soweit dadurch die privatwirtschaftliche Kosten-Gewinn-Relation beeinträchtigt wird.

4. Als *allgemeine* Tendenz entwickelt sich aus diesem Grundzusammenhang ein Druck zur *Ökonomisierung staatlichen Handelns* im Sinne einer durchgreifenden Instrumentalisierung *sämtlicher* Staatsfunktionen für die unmittelbaren Bedürfnisse profitorientierter privater Warenproduktion. *Grauhan* und *Hickel* (1977) systematisieren die einzelnen Elemente von auf den Staat bezogenen Ökonomisierungsstrategien wie folgt:

– *Reprivatisierung* staatlicher Tätigkeit als Versuch der unmittelbaren Rückgliederung staatlicher Produktion in das System privat-dezentraler Konkurrenzwirtschaft (vgl. Kluncker, 1977);

– *Vermarktung* von Staatsfunktionen: Der Staat wird auf die Sicherung der notwendigen Infrastruktur beschränkt, indem er zwar »Finanzierungspools« organisiert, das Leistungsangebot und dessen Nutzung jedoch marktwirtschaftlicher Steuerung überläßt. Das oben angesprochene »indirekte System« der Gesundheitsfinanzierung durch die Sozialversicherung bei privatwirtschaftlichen Anbieterstrukturen kommt dem in vielem nahe;

– *»Entpluralisierung«* von Staatsfunktionen: Diese Strategie zielt – wie es teilweise in der Konjunkturpolitik bereits üblich ist – darauf ab, staatliche Maßnahmen zu »entpolitisieren«, indem sie Entscheidungsprozessen im vorparlamentarischen und parlamentarischen Raum dadurch entzogen werden, daß man sie an »objektiv« vorgegebene Wirtschaftsdaten koppelt. Freilich sind diese dann wieder das Ergebnis der von privaten Investitionsentscheidungen determinierten Marktentwicklung.

– *»Interne Rationalisierung«* des Staates: »Was nach Reprivatisierung, Vermarktung und Entpluralisierung als unvermeidbarer Rest staatlicher Tätigkeit übrig bleibt, wird in die Strukturen einer monetären Kosten-Nutzen-Rationalität eingespannt.« (Grauhan/Hickel, 1977, S. 15)

Die Tendenz zur Unterwerfung staatlicher Politik unter die Rationalität der Privatwirtschaft führt zu folgender krisenverursachender Paradoxie: Dieselben Mechanismen der Produktion und Verteilung, die die *Ursachen* der sozialökonomischen Ungleichgewichte sind, auf die hin der Staat überhaupt erst auf den Plan gerufen wird, sollen zur Beseitigung dieser Ungleichgewichte führen.

Diese Ökonomisierung der Staatstätigkeit ist eine der kapitalistischen Gesellschaft innewohnende Tendenz, die aber durch *entgegenwirkende politische Faktoren* zeitweilig abgeschwächt, kompensiert oder durch erfolgreiche Reformpolitik überkompensiert werden kann. Zentrum dieser gegenläufigen Kräfte ist die Arbeiterbewegung als gewerkschaftlicher und politischer Ausdruck der von kapitalistischer Ökonomisierung am stärksten betroffenen und benachteiligten sozialen Interessen. Privatwirtschaftliche Ökonomisierung der Staatstätigkeit und *Demokratie*, verstanden als reale Gestaltungsmöglichkeiten der Bevölkerungsmehrheit in ihrem Interesse, sind unvereinbar. Ökonomisierung und Abbau demokratischer Rechte verlaufen deshalb nicht zufällig gleichzeitig, sondern sind notwendigerweise miteinander verbunden.

Der zeitliche Horizont von Ökonomisierungsstrategien ist durch die ihnen eigenen Widersprüche zwangsläufig begrenzt. Durch die Zerrüttung der gesellschaftlichen Reproduktionsbedingungen der Arbeitsbevölkerung – vor allem jener ihrer Teile, die nicht im Produktionsprozeß stehen – und durch die damit verbundenen partiellen Verelendungsprozesse, hohen Folgekosten und politischen Legitimationsdefizite werden Gegenkräfte induziert.

Die Ökonomisierung als Rückwirkung der Kapitalakkumulation auf den öffentlichen Sektor umfaßt zwar grundsätzlich alle Politikbereiche, ist aber in ihrer Intensität auf die einzelnen Bereiche ungleich verteilt. Die *»spezifische Selektivität«* der Erstellung von öffentlichen Gütern und Dienstleistungen beruht zum einen auf »der funktional verschiedenen Bedeutung einzelner Bereiche für die private Reproduktion und Akkumulation..., die in der Regel zu einer Unterversorgung und zu Defiziten gerade im Bereich der allgemeinen Reproduktionsbedingungen der Arbeitskraft führt« (Semmler, 1977, S. 302), und zum anderen ist sie Ausdruck politischer Kräftekonstellationen.

3. Elemente restriktiver Gesundheitspolitik

Die Ökonomisierungstendenzen im staatlichen Handeln als Folge der grundlegenden Abhängigkeit des Staates von der privaten Produktion setzten sich vor allem im Gefolge der Wirtschaftskrise seit 1973/74 zunehmend durch, nachdem sie zwischen 1969 und 1972 politisch vorübergehend überlagert waren. Am Beispiel der Krankenhauspolitik wurde vom Verfasser an anderer Stelle (Kühn, 1976, a) nachgezeichnet, wie die allgemeine Tendenz mit allen ihren Widersprüchlichkeiten sich in konkrete Gesundheitspolitik umsetzt. Der ökonomische, politische und ideologische Druck sowohl auf die individuellen als auch auf die gesellschaftlichen Elemente der Lebenshaltung der Lohnabhängigen hat sich mit der Wirtschaftskrise enorm verstärkt, während andererseits die ökonomische und politische Verteilungs- und Gestaltungsmacht der Lohnabhängigen an Gewicht verloren hat. Im Bereich des Gesundheitswesens führte das zu immer restriktiveren Zügen staatlicher Gesundheitspolitik im Hinblick auf die Versorgungs- und Verteilungsinteressen der arbeitenden Bevölkerung. Die Reformkräfte sind in die Defensive geraten; die von ihnen Ende der 60er Jahre initiierten Diskussionen um Verbesserung und Veränderung der Gesundheitssicherung wurden weitgehend verdrängt von der »Kostendebatte« als legitimierender und problemverdrängender Leitideologie für restriktive gesundheitspolitische Strategien (vgl. Kühn, 1976, b).

Ohne auf die empirischen Umsetzungsprozesse und auf deren inhaltliche Kritik eingehen zu können, soll im folgenden ein grober Überblick über die deutlichsten *Erscheinungsformen restriktiver Gesundheitspolitik* gegeben werden.

– *Beschränkung des Finanzvolumens* für Gesundheitsleistungen: Die Krise setzt politisch-ökonomische Kräfte frei, die auf eine Erhöhung des Profitanteils an der volkswirtschaftlichen Neuwertschöpfung hintreiben. Bei stagnierenden Wachstumsraten kann das nur durch absolute Kürzung der Reallöhne und/oder der realen (d. h. inflationsbereinigten) öffentlichen Ausgaben für Zwecke der Lebenshaltung der Lohnabhängigen erreicht werden. Der institutionsinterne »Rationalisierungseffekt«, der durch die Finanzverknappung vor allem im Krankenhausbereich erzielt werden soll, wird gerade dadurch vielfach erst restriktiv, daß die eingesparten Mittel gesundheitspolitischen Verwendungen entzogen werden, statt in investivem Sinne zur Finanzierung von Reformen verwendet zu werden, die langfristig – vornehmlich über eine Senkung der Behandlungsfälle – dann auch eine Voraussetzung zur Kostensenkung darstellen würden.

– Bindung des Finanzvolumens an »objektive«, d. h. *von der Marktentwicklung gesetzte Daten:* Mit der angestrebten Kopplung des Finanzvolumens der GKV an die »Grundlohnentwicklung« wird die Versorgung nun auch formal von jeglicher Bedarfsüberlegung gelöst und von der Lohnentwicklung abhängig gemacht. D. h.: je mehr die Lohnquote durch die privatwirtschaftlich verursachte Arbeitslosigkeit, durch Aussperrungspolitik der Unternehmer und tarifpolitische Beeinflussung des Staates gesenkt wird, um so mehr werden auch die GKV-Finanzen eingeschränkt. Durch die Grundlohnbindung ist diese Kopplung »automatisiert« und scheinbar unpolitisch.

– *Änderung der Finanzierungsmethoden:* Im gesamten sozialen Finanzierungssystem ist die Tendenz sichtbar, direkte Finanzierungsverpflichtungen des Staates (aus Steuermitteln) auf die (beitragsfinanzierten) Sozialversicherungen abzuwälzen: Kürzung der staatlichen Anteile an der Krankenhausfinanzierung mit der Folge erhöhter Pflegesätze, Kürzung der Zahlungen der Rentenversicherung an die GKV, um den Staat von seiner Zuschußpflicht zur Rentenversicherung zu entlasten usw. Da durch die Beitragsfinanzierung die unteren Einkommensschichten stärker herangezogen werden als durch Steuerfinanzierung, hat die Änderung der Finanzierungsmethode auch eine soziale Umverteilungswirkung (vgl. Kühn, 1977). Die Finanzierung sozialer Sicherung auf Kosten anderer Bestandteile des Reproduktionsfonds der Arbeitskraft wird besonders offenbar bei den Beitragserhöhungen einzelner Sozialversicherungszweige, die einer Kürzung der Nettolöhne gleichkommen.

– *»Selbstbeteiligung«* der erkrankten Versicherten an Arznei- und Behandlungskosten. Diese – teilweise bereits eingeführten – Maßnahmen, die zum festen Bestandteil kapitalorientierter Sozialpolitik gehören, lassen einen Rückstau der Inanspruchnahme gerade bei den mit dem größten Krankheitsrisiko behafteten Beziehern niedriger Einkommen erwarten. Die volksgesundheitliche Notwendigkeit besteht aber gerade in einer Vorverlagerung gesundheitsbezogener Interventionen (vgl. Naschold, 1975, Bd. I). Einen weiteren Aspekt der Selbstbeteiligung beleuchtet Scholmer: »Den Arbeiter trifft die Kostenbeteiligung klassengemäß: ... Je mehr er vorher (am Arbeitsplatz H. K.) ausgebeutet und verschlissen wurde, desto mehr darf er nun zur Wiederherstellung seiner Arbeitskraft zahlen.« (Scholmer, 1973, S. 43)

– *Funktionalisierung von Inhalt und Verteilung* der Gesundheitsleistungen dahingehend, daß sie ein Höchstmaß von Kompatibilität mit den Erfordernissen der Kapitalverwertung aufweisen: Einem sozial *gezielten* Leistungsabbau lediglich bei jenen Sozialversicherten, die entweder bestimmter Dienste nicht bedürfen, um zunächst einmal arbeitsfähig zu bleiben, und bei solchen, die nicht im Arbeitsprozeß stehen, steht formal das *Solidaritätsprinzip* (d. h. die Anspruchsgleichheit aller Sozialversicherten trotz unterschiedlicher Lohn- und Beitragshöhe) der GKV bei Dienst- und Sachleistungen entgegen. Denn prinzipiell ermöglicht es nur ein allgemeines Absenken des Angebotsniveaus an Gesundheitsleistungen. Vom Verwertungsinteresse des Kapitals her gesehen, ist das realisierte Solidaritätsprinzip ein *Störfaktor*. Eine generelle Niveausenkung durch Streichungen im Leistungskatalog würde zwar (Lohn-)Kosten einsparen, gleichzeitig würde damit aber auch die Erhaltung des notwendigen Arbeitsvermögens bestimmter Arbeitskräfte gefährdet. Sie wären »unterversorgt« in dem Sinne, daß die Arbeitsfähigkeit nicht gewährleistet ist, andere wiederum wären nach dem herrschenden Kriterium der Leistungsfähigkeit immer noch »überversorgt«. Trotz dieser Dysfunktionalität des Solidaritätsprinzips werden Maßnahmen zu seinem formalen Abbau unwahrscheinlich sein, da es für die

Mehrheit der Bevölkerung zu einem bewußt wahrgenommenen Bestandteil ihres Lebensstandards gehört und hohe Legitimationsdefizite für die Herrschenden zu befürchten wären. Darum steht im Vordergrund der informelle Abbau: Dieser wird weniger durch Maßnahmen, sondern gerade durch *Nicht-Maßnahmen* bewirkt. Indem die *Chancenungleichheiten* und informellen Diskriminierungen bei der Inanspruchnahme nicht gesundheitspolitisch beseitigt werden, werden sie sich noch verstärken und zwar in einer für das Kapital durchaus funktionalen Weise. So ist die regionale Ungleichverteilung von Leistungsangeboten meist zugleich eine qualitative Ungleichverteilung, die sich sozial in dieselbe Richtung auswirkt. Betroffen sind meist soziale Schichten, bei denen ein höheres Versorgungsniveau sich nur unterdurchschnittlich positiv oder gar nicht auf die Arbeitsproduktivität im Kapitalsektor auswirken würde (beispielsweise ländliche Bevölkerung, Arbeiter unterer Qualifikationsstufen, die leicht auswechselbar sind, Rentner usw.).

Unter diesem Aspekt ist auch der *Nicht-Ausbau bestimmter Leistungsarten*, wie beispielsweise der *psychotherapeutischen Versorgung*, zu verstehen. Die vorhandenen Angebotsdefizite sind sowohl von der Qualität als auch der Verteilung her gesehen durchaus kompatibel mit kapitalorientierter Gesundheitspolitik: psychische Beeinträchtigungen wirken sich auf die Arbeitsproduktivität unterschiedlicher Schichten von Arbeitern und Angestellten, je nach deren Anforderungsstruktur, unterschiedlich aus; bei einem Arbeitslosen oder Rentner überhaupt nicht, eine ungelernte Fließbandarbeiterin wird auch unter hohem psychischem Leidensdruck ihre Arbeit durchführen oder ansonsten ausgewechselt werden können (schätzungsweise 35 % der Kündigungen im Bereich der Industriearbeiter werden vom Unternehmer offiziell mit »Krankheit« begründet). Die spezifischen Leistungsanforderungen an hochqualifizierte Angestellte hingegen sind oft so beschaffen, daß sie gerade bei psychischen Beeinträchtigungen nicht mehr hinreichend erbracht werden können. Dann ist es nach dem Kriterium der Kapitalverwertung (die ja letztlich nichts anderes ist als Arbeitskräfteverwertung) durchaus *rational*, psychotherapeutische Behandlung zwar in den Leistungskatalog der Krankenkassen *aufzunehmen*, jedoch das Leistungsangebot *knapp zu halten*.

Das hat einen doppelten *Selektionseffekt:* Die informellen Ausschlußmechanismen seitens der Anbieter sowie das schichtenspezifische Inanspruchnahmeverhalten der Nachfrager wirken bei der psychotherapeutischen Behandlung vor allem dahingehend, daß davon jene sozialen Schichten diskriminiert werden, für die die Behandlung nach Verwertungskriterien des Kapitals »nicht notwendig« ist. Indem dadurch aber die Psychotherapie nach wie vor von Menschen aus Arbeiter- und unteren Angestelltenschichten »unberührt« bleibt, fehlen ihr auch die notwendigen Anstöße und Erfahrungen, solche Therapieformen und -inhalte zu entwickeln, die diesen Schichten entsprechen. Dadurch werden die vorhandenen informellen Selektionsmechanismen weiter stabilisiert.

– *Umlenkung originär politisch-sozialer Krisenprobleme in die Medizin:* Während einerseits gesundheitsbezogene Interventionen in der Regel zu spät und zu sehr am Individuum statt an seiner sozialen Lebenswelt ansetzen, werden andererseits soziale Krisenprobleme »mediziniert«. Damit wird versucht, sie ihrer politischen Bewältigung zu entziehen. Die betriebliche Personalselektion wird zunehmend der Medizin (oft gar im Gewande des »Arbeitsschutzes«) überantwortet; ein Teil des gesellschaftlichen Altenproblems wird zum geriatrischen Problem und zum Problem der Krankenhauskosten umdefiniert; die Lösung von Alkoholismus- und Drogenproblemen wird nicht in der sozialen Perspektivlosigkeit der Betroffenen, sondern in medizinischer und psychologischer »Ent- und Erziehung« vermutet. Damit wird die Medizin und – falls einbezogen – die klinische Psychologie zu einem Instrument der Individualisierung und Entpolitisierung sozialer und politischer Krisen.

– *Reprivatisierung* von nicht-privaten Bereichen des Gesundheitswesens: Vor allem im Krankenhausbereich ist zu beobachten, daß das anlagesuchende Kapital nun auch in die Sektoren drängt, die bislang (noch) bedarfswirtschaftlich orientiert sind: Herausnahme bestimmter, leicht rationalisierbarer Leistungen wie Wäsche-, Speiseversorgung, Labors usw., anteilmäßige Ausdehnung der Privatbetten und -kliniken, Versuche, das Belegarztwesen auszuweiten, stehen auf der Tagesordnung. Auch hier sind die Folgen offensichtlich: Gerade die Konstruktion von kollektiver Finanzierung bei weitgehender privatwirtschaftlicher Autonomie der Anbieter erweist sich offensichtlich zunehmend als Hauptursache der medizinischen, ökonomischen und sozialen Fehlentwicklung des Gesundheitswesens. Die Reprivatisierung läßt die Paradoxie der kapitalorientierten Ökonomisierung im Gesundheitswesen besonders deutlich werden: Mit dem Ersatz von Gesundheitspolitik durch Preisgabe von allem und jedem, was die Begehrlichkeit der Geschäftswelt erweckt oder deren Anstoß erregt, werden Krisen »bekämpft«, indem deren Ursachen verstärkt werden.

4. Finanzierung im Rahmen der Gesetzlichen Krankenversicherung und der Sozialhilfe

Van den Bussche bezeichnet das System der sozialen Sicherung im Grundsatz als ein »Bündel reparativ-kompensatorischer Maßnahmen, die die Auswirkungen von ökonomischen Risiken und Gefährdungen lindern bzw. ihnen teilweise vorbeugen. Von ihrem Ansatz her jedoch sind sie nicht in der Lage, die Entstehung der Probleme grundsätzlich zu verhindern« (Van den Bussche, 1975, S. 187). Zum anderen ist es aber ein Ausdruck der sozialen Kämpfe um die Sicherung der Lebenslage besonders der lohnabhängigen Bevölkerung. Es darf also einerseits »nicht vergessen werden, daß grundsätzlich alle Sozialpolitik produktionspolitisch notwendig ist, daß sie berufen ist, die Lückenhaftigkeit eines Systems zu ergänzen, welches zur Freiheit aufruft und doch die Freiheit verweigert. Andererseits entsteht die Gefahr, über ihrer innerkapitalistischen Entstehung die soziale Seite der sozialpolitischen Maßregel zu übersehen, also gerade ihre charakteristische Doppelpoligkeit aus dem Auge zu verlieren.« (Heimann, 1929, S. 137) Das heißt: Die bestehenden Einrichtungen der sozialen Sicherheit sind, wie gezeigt, einerseits stets von der kapitalistischen Entwicklung her bedroht und müssen verteidigt werden. Dieselbe Entwicklung führt aber auch zum ständigen Wandel der sozialen Risikostrukturen. Deshalb sind selbst zur Bewahrung des einmal erreichten Standards ständige Reformen erforderlich.

Im folgenden sollen zwei gesundheitspolitische Bewältigungssysteme des Krankheitsrisikos kurz charakterisiert werden, um abschließend einige Tendenzen aufzuzeigen, welche sich aus dem Zusammentreffen kapitalorientierter Ökonomisierungspolitik und dieser Finanzierungsinstitutionen ergeben könnten, soweit sie als wichtig für die Einschätzung der ökonomischen Perspektiven psycho-sozialer Dienste anzusehen sein könnten.

Der *Krankheitsfall* bedroht die soziale Sicherheit des Lohnabhängigen und seiner Familie von zwei Seiten her. Er gefährdet die Tauschbarkeit der Arbeitskraft und damit das laufende Einkommen, während zugleich erhöhte, meist unvermeidliche und unkalkulierbare Kosten für medizinische Dienste und Güter anfallen. An der Absicherung gegen vorübergehenden oder dauernden Einkommensausfall und Krankheitskosten sind nahezu alle Bereiche der sozialen Sicherung beteiligt: Die sozialen Rentenversicherungen, Krankenversicherungen, Unfallversicherungen, Arbeitslosenversicherungen, das beamtenrechtliche Versorgungssystem, der öffentliche Gesundheitsdienst, die Sozial- und Jugendhilfe. Die Institutionen sind nämlich nicht nach bestimmten Risiken und Bewältigungsformen organisiert, wie das beispielsweise Namen wie Unfall- oder Rentenversicherung nahelegen würden (»Finalprinzip«), so daß z. B. für Krankheitsrisiken allein die Krankenversicherung eintreten würde. Vielmehr ist die Leistungsgewährung kausal in den gesetzlich definierten *Mitgliedschaften* begründet (»Kausalitätsprinzip«). Einen Ansatz zur Ausnahme bildet neuerdings die Rehabilitation, bei der nach dem »Rehabilitationsgesetz« von 1974 alle Zweige der sozialen Sicherung auf dieses Ziel hin orientiert zusammenarbeiten.

a. *Vergleich konstituierender Merkmale*

Im Mittelpunkt der ökonomischen Sicherung gegen das Krankheitsrisiko stehen die *Gesetzlichen Krankenversicherungen* (GKV). Während zu Beginn ihrer Entwicklung die Krankenkassen vorwiegend den Lohnausfall milderten, also Geldleistungen erbrachten, steht heute eindeutig die Finanzierung gesundheitsbezogener Güter und Dienste (Sachleistungen) im Vordergrund. Die GKV finanziert gegenwärtig rund 80% der gesundheitsbezogenen Sachleistungen des »Sozialbudgets«, während sie an den Lohnersatz- bzw. -fortzahlungen nur noch mit 15% beteiligt ist.

Der *sozialversicherungsrechtliche Krankheitsbegriff*, der den Leistungsanspruch auslöst, bezeichnet nach herrschender Rechtsauffassung »Krankheit als einen regelwidrigen, Heilbehandlung oder Arbeitsunfähigkeit bedingenden Körper- oder Geisteszustand« (Siebeck, 1976, S. 39). Die Säulen dieses Krankheitsbegriffs sind also »Regelwidrigkeit«, »Notwendigkeit der Heilbehandlung« und »Arbeitsunfähigkeit«. Keine davon ist vom Inhalt her objektivierbar. Obwohl das unmittelbare Definitionsmonopol in Händen der medizinischen Profession liegt, ist die konkrete Ausgestaltung, die über Umfang und Niveau des Leistungsanspruchs entscheidet, letztlich Resultat umfassender politisch-sozialer Interessenauseinandersetzungen.

Sehr wesentlich für die soziale Auswahl und die Rechtssicherheit des Leistungsempfängers sowie für die Art und Höhe der Leistungen sind die *Gestaltungsprinzipien* der einzelnen Versorgungssysteme. Hierin unterscheiden sich Sozialversicherungen und staatliche Sozialhilfe sehr wesentlich. Das *Verhältnis zwischen Finanzierungsträger und dem Leistungsempfänger* ist in der GKV durch folgende Regelprinzipien festgelegt (vgl. Van den Bussche, 1975; Preller, 1970):

– *Das Versicherungsprinzip:* Die Summe der Mitgliedsbeiträge der versicherten Gemeinschaft ermöglicht die Deckung der jeweils vom Risiko betroffenen Mitglieder. Dieses Prinzip kennt mehrere Varianten. In den gewerblichen Privatversicherungen ist der Beitrag nach dem statistischen individuellen Risiko, also den wahrscheinlichen zukünftigen Kosten gestaffelt *(Äquivalenzprinzip)*. In den Renten-, Kranken- und Arbeitslosenversicherungen ist der Zusammenhang zwischen Beitrag und Leistung gelockert: Bei *Geldleistungen* besteht noch eine Verbindung insofern, als ihre Höhe – ebenso wie die Beiträge – in einer bestimmten Relation zum Einkommen steht. Bei den sogenannten *Sachleistungen* hingegen soll ein Solidarausgleich erzielt werden: der lineare Beitragssatz (in Prozent des Einkommens) führt zu unterschiedlich hohen Beiträgen, während für alle Versicherten gleicher Anspruch auf Güter und Dienste besteht *(Solidaritätsprinzip)*. Damit wird eine Umverteilung angestrebt:

– von den jungen Mitgliedern zu den älteren Mitgliedern mit höherem Krankheitsrisiko;

– von Ledigen zu verheirateten Mitgliedern (hier sind in der Regel die Angehörigen ohne besondere Beitragsaufschläge mitversichert);

– von besserverdienenden zu niedrigerverdienenden Mitgliedern, die ja bei unterschiedlichen Beiträgen Anspruch auf die gleichen Sachleistungen haben.

De facto ist das Solidaritätsprinzip allerdings vielfach durchbrochen. Durch die sozial differenzierten Krankheitsrisiken sowie die sozialen Ungleichverteilungen bei den Gesundheitsleistungen in quantitativer und qualitativer Hinsicht wird der angestrebte Umverteilungseffekt bereits auf der informellen Ebene erheblich gemindert (vgl. Andel 1975). Dennoch ist auch die formalrechtliche Existenz des Solidaritätsprinzips ein Hindernis gegen weitere Differenzierungs- und Diskriminierungsversuche auf der Beitrags- und der Leistungsseite gemäß der oben skizzierten restriktiven Kriterien. Vor allem hier liegt seine sozialpolitische Bedeutung.

Offensichtlich verletzt ist das Solidaritätsprinzip allerdings bereits:

– durch die eingeführte »Selbstbeteiligung« der Erkrankten über ihren Beitrag hinaus; und

– durch die *Beitragsbemessungsgrenze*, die bei der GKV identisch ist mit der Versicherungspflichtgrenze für Angestellte. Danach wird der Beitragssatz nur bis zu einem Teil des Einkommens (1978: monatlich 2775,– DM) erhoben. Das bedeutet, daß die Geldleistungen ebenfalls nur entsprechend der Beitragsbemessungsgrenze gewährt werden. Da aber die in der GKV vorherrschenden Sachleistungen ohne Rücksicht auf die Beitragshöhe gegeben werden, bedeutet das, »daß die höheren Einkommen in den Sachleistungen von der ›Solidarität‹ der geringeren Einkommen profitieren« (Preller, 1970, S. 319f.). Die Versicherungspflicht- und Beitragsbemessungsgrenze in den Sozialversicherungen verdankt sich dem Kampf der privaten Lebens- und Krankenversicherungen um Marktanteile. Dessen Ziel ist es, durch Senkung der Pflicht- und Bemessungsgrenze die GKV zurückzudrehen auf eine Einrichtung »für Schutzbedürftige« (PKV-Informationsdienst v. 10. 3. 1978), also letztlich für Gruppen mit niedrigen Einkommen und hohem Risiko, mit deren Versicherung sich kein Kapital profitabel verwerten ließe.

Als eine wesentliche Errungenschaft muß auch der *Rechtsanspruch der Sozialversicherten* angesehen werden. Im Unterschied zur *Sozialhilfe* ist ein ggf. einklagbarer Anspruch auf nach Art und Höhe von vornherein bestimmter Leistungen gegeben. Auch wenn die Sozialhilfe »zum Lebensunterhalt« durch die Einführung von Regelsätzen etwas vereinheitlicht worden ist, verhält es sich, besonders bei der bedeutenderen Leistungsart »Hilfe in besonderen Lebenslagen« so, daß zwar ein Rechtsanspruch »dem Grunde nach« besteht, nicht aber im Hinblick auf die Art und Höhe der Hilfe. Zudem begründet sich der Anspruch des Sozialversicherten auf Mitgliedschaft; er braucht im Falle der gesetzlich bestimmten Notfälle, wie Krankheit, Arbeitslosigkeit usw., nicht mit einer Prüfung der Bedürftigkeit zu rechnen, während die Sozialhilfeträger »nach pflichtgemäßem Ermessen« (Schewe, 1975, S. 302) über Form und Maß der Hilfe entscheiden. Es läßt sich denken, daß auch das sozialversicherungsrechtliche Anspruchsprinzip, das einen Faktor der sozialen Sicherheit darstellt, ebenfalls von der restriktiven Gesundheitspolitik bedroht ist.

Das gleiche gilt für das *Sachleistungsprinzip* der GKV. Im Unterschied zum *Kostenerstattungsprinzip* der privaten Krankenversicherungen nimmt der Versicherte oder mitversicherte Angehörige »die Dienste der Ärzte, die Medikamente, die Krankenhauspflege als Sachleistungen, d. h. ohne ihren Wert zu bezahlen, in Anspruch. Die Krankenkasse... darf sich also nicht damit zufrieden geben, dem Versicherten nachträglich die Kosten zu erstatten, sondern schließt Verträge über die Durchführung der Leistungen mit Ärzten, Zahnärzten, Krankenhäusern, Apothekern, Optikern usw« (Schewe, 1975, S. 161). Auch der Ersatz des Sachleistungsprinzips durch die Kostenerstattung wird von konservativer Seite immer wieder in die gesundheitspolitische Debatte geworfen, mit dem Ziel, damit die Inanspruchnahme zurückzudrängen. Die Gestaltungsprinzipien des Verhältnisses zwischen GKV und Versicherten sind zwar, wie dies die Verfasser der Studie des DGB-eigenen Wirtschafts- und Sozialwissenschaftlichen Instituts nachdrücklich darlegen (WSI-Studie, 1977), besonders im Hinblick auf die präventiven Erfordernisse weiterzuentwickeln. Auf der anderen Seite ist jedoch der Gefahr entgegenzuarbeiten, daß auch sie in den Sog restriktiver Ökonomisierungstendenzen geraten. Diese wirken darauf hin, das auf Rechtsanspruch gegründete Prinzip der Sozialversicherung aufzuweichen und mit immer mehr Elementen des *Fürsorgeprinzips* der Sozialhilfe und Jugendhilfe zu durchsetzen. Diese sind vor allem:

– *Individualisierung* und *Nachrangigkeit* der Hilfeleistungen: Über Art und Umfang der Leistungen wird im Einzelfall nach Ermessen entschieden. Nur derjenige erhält die Hilfe, bei dem sich nach Überprüfung ergibt, daß weder der Betroffene noch der Ehegatte oder die Eltern (bei Minderjährigen) über »ausreichendes« eigenes Einkommen oder Vermögen verfügen.

– *Rechtsanspruch lediglich »dem Grunde nach«:* Die Bedürftigkeitsprüfung ist ein behördliches Kontrollinstrument, welches mit Bedarfsprüfung nicht das geringste gemein hat. Damit häufig verbunden ist soziale Diskriminierung, die Furcht, daß durch die Sozialämter Familienangehörige zum Unterhalt verpflichtet werden u. v. a. m. Dies scheinen durchaus keine unerwünschten Wirkungen zu sein. Denn es kann begründet angenommen werden, daß die staatliche Sozialhilfe in ihrem finanziellen und institutionellen Rahmen nur deshalb existieren kann, weil ein erheblicher Teil der Anspruchsberechtigten die Sozialhilfeleistungen nicht in Anspruch nimmt.

b. *Unterschiedliche soziale und ökonomische Dimensionen*

Erhebliche Verschiedenheiten zwischen GKV und Sozialhilfe liegen in ihren sozialen und ökonomischen Wirkungsdimensionen. Im Mai 1976 umfaßten die gesetzlichen Krankenkassen 33,5 Mio. Mitglieder (AuS, 3/77, S. 90) und zusammen mit den mitversicherten Familienangehörigen waren 55,58 Mio. Menschen versichert. Das sind 90,3% der Bevölkerung (DOK, 3/1978, S. 102) (s. Tabelle nächste Seite).

Hingegen betrug 1975 die Zahl der Sozialhilfeempfänger 2,05 Mio., bzw. 3,3% der Bevölkerung (WiSta, 5/77, S. 324). Die Zahlen sind nicht einfach vergleichbar, weil zum einen das Spektrum der Hilfearten der Sozialhilfe wesentlich heterogener ist als das der GKV; es sind dadurch Überschneidungen enthalten. Andererseits benennen die GKV-Zahlen die Versicherten, während die Sozialhilfezahlen nur diejenigen benennen, die im fraglichen Zeitraum eine Art von Hilfe erhalten haben. Den-

Tabelle 1

Der Krankenversicherungsschutz der Bevölkerung

– Mikrozensus –

Zeit	Wohnbevölkerung	Davon versichert in: GKV	darunter: RVO-kassen	Ersatzkassen	Privatkassen	sonst. Sich.*	keine Sich.
	1000	%	%	%	%	%	%
1966	59065	86,4	—	—	10,3	1,6	1,7
1970	60924	87,9	68,4	19,5	9,3	1,7	1,1
1974	62061	89,8	67,7	22,0	7,3	2,6	0,3
1976	61542	90,3	67,1	23,2	7,3	2,0	0,4

* bei Polizei und Bundeswehr, anspruchsberechtigt als Sozialhilfeempfänger, Kriegsrentner, Lastenausgleich.

Quelle: Die Ortskrankenkasse, Nr. 3/1978, S. 102

noch zeigt sich ein enormer Unterschied in der gesellschaftlichen Bedeutung, der auch durch die Größenordnungen der *Finanzvolumen* deutlich wird: Während allein die GKV im Jahre 1976 Reinausgaben in Höhe von 66,6 Mrd. DM tätigte (DOK, 1-2/1977, S. 4), betrugen die gesamten Ausgaben nach dem Bundessozialhilfegesetz (BSHG), obgleich sie erheblich mehr Ausgabenarten umfassen, 9,6 Mrd. DM (WiSta, 9/1977, S. 599). Dabei wird der Gesundheitsaufwand der anderen Sozialversicherungszweige noch gar nicht in den Vergleich einbezogen. Noch deutlicher wird das relativ geringe Potential der Sozialhilfe, wenn man nur die Ausgabenarten betrachtet, die wenigstens teilweise für gesundheitsbezogene Leistungen zur Verfügung stehen. Hier kommt man auf einen Betrag von etwa 2,5 Mrd. DM 1976 (nach: ebenda, S. 600).

c. *Unterschiedliche Reformpotentiale*

In der Verschiedenartigkeit des formalen *Aufbaus* und der *Finanzierung* ist auch ein unterschiedliches Mitbestimmungspotential der betroffenen Interessen angelegt.

Die Sozialversicherungen sind *Körperschaften des öffentlichen*

Rechts mit Selbstverwaltung. Die reale Selbstverwaltung durch die Versicherten ist durch mehrere Faktoren dermaßen eingeschränkt, daß sie aus der gewerkschaftlichen Sicht der WSI-Studie (1977) als eine »Fehlkonstruktion« angesehen wird. Zu ihrer Verwirklichung wird gefordert:

– die Durchsetzung des Prinzips *demokratischer Repräsentation* in den Organen der Selbstverwaltung nach Betroffenheit. Dieses setzt die Abschaffung der paritätischen und damit blokkierenden Beteiligung der nicht versicherten Unternehmer voraus;

– die Verwirklichung der *Teilhaberchancen* an der Gestaltung der Gesundheitssicherung durch eine an die konkreten Lebensbedingungen anknüpfende *Mobilisierung der Mitglieder.*

– Die reale *Kontrolle* der Gewählten durch die Mitglieder.

Diese Vorschläge sind nicht Selbstzweck, sondern werden als notwendige funktionale Voraussetzungen angesehen, die Sozialversicherungen final, d. h. an Aufgabenbereichen zu orientieren, ihnen die politische Innovationsfähigkeit zu verleihen, die erforderlich ist, um die Veränderung der sozial- und gesundheitspolitischen *Inhalte* zu erreichen: »Notwendig zu einer solchen Reform der sozialpolitischen Inhalte und zur Demokratisierung erscheint uns die Verknüpfung zur ›sozialen Bewegung‹. Insbesondere die *Gewerkschaften* verfügen über die traditionelle Legitimation und Aufgabe, über die Sozialpolitik die Emanzipation der Sozialbenachteiligten zu erkämpfen.« (WSI-Studie, 1977, S. XXV)

Dieses scheint illusorisch zu sein angesichts der GKV, deren Lage gekennzeichnet ist durch

– die Zersplitterung der Träger (1977 existierten insgesamt 1410 Orts-, Betriebs-, Innungs- und Ersatzkassen);

– die Blockierung der Selbstverwaltung, an der selbst formell nur zu 50 Prozent Versichertenvertreter beteiligt sind;

– die Eigenschaft des GKV-Systems, primär ein Finanzierungssystem zu sein, das die Leistungen nicht selbst durchführt;

– die aus all dem resultierende Entfremdung der Versicherten von den Einrichtungen der Gesundheitssicherung.

Andererseits sind aber in der institutionellen Konstruktion, auch in der gewerkschaftlichen Mitbeteiligung, *Ansätze* vorhanden für eine Mobilisierung der Sozialversicherten, als Perspektive einer Reform der Krankenversicherung in Richtung auf eine lebenslagenbezogene umfassende Gesundheitssicherung. Diese in den Konstruktionsprinzipien der GKV liegenden Ansätze einer für jede präventive Perspektive erforderlichen Demokratisierung sind im System der behördlichen Sozialhilfe nicht vorhanden. Das Zusammenwirken von staatlichen Institutionen und »freien Wohlfahrtseinrichtungen« ist für die Betroffenen ebenso undurchschaubar wie undurchdringlich. Zudem setzen sich die Personenkreise zumeist aus extrem Benachteiligten zusammen, die nicht zuletzt durch die fast vollständigen rechtlichen Eingriffs- und Kontrollmöglichkeiten der Behörden sowie durch ihre soziale Lage kaum zu demokratischen und kollektiven Initiativen imstande sein dürften.

GKV und Sozialhilfe unterscheiden sich auch durch die *Finanzierung*. Die Krankenversicherung wird ausschließlich aus *Beiträgen* der versicherten Lohn- und Gehaltsempfänger finanziert. Der »Arbeitgeberbeitrag« ist eine rein fiktive Größe, die nicht mehr besagt, als daß eine Hälfte des Beitrages zwar auf dem Lohnkonto der Betriebe, nicht jedoch auf dem Lohnstreifen des Arbeiters erscheint. »Wie immer auch die Beitragsverhältnisse geregelt sind – stets wird man davon auszugehen haben, daß auch die sogenannten Arbeitgeberanteile am Beitrag über das Lohnkonto laufen, im Grunde sonach nur die Arbeitnehmer (bzw., über die Preise, die Verbraucher) die Beiträge aufbringen« (Preller, 1970, S. 320). Wenn der Formalismus des Arbeitgeberanteils dennoch aufrechterhalten bleibt, dann sicher vor allem wegen des Legitimationsnotstandes, in den die Unternehmerverbände bei ihrer paritätischen Mitbestimmung in den Selbstverwaltungsorganen ihrer Sozialversicherungen (als Blockierungsinstrument) geraten würden.

Die Gestaltung der Finanzierung des Sozialhilfesystems obliegt den Ländern, während die Finanzlast vorwiegend durch die Gemeinden und Gemeindeverbände zu tragen ist. Der größte Teil wird also aus *Steuern* finanziert (1976: 78 %). Weiterhin spielen noch eine Rolle die Rückerstattungen von Sozialleistungsträgern und Leistungen von Unterhaltspflichtigen (vgl. WiSta, 9/77, S. 601).

5. Realisierungschancen klinisch-psychologischer Tätigkeiten im Zusammenhang mit den Tendenzen restriktiver Gesundheitspolitik

a. *Zum Problem der Kassenzulassung von Psychologen in freiberuflicher Tätigkeit*

Nicht diskutiert werden kann in diesem Rahmen der Widerspruch, in dem fortschrittliche Psychologen sich befinden, wenn sie einerseits die gesicherte Tatsache anerkennen, daß das ambulante Behandlungsmonopol der Kassenarztpraxis für die sozialversicherte Bevölkerung in seiner gegenwärtigen Gestalt eine der Hauptursachen für die strukturelle Ineffizienz des Gesundheitswesens ist, und sie andererseits nicht die Beseitigung, sondern die Erweiterung dieses Behandlungsmonopols der Privatniederlassung für ihre eigene Berufsgruppe fordern. Zu fragen ist hier lediglich nach den Realisierungschancen solcher Bestrebungen.

Die Ausgaben der GKV für Gesundheitsleistungen sind zugleich auch *Einkommen* der Anbieter und ihrer Zulieferer. Im Zusammenhang mit den oben aufgezählten Elementen restriktiver Gesundheitspolitik bedeutet das einen verschärften *Konkurrenzdruck* der Anbieter um die Anteile an dem unter Druck stehenden Gesamtfonds der GKV. Dabei ist besonders zu berücksichtigen, daß die Leistungen der klinischen Psychologen und der Ärzte – innerhalb einer gewissen Bandbreite – partiell substituierbar sind. In der gegenwärtigen Praxis verläuft dabei das Substitutionsgefälle zugunsten ärztlicher Leistungen bzw. der Verabreichung von Psychopharmaka.

Die niedergelassenen Kassenärzte stehen im Ergebnis der derzeitigen gesundheitspolitischen Situation unter einem doppelseitigen Druck:

Zum einen läßt sich eine Schwächung der politisch-ökonomischen Position der Standesorganisationen gegenüber Staat und Gesetzlicher Krankenversicherung (GKV) vermuten, die sich nicht zuletzt ausdrückt in dem »Krankenversicherungs-Kostendämpfungsgesetz« vom Juni 1977. Dieses könnte sogar dazu führen, daß, insbesondere durch die geplante ex ante Festsetzung der *Gesamtvergütung*, die Einkommenssteigerungen der niedergelassenen Ärzte im Rahmen der Steigerungsraten der Grundlohnsumme der GKV-Versicherten gehalten werden.

In diese zukünftig möglicherweise verlangsamt ansteigende Geldsumme der Gesamtvergütung für ambulante Kassenleistungen werden sich voraussichtlich nun eine *größere Anzahl* niedergelassener Ärzte zu teilen haben. Das hat seine Ursache im Zusammenwirken vor allem zweier Faktoren: Die jährlich ansteigenden Raten approbierter Ärzte wurden in den vergangenen zwei Jahrzehnten absorbiert durch das Krankenhauswesen. Die teilweise drastische Stelleneinfrierung in diesem Sektor setzt dem, zumindest auf absehbare Zeit, enge Grenzen. Nach – überdies beschleunigter – Durchlaufzeit der Mediziner durch die Klinik bleibt ihnen als Berufsfeld hauptsächlich die Kassenärztliche Niederlassung. Die Zahl der ambulanten Privatpatienten ist zudem noch rückläufig.

Aus dem sich verschärfenden Konkurrenzdruck ergibt sich, daß die Standesorganisationen unter einen wesentlich forcierten internen Legitimationszwang gestellt werden, dem sie nur standhalten können, wenn sie es vermögen, jede zusätzliche Verteilungs- und Statusverschlechterung von den niedergelassenen Ärzten abzuwenden. Das heißt auch konkret: die politischen Barrieren vor der Kassenzulassung von »Nicht-Ärzten« werden höher und fester.

Analog zu Erfahrungen in anderen Bereichen läßt sich für diesen Fall voraussehen, daß mit der Einbindung der Kassenärztlichen Vereinigungen (KV'en) in die »konzertierte Aktion« (gem. »Kostendämpfungsgesetz«) diese zwar einerseits geschwächt werden, andererseits ihnen aber ein breites kooperatives Aushandlungsspektrum institutionalisierter Art eröffnet worden ist. Das ermöglicht es ihnen eher, solche »kleinen Zugeständnisse« wie die Nichtzulassung von Psychologen im Rahmen der konfliktkanalisierenden Kooperationsinstitution als Befriedungsäquivalent garantiert zu bekommen.

Die erfolgreiche Intervention der KV'en gegen die Erbringung klinisch-psychologischer Leistungen nach dem Delegationsprinzip dürfte ein Indikator dafür sein, daß auch die Krankenkassen ihre diesbezüglich zweifellos vorhandenen Interessen, das Arztmonopol wenigstens an der »Front« psychiatrischer Leistungen aufzuweichen, im Rahmen breit angelegter Aushandlungsstrategien aufzugeben bereit sind.

Ein weiteres ökonomisches Moment, das sich als hinderlich für die Kassenzulassung in größerem Ausmaße erweisen könnte, liegt in der unter Pkt. 3 aufgezeigten Kompatibilität des derzeitigen Zustandes der Angebotsverknappung von psychotherapeutischen Diensten mit den Erfordernissen der kapitalorientierten, leistungsselektierenden Ökonomisierung des Gesundheitswesens.

b. *Ökonomisierungsdruck und Sozialhilfe*

Wenn die Sozialhilfe in den ersten Krisenjahren von sozialpolitisch restriktiven Gesetzen, wie dem »Haushaltsstrukturgesetz« (1975) und dem »Kostendämpfungsgesetz« (1977), ausgespart worden ist, so hat das mehrere Gründe:

– Die großen Ausgabenposten (»Hilfe in besonderen Lebenslagen«) können nach dem Ermessen von Behörden und durchführenden »freien« Trägern der Situation angepaßt werden.

– Im Zuge der Wirtschaftskrise, vor allem der Arbeitslosigkeit und der Reallohnverluste, fallen immer weitere Personenkreise aus dem Sozialversicherungssystem heraus, bzw. werden – wie die beschäftigungslosen Jugendlichen – erst gar nicht von ihm erfaßt, oder erhalten ein Einkommen unterhalb des Existenzminimums.

Von 1970 bis 1975, wo sich die Folgen der *Dauer*arbeitslosigkeit noch nicht voll auswirkten, ist die *Gesamtzahl der Sozialhilfeempfänger* von 1,5 Mio. auf 2,1 Mio. gestiegen (WiSta, 5/1977, S. 324). Besonders starke Zuwachsraten erreichten bereits 1975 die jüngeren Empfänger von laufender Hilfe zum Lebensunterhalt außerhalb von Anstalten (ebenda, S. 325 f.). Zugleich stiegen auch die *Ausgaben* von 3,3 Mio. DM im Jahre 1970 auf 8,4 Mio. DM 1975 bzw. 9,6 Mio. DM 1976 an. Während die Zahlen der Empfänger und die Ausgaben steigen, sinken die Einnahmen. Vor allem die den Gemeinden aufgezwungene »Konsolidierung« ihrer Finanzen (die sich in Zeiten rückläufiger gesamtwirtschaftlicher Nachfrage krisenverschärfend auswirken muß) wirkt sich am meisten in jenen Bereichen aus, die die geringsten politisch-ökonomischen Gegenmachtpotentiale entwickeln können. Das sind die Sozialhilfeempfänger und Wohlfahrtsverbände.

Darum traten bereits 1976 der Deutsche Landkreistag

(18. 6. 1976) und der Deutsche Städtetag (7. 12. 1976) auf den Plan und unterbreiteten Vorschläge zur Novellierung des BSHG, deren Schwerpunkte sich in die bereits skizzierten Ökonomisierungstendenzen nahtlos einfügen:

– Verminderung von »Fehlentwicklungen« und *»Mißbrauchstatbeständen«;*
– *Abbau* von »Überleistungen« (!);
– Ausgabenumverlagerungen auf andere Träger;
– verstärkte Vergabe von *Darlehen* an Sozialhilfeempfänger und
– Ausweitung der Kostenerstattung durch die Erben der Sozialhilfeempfänger (vgl. Molitor, 1977, S. 308).

Das deutet darauf hin, daß zwar unvermeidlich im Gefolge der dauerhaften Arbeitslosigkeit die Sozialhilfefonds als »letzte Sicherung« expandieren werden, da sich die Zahl der Empfänger weiter erhöhen wird. Aber die Durchführung gesundheitsbezogener Dienstleistungen wird – vor allem in qualitativer Hinsicht – aufgrund der besonderen politischen Schwäche des Sozialhilfesystems vermutlich noch restriktiveren Bedingungen unterzogen werden, als dies bereits in der Vergangenheit der Fall war.

Schlußbemerkung

Es wurde versucht, Tendenzen aufzuzeigen, die sich aus den Widersprüchen zwischen den Erfordernissen der ökonomisch-politischen Systemreproduktion und dem bestehenden Finanzierungssystem von Gesundheitsleistungen entwickeln. Allerdings: »Unter ansonsten gleichbleibenden Bedingungen!«

Andere Konzeptionen und Strategien, auch für die psychosoziale Versorgung der Bevölkerung, sind denkbar und notwendig, aber sie werden gegen diese Tendenzen und nur bei gleichzeitiger Veränderung ihrer Bedingungen zu entwickeln und durchzusetzen sein.

Stephan Wolff

Klinisch-psychologische Tätigkeit in sozial-psychiatrischen Institutionen

Administrative Bedingungen und Möglichkeiten ihrer »alternativen« Gestaltung

KID gewidmet

1. *Einleitung*
2. *Einige Bestimmungen von »Alternativität«*
   2.1. Problemperzeption
   2.2. Behandlungsziel
   2.3. Bedürfnisorientierung
3. *Strukturelle Bestimmungsfaktoren der Organisation psycho-sozialer Versorgung*
   3.1. Formprinzipien einer öffentlich organisierten psycho-sozialen Versorgung
   3.1.1. Implikationen der rechtlichen Fundierung von Versorgungsmaßnahmen
   3.1.2. Restriktionen durch die »Logik der Abrechnung«
   3.1.3. Der notwendig selektive Problembezug psycho-sozialer Versorgung
   3.1.4. Bürokratische Restriktionen
   3.1.5. Restriktive Konsequenzen der Berufsförmigkeit
   3.2. Muster staatlicher Reformstrategien
4. *Organisation und »Alternativität«*
5. *»Konservative« und »alternative« Herstellungsstrategien*
6. *Zu einigen Konsequenzen von »Alternativität«*

1. Einleitung

In diesem Aufsatz werde ich Bestimmungen, Restriktionen und Realisierungsmöglichkeiten dessen behandeln, was man in der gesundheitspolitischen Diskussion meist relativ vage als »alternative Praxis« bzw. – von einer mehr institutionellen Perspektive her gesehen – als »Reformversuche« bezeichnet. Unter (m)einer sozialwissenschaftlichen Perspektive versuche ich nicht, eine Konzeption von »Alternativität« idealtypisch zu entwerfen, sondern möchte, von den Bedingungen unseres Gesundheitssystems ausgehend, Möglichkeiten und Strategien einer fortschrittlichen Versorgungspraxis aufzeigen.

In den ersten beiden Kapiteln möchte ich über eine *soziologisch-gesundheitspolitische Einschätzung grundlegender Strukturprobleme* psycho-sozialer Versorgung zu einer vorläufigen *Bestimmung von Anforderungen an eine »alternative« Versorgungspraxis* gelangen. Im dritten Kapitel diskutiere ich die besonderen strukturellen, d. h. rechtlichen, finanztechnischen, ideologischen, bürokratisch-verwaltungsmäßigen und professionellen *Bedingungen,* unter denen sich Versuche der praktischen Umsetzung einer solchen Konzeption von »Alternativität« in einem Gesundheitssystem wie dem unseren vollziehen müssen. Diese Strukturbedingungen verstehe ich keineswegs nur als rigide Determinanten von Versorgungsmaßnahmen, sondern im Sinne von »Möglichkeits- bzw. Verhinderungsräumen«. Ich werde klar zu machen versuchen, wo sich strategisch bei der Realisierung von »Reformversuchen« jeweils ansetzen ließe. Das vierte Kapitel soll dann der Frage gewidmet sein, welche *Kompetenzen* und *gesundheitspolitische Praxisvorstellungen* psychologische Gesundheitsarbeiter mitbringen müssen, um trotz der erwähnten Restriktionen ihre Arbeitssituationen in »alternativer« Weise gestalten zu können. Aus den bei einem solchen Gestaltungsprozeß auftretenden *psychischen und sozialen Belastungen* möchte ich schließlich einige Hinweise auf besondere *Ausbildungs- und politische Stabilisierungsprobleme* für »Alternativler« ableiten.

Für die Frage nach der Realisierungsmöglichkeit von »Reformversuchen« bzw. »alternativer« Arbeit scheinen mir zwei Entwicklungstendenzen gegenwärtiger Gesundheits- und Sozialpolitik bedeutsam zu sein:

– Einmal die Steigerung der Aufwendungen der staatlichen Sozialpolitik für soziale und personenbezogene Dienstleistungen (Badura/Gross, 1977) und damit die *zunehmende Relevanz staatlicher bzw. öffentlich-rechtlicher Förderung* für den Gesamtkomplex beratender, therapeutischer und pflegerischer Arbeit. Der weit überwiegende Teil klinisch-psychologischer Dienstleistungen (wahrscheinlich über 80%; vergl. Schulte, 1977) dürfte heute in öffentlichen (oder in durch öffentliche bzw. durch Versicherungsmittel unterstützten) Institutionen erbracht werden. Dies hat, so meine *These,* für die Realisierungsmöglichkeiten von »Reformversuchen« bzw. von »alternativer« klinisch-psychologischer Berufspraxis systematische Konsequenzen: Ich nehme eine *grundsätzliche Diskrepanz* zwischen den »Eigengesetzlichkeiten« administrativ-bürokratischer Rahmenbedingungen von sozialpolitischen Maßnahmen und den Anforderungen für eine personenbezogene Dienstleistung an, wie sie die klinisch-psychologische Beratung und Therapie darstellt. Beim Versuch der Installierung von Reformeinrichtungen bzw. der Realisierung »alternativer« Berufspraxis dürfte sich diese Diskrepanz besonders bemerkbar machen.

– Zum zweiten die zunehmende Ersetzung unentgeltlicher, nicht professioneller und alltagsweltlich eingespielter Selbsthilfeprozesse und -strukturen für psycho-soziale Schwierigkeiten durch entgeltliche, professionelle und administrativ-bürokratisch organisierte Institutionen. Was einst »peoples work« war – nämlich nachbarschaftliche Hilfeleistung, Tröstung in familiären Zusammenhängen, individuelle Bewältigung sozialer und psychischer Risiken –, wandelt sich zu »professionals work« und zu einem Gegenstand administrativer Entscheidungen und Kontrollen. »Hilfeleistung« erhält durch diese Vergesellschaftungsprozesse einen neuen, in gewissem Sinne durchaus progressiven Stellenwert: nämlich als erwart- und teilweise sogar einklagbare Dienstleistung bestimmter Institutionen oder Berufsgruppen (Luhmann, 1973b). Allerdings werden wegen der damit einhergehenden Inkompetenzdefinition traditioneller Hilfeformen diese entwertet, eliminiert oder ganz einfach vergessen (auf die selbstzerstörerischen Konsequenzen dieser Tendenz von Sozialpolitik hat Glazer 1975 hingewiesen).

Der Sachverhalt, daß ein alltagsweltlich offensichtlich schon in bestimmter Weise organisierter Bereich gesellschaftlicher Praxis berufsmäßig *und* administrativ »nachorganisiert« und auf spezifische Institutionen »abgebildet« wird, verweist auf die *grundsätzliche Frage,* inwieweit hierbei die Eigenstruktur bestehender sozialer Lebensfelder sowie die dort entstehenden Leidensprozesse und Bedürfnisse adäquat Berücksichtigung finden.

Die gesellschaftlichen Lebensfelder, auf die sich solche Institutionen durch ihre verschiedenen Versorgungsangebote beziehen, lassen sich nach ihren *objektiven* wie nach ihren *subjektiven* Aspekten beschreiben:

Gesellschaftliche Lebensfelder kann man als *Anforderungsstrukturen* für die in ihnen Handelnden charakterisieren. Folgt man dieser Konzeption, so wäre individuelle bzw. kollektive soziale Lebensbewältigung als die *permanente* Auseinandersetzung mit solchen strukturellen Schwierigkeiten der Lebenslage zu definieren. Diese Schwierigkeiten werden durch die *systematischen Widersprüche* (die sich etwa aus dem Lohnarbeiterstatus oder auch dem Verhältnis von Arbeits- und Reproduktionsbereich ergeben) und *Restriktionen* (dazu gehören etwa Ausbildungsmöglichkeiten, die Lage des Wohnortes, die soziale Struktur der Nachbarschaft oder der Verdienst) der jeweiligen gesellschaftlichen Lebenslage konstituiert. Für die kritische Diskussion und Weiterentwicklung psychosozialer Versorgung leiten sich hieraus die folgenden Fragestellungen ab:

– In welcher Weise können »Gesundheitsarbeiter« – also etwa klinische Psychologen – in ihrem jeweiligen organisatorischen Kontext auf Schwierigkeiten und Konflikte innerhalb der Lebensfelder ihrer Klienten eingehen, hinsichtlich derer diese in soziale und/oder psychische Krisen geraten sind?

– Inwieweit werden die systematischen Zusammenhänge der verschiedenen Lebensbereiche – d. h. von Arbeit, Ausbildung, Familie, Freizeit, Wohnen etc. – in Diagnose, Beratung und Therapie einbezogen? Werden bestimmte Strukturbedingungen unberücksichtigt gelassen bzw. grundsätzlich ausgegrenzt, etwa der Arbeitsbereich zugunsten des Familienbereichs?

– Inwieweit sind die jeweiligen professionellen Helfer über die Lebensbedingungen der verschiedenen Klientengruppen informiert bzw. willens, darauf einzugehen?

Ergänzend zu diesem Aspekt ihrer Strukturprobleme lassen sich soziale Lebensfelder durch die *kognitiven und sozialen Bewältigungsformen und -mechanismen sowie durch jene Wissensbestände* charakterisieren, deren sich die Betroffenen bedienen, um mit Strukturproblemen ihrer Alltagspraxis fertig zu werden.

Hierzu gehören die in dem betreffenden gesellschaftlichen Milieu eingespielten Kommunikationsstrukturen und Verhaltensstile, d. h. die Art, wie man miteinander umgeht, aufeinander reagiert und sich über Probleme auseinandersetzt (Koschorke, 1973, Watzlawick et al., 1975). Weiterhin scheint es sozial geteilte Wissensbestände zu geben, die definieren, wer für Hilfeleistungen im jeweiligen Fall zuständig ist, wen man überhaupt um Hilfe oder Beratung fragen darf und was dies dann für den Hilfesuchenden bedeutet. Es existieren alltagsweltlich Vorstellungen über »Normalität« bzw. über die Anzeichen dafür, wann man so etwas wie »Krankheit« anzunehmen hat. Daneben beziehen sich sozial Handelnde auf eingespielte Vorstellungen über Krankheitstypen, das »richtige« Krankheitsverhalten, über das, was »ursächlich« hinter außergewöhnlichen Verhaltensweisen und Reaktionen steckt und schließlich auf mögliche Heilungsformen, -wege und -anzeichen.

Vor aller institutionalisierten Hilfe liegen alltagsweltlich sowohl Ätiologien, Behandlungsformen und Heilungskriterien wie auch Leid, »Bedürfnisse« und Hilfspotentiale in einer bestimmten Weise immer schon vor.

Die grundlegenden Probleme der Organisierung psychosozialer Versorgung sehe ich in der Diskrepanz von alltagsweltlichen Strukturprinzipien bzw. Verarbeitungsformen und den institutionellen Problemdefinitionen bzw. Behandlungsstrategien sowie in der mit letzteren *immer* einhergehenden Transformation (als auch selektiven Vernachlässigung) von Bedürfnissen, Leidensprozessen und Hilfsmöglichkeiten. Diese, in allen Hilfs-, Beratungs- und Therapieprozessen anzutreffenden, »Asymmetrien« (vgl. Wolff et al., 1977) lassen sich – so meine These – durch administrative oder professionelle Maßnahmen nicht einfach »lösen«, sondern stellen ein permanentes »Ärgernis« jeder Art sozialer Dienstleistung dar, das immer nur pragmatisch zu bewältigen ist.

Die sozialwissenschaftliche wie die sozialpolitische Konzeption von »Reformversuchen« und »Alternativität« muß sich auf die Art und die Permanenz solcher »Lösungsversuche«, nicht auf idealistische Vorstellungen von einer »ganz anderen«, vermeintlich unmittelbaren oder »humanen« Versorgungspraxis beziehen.

Die Einzelpraxis ist trotz ihres unbürokratischen »Anmutungscharakters« durchaus nicht frei von solchen Strukturmängeln – im Gegenteil: sie stellt eine angebotsorientierte, kurative Versorgungsform dar, die grundsätzlich isoliert, d. h. ohne die systematische Einbeziehung anderer Berufsgruppen und Institutionen arbeitet. Die ökonomischen Eigengesetzlichkeiten der Einzelabrechnung – verstärkt noch durch den harten Konkurrenzkampf auf dem Psychomarkt – bedingen systematische Interessensgegensätze zwischen Therapeuten und Klienten. Präventive und zugehende Tätigkeiten liegen außerhalb der Möglichkeiten der Einzelpraxis. Zudem führt diese Organisationsform von Versorgung zu einer Perpetuierung der Trennung zwischen ambulanter und stationärer Versorgung, zu einer Erschwerung von gemeindenaher Gesundheitsplanung und tendenziell zu einer wesentlichen Verteuerung der Versorgung. Deshalb beziehe ich mich bei der Erörterung von »Reformversuchen« ausdrücklich nicht auf die Einzelpraxis (vgl. hierzu besonders die Stellungnahme der Deutschen Gesellschaft für Soziale Psychiatrie zum nichtärztlichen Psychotherapeuten, 1977, 12f.).

Wegen der offensichtlichen Unmöglichkeit einer »objektiven« Definition verlangt meiner Meinung nach eine sozialwissenschaftliche Bestimmung von »Reformversuchen« und »Alternativität« die Ausrichtung an einer spezifischen Erkenntnisstrategie, die sich aus dem Charakter des Gegenstandes *und* der Stellung des Untersuchers dazu herleitet. Ich selbst bin seit etwa fünf Jahren mit der wissenschaftlichen Analyse wie auch mit Versuchen der praktischen Durchsetzung von vermeintlich »alternativen« Versorgungsstrukturen und -programmen beschäftigt (letzteres im Rahmen der Bayerischen Gesellschaft für Soziale Psychiatrie und hier speziell bei der Konzeption, Einrichtung und dem Betrieb eines gemeindenahen Kriseninterventionsdienstes). Meine Erfahrungen sowohl mit der Anwendung sozialwissenschaftlicher Konzepte auf sozialpsychiatrische Fragen wie mit den Schwierigkeiten bei der konkreten Realisierung sozialpsychiatrischer Reformvorstellungen geben die Basis für mein Erkenntnisinteresse ab: In diesem Sinne sollte dieser Artikel eine Art theoretischer Selbstvergewisserung über die Strukturprobleme und Restriktionen meiner eigenen sozialwissenschaftlichen wie sozialpolitischen Praxis sein. Mein Erkenntnisinteresse läßt sich zusammenfassend dahingehend bestimmen, aus einer systematischen Analyse der Strukturbedingungen von Versorgung die (Un-)Möglichkeiten eines Eingehens auf die erwähnten lebensweltlichen Kristallisationspunkte von Krisen, die jeweiligen subjektiven Verarbeitungsformen wie die Bedürfnisse der Klienten zu verdeutlichen. Ergänzend möchte ich auf jenes »sekundäre Leid« aufmerksam machen, das sich aus dem Versorgungsprozeß selbst für die Klienten ergibt.

2. Einige Bestimmungen von »Alternativität«

»Alternativität« ließe sich auf der allgemeinsten Stufe nach dem Grad der »Durchlässigkeit« von Versorgungseinheiten für alltagsweltliche Leidensprozesse und Schwierigkeiten *und* danach bestimmen, ob und inwieweit im Versorgungsprozeß selbst neues Leid produziert wird. Damit zeigen sich auch die Grenzen einer idealistischen Definition »guten« bzw. »richtigen« psychologischen Arbeitens, da hier ein Rekurs auf solche abstrakten Kriterien wie Wissenschaftlichkeit, Empathie, persönlicher Reife etc. stattfindet, die gesellschaftlichen Bedingungen von Leidensprozessen und ihrer Versorgung gemeinhin aber unberücksichtigt bleiben.

Auf dem Hintergrund der bisherigen Bemerkungen sowie insbesondere der geschilderten Erkenntnisperspektive können zumindest einige inhaltliche Bestimmungen des »Reformcharakters« von Versorgungseinrichtungen und einer »alternativen Praxis« in ihnen versucht werden. Dies soll auf den drei Dimensionen *Problemperzeption* (»was ist los?«), *Behandlungsziel* (»was soll geändert werden?«) und *Bedürfnisorientierung* (»wie soll geändert werden?«) geschehen.

2.1. *Problemperzeption*

Für jede Versorgungsinstitution und für jeden Versorgungspraktiker gibt es charakteristische, meist implizite konzeptuelle Prämissen ihrer Tätigkeit, die ich hier unter dem Begriff der »Problemperzeption« zusammenfasse. Ich vermeide den gängigen Begriff des »Krankheitsmodells«, weil er mir auf »alternative« Versorgungsstrategien nicht mehr anwendbar zu sein scheint. Dazu gehören Vorstellungen darüber, was »psychische

Krankheit« sei, welche ursächlichen Faktoren dafür anzunehmen seien sowie – darauf aufbauend – über Strategien für adäquate Maßnahmen zur »Heilung«.

Der lebensweltliche Zusammenhang, in dem die Betroffenen stehen, erscheint, wie in der traditionellen Psychiatrie, entweder gar nicht oder aber in einer charakteristisch psychologistischen Verzerrung, wie etwa im Rahmen der meisten psychoanalytischen Krankheits- und Praxiskonzeptionen. Der neuerdings so populäre labeling-Ansatz (Scheff, 1973) bezieht demgegenüber soziologische Erklärungen in sein »Krankheitsmodell« ein, verliert über seiner sicherlich bedeutsamen Stigmatisierungsperspektive das *reale* gesellschaftliche Leid völlig aus dem Blickfeld und damit natürlich auch die systematischen gesellschaftlichen Hintergründe seines Entstehens. Deshalb mag er zwar durchaus für eine Theorie sozialer Probleme (Albrecht, 1977) oder der »gesellschaftlichen Herstellung von Abweichung« (Scheff, 1968) nützlich sein, nicht aber als hauptsächlicher Bezugspunkt einer »alternativen« Praxis.

Gewissermaßen eine Synthese beider Grundpositionen bildet meine Konzeption von »psychischen Störungen« als den psychisch und/oder sozial problematischen Ergebnissen bzw. Konsequenzen alltäglicher Lebensbewältigung. *»Psychische Störung« wäre somit eine problematisch gewordene Form bzw. ein problematisch gewordenes Ausmaß individuellen Leidens an den widersprüchlichen und restriktiven Bedingungen gesellschaftlicher Lebenssituationen.* »Psychische Störungen« gehören in die Kategorie »soziale Probleme« und unterliegen denselben Karriere- und Entstehungsbedingungen (Hewitt/Stokes, 1973). Wegen ihres *politischen Charakters* ist die Beziehung von »psychischen Störungen« und »psychischen oder sozialen Problemen« zu individuellen oder kollektiven Leidensprozessen grundsätzlich *kontingent*, d. h. immer auch anders möglich.

Nach diesem Verständnis gewinnt die Frage der sozialen Verursachung eine neue Dimension: damit ist nicht der zusätzliche Einbau »sozialer Faktoren« oder gar die vollständige Soziologisierung des Krankheitsmodells gemeint, sondern die schlichte materialistische Feststellung, daß Menschen unter bestimmten, in sich systematischen historischen Bedingungen ihre Lebenspraxis gestalten und hierfür die ihnen zur Verfügung stehenden biologischen, psychischen, sozialen, materiellen bzw. zeitlichen Fähigkeiten und Möglichkeiten einsetzen. Die Widersprüche und Restriktionen von Lebenssituationen könnte man als die *objektiven Kristallisationspunkte* für psychisches Leid charakterisieren, keinesfalls als dessen verursachende Faktoren. Aber auch etwaige biologische oder psychische »Defekte« lassen sich nicht in dieser Weise kausal interpretieren, da sich Leid immer nur als *Ergebnis* der Konfrontation objektiver Schwierigkeiten in *bestimmten* Lebenssituationen mit individuellen Problemlösungsversuchen ergibt. Auf den Fall eines »geistig Behinderten« bezogen bedeutet dies z. B., daß dieser *nur einen bestimmten Ausschnitt* der in seinem Lebenszusammenhang vorkommenden Situationen mit Hilfe seiner Fähigkeiten bewältigen kann. Dieser Ausschnitt ist relativ so klein, daß er eine solche Einschränkung im Vergleich zu seinen Bedürfnissen als leidvoll erlebt und/oder sich mit sozialen Stigmatisierungs- und Ausgrenzungsprozessen konfrontiert sieht. Sogar bei solch extremen »psychischen Störungen« wie dem Autismus lassen sich noch bestimmte Situationen ausmachen, in denen »normale« Kommunikationen zwischen dem Betroffenen und seiner sozialen Umwelt stattfinden können; und sei es auf der Ebene gemeinsamen Atmens, An-den-Händen-Haltens oder Umarmens. Damit wird der *Krankheitsbegriff* als Bezugspunkt klinisch-psychologischer Tätigkeit zugunsten *dss (situationsbezogenen) Problembegriffs* obsolet. Bezugspunkt von wissenschaftlichen Erklärungen wie von praktischen Maßnahmen wären dann nicht mehr Individuen, sondern Situations-Individuen-Konfigurationen (vgl. Endler/Magnusson, 1976).

2.2. *Behandlungsziel*

Aus meiner Sicht bestünde das Behandlungsziel innerhalb einer »alternativen« Praxis darin, es dem Klienten zu ermöglichen, sich mit den objektiven Schwierigkeiten, die seine Lebenssituation in den verschiedenen Bereichen kennzeichnen, *gestaltend* auseinandersetzen zu können. Dies kann durchaus *auf doppelte Weise* geschehen:

– Einmal durch den Versuch der Ausbildung, Stabilisierung und Verbesserung von Problemlösungsfähigkeiten des Betroffenen (durch eine i. w. S. rational-emotionale Therapie) sowie in der Bereitstellung von Handlungsressourcen (Wissen, Geld, Freunde, Zeit). Dies entspricht den traditionellen Feldern psychologischer (und sozialpolitischer) Intervention. Allerdings wird hier der eher *situationsunspezifischen* »Persönlichkeitsbildung und -entwicklung« überwiegende Beachtung geschenkt. Leidensprozesse und »psychische Störungen« zeichnen sich nun durch eine mehr oder weniger weitgehende und lang dauernde Einschränkung des Bereichs derjenigen Lebenssituationen aus, in denen man handlungsfähig bleibt. Die traditionelle therapeutische Intervention beginnt meist erst dann, wenn der Betroffene es nur mehr in einigen wenigen Schutzräumen (in der Klinik; in der Familie; in den »Schutzräumen«, welche die Psychopharmaka künstlich schaffen) überhaupt noch aushält oder wenn er gar schon völlig seine Handlungsfähigkeit eingebüßt hat (wie bei schweren Depressionen oder während des schizophrenen Schubs). Ziel einer »alternativen« Versorgungsstrategie wäre es demgegenüber, so früh wie möglich in diesem Abbauprozeß von Handlungsfähigkeit und emotionaler Stabilität zu interventieren, nicht zuletzt deshalb, weil dann noch die Beziehung zwischen Therapeuten und Klienten symmetrischer gestaltet werden kann (vgl. die Typologie von Symmetriegraden bei Kanfer/Philips, 1969). Das in diesem Sinne der »Alternativität« am nächsten stehende Versorgungsprogramm scheint mir deshalb die Krisenintervention (vgl. Wolff, 1976b) zu sein.

– Freilich bewegen wir uns auch bei der Krisenintervention schon im Rahmen der *Sekundär*prävention, d. h. eine wirklich primärpräventive Arbeit würde sich auf die problematischen Lebenssituationen selbst beziehen. Eine solche *Situationsintervention* müßte ansetzen, *bevor* individuell bzw. sozial eine »Störung« oder »Krankheit« festgestellt wird. Das macht auch die immensen konzeptuellen, organisatorischen, motivationalen und politischen Schwierigkeiten der Realisierung einer solchen Zielbestimmung von psycho-sozialer Versorgung aus. Erschwerend kommt hinzu, daß man sich gerade als klinischer Psychologe dann in Bereiche vorwagen muß, die mit der angestammten Berufsidentität kaum etwas zu tun haben und eher mit Gemeinwesenarbeit oder Infrastrukturplanung identifiziert werden. So ist es nicht verwunderlich, daß das einzige bisher in der Bundesrepublik Deutschland in Angriff genommene

Modell von Prävention über eine Institutionenberatung nicht hinaus gekommen ist (Pörksen, 1974; für die ein wenig ermutigenderen Resultate in den USA vgl. Kelly/Snowden/Muñoz, 1977). Dennoch gäbe es erfolgversprechende Möglichkeiten solcher Situationsinterventionen, sei es, daß man alle Beteiligten an einen Tisch holt und zwischen ihnen überhaupt erst einmal einen Kommunikationsprozeß in Gang bringt (etwa in Schulen, zwischen Behörden und ihren Klienten, in psychosozialen Arbeitsgemeinschaften), sei es, daß man dadurch interveniert, daß man ganz ausdrücklich für diejenigen Partei ergreift, deren Bedürfnisse bei bestimmten sozialen Auseinandersetzungen beschnitten werden oder die schwierige Lebens- bzw. Arbeitssituationen nicht durchstehen können, sei es, daß man vermeidet, die gesellschaftlichen Widersprüche durch eine Psychologisierung bzw. Psychiatrisierung ihrer Folgen auszublenden bzw. zu bagatellisieren. Dies könnte durch die »Politisierung« bestimmter Mißstände, wie schlechte Arbeitsbedingungen und unzureichende Infrastruktureinrichtungen, durch »Gutachtertätigkeit« bei kommunalpolitischen Auseinandersetzungen usw. geschehen.

Alle diese »Behandlungsziele« kennzeichnet ihre Ausrichtung an konkreten Lebenssituationen, und zwar in *lokaler* wie in *inhaltlicher* Hinsicht. Frühzeitige Intervention verlangt einmal die Überschaubarkeit des Versorgungsbereiches und zum anderen schnelles und unbürokratisches Reagieren. Das bedeutet, auf eine Formel gebracht: möglichst viel Gemeindenähe, möglichst wenig Institution. Freilich darf sich »Gemeindenähe« nicht in der lokalen Nähe zu den Türen der Betroffenen bzw. im unreflektierten Reagieren auf vorgebrachte Klagen erschöpfen. Als zusätzliches Kriterium müßte noch die »Nähe« zu bzw. die Ausrichtung auf »Problemsituationen« hinzukommen, welche mit den verwaltungstechnischen Einheiten wie »Gemeinde« oder »Stadtteil« überhaupt nichts zu tun haben. In einem Verwaltungsbereich sind eine unbegrenzte Anzahl von sich teilweise personell überschneidenden »Gemeinden« denkbar: die Mieter eines Hauses, alle Leidtragenden unter den schlechten Verkehrsbedingungen, Betriebsangehörige, Lehrer, Schüler und Eltern einer Schule, alleinerziehende Väter und Mütter usw.

2.3. *Bedürfnisorientierung*

Die Ausrichtung von institutionellen Versorgungsaktivitäten bestimmt sich gewöhnlich danach, was »offiziell« (d. h. gemäß rechtlicher und professioneller Vorentscheidungen) als »psychisches oder soziales Problem« anerkannt und akzeptiert ist. Das impliziert zweierlei: einmal, daß individuelles und kollektives Leid nur in bestimmten Fällen zu einem behandlungswürdigen »psychischen oder sozialen Problem« avanciert, und zweitens, daß infolge solcher *politischer* Vorentscheidungen in die psycho-soziale Versorgung systematische Selektionsfilter eingebaut sind. Diese Selektionskriterien ändern sich historisch: man denke nur an die erfolgreiche »Problemkarriere« des Alkoholismus, der Legasthenie, des Drogenkonsums auf der einen und an Arbeitslosigkeit, Entfremdung am Arbeitsplatz, Leistungsdruck in der Schule oder an Überernährung auf der anderen Seite, die bisher als »psychische bzw. soziale Probleme« im behandlungswürdigen Sinne nur bedingt Anerkennung finden. Der administrativ definierte »Bedarf« stimmt mit den lebensweltlich vorliegenden Leidensprozessen und Bedürfnissen auch deshalb nur teilweise oder verzerrt überein, weil der Definitionsprozeß für »psychische oder soziale Probleme« durch bestimmte Berufsgruppen und politische Entscheidungsgremien mit ihren je eigenen Interessen und Relevanzkriterien monopolisiert ist.

»Reformversuche« zeichnen sich dieser Konzeption gemäß durch möglichst geringe bürokratische oder professionelle Selektivität aus, d. h. in der Tendenz: keine Fixierung des Behandlungsangebotes auf bestimmte Krankheitskategorien, Offenheit für ganz alltägliche Schwierigkeiten, Niederhalten der Zugangsschwelle zu Versorgungsleistungen durch ein geringes Maß an bürokratischen Zugangsvoraussetzungen, flexible Arbeitszeiten und Abbau eines distanzierenden bürokratischen oder professionellen Habitus. Was als das jeweilig anzugehende individuelle oder soziale »Problem« gelten soll, würde somit nicht über Krankheitskategorien, finanzierbare Diagnosen und psychologische Persönlichkeitstheorien immer schon vorentschieden, sondern in der Diskussion mit den Betroffenen – ausgehend von den ihnen problematisch gewordenen Lebenssituationen – bestimmt.

Das Problem der Realisierung von »Reformversuchen« und der Durchsetzung »alternativer Berufungspraxis« für klinische Psychologen will ich nun in der Diskussion von *zwei Grundfragestellungen* behandeln:

1) *Welches sind die gesellschaftlichen und sozialpolitischen Strukturbedingungen der Organisierung von »Reformversuchen«?* Ich möchte einige systematische Restriktionen benennen, die sich aus den grundlegenden »Spielregeln« unseres Gesundheitssystems herleiten. Wie sich zeigen wird, konstituieren diese »Spielregeln« eine Eigendynamik bzw. gewisse Eigeninteressen von Versorgungsinstitutionen und den dort Beschäftigten, welche die Berücksichtigung gesellschaftlicher Leidensprozesse in dem explizierten Sinne erschweren.

2) *Was resultiert aus solchen organisatorischen »Produktionsbedingungen« der Gesundheitsversorgung an Tätigkeitsanforderungen, Belastungen und Handlungsmöglichkeiten für die dort arbeitenden klinischen Psychologen?* Welche Konsequenzen qualifikatorischer, motivationaler und politischer Art bringt der Versuch, »alternativ« zu arbeiten, für Psychologen in ihrer alltäglichen Praxis mit sich? Es geht mir darum, jene Qualifikationen und Handlungsstrategien herauszuarbeiten, die eine »alternative« Praxis ermöglichen, und auch darum, einige Voraussetzungen zu benennen, die es den Berufstätigen erleichtern, die Belastungen eines solchen Arbeitsprozesses psychisch und sozial durchzustehen.

3. Strukturelle Bestimmungsfaktoren der Organisierung psycho-sozialer Versorgung

Niklas Luhmann (1973) bezeichnet »Daseinsnachsorge« als die kennzeichnende Funktion von Organisationen sozialer Hilfe innerhalb moderner Gesellschaften. Solche Organisationen hätten sich mit der Beseitigung von Problemfällen zu beschäftigen, welche sich im Prozeß der Verwirklichung der vorherrschenden gesellschaftlichen Strukturen und Verteilungsmuster neu ergäben. Es sei nicht ihre Sache, sich eine Änderung jener Strukturen zu überlegen bzw. eine solche in Angriff zu nehmen. Die eigentlichen »Entstehungsbedingungen« psychischer und sozialer Hilfsbedürftigkeit lägen außerhalb der Reichweite sozial- bzw. gesundheitspolitischer Maßnahmen.

Diese systemtheoretische Zustandsbeschreibung Luhmanns präzisieren Lenhardt/Offe (1977) dahingehend, daß der Sozialpolitik in einer kapitalistisch-bürgerlichen Gesellschaft die Funktion zukomme, »die staatliche Bearbeitung des Problems der dauerhaften Transformation von *Nicht-Lohnarbeitern in Lohnarbeiter«* zu leisten (Lenhardt/Offe, 1977, 101). Unter diese Funktionsbestimmung von Sozialpolitik fallen sowohl staatliche Maßnahmen, die der Produktion von Arbeitskraft dienen, also in den Bereich Ausbildung und Sozialisation gehören, wie auch solche, welche auf die Reproduktion, Rehabilitation und Disziplinierung von Lohnarbeitern (bzw. auch von Noch-nicht- oder Nicht-mehr-Lohnarbeitern) abzielen. Akzeptiert man die These der Autoren, nach der solche Maßnahmen aus historischen, herrschafts- und steuerungspolitischen Gründen notwendig im staatlichen Zusammenhang organisiert wurden bzw. in immer breiterem Maße werden, dann stellt sich als nächste Frage jene nach der Systematik bzw. den Restriktionen des von ihnen angesprochenen Transformationsprozesses.

Alle sozialpolitischen Maßnahmen stehen unter zwei tendenziell unvereinbaren Anforderungen: zum einen sollen sie sicherlich im weitesten Sinne »Bedürfnisse« (nach Ausbildung, Gesundheit, Wohnmöglichkeiten etc.) erfüllen, zum anderen aber auch durch ihre Form und ihr Ausmaß sich an den Anforderungen wie den Möglichkeiten des gesellschaftlichen Akkumulationsprozesses orientieren. Eine parallele und gleichgewichtige Berücksichtigung beider Anforderungstypen ist offensichtlich im Regelfall unmöglich, so daß die staatliche Bearbeitung des erwähnten Transformationsproblems notwendig den Charakter eines *Vermittlungsprozesses* erhält. Die Definition und Bearbeitung »psychischer bzw. sozialer Probleme« durch staatliche Handlungsträger hat man soziologisch deshalb im Zusammenhang mit den institutionellen Bedingungen dieses Vermittlungsprozesses zu sehen (Lenhardt/Offe, 1977, 115 f.).

Die aus i. w. S. öffentlichen Mitteln unterstützte psychosoziale Versorgung muß demnach in ihrer Weiterentwicklung immer auch im Zusammenhang mit dem sehr spezifischen Reforminteresse und -verständnis staatlicher Gesundheitsadministrationen interpretiert werden. Irgendwelche gesellschaftlichen Leidensprozesse, Bedürfnisse, aber auch schon »arrivierte soziale Probleme« gehen grundsätzlich durch dieses »Interesse des Staates an sich selbst« *vermittelt* in Reorganisationsbemühungen psycho-sozialer Versorgung ein.

Gesundheitspolitische »Reformversuche« sind ebenso wie die Bemühungen um eine »alternative« klinisch-psychologische Praxis angesichts dieser Funktionen und Bestimmungen von Sozialpolitik in *zweifacher Weise* Restriktionen ausgesetzt:

– Einmal durch jene Bedingungen, die sich dadurch ergeben, daß solche Versorgungsangebote »öffentlich« und nicht privat organisiert sind. Ich werde zu zeigen versuchen, in welcher Weise die *Formprinzipien* staatlich-organisierten Handelns sich restriktiv auf die Versorgung auswirken. Diese Formprinzipien beschreiben jene strukturellen Kennzeichen, die sozialpolitische Maßnahmen erfüllen müssen, um *als staatliche bzw. öffentlich-rechtliche* gelten zu können.

– Der zweite, eher »weiche« Typus von Restriktionen resultiert aus den besonderen Reorganisations- und Reformstrategien staatlicher Handlungsträger zur praktisch-politischen Bewältigung des skizzierten Anforderungsdilemmas. Ich interpretiere solche Strategien als Vermittlungsversuche, in denen sich die ihnen zugrundeliegenden Widersprüche – wenn auch in entschärfter Weise – noch abbilden. Daran wird sich der ambivalente Charakter von »Reformbewegungen« aufzeigen lassen.

3.1. *Formprinzipen einer öffentlich organisierten psycho-sozialen Versorgung*

Unter Bedingungen einer immer weitergehenden Vergesellschaftung psycho-sozialer Hilfe erhält diese eine ganz spezifische *Form*, die sich aus dem Umstand herleitet, daß hier im weitesten Sinne staatliche bzw. öffentlich-rechtliche Organisierungs- und Arbeitsprozesse zur Debatte stehen. Versuche der Etablierung von »Reformversuchen« und der Durchsetzung »alternativer« Versorgungspraxis laufen unter systematischen Bedingungen ab, die als solche grundsätzlich nichts mit jenen gesellschaftlichen Bedürfnissen und »sozialen Problemen« zu tun haben, auf die hin sich die Versorgung »offiziell« orientiert. Zu diesen Bedingungen zähle ich den Umstand der notwendigen *rechtlichen Fundierung* aller Versorgungsmaßnahmen, die systematischen Konsequenzen der *öffentlichen Finanzierung* bzw. der diesbezüglichen Auflagen und des immer nur *selektiven Problembezugs*, die Auswirkungen einer unumgänglichen, zumindest graduellen *Bürokratisierung* sowie jene Restriktionen, die sich aus der *berufsmäßigen Organisierung* von psycho-sozialer Versorgung ergeben. Ich interpretiere diese Bestimmungen nicht im Sinne von Handlungsdeterminanten, sondern verstehe sie als Möglichkeits- bzw. Verhinderungsräume einer »alternativen« Versorgungspraxis, die durch die daran Beteiligten aktiv ausgestaltet werden können.

3.1.1. *Implikationen der rechtlichen Fundierung von Versorgungsmaßnahmen.* Alle im weitesten Sinne administrativen Maßnahmen und Entscheidungen hinsichtlich spezifischer Hilfeleistungen (seien dies Geld-, Sach- oder soziale Dienstleistungen) bedürfen einer *rechtsförmigen Grundlage*. Beratung, Therapie und sonstige psycho-soziale Hilfestellungen spielen sich in einem rechtmäßig strukturierten Raum ab. Zu diesen gesetzlichen Grundlagen gehören u. a. die Reichsversicherungsordnung (RVO), das Bundessozialhilfegesetz (BSHG), das Bundesversorgungsgesetz, das Arbeitsförderungsgesetz und das Jugendwohlfahrtsgesetz.

Aus diesen von Psychologen in ihrer Relevanz oft vernachlässigten rechtlichen Geltungsbedingungen ihres Handelns resultiert eine Reihe systematischer Konsequenzen: rechtsförmiges Handeln ist als *inhaltsabstraktes* Handeln zu verstehen, d. h. als eines, das von den situationsspezifischen Eigenheiten des jeweils vorliegenden Falles in gewisser Weise abstrahiert. Nicht das konkrete »Problem«, sondern *freie und autonome Rechtssubjekte mit legitimen Ansprüchen* sind somit die »Ansprechpartner« gesundheitsversorgerischer Maßnahmen. Versorgungsinstitutionen können nur solche gesellschaftlichen Lebenslagen, Anforderungen und Abläufe perzipieren und bearbeiten, welche sich rechtlich (re-)formulieren lassen. Allein diejenigen Bedürfnisse und »Probleme«, welche diesen rechtlichen Selektionsfilter passieren, werden »offiziell« zum Gegenstand. Getroffene Entscheidungen können offiziell (das betrifft nicht die persönliche Motivation der Bearbeiter!) weder aus den Besonderheiten des jeweiligen Einzelfalles noch aus den Kompetenzen und Präferenzen der einzelnen Beschäftigten *begründet* werden.

Sicherlich ist die Bedeutung rechtlicher Bestimmungen im Bereich sozialpolitischer Geld- oder Sachleistungen größer, sie dürfte aber auch bei den uns hauptsächlich interessierenden sozialen Dienstleistungen beträchtlich sein: man denke nur an die für Psychologen so wichtige Frage, wer überhaupt berechtigt ist, Therapie auszuüben (nämlich der Arzt, nicht oder nur teilweise, bei Delegation, der Psychologe), an die Bedeutung von psychologischen Gutachten als Auslöser einer Reihe von administrativen Maßnahmen und Entscheidungen, an die Rechte und Pflichten der an Beratungsprozessen Beteiligten, wie sie das BSHG definiert, an das, was gemäß den verschiedenen gesetzlichen Grundlagen an offiziellen Leistungen von den Mitarbeitern überhaupt ins Auge gefaßt werden kann, daran, wie die konkreten Leistungsvoraussetzungen (also etwa Verdienst- bzw. Vermögensnachweise) sein müssen und welches Ausmaß an Mitarbeit vom Betroffenen »rechtlich begründet« erwartet werden kann.

Die wesentlichste Konsequenz der Rechtsförmigkeit für die konkrete Praxis scheint mir in der damit gesetzten Schwierigkeit einer adäquaten Berücksichtigung der Bedingungen des Einzelfalls zu bestehen. Öffentliche Gesundheitsarbeiter sehen sich nämlich – juristisch gesprochen – mit der Aufgabe konfrontiert, die ganze Komplexität eines konkreten Falles und seiner situativen Begleitumstände rechtlich zu typisieren bzw. die soziale Wirklichkeit, so wie sie sich ihnen darbietet, auf Rechtsvoraussetzungen für in Aussicht genommene Rechtsfolgen hin zu prüfen. So muß etwa »Bedürftigkeit« festgestellt, »drohende Gefährdung« konstatiert und schließlich die »richtige Diagnose« produziert werden, um überhaupt öffentliche Mittel zur Durchführung geplanter Maßnahmen beanspruchen zu können.

Der offensichtliche Widerspruch zwischen einer typisierenden rechtlichen Handlungsprogrammierung und den situativen Erfordernissen der Hilfeleistung im konkreten Einzelfall dürfte auf dem Wege der *Verfeinerung* des rechtlichen Instrumentariums nur bis zu einem gewissen Grenzwert zu lösen sein, von dem ab die Überfülle der Regelungen selbst wiederum den alltäglichen Betrieb erschwert oder gar unmöglich macht. Gerade im Sozialrecht gibt es deshalb auch eine gegenläufige staatliche Gesetzgebungsstrategie, nämlich die *Öffnung* von Interpretationsspielräumen, welche in das (pflichtmäßige) Ermessen der Beschäftigten gestellt sind.

In soziale Leistungsgesetze werden zunehmend unbestimmte, d. h. von den Beschäftigten nach sachlichen Gesichtspunkten auslegungsfähige Rechtsbegriffe als Tatbestandsvoraussetzungen und -folgen eingebaut (vgl. Giese, 1973, 54f.).

Rechtliche Programmierungen und ihre Veränderungen möchte ich nun unter dem *Aspekt der Ermöglichung »alternativer« Versorgungspraxis* diskutieren. »Reformversuche« definiere ich ausdrücklich nicht von einem bestimmten Einrichtungstyp bzw. vom Problemfeld der Organisation her, wie das gemeinhin geschieht (also sozial-psychiatrische Dienste, Frauenhäuser, therapeutische Wohngemeinschaften, alternative Werkstätten), sondern von ihrer *Organisationsstruktur* her. Nicht die idealistische Fiktion einer Realisierung hehrer sozialpsychiatrischer Ziele, sondern die Frage nach den Möglichkeiten des »alternativen« Umgehens mit Strukturbedingungen – in diesem Fall mit der Rechtsförmigkeit – stellt meinen Bezugspunkt dar. Wie ich noch an vielen Stellen dieses Aufsatzes verdeutlichen werde, kann »Alternativität« nicht als abstrakter Gegensatz zu den herrschenden gesellschaftlichen Strukturen bestimmt werden: »Alternativität« kann deshalb immer nur *partiell* realisiert werden (vgl. Jervis, 1978, 186).

In diesem Sinne kommen »weiche« rechtliche Zweckprogramme mit explizit eingeräumten Ermessensspielräumen sicherlich einer »alternativen« Praxis entgegen. Daher stellt etwa das Bundessozialhilfegesetz (BSHG) eine geeignetere rechtliche Grundlage für Versuche einer fortschrittlichen sozialpsychiatrischen Arbeit dar als die Reichsversicherungsordnung (RVO). Das BSHG hat vor allem den Vorteil, daß es nicht wie die RVO auf *Berufsgruppen* und ihnen mögliche, d. h. abrechenbare *Leistungen*, sondern auf *Problembereiche* (Vorbeugung, Aufbau und Sicherung der Lebensgrundlage), auf *Gruppen von Hilfsbedürftigen* (Kranke, Behinderte, Gefährdete) und auf *Arten der Hilfe* (Pflege, Beratung) hin ausgelegt ist. Durch solche relativ weiten gesetzlichen Rahmenbedingungen wird die Notwendigkeit der Rücksichtnahme auf rein bürokratische Beurteilungsgesichtspunkte in der alltäglichen Arbeit vergleichsweise gering gehalten, und etwaige »alternative« Perspektiven des Problembezuges, des Behandlungsziels und der Bedürfnisorientierung bekommen im Verhältnis dazu mehr Gewicht. So können ein Kriseninterventionsdienst bzw. eine psycho-soziale Kontaktstelle – werden sie über § 39 BSHG bezuschußt – auf eine Spezifikation ihrer Beratungsmaßnahmen weitgehend verzichten, brauchen auch persönliche Daten wie die Vermögensverhältnisse der Klienten kaum zu dokumentieren (etwa um einen bestimmten Sozialhilfeempfängeranteil der Klientel nachzuweisen), sind in der Lage, Diagnosestellungen einzuschränken – zusammengefaßt: können weit weniger bürokratisch, wesentlich anonymer und wahrscheinlich auch »bedürfnisnäher« arbeiten als eine Ambulanz innerhalb einer Nervenklinik, ein niedergelassener Arzt (bzw. früher ein Psychologe auf dessen Delegation) oder auch als manche Sozialpsychiatrische Dienste, die über RVO abrechnen und die sich etwa an dem Zwanzigminutentakt bei der sogenannten Kleinen Psychotherapie orientieren müssen. Nicht verschweigen möchte ich allerdings eine gewisse Tendenz bei den örtlichen und überörtlichen Trägern hin zu eher restriktiveren Fassungen von Bezuschussungsrichtlinien und Dokumentationskriterien.

Das BSHG enthält eine Reihe von Verfahrensprinzipien, auf die man sich je nach »Problemlage« in der offiziellen Begründung getroffener Maßnahmen beziehen kann, um so eine gewisse Autonomie der jeweiligen Institution bzw. ein den gegebenen situativen Umständen angemessenes Vorgehen zu ermöglichen. Dazu gehört etwa der § 3, der Sozialhilfe an den Besonderheiten des Einzelfalles orientiert und eine Berücksichtigung der Wünsche des Hilfeempfängers ermöglicht; der § 4, welcher die Entscheidung über Form und Maß der Sozialhilfe explizit ins pflichtgemäße Ermessen der betreffenden Institutionen stellt; der § 10, welcher die Nachrangigkeit staatlicher gegenüber privater Hilfeleistung betont und so die rechtliche Grundlage der Realisierung fortschrittlicher Initiativprojekte bildet (Subsidiaritätsprinzip).

Andererseits eröffnen sich durch diese Verfahrensprinzipien auch Möglichkeiten, eine bornierte und die Interessen der Betroffenen *nicht* berücksichtigende Versorgungspraxis nach außen hin legitimatorisch abzuschirmen. Man denke nur an die problematischen Auswirkungen des Subsidiaritätsprinzips im

Kindergartenbereich. Eine politische Einschätzung dieser Verfahrensprinzipien – vor allem des Subsidiaritätsprinzips – kann daher generell nicht angegeben werden; ihr Stellenwert für »alternative« Ansätze hängt von der konkreten (kommunal-)politischen Situation ab.

Alle jene Versorgungseinheiten stehen »Reformversuchen« näher, die sich durch eine möglichst geringe Belastung mit Kontrollfunktionen und Unfreiwilligkeit auszeichnen. Als Negativbeispiele hierfür können psychiatrische Krankenhäuser, aber auch Jugendämter, Sozialämter, Arbeitsämter und Gerichte gelten. Institutionen dieser Art beschäftigen Psychologen hauptsächlich in Gutachter- und Kontrolltätigkeiten. Nur in sehr verzerrter Weise lassen sich unter solchen institutionellen Voraussetzungen therapeutische und beraterische Funktionen erfüllen, da die sowieso schon asymmetrische Beziehung von Psychologen zu ihren Klienten zusätzlich strukturell noch belastet wird, was besonders für Unterschichtklienten gelten dürfte. Damit wird ein halbwegs »natürlicher« Interaktionsprozeß unmöglich gemacht. Nicht zufällig sind diese Institutionen der Ort für die entmündigenden medikamentösen oder »juristischen« Therapien (vgl. insb. die »Gefängnistherapie« bei Alkoholismus und Drogen), die man aus guten (vermeintlich wissenschaftlichen) Gründen unter Absehung der *Person* des Betroffenen »verschreiben« zu können glaubt.

3.1.2. *Restriktionen durch die »Logik der Abrechnung«.* Über die rechtlichen Regelungen vermittelt unterliegt die psychosoziale Versorgung spezifischen Restriktionen, welche sich aus dem Modus ihrer *Finanzierung* ergeben. Die Finanzierung sozialpolitischer Maßnahmen im Gesundheitsbereich ist im allgemeinen nach dem Versicherungs- oder nach dem Fürsorgeprinzip geregelt (vgl. in diesem Band den Aufsatz von Barbara Riedmüller), wobei die RVO-Leistungen den Löwenanteil ausmachen, wiewohl das BSHG als Finanzierungsgrundlage zunehmend an Wichtigkeit gewinnt. Daneben existieren – wenngleich in begrenztem Ausmaß – andere, für diesen Bereich relevante Finanzierungsformen: wie das Arbeitsförderungsgesetz (für REHA-Maßnahmen), das Jugendwohlfahrtsgesetz, Modellförderungsmaßnahmen des Bundes usw. Hinzu kommen pauschale Zuschüsse von kommunalen Einrichtungen, von privaten Hilfsorganisationen oder Stiftungen sowie Eigenleistungen der Mitarbeiter an unentgeltlicher Arbeit oder Sachaufwendungen.

Durch die gleichwohl gegebene weitgehende Abhängigkeit von RVO- oder BSHG-Mitteln (auch bei den vielfach anzutreffenden Mischfinanzierungen) wird die Versorgung selbst den Zwängen der »Logik« dieser Abrechnungssysteme unterworfen, zumal auch kommunale Zuschüsse mit ähnlich gearteten Auflagen vergeben werden: man kann in beiden Fällen grundsätzlich nur solche Leistungen abrechnen, die für den oder am *einzelnen* Versicherten oder Leistungsberechtigten erbracht wurden. Dabei müssen die betreffenden Maßnahmen »krankheitsbezogen« begründbar sein, d. h. sie sind auf die aktuellen und diagnostizierbaren Auswirkungen alltäglicher Lebenspraxis, nicht auf deren Problematik selbst ausgerichtet. Die Voraussetzung der Leistungserbringung bildet die Einzelfallbezogene Diagnose als »krank«, »behindert« oder doch zumindest als »von Behinderung bedroht«. Das »medizinische Modell« psychischer Störungen setzt sich über solche Finanzierungsbedingungen als *die* Orientierungskonzeption öffentlicher bzw. öffentlich unterstützter Versorgung durch. Kassenleistungen müssen wegen ihrer Spezifität, Therapie- und Professionsbezogenheit als besonders reformresistent angesprochen werden. Das BSHG ist in diesem Sinne die grundsätzlich fortschrittlichere Finanzierungsform, wiewohl sich seine Reformempfindlichkeit hauptsächlich auf den rehabilitativen Bereich erstreckt.

Für den konkreten Betrieb bringt diese »Logik der Abrechnung« durchaus handfeste Konsequenzen mit sich:

– Präventive Maßnahmen fallen aus dem gegebenen Finanzierungsrahmen heraus, weil hier noch keine »Fälle« als legitime Handlungsanlässe vorliegen (das gilt auch für den § 36 BSHG).

– Die Finanzierung bzw. ihre Weitergewährung läßt sich von seiten der betreffenden Versorgungseinheit nur durch die Erbringung einer bestimmten, »bedarfsanzeigenden« Quantität von Leistungen bzw. über einen genügenden »Falldurchlauf« sichern. Hohe »Erfolgsziffern« besitzen aber oft auch einen Bumerangeffekt, weil sie zukünftigen Bezuschussungen zugrundegelegt werden und so etwaige Umorientierungsversuche der Arbeit der betreffenden Institution blockieren, die dann gleichsam neben dem organisatorischen Alltag durchgeführt werden müssen (etwa Gruppenarbeit).

– Die gängigen Finanzierungsformen machen die einzelnen Versorgungseinheiten in starkem Maße von der gesundheits- bzw. kommunalpolitischen Konjunktur abhängig, d. h. die Produktion von »Fällen«, das politisch-taktische Geschick oder vielleicht sogar private Beziehungen, nicht aber die angeführten Kriterien »alternativer« Versorgung erweisen sich als Maßstab von Leistungsvermögen und Finanzierungswürdigkeit. Das kann zu der – für eine »alternative« Orientierung paradoxen – Konsequenz führen, das nur das permanente Steigen der Fallzahlen Erfolg signalisiert, nicht aber deren Abnahme infolge des Aufbaus von kommunalen Selbsthilfestrukturen und von Prävention. Man könnte von einer, in die Finanzierungsbedingungen eingebauten »Psychiatrisierungstendenz« sprechen.

– Die damit notwendigen bürokratischen Anforderungen und Diagnoseprozeduren gefährden oder zerstören die Anonymität und den bürgerlichen Status des Klienten. Sozial diskriminierende und auch psychisch folgenreiche Stigmatisierungsprozesse infolge von Diagnostizierungen können nur begrenzt vermieden werden und liegen geradezu in der Abrechnungslogik. Der damit eintretende Abschreckungseffekt, der auch taktisch eingesetzt werden dürfte, hat durchaus interessante Konsequenzen für die öffentlichen Geldgeber, geht doch der »Einsparungseffekt« der dadurch hervorgerufenen Ängste in die Millionen.

– Der vom Klienten oft schon antizipatorisch zurechtgestutzte »Problemfall« wird in einzelne, noch dazu teilweise sehr unterschiedlich bewertete Diagnosen, Tatbestände und dementsprechende Einzelleistungen aufgesplittert, welche meist (insbesondere bei RVO-Leistungen) auch noch verschiedene zugelassene Spezialisten verlangen. Die Person des Betroffenen, seine Leiden und »Probleme« werden so gleichsam aufgelöst und administrativ aufbereitet.

Fragt man nun nach den Möglichkeiten, die sich trotz der angedeuteten Restriktionen im Rahmen der verschiedenen Finanzierungsformen für die Organisierung von »Reformversuchen« und die Durchsetzung »alternativer« Praxis eröffnen, kommen alle Möglichkeiten der *Pauschalabrechnung* solchen Intentionen entgegen, etwa über Institutsverträge mit den Kassen oder Totalfinanzierungen über kommunale Haushalte, wie das bei Gesundheitsämtern bzw. daran angeschlossenen sozial-psychiatrischen Diensten der Fall sein kann, obwohl auch dort durchaus Mischfinanzierungen vorkommen. Diese günstigen Finanzierungsformen decken allerdings nur einen sehr beschränkten Anteil der Gesamtversorgung ab. Dasselbe gilt leider in noch verstärktem Maße für die Mittel aus der Modellförderung des Bundes, die zudem meist nur für recht kurze Zeiträume (bis zu drei Jahren) vergeben werden, dann allerdings unter vergleichsweise günstigen Bedingungen hinsichtlich der Größe des Versorgungsbereiches und der Personalausstattung, wenngleich in letzter Zeit auch hier – vor allem was den Drogenbereich betrifft – insbesondere über Dokumentationsauflagen stärkere Kontrollbestrebungen zu beobachten sind. Modellförderungen haben wegen ihrer nur begrenzten Terminierung den Nachteil, daß sich die jeweils geförderte Institution vom ersten Tage ihres Bestehens an Gedanken über die Anschlußfinanzierung zu machen hat. Ihre hauptsächliche Funktion hat diese Finanzierungsform deshalb für die *Initiierung* und *Propagierung* von »Reformversuchen«, die zudem auf diesem Wege die gesundheitspolitisch durchaus relevanten Weihen der Wissenschaftlichkeit erhalten können.

Wie schon ausgeführt, erweist sich die RVO – abgesehen von den erwähnten Institutsverträgen – als das reformresistenteste Finanzierungsmedium. »Reformversuchen« entsprechender wären Finanzierungen nach dem BSHG, insbesondere über § 36 (vorbeugende Gesundheitshilfe) und § 39 BSHG (Eingliederungshilfe für Behinderte). Trotz der dabei gegebenen Auflage ärztlicher Diagnose (-kategorien) und solch problematischer, aber auch strategisch dehnbarer Schlüsselbegriffe wie »drohende Behinderung« haben sich hier Möglichkeiten der Finanzierung von »Reformversuchen« – allerdings vornehmlich im Rehabilitationsbereich – ergeben: therapeutische Wohngemeinschaften, beschützende Werkstätten, Kriseninterventionsdienste, Laienhelfergruppen u. ä. sind über die beiden genannten Paragraphen finanzierbar.

Unter der Zielperspektive von »alternativer« Praxis erscheint mir als entscheidendes Kriterium für die Wahl einer Finanzierungsform, ob die Legitimation der Arbeit *allein* über Fallzahlen, Maßnahmekataloge und professionelle Leistungen verhindert werden kann, zumal über diesen Hebel politisch vermittelter Ökonomisierungs-, Rationalisierungs- oder Loyalisierungsdruck am direktesten auf die jeweilige Institution auszuüben ist. Eine gewisse Erleichterung für »alternative« Praxis *kann* es bedeuten, wenn die betreffende Institution einen frei-gemeinnützigen Träger hat, weil dann, je nach Potenz und genereller gesundheitspolitischer Ausrichtung des Trägers durch Eigenmittel der Druck und die Eigendynamik öffentlicher Finanzierungssysteme in gewissen Grenzen neutralisierbar sind. Von den Spitzenverbänden bietet hier das Rote Kreuz relativ günstige Bedingungen, ist allerdings auf dem Bereich psycho-sozialer Versorgung nur sehr begrenzt engagiert, während auf der anderen Seite etwa der Deutsche Paritätische Wohlfahrtsverband selbst praktisch keine Zuschüsse zu vergeben in der Lage ist, andererseits die Entwicklung »alternativer« Ansätze zumindest nicht *behindert*, was etwa bei den konfessionellen Trägern durchaus der Fall sein kann. Tendenziell werden aber die Kontrollmöglichkeiten und -bedürfnisse der Spitzenverbände der Wohlfahrtspflege denen der staatlichen Sozialverwaltungen immer ähnlicher, so daß sich über die Vor- und Nachteile öffentlicher versus frei-gemeinnütziger oder privater Trägerschaft nichts Definitives aussagen läßt, obwohl grundsätzlich eine größere Durchsichtigkeit und Planung, wie sie durch ein höheres Maß an Vergesellschaftung gegeben wären, einer »alternativen« Versorgungskonzeption entsprächen. Gesundheitspolitisch ist deshalb das Subsidiaritätsprinzip auch nicht einheitlich einzuschätzen, da es durchaus als Schutz für »Reformversuche« gegen politische Bevormundung dienen kann. Eine eher *partnerschaftliche Interpretation* des Verhältnisses zwischen öffentlichen und privaten Trägern (zu der der Gesetzgeber immer stärker zu tendieren scheint., und die sich auch wegen der teilweise geringen Eigenmittel der Trägervereine real immer mehr durchsetzt) könnte sich unter bestimmten (kommunal-)politischen Umständen als Einfallstor politischer Kontrolle eignen, wenn etwa Zuschüsse von der Haltung der Beschäftigten oder Vereinsmitglieder zur freiheitlich-demokratischen Grundordnung abhängig gemacht werden und so zu einer weiteren Verbreitung des Anwendungsbereichs der Berufsverbote beitragen. Einige Wohlfahrtsverbände – wie die Caritas – scheinen hier schon antizipatorisch tätig zu werden!

3.1.3. *Der notwendig selektive Problembezug psycho-sozialer Versorgung.* Rechtliche Regelungen und Finanzierungsbedingungen weisen den einzelnen Versorgungseinrichtungen bestimmte Arbeitsbereiche, Problemdefinitionen, Relevanz- und Erfolgskriterien zu. Dadurch wird der komplexe Prozeß der Konfrontation einzelner Menschen oder ganzer sozialer Gruppen mit den gesellschaftlichen Bedingungen ihrer Lebenspraxis in der Perspektive der Institution auf spezifische Weise reduziert: er erscheint vornehmlich als *personeninterner Krankheitsprozeß*, der sich an gesellschaftlich akzeptablen »sozialen Problemen« entzündet. Nur ein solchermaßen administrativ anerkennbarer subjektiver »Leidensdruck« kann bearbeitet werden. Eben dieser administrativ (bzw. professionell) anerkannte Leidensdruck avanciert zum alleinigen Kriterium für Eingriffe und wird ebenso zum Maßstab des (Heilungs-)Erfolges der betreffenden Institution. Veränderungen der aus der besonderen gesellschaftlichen Situation der Betroffenen sich ergebenden Schwierigkeiten, Defizite, Einschränkungen und Widersprüche gehen nicht als *Zielbestimmungen*, sondern nur als mehr oder weniger ausgegrenzte *Rahmenbedingungen* (»soziale Faktoren«) in Behandlungsprozesse ein.

Die Ideologie psycho-sozialer Versorgung wie die ihrer politischen Planung besteht nichtsdestoweniger darin, gleichsam ein funktionierendes Marktmodell zu unterstellen: man behauptet eine hohe Treffsicherheit und geringe Selektivität administrativer Erkennungssysteme sozialer bzw. psychischer Leidensphänomene. Administrativ (v)ermittelter und aus Erfahrungswerten plausibilisierter »Bedarf« kann so den gesellschaftlichen Bedürfnissen unreflektiert gleichgestellt werden. Die vorhandenen blinden Flecken institutioneller Problemsicht bleiben auf diese Weise verborgen.

Als die systematisch wesentlichste *Einschränkung* administrativer Problemperzeption erscheint mir die offensichtliche Unmöglichkeit, psychische und soziale Schwierigkeiten im Zusammenhang zu sehen und die jeweiligen Versorgungsmaßnahmen daran auszurichten. Dies verhindert die von einem »alternativen« Versorgungskonzept her gebotene radikale

Gleichsetzung von psychischen und sozialen »Problemen«. Der sicherlich berechtigte Hinweis auf die mit dem betroffenen Individuum zusammenhängenden Aspekte von Krankheitsprozessen wird dahingehend überzogen, entweder die jeweiligen Schwierigkeiten zu personalisieren (und zwar als »Behinderung«, »Krankheit« oder gar als »Schuld«) oder aber in den Versorgungsaktivitäten ganz auf den Reproduktionsbereich beschränkt zu bleiben.

Hierzu leistet die klinische Psychologie durchaus ihren ideologischen wie praktischen Beitrag, indem sie ihre Therapieangebote und -konzepte ausdrücklich auf bestimmte Konstellationen des Reproduktionsbereiches bezieht und damit natürlich auch beschränkt: Familientherapie, Partnerschaftstherapie, Psychourlaub, Spiel-, Mal- und Musiktherapie, praktisch alle humanistischen »trainings« und schließlich sogar Krisenintervention dokumentieren diesen Rückzug der Psychologie auf die Behandlung intrapsychischer und auf einfache Sozialsysteme bezogener Kommunikationsschwierigkeiten.

Damit geht u. a. verloren, welche spezifische Funktion der Reproduktionsbereich für die interne Stabilisierung des Gesellschaftssystems bzw. seiner Mitglieder hat und welche Widersprüche und Restriktionen sich hieraus für die Alltagspraxis der Menschen ergeben (vgl. dazu Schroeter, 1977).

Leidensprozesse, Bedürfnisse und »soziale Problemlagen« müssen – bevor ihre institutionelle Bearbeitung einsetzen kann – in medizinische, psychologische und schließlich in rechtliche oder mit rechtlichen Vorlagen kompatible »Problemtypen« umformuliert und auf administrativ bereitliegende Angebote bzw. Leistungen bezogen werden. Im Verhältnis solcher Versorgungseinheiten zu ihren sozialen Umwelten herrscht »medizinische« oder gar »juristische Jurisdiktion« (vgl. Freidson, 1975, S. 105). Damit wird jene partikulare Ebene vorgegeben, auf welcher gesellschaftliche Phänomene als »soziale Probleme« überhaupt formulierbar sind. Die Diskussion über mögliche, d. h. sozial akzeptable Problemindikationen im Zusammenhang des § 218 liefert hierfür ein anschauliches Beispiel.

Es scheint ein weit verbreitetes Vorurteil zu sein, daß »Alternativität« sich schon anhand der »Qualität« der von einer Institution in Angriff genommenen Problemlagen bestimmen ließe. Natürlich ist »Alternativität« nicht unabhängig von der inhaltlichen Zielbestimmung der Versorgungsinstitution. Empirische Organisationsuntersuchungen (etwa Bittner, 1972, Sudnow, 1973) haben aber hinlänglich demonstriert, wie vorsichtig man mit dem Begriff »Organisationsziel« umgehen muß. Deklarierte Ziele (wie etwa Resozialisierung, Hilfe zur Selbsthilfe, das Verständnis der Bevölkerung für psychische Probleme fördern usw.) scheinen für die konkrete Arbeit eher legitimatorische denn direkt handlungsanleitende Funktionen zu erfüllen (vgl. ausführlich Treutner/Wolff, 1978). Es wäre empirisch richtiger, davon zu sprechen, daß Handlungsabläufe in Organisationen mit der *Produktion* von Organisationszielen beschäftigt sind, als daß sie über diese gleichsam deduktiv gesteuert werden. Die praktische Relevanz von Organisationszielen besteht vornehmlich darin, daß ihnen für die politische Kontrolle wie für die interne Stabilisierung von Versorgungseinheiten wichtige, vor allem negatorische Konsequenzen zukommen (»Geist des Hauses«). So läßt sich eine »alternative« Versorgungspraxis allein schon dadurch blockieren, daß die betreffende Institution bzw. die Rollen der in ihr Beschäftigten von ihrer Widmung her auf Krankheitskategorien und eingespielte Falldefinitionen, nicht aber auf allgemeine »soziale Probleme« hin orientiert werden. Solche Orientierungen brauchen meist nicht einmal administrativ – etwa über Arbeitsplatzbeschreibungen oder Dienstordnungen – erzwungen zu werden, da sie professionellen Theorien und Selbstverständnissen sowohl der Ärzte wie der Psychologen durchaus entsprechen. Der Problembezug psycho-sozialer Versorgungspraxis scheint somit auf die Grenzen bestimmter administrativer bzw. professioneller »Theorien sozialer Probleme« eingeengt zu sein (vgl. Hewitt/Hall, 1973), die ich als »medizinische« oder »aufgeklärt medizinische« Krankheitsmodelle (welche soziale Faktoren berücksichtigen) beschreiben würde. Sowohl das Versicherungs- wie das Fürsorgeprinzip sind als *anlaßorientiertes* Versorgungsmodell zu interpretieren. »Alternative« Ansätze – nach meinem Verständnis demgegenüber eher *folgenorientiert* – lassen sich in ihrem Geltungsbereich deshalb nur sehr begrenzt unterbringen. Mir scheint die Krisenintervention (vgl. Wolff, 1976 b) das am weitesten gehende Versorgungsmodell zu sein, welches unter den Prämissen unseres Versorgungssystems »offiziell« überhaupt möglich ist. Dieses Versorgungsmodell, das irreführend oft als präventives bezeichnet wird, erfüllt nämlich eindeutig *sekundär*-präventive Funktionen, d. h. bleibt anlaßorientiert, allerdings mit einer erfreulich geringen Transformation alltagsweltlicher »Problemlagen« (man kann grundsätzlich mit *allen* Krisen kommen) und mit einer recht weitgehenden sozialpsychiatrischen Ausrichtung, was die Konzentration auf bestimmte Gebiete, die Mobilität und den idealtypischerweise eher unprofessionellen Stil der Intervention angeht. Insbesondere kann hier eine Psychiatrisierung des betreffenden »Problems« weitgehend vermieden werden, zumal die Verhinderung von Klinikeinweisungen mit ein Hauptaspekt der institutionellen Bemühungen ist.

3.1.4. *Bürokratische Restriktionen.* Öffentliche Versorgungseinrichtungen sind verwaltungsförmig organisiert. Aus ihrem bürokratischen Charakter leiten sich zusätzliche Restriktionen der institutionellen Arbeit ab, die von den spezifischen *inhaltlichen* Aspekten unabhängig zu sehen sind, d. h. für *alle* Organisationsformen gelten. Organisationsinterne Stabilitätsbedürfnisse, -bedingungen und -mechanismen, Regelungen der internen Kommunikation, grundsätzlich also Strukturen der organisatorischen Selbsterhaltung und Stabilisierung müssen als systematische Restriktionen auch für bedürfnisbezogene »alternative« Versorgung in Rechnung gestellt werden.

Wie ich im zweiten Abschnitt gezeigt habe, erfährt die Grundtatsache der Bürokratisierung im Rahmen der Sozialpolitik eine inhaltliche Konkretisierung dahingehend, daß staatliche Versorgungseinrichtungen funktional auf die *Vermittlung* verschiedenartiger und tendenziell inkompatibler gesellschaftlicher Ansprüche bezogen sind. Die interne Stabilisierung gegenüber divergierenden Umweltanforderungen wird so zu einem permanenten und oft dominanten Arbeitsinteresse der Organisation bzw. ihrer Beschäftigten (für empirische Hinweise und Belege: Bohnsack et al., 1977, Cicourel, 1968, Sudnow, 1973).

Als Konsequenz ergibt sich eine – für den Berufsanfänger erschreckende – Diskrepanz zwischen dem, was man wissenschaftlich oder gesundheitspolitisch als Aufgabe der betreffenden Einrichtung definiert, und den tatsächlich intern geltenden Rationalitätskriterien und Handlungsmaximen, an denen sich der alltägliche Betrieb orientiert. So gilt etwa keineswegs das Prinzip, so viel wie möglich zu helfen, sondern es setzen sich organisationsinterne Richtwerte für einen »zumutbaren und vernünftigen Arbeitsaufwand« durch: damit wird definiert, wie viele Klienten man pro Woche neu zu sehen hat, wie viele Sitzungen eine Krisenintervention dauern darf, bzw. wann man weiter zu verweisen hat, ab wann ein zu geringes oder zu intensives Engagement an der Arbeit als Unkollegialität gilt, was »exemplarische« Fälle oder Fallösungen sind usw. Ein wesentliches Ergebnis der beruflichen Sozialisation scheint darin zu bestehen, solche Rationalitätskriterien zu internalisieren bzw. sich dadurch dem jeweiligen »Betriebsklima« anzupassen (für die verschiedenen Anpassungsmuster bei Sozialarbeitern vgl. Blinkert, 1976).

Bürokratisierung bedeutet zudem eine gewisse Standardisierung der Kommunikationswege und -medien. Zwischen den verschiedenen Gliedern von Versorgungsketten gelten *Diagnosen* als wichtigste Verständigungsmittel. Behandlungsketten sind durch rivalisierende Diagnosearten gekennzeichnet, auf die sich die jeweils überweisende Institution einzustellen hat. Klienten werden gleichsam in Form von Diagnosen angeboten bzw. übernommen. Diagnosen müssen gerade im Außenkontakt unter taktischen Gesichtspunkten gesehen werden und stellen unter organisatorischen Gesichtspunkten soziale *Mittel der Bewältigung von organisatorischen Schwierigkeiten,* nicht so sehr *Realitätsbeschreibungen* dar. Fortschrittliche Institutionen, in denen man eine Diagnosestellung zu vermeiden trachtet, geraten am Punkt der Weitervermittlung oft in Überzeugungsschwierigkeiten und »hüten« deshalb ihre Klienten nicht selten zu lange.

Die meisten Versorgungseinrichtungen zeichnen sich durch Präferenzen für bestimmte Diagnosetypen aus: eine Montessori-Schule wird pädagogische, ein psychiatrisches Krankenhaus vielleicht biologisch-psychiatrische, die Erziehungsberatung familientherapeutische, das Sozialamt juristische bzw. sozialarbeiterische Diagnosen anerkennen bzw. sich intern an der damit implizierten »Problemsprache« bei der Handlungsbeschreibung und -begründung ausrichten. Es wäre naiv, das Handeln der Berufspraktiker als auf Wahrheit der Problemsicht, auf Wissenschaftlichkeit der Problemlösung oder gar auf bloßes Helfenwollen ausgerichtet zu sehen. Diagnosen und andere organisatorische Aktivitäten stehen unter vielfältigen Ansprüchen (des Teams, der politischen Träger, anderer Institutionen usw.), von denen die Bedürfnisse der Klienten nur ein – oft ein eher unwichtiger – Teil sind.

Jede Organisation kennt bestimmte offizielle clearing-Stellen, in denen festgelegt wird, was »gelten« soll: Fallkonferenzen, Montagsbesprechungen oder auch nur die Sitzung, auf der die Leitung Dienstanweisungen bekannt gibt. Bei stark bürokratisierten Institutionen – wie in psychiatrischen Großkrankenhäusern – erfolgt die Klarstellung u. U. nur über arbeits- oder dienstrechtliche Bestimmungen. Bürokratisierung und ein durchgesetztes »Interesse der Organisation an sich selber« bedingen Ungleichgewichte, Ungleichzeitigkeiten sowie Perspektivenunterschiede zwischen der Organisation bzw. ihren Mitarbeitern und ihren Klienten. Durchlässigkeit und Reagibilität gegenüber Bedürfnissen und Darstellungsfähigkeit der Klienten sinken; zum Kriterium des Eingreifens werden in immer geringerem Maße Aktualität und Bedürftigkeit, während rechtliche Ansprüche, Einhalten des Dienstweges, Termingerechtigkeit oder gar die »bürokratische Kompetenz« (Gordon, 1975) der Betroffenen an Bedeutung gewinnen.

Einerseits wächst also mit dem Bürokratisierungsgrad die Bedeutung interner Handlungszwänge, andererseits sind in einem solchen Falle die Beschäftigten eher in der Lage, an sie herangetragene Bedürfnisse und Ansprüche mit Hilfe von »administrativen Abwehrmechanismen« (Wartelisten, Überweisungen, Problemparzellierungen) abzuweisen, zu neutralisieren oder in ihrem Sinn adäquat bearbeitbar zu machen. »Bearbeitbarkeit« bezieht sich auch auf die Abstimmung von »Problemen« mit den hierarchischen Kommunikations- und Kontrollstrukturen der jeweiligen Institution.

Bürokratisierung ist nicht nur ein verhängnisvolles fatum, welches »Reformversuche« unmöglich macht. Es lassen sich durchaus Organisationsformen denken, die »alternative« Praxis zumindest nicht ausschließen: Dies dürfte für die sogenannten »situativen« bzw. »organischen« Organisationsformen gelten (vgl. Treutner/Wolff, 1978), welche sich zum einen durch eine relativ geringe Binnenorientierung, zum anderen durch eine eher kooperative Form der internen Arbeitsteilung auszeichnen. Die Binnenorientierung läßt sich an der Einstufung und Reputation der Stellen mit direktem Publikumskontakt bemessen. Manche Einrichtungen – gerade im psychiatrischen Bereich – sind so organisiert, daß die »wirkliche« Behandlung erst nach dem Passieren einer Reihe von Selektionsschritten beginnt: Anmeldung, Datenregistrierung, kurzes Kontaktgespräch, diverse Tests und Diagnosen zur »Abklärung«, Warteliste usw. Kontaktgespräche und therapeutische Interventionen können durchaus von denselben Personen durchgeführt werden, gleichwohl wird die Wichtigkeit der verschiedenen Schritte sehr unterschiedlich bewertet, da im professionellen Verständnis »richtiges therapeutisches Handeln« eine gewisse Zurichtung des Klienten voraussetzt. Je ausgeprägter solche Zurichtungsprozesse sind, desto weniger kann man direkt auf die Problemperspektive der Betroffenen eingehen und um so niedriger ist der Grad der organisatorischen »Situativität« anzusetzen. Als ein typischer Aspekt für die Reformresistenz der traditionellen Psychiatrie erscheint mir in diesem Zusammenhang die Tatsache, wie schwer es ist, Ambulanzen an psychiatrischen Krankenhäusern einzurichten und wie schwer es vielen psychiatrischen und psychologischen professionals fällt, der »geordneten Asymmetrie« eingespielter Therapie- und Diagnosesituationen zu entraten. So ist mir von einer großen psychiatrischen Klinik in Süddeutschland bekannt, daß eine dort neu eingerichtete Krisenambulanz monatelang ihre Arbeit nicht aufnehmen konnte, weil sich kein Klinikarzt bereit fand, diese professionell anscheinend minderwertige und zudem nicht durch Gutachten-Nebenverdienstmöglichkeiten gesegnete Aufgabe zu übernehmen.

Die erwähnten »organischen Organisationsstrukturen«, welche integrierte Netze der Zusammenarbeit nahelegen, zeichnen sich durch eine relativ geringe »Kontrollspanne« aus, d. h. es gibt nur eine begrenzte Zahl (idealtypisch keine) weisungsberechtigter Hierarchieebenen, andererseits aber ausdifferenzierte clearing- und Entscheidungsinstanzen – gleichsam eine demokratische Infrastruktur. Allerdings zeigen die Probleme des sogenannten klassenlosen Krankenhauses, daß arbeits- und besoldungsrechtliche Regelungen (insbesondere auch der Bundesangestelltentarif) einer realen Enthierarchisierung entgegenstehen. Andererseits können u. U. organisatorische und dienstrechtliche Regelungen – entgegen dem bisher eher betonten Prinzip des »so-wenig-Organisation-wie-möglich« – »Alternativität« dadurch fördern, daß sie solche interne Kooperationsstrukturen konstituieren, erleichtern, ja sogar verbindlich machen: z. B. durch Auflagen hinsichtlich der Erstellung eines integrierten Behandlungsplanes, der Supervision der gesamten Mitarbeiter oder auch durch verbindliche demokratische Entscheidungsstrukturen, wenn irgend machbar unter Einschluß der Klienten, des Pflege- und Verwaltungspersonals (»Krankenhauskonferenzen«).

Eine Erleichterung für solche Regelungsformen bedeutet es, wenn die Größe der Institution überschaubar bleibt, weil erfahrungsgemäß mit der Organisationsgröße der relative Arbeitsaufwand für interne Zwecke und Abstimmungen ansteigt, die Institution sich gleichsam nur mehr selbst verwaltet. Eine wesentliche Ablenkung der Ressourcen auf nicht-Betroffenen-bezogene Zwecke tritt erfahrungsgemäß schon bei Einrichtungen mit mehr als zehn Mitgliedern auf.

3.1.5. *Restriktive Konsequenzen der Berufsmöglichkeit.* Schließlich sei noch auf jene Restriktionen hingewiesen, die sich aus der berufsmäßigen Organisation der Arbeit in Versorgungseinrichtungen herleiten. Hieraus ergeben sich nämlich in doppelter Weise Konsequenzen: zum einen im Hinblick auf die verschiedenen an der Versorgung beteiligten Berufsgruppen und zum anderen für die einzelnen Berufstätigen selber.

Berufsförmigkeit einer Tätigkeit bedeutet, daß den jeweiligen Berufsinhabern gleichsam ein gesellschaftliches *Mandat* zur Ausübung bestimmter Tätigkeit übertragen wird (Hughes, 1971). Dies impliziert auf der anderen Seite, daß Nicht-Mandatsträger die Kompetenz und teilweise auch das Recht zur Ausführung derselben Tätigkeiten aberkannt bekommen, was in unserem Zusammenhang insbesondere für therapeutische Tätigkeiten gilt. Berufe erweisen sich demnach als Formen gesellschaftlicher Arbeits- wie auch Machtverteilung.

Gerade die zunehmende soziale Ausdifferenzierung und rechtliche Sanktionierung sogenannter »helfender Berufe« disqualifiziert alltagsweltliche Hilfen und verunmöglicht so u. U. früher für selbstverständlich gehaltene Hilfeleistungen bzw. Regulierungsversuche. Das Ausmaß öffentlich erbrachter

Dienstleistungen allein kann also keineswegs schon als Kriterium für die »Sozialität eines Staates« dienen. Wie Gross/Badura (1977, S. 368) betonen, könnte dies ebensogut ein Ausdruck für die Zerstörung traditioneller Kooperations- und Hilfeformen sein. Allerdings versucht man in jüngster Zeit – hauptsächlich aus Kostenüberlegungen (»versteckte Ressourcen der Produktivitätssteigerung sozialer Dienstleistungen«) – gleichsam von oben die sogenannten »Laien« in die Versorgungsstruktur wieder einzubeziehen, freilich meist nur mit gehöriger Supervision.

Beruflichkeit der gesellschaftlichen Bearbeitung von Leid und »sozialen Problemen« bedeutet weiterhin, daß die jeweiligen Helfer mit ihrer Arbeit die eigene materielle Reproduktion sicherstellen. Die Beziehung des Helfers zum Betroffenen entspricht trotz der von Professionellen-Verbänden häufig vertretenen Ideologie direkter Mitmenschlichkeit einem über die Institution vermittelten (in der Einzelpraxis direkten) Vertragsverhältnis. Die Arbeitszeit bzw. die therapeutische Dienstleistung wird zur Ware. Für den Beschäftigten gewinnt seine Arbeit sowohl instrumentellen (für die Sicherstellung der eigenen Reproduktion) wie nützlich-konkreten Charakter (hinsichtlich der Zielbestimmung seiner Arbeit). Die damit angesprochene *doppelte Zweckstruktur von Berufen* (vgl. ausführlich Beck/Brater, 1976 und den Aufsatz von Jochen Wilkening in diesem Band) verlangt von den Beschäftigten die permanente Vermittlung dieser beiden, u. U. miteinander inkompatiblen oder doch nur zufällig übereinstimmenden tätigkeitsbezogenen Motivationssysteme. Je nach der Situation am Arbeitsmarkt, den Restriktivitäten des Arbeitsplatzes und den vorhandenen berufs- und professionsbezogenen Selbstideologisierungen dürften sich unterschiedliche Strategien der praktischen Bewältigung dieses Widerspruchs finden lassen, die von einer reinen job-Orientierung bis hin zu caritativen Helferideologien reichen können. Besonders prekär wird es, wenn diese doppelte Zweckstruktur selbst eine ideologische Rechtfertigung erfährt, wie etwa in der Psychoanalyse, wo man die Entfremdetheit der Psychoanalytiker-Patient-Beziehung, wie sie sich durch ihre offensichtliche Tauschförmigkeit ergibt, gleichsam zum therapeutischen Instrument für die Behebung der Entfremdung des Klienten uminterpretiert.

Damit soll keineswegs – insbesondere für institutionelle Beziehungen, wo das angesprochene Marktmodell ja nur vermittelt eingeht – die Unausweichlichkeit einer solchen Konsequenz behauptet werden, sondern nur die strukturelle Ambivalenz der *beruflichen Bearbeitung* »sozialer Probleme«. Der Zusammenhang von Beruflichkeit und »Alternativität« müßte somit dahingehend thematisiert werden, wie über bestimmte Organisationsformen die problematischen Konsequenzen der Auswirkungen von Beruflichkeit zu neutralisieren sind.

»Reformversuche« zeichnen sich nach meinem Verständnis durch bestimmte Formen der Integration und Kooperation der verschiedenen in ihnen tätigen Berufsgruppen aus. Professionelle Kompetenzabgrenzungen und Maßstäbe mit ihren Implikationen für die Einschränkung von Problemdefinitionen bzw. von Tätigkeits- und Zuständigkeitsbereichen lassen sich sicherlich nicht zum Ausgangspunkt ihrer Organisation machen. Daher scheint mir die weitverbreitete Forderung nach Multiprofessionalität zumindest irreführend und mit sehr starken professionspolitischen Implikationen belastet, zumal sie außerdem eine tatsächlich nicht gegebene Komplementarität der Berufsgruppen voraussetzt.

Die Zielvorstellung einer Reform sollte nicht die abstrakte *Kooperation der Versorger*, sondern ein »alternatives« Problemverständnis sein, das sich eben nicht an den spezifischen (und konkurrierenden) Perspektiven einzelner professionals, sondern an einem Modell der gesellschaftlichen Eingebettetheit von Leid, Schwierigkeiten und »Krankheit« orientiert. In diesem Sinne gibt es keine eo ipso »wichtigere« Perspektive auf den jeweiligen Problemfall. Die Zusammensetzung der verschiedenen Berufsgruppen hätte nach der Klientel, den inhaltlichen Schwerpunkten sowie den lokalen Rahmenbedingungen der betreffenden Institution zu erfolgen (vgl. für Vorschläge in dieser Richtung DGSP, 1977, 9). Die mit einem »alternativen« Problembezug gegebene vergleichsweise geringe Aufgabenspezifizierung nimmt traditionellen Hierarchieselbstverständlichkeiten zwischen den verschiedenen Helferprofessionen ihre Begründung: etwa der Trennung von Dienst- und Fachaufsicht, der Abwertung der Verwaltungs- und Pflegeleiter gegenüber den ärztlichen Leitern in psychiatrischen Kliniken, dem

Abschieben bestimmter Randprofessionen in Stabseinrichtungen, was für Psychologen etwa in Gefängnissen gilt. Selbstverständlich hemmen alle dienst- und arbeitsrechtlich fixierten Weisungsstrukturen »alternative« Arbeit. Das trifft auch für die Weisungsstrukturen zwischen professionals und ihren Patienten zu. Das Denken in sozialen Problemsyndromen und in integrierten Behandlungsplänen macht sowohl intensive und *zweiseitige* Kooperationsstrukturen mit der Bevölkerung wie die ausdrückliche Hereinnahme und Anerkennung von Laiengruppen in die Versorgung notwendig.

3.2. *Muster staatlicher Reformstrategien*

Ich hatte oben zwischen konstitutiven Strukturbestimmungen psycho-sozialer Versorgung und jenen eher kontingenten Restriktionen unterschieden, die sich aus besonderen staatlichen Reorganisationsstrategien herleiten. Diese »Reformstrategien« stehen in funktionalem Zusammenhang mit der Vermittlerrolle des Staates und den daraus sich ergebenden Interessen staatlicher Organe an Eigenstabilisierung und Kontinuität.

Es liegt mir daran, den spezifisch *widersprüchlichen Charakter* dieser staatlichen Strategien herauszuarbeiten, sie als *Antworten* auf wie als *Ablehnung* von Bedürfnissen der Betroffenen vor oder auch im Prozeß ihrer administrativen Betreuung zu interpretieren. Für das Umgehen mit solchen Strategien gibt es keine Patentrezepte, da viel von den jeweiligen lokal-historischen Bedingungen abhängt. Ich möchte sie hier deshalb kurz vorstellen, weil sich jedes »Alternativprojekt« in unterschiedlicher Ausprägung mit ihnen auseinanderzusetzen hat. Ich unterscheide hierbei Integrations-, Spezialisierungs-, Partikularisierungs-, Ökonomisierungs- und Professionalisierungsstrategien.

1) Quasi als staatliche Gegenstrategie zum Subsidiaritätsprinzip kann der Versuch einer *planerischen Integration* aller Aktivitäten im Sozialbereich gelten. Für die Regulierung der Entwicklung von Versorgungsstrukturen bzw. die Neutralisierung »spontaneistischer Elemente« stehen staatlichen Instanzen Geld und Recht als Beeinflussungsmedien zur Verfügung: dazu gehört die gezielte Förderung oder Eliminierung bestimmter Projekttypen und teilweise auch ihrer Trägerorganisationen.

Als »erfolgreiches« Beispiel dieser Strategie kann die Schließung einer Vielzahl von Kindertagesstätten nach der Regierungsübernahme der CDU in Frankfurt 1977 gelten.

Andere Möglichkeiten der strategischen Beschneidung institutioneller Autonomie bestünden in spezifischen Auflagen (z. B. in einem bestimmten Sozialhilfeempfängeranteil der Klientel), in politischem Druck bei einer jährlich immer wieder zu bewilligenden Bezuschussung, im Verlangen nach »wissenschaftlicher Begleitung«, die sich unter der Hand zu einem Kontrollorgan der Verwaltung ausweiten kann, wofür die Rolle des Max-Planck-Institutes für Psychiatrie in München im Zusammenhang mit der staatlichen Förderung von Drogenprojekten als Modell dienen mag.

Solche administrativen Versuche einer Erhöhung der Planbarkeit von Versorgung können andererseits durchaus »Reformversuchen« zum Durchbruch verhelfen, für die sich die Wohlfahrtsverbände, aber auch Initiativgruppen selbst oft gar nicht so sehr interessieren. Gerade integrierte Versorgungseinrichtungen, therapeutische Ketten, sozialpsychiatrische Dienste oder psycho-soziale Arbeitsgemeinschaften sind von dem wohlwollenden Interesse und manchmal sogar von der Initiative der Sozialadministration abhängig, zumal dann, wenn unorthodoxe Finanzierungsformen zur Debatte stehen.

2) Eine zweite verwaltungstypische Reformstrategie richtet sich auf die regionale und inhaltliche Komplettierung des Versorgungsangebotes, also auf die *Spezialisierung auf der Einrichtungsebene.* Es entspricht der politischen Rationalität, an der sich Sozialverwaltungen orientieren, daß für alle politisch akzeptierten »Problemlagen« spezialisierte Einrichtungen vorliegen. Dabei bleibt man allerdings gleichsam an der Oberfläche gesellschaftlicher Widersprüche und teilt den jeweiligen Einrichtungen unabhängig voneinander definierte Aspekte des Reproduktionsbereiches zu: Familienprobleme, Drogen, Erziehung, Schulschwierigkeiten usw.

Über solche Maßnahmen erhöht man sicherlich einerseits die (politische) Treffsicherheit und die Preise der Versorgung, verringert aber andererseits die »Tiefe« der Problemsicht und Behandlungsintensität. Komplexe Leidensprozesse und Schwierigkeiten werden »aufgeschnitten«, voneinander isoliert und organisatorisch, professionell bzw. finanztechnisch voneinander differenziert kleingearbeitet.

3) Eine dritte Strategie richtet sich auf die Beeinflussung der *gesellschaftlichen* wie der *subjektiven* Konstitution »psychischer bzw. sozialer Probleme«.

– Über differenzierte rechtliche Programmierungen läßt sich eine verwaltungsgerechte Filterung gesellschaftlichen Leids bzw. eine *Partikularisierung* der Anlässe und Methoden staatlicher Maßnahmen erreichen. Die Anerkennung der gesellschaftlichen Relevanz bestimmter »sozialer Probleme« und der Notwendigkeit ihrer öffentlichen Bearbeitung ist ein wichtiger Bezugspunkt staatlicher Reformstrategien, weil hierüber Geldströme, Bedürfnisse und Arbeitsplätze steuerbar bzw. manipulierbar sind (man denke nur an das Problem der Gleichstellung körperlicher und psychischer Krankheit und an die administrative Bedeutung der Kategorie des »Krankheitswertes«). Der Ausgang solcher gesellschaftlicher Definitionsprozesse (etwa die Anerkennung bestimmter Leistungen durch die Krankenkassen) hängt von dem Konfliktpotential der Betroffenen ab (das in diesem Bereich allerdings eher gering ist) bzw. von dem ökonomischen und/oder politischen Druck, den die in Frage stehenden Phänomene auslösen. Eine interessante Variante entsteht, wenn sich unter ganz anderen Relevanzgesichtspunkten politische Institutionen solcher »Probleme« in strategischer Weise annehmen, wie etwa die CDU unter dem Stichwort der »neuen sozialen Frage«.

– Auf der Ebene der Betroffenen – gleichsam von unten ansetzend – läßt sich mit Hilfe von *gesundheitserzieherischen Maßnahmen* die subjektive Zurichtung und Definition von Leid und Bedürfnissen bei den Betroffenen beeinflussen. »Bürokratisch kompetente« Klienten wissen, wie ein Bedürfnis, ein »Problem« präsentiert werden muß, um überhaupt Hilfe zu erlangen, und sie lernen, wie wichtig es für die Heilung, die Therapie bzw. schon für die Einleitung einer Versorgungsmaßnahme ist, die »Schwere« seines Problems richtig einzuschätzen und zu demonstrieren und bei den jeweiligen Versorgungsmaßnahmen mitspielen zu können und zu wollen (vgl. Kruckenbergs »Zehn praktische Ratschläge für psychisch Kranke«, 1977, 302f.).

Allgemein erhöht sich durch diese im weitesten Sinne gesundheitspolitischen Maßnahmen sicherlich die Breite und die Bearbeitbarkeit versorgungsmäßig relevanter »Probleme«, unter der Hand werden diese dann behördengerecht um- bzw. vorformuliert. Als wesentliche negative Konsequenz der dadurch entstehenden Notwendigkeit einer behördengerechten Übersetzung ihres Leids durch die Betroffenen kann insbesondere die Erhöhung der Schwelle zur Inanspruchnahme solcher Dienste für »inkompetente Leidende« gelten, wozu alte Menschen, Unterschichtsangehörige, Randgruppen, Kinder und auch viele Frauen gehören können.

4) Eine weitere – oft sogar die relevanteste – Definitionsebene von »Reform« besteht für staatliche Instanzen im Ausmaß der Mittelzuweisung. Geld ist noch ausgeprägter als Recht ein administrationsspezifisches »Reformmedium« und damit zunächst vollständig indifferent gegenüber den mit seiner Hilfe bearbeiteten gesellschaftlichen Problemlagen. Hinzu kommt, daß angesichts der Schwierigkeit von Effektivitätskontrollen (vor allem kurzfristiger!) im Bereich sozialer Hilfe, Mittelzuweisung weitgehend unter politischen Gesichtspunkten erfolgt bzw. erfolgen kann. Organisatorische Straffungen, Rationalisierungen, Einsparungen, Materialökonomisierungen usw. können vom Standpunkt der Administration an sich schon als »Reformmaßnahmen« gelten.

Der eventuell dadurch erzielten Sparsamkeit bei der Vergabe öffentlicher Gelder steht allerdings gegenüber: eine Intensivierung der Arbeit berufsmäßiger Helfer, was auch die Qualität des Kontaktes zu den Klienten tangiert (vgl. für Rationalisierungsprozesse in der Sozialarbeit Dammann, 1977), eine zunehmende Bürokratisierung der Versorgung, also ein Überwiegen problemferner Gesichtspunkte bei der Organisation von Hilfsangeboten, sowie ein zunehmend bürokratischer Habitus der Beschäftigten.

5) Da die rein administrativ-organisatorische Steuerung und Kontrolle von Arbeitsabläufen gerade bei therapeutischen und pflegerischen Berufen nur bis zu einem gewissen Ausmaß greifen dürfte, kann eine weitere, den Interessen der Administration entgegenkommende Reformstrategie in der *ideologischen Zurichtung der Arbeitskräfte* gesehen werden. Neben Ansätzen zur negativen Sanktionierung politischer Abweichung (»Berufsverbote«) bildet positiv die Professionalisierung eine konsequente Strategie in dieser Richtung. Professionelle Kon-

trollmechanismen und Handlungsorientierungen erfüllen ähnliche Funktionen und zeitigen ähnliche Restriktionen wie administrative Regeln oder administrativer »Stil« und scheinen, wie Freidson (1975) gezeigt hat, auch vorzüglich mit diesen kompatibel zu sein.

Allerdings kollidiert eine solche Strategie unter bestimmten Umständen mit Ökonomisierungszwängen (wie das Beispiel der Ärzte zeigt), weil die Steuerung der Versorgung durch die Professionen bzw. ihre Verbände gerade für die Krankenkassen astronomische Kostensteigerungen hinsichtlich der Therapiefinanzierung mit sich bringen kann (bei 10000 Psychologen, die abrechnen und einen Durchschnittsumsatz von DM 100000,– haben, summiert sich dies auf 1 Milliarde an zusätzlichen Belastungen für die Krankenkassen). Das scheint die staatliche Sozialadministration zunehmend zu realisieren, was sich daran zeigt, wie zögernd insbesondere jene die Professionalisierung fördernden Implikationen der Enquête (die ja von professionals verfaßt wurde!) von der Verwaltung aufgenommen werden, wofür das Gesetz zum nichtärztlichen Therapeuten als Beispiel gelten kann (s. das Vorwort zum Bericht zur Lage der Psychiatrie in der Bundesrepublik Deutschland 1975, sowie Cramer, 1977).

4. Organisation und »Alternativität«

Aus dem letzten Abschnitt ergibt sich die wesentliche Konsequenz, daß die Spannung zwischen Leidensprozessen, Bedürfnissen bzw. ihren gesellschaftlichen Kristallisationspunkten und ihrer »administrativen Behandlung« über Maßnahmen der Organisierung allein nicht aufgehoben werden kann. Diese Organisierungsversuche von Versorgungsmaßnahmen laufen selbst im Rahmen der Strukturbestimmungen und auf dem Hintergrund der objektiven Vermittlerfunktion von staatlicher Sozialpolitik ab, unterliegen demnach systematischen Restriktionen. *Organisatorische Bedingungen erweisen sich somit zwar als »Möglichkeits- oder Hinderungsräume alternativer Arbeit«, nicht aber als deren Garanten.*

Es schiene mir gesundheitspolitisch unrealistisch bzw. unredlich, »Alternativität« als Verleugnung dieser Strukturbedingungen erreichen oder sie darüber gar definieren zu wollen (das gilt für die Politik mancher Berufsverbände; aber auch für diverse psychoromantisch-humanistische Psychologien von Laing bis Rogers).

Dies bedeutet nun keineswegs eine Ablehnung antiinstitutionell ausgerichteter Initiativen wie etwa der *Free Clinic* in Heidelberg oder des *Kriseninterventionsdienstes* in München. Die Funktion dieser Versuche liegt aber sicherlich nicht in ihrer Modellhaftigkeit für eine *allgemeine* psychosoziale Versorgung, da niemand realistisch wird erwarten können, solche »Nicht-Organisationsformen« (ohne Professionalisierung, Hierarchie, teilweise unentgeltlich) könnten sich gesundheitspolitisch in breitem Maße durchsetzen. Außerdem unterliegen auch diese Initiativen, soweit sie von öffentlicher Förderung abhängen und sich nicht *nur* auf die eigene Subkultur (etwa die Drogenszene) beziehen, ebenso den genannten Spielregeln und Widersprüchen (vgl. für entsprechende Erfahrungen Free Clinic, 1977; Wolff, 1978). Ihre – gleichwohl eminent wichtige – gesundheitspolitische Funktion scheint mir eher in ihrer ideologischen, motivationalen und sozialisatorischen Wirkung zu bestehen, wie ich im letzten Abschnitt noch genauer zeigen werde.

»Alternative Praxis« habe ich bisher durch eine Gegenüberstellung von einigen theoretisch-systematischen Bestimmungen von »Alternativität« mit bestimmten organisatorischen Arrangements ihrer Bearbeitung einzugrenzen versucht. Dabei ist immer wieder die grundsätzliche Ambivalenz und Widersprüchlichkeit angesprochen worden, welche die verschiedenen strukturellen Bestimmungsfaktoren psycho-sozialer Versorgung kennzeichnet. Für mich ergibt sich daraus die Feststellung, daß die genannten Bestimmungsfaktoren eine widersprüchliche und restriktive Praxissituation begründen, deren Bearbeitung bzw. Bewältigung nicht von vornherein festliegt. Organisatorische Regelungen könnten weder im positiven noch im negativen Sinne eine »alternative Berufspraxis« determinieren. Sie begründen allerdings jene spezifischen *Schwierigkeiten*, die man sich einhandelt, wenn man »alternative« Intentionen berufspraktisch realisieren will (vgl. Informationsdienst Sozialarbeit 1976).

Konkrete Arbeitspraxis bzw. Berufsarbeit ist demnach notwendig *Ergebnis eines praktischen Herstellungsprozesses durch die Beschäftigten* unter und in Auseinandersetzung mit den gegebenen (arbeits-)situativen Voraussetzungen. So hebt auch Grunow hervor:

...daß das Personal in einem gewissen Umfang den Strukturvorgaben folgen muß und auch folgt, zugleich aber Möglichkeiten der Ausgestaltung oder gar Kompensation solcher Vorgaben besitzt, so daß gutes Personal schlechte Strukturvorgaben teilweise ausgleichen kann und eine gute Strukturvorgabe schlechtes Personal. Aus diesem Grunde werden »pathologische« Zustände von Organisationen, vor allem mit Diskrepanzen in den Zielen, Erwartungen und Motiven der einzelnen Mitglieder einerseits und der Hilfeinstanz andererseits zu verbinden sein. Türk führt in seinem Systematisierungsversuch unter den problematischen Organisationszuständen *Überkomplizierung, Übersteuerung* und *Überstabilisierung* die folgenden potentiellen pathologischen Erscheinungsformen auf: Orientierungsstörungen, Motivationsstörungen, Identitätsstörungen, Konformitätsstörungen, Abstimmungsstörungen, Etablierungs- und Kooperationsstörungen. Damit wird die Gefahr angedeutet, daß *Organisationsdefizite* auf das Personal abgewälzt werden... D. h. mit anderen Worten, daß das Personal in der Lage sein müßte, trotz »pathologischer« Organisationsstrukturen, Handlungsbereitschaft und Handlungsfähigkeit gegenüber den Klienten (aber auch gegenüber den Kollegen und Vorgesetzten) aufrechtzuerhalten (Grunow, 1977, 405).

Ich würde allerdings die »Pathologie« der Organisation nicht nur in system- bzw. informationstheoretischen Termini umschreiben wollen, sondern auf die systematischen Restriktionen hinweisen, die, vermittelt über den Organisierungsprozeß, zu Oberflächenphänomenen wie Überkomplizierung, Übersteuerung oder auch Überstabilisierung führen. Das Personal hat sich mit Hilfe bestimmter *Qualifikationen*, also kognitiven und praktischen Fähigkeiten, nicht nur solcher struktureller Zumutungen bzw. Einschränkungen zu erwehren, sondern es findet eine in sich widersprüchliche Handlungssituation vor, deren gleichsam »normale« Strukturproblematik nicht endgültig zu »lösen« ist, sondern im konkreten Arbeitsprozeß immer wieder kleingearbeitet werden muß. Die Frage, welche persönlichen und sozialen Voraussetzungen dieser auf die Beschäftigten verlagerte Prozeß der Widerspruchsbewältigung verlangt, möchte ich im folgenden Abschnitt behandeln.

In der kognitiven Lerntheorie (vgl. den Beitrag von Rainer Bromme) wie in der sozialwissenschaftlichen Qualifikationsforschung (vgl. Treutner/Wolff, 1978) scheint sich die These durchzusetzen, daß die praktische Anwendbarkeit von Wissens- bzw. Qualifikationsbeständen nur in solchen Kontexten gewährleistet ist, die den *exemplarischen Lernsituationen* in gewissem Maße ähneln bzw. die durch kognitive Transformationen mit diesen unschwer in Zusammenhang gebracht werden können. Theoretische Wissensbestände und praktische »Herstellungskompetenzen« fallen somit keineswegs zusammen.

Das im Rahmen der gegenwärtigen Ausbildungsgänge für klinische Psychologen (typischerweise in sogenannten Fallseminaren) vermittelte Problemlösungswissen dürfte in der Regel nur für ganz bestimmte Typen von Anwendungssituationen paradigmatisch sein bzw. Praxisrelevanz beanspruchen können. Dies gilt ebenso für die Verhaltensmodifikation, die für eine wirkliche Integration von Theorie und Praxis quasi experimentelle bzw. kontrollierbare Anwendungssituationen benötigt, wie für psychodynamische Ansätze, welche nach einem ähnlich künstlichen und restriktiven Kontext verlangen.

Die Irrelevanz einer solchen schulen- und nicht problembezogenen Ausbildung mit ihren idealistischen, weil die institutionelle Realität ausblendenden Fallkonstruktionen wird dann offensichtlich, wenn im beruflichen Alltag von den jeweiligen organisatorischen Bedingungen her oder auf dem Hintergrund fortschrittlicher gesundheitspolitischer Intentionen der Beschäftigten, die an der Universität vorgeführte »Theoriepraxis« ausfällt oder nur sehr begrenzt realisiert werden kann (»Praxisschock«).

Die Kenntnis wissenschaftlicher Ergebnisse konstituiert keineswegs schon anwendbare Fähigkeiten – außer denen, im Rahmen akademischer Seminare, Zulassungsarbeiten und Prüfungen Reputation einzuheimsen.

Als weitere Einschränkung kommt hinzu, daß die therapeutischen Wissensbestände der verschiedenen Schulen ein ausgeprägtes *Diagnosebias* aufweisen, d. h. sie liefern keine Problemformulierungen – eine wesentliche Voraussetzung »alternativer« Arbeit –, sondern dienen vornehmlich der Zuschreibung oder Aberkennung sozialer Mitgliedschaftsqualifikationen, d. h. von »Normalität«. Ihre jeweilige praxisstrukturierende Wirkung ist deshalb im Vergleich zu den geschilderten Restriktionen als vergleichsweise gering einzuschätzen, was die Irrelevanz einer rein schulenorientierten Diskussion von »Alternativität« zeigt, wie sie in den letzten Jahren vor allem zwischen der Verhaltenstherapie und der Psychoanalyse geführt wurde.

Stimmt diese Einschätzung, dann bildet der akademische Betrieb entweder nur für universitätsintern benötigte Anforderungen oder aber für die Arbeit in der Einzelpraxis und in traditionellen Gesundheitsbürokratien aus, wo durch institutionelle Arrangements »angemessene« Anwendungssituationen geschaffen und garantiert werden können. Anzumerken bleibt eine eher unbeabsichtigte Qualifikationsmöglichkeit, welche sich im Rahmen der Universität universitätspolitisch aktiven Studenten bietet: nämlich in bürokratischen Kontexten jene Fähigkeiten zu erwerben, die es ihnen auch später gestatten, fortschrittliche Arbeit in nicht-alternativ strukturierten Arbeitssituationen durchzusetzen (vgl. Heiner Keupp in diesem Band).

In bürokratisch oder professionell *nicht* durchorganisierten bzw. fixierten Arbeitssituationen (d. h. gerade in »Reformversuchen«), wo Berufspraxis in geringerem Maße programmiert und gesellschaftlich abgesichert, d. h. gegen externe Ansprüche neutralisierbar ist, treten hinsichtlich der fachlichen Qualifikationen von klinischen Psychologen erhebliche Übersetzungsschwierigkeiten auf. Insbesondere dann, wenn man mit ihrer Hilfe Leidensprozesse und Strukturprobleme »natürlicher Lebenswelten« angehen will, wo man unter Bedingungen weitgehend unmöglicher Variablenkontrolle zu arbeiten hat. Da die Arbeitsbedingungen je nach Zielgruppen, organisatorischen Voraussetzungen und den jeweiligen Anforderungen der sozialen Umwelt der Institutionen variieren, müssen die in der universitären Ausbildung übernommenen abstrakten Wissensbestände den situativen Gegebenheiten angepaßt werden.

> ...In many cases, especially with regard to medical practice, the knowledge concerns »how to« carry out a task, i. e., the knowledge is a matter of application, such as the proper use of particular procedures... (die Fähigkeit zur situativen Applikation von Wissensbeständen besteht in) a combined perceptional and conceptual reasoning ability to move analogously from one concrete setting – a commonly held exemplar – to another setting, situation, or problem perceived as similar (Imershein, 1977, 35 f.).

Die Beschäftigten stellen in diesem Applikationsprozeß ihre alltägliche Berufspraxis *aktiv* her. Daraus folgt, daß *berufliche Sozialisation* den Erwerb von Kenntnissen über den Zusammenhang und die praktische Vereinbarkeit von wissenschaftlichen Theorien und institutionellem Handeln impliziert. Wie Bromme in diesem Band zeigt, sind aus den Grundlagentheorien (auch der Verhaltenstherapie) entgegen deren wissenschaftstheoretischem Selbstverständnis keine konkreten Handlungsanweisungen deduzierbar. Der Ableitungsprozeß oder besser: Transformationsprozeß wird statt dessen über bestimmte Strategien und Aufmerksamkeitsregeln der handelnden Subjekte gesteuert. »Alternative« Praxis ist demnach nicht schon durch die Übernahme bestimmter progressiver Therapietechniken und therapeutischer Einstellungen garantiert.

Therapeutisch-institutionelles Handeln läßt sich von daher als Umschichtung, Erweiterung bzw. Veränderung operativer Wissensbestände im Hinblick auf ganz spezifische Situationsdeutungen und auf die jeweils zu lösenden »Probleme« der beruflichen Praxis verstehen. Die damit angesprochenen praxisbezogenen *Herstellungskompetenzen* möchte ich analytisch in organisationsinterne und organisationsexterne Bestandteile ausdifferenzieren:

– *Herstellungskompetenzen nach innen* bezeichnen Fähigkeiten, die Arbeit mit den institutionsinternen Kommunikations-, Kooperations-, Herrschafts- und Kontrollbedingungen abzustimmen bzw. diese im Sinne der Ermöglichung »alternativer« Arbeit zu modifizieren. »Alternative« Praxis kann nicht einfach im »Durchziehen« der oben skizzierten Kriterien bestehen. Ein unvermitteltes Beharren auf abstrakter »Alternativität« erscheint u. U. sogar institutionsintern als inkompetentes Verhalten und untergräbt damit die Bedingung der Möglichkeit einer solchen Arbeit. Interne Auseinandersetzungen um organisatorische Veränderungsprozesse verlangen mehr als den Besitz der »richtigen Überzeugung«, sie verlangen Kompetenzen zu deren Durchsetzung. So wird man beispielsweise Diagnostik als Element »alternativer« Praxis im Sinne der trait-Diagnostik sicherlich ablehnen (weil damit, neben allen Reliabilitäts- und Validitätsproblemen, unkontrollierbare soziale Attributionsprozesse eingeleitet werden), Tests als Element organisatorischer Arbeit wegen bestimmter Auflagen oder überkommener Traditionen der Institution aber nicht einfach abschaffen können. Gleichwohl wäre eine *Neuinterpretation* von Testabläufen und -ergebnissen als paradigmatisches Verhalten in Prüfungssituationen, als Kontaktanbahnung oder als Rollenspiel ein Ansatz zu ihrer »alternativen« Verwendung, der sich organisationsintern unter Hinweis auf die Stigmatisierungsfolgen auch plausibel machen ließe.

Institutionelle »Ordnung« scheint von dem Vorhandensein allgemein geteilter *exemplarischer Problemlösungen* (vgl. Imershein, 1977) abhängig zu sein, die den »Geist des Hauses« beispielhaft abbilden. Angesichts dessen sollte man die strategische Bedeutung von Fallkonferenzen, Supervisionen etc. nicht unterschätzen. In ihnen werden organisationsverbindliche »exemplars« permanent konstituiert, abgestimmt, modifiziert und demonstriert. Dort manifestieren sich allerdings auch – insbesondere in Organisationen mit ausgeprägten Kontrollspannen und einem professionellen Selbstverständnis der Leitung – die internen Hierarchien und erfahren etwa dadurch, welche Diagnosen durchgehen, immer wieder ihre Bestätigung.

Die angesprochenen Qualifikationen sind mit Begriffen wie »Solidarität«, »Teamfähigkeit« oder »Durchsetzungsvermögen« nur unzureichend beschrieben, weil sich mit diesen oft die Vorstellung eines sich in netter oder auch eindeutiger Weise durchsetzenden Berufspraktikers verbindet, dem es gelingt, seine Position den Mitarbeitern schmackhaft zu machen, und der so seine professionellen Ideen durchsetzt. Um solche interaktiven Fähigkeiten zur Stabilisierung der professionellen Identität allein kann es aber nach meinem Verständnis von »Alternativität« nicht gehen, da hier Fähigkeiten der Beschäftigten zur Debatte stehen, auf gesellschaftliche Bedürfnisse und Leidensprozesse bzw. ihre lebensweltlichen Kristallisationspunkte trotz aller organisatorischen Restriktionen eingehen zu können. Richtiger müßte man deshalb von Fähigkeiten sprechen, organisatorische Abläufe bezüglich ihres Problembezuges, ihrer Handlungsziele und ihrer (Bedürfnis-)Sensibilität in »alternativem« Sinne strategisch zu beeinflussen.

Ein »alternativ« *sich verstehender* klinischer Psychologe kann – so ließe es sich provokativ formulieren – nur dann in dieser Weise auch erfolgreich *tätig* werden, wenn er dies nicht ausdrücklich *als Psychologe* tut. *Entprofessionalisierung* im Sinne der Vermeidung einer rein kollegenbezogenen Form der Arbeitsorganisation und Wissensgeltung (nicht im Sinne des Vergessens allen psychologischen Wissens!) scheint mir somit eine notwendige Bedingung »alternativer« Arbeit. Das schließt nicht aus, daß sich Psychologen als *Experten* für emotionale und kognitive Aspekte der alltagsweltlichen Schwierigkeiten ihrer Klienten verstehen.

– *Herstellungskompetenzen nach außen* bezeichnen Fähigkeiten, die Arbeit mit den Ansprüchen unterschiedlicher Umwelten abzustimmen, diese gegebenenfalls zu modifizieren oder zu unterlaufen. Die wichtigste Kategorie von Umwelten ist natürlich das Publikum. Aber auch Ämter, andere psychosoziale Einrichtungen, politische Gremien, die Presse, die Geldgeber, die Träger oder auch die Angehörigen von Betroffenen gehören hierzu. Für den Umgang mit ihnen reicht »empathische Verständnishaltung« – gleichsam der offiziell anerkannte Arbeitsstil von Psychologen – offensichtlich nicht aus. Die hier notwendigen Fähigkeiten werden in der Praxis mit Formeln umschrieben wie: »Man muß mit den Leuten reden können« oder »Fingerspitzengefühl besitzen.« Damit sind schon die wichtigsten außenbezogenen Herstellungskompetenzen angesprochen, nämlich sich auf Sprachebenen und Rationalitätsvorstellungen der verschiedenen Umweltbereiche einlassen bzw. sich strategisch auf sie beziehen zu können. Kenntnisse darüber, wie man mit Behörden spricht, was deren Relevanzgesichtspunkte und Rationalitätskriterien sind, wen man anzusprechen hat, wie man sich gegen restriktive Auflagen zur Wehr setzt usw. bestimmen die Handlungsmöglichkeiten von »Reformversuchen« oft mehr, als vermeintlich »richtiges« therapeutisches Handeln. Gerade für akademisch-idealistisch ansetzende »Alternativler« werden diesbezügliche (und oft schmerzhafte) Lernprozesse notwendig (vgl. Wolff, 1978). Es ist sicherlich auch nicht egal, wie man den Betroffenen oder ihren Angehörigen Testergebnisse oder Feststellungen in Gutachten vermittelt: ob man z. B. ein Kind mit IQ 94 als normal begabt oder unterdurchschnittlich seinen eigenen Eltern vorstellt oder ob man in der Interpretation von Hawik-Brüchen die Ausfalls- oder Kompetenzhinweise akzentuiert.

Unter dem Aspekt von »Alternativität« sind natürlich die Fähigkeiten, mit den Betroffenen ins Gespräch zu kommen bzw. die strukturellen Widersprüche und Restriktionen ihrer Lebenssituationen »zum Sprechen zu bringen«, die wichtigsten. Von solchen Verständigungsfähigkeiten wie von der systematischen Kenntnis von Kristallisationspunkten lebensweltlicher

Krisen hängt es ab, ob man mit den realen Hintergründen der von den Betroffenen offerierten »Probleme« in Kontakt kommt oder ob man nur eine psychologistisch-psychiatrische Rekonstruktion derselben zustande bringt. Die von Grunow (1977) empfohlene *Publikumsorientierung* der Beschäftigten allein genügt hier nicht, d. h. zu den sozialen Fähigkeiten der Kontaktaufnahme und Solidaritätssignalisierung muß noch ein systematisches Verständnis der Strukturhintergründe von Leid, gleichsam eine *situationsbezogene Epidemiologie* kommen. Das Wort »Mit den Betroffenen reden können« bekommt so eine spezifische Wendung, da es für den »alternativen« Charakter einer Beratung oder Therapie grundlegend sein dürfte, welche *Fragen* man zu stellen in der Lage ist. Die solchen Fragen zugrundeliegende Situationsanalyse bildet dann auch die Basis für präventive Maßnahmen.

Diese Skizze von internen bzw. nach außen bezogenen Herstellungskompetenzen zeigt, inwiefern das, was gemeinhin als die Kompetenz von Psychologen bezeichnet wird (Diagnostik, Therapiemethoden, Stil therapeutischen Handelns), die Bewältigung von Arbeitssituationen (insbesondere von »alternativen«) nur unter sehr restriktiven Bedingungen gewährleistet. Ich hatte im dritten Abschnitt schon darauf hingewiesen, daß es mit Hilfe organisationsstruktureller Vorgaben nicht gelingen kann, eine »alternative« psycho-soziale Versorgungspraxis gleichsam vorzuprogrammieren. Auch und gerade bei sogenannten »Reformversuchen« verbleibt den Beschäftigten immer eine Reihe von Herstellungsmöglichkeiten: »Gute Stellen« führen daher nicht automatisch zu einer fortschrittlichen Praxis und umgekehrt. Andererseits läßt sich daraus schließen, wie wichtig *berufliche und sozialpolitische Strategien* sind, nach denen die Beschäftigten die ihnen strukturell offen gelassenen Kontingenzspielräume ausfüllen bzw. an denen orientiert sie Herstellungskompetenzen entwickeln und einsetzen.

5. »Konservative« und »alternative« Herstellungsstrategien

Ich werde in diesem Abschnitt zwei solcher Strategien für die Herstellung einer bestimmten Form von Berufspraxis schildern, die ich nicht als empirische Beschreibungen, sondern als typologisch gemeinte Skizzen verstanden wissen möchte. Ich werde beide (sowohl die von mir sogenannte »konservative« wie die »alternative« Herstellungsstrategie) zunächst durch ihre *Grundorientierungen* charakterisieren und daran anschließend rekonstruieren, wie sich diese auf Bewältigungsversuche der Strukturbedingungen der Versorgungspraxis durch die Beschäftigten jeweils auswirken.

Eine *»konservative« Herstellungsstrategie*, die sich als Status-quo- oder Dienstwegorientierung bezeichnen ließe, zielt auf die kurativ ansetzende Beantwortung legitimer Behandlungswünsche. Man versteht sich als Anbieter von durch die Betroffenen nachzufragenden Dienstleistungen und ist darauf bedacht, organisatorische Anordnungsstrukturen, Regeln und vor allem die organisatorische wie die eigene professionelle Autonomie aufrechtzuerhalten und/oder seine Tätigkeit als ein Exemplar einer »richtigen« professionellen Praxis zu gestalten. Eine solche »richtige« Praxis – so die implizite (meist unreflektierte) Unterstellung – garantiert eine optimale Chance der »Heilung« der Betroffenen. Uneinsichtige bzw. nicht mit genügendem Leidensdruck ausgestattete Klienten werden als nicht therapiefähig fallengelassen.

Eine explizite Problemorientierung kennzeichnet demgegenüber die *»alternative« Herstellungsstrategie*. Ziel ist einerseits, den Betroffenen beim Neuaufbau bzw. Wiedererwerb sozialer und emotionaler Fertigkeiten beizustehen und insbesondere ihre Fähigkeiten zur Selbsthilfe und Eigeninitiative zu stärken, sich selbst als Berater oder Therapeut tendenziell obsolet zu machen. Der zweite Aspekt dieser Herstellungsstrategie bestünde im Bemühen um die kognitive Durchdringung von – und die praktisch-politische Auseinandersetzung mit – den materiellen Kristallisationspunkten der auftretenden »psychischen und sozialen Probleme«. Daraus ergibt sich eine Option für ein i. w. S. sozialpolitisch, nicht allein therapeutisch-kurativ ansetzendes Praxisverständnis. Sowohl die Betroffenenbetreuung wie die sozialpolitischen Initiativen werden *aktiv* anzugehen und zu strukturieren versucht.

Wie kann man sich nun – zumindest exemplarisch – vorstellen, daß die geschilderten Grundorientierungen auf die Art und Weise der »Lösung« der systematischen Restriktionen der Versorgungspraxis durch die Beschäftigten sich auswirken?

Eine »konservative« Herstellungsstrategie dürfte den Beschäftigten hinsichtlich des *Problems der rechtlichen Anbindung* eher eine konkrete, d. h. aber auch starre Auslegung rechtlicher und verfahrensmäßiger Schritte nahelegen. Ermessensspielräume werden routinemäßig ausgefüllt, wodurch man sowohl dem Grundsatz der Gleichbehandlung, wie dem der organisatorischen Kontinuität Rechnung zu tragen versucht. Man wendet Vorschriften als organisatorisch bereitliegende »Abwehrmechanismen« gegenüber »ungerechtfertigten«, ungewohnten oder auch zu riskanten Ansprüchen an. Ein solch anlaßbezogenes Reagieren tendiert zu rigiden Definitionen von Zuständigkeitsbereichen, um so eine »ordnungsgemäße Behandlung« des jeweiligen Falles zu gewährleisten. Damit wird ein gewisses Maß an Leid der Betroffenen an der Institution in Kauf genommen, weil sich Zugänglichkeitsschwellen und die Anforderungen an die bürokratische Kompetenz der Betroffenen erhöhen.

»Alternative« Herstellungsstrategien zielen demgegenüber auf möglichst weitgehendes, fallbezogenes Ausschöpfen von Interpretationsmöglichkeiten. Recht oder Verfahrensvorschriften tauchen im Bewußtsein der Beschäftigten nicht als *Voraussetzungen*, sondern als problematische *Grenzbedingungen* beruflichen Handelns auf. Ausgangspunkt der Arbeit bildet ein psychologisch-soziologisches Verständnis der offerierten »Probleme«, dann erst und darauf bezogen die juristische bzw. versicherungsrechtliche Falldefinition. Es wird nicht mit Routineprogrammen auf vorher definitorisch harmonisierte Fallkategorien reagiert, sondern es werden, soweit möglich, situationsbezogene Lösungswege entwickelt.

Die Auswirkungen unterschiedlicher *Finanzierungsformen* würde man unter der Prämisse einer »konservativen« Herstellungsstrategie für unproblematisch halten und nicht auf die Struktur der betreffenden Versorgungseinrichtung bzw. auf die Konsequenzen für den Umgang mit Klienten und deren weiteres Schicksal beziehen. Wichtig ist in diesem Zusammenhang allein die Sicherung der finanziellen Ressourcen der Institution und damit einer autonomen Berufsausübung. Bedenklich erscheint mir etwa jene momentan zu beobachtende Tendenz, nach der sogar sich als fortschrittlich verstehende Initiativgruppen zur Sicherung ihrer eigenen Reproduktion inhaltlich wie organisatorisch eben das machen, wofür sich am leichtesten Gelder beschaffen lassen und was gerade in aktuelle Reformstrategien der Administration hineinpaßt. Man denke nur an die grotesken, aber aus der prekären Arbeitsmarktlage von Psychologen verständlichen Auswirkungen der Finanzierbarkeit der Legastheniebehandlung!

Um solche Ressourcensicherstellungen kommt auch eine »alternative« Herstellungsstrategie nicht herum. Ihre Vertreter werden freilich versuchen, eine problem- und situationssensible Anwendung von Finanzierungsformen je nach deren Konsequenzen für Betroffene und den Intentionen der Institution ins Auge fassen. Finanztechnisches Geschick (das etwa die Sozialarbeiter den Psychologen weit voraus haben!) kann durchaus als notwendige Bedingung von »Alternativität« angesprochen werden (sogar mit den RVO-Kassen kann man in Einzelfällen für »Reformversuche« durchaus Verhandlungserfolge erzielen). Diese Anmerkungen betreffen vornehmlich die Planung und Durchsetzung von »Reformversuchen«, weniger den alltäglichen Betrieb, der in der Regel kaum noch Wahlmöglichkeiten der Finanzierungsform läßt.

Es gehört in die Logik »alternativer« Herstellungsstrategien, die Reichweite und den Wirkungsgrad der Institution durch die Aktivierung verborgener Hilfspotentiale in der Bevölkerung zu erhöhen, etwa mit Laien- und Selbsthilfegruppen systematisch zusammenzuarbeiten, was neben dem offensichtlichen Einsparungseffekt auch ein willkommenes »Gegengift« für professionelle Arroganz und Borniertheit sein kann (vgl. Kelly, 1970, Schemansky, 1975). Daß man institutionsintern eine BAT-mäßig zumindest in gewissen Grenzen mögliche Angleichung der Einkommen der Beschäftigten anstrebt oder interne Umverteilungsmaßnahmen durchführt, läge ebenso in der Konsequenz dieses Praxisverständnisses.

Eine »konservative« Interpretation des *Problembezuges* psycho-sozialer Versorgungsmaßnahmen manifestiert sich in einer administrativ bzw. professionell begründeten restriktiven Interpretation der von den Betroffenen vorgebrachten »Probleme« und in der Einschränkung der Dienstleistungen auf genau definierte Diagnosekategorien. Nur diagnoserelevante Aspekte von Lebenssituationen der Betroffenen haben in den typischerweise stark vorstrukturierten Diagnoseprozeduren

(Tests, Fragebogen) Chancen auf Beachtung bzw. Bearbeitung: Auseinandersetzungen mit Vorgesetzten gerinnen so zu »Kommunikationsschwierigkeiten«, Aussichtslosigkeit und Selbstzweifel des Arbeitslosen zu »neurotischen« oder gar »endogenen Depressionen«, Leistungsverweigerungen von Kindern zu »neurotisch gestörtem Regelverhalten«. Beim Definitionsprozeß seines »Problems« gesteht man dem Betroffenen nur eine Statistenrolle zu, seine vorgebrachten Klagen werden vom professionellen Sachverstand bearbeitet und »kompetent« übersetzt.

Diese Fixierung auf administrativ vorgegebene oder professionelle Diagnosekategorien macht ein sensibles Eingehen auf die Leidensprozesse der Betroffenen und deren strukturelle Hintergründe unmöglich. Im Rahmen »alternativer« Herstellungsstrategien haben Diagnosen – sollten sie nicht überhaupt gänzlich vermieden werden können – einen ganz anderen funktionalen Stellenwert. Man anerkennt durchaus ihre eminente soziale Bedeutung, d. h. man lernt, sie als Handlungschancen, Mittelzuweisungsvoraussetzungen, aber auch als Diskriminierungen, soziale Kontrollen oder als organisatorische bzw. professionelle Selbstlegitimierungen zu interpretieren. Weniger ein totales Vermeiden von Diagnosen steht zur Debatte – was angesichts der gegebenen rechtlichen und institutionellen Verflechtungen illusionär wäre –, sondern deren bewußter taktischer Einsatz im Sinne des Betroffenen bzw. ein Umgang mit ihnen dem Betroffenen gegenüber in der Weise, daß er den Sinn dieser Maßnahmen versteht. Die Präsentation von Testergebnissen sollte selbst als beraterischer bzw. therapeutischer Schritt aufgefaßt und demgemäß gestaltet werden. Sensibler Umgang mit Diagnosen bedeutet auch, daß Klienten, um die Psychologisierung oder Psychiatrisierung ihrer Schwierigkeiten zu vermeiden, abgewiesen werden können oder besser: auf sich, auf die Auseinandersetzung mit ihren Partnern, an ihren Arbeitsplätzen, auf Kommunikationsmöglichkeiten in ihrer sozialen Umgebung, an andere Institutionen wie das Sozialamt, das Arbeitsamt, die Familienfürsorge oder die Gewerkschaft zurückverwiesen werden. Darüber hinaus dürfte man sich bemühen, kommunikative Kontakte innerhalb und zwischen Einrichtungen möglichst wenig im Medium von Diagnosen und eher im Rahmen von Problemschilderungen ablaufen zu lassen.

Zudem gilt es zu erkennen, daß Bedürfnisse und Leid *politisiert* werden müssen, um überhaupt gesellschaftlich bearbeitet werden zu können. Daraus folgt als gesundheitspolitische Perspektive das Bemühen um die aktive Herstellung »sozialer Probleme«, und zwar nicht, um neue finanzierbare Dienstleistungen zu propagieren, sondern um *unterprivilegiertem psychischen und sozialen Leid* politisch eine Stimme zu verschaffen.

Auch der leidigen Tatsache der *Bürokratisierung* kann man auf unterschiedliche Weise begegnen: »Konservativ« in unserem Sinne wäre das Festhalten an institutionell eingespielten Problemdefinitionen, Behandlungsabläufen und Zuständigkeiten. Nach innen zeigt sich dies im »Dienst nach Vorschrift«, d. h. einer ausgesprochenen Vorgesetzten-, Dienstweg- bzw. Zuständigkeitsorientierung, nach außen in einer unreflektierten Bezugnahme auf die sogenannte »Behandlungskette«, welche zwar auch in »Reformprogrammen« wie der Enquête gefeiert wird, die aber oftmals zur administrativen Zergliederung sozialer Problemfelder bzw. endlosen Weitervermittlung der Klienten führt.

»Alternativität« bedeutet demgegenüber durchaus partielles »Umgehen« zuständiger Stellen bzw. das »Kurzschalten« von Kontakten entsprechend der Eigenart bzw. Brisanz des jeweiligen »Falles« und damit zugleich die Bereitschaft zur Inkaufnahme von Konflikten mit anderen Institutionen wie auch eigenen Mitarbeitern. Die Überweisung von Klienten an vermeintlich zuständige Institutionen wird nicht zum administrativ gebotenen Regelfall, sondern zu einer fallspezifisch zu entscheidenden Möglichkeit, bestimmte »Problemlagen« anzugehen. Allerdings sollte man die Gefahr nicht übersehen, die für »Reformversuche« gerade in ihrer Tendenz zum »Festhalten« von Klienten und zur Überschätzung der eigenen Leistungsfähigkeit besteht (was bei den Klienten zu einer neuen Art von Hospitalismus führen kann!). Deshalb betrachte ich es sowohl als Aufgabe wie als Gefährdung von »alternativer« Handlungspraxis, die eigenen personellen, sachlichen, zeitlichen bzw. Kompetenzgrenzen zu akzeptieren und evtl. qua Überweisung auch dazu zu stehen.

»Unbürokratisch« sich zu verhalten bedeutet nicht einfach: jovialer Umgangston, unkonventionelle Einrichtung oder auch flexible Arbeitszeit, obwohl solche atmosphärischen bzw. organisatorischen Bedingungen durchaus die Schwelle zur Institution erniedrigen und sekundäres Leid in den Hilfeprozessen selbst begrenzen können, sondern den flexiblen und problembezogenen Einsatz aller zur Verfügung stehender Handlungsressourcen.

Als letztes Strukturproblem von Versorgung hatte ich die *Berufsmäßigkeit* der Hilfeleistung erwähnt. Die »konservative« Lösung des Dilemmas der doppelten Zweckstruktur auch der Helferberufe und des damit implizierten objektiven Interessengegensatzes zwischen berufsmäßigen Helfern und ihren Klienten liegt in einer professionellen Interpretation der eigenen Berufsarbeit. Das meint eine eher *kollegenabhängige*, d. h. nur indirekt auf die Interessen der Bevölkerung bezogene Praxis mit der Konsequenz einer stark asymmetrischen Beziehung zwischen Helfern und Klienten. Die Kriterien für die »Richtigkeit« von Problemdefinitionen und gewählten Lösungsstrategien entziehen sich nahezu vollständig der Disposition der Betroffenen. Der berufsmäßige Helfer akzeptiert allein professionsinterne Beurteilungsmaßstäbe und setzt diese im Hilfeprozeß auch durch. Dahinter steht die professionelle Legitimationsformel: »richtige Praxis = gute Praxis«. In der Logik einer solchen Orientierung liegt es auch, die professionelle Qualität der Betreuung zum Selbstzweck zu erheben. Professionelle Perfektionskriterien werden so u. U. zum Nachteil der Masse der Bevölkerung durchgesetzt. Gerade bei psychoanalytisch orientierten Psychologen gilt »ordentliche Therapie« weit eher als Manifestation professioneller Kompetenz als Beratungen hinsichtlich scheinbar unwichtiger Alltagsprobleme. Man könnte sogar provokativ von der professionellen Dequalifizierung primärpräventiver und früh-sekundärpräventiver Arbeit sprechen.

Eine »alternative« Herstellungsstrategie läßt durchaus ein Selbstverständnis des Psychologen als eines *Experten* für die Analyse und Veränderung kognitiver und emotionaler Aspekte von Schwierigkeiten der Lebensbewältigung zu, der allerdings angesichts der Komplexität eben dieser »Probleme« und ihrer Veränderungsbedingungen nicht auf einem vermeintlichen Kompetenzvorsprung gegenüber anderen Professionen beharren kann. Dies gilt ganz ausdrücklich auch gegenüber den sogenannten Laiengruppen und natürlich gegenüber den Selbsthilfepotentialen der Klienten(-gruppen) selbst. Das sozialpolitische Gewicht lizensierter Kompetenzen und Wissensbestände läßt sich in diesem Verständnis durchaus auch für eine »alternative« Praxis nutzbar machen, wie das Beispiel H. E. Richters beweist, der seine persönliche professionelle Reputation geschickt zur politischen Durchsetzung bestimmter Anliegen nutzbar macht.

Neben einer solchen Kompetenz*ausnutzung* hat die Kompetenz*vermittlung* an die (auch potentiellen) Betroffenen zu treten. Dies sollte allerdings nicht in dem Sinne geschehen, alle Betroffenen und ihre soziale Umgebung zu Hilfsdiagnostikern oder Hilfstherapeuten auszubilden. Gerade unter präventiven Gesichtspunkten interessieren weniger solche diagnostisch-therapeutischen als die politisch-sozialen Herstellungskompetenzen der Helfer.

6. Zu einigen Konsequenzen von »Alternativität«

»Alternative« Herstellungsstrategien interpretiere ich als Versuche der in der psycho-sozialen Versorgung Beschäftigten, mit den Einschränkungen und Möglichkeiten ihrer Arbeitssituationen in fortschrittlicher Weise umzugehen. Theoretisch formuliert können sie als subjektive und kollektive Bewältigungs- bzw. Normalisierungsversuche der Widersprüchlichkeit und Restriktivität von Arbeitssituationen gelten. Über die Strukturen der Arbeitssituationen vermittelt werden so die Widersprüche des Gesundheitssystems individualisiert.

Daraus ergeben sich für eine »alternative« Praxis ganz besondere Qualifikations- und Stabilisierungsprobleme. Ich möchte zwei Aspekte beruflichen Handelns unterscheiden: Einmal seinen *inhaltlichen* Bezugspunkt, also die »Zielbestimmung« der Arbeit, wie etwa Heilung, Kommunikation, Hilfe etc. Andererseits laufen solche Tätigkeiten in einer bestimmten sozial eingespielten *Form oder Systematik* ab. Berufliche Tätigkeiten besitzen somit auch die Funktion, die Vagheit, die sozial ungeschützte Subjektivität und die unstrukturierte Situationsgebundenheit des *alltäglichen* Umgangs mit psychischem Leid aufzuheben und statt dessen durch eine »methodische Gestaltung« der Arbeitssituation und des Arbeitsablaufes »Behandlung«, »Beratung« oder »Therapie« als gesellschaftlich erkennbare Tatbestände überhaupt erst zu konstituieren (Dingwall, 1976, spricht von »accomplishing profession«). Die darüber vermittelte *soziale Geordnetheit ihrer Arbeitssituation*, welche diese von *spontanen* Hilfeleistungen unterscheidet, ermöglicht es den Beschäftigten dann, diese sozial und psychisch durchzustehen. Man wird die These vertreten können, daß gerade in der Verfolgung »alternativer« Herstellungsstrategien das Situations- und Identitätsmanagement der Beschäftigten in besonderem Maße gefährdet ist, weil man sich bewußt jener formalen und verfahrensmäßigen Schutzmöglichkeiten begibt, die durch institutionelle Regeln, professionelle Kompetenzen, rechtliche Vorschriften, bürokratische Machtbefugnisse oder auch nur durch bestimmte Kleidungskonventionen (weißer Kittel!) im Rahmen unseres Versorgungssystems durchaus bereit liegen.

Auf fünf verschiedenen Dimensionen lassen sich solche Gefährdungen rekonstruieren (zum theoretischen Status dieser Dimensionen vergl. Wolff, 1976a):

– Ein wesentliches Stabilitätsmoment jeder Lebens- und Berufspraxis dürfte ihre *zeitliche Kontinuität und perspektivische Zielbezogenheit* sein. Für »alternative« Praxis fehlt meist ein solcher Ordnungsgesichtspunkt: Zum einen kann man kaum auf erprobte Problemlösungen und Erfahrungen (»Kochbuchwissen«) zurückgreifen, zum anderen sind »Reformversuche« großenteils – insbesondere, wenn es sich um Modellförderungen handelt – Gelegenheit für »Alternativität« auf Abruf. Viele Initiativen haben erfahren müssen, daß die Voraussetzungslosigkeit ihrer Bemühungen zwar einerseits die Chance zu neuen Ansätzen eröffnet, aber auch ihre wissenschaftliche und gesundheitspolitische Legitimation permanent problematisch macht. Man bekommt von Betroffenen wie von Geldgebern kaum die dringend notwendigen »Lernzeiten« eingeräumt, weil möglichst umgehend die ersten »Resultate« vorliegen sollen. Die Spezifik der Mittelzuweisung (alle Jahre wieder und außer bei Pflichtleistungen kaum langfristige Finanzierungsgarantien) erschwert eine systematische Gesundheits-, aber auch individuelle Berufsplanung in den »Reformversuchen« zusätzlich. Dadurch entstehen individuell wie kollektiv Anpassungsdruck und Existenzängste – allerdings möglicherweise auch

Solidarität, wie das Beispiel der Free Clinic zeigt.

– Weiterhin sehen sich die Beschäftigten in Verfolgung »alternativer« Handlungsstrategien permanent gezwungen, *eingespielte Selbstverständlichkeiten* (auch eigene!) zu durchbrechen sowie solche Durchbrechungen den jeweiligen relevanten Umwelten gegenüber zu legitimieren. Ein präventives oder gemeinwesenarbeitsähnliches *Zugehen* auf (potentielle) Klienten oder deren Lebenssituationen etwa kann die vermeintlichen Nutznießer irritieren, die eine ganz bestimmte Vorstellung von der Berufsrolle des Psychologen haben (je nachdem als Magier, Kontrolleur, Alles- oder Nichtskönner; vergl. Daniels, 1974), ihn deshalb in seiner »alternativen« Tätigkeit oft gar nicht ernst nehmen, soziale Kontrollen hinter seinen Bemühungen wittern und es ja auch relativ leicht haben, seine Annäherungsversuche mit Hinweis auf ihre offensichtliche »Gesundheit« als unbegründet oder gar als Zumutung abzuweisen. Eine »Pädagogik bzw. Rhetorik sozialer Probleme«, auf die man sich in einem solchen Fall beziehen könnte, gibt es leider nicht, was einem immer dann schmerzlich klar wird, wenn man als wohlmeinender »Alternativler« von außen versucht, Selbsthilfegruppen, gemeindliches Problembewußtsein und Engagement zu initiieren.

Aber auch gegenüber der Verwaltung müssen Selbstverständlichkeiten durchbrochen (etwa unreflektierte Kollegialität) und Routinen in Frage gestellt werden (etwa eingespielte Zuständigkeiten). Gerade dadurch sinkt wiederum die Aufmerksamkeitsschwelle anderer Mitarbeiter bzw. Institutionen, was den Legitimationsdruck weiter verstärkt. Sinnigerweise steigert insbesondere ein zu großes Engagement für Klienten sowohl innerhalb der Arbeitsstelle wie im gesundheitspolitischen Umfeld einen solchen Argwohn.

– Die psychische und soziale Stabilität »alternativ« vorgehender Gesundheitsarbeiter ist auch deshalb gefährdet, weil ihr Selbstverständnis als aktiv und eigenverantwortlich Handelnde permanent tangiert wird. Der Druck der Strukturbedingungen bzw. die Eigendynamik jener Formen, in denen Versorgung »ordnungsgemäß« abzulaufen hat, gefährden die *Autonomie* von »Reformversuchen« bzw. von fortschrittlichen Berufspraktikern. Das gilt einmal für das Verhältnis zu Klienten, denen gegenüber man sich »ganz anders« verhalten und von ihnen auch darin anerkannt werden will, deren Vertrauen und Kooperationsbereitschaft aber durch die vorgängigen Erfahrungen mit anderen Versorgungs- und Kontrollinstanzen so geprägt sein kann, daß sie auch in den wohlmeinendsten Helfern nur Agenten ihnen fremder Institutionen und Gesetze zu sehen in der Lage sind. Das gilt aber auch im Verhältnis zur gesundheitspolitischen Umwelt, wo man sich Psychiatrieplänen, Streitereien zwischen administrativen und Versorgungseinrichtungen, evtl. sogar Idiosynkrasien einzelner Beamter oder Mandatsträger, also problemfremden Bestimmungen in seiner Arbeit mehr oder weniger hilflos ausgesetzt erlebt.

»Alternativler« entwickeln zudem oft ein Selbstverständnis als »fortschrittliche Gesundheitstechniker« (im Sinne von Jervis, 1978), als solidarische Berater bzw. Betreuer für die Bewältigung der sozialen Alltagspraxis, die möglichst frühzeitig in Krankheitskarrieren eingreifen. Daraus resultiert eine gewisse Präferenz für »leichtere Fälle«, d. h. man weitet zwar den Kreis derer aus, die man mit seinen Bemühungen erreicht, und »normalisiert« so die psychologische Arbeit, steht dann aber u. U. um so hilfloser vor den wirklich schweren Krisen oder auch vor Ansprüchen, für deren Bearbeitung man nicht ausgebildet ist bzw. keine Handlungsmöglichkeiten besitzt (Wohn-, Arbeitsplatz-, Rechtsfragen).

– Sozial wie psychisch belastend wird für den »alternativ« ansetzenden Psychologen seine Arbeit auch deshalb, weil er sich nur bedingt auf professionell bzw. administrativ *eingespielte Typisierungen* von Krankheit, ihrer Entstehung oder ihrer sozialen Relevanz bzw. auf *Faustregeln* für geeignete Problemlösungstechniken hierfür zurückziehen will und kann. Der »administrative Lernschutz« fällt programmatisch weg.

Es ist gerade ein Kennzeichen »alternativer« Arbeit, bisher vernachlässigte Leidensprozesse zum Sprechen zu bringen, d. h. gleichsam neue »soziale Probleme« zu schaffen. Wegen des politischen Charakters »sozialer Probleme« und der sie konstituierenden Definitionsprozesse ergeben sich aus solchen Intentionen eine ganze Reihe von Konfliktfronten, zumal die gängigen Problemdefinitionen soziale Konflikte und Machtbeziehungen in einer bestimmten Weise kanalisieren. Der Einsatz für die Bedürfnisse von Patienten in Kliniken oder Insassen in Gefängnissen wird dann als Angriff gegen die Anstaltsordnung diffamierbar, die Hilfe für Sanierungsbetroffene im Stadtteil oder für Klienten bei Ämtern erscheint als Einmischung usw. Ein »alternativer« Problembezug birgt auch die Gefahr, daß man den Zusammenhang mit den gesellschaftlich gebilligten psychologistischen Probleminterpretationen verliert und deshalb von anderen Instanzen die Zuständigkeit abgesprochen bekommt. Vielleicht die größte Gefahr bei einem solchen Abgehen vom Gewohnten besteht aber darin, über die Köpfe der Betroffenen hinweg und ohne sich diesen verständlich zu machen, »Probleme« zu definieren und Maßnahmen einzuleiten.

– Schließlich lebt »alternative« Arbeit in starkem Maße von informellen Übereinkünften und Vertrauensbeziehungen sowohl zu den Betroffenen als auch zu Mitarbeitern in der eigenen wie in anderen Institutionen oder Gremien. Solche *auf gemeinsamen Perspektiven und Interessen aufbauenden Beziehungen* sind – weil nicht einklagbar – in höchstem Maße fragil und in ihrem Bestand von den wechselnden Präferenzen der Partner abhängig. Hinzu kommt, daß solche Beziehungen gleichzeitig zu unterschiedlichen Partnern aufrechterhalten werden müssen: einerseits möchte man als gemeindenahe, bürgerfreundliche und unkonventionelle Einrichtung das Vertrauen der betroffenen Bürger gewinnen, darf andererseits die Gemeinsamkeiten mit anderen Institutionen und der Administration nicht gefährden, eine Spannung, die etwa bei der Teilnahme in Bürgerversammlungen gleichsam physisch erlebbar wird.

Wegen ihrer geringen internen Strukturiertheit sind Kooperations- und Vertrauensbeziehungen insbesondere *innerhalb* von »Reformversuchen« wichtig, da angesichts der restriktiven Rahmenbedingungen nur ein gemeinsames gesundheitspolitisches Bewußtsein die interne Stabilität der Arbeit gewährleisten kann. Diese gemeinsame »Ideologie« ist nach den Erfahrungen vieler Initiativgruppen der wichtigste Garant von »alternativer« Arbeit. Gleichwohl zeigen empirische Untersuchungen, daß Kommunikationsschwierigkeiten, Absetzungen gegenüber Kollegen und mangelnde Solidarität (teilweise mit psychologistischen Begründungen) buchstäblich als *Berufskrankheiten* von Psychologen, aber auch anderen in der Versorgung tätigen Berufsgruppen angesprochen werden können.

Die aufgezeigten psychischen und sozialen Krisengefahren,

denen man sich gerade beim Versuch der Realisierung »alternativer« Praxis gegenübersieht, können meiner Erfahrung nach von den Beschäftigten nur unter bestimmten Voraussetzungen hinsichtlich ihrer Ausbildung bzw. ihres Solidaritätshintergrundes bewältigt werden:

Da die Frage der *psychologischen Ausbildung* an anderen Stellen des Buches ausführlicher diskutiert wird, hier nur einige Andeutungen aus meiner Sicht: Jeder, der bewußt gegen den institutionellen Strom zu schwimmen bzw. »alternative« Arbeit in einer tendenziell anti-alternativen Umwelt zu realisieren versucht, dürfte die schmerzliche Erfahrung gemacht haben, wie wenig hilfreich ihm bei diesen Anstrengungen erlernte Therapietechniken, Diagnosemethoden und die üblichen psychologischen Wissensbestände sind. Auch die Selbst-Erfahrungen, die unser »Alternativler« in unzähligen Gruppen (schon um Ausbildungszertifikate zu erhalten) gemacht hat, lassen sich – trotz ihres etwaigen fortschrittlichen und humanistischen touchs – nur sehr bedingt auf den beruflichen Alltag transformieren (dadurch kommt übrigens ein neuer »Drehtüreffekt« zustande: Frustration in der Arbeit – Selbsterfahrungsgruppe – Frustration...).

Der Weg aus dieser offensichtlich unzureichenden Ausbildungslage scheint mir weniger über eine Ausweitung, als über die *qualitative Umstrukturierung* von Ausbildungsmaßnahmen zu führen: wenn die These stimmt, daß der Hintergrund »psychischer Störungen« nicht allein in individuellen Fehlschaltungen zu suchen, sondern in der Struktur von Lebenssituationen der Betroffenen bzw. in ihren fehlenden Möglichkeiten, sich mit diesen auseinanderzusetzen, begründet ist, müßten dem Auszubildenden über eine individuell ansetzende Diagnostik hinaus Kompetenzen für Situationsanalysen, für die systematische Planung und Durchführung kommunaler Interventionen, für Strategien der Öffentlichkeitsarbeit sowie insbesondere ein Gefühl dafür vermittelt werden, auf welche Weise verschiedene soziale Gruppen ihren Alltag stabilisieren, wie sie mit ihren Leiden und Bedürfnissen umgehen, wie und ob sie dies artikulieren können usw. (vergl. Saransons »sense of community«, 1974). Dabei kann man sich allerdings kaum auf standardisierbare und abfragbare Wissensbestände beziehen. Solche Kompetenzen lassen sich nur durch exemplarisches

Üben der Bewältigung von Versorgungsproblemen bzw. der Organisierung und politischen Durchsetzung diesbezüglicher Maßnahmen erwerben. Im Rahmen des Universitätsstudiums könnte dies über *systematische Projektausbildung* und durch ein der institutionellen und gesundheitspolitischen Realität angemesseneres »Fallverständnis« sowie eine dementsprechende Neustrukturierung von Fallseminaren oder Praktika geschehen.

Für Berufspraktiker hat die Deutsche Gesellschaft für Soziale Psychiatrie (DGSP) Möglichkeiten einer berufsbegleitenden und problemorientierten Fortbildung geschaffen, die meinen Intentionen relativ nahe kommen. Da sie alle im psycho-sozialen Bereich tätigen Berufsgruppen (und Laien!) anspricht, liegt hier keine systematische Einschränkung der Ausbildung auf technische bzw. professionelle Kompetenzen vor. Im Vordergrund steht die Reflexion der Widersprüche und Interessengegensätze zwischen professionellen Helfern und Klienten, die Schwierigkeiten am Arbeitsplatz, die Bedürfnisse der Helfer selbst, der systematische Erfahrungs- und Problemaustausch u. ä.

Für Studenten, aber auch für einige Berufspraktiker ist in den letzten Jahren eine weitere »Ausbildungsmöglichkeit« zunehmend wichtig geworden: nämlich der Aufbau bzw. die Mitarbeit in antiinstitutionell ausgerichteten Initiativen. Die angeführten Schwierigkeiten der Finanzierung von »Reformversuchen« bringen es mit sich, daß sich nur für wenige der Beteiligten konkrete Berufsperspektiven aus solchen Versuchen ergeben. Angesichts dessen würde ich auch die eigentümliche Funktion solcher Initiativen weder in der Tatsache der Schaffung neuer Institutionen noch in ihrer Versorgungsleistung erblicken wollen. Obwohl sie sicherlich wichtige Beiträge zur Versorgung leisten, liegt ihre gesundheitspolitische Bedeutung eher in ihrer *»Durchlauferhitzerfunktion« für die daran Beteiligten.* Damit ist zweierlei gemeint:

– Einmal bietet sich hier die Gelegenheit exemplarischer und auch innovatorischer Lernprozesse unter zunächst sehr weitgehend selbst strukturierbaren Bedingungen. Institutionelle Lernverbote und Restriktionen fallen z. T. weg, so daß – und dies gilt besonders für Praktiker – hier zumindest die Ahnung einer »anderen« Praxis aufkommen kann. Das bloße Wissen um die Möglichkeit von »Alternativität« hat auch wichtige stabilisierende Konsequenzen für die Mitarbeiter: nämlich das Gefühl, daß es sich lohnt, weiter zu kämpfen, eine Perspektive, die im Beruf immer wieder verlorenzugehen droht.

– Damit ist schon der zweite Aspekt der »Durchlauferhitzerfunktion« angesprochen: neben dem lernenden Probehandeln steht die Möglichkeit der Produktion von Solidarität und gemeinsamen Perspektiven, was sich z. B. in einem bestimmten »Geist der Gruppe« manifestiert, jenem für »Alternativen« so charakteristischen, wenngleich meist undefinierbarem Bestand an gemeinsamer Ideologie, Geschichte und Vertrauen. Wegen der personellen wie ideologischen Isolierung scheint es mir geradezu eine Stabilisierungsnotwendigkeit »alternativer« Berufspraxis zu sein, sich solche kollegialen, aber auch politischen und kommunalen (mit den potentiellen oder wirklichen Klienten!) Solidaritätsreservoire zu erschließen. Für die fortschrittliche psycho-soziale Versorgung in der Bundesrepublik Deutschland hat hier der sogenannte »Mannheimer Kreis« und eng damit verbunden die DGSP eine eminent wichtige Rolle gespielt. Charakteristisch für ihre Wirkung scheint mir ein weitverbreitetes Gefühl unter Teilnehmern von Mannheimer Kreis- und DGSP-Tagungen zu sein, man habe zwar inhaltlich (im Sinne von Lehrbuchwissen) nicht allzu viel Neues gehört, habe aber erfahren, daß andere an ähnlichen Schwierigkeiten und Projekten arbeiten und wie diese mit ihren Berufsproblemen zurechtkommen. Aus diesem Austausch und den sich daraus entwickelnden Kontakten resultiert ein vages und undefinierbares, aber sehr angenehmes Gefühl der Zusammengehörigkeit. Es ist ein gleichzeitig schöner und ermutigender, aber auch beklemmender Gedanke, daß »Alternativität« nicht durch strukturelle Arrangements sich organisieren läßt, sondern hauptsächlich durch Menschen und die Art ihrer in weitestem Sinne politischen Zusammenarbeit und Solidarität sichergestellt wird!

Heinrich Keupp

Gemeindepsychologie als Widerstandsanalyse des professionellen Selbstverständnisses

1. Einleitung: Gemeindepsychologie als alternative Perspektive oder als psychologische Reformrhetorik?
2. Ein Mängelprofil bestehender klinisch-psychologischer Praxis
3. Bedürfnisse und Interessen der Bevölkerung und wie man an sie herankommt
4. Zur Notwendigkeit der Vergesellschaftung der Praxis
5. Gemeindepsychologische Perspektive
5.1. Gemeindepsychologie: Ein Profil – keine disziplinäre Profilierung
5.2. Professionelle Sozialisation aus gemeindepsychologischer Sicht
6. Gemeindepsychologie und ihr mögliches politisches Selbstmißverständnis
Weiterführende Literatur

1. Einleitung: Gemeindepsychologie als alternative Perspektive oder als psychologische Reformrhetorik?

Wer sich an der Reformdiskussion um die psychosoziale Versorgung in der BRD beteiligen will, wer im Rahmen dieser Reformbestrebungen Interessen durchzusetzen versucht oder wer einen neuen Beratungsdienst auf kommunaler Ebene oder in der Modellförderung des Bundes beantragt, der muß ein neues Sprachspiel lernen. In das neue Sprachinventar gehören solche Stichworte hinein wie: Gemeindenähe, bedarfsorientierte Planung der Versorgung, Bezugnahme auf die Versorgungsbedürfnisse der Bevölkerung, statt bloß kurativer auch präventive Arbeit, stärkere Einbeziehung nicht- und paraprofessioneller Gruppen, das Prinzip der Selbsthilfe, eine stärkere Integration und Koordination der einzelnen Dienste und Institutionen zu einer Versorgungskette. Die Psychiatrie-Enquête (1975) enthält die meisten dieser Stichworte und liefert mit ihnen sprachlich normierte Bezugspunkte auf die psychosoziale Versorgung und deren Reform.

Am nachhaltigsten hat offensichtlich die Forderung der Enquête nach »Gemeindenähe« der Versorgung die Reformsprache erfaßt. »Gemeinde-« oder »kommunale Psychiatrie« sind neue disziplinäre Kategorien im Zuständigkeitsbereich der Psychiatrie geworden. Die Psychologie partizipiert an diesem Trend zur Kommunalisierung der Versorgung mit der Subdisziplin »Gemeindepsychologie«. Die Frage erhebt sich nun, ob Psychiatrie und Psychologie mit diesen Spezialisierungen an einer allgemeinen Umstrukturierung des psychosozialen Sektors mitwirken und diese zu einer wissenschaftlich angeleiteten Reform machen können oder ob wir es nur mit einer opportunistischen Anbindung an einen Trend zu tun haben, dessen Reformrhetorik man sich aneignet und dem man durch bewährte Muster des eilfertigen Transfers aus dem angloamerikanischen Wissenschaftsbetrieb die noch fehlende wissenschaftliche Dignität verleiht. Können diese neuen Disziplinen zu alternativen Perspektiven werden oder knüpfen sie nur oberflächlich an die Reformhoffnungen an, ohne die angezielten Veränderungen wirksam vorzubereiten und bei ihrer Durchsetzung anleitend zu wirken? Sind Sozialpsychiatrie oder Gemeindepsychologie in ihrer demonstrierten Engagiertheit letztlich doch nicht mehr als Selbstmißverständnisse? Gehen sie nicht von der fragwürdigen Annahme aus, sie würden an echten Reformprozessen partizipieren, wohingegen die Veränderungsdynamik nur Ausdruck veränderter Prinzipien sozialer Kontrolle oder eines ökonomisch bestimmten Rationalisierungskalküls ist?

Solche Fragen sind in ihrer abstrakten und antithetischen Form sicherlich nicht eindeutig zu beantworten, aber sie zeigen, welche Bezüge bei der Entwicklung einer gemeindepsychologischen Perspektive und bei der Einschätzung ihres Potentials zu berücksichtigen sind. Bei dem Versuch, dies zu leisten, werde ich in folgenden Schritten vorgehen: Zunächst werde ich eine *Mängelanalyse der bestehenden psychotherapeutischen und psychosozialen Versorgung* entwickeln. An ihr lassen sich die Notwendigkeit spezifischer Reformvorschläge und auch die Bedingungen ihrer Realisierung bestimmen. Im einzelnen wird untersucht, was die Forderungen bedeuten, daß sich das Angebot an psychosozialer Hilfeleistung an den *Bedürfnissen der Betroffenen* zu orientieren habe und daß die Versorgungsangebote eingebunden sein sollten in den lebensweltlichen Kontext, also *gemeindenah* arbeiten sollten. Im

Nachgehen dieser Fragen betritt man bereits das Revier, das die Gemeindepsychologie für sich beansprucht, deshalb schließt dann hier unmittelbar der Versuch an, das *Anliegen der Gemeindepsychologie* zu umreißen. Schließlich soll noch der *gesundheits- und sozialpolitische Rahmen* abgesteckt werden, in dem sich die spezifische Konjunktur von sozialpsychiatrischen und gemeindepsychologischen Konzepten und Handlungsmodellen entfaltet.

Das Material der folgenden Analyse ist gewonnen aus der laufenden gesundheitspolitischen Diskussion, die den Professionalisierungsprozeß der Psychologen im psychosozialen Bereich begleitet. Die psychosozialen Berufsverbände haben sich mit besonderer Bereitschaft das neue Sprachspiel angeeignet. Die noch ausstehende rechtlich abgesicherte Professionalisierung klinisch-psychologischer Tätigkeit hat für diese Lernbereitschaft die Voraussetzung geschaffen. In einem laufenden Reformprozeß ist die Begründung eines gesicherten beruflichen Status nur dann möglich, wenn die berufsspezifischen Interessen im Gleichklang mit den allgemeinen Reforminteressen artikuliert werden. Am entschiedensten wird der Professionalisierungsanspruch von der »Deutschen Gesellschaft für Verhaltenstherapie« (DGVT) unter gesundheitspolitischen Reformprämissen artikuliert. Es soll deshalb auch exemplarisch an diesem Berufsverband untersucht werden, welche Verbindlichkeiten gesetzt werden, wenn gesundheitspolitische Forderungen dem beruflichen Selbstverständnis vorgeschaltet und zu Beurteilungskriterien des beruflichen Handelns erklärt werden. Es geht hierbei letztlich um die Grenzziehung zwischen bloßer Reformrhetorik und der Realisierung alternativer Handlungsformen.

Der Verhaltenstherapie ist von Vertretern anderer Therapierichtungen oft ein therapeutisch-technischer Triumphalismus, ein übersteigertes Selbstbewußtsein vorgeworfen worden, das durch ihr tatsächliches Leistungsvermögen einfach nicht gedeckt sei. Der Therapieverband der Verhaltenstherapeuten sieht sich jetzt mit der Frage konfrontiert, ob er nicht auch einen gesundheitspolitischen Triumphalismus zelebriert habe, ob er sich nicht in der *Attitüde der programmatischen Fortschrittlichkeit* gefalle, die an der alltäglichen Praxis seiner Mitglieder vollkommen vorbeizielt. In der DGVT ist das Problem zu bewältigen, die eigenen Reformforderungen auf die Ebene des alltäglichen Praktikerhandelns und -wissens übersetzbar zu machen. Mit ihrer neuen Satzung hat sich die DGVT 1976 Reformansprüche gesetzt, die jetzt eingeklagt werden. Per Satzung hat man sich als Verband auf »die Verwirklichung einer psychosozialen und psychotherapeutischen Versorgung« verpflichtet, »die den Interessen der Bevölkerung entspricht«. Da ist die Rede von einem »sozialwissenschaftlichen Krankheitsmodell, das soziale Bedingungen psychischer Störungen betont«; weiterhin von der Priorität von »Maßnahmen präventiver Art, die auf die Veränderung krankmachender Umweltbedingungen abzielen« und schließlich, daß klinisch-psychologische Tätigkeit »am sinnvollsten in integrierten gemeindenahen Versorgungsdiensten« geleistet werden kann (DGVT, 1977, S. 3).

2. Ein Mängelprofil bestehender klinisch-psychologischer Praxis

Das Ziel beraterischer oder therapeutischer Tätigkeit wird selten wesentlich anders formuliert als bei Kanfer und Goldstein. Dort ist vom Einsatz »psychologischer Methoden« die Rede, »die dem Menschen helfen sollen, sich zum Besseren zu verändern, damit er seine Fähigkeit voll entwickeln und aus den Chancen, die ihm seine Umwelt bietet, Nutzen ziehen kann«. Die Methoden »haben das gemeinsame Ziel, dem Individuum zu größerem persönlichen Glück und zu einer optimaleren persönlichen Kompetenz und Zufriedenheit zu verhelfen« (1977, S. 1). Mit der institutionellen Wirklichkeit psychologischer Berufspraxis sind solche Absichtserklärungen meist überhaupt nicht vermittelt, und sie bleiben deshalb in einer falschen Weise abstrakt. Sie behaupten eine Unmittelbarkeit im Zugang auf die subjektive Welt der Menschen, die es erst noch einmal zu beweisen gilt. Ich gehe im Unterschied dazu von der Einschätzung aus, daß die bestehenden institutionalisierten Formen psychotherapeutischer Praxis durch eine *mangelnde alltagsweltliche Sensibilität* zu kennzeichnen sind, die einen gravierenden Zweifel daran rechtfertigt, daß die Bedürfnisse und Interessen der Endabnehmer der professionellen Anstrengungen wirklich erreicht werden.

Welches sind die Gründe der mangelnden alltagsweltlichen Sensibilität des gegenwärtigen Versorgungssystems und der in ihm praktizierten klinisch-psychologischen Tätigkeit?

(1) Beratungs- und Therapieeinrichtungen sind in ihrer *ökologischen Verteilung* weitgehend durch Regulative des Marktes und durch die spezifischen Interessen ihrer Träger bestimmt. Beide Prinzipien garantieren *keine Einbindung von Beratungs- und Therapieeinrichtungen in den sozialen Lebenszusammenhang* derer, die auf Grund ihrer objektiven Lebensbedingungen einem besonders hohen Belastungsrisiko ausgesetzt sind. Daß für Bevölkerungsgruppen mit einem überdurchschnittlichen Belastungsprofil die Chance für eine intensive und problemadäquate Intervention besonders schlecht ist, ist durch epidemiologische Studien ausreichend belegt worden (vgl. Beitrag von Irma Gleiss in diesem Band).

(2) Trotz gegenteiliger Beteuerungen sind die meisten Versorgungseinrichtungen *nicht bedürfnisorientiert, sondern arbeiten in Bedarfskategorien.* Das mag zunächst nur wie eine semantische Spielerei aussehen, drückt aber zwei gegensätzliche Prinzipien aus. Das läßt sich an der Psychiatrie-Enquête demonstrieren. Sie ist in ihren Reformvorschlägen nicht an realen Bedürfnissen nach Hilfe orientiert, die versucht man noch nicht einmal zu bestimmen. Im Gegenteil, man mißtraut dem, was möglicherweise von Betroffenen artikuliert werden könnte. Man entscheidet sich für »expertendefinierte Bedürfnisse« als Grundlage für die Planung der Versorgung und Intervention, und genau das ist das Denken in Bedarfskategorien. Der Bedarf wird an Kriterien des professionell und administrativ Mach- und Wünschbaren bestimmt. Im innerinstitutionellen Arbeitsprozeß findet dieses Denken seine handlungspraktische Realisierung in den institutionell entwickelten Arbeitsroutinen einerseits und in den in sie eingebundenen Therapie- und Beratungsorientierungen, die immer schon mit theoretisch-technischer Sicherheit definieren, was Hilfsbedürftigkeit überhaupt nur sein darf, andererseits. Der technologisch-therapeutische Zugang zu Problemen hat einen entlastenden Effekt für die Funktionsweise der Institution und tendenziell die Wirkung eines Filters, der die subjektive und objektive Situation der Klienten nur selektiv durchläßt.

(3) Die in institutionellen Normalitätserwartungen der abzuwickelnden Praxis festgelegten Möglichkeiten akzeptabler Formen von Hilfsbedürftigkeit *zwingen den Klienten, seine eigenen Probleme institutionsgerecht zu stilisieren und zu präsentieren.* Im Regelfall übernimmt nicht die Institution die Verantwortung dafür, daß ein problemadäquater Zugang zu den Lebensschwierigkeiten der Klienten gefunden wird, sondern dieser selbst hat sich darum zu kümmern, daß er den positiven Reaktionsset der Institutionen, bei denen er Hilfe sucht, herausfindet. Er hat selbst seine Therapie- oder Beratungseignung unter Beweis zu stellen.

(4) Daß der Weg des Hilfesuchens ein Prozeß vielfältigen Erklärens, Definierens, des Selbst- und Fremddefinierens, der ursprünglichen Problemlage ist, der sich in einer spezifischen Form des *»Krankheitsverhaltens«* niederschlägt, wird meist übersehen. Damit bleibt auch die Möglichkeit ungenutzt, durch die Rekonstruktion der verschiedenen Stadien des Krankheitsverhaltens, der institutionsgerechten Präparierung der eigenen Problemlage, etwas über alltagsweltliche Strukturen des Problemumgangs zu erfahren. Es ist doch erstaunlich, wie wenig wir über den Weg wissen, den jemand hinter sich hat, wenn er uns gegenübersitzt. Und wieviel weniger wissen wir über die Leute, die gar nicht zu uns kommen. Entweder weil sie in dem sozialen Netzwerk, in das sie integriert sind, »Laienhilfe« erhalten haben, oder weil sie sich nicht vorstellen können, von einer Institution Hilfe erwarten zu können, die ihrer Lebenswelt äußerlich bleibt. Festzuhalten bleibt, daß in der Regel das präsentierte Problemmuster im Rahmen der jeweils vorherrschenden Krankheitstheorie als Indikator für eine spezifische Störungsform genommen wird. Daß ein Problem eine »Sozialgeschichte« hat, die durch Prozesse des alltäglichen und des institutionellen Reagierens darauf »geschrieben« wird, bleibt produzierte und wird nicht zur reflektierten Realität.

(5) Innerhalb und zwischen verschiedenen im psychosozialen Bereich tätigen Berufsgruppen spielen sich mehr oder weniger stabile Formen der Arbeitsteilung ein. Der Kampf um Kompetenzen und Zuständigkeiten, um deren Neu- und Umverteilung wird zwar meist unter Berufung auf die Bedürfnisse der Klienten geführt, hat aber seinen eigentlichen Motor in professionellen Interessen. Die *über das Durchsetzen von Gruppen-*

interessen erreichbaren Formen von professioneller Arbeitsteilung sind in zweifacher Weise defizitär. Sie führen zu einer aspekthaften Form der *Zergliederung der Problemsituation des Hilfesuchenden*, und sie lasten ihm gleichzeitig die für ihn notwendige Synthese der Hilfsangebote auf, denn sein Problem ist ja komplex-ganzheitlich strukturiert und nicht säuberlich geschieden in einen Aspekt für den Arzt, einen für den Psychologen und einen für den Sozialarbeiter (vgl. Zaumseil in diesem Band).

(6) Schließlich sollte noch berücksichtigt werden, daß die *Verberuflichung des Helfens Konsequenzen hat* für das, was an Hilfsleistung angeboten werden kann. Die Verberuflichung des Helfens hat sicherlich objektive Gründe und eine daraus ableitbare zwingende Notwendigkeit. Doch nicht alle Konsequenzen professioneller Hilfeleistung sollten umstandslos als Konsequenz dieser Notwendigkeit hingenommen werden:

(a) Beispielsweise sind Verberuflichungstendenzen in fast allen Tätigkeitsfeldern der psychosozialen Versorgung mit einem Anstieg *»iatrogener Störungen«* verbunden. Es besteht eine Tendenz, »sekundäre Abhängigkeiten« aufzubauen und zu erhalten, die keine notwendige Folge der Verhaltensschwierigkeiten sind, mit denen die Klienten uns aufsuchen. Was Ivan Illich überzogen für die Medizin beschrieben hat, ist für den Bereich der klinisch-psychologischen Tätigkeit von ebensolcher Relevanz: Durch die Zuständigkeitserklärung für alle Lebensprobleme zerstören professionelle Helfer Selbsthilfemöglichkeiten der Betroffenen. Diese trauen sich auch dort keine Kompetenz mehr zu, wo ihre selbstgefundenen Lösungsstrategien jeder professionellen Intervention weit überlegen sein können.

(b) »Professionalisierung bedeutet – zum einen – Erwerb von Kompetenz; gegenüber dem diffus-komplexen, eher zufällig, ungezielten Alltagshandeln gelingt es, ausgewiesene, durch Reflexion, Erfahrung und Training gestützte, verantwortbare Zuständigkeiten zu erwerben. Der Erwerb von Kompetenz aber bedeutet zugleich, sich zu spezialisieren auf eine neue und engere Definition des Aufgabenfeldes dem komplexen Alltagsleben gegenüber. Professionelle Kompetenz versichert sich ihrer selbst, indem sie – innerhalb der sie stützenden Theorie-Handlungskonzepte – in eigenen Institutionen eine eigene

Sprache und eigene Verhaltensmuster ausbildet und damit unvermeidlich Distanz schafft zu denen, die in ihrer Alltagswelt auf ihre Hilfe angewiesen sind« (Thiersch et al., 1977, S. 99).

(c) Die Notwendigkeit professioneller Hilfeleistung wird aus der *Perspektive ständischer Interessenwahrung* und Expansivität heraus bestimmt, wobei meist die unterstellten und behaupteten Bedürfnisse der Bevölkerung als Legitimationsbasis herhalten müssen. Die Sektion Klinische Psychologie des BdP versteht dieses berufsständische Lebenselexier in besonders geschickter Form an den Mann zu bringen, doch sind alle Berufsorganisationen und Träger psychosozialer Hilfe geneigt, dieses Argumentationsmuster zu benutzen.

(d) Mit der Verberuflichung von Hilfeleistungen entsteht die *Notwendigkeit, sich über spezifische Formen des Helfens beruflich zu reproduzieren.* Psychologische Tätigkeit, das gezielte Eingehen auf Probleme anderer Menschen wird zur Einkommensquelle in Form von selbständiger unternehmerischer Tätigkeit oder in Form von Lohnarbeit. Der daraus resultierende reproduktive Eigennutz fügt sich nicht widerspruchsfrei zusammen mit den Bedürfnissen der Klienten. Es kommt in die Experten-Klienten-Beziehung die Dimension der Instrumentalisierung fremder Bedürfnisse und auch die der Gleichgültigkeit gegenüber dem Arbeitsgegenstand, die eine Qualität von Lohnarbeit werden kann.

Dieses Mängelprofil erhebt keinen Anspruch auf Vollständigkeit. Zusammenfassend läßt sich sagen, *daß das bestehende System psychosozialer und psychotherapeutischer Versorgung charakterisierbar ist durch eine mangelnde Integration in den sozialen Lebenszusammenhang derer, die Hilfeleistung brauchen, durch die Dominanz professioneller Interessen über die Bedürfnisse der Klienten und durch eine Zergliederung der alltagsweltlichen Problemlagen durch parzellierte Zuständigkeiten und Kompetenzen der unkoordiniert intervenierenden Institutionen. Ein problemsensibler Zugang in die Lebenswelt der Betroffenen ist dadurch weitgehend verstellt.*

3. Bedürfnisse und Interessen der Bevölkerung und wie man an sie herankommt

Die Orientierung der eigenen Berufsidentität auf die Interessen der Bevölkerung ist unabdingbare Voraussetzung für das Durchbrechen eines rein ständischen Interessenstandpunktes, doch keineswegs eine Garantie dafür. Das ist schon angeklungen. Auch unter scheinbar fortschrittlichen Parolen lassen sich die Bedürfnisse oder das, was man als diese vorgibt zu kennen, vereinnahmen, instrumentalisieren. Die Anwaltschaft für die postulierten Bedürfnisse der Bevölkerung mag subjektiv noch so parteilich verstanden sein, doch was ist sie wert, wenn man nur unzureichende Vorstellungen von diesen Bedürfnissen hat?

Auf zweierlei Weise könnte man versuchen, Hilfsbedürftigkeit zu bestimmen: (a) Bei den Klienten, die wir in Beratungs- und Therapieinstitutionen sehen, gewinnt man ja ein Bild von ihrer Lebens- und Leidenssituation. – Wie könnte man ihnen auch sonst gezielt helfen? (b) Die Epidemiologie liefert Daten über die Verteilung von Verhaltensschwierigkeiten in Abhängigkeit von allgemeinen gesellschaftlichen Lebensbedingungen. Beide Zugangsmöglichkeiten haben ihren unbestrittenen Wert, doch auch ihre Grenzen, die ich kurz umreißen will.

Wenn wir nach einem Weg suchen, die Bedürfnisse der Bevölkerung in bezug auf psychosoziale Hilfeleistung zu bestimmen, dann scheint mir der Weg über die *Therapiesituation* ungeeignet zu sein. Er läuft durch einen *doppelten Filter*. Zum einen kommen dort nur Leute ins Blickfeld, die ihre eigenen Lebensschwierigkeiten und die vermutete Kompetenz von Psychotherapeuten in einen sinnvollen Zusammenhang bringen konnten und die, zum anderen, keine Schwellenängste vor der Institution haben oder sie überwinden konnten. Es ist ja ausreichend empirisch belegt, daß der Zugang zu Institutionen therapeutischer Hilfeleistung ganz und gar nicht unproblematisch ist und für Angehörige von unteren sozialen Schichten besonders schwierig ist. Ein zweiter Filter besteht in dem, was man den »therapeutischen Blick« nennen könnte. Darunter verstehe ich die Perspektive des Therapeuten, die Situation eines Klienten, seine Verhaltensschwierigkeit, sich unter der Perspektive einer verändernden Intervention zu erschließen. Therapie ist ja ein methodisch organisierter Versuch der Einflußnahme, dessen

Erfolg wesentlich davon abhängt, daß es gelingt, die Veränderungsparameter adäquat zu erfassen. Die Veränderungsparameter werden durch die theoretisch-technologische Identifikation des Therapeuten weitgehend festgelegt: Eine Verhaltensanalyse versucht in anderer Weise sich der Bedingungen einer Verhaltensstörung zu vergewissern als eine psychoanalytisch orientierte Anamnese. Wer einmal Gelegenheit hatte, die Ergebnisse beider Vorgehensweisen für einen Klienten zu vergleichen, der wird sich gefragt haben, ob hier eigentlich von einer Person die Rede ist. Der »therapeutische Blick« stellt eine Interventionsperspektive dar, die in der Regel auf ein jeweils einzelnes Individuum gerichtet ist. Er ist verbunden mit einem kurativen Ansatz, aus dem nur sehr begrenzt Informationen für eine bedürfnisgerechte psychosoziale Versorgung zu gewinnen sind, die als wesentliches Orientierungsprinzip die Prävention haben sollte, das Ansetzen an verfügbaren Bewältigungsstrategien und an Entwürfen der eigenen Lebensperspektive.

Das von therapeutischen Imperativen strukturierte Handlungsfeld führt in der Regel zu einem alltagstheoretischen und -pragmatischen Bezug auf die Bedürftigkeit der Klienten, der diese nur als Kompetenzdefizit sieht und sie in einem Zweck-Mittel-Schema der zu erfolgenden Intervention interpretiert. »Die Alltagstheorien, deren sich die Praktiker zur Klassifikation und Lösung ihrer Fälle bedienen, sind, wie wir hinreichend wissen, Funktion ihres Zwecks: gesellschaftliche Wirklichkeit in den institutionell, ökonomisch und ideologisch beschränkten Dimensionen ihres beruflichen Handlungsfeldes zu rekonstruieren und so allererst praktikabel zu machen« (Brumlik und Keckeisen, 1976, S. 245). Der Grad, in dem die Muster akzeptabler Hilfesuche institutionell vortypisiert sind, mag sich im Vergleich verschiedener Institutionen (z. B. psychoanalytischer Praxis gegenüber einem sozialpsychiatrischen Dienst) durchaus unterscheiden lassen, doch gilt für jede Form institutionalisierter, spezialisierter Hilfe, daß »sie dem, der leidet, die Fähigkeit und Bereitschaft ab(nötigt), die Deutungsmuster seiner Primärerfahrung in Frage zu stellen, und sein Problem in diejenigen Kategorien von Hilfsbedürftigkeit zu übersetzen, die in den Hilfseinrichtungen und -professionen vergegenständlicht sind« (Brumlik und Keckeisen, a.a.O.). Mit der Feststellung, daß jedes therapeutische Zugehen auf Lebensprobleme eine instrumentelle Handlungsstruktur voraussetzt, ist in keiner Weise die Legitimität therapeutischer Intervention bestritten. Diese Feststellung begründet jedoch den Zweifel an der Möglichkeit, über die therapeutisch erfaßbare Population die spezifischen alltagsweltlichen Formen von Hilfsbedürftigkeit erfassen zu können. Zum einen ist der Zugang zu therapeutischen Hilfsangeboten nicht einmal dort garantiert, wo er sinnvoll und notwendig wäre, zum anderen gibt es Formen von Hilfsbedürftigkeit, auf die die therapeutische Antwort inadäquat wäre (z. B. Verlust des Arbeitsplatzes, bei der Suche nach vernünftigen Wohnverhältnissen etc.).

Die *Epidemiologie* (vgl. hierzu Katschnig und Strotzka, 1977) kann da ein Stückchen weiterführen. Ihr Anspruch geht ja in den Studien zur »wahren Prävalenz« über die Population jener Klienten hinaus, die den Weg in eine Einrichtung der psychologischen Versorgung gefunden haben und über administrative Statistiken erfaßt werden können. Studien zur »wahren Prävalenz« wollen den »verdeckten Teil des Eisberges« psychischen Leidens in einer spezifischen Population aufhellen, also auch eine Schätzung jenes Personenkreises erreichen, der bislang professionelle Hilfe nicht aufgesucht hat, obgleich es ihm vergleichbar schlechtgeht, wie jenen, die das getan haben. Wie geht man dabei vor? Mit Symptomlisten wird eine Feldstudie durchgeführt. Ein repräsentativer Querschnitt der Zielpopulation wird befragt, welche Symptome in einem abgegrenzten Zeitraum aufgetreten sind. Aus den Ergebnissen dieser Befragung können dann unschwer von diagnostisch geschulten Experten, Symptomkonstellationen gebildet werden, deren Zuordnung zu einer nosologischen Kategorie meist mühelos gelingt. Man kann nun fragen, ob uns dieser Weg näher an die Bedürfnisse der Bevölkerung heranbringt. Ein Stück weit ja, denn wir wissen jetzt, daß es falsch wäre, die institutionell erfaßten psychischen Störungen als die »ganze Wahrheit« zu nehmen. Wir wissen jetzt, daß die vorhandenen Institutionen selektiv arbeiten. Doch wissen wir auch, was jene Menschen brauchen, die zum »verdeckten Teil des Eisberges« gehören? Kann man sich so einfach aus der Affäre ziehen, wie es häufig geschieht, daß man einfach fordert, die »epidemiologische Differenz« dadurch aufzulösen, daß man die gegenwärtig vorhandenen Dienste quantitativ so ausbaut, daß jeder aktuell oder potentiell psychisch Behinderte seine faire Chance auf Behandlung erhält? Die Enquête verfährt nach diesem Prinzip, wenngleich sie zuvor die alltäglichen psychischen Leidenszustände von den echten »Krankheiten« abgrenzt, weil sich sonst nämlich die psychosoziale Versorgung für 80% der Bevölkerung zuständig erklären müßte. Die Epidemiologie konstituiert ihren Gegenstand nach Maßgabe ihres methodischen Vorgehens mit. Sie geht von Krankheitskategorien aus, also von klar vorstrukturierten Einschätzungen, was die Bedürftigkeit der Menschen ausmacht und bemüht sich um eine methodisch zuverlässige Ermittlung dessen, was sie immer schon weiß.

Welche Möglichkeiten bleiben denn dann noch? Ich will eine kurz anreißen, an der wir in München arbeiten. In deren Prämissen gehen erkennbar Überlegungen ein, die die bereits geleistete Analyse enthalten hat:

1. Die Streßbelastung ist in den Arbeits- und Lebensbedingungen unterer sozialer Schichten besonders hoch und dies führt dazu, daß in diesen Schichten das Störungsrisiko besonders groß ist.

2. Das vorhandene System der psychosozialen Versorgung ist der spezifischen Belastungsstruktur, die aus den Lebens- und Arbeitsbedingungen unterprivilegierter sozialer Schichten resultieren, in qualitativer und quantitativer Hinsicht unangemessen.

3. Der vorherrschende Krankheitsbegriff ist völlig ungeeignet für ein begreifendes Erkennen jener Probleme, die aus der Lebenssituation benachteiligter sozialer Schichten entstehen. Auch eine korrekte Verhaltensanalyse kann nicht umstandslos behaupten, die besondere Qualität dieser Situation richtig erfassen zu können.

4. Gegenüber den professionellen psychopathologischen Theorien oder den berufspragmatischen Alltagstheorien sind die Alltagstheorien der Betroffenen sensitiver für die objektiven und subjektiven Bedingungen des eigenen Betroffenseins und deshalb hat die wissenschaftliche Analyse an ihnen anzusetzen, ohne sich ihnen im Erkenntnisanspruch zu subsumieren.

5. Schließlich ist davon auszugehen, daß kein mechanistisches Verhältnis zwischen einer sozialen Belastungssituation und dem Manifestwerden einer psychischen Störung besteht. Bela-

stungssituationen können unterschiedlich verarbeitet werden und erfordern ganz sicher nicht in jedem Fall professionelle Interventionen. Man kann weitergehen und fordern, daß professionelles Handeln von jenem alltäglichen Präventionshandeln und Problemlösen zu lernen hat, wenn es Problemangemessenheit erlangen will.

In diese Rahmenannahmen eingebunden ist folgendes Vorgehen in einem ersten Erkundungsprojekt (vgl. hierzu Kaplonek, 1977; Schroeter, 1977) versucht worden und soll in weiteren Untersuchungsschritten fortgesetzt werden: Unter Verwendung von epidemiologischen, arbeitswissenschaftlichen und industriesoziologischen Befunden wurde für die Gruppe von Industriearbeitern eines Münchner Stadtteils ein Belastungsprofil erarbeitet, das eine *möglichst vollständige Analyse der materiellen Lebensbedingungen* zur Voraussetzung hat. Einbezogen werden neben Arbeits- und allgemeinen Reproduktionsbedingungen der Arbeitskraft spezifische Lebensverhältnisse, die an sozialökologische Charakteristika gebunden sind. Wenn auf dieser Ebene objektiver Lebensverhältnisse die Gründe für psychische Störungen vollständig aufgedeckt werden könnten, wäre jede weitere Analyse, die auf subjektive Strukturen gerichtet ist, unnötig. Psychologie wäre nichts anderes als ein überflüssiger Appendix. Aus der Epidemiologie wissen wir aber definitiv, daß aus einer sozial homogenen Gruppe nur für einen bestimmten Prozentsatz das Störungsrisiko der Gruppe zu einer realen Störung wird. Wir sind also mit Notwendigkeit auf *die Ebene der individuellen, subjektiven Verarbeitung von psychosozialen Belastungen* verwiesen. Die Formen dieser Verarbeitung müssen zum eigentlichen Untersuchungsgegenstand werden. Das heißt nicht Rückkehr zu einer individualistischen Ebene, denn man kann von der Annahme ausgehen, daß Belastungen nach sozialtypischen Mustern und in gesellschaftlich strukturierten Formen verarbeitet werden. Diese sozial typisierten Copingmechanismen gilt es zu identifizieren und danach zu fragen, unter welchen Bedingungen sie so funktionieren, daß sie ein produktives Umgehen mit alltäglichen Konflikten und Widersprüchen erlauben, und unter welchen Bedingungen dies nicht mehr gelingt. Um dies zu erfahren, muß man am Alltagsbewußtsein und -handeln der Betroffenen ansetzen. Man muß danach fragen, welches ihre spezifischen Situationsdefinitionen sind. Wie sehen sie selbst ihre Probleme? Was sind ihre Alltagstheorien über die Ursachen dieser Probleme? Was sind ihre Vorstellungen, wie man am adäquatesten mit ihnen umgeht? Was sind ihre Überlegungen zu den Gründen dafür, daß sie selbst oder andere mit diesen Problemen fertig werden? Welche Art von professioneller Hilfe halten sie selbst für notwendig?

Die methodischen Schwierigkeiten bei der Durchführung eines solchen in die lebensweltlichen Sinnstrukturen hineinführenden Projekts sollen hier ausgeklammert bleiben. Ansprechen will ich die entscheidende theoretische Fragestellung. Es ist sicherlich eine idealistische Falle, einfach bei der *Phänomenologie des Alltagsbewußtseins* stehenzubleiben. Sowohl für die Ebene der Theoriebildung als auch für die angezielte Praxis besteht der Anspruch, die Mystifikation des Alltagsbewußtseins, dessen Pseudokonkretheit zu durchbrechen. Die Frage ist: In welcher Form soll sich wissenschaftliche Theorie auf Alltagstheorien beziehen? Klar ist zunächst zweierlei: Einmal darf unser wissenschaftlicher Erkenntnisanspruch dem alltäglichen, instrumentellen, kognitiven und handelnden Zugang zur gesellschaftlichen Wirklichkeit nicht einfach untergeordnet werden. Zum anderen: Ein psychopathologischer Kognitionsraster und auch die formal abstrakten Kategorien der Verhaltensgleichung, mit der Verhaltenstherapeuten arbeiten, sind so insensitiv gegenüber jenen alltäglichen Formen der Lebensbewältigung, formulieren sie so vollständig um in gesellschaftlich indifferente Seinsaussagen oder abstrakte Mensch-Umwelt-Relationen, daß wir uns ihrer nicht bedienen können. Es scheint mir sinnvoll, sich in diesem Konflikt für ein konsequentes Erfassen von Deutungssystemen der vorfindlichen utilitaristischen Lebenspraxis zu entscheiden, weil in ihnen Problemlösungsmuster jener gesellschaftlichen Wirklichkeit kognitiv repräsentiert sind, an denen unser praktisches klinisches Handeln in jedem Fall ansetzen muß. Anknüpfen müssen wir an ihnen, nicht um sie zu affirmieren, sondern um ihrer lebensweltlichen Erfahrungshaltigkeit willen, an der alle Versuche zum letztlich angezielten begreifenden Überwinden der Pseudokonkretheit gesellschaftlicher Wirklichkeit ansetzen müssen. Mit dem erkenntnisleitenden Sprachspiel der herrschenden Psychodiagnostik haben wir keine Chance, die je individuellen

Möglichkeiten des Begreifens der widersprüchlich-komplexen Realität der jeweiligen Lebenssituation zu erfassen. *Notwendig erscheint mir eine Situationsanalyse, die die Formen subjektiver Aneignung gesellschaftlicher Realität phänomenologisch präzise und für die subjektiven Perspektiven sensitiv untersucht, sie aber interpretativ auf die objektiven materiellen Bedingungen der Strukturen der Lebenswelt bezieht.*

In diesem ersten Schritt einer Bedürfnisanalyse sind die Adressaten Menschen, denen wir nicht in irgendeiner Institution der psychosozialen Versorgung begegnen, die sich entweder von ihr nichts erwarten oder mit ihren Problemen im Kontext der ihnen verfügbaren sozialen Netzwerke fertig werden. Unser Interesse richtet sich aber auch darauf, wie psychosoziale Dienste konkret auf Probleme eingehen, die an sie herangetragen werden. Das Mängelprofil, das ich oben aufgezeigt habe, bedarf einer subtilen, empirischen Analyse. Probleme werden an Institutionen herangetragen, weil die alltäglichen Problemlösungskapazitäten in vielen Fällen nicht ausreichen, um ohne professionelle Hilfe mit den Belastungen der eigenen Lebenspraxis fertig zu werden. Gefragt wird nach unterschiedlichen Problem- und Situationsdefinitionen, die in Abhängigkeit vom jeweiligen professionellen Selbstverständnis und dem jeweiligen institutionellen Kontext gegeben werden. Es wird gefragt, in welchem Maße die Problemdefinition der Betroffenen und die professionellen übereinstimmen bzw. im Verlauf der Beratungs- oder Behandlungsbeziehung zur Übereinstimmung gebracht werden (für den Bereich der Erziehungsberatung liegt eine erste Arbeit vor: Luz, 1977).

Für diese Fragen anleitend sind zum einen Überlegungen aus dem Bereich der Medizinsoziologie, die sich auf die Kategorie »Krankheitsverhalten« beziehen, und zum anderen solche, die aus dem Kontext der Labeling-Perspektive stammen. Die Labeling-Perspektive nimmt an und hat nachgewiesen, daß durch institutionelle Zuschreibungs- und Zuweisungsprozesse stigmatisierend wirkende Identitätsformen hergestellt werden. Das ist sicher nicht die ganze Wahrheit über psychische Störungen, aber es läßt sich empirisch nachweisen, daß routinisierte Reaktionsmuster von klinischen Institutionen soziale Typisierungen erzeugen, die reale lebensgeschichtliche Konsequenzen haben. Sie können den ursprünglichen Verhaltensproblemen eine neue

Gestalt geben, weil sie nur in dieser Form professionell akzeptiert werden. Eine weitergedachte Labeling-Perspektive fragt danach, wie das in vielen Fällen notwendige professionelle Reagieren auf Lebensschwierigkeiten so organisiert werden kann, daß es diese nur insoweit bearbeitet, wie es notwendig ist, um folgendes allgemeine therapeutische Ziel zu erreichen: *Ermöglichung einer bewußten Lebenspraxis.* Aus der Analyse vorherrschender professioneller Deutungsmuster und ihrer Auswirkungen auf die Situationsdefinitionen der davon Betroffenen wollen wir uns ein Interpretations- und Handlungssystem erarbeiten, das sensitiv bleibt für jene Formen der Realitätsverarbeitung, die dem lebensweltlichen Kontext der Betroffenen entstammen.

Ich will nicht behaupten, daß mit den skizzierten Einstiegen der Weg für eine umfassende Bedürfnisanalyse eindeutig vorgezeichnet wäre. Es sind eben *Einstiege!* Sie sind es *weniger für die Grundlagenforschung, als vielmehr für eine Handlungsforschung,* die nicht darauf warten will, bis die reine Forschung zu Gesetzmäßigkeiten gelangt ist, aus denen sich die Struktur des praktischen Handelns deduktiv ableiten ließe. Mir scheint es viel sinnvoller, Bedürfnisanalysen an *Aktionszentren,* an *Projekte* anzubinden und ihre Resultate in deren Praxis einzubeziehen und zu evaluieren. Die Überlegungen, die ich vorgetragen habe, stehen bei uns im Kontext einer Initiative zum Aufbau eines Kriseninterventionsdienstes und eines kommunalen sozialpsychiatrischen Dienstes. Es geht uns nicht um Bedürfnisse schlechthin, sondern um die Bedürfnisse der Menschen, die in den Stadtbezirken leben und arbeiten, in denen wir psychosoziale Dienste aufbauen.

4. Zur Notwendigkeit der Vergesellschaftung der Praxis

Man kann sich kaum vorstellen, daß jemand, der in einer Einzelpraxis arbeitet, sehr viel mehr tun kann, als mehr oder weniger gut sein therapeutisch-technisches Wissen zur Behandlung der Leute einzusetzen, die halt zu ihm kommen. Daß der Weg zu ihm ein Weg des Ausfilterns ist, mag ihm bewußt sein, doch er wird es nicht ändern können. Diese Einsicht verbreitet sich und erfährt bereits vereinzelt eine satzungsmäßige Fixierung

(z. B. bei der DGVT) dadurch, daß man gemeindenahe Dienste, das Arbeiten in sozialpsychiatrischen Teams als sinnvollste Formen klinisch-psychologischer Berufspraxis deklariert. Ich halte das für einen ganz wichtigen, unverzichtbaren Grundsatz für einen Verband, der berufspolitische Fragen aus einem übergeordneten gesundheitspolitischen Rahmen abzuleiten versucht. Doch auch für diesen Grundsatz gilt, daß er erst einmal handlungsverbindlich gemacht werden muß. *Es ist zu fragen, wie sich verhaltenstherapeutische Tätigkeit in eine gemeindepsychologische Perspektive einfügen kann.* Auf sehr viel Erfahrung können wir noch nicht zurückgreifen.

Zunächst gilt, was Nietzel et al. in dem soeben erschienenen Buch über verhaltensanalytische Ansätze in der Gemeindepsychologie sagen: »Verhaltensmodifikation wurde in erster Linie in einer Weise benutzt, die den meisten anderen Formen psychotherapeutischer Interventionen entspricht. Verhaltenstherapeuten haben im wesentlichen die Sitten und Gebräuche anderer Kliniker übernommen und arbeiten innerhalb einer Struktur, die die Einzelbehandlung bei leicht beeinträchtigten Personen betont, die die persönlichen und finanziellen Ressourcen besitzen, die durch die traditionelle Psychotherapie gefordert sind. (...) Die umweltbezogene Position der Behavioristen wurde üblicherweise nicht in aktive Anstrengungen übersetzt, die Determinanten menschlicher Probleme in der sozialen Umwelt zu ändern. Vielmehr wurden die ›Defizite‹ und ›Überreaktionen‹ einer Person so modifiziert, daß diese sich wieder in das bestehende soziale System einpassen kann« (1977, S. 4).

Nun gibt es Vertreter der Verhaltensmodifikation, die diese Entwicklung als Sünde wider den Geist der eigenen theoretischen Position betrachten und davon überzeugt sind, daß eine gemeindepsychologische Orientierung der psychosozialen Versorgung überhaupt nur konsequent und verbindlich auf verhaltenstheoretischer Grundlage entwickelt werden kann. In einem Aufsatz mit dem Titel »Eine verhaltenstheoretische Revolution in der psychosozialen Versorgung« kommen MacDonald, Hedberg und Campbell zu der Einschätzung, daß es allen herkömmlichen Versuchen zu einer gemeindenahen Versorgung nicht gelang, bestehende professionelle Sichtverengungen, Gewohnheiten und territoriale Rechte grundlegend zu verändern und wirklich sensitiv und aufgeschlossen für die Bedürfnisse einer ganzen Gemeinde zu werden. Traditionell-psychiatrische Loyalitäten oder die »intrapsychische Oberhoheit« (Levine, 1970) haben die Entwicklung jenes »sense of community« verhindert, den Sarason (1974) als unabdingbare Voraussetzung für eine gemeindepsychologische Praxis fordert. Ihn aber reklamieren MacDonald et al. für die Verhaltenstheorie: Sie »offeriert entschiedene Vorteile als ein konzeptuell begründetes und wirksames Modell für Dienstleistungen gegenüber dem ganzen sozialen System. Sie bietet eine verständliche und ausführbare Sprache; sie begünstigt die Konzeptualisierung der Interaktion zwischen dem Individuum und seinem gesamten Gemeindesystem; sie ermutigt zur persönlichen Verantwortlichkeit unter allen Mitgliedern einer bestimmten sozialen Gemeinschaft für das wirksame Funktionieren des Gesamtsystems und seiner Mitglieder. Zusätzlich können das Rüstzeug und die Techniken der Verhaltenstheorie ohne weiteres von einem viel größeren Teil der ganzen Gemeinschaft angeeignet werden, als es bis dahin möglich war« (1974, S. 229; vgl. auch Jason, 1977).

Ich vermag die Emphase der Autorengruppe nicht zu teilen. Die Bedingung für die erfolgreiche Durchführung des »revolutionären Programms« ist ja, daß sich die gesellschaftliche Wirklichkeit auch wirklich nach jenen Gesetzmäßigkeiten entfaltet, die ihr die Verhaltenstheorie vorschreibt. Um so schlechter für die Wirklichkeit, wenn sie dies nicht tut! Ich zweifle daran, daß auf der Grundlage eines solchen *verhaltenstheoretischen Imperialismus* so etwas wie eine gemeindenahe Versorgung aufgebaut werden kann. Die möglichen Problemstrukturen und die Formen ihrer Lösung sind immer schon vorweg definiert. Man braucht nur auf die vielen mißglückten Versuche von Tokenprogrammen in Schulen oder psychiatrischen Stationen zu verweisen, um die *Gefahren eines äußerlich bleibenden technologischen Zugriffs* auf einfache soziale Systeme zu zeigen. Was gänzlich fehlt, ist eben jener »sense of community«, jenes Vertrautsein mit dem Lebensfeld, für das ein Programm entwickelt wird, jene »Innenperspektive«, die notwendig ist, damit eine Intervention an den Bedürfnissen der Betroffenen anknüpfen kann (vgl. Rappaport, 1977, S. 89ff.).

Der Begriff »Gemeinde«, der in »gemeindenaher Versorgung«

oder in »Gemeindepsychologie« auftaucht, hat ein Assoziationsfeld, das uns zwingt, sehr genau zu sagen, was wir darunter verstehen wollen, wenn wir nicht mißverstanden werden wollen. Der Begriff »Gemeinde« kann auch das Bild von der Schafherde und ihrem Hirten suggerieren, der immer weiß, was seine Herde braucht. Häufig schwingt so ein Anspruch von »oberhirtlicher Hegemonie« mit, wenn von gemeindenaher Versorgung die Rede ist. Ja, auch der so selbstverständlich verwendete Versorgungsbegriff transportiert Konnotationen, die die Betroffenen als passive Konsumenten eines für sie richtig servierten Dienstleistungssystems erscheinen lassen.

Es scheint mir kaum möglich, einfach mit einigen operationalisierbaren Aussagen zu bestimmen, was eine adäquate gemeindepsychologische oder sozialpsychiatrische Perspektive ausmacht. Leichter ist es, Probleme zu benennen, an denen man nicht vorbei kann, wenn man eine solche Perspektive in praktischer Absicht entwickeln will:

1. Der gesellschaftliche Lebenskontext fügt sich nicht zwanglos der verhaltenstheoretischen Strukturierung. *Das komplexe Gefüge der sozialen Lebenswelt wird in der falschen Abstraktheit von simplen Reiz-Reaktions-Kategorien verfehlt.* Ullmann (1977) hat das in dem Vorwort zu dem erwähnten Buch von Nietzel et al. in aller Deutlichkeit festgestellt. Er fordert die Berücksichtigung von demographischen, sozioökonomischen Daten, von Informationen über das Verhältnis einer Person oder sozialen Gruppe zu anderen Gruppen und sozialen Institutionen, über die Arbeitsbedingungen und über den gesellschaftlichen Bewußtseinsstand. Beziehungsfelder von Handeln können kaum verhaltensanalytisch kleingekaut werden, ohne ihre spezifische Qualität zu verlieren.

2. Die *Komplexität der Lebensrealität,* auf die hin psychosoziale Versorgung orientiert werden muß, erfordert eine *Komplexität des Wissens,* die einen einzelnen überfordert und die eine einzelne Berufsgruppe von ihren spezifischen Ausbildungsvoraussetzungen her kaum wird erreichen können. Daraus leitet sich die Forderung nach *Multiprofessionalität* ab, wenngleich damit noch kein integrativer Verbund unterschiedlicher Formen von Spezialwissen garantiert ist. Gefunden werden muß jeweils eine Teamstruktur, in der aus der notwendigen Arbeitsteilung keine Hierarchisierung von Kompetenz und

Macht folgt und dadurch eine Problemsensibilität des Teams nach außen entsteht, die mehr als den kleinsten gemeinsamen Nenner der erreichbaren Machtbalance der beteiligten Professionen realisiert. Notwendig ist also ein höherer *Vergesellschaftungsgrad der Praxis*, als bislang erreicht. Die Qualität dieser Vergesellschaftung hat sich aus der jeweiligen Aufgabe zu entwickeln. Bei einer therapeutischen Wohngemeinschaft wird sie anders aussehen müssen als bei einem Kriseninterventionsdienst oder bei einer psychosozialen Kontaktstelle.

3. In der Reformdiskussion um die psychosoziale Versorgung wird man auch mit dem *Widerspruch von Erweiterung professioneller Kompetenz ins soziale Feld* hinein und der *Forderung nach Entprofessionalisierung* konfrontiert. Anders gewendet handelt es sich hier um den »Widerspruch zwischen spezifisch reduzierten Formen von Problemdefinition, Professionalisierung, Institutionalisierung und den Alltagskonflikten, um derentwillen Probleme definiert und Professionalisierung und Institutionalisierung ausgebaut werden« (Thiersch et al., 1977, S. 99f.). Daß Professionalisierung und Institutionalisierung gegenüber den Formen von Hilfsbedürftigkeit, an denen sie ihren Ausgangspunkt genommen haben, eine Eigendynamik entwickeln können, die die Hilfsbedürftigkeit zur bloßen Legitimationsformel verkommen läßt, ist kaum zu bestreiten. Mit den realen Gefahren ihrer Verselbständigung die Professionalisierung und Institutionalisierung gleich mitbeseitigen zu wollen, hieße den radikal-konservativen Empfehlungen eines Ivan Illich zu folgen. Das so wichtige Prinzip der Selbsthilfe kann zu alternativen Ansätzen in der psychosozialen Versorgung führen, doch es kann nicht die einzige Alternative zu professionellen Interventionen sein. Vorschläge in diese Richtung übersehen, daß Hilfsbedürftigkeit oft ja gerade Ausdruck fehlender Selbsthilfepotentiale ist, daß die kapitalistische Formbestimmtheit unserer Arbeits- und Verkehrsformen zu Defiziten, Konflikten und Widersprüchen führt, die den einzelnen strukturell überfordern. »Der Zusammenhang von Gesellschaftsstruktur, Konfliktform und Konfliktlösung ist kein beliebiger und kann nicht einfach rückgängig gemacht werden« (Thiersch, a.a.O., S. 100). Was Thiersch in bezug auf die Entwicklung im Beratungswesen sagt, läßt sich auf Aktivitäten im gesamten psychosozialen Bereich verallgemeinern: »Es kommt ... darauf

an, nicht die Expansion von Beratung prinzipiell rückgängig zu machen, sondern die in spezieller Problemdefinition, in Institutionalisierung und Professionalisierung liegenden Chancen so zu nutzen, daß Beratung auf die gegebenen Alltagskonflikte und die in ihnen angelegten Entwicklungschancen bezogen bleibt« (a.a.O., S. 100).

4. Die Forderung nach einer stärkeren Vergesellschaftung der Praxis zielte auf die intra- und interprofessionelle Struktur innerhalb eines Arbeitsfeldes. Hinzu muß ein weiterer Vergesellschaftungsaspekt kommen: *Koordination, Kooperation und Integration der verschiedenen Dienste im kommunalen oder regionalen Maßstab.* Wenn von der politischen Dimension einer gemeindepsychologischen Perspektive die Rede ist, dann ist damit kein politischer Kraftakt getrennt von der alltäglichen Praxis gemeint, auch nicht eine kurzschlüssige Politisierung der eigenen Tätigkeit im Sinne des SPK (Sozialistisches Patientenkollektiv Heidelberg). Es geht vielmehr zunächst darum, die isolierten Tätigkeiten kommunikativ und interaktiv zusammenzuführen. Dabei wird dann sehr schnell über die Träger der einzelnen Dienste der Bezug zur kommunalen und regionalen Sozial- und Gesundheitspolitik erkennbar und nutzbar. Die Initiierung einer psychosozialen Arbeitsgemeinschaft kann hierzu ein erster Schritt sein. Die in vielen Kommunen und Regionen beginnenden Versuche einer Neustrukturierung der psychosozialen Versorgung im Sinne der Enquête sollten als Chance genutzt werden, Vorstellungen zu einer bedürfnisorientierten gemeindenahen Versorgung einzubringen.

Die bisherigen Überlegungen knüpften an die Selbstverständnisdiskussion in einem psychologischen Berufsverband an. Sie enthielten in den letzten Passagen bereits Ansatzpunkte für eine weiterführende Perspektive, die Berufstätigkeit in der psychosozialen Versorgung insgesamt thematisierte. Diese Perspektive soll nun noch expliziter entwickelt werden.

5. Gemeindepsychologische Perspektive

5.1. *Gemeindepsychologie: Ein Profil – keine disziplinäre Profilierung*

Das Schlimmste, was den Initiativen, Überlegungen und Vorschlägen, die man als Gemeindepsychologie zusammenzufassen beginnt, passieren könnte, wäre ihr Eingemauertwerden in eine diskrete disziplinäre Struktur. Gemeindepsychologie neben anderen Bindestrich-Psychologien würde zu ihrer Sterilisierung führen. Sie muß nämlich so unbescheiden sein, sich auch für andere Teildisziplinen wie Klinische, Organisations- und Sozialpsychologie als zuständig zu erklären, aus ihnen Material, theoretische Ansätze und Methoden zu beziehen und sich für die Ausbildung zu interessieren, die sich auf die verschiedenen Tätigkeitsbereiche bezieht. Man könnte in Anlehnung an Dörners Feststellung: »Psychiatrie ist soziale Psychiatrie oder sie ist keine« (1972, S. 8), sagen, daß gemeindepsychologische Konzepte nur dadurch Relevanz erlangen können, daß sie integraler Bestandteil des gesamten psychologischen Tätigkeitsspektrums werden. Als abgespaltene und sich in »splendid isolation« professionalisierende Disziplin einer kultivierten »kritischen Empfindlichkeit« (Dörner, 1977b), ohne Bindung zu der vorherrschenden psychologischen Berufspraxis, könnte man Gemeindepsychologie nur als Fehlentwicklung bezeichnen.

Ich möchte den gemeindepsychologischen Ansatz als *Perspektive* bezeichnen, die eine *alternative Sichtweise* auf solche Probleme ermöglicht, die in der Tätigkeits- und Selbstverständnisstruktur von Psychologen eine lange Tradition haben, die aber auch für Probleme dort sensibilisiert, wo bislang problemlos agiert wurde. Sie sucht nach einem veränderten professionellen Selbstverständnis und tut dies in Form einer »Widerstandsanalyse«, die an den durchschnittlichen pragmatischen Alltagstheorien von Psychologen in verschiedenen beruflichen Tätigkeitsfeldern ansetzt. Eine gemeindepsychologische Perspektive verordnet *keine große Alternative*, sie verkündet nicht die Möglichkeit, daß man alles ganz anders machen könnte, sondern versucht Bedingungen und Konsequenzen beruflichen Handelns bewußter zu machen.

Die *Kernannahme einer gemeindepsychologischen Perspek-*

tive ist bisher nicht sehr viel klarer formuliert worden als so: Die Probleme, auf die sich psychologische Berufstätigkeit bezieht, sind in entscheidender Weise durch das soziale Lebensfeld der jeweils Betroffenen bestimmt und sind auch nur unter Berücksichtigung des sozialen Kontextes angemessen zu bewältigen (vgl. etwa Zax und Specter, 1974). Noch allgemeiner wird die Notwendigkeit einer ökologischen Orientierung für die Gemeindepsychologie betont (vgl. z. B. Kelly, Snowdon und Muñoz, 1977; Rappaport, 1977; Holahan, 1977a; b). Da psychologische Dienste häufig zu wenig in den lebensweltlichen Kontext integriert sind und deshalb für große Bevölkerungsgruppen nicht zur Anlaufstelle werden können, wird aus dieser Einschätzung die Forderung abgeleitet, daß psychologische Tätigkeit sensitiver für die Strukturen der Gemeinde und die aus ihnen folgenden situativen Lebensbedingungen zu werden hätte (so etwa Bender, 1976, S. 13; S. 33).

Die Substanz der gemeindepsychologischen Perspektive erschließt sich über derart allgemeine Aussagen kaum. Sie ist eher dadurch zu bestimmen, daß man untersucht, wo sie aus tradierten Selbstverständnisstrukturen ausbricht und welche neuen Problemsichten sie dadurch gewinnt. Mir scheinen sechs Bruchstellen von besonderer Relevanz.

(1) Wenn die soziale Lebenswelt als strukturierter Erfahrungszusammenhang für spezifische Bevölkerungsgruppen zum Ansatzpunkt psychologischer Tätigkeit werden soll, dann führt dies notwendigerweise zu einer *Abkehr vom »psychologischen Blick«*. Die Ebene der individuellen Brechung sozialer Einflüsse, der subjektiven Verarbeitung gesellschaftlicher Strukturen wird dadurch nicht in ihrer Eigengesetzlichkeit geleugnet, aber es wird in Zweifel gezogen, ob man über Persönlichkeitstheorien und die klinische Sicht von Problemen den notwendigen *»sense of community«* erlangen kann. Sarason meint dazu: »Je mehr wir in unserem Denken und Handeln klinisch sind, desto weniger sehen wir den größeren Zusammenhang oder das soziale Gefüge« (1976a, S. 139). In psychologischen Theorien finden sich keine systematischen Vermittlungen zwischen dem individuellen Handeln und jenem *sozialgeschichtlichen Erfahrungsprozeß*, den man als die *gesellschaftliche Organisierung psychischen Leidens* bezeichnen könnte. In diesem Erfahrungsprozeß handelt es sich um die

Verarbeitung jener gesellschaftlichen Reaktionen, die kommen, wenn sich ein Individuum in der Krise befindet. Es handelt sich in der Regel um eine Sequenz von alltagsweltlichen Reaktionen bis hin zu solchen, die institutionalisiert und professionell abgestützt erfolgen. In ihrer individuellen Verarbeitung werden diese Reaktionen Teil des Verhaltenssystems, aber bleiben unzugänglich, wenn nur noch statische Persönlichkeitsdimensionen zur Erfassung individueller Strukturen verfügbar sind. Die Gemeindepsychologie aber setzt an solchen individuellen Sozialgeschichten an. Dadurch erhält sie die Möglichkeit, über typische Karriereverläufe Toleranzschwellen und Reaktionstypen zu rekonstruieren, mit denen in der sozialen Lebenswelt zu rechnen ist, wenn Individuen aus der Vertrautheit und Verläßlichkeit alltäglicher Routine herausfallen und in Orientierungskrisen geraten bzw. solche in ihrem sozialen Netzwerk produzieren (vgl. Kellert, 1971).

(2) Wenn es darauf ankommt, die psychologische Tätigkeit in die alltäglichen routinehaften Prozesse des Umgangs mit Krisen und Problemlagen zu integrieren, wenn sie nicht darauf warten will, bis sich aus der Krisenhaftigkeit von Situationen Formen individualisierten Hilfesuchverhaltens entwickelt haben, die sich an Institutionen der psychosozialen Versorgung adressieren, dann wird daraus der gemeindepsychologische *Bruch mit dem Technizismus* verständlich. Die psychologisch-technischen Interventionsverfahren setzen voraus, daß Probleme dem System Individuum zurechenbar sind, um Ansatzpunkte für Verhaltensänderungen zu finden. Das ist im Stadium des Nachsuchens von therapeutischer Hilfe in der Regel der Fall. Die Getrenntheit von sozialer Lebenswelt und Institutionen sozialer Hilfeleistung ist nur über den Mechanismus der *Individualisierung sozialer Problemlagen* partiell aufzuheben. So gesehen – könnte man in der Terminologie der »Demokratischen Psychiatrie« Italiens sagen – setzt der Technizismus am »letzten Kettenglied der Ausschließung« an (Tranchina et al., 1976, S. 38). Der ganze Prozeß der Personalisierung und Individualisierung von Krisen und Problemlagen wird so noch einmal bestätigt. Bestenfalls wird er lebensgeschichtlich rehistorisiert, dann bleibt aber immer noch unzugänglich, in welcher Weise Probleme und ihre Verarbeitungsformen in systematischer Weise in den objektiven gesellschaftlichen

Lebenszusammenhang eingelagert sind.

(3) Da sich berufliches Selbstverständnis über die Verfügbarkeit spezifischer Kompetenzen bestimmt, die für den Psychologen das Beherrschen von Diagnose- und Interventionsverfahren darstellen, erzeugt der Bruch mit dem Technizismus auch ein *Mißtrauen gegen professionelle Allzuständigkeit.* Nicht mehr aus einer für alle denkbaren Lebenslagen und Problemkonstellationen Gültigkeit beanspruchenden Theorie und einem Inventar bewährter Technologien bestimmt sich die Kompetenz des Psychologen, sondern aus seiner Fähigkeit, an den alltagsweltlichen Bedürfnissen anzuknüpfen (vgl. Bender, 1976), die *Funktionsfähigkeit von sozialen Netzwerken* (Horwitz, 1977) und *Unterstützungssystemen* (Caplan und Kiliea, 1976) zu erkennen und zu unterstützen. Es ist zu fragen, ob der Psychologe mit seiner Signalisierung von Allzuständigkeit dazu beiträgt, vorhandene *Selbsthilfepotentiale* zu entwerten. Diese werden gelegentlich überschätzt, aber sie sind in einem sehr viel höheren Maße gegeben, als es professionelle Helfer zuzugeben bereit sind (vgl. dazu die Schwerpunkthefte folgender Journale: *»The Journal of Applied Behavioral Science«*, Heft 3 [1976]; *»Social Policy«*, Heft 1 [1977]; *»Gruppendynamik«*, Heft 5 [1977]. Die aus konservativer sozialpolitischer Sicht formulierten Einwände gegen eine totale wohlfahrtsstaatliche Einhegung der Menschen haben einen durchaus akzeptablen Kern. So sagt etwa Schelsky: »...die sozial hilfreich gemeinte Betreuung der sozial Schwachen (schlägt) auf die Dauer in eine Herrschaft der sozialen Betreuer um, die dann ein politisches Eigeninteresse daran haben, die Betreuten materiell und vor allem in ihrem Selbstverständnis hilflos und hilfsbedürftig, also unselbständig, zu erhalten« (1976, S. 18). Man kann dem konservativen Kritiker in seiner Analyse folgen, ohne seine Alternative akzeptieren zu müssen, die vom Mythos des freien Individuums ausgeht, das in der freien Konkurrenz die optimalen Chancen zur Erlangung des höchstmöglichen persönlichen Nutzens hat.

Die Expertenkompetenz, die sich technisch definiert, führt zu jener treffend als »claims-making activity« (Spector und Kitsuse, 1977) bezeichneten *Definitionspraxis von Problemlagen, die ein reibungsloses Funktionieren professioneller Arbeitsroutinen garantiert.* Kelly (1970) fragt nach dem »Gegengift gegen die Arroganz« professioneller Vorwegdefinitionen von Hilfsbedürftigkeit und empfiehlt eine ökologische Sichtweise des Menschen, die über das eigene lebensweltliche Eingebundensein des Experten in den Lebenszusammenhang seiner potentiellen Klienten zu gewinnen ist. Nicht nur auf die etwas vage bleibenden ökologischen Gemeinsamkeiten von Experten und Klienten bezieht sich die Praxis der »demokratischen Psychiatrie«. Hier steht im Zentrum der gemeinsame politische Kampf gegen eine Gesellschaft, die unproduktive und den Konsensus der gesellschaftlichen Machtbalance störende Mitglieder ausschließt und die psychosozialen Berufsgruppen zu Sachwaltern dieses Ausschlusses macht. Aus dem gemeinsamen politischen Ziel der Aufhebung des Ausschlusses werden die Funktionen bestimmt, die den professionellen Helfern zukommen (z. B. Verhandeln mit Ämtern und Behörden, Beschaffung von Wohnungen und Arbeitsplätzen, Aufnahme des Kontaktes zu noch vorhandenen Strukturen der Lebenswelt, aus der der Ausschluß erfolgte etc.).

(4) Aus der gegenwärtig vorherrschenden institutionellen und professionellen Organisation psychologischer Berufstätigkeit erfolgt eine fast ausschließliche Bezugnahme auf Menschen, die in Krisen sind und in den aus ihnen folgenden Verhaltensschwierigkeiten Hilfe suchen. Es gibt natürlich auch so etwas wie eine »Präventionslyrik«, bei besonderen Anlässen vorgetragen, doch ohne substantielle Auswirkungen auf die tägliche Berufspraxis. *Die gemeindepsychologische Perspektive setzt der »kurativen« eine »präventive Orientierung« als alternatives Aufgabenspektrum entgegen* (vgl. Cowen, 1973). Sie will psychologische Aktivitäten auf die Bedingungen des Auftretens von psychischen Störungen richten und damit zu einer Reduktion der Auftretenswahrscheinlichkeit von Krisen und Störungen beitragen. Mit dieser Forderung nach Prävention, die so unproblematisch ihren Platz in programmatischen Zielkatalogen findet, sollte aber auch gleichzeitig die tendenzielle Überforderung bewußtgemacht werden, die sie für Psychologen darstellt. An der »Community Mental Health«-Bewegung in den USA ist gezeigt worden, daß entgegen ihrem Anspruch und Auftrag, eine Ausgewogenheit von »direkten« und »indirekten« psychosozialen Diensten zu erreichen, weniger als 5 % der professionellen Aktivität in Diensten erfolgte, die einen aus-

drücklichen präventiven Auftrag hatten (vgl. Snow und Newton, 1976). Präventiv orientierte, »indirekte« Dienste setzen an Organisationen und Institutionen an, denen man besondere krisenproduzierende Strukturmuster zuschreiben kann (z. B. Schulen, Betriebe und Verwaltungen). Das Ansetzen an Organisationen und allgemein an sozialen Systemen produziert für den Psychologen Identitätskrisen, denn sein dimensionales Orientierungsraster ist am System Individuum entwickelt. Selbst dann, wenn er seinen Arbeitsplatz in der Beratung von sozialen Systemen finden sollte, wird er mit hoher Wahrscheinlichkeit den komplexen Systemzusammenhang auf die Verhaltenssysteme von Individuen in sozialen Systemen reduzieren. Es ist sicherlich kein Zufall, daß sich die registrierbaren Aktivitäten im Bereich der Prävention sehr stark auf die *Vermittlung von Kompetenzen* konzentrieren, die Individuen brauchen, um adäquater ihre jeweiligen Realitäten bewältigen zu können. Für dieses präventive Ziel bieten sich dem Psychologen »vertraute« Ansatzpunkte in seinem eigenen Kompetenzbereich. Mir scheint bemerkenswert, daß sich gerade in der gemeindepsychologischen Literatur eine sehr realistische und selbstkritische Einschätzung in bezug auf die Möglichkeiten primärer Prävention durchsetzt. Es werden keine großen programmatischen Sentenzen mehr formuliert, die als Nebelschleier die sehr spärlichen faktischen Möglichkeiten und Ansatzpunkte zudecken sollen. Cowen spricht von »baby-steps toward primary prevention« und beginnt den so überschriebenen Artikel mit einer ironischen Analyse der Illusionen, die der Begriff »primäre Prävention« erzeugen kann. Er sei »ein glitzernder, diffuser, absolut abstrakter Begriff. Seine Aura ist so erhaben, daß ihn manche auf die gleiche Ebene wie den Nobelpreis stellen. Er enthält das mysteriöse und aufregende Versprechen des ›Durchbruchs‹. Er bietet die scharfe Abgrenzung von all dem, was in der psychosozialen Versorgung bislang getan wurde, eine unwirkliche und trotzdem grandiose Alternative« (1977, S. 1).

Ähnlich wie Cowen fordern Kelly et al. Zurückhaltung bei der Einschätzung dessen, was als primäre Prävention erreichbar sei. Es bleiben aber hoffnungsvolle Ansätze: »Es gibt Hoffnungsschimmer in der Literatur, daß das schwer faßbare Ziel der primären Prävention erreicht werden kann.« (1977, S. 333). Voraussetzung sei ein langfristiges Engagement, weil schnelle Erfolge kaum erreichbar sind; und notwendig sei die Konzentration auf Ebenen, auf denen systemische Verbindungen von individuellen und sozialen Strukturen erkennbar und zugänglich werden. Und dann kommt noch folgende Forderung: »Primäre Prävention erfordert eine radikal andere Art von Psychologie, das heißt eine, die sich auf eine langfristige Intervention im natürlichen Lebensfeld der Menschen einläßt« (a.a.O.). Man wird nicht behaupten können, daß dies sehr klare und für jedermann nur in einem spezifischen Sinne verständliche Aussagen sind, aber man spürt in ihnen die Suche nach alternativer Orientierung, nach den Bedingungen der Möglichkeit der allgemein als notwendig erachteten Prävention. Es wird nicht behauptet, man habe diese Orientierung schon im Griff. Es wird in allererster Linie deutlich, daß *diese Orientierung nicht aus den vorhandenen psychologischen Paradigmen zu gewinnen ist.*

(5) Eine rein psychologische Ausbildung reicht dann nicht mehr aus, wenn psychische Probleme in ihrem Zusammenhang mit ökologischen, ökonomischen, subkulturellen oder institutionellen Strukturen erfaßt und bearbeitet werden sollen. *Wissenschaftsstrukturen, die dem Paradigma einer experimentellen und sich nomothetisch verstehenden Psychologie verpflichtet sind, verfehlen die Komplexität lebensweltlicher Handlungsmuster* (vgl. Proshansky, 1976). Die externe Validität von Laborbefunden ließe sich nur mit der Unterstellung behaupten, daß die gesellschaftliche Realität entsprechend dem Design experimentell hergestellter und kontrollierter Wirklichkeit funktioniert (vgl. Argyris, 1976). Diese Karikatur der ohnehin fragwürdigen Vorstellung von der Eindimensionalität der Gesellschaft, der vollständigen Eliminierung sozialer Widersprüche und Veränderungspotentiale wird selten explizit vertreten. Die Realität erweist sich einer solchen Konzeption nicht gefügig genug und genau das stellt für die Gralshüter eines expansiven experimentellen Paradigmas eine Provokation dar. Sie können selbst die geforderte sozialwissenschaftliche Handlungskompetenz nicht begründen und bestreiten doch die Möglichkeit, sie aus einem anderen wissenschaftlichen Verständnis entwickeln zu können. Gegenüber solchen Versuchen wird dann aus einer Position der Macht, die sich aus dem Selbstverständnis der psychologischen »scientific community«

ihr Mandat holt, das exkommunizierende Verdikt der Unwissenschaftlichkeit verhängt oder es werden immer wieder Anläufe unternommen, durch reduktionistische Deutungen sozialer Zusammenhänge im Sinne von Skinner die Universalität des eigenen Paradigmas zu behaupten.

Für gemeindepsychologisch orientierte Psychologen ist es selbstverständlich geworden, *die Notwendigkeit von Wissen und Kompetenzen aus anderen Disziplinen anzuerkennen,* die Grenzen der eigenen Disziplin auszuloten und nach ganz *neuen Formen interdisziplinärer Arbeit in Ausbildung, Praxis und Forschung* zu suchen (vgl. Trickett und Lustman, 1977). So werden Kooperationen von Psychologen, Stadtplanern, Verwaltungswissenschaftlern, Ökonomen, Medizinern und Vertretern anderer Sozialwissenschaften und die aus ihrem Verbund resultierenden komplexeren Wissensformen in innovativen Praxismodellen erprobt (Bender, 1976, S. 32).

In Frage steht auch das Verhältnis von Wissenschaft zur Praxis als Einbahnstraße. Man fragt jetzt explizit nach dem *Transformationsprozeß von Wissenschaftswissen in Praktikerwissen* und verläßt sich nicht mehr darauf, daß ein sich regelmäßig fortbildender Praktiker schon den Transfer des wissenschaftlichen Wissenszuwachses in die Praxis garantieren würde. Man fragt nach den konkreten Bedingungen psychologischer Tätigkeit und wie sie sich auswirken auf das Arbeiten mit spezifischen Wissensformen und welches Handlungswissen sich daraus entwickelt. Aus dem Bereich verhaltenstherapeutischer Programme für spezifische Institutionen (z. B. Schule, psychiatrische Station, Gefängnis, Resozialisierungseinrichtungen etc.) gibt es zahlreiche Beispiele für eine völlig ungenügende Abstimmung von sozialer Problemanalyse und verordneten Interventionsprogrammen. Doch setzen an solchen gescheiterten Versuchen vermehrt Analysen an (z. B. Reppucci und Saunders, 1974) und es wächst *das Bewußtsein für die Widerstandsfähigkeit der Realität gegen eine deduktive Vereinnahmung durch die Wissenschaft.*

Die Notwendigkeit einer »angewandten Sozialwissenschaft« wird zunehmend betont (Badura, 1976; Rosenmayr, 1977). In ihr soll die Umsetzung von Wissen in Handeln und umgekehrt als institutionell jeweils spezifisch strukturierter Prozeß zum Thema werden (vgl. Sashkin, Morris und Horst, 1973). Es wird nach allgemeinen sozialpsychologischen Prinzipien gesucht, die bei der Umsetzung von erreichten Problemdefinitionen in Interventionen berücksichtigt werden müssen (Reppucci, 1973). Die Vorschläge reichen bis zur Etablierung einer neuen Disziplin, die sich als »experimentelle Sozialpolitik« zu entwickeln hätte (Fairweather und Tornatzky, 1977).

Gemessen am vorherrschenden Paradigma psychologischer Forschung handelt es sich bei diesen Entwicklungstrends um eine Häresie. Es wird nicht mehr gefragt, was man mit dem verfügbaren Methodenkanon sinnvoller- und legitimerweise untersuchen sollte, sondern umgekehrt, wie man zur Bewältigung von definierten Problemen aus dem Alltag wissenschaftliche Lösungsmuster finden kann, die dann ihrerseits an dem Kriterium gemessen werden, welche Problemlösungskapazität sie zur Verfügung stellen können.

(6) Die gemeindepsychologische Perspektive läßt sich auch als Versuch charakterisieren, psychologische Theorie und Praxis auf die Formen ihrer (sozial-, gesundheits- und berufs-)politischen Realisierung zu beziehen. Damit erreicht die Psychologie das Stadium der *Selbstthematisierung ihrer eigenen politischen Verwertung und der Politisierung ihres Praxisfeldes.* Natürlich führt die Gemeindepsychologie die Politikdimension nicht in ein jungfräuliches Terrain. Die linke Psychoanalysediskussion oder auch die Skinnersche »Gesellschaftstheologie« sind nur zwei exponierte Beispiele für explizit thematisierte politische Bezüge und Ansprüche psychologischer Ansätze. Doch handelt es sich meist um psychologisch begründete Deutungsmuster von Vergesellschaftungsprozessen, um sozialphilosophische Systeme und Utopien, um Ideologien und Ideologiekritik auf psychologischer Basis. Es handelt sich nur vermittelt um die politische Qualität psychologischer Berufstätigkeit und überhaupt nicht um eine selbstreflexive Politisierung des eigenen Tätigkeitsfeldes. Berufs- und gesundheitspolitische Aktivitäten sind abgetrennt von der wissenschaftlichen und praktisch-psychologischen Tätigkeit entfaltet und organisiert worden. Ein Beispiel hierfür bietet die Psychoanalyse. In ihr ist eine intensive Diskussion zur Begründung einer »kritischen Theorie des Subjekts« geführt worden. Doch aus diesem kritisch-psychoanalytischen Diskussionszusammenhang sind – mit Ausnahme der Initiativen von H.-E. Richter – keine sozialpolitischen, ver-

sorgungsbezogenen Aktivitäten entwickelt worden. Es gibt allenfalls defensive Reaktionen auf die Reformrationalität der Psychiatrie-Enquête, in denen trotz progressiver Rhetorik die ständische Motivation nicht zu übersehen ist. Es wird die Gefahr beschworen, daß eine tendenzielle Gleichbehandlung aller psychologisch gegründeter Therapieformen in bezug auf Ausbildung und Einsatz in der psychosozialen Versorgung das eigene Professionalisierungsmuster gefährden könnte (z. B. Nedelmann und Horn, 1976).

Die aus einer gemeindepsychologischen Orientierung zu fordernde politische Sensibilität bezieht sich nicht auf die Fähigkeit, jederzeit eine umfassende politische Lageeinschätzung geben zu können, aus der entweder Situationsanalysen als konkretistisch herausfallen oder als Resultat einer logischen Ableitung aus der Struktur des Gesamtsystems absolutistisch ausfallen. Politische Sensibilität hat sich in der alltäglichen Praxis zu erweisen und nicht zuletzt in der Art und Weise wie die Legitimität der eigenen professionellen Tätigkeit reflektiert und an die Bedürfnisse der Klienten gebunden wird.

Will man die gemeindepsychologische Perspektive *zusammenfassend* charakterisieren, dann fällt dies am leichtesten als Auflistung der Punkte, an denen sie das durchschnittliche professionelle Selbstverständnis zum Problem macht. Dies sind

– ein elitärer Technizismus;
– ein deduktives Modell des Verhältnisses von Wissenschaft und Praxis;
– ein Professionalismus, der sich an Disziplin- und Standesgrenzen orientiert.

Diese Orientierungen sorgen für scheinbare klare Konturen, Abgrenzungen, Zuständigkeiten und Normen. Dagegen erscheinen die gemeindepsychologischen Orientierungen als vage, eklektizistisch, selbstzweiflerisch und vielleicht auch subversiv. Sarason (1976 b) fordert für die Gemeindepsychologie bewußt ein »anarchistisches Weltbild«. Sie soll argwöhnisch sein gegenüber etablierten Strukturen und Routinen und das sowohl in bezug auf das eigene Handeln als auch in bezug auf die gesellschaftliche Vordefiniertheit von Aufgaben.

5.2. *Professionelle Sozialisation aus gemeindepsychologischer Sicht*

Welche Konsequenzen hat nun eine gemeindepsychologische Perspektive für die professionelle Sozialisation von Psychologen in der Hochschule und den relevanten Praxisfeldern? Für die Hochschule läßt sich an einem paradoxen Beispiel anknüpfen.

Man stelle sich einen Psychologen vor, der während seiner universitären Ausbildungszeit eine individuelle Strategie der Anpassung an die »Sachzwänge« des Hochschulbetriebes verfolgt hat, der ihn durchlaufen hat, ohne sich an den kollektiven Selbsthilfeaktivitäten zu beteiligen, als die man etwa Fachschaftsarbeit bezeichnen könnte. Man stelle sich dann diesen Psychologen in einem Sozialpsychiatrischen Dienst vor, der Leute, die von der Stadtsanierung betroffen sind, mit der Empfehlung berät, daß aus gemeinsamer Betroffenheit auch kollektive Problemlösungen zu suchen seien. Es ist schwer vorzustellen, daß eine solche Empfehlung persönlich glaubwürdig vermittelt werden kann, selbst wenn den Betroffenen über die persönlich-politische Biographie des Psychologen nichts bekannt ist. Jemand, der das Selbsthilfeprinzip immer nur als individualistische und instrumentelle Selbstbehauptungsstrategie verfolgt hat, wird als professioneller Kompetenzvermittler – dies wird auch als gemeindepsychologische Aufgabe genannt (vgl. Bender, 1976, S. 36f.; Sommer et al., 1978, S. 2915) – authentisch nur Strategien solchen Typs vermitteln können.

Positiv gewendet, läßt sich an diesem Beispiel deutlich machen: Das, was Sarason (1974) den »sense of community« nennt, also ein Gefühl und ein Bewußtsein für soziale Situationen und deren strukturelle Produziertheit, ist in einer ersten systematischen Erfahrungsstufe am Lebens- und Arbeitszusammenhang Universität zu entwickeln. Hier handelt es sich um einen gesellschaftlichen Ort, der einen Zusammenhang kollektiver Betroffenheit erzeugt, dessen Bedingungen sowohl auf der strukturellen Ebene (z. B. Vermittlungen von Qualifikationen unter spezifischen hochschulpolitischen Bedingungen: Regelstudienzeit) als auch auf der situativen Ebene (z. B. Zeitdruck, verschulte Lernprozesse) identifizierbar sind. Aktive studentische Interessenpolitik und in ihr immer wieder neu zu entwickelnde und zu überprüfende kollektive Problemlösungsmuster sind, aus einer gemeindepsychologischen Perspektive gesehen, unabdingbare »curriculare« Anforderungen.

Es ist gegenwärtig schwer vorstellbar, daß die offizielle »akademische Kultur« – von Ausnahmen abgesehen – solche Initiativen aus sich heraus generiert, daß sie die universitäre Ausbildung konsequent als Sozialisationsfeld für kollektive Erfahrungsprozesse organisiert. Was Corbett und Levine (1974) für amerikanische Psychologie-Departments beschrieben haben, hat sicherlich auch in hohem Maße für deutsche Universitätsinstitute, an denen Psychologen ausgebildet werden, seine Gültigkeit. Sie sind orientiert an wissenschaftlicher Selbstdarstellung in Form von Publikationen, sie schaffen auf der Lehrkörperebene ein Klima von Konkurrenz, ihr Status bestimmt sich kaum an der Intensität der Ausbildung, sondern an der Präsenz und Behauptung in der »akademischen Kultur«. *Die »scientific community« steht in der Werthierarchie ganz sicher über der »community« von Lehrenden und Lernenden.* Studenten werden dann problemlos oder gar positiv unterstützt und von ihren Instituten akzeptiert ihr Studium absolvieren können, wenn sie eine hohe Anpassungsleistung an die Standards der »akademischen Kultur« erbringen.

Wie Duhl (1974) und Goldenberg (1974) aus jeweils unterschiedlichen Perspektiven zeigen, bestimmten die Spielregeln des universitären Milieus das spätere professionelle Selbstverständnis in hohem Maße und bilden ein »verdecktes Curriculum«, das zu den expliziten Ausbildungsinhalten hinzukommt oder diese modifiziert. *Ein Gegenmilieu mit der Möglichkeit zur Entwicklung alternativer Spielregeln ist notwendig.* In diesem Gegenmilieu muß nach Möglichkeiten gesucht werden, Vereinzelung, Konkurrenz und Angst gemeinsam aus dem gegebenen universitären Strukturmuster abzuleiten und nach Formen kollektiver Immunisierung gegen deren pathogene Zwänge zu suchen (vgl. dazu Schülein, 1977; Wagner, 1977; Horn, 1978). Hierin liegt die entscheidende Chance, im Studium eine Kompetenz zu entwickeln, die mit »sense of community« sehr treffend und schwer übersetzbar bezeichnet ist.

Es ist meines Wissens zwar noch nicht untersucht worden, aber ich halte die Annahme durch viele persönliche Erfahrungen für gestützt, daß Studenten, die sich organisieren und gegen

Restriktionen in ihrem Erfahrungsfeld kämpfen, am wenigsten das Angebot einer rein technizistischen Professionalisierung anzunehmen bereit sind, die gegenüber den lebensweltlichen Gegebenheiten ihrer Klienten lediglich einen instrumentellen Bezug herzustellen vermag. Man kann von der Wahrscheinlichkeit eines solchen Kompetenz-Transfers ausgehen, wenngleich er nur dann zu sichern sein wird, wenn der Schritt in die Berufspraxis und diese selbst eingebunden ist in einen *Gruppenzusammenhang, in dem die in der studentischen Lebenswelt erworbenen Kompetenzen weiterentwickelt werden können.* Eine Möglichkeit dazu sind Projektgruppen, die das Ziel verfolgen, alternative Versorgungsmodelle zu erproben (vgl. Stephan Wolff in diesem Band). Eine andere ist die Organisation in *gesundheitspolitischen Arbeitsgruppen der Gewerkschaften* (hierzu Waltraud Bolz und Ulli Stuhr in diesem Buch) und anderen *strukturierten politischen Arbeitszusammenhängen* (z. B. in einem gesundheitspolitischen Arbeitskreis des »Bundes demokratischer Wissenschaftler«, des »Sozialistischen Büros« oder der Parteien).

In solchen verbindlichen Kommunikations- und Arbeitskontexten besteht die Chance, professionelle Egoismen und Borniertheiten einzelner Berufsgruppen zu erkennen und deren Funktionen aus der Perspektive anderer Berufsgruppen und vor allem aus übergeordneten versorgungsspezifischen und gesundheitspolitischen Aufgabenstellungen zu bestimmen. Sich noch so fortschrittlich definierende *Berufsorganisationen* verhalten sich im Falle eines Zielkonfliktes zwischen den Interessen des Standes und der »großen gesundheitlichen Perspektive« sehr wahrscheinlich nach dem fast gesetzmäßigen Strukturmuster berufspolitischer Organisationen. Es werden zwar in der Regel Ziele der Organisation formuliert, die sich auf das »Gemeinwohl« beziehen, aber die konkreten Aktivitäten des Verbandes zielen auf die Verbesserung oder Wahrung der Chancen der Mitglieder auf dem berufsspezifischen Arbeitsmarkt (vgl. Rappaport, 1977, S. 392, und Manfred Cramer in diesem Band). Die Legitimität solcher Aktivitäten soll gar nicht prinzipiell bestritten werden, es geht um ihre Grenzbestimmung als Rahmen für professionelle Sozialisation. Therapieverbände entwickeln sich um spezifische therapeutisch-technische Schulen. Sie gewinnen ihre Identität nicht aus der gemeinsamen Tätigkeit ihrer Mitglieder in spezifischen Arbeitsfeldern. Sie können die therapeutisch-technische Kompetenz der in ihren Ausbildungsprogrammen befindlichen Mitglieder verbessern. Sie können zusätzlich bestimmte gesundheitspolitische Orientierungen explizit oder auch implizit geben, aber sie können nur unzureichend Kompetenzen fördern, die in einem spezifischen gesellschaftlichen Problemfeld gefordert sind, und sie sind überfordert, konkrete Kooperationsformen für Angehörige verschiedener Berufsgruppen zu entwickeln.

Aus einer gemeindepsychologischen Perspektive läßt sich zur Ausbildung *zusammenfassend* sagen: Aus-, Fort- und Weiterbildung, die ihre Identität und Kontinuität allein über eine spezifische methodisch-technologische Orientierung erhält, ist problematisch. Dadurch wird die Kommunikation im Team erschwert, es sei denn, es gelingt, das eigene Paradigma auch den anderen Berufsgruppen attraktiv und verbindlich zu machen. Würde das gelingen, entstünde dadurch eine ansatzspezifische Reduktion der Problemselektion und -definition. Das kann nicht wünschenswert sein; genausowenig eine Aufhebung der Arbeitsteilung dadurch, daß alle Teammitglieder unter einem falsch verstandenen Prinzip der Enthierarchisierung der Arbeit das gleiche tun. Auf professionsspezifische Kompetenzen wird man nicht verzichten können, aber sie müssen in den notwendigen Stadien der Weiterqualifikation nach der universitären Ausbildung tätigkeits- und arbeitsplatzspezifisch weiterentwickelt werden. Dabei kommt es darauf an, daß Fortbildungsprogramme für Berufsgruppen gemeinsam angeboten und auch durchgeführt werden, die in gleichen Arbeitskontexten der psychosozialen Versorgung tätig sind (wie etwa bei der »Deutschen Gesellschaft für Soziale Psychiatrie«).

6. Gemeindepsychologie und ihr mögliches politisches Selbstmißverständnis

Gemeindepsychologie agitiert für sich selbst meist im Brustton der Überzeugung, daß mit ihr endlich nun die Bedürfnisse und auch Interessen der Bevölkerung ernstgenommen seien. Es wird auch selten versäumt zu betonen, daß das politisch fortschrittlich, ja geradezu revolutionär sei. Wie provozierend muß es dann klingen, wenn die Gemeindeorientierung in der psychosozialen Versorgung als *totalitärer Anspruch auf Psychiatrisierung und Psychologisierung* aller Lebensbereiche mit dem Ziel einer Perfektionierung sozialer Kontrolle denunziert wird (vgl. Leifer, 1969; Szasz, 1970). Unter den Kritikern befindet sich auch Foucault, der brillante Psychiatriehistoriker, der die Berechtigung des Vergleichs von Inquisition und gemeindepsychiatrischer Bewegung, den Szasz angestellt hat, ausdrücklich bestätigt: »Szasz zeigt, daß sich in den Überwachungen, Vernehmungen und Verfügungen der Inquisition ein bestimmter Machttypus durchsetzte, der auch heute nach einigen Transformationen uns verhört, unsere Wünsche und Träume befragt, um unsere Nächte besorgt ist, Geheimnissen nachjagt, Grenzlinien zieht, die Anomalien kennzeichnet, Reinigungen vornimmt und Ordnungsfunktionen wahrnimmt« (1976, S. 76). Für Szasz und andere (z. B. Kittrie, 1971) gilt es vor allem, die Entwicklung zum »therapeutischen Staat« zu kritisieren und aufzuhalten, die sublimen staatlichen Ordnungsfunktionen, die mit der Psychiatrisierung und Psychologisierung verbunden sind, aufzudecken und nicht zuletzt, die bürgerlichen Freiheiten gegenüber dem totalen Zugriff des Staates zu verteidigen. Zu diesen Freiheiten gehört das Recht, »anders zu sein«, sein Leben auch so zu führen, daß es aus den durchschnittlichen Normalitätserwartungen herausfällt.

Foucault kritisiert an Szasz, daß er die Machtthematik zu verkürzt auf den übermächtigen Staat in seiner Bedrohung für das einzelne, freie Individuum bezieht. Doch gibt er ihm in dem Punkt recht, »daß die Schaltkreise der Psychiatrisierung und Psychologisierung, auch wenn sie über die Eltern oder die unmittelbare Umwelt laufen, schließlich in den großen Komplex aus ärztlichen und staatlichen Institutionen münden« (a.a.O., S. 78). Dieses Zusammenwirken von verschiedenen Schaltkreisen, von »institutionellen und privaten Räderwerken«, hat »den ruhigen Gang einer Normalisierungsgesellschaft zu gewährleisten« (a.a.O., S. 79). Der »ruhige Gang« der Normalisierung von Devianz ist nach dem Prinzip der Ausgrenzung und Ausschließung nicht zu erreichen. Im Gegenteil. Die existierenden Analysen ausgrenzender Kontrollpraktiken zeigen, daß über Ausgrenzungsstrategien deviante Populationen geradezu produziert werden, daß mit exkommunizierenden Sanktionen die

Grenzen akzeptabler Normalität symbolisch nicht mehr überzeugend abgesteckt werden können, weil die Gruppen, an denen das Exempel statuiert werden soll, schon keine Minderheiten mehr sind. Die sozialen Kosten symbolischer Strafaktionen an devianten Populationen und Personen haben offensichtlich jenen Grenzwert überschritten, der diese Kosten, gemessen an erreichbaren gesellschaftlichen Ordnungsfunktionen, noch gerade amortisierbar erscheinen läßt.

Es ist schwer, das Kalkül exakt zu bestimmen, das zu den neuen sozialpolitischen Prinzipien der »Deinstitutionalisierung«, zur »Öffnung«, zur »Rekommunalisierung« geführt hat. Empirisch ist dieser Trend jedoch eindeutig nachweisbar. In diesem Zusammenhang wird nicht selten von der »dritten Revolution in der Psychiatrie« (nach Pinel und Freud) gesprochen (vgl. Greenblatt, 1977). Castel hält allerdings den Begriff der »Metamorphose« für angemessener, »denn bei einer Metamorphose bleibt das Wesentliche der vorherigen Realität, wenn auch in einer nicht mehr erkennbaren Form, erhalten«. Daraus folgt als entscheidendes Problem der Analyse, »eine immer gleichbleibende Finalität hinter immer neuen Maskierungen zu *erkennen:* es ist allzu verführerisch, von Neuheit und Erneuerung zu sprechen, wenn sich das Abgestorbene mit dem Lebenden vermischt« (Castel, 1976, S. 189). *Zur Disposition stehen die totalen Institutionen.* Die geschieht in fortgeschrittenen kapitalistischen Staaten ohne Kampf, es kann auf dem Weg staatlich-administrativer Anordnung erfolgen, wie in einigen Bundesstaaten der USA, in denen die Schließung der staatlichen Asyle per Dekret erfolgte (vgl. Ahmed und Plog, 1976). Wie Castel zeigt, bildet sich parallel zur Kritik und tendenziellen Reduktion totaler Institutionen *eine neue verallgemeinerte Kontrollmodalität* heraus. Soziale Integration über ein durchgängiges Muster der Psychologisierung sämtlicher Probleme, die sich im gesellschaftlichen Lebenszusammenhang stellen, wird zum neuen Kontrolltypus, der die Segregationspraxis ablöst. Eine solche Zielrichtung »erlaubt es, auf die ›Lösung‹ durch totalitäre Institutionen und selbst auf deren Surrogate immer mehr zu verzichten, weil heute geschmeidigere und wirksamere, *psychologisch funktionierende* Kontroll- und Normalisierungsinstanzen diesen Zweck besser erfüllen« (Castel, 1976, S. 187). Mit der Aufhebung des Monopols zur Ausübung sozialer Kontrolle durch totale Institutionen entwickelt sich »ein feinmaschigeres Auffangnetz der psychologischen Kontrolle« (a.a.O., S. 188), das sich einpaßt in die Strukturen der Alltagswelt und deshalb einen hohen Grad von Anpassungsfähigkeit entwickelt. Es begleitet als Beratungs- und Interventionssystem die Menschen in allen Lebensbereichen (Familie, Schule, Beruf, Alter, Tod) und ist flexibel und kreativ, wenn es gilt, den psychosozialen Dienstleistungssektor zu erweitern, das Auffangnetz noch engmaschiger zu knüpfen und die Zuständigkeit für neue Problem- und Krisenherde zu beanspruchen (vgl. Halmos, 1970; North, 1975).

Was bislang noch eher beschreibend aufgezeigt wurde, der Trend zur »Aufschließung« der totalen Institutionen und zu einer sich in die Gemeinde integrierenden psychosozialen Versorgung, wird durch die Arbeiten von Scull (1976; 1977) in einen *ökonomischen Erklärungssatz* einbezogen. Scull versteht seinen Ansatz als Versuch, die liberale bis progressive Reformrhetorik zu enttarnen. Für die »Entkerkerung« devianter Populationen und die verstärkten Versuche, sie wieder sozial zu integrieren, werden vielfach aufklärerische Arbeiten von Sozialwissenschaftlern (z. B. Goffman und Scheff) verantwortlich gemacht. Daß sie in der öffentlichen Meinung starke Resonanz gefunden haben, bestreitet Scull nicht, doch er bezweifelt, daß die entscheidenden Reformschritte als unmittelbare Reaktion auf die wissenschaftliche Aufklärung erfolgt sind. Ähnliche Skepsis zeigt er gegenüber einem anderen häufig benutzten Erklärungsmuster, der psychopharmakologischen Erklärung der »dritten Revolution« (vgl. etwa Fieve, 1977). Viel entscheidender sei der Kostendruck gewesen. Der Unterhalt riesiger Kliniken übersteigt zunehmend die fiskalischen Möglichkeiten. Der kapitalistische Staat hat eine Vielzahl von sozialstaatlichen Leistungen finanziell zu garantieren, deren wesentliche Funktion der Erhalt und die Wiederherstellung von Arbeitskraft ist. Zusammen mit einer zunehmenden Sozialisation der Produktionskosten und der dadurch wachsenden öffentlichen Ausgaben stellen die steigenden Ausgaben für wohlfahrtsstaatliche Programme eine Kostenakkumulation dar, die zur Finanzkrise des Staates führt (vgl. O'Connor, 1974).

Die großen psychiatrischen Kliniken fordern relativ unabhängig von ihrer Belegung einen hohen fixen Betrag für laufende Betriebskosten. Sie sind auch nach allen denkbaren Rationalisierungsmaßnahmen immer noch enorm hoch. Gleichzeitig existiert ein immer enger geknüpftes »Netz sozialer Sicherheit« und ein Inventar sozialpolitischer Strategien, die unmittelbar am Produktions- und Reproduktionsbereich ansetzen (z. B. Arbeitsrehabilitation, »beschützende Werkstätten«, der ganze »komplementäre Sektor« bis hin zu therapeutischen Wohngemeinschaften). Solange solche sozialpolitische Strategien und Institutionalisierungsformen nicht existierten, gab es für den Aufbau und Erhalt von Asylen durch den Staat eine zwingende Notwendigkeit. Doch ist es im jetzigen Stadium sozialstaatlicher Regulierung zunehmend möglich, auf die psychiatrischen Großkliniken schrittweise zu verzichten und psychisch Behinderte in jenes System kommunaler psychosozialer Infrastruktur einzugliedern, das einen gestuften Maßnahmenkatalog zur Reintegration zur Verfügung stellt. Mit dieser Strategie ist es den Regierungen möglich, »Geld zu sparen, während sie gleichzeitig ihrer Politik einen humanitären Anstrich geben können« (Scull, 1976, S. 194).

Für eine differenzierte Analyse dieses Zusammenhangs von Ökonomie und Reform sei auf die Arbeiten von Scull verwiesen. An dieser Stelle soll die Zusammenfassung seiner Argumente dazu dienen, auf ein mögliches Selbstmißverständnis von Gemeindepsychologie aufmerksam zu machen. Es ist zu fragen, ob die Gemeindepsychologie das als fortschrittliche Leistung verkauft, was ihr ohne eigenes Zutun durch die sozialstaatliche Reformrationalität beschert wird. Gerade in der BRD ist unübersehbar, daß die hier immer häufiger vertretene Gemeindeorientierung der psychosozialen Versorgung ein durch die Psychiatrie-Enquête verordnetes Prinzip ist. Man wird kaum behaupten können, daß es durch eine reformpolitische Basisbewegung dem staatlichen Reformprozeß abgerungen wurde. Dagegen ist unübersehbar, daß sich viele Initiativen und Projekte problemlos auf die Enquête beziehen und sich dabei an der Spitze des Fortschritts marschierend glauben. Analysen wie die von Szasz, Foucault und Castel werden ignoriert, und gleichzeitig wird behauptet, daß nun endlich eine bedürfnisgerechte Versorgung verwirklicht würde. *Die Reformrhetorik läßt sich durch ihre Selbstvergessenheit der politischen Funktio-*

nen charakterisieren, die die propagierten Initiativen im sozialstaatlichen Gesamtprozeß haben.

Wenn psychosoziale Hilfe nichts anderes wäre als die verkappte Reglementierung und soziale Kontrolle von Menschen, die den durchschnittlichen Normalitätserwartungen nicht entsprechen können oder wollen, dann könnte man in der Kommunalisierung der Versorgung tatsächlich nur den Anspruch sehen, den totalen »therapeutischen Staat« zu verwirklichen, in die privaten Reservate des Alltags einzudringen, sie über die angestrebte alltagsweltliche Sensibilität auszuspähen und die nicht-öffentlichen Potentiale von Devianz auszuloten. Gemeindepsychologie wäre dann nichts anderes als ein Versuch, in »zugehender Weise« oder offensiv die »Normalisierungsgesellschaft« herbeizuführen. Man wird diese Gefahr nicht ausschließen können, gleichwohl *bleibt die Analyse der Entwicklung nur aus der Kontrollperspektive in fragwürdiger Weise einseitig.* Sie läßt letztlich nur die Alternative, sich an der Kontrollpraxis überhaupt nicht zu beteiligen, also etwa den Standpunkt einer »radikalen Nicht-Intervention« (Schur, 1973) einzunehmen. Neben der Kontrolldimension gibt es aber auch noch die *Ebene realer lebensgeschichtlich produzierter Leidensprozesse*, auf die zwar die verschiedenen Strategien sozialer Kontrolle zielen, vor allem wenn davon größere Bevölkerungsgruppen betroffen sind, aber sie stellen eine Realität eigener Art dar, die nicht in den Formen ihrer versuchten sozialen Kontrolle aufgehen. In ihnen wird etwas deutlich von der materiellen Lebenssituation der Menschen und ihren mißlingenden Versuchen, sie zu bewältigen.

Aus einer konsequenten gemeindepsychologischen Perspektive darf diese Differenz zwischen objektiver materieller Lage und den individuellen Formen des Bezugs darauf nicht verwischt werden. Es kommt sogar ausgesprochen darauf an, hierfür die notwendige Diskriminationsfähigkeit zu entwickeln. Erst auf ihrer Basis wird es möglich, einer falschen Psychologisierung von Problemlagen zu wehren und dort, wo die subjektive Verarbeitungskapazität nicht ausreicht, um im gegebenen Lebenszusammenhang zu einer bewußten Lebenspraxis zu gelangen, nach Mitteln zur Erreichung dieses Ziels beizutragen, mit psychologischen Methoden und durch Mittel zur Veränderung der materiellen Situation. Gemeindepsychologisch reflektierte Praxis hat sich das Bewußtsein dafür zu erarbeiten, wie psychische Problemlagen in objektive gesellschaftliche Zusammenhänge eingebunden sind und wie innerhalb dieser Zusammenhänge Lebensmöglichkeiten erkämpft werden können, die über die bloße Verfügbarkeit von affirmativen Grundqualifikationen reibungslosen Funktionierens in einer auf kapitalistische Rationalität hin »normalisierten« Gesellschaft hinausreichen.

Weiterführende Literatur

Bender, M. P.: *Community psychology.* London: Methuen, 1976

Bloom, B. L.: *Community mental health: A general introduction.* Monterey: Brooks-Cole, 1977

Castel, R.: *Psychoanalyse und gesellschaftliche Macht.* Kronberg: Athenäum, 1976

logy in transition. New York: Halsted Press, 1977

Nietzel, M. T., Winett, R. A., MacDonald, M. L. und Davidson, W. S.: *Behavioral approaches to community psychology.* New York: Pergamon Press, 1977

Pirella, A.: *Sozialisation der Ausgeschlossenen. Praxis einer neuen Psychiatrie.* Reinbek: Rowohlt, 1975

Rappaport, J.: *Community psychology. Values, research, and action.* New York: Holt, Rinehart & Winston, 1977

Sarason, S. B.: *The psychological sense of community. Prospects for a community psychology.* San Francisco: Jossey-Bass, 1974

Scull, A. T.: *Decarceration. Community treatment and the deviant – A radical view.* Englewood Cliffs: Prentice Hall, 1977

Sommer, G. und Ernst, H. (Hrsg.): *Gemeindepsychologie. Therapie und Prävention in der sozialen Umwelt.* München/Wien/Baltimore: Urban & Schwarzenberg, 1977

Psychologinnengruppe München
Spezifische Probleme von Frauen und ein Selbsthilfe-Ansatz

Einleitung: Ausgangsthesen

1. Spezifische Probleme von Frauen
   - 1.1. Widersprüche in der weiblichen Situation (Hausfrauen, Studentinnen)
   - 1.2. Beschränkte weibliche Strategien der Situationsbewältigung
   - 1.2.1. Einige alltägliche Verhaltensstrategien von Frauen
   - 1.2.2. Weibliche Strategien und psychische Störungen
2. Selbsthilfegruppen als therapeutisches Konzept
   - 2.1. Die historischen Hintergründe für die Entstehung von Selbsthilfegruppen in der Frauenbewegung
   - 2.2. Psycho-Selbsthilfegruppen als therapeutisches Konzept
   - 2.3. Erklärungsansätze für die therapeutische Wirkung von Selbsthilfegruppen

Einleitung: Ausgangsthesen

Im Umkreis der Frauenbewegung entstanden ab Mitte der siebziger Jahre in München und andernorts Frauen-Selbsthilfegruppen mit explizit selbst-therapeutischer Absicht. Die Frauen in diesen Gruppen halten Selbstveränderung – nicht nur die Veränderung der die Frauen unterdrückenden gesellschaftlichen Verhältnisse – für notwendig angesichts ihrer unbewältigten Alltagsschwierigkeiten und der Erfahrung, daß sie trotz besserer Einsichten immer wieder die gleichen, problematischen, Leiden erzeugenden Verhaltensstrategien an den Tag legten. Manche sahen sich als therapiebedürftig an; andere wollten sich v. a. persönlich entwickeln und lernen, mit ihrer Situation produktiver umzugehen.

Bevor wir näher auf den Selbsthilfe-Ansatz eingehen, wollen wir solche problematischen weiblichen Verhaltensstrategien mit der widersprüchlichen Situation von Frauen einerseits und einigen bei Frauen besonders häufigen psychischen Störungen andererseits in Zusammenhang bringen.

Die folgenden Ausführungen gehen von der These aus, daß sowohl Art und Umfang der Probleme, die sich einer Person(engruppe) stellen, als auch die zur Verfügung stehenden bzw. sich anbietenden Problemlösungsstrategien wie schließlich auch die Reaktion der näheren und weiteren sozialen Umwelt auf diese Verhaltensstrategien durch den Lebenszusammenhang dieser Person(engruppe) bestimmt sind. Den konkret-individuellen Lebenszusammenhang einer Frau umfassend zu verstehen, setzt voraus, daß ich die allgemeinen Charakteristika der sozialen Lage, der gesellschaftlichen Situation der betreffenden sozialen Gruppe kenne. D. h. ich muß den gesellschaftlichen wie den individuellen Zusammenhang der Lebensbereiche, in denen sich Frauen (bzw. bestimmte Gruppen von Frauen) bewegen, also leben, arbeiten, sehen. Der individuelle Lebenszusammenhang im Rahmen der sozialen Lage von Frauen bestimmt das Handeln und Behandeltwerden von Frauen, ihre tätige Aneignung ihrer Umwelt und ihr Beschränktwerden während aller Phasen weiblichen Lebenslaufs. Nur von daher kann ich die Entstehung eines bestimmten Verhaltens – z. B. die depressive Unfähigkeit, die routinemäßige Hausarbeit selbstverständlich zu erledigen, eine extreme Agoraphobie usw. – und seinen oft verborgenen sozialen Sinn begreifen. Nur von daher ergibt sich auch, welcher Veränderungen es bedarf bzw. welche möglich sind im Lebenszusammenhang der Frau, d. h. ob psychologische Behandlung möglich und notwendig ist und welche oder ob andere Veränderungen als nur im individuellen Verhalten nötig sind.

Jede Frau erfährt und entwickelt zwar ihr Verhalten als ihre ganz individuellen Strategien oder Muster des Umgehens mit ihrer persönlichen Lebenssituation, aber die strukturellen Gemeinsamkeiten weiblicher Lebenssituation(en) wie auch Ähnlichkeiten der weiblichen Sozialisation legen bestimmte Reaktionsmuster oder Strategien ebenso nahe und machen andere schwer zugänglich, wie es auch die vagen und widersprüchlichen kulturellen Normen der »Weiblichkeit« tun. So entstehen massenhaft auftretende, quasi vorgegebene, verfestigte kulturelle Muster weiblichen Verhaltens, deren Entstehung und Sinn im weiblichen Lebenszusammenhang zu suchen ist. (Prokop 1976)

Wir werden solche weiblichen Strategien in ihrer Beschränktheit und ihrer Affinität zu psychischen Störungen darstellen.

An einigen wenigen Stellen wird auch das positive Potential in der widersprüchlichen Situation und dem ambivalenten Verhalten von Frauen aufgezeigt werden.

1. Spezifische Probleme von Frauen

1.1. *Widersprüche in der weiblichen Situation (Hausfrauen, Studentinnen)*

Frau kann es nicht mehr richtig machen: Einerseits besteht weiterhin die Arbeitsteilung nach Geschlecht, die ihr die volle Verantwortung für die Haus- und Familienarbeit, die private Reproduktion von Mann und Kindern (und sich selbst) zuweist. Diese gesellschaftliche Arbeit der Frau bestimmt, auch wenn eine Frau sie noch nicht oder nicht mehr ausübt oder wenn sie sich ihr bewußt entzieht, von Kindheit an den Lebenslauf jeder Frau; sie bestimmt auch das vage und widersprüchliche Bild von »Weiblichkeit«, mit dem sich jede herumschlagen muß. Andererseits kann sich keine Frau mehr ohne weiteres ein Leben lang auf diese Arbeit, auf die »weibliche Bestimmung« zur Ehefrau, Hausfrau, Mutter beschränken: Berufstätigkeit vor der Geburt des ersten Kindes und in der Nachkinderphase (gestiegene Lebenserwartung!), z. T. auch während der für die Mutter arbeitsintensiven Kinderphase wird teils von ihr erwartet, teils aus ökonomischen Gründen erzwungen. Arbeitsmarktabhängig wechselnde Propagierung von Nur-Hausfrauen- und Mutterrolle bzw. zusätzlicher Berufstätigkeit verunsichert die Frauen in ihrer sozialen Identität.

Eine berufstätige Mutter ist immer verdächtig, ihren Kindern zu wenig zu geben. Die Doppelbelastung und die strukturellen Widersprüche zwischen beruflicher und privater Familienarbeit, die widersprüchlichen Anforderungen auch in der familiären Arbeit zu ertragen und auszubalancieren, bleibt ihr allein überlassen. Auch die kritischen Übergänge im Lebenslauf (Geburt des ersten Kindes, Großwerden der Kinder, Trennung, Tod des Ehemanns) stellen über diese Dauerbelastung hinaus besondere Belastungssituationen in der weiblichen »Normalbiographie« (Lévy 1977) dar.

Der Bereich der familiären Reproduktion ist abhängig vom

Berufsbereich und, angesichts der Trennung von Leben und Arbeiten, gegensätzlich-komplementär zu diesem strukturiert: In der Familie, dem Arbeitsbereich der Frau, soll die Menschlichkeit, die Befriedigung der Grundbedürfnisse – vom Essen über Sexualität bis zur emotionalen Wärme und Sicherheit – und weiterer Bedürfnisse über den Konsum, die alltägliche Reproduktion der Arbeitskraft des Mannes (und der Frau) und die Herstellung des lebendigen Arbeitsvermögens der Kinder gewährleistet werden. Die Familienarbeit ist doppelt abhängig vom gesellschaftlich dominanten Bereich der Produktion, der beruflichen Arbeit: einmal über den Lohn, zum anderen dadurch, daß in der Familie genau die Bedürfnisse befriedigt werden müssen, die in zunehmend durchrationalisierter Berufsarbeit immer systematischer ausgeschlossen bzw. erzeugt werden; berufliche Belastungen durch Intensivierung der Arbeit, Arbeitslosigkeit müssen ebenso wie der Schulstreß der Kinder kompensiert werden – eine strukturelle Überforderung der Kleinfamilie und v. a. der Frau, die alles heil machen soll. Gleichzeitig gilt aber der Familienbereich als privat und unabhängig; wenn die familiäre Reproduktion nicht mehr klappt (die Ehe zu scheitern droht, die Kinder in der Schule versagen oder verhaltensauffällig werden, ein Familienmitglied trinkt, die Kinder mißhandelt werden), scheint das Versagen nur bei den unmittelbar Beteiligten, der Familie, v. a. der Frau als Verantwortliche für das Funktionieren der Familie, als »Bezugsperson«, zu liegen. Wenn's klappt, fällt's nicht weiter auf: Die Familienarbeit der Frau gilt als privater »Liebesdienst«, nicht als Arbeit, sie wird nicht bezahlt; so hat die Hausfrau am Abend scheinbar »nichts« (Existenzerhaltendes, gesellschaftlich Anerkanntes) getan.

Die (relative) Gegensätzlichkeit von Berufs- und Familienarbeit zeigt sich am deutlichsten an der Zeitstruktur: Während berufliche Arbeit beherrscht wird von straffer Zeit-(= Kosten-)ökonomie und rationeller Planung bzw. Planausführung, erfordert die familiäre Reproduktionsarbeit, besonders mit kleinen Kindern, aber auch einem abgearbeiteten Ehemann, Geduld, Abwarten, Dasein fürs Zuhören, Sicheinfühlen, Eingehen auf noch undisziplinierte Bedürfnisse der Kinder, nicht mehr aufschiebbare des Ehemannes. Dieses Zeit-haben für die Familie muß sich jedoch in einem strengen Zeitrahmen bewegen (Arbeitszeit des Ehemanns, eigene, Kindergarten- oder Schulzeiten), und es steht außerdem in Konflikt mit den gleichzeitig zu erledigenden, mehr rational-sachlichen Hausarbeiten und dem Zwang zum sparsamen Einkaufen.

Längerfristige Planung ist kaum möglich, selbst Tagespläne und notwendige Abläufe werden von den Kindern immer wieder durchkreuzt. Andererseits ermöglicht die Hausarbeit immer noch viel mehr selbständige Zeiteinteilung als manche Formen beruflicher Arbeit, v. a. ungelernte Tätigkeiten. Die Frau, die Mutter muß zwar trösten, heil machen, aber auch anspornen, Anforderungen von außerhalb der Familie mit durchsetzen (Schularbeiten z. B.).

Gerade weil die Frau als Reproduktionsarbeiterin für die Haushaltsroutine und das Wohl der anderen da ist, steht sie mit ihren Bedürfnissen als Individuum zurück (»zu guter Letzt dann ich«), die ja auch in der Familie befriedigt werden müßten. Da Familie gleichzeitig ihren Arbeitsbereich und ihre Reproduktionsmöglichkeit darstellt, während sie für ihren Mann nur der Reproduktion dient, differieren ihre Interessen. Die Kommunikation der Eheleute wird durch die Divergenz der Interessen, die Unterschiedlichkeit ihrer Arbeitsbereiche, durch die herrschenden Verkehrsformen von Männern und Frauen und durch berufliche Belastungen erschwert; ihre Wirklichkeit steht meist in schroffem Widerspruch zu den Idealen romantischer Liebe und glücklicher Ehe unter verständnisvollen Partnern.

Daß Frauen als gleichberechtigte und -verpflichtete Gesellschaftsmitglieder gelten, daß ihnen der Status eines mündigen Bürgers, eines für sich verantwortlich Handelnden, eines unabhängigen Individuums rechtlich und ideologisch zuerkannt wird, ist historisch ziemlich neu. Die abstrakte Gleichsetzung mit dem Mann (= Mensch = Individuum) bringt es mit sich, daß Frauen vermehrt am Mann, an männlichen Normen gemessen werden. Aber die konkreten Bedingungen, unter denen Frauen sich die gesellschaftlichen Verhältnisse aneignen, sich als Personen mit bestimmten – weiblichen – Motivstrukturen, Fähigkeiten, Verhaltensstrategien, Relevanzstrukturen, die sozial wenig gelten, entwickeln, sind andere als die von Männern: Ihre Aneignungs-, Entwicklungsbedingungen sind bestimmt vom weiblichen Lebenszusammenhang, d. h. von der

Orientierung auf Familienarbeit, den privaten, unselbständigen Reproduktionsbereich (fürs Haus, für andere), nicht von den dominanten, gesellschaftlich anerkannten »männlichen« Bereichen von Produktion/Beruf und Öffentlichkeit.

Besonders kraß – und gleichzeitig ungreifbar, weil so subtil vermittelt – bekommen privilegierte, scheinbar chancengleiche Frauen diesen Widerspruch zu spüren, so etwa die Studentin: Sie soll in der Öffentlichkeit der Universität nach Regeln männlich/beruflich/wissenschaftlicher Intellektualität, Abstraktheit, Objektivität und emotionsfreier Sachlichkeit, in einer Atmosphäre von Bluff, Konkurrenz und Anonymität funktionieren – lauter Anforderungen, die ihrer weiblichen Sozialisation und »Weiblichkeit«, weiblicher Identität überhaupt widersprechen. Besonders belastend für sie ist, daß das Problem nur in ihrem Kopf zu bestehen scheint. Privat, in der Beziehung zu ihrem Freund, in der Wohngemeinschaft, kann sie sich der üblichen Arbeitsteilung, d. h. ihrer Zuständigkeit für die Reproduktion (Hausarbeit, Gespür für und Arbeit an zwischenmenschlichen Beziehungen), nicht entziehen.

Dieser Widerspruch zwischen abstrakter Gleichheit und konkret abweichenden Aneignungsbedingungen bedeutet (ebenso wie die widersprüchlichen Anforderungen der weiblichen Reproduktionsarbeit, die hier nur angerissen wurden) für die einzelne Frau, die sich isoliert mit ihm auseinandersetzen, ihn aushalten muß, eine starke Belastung. Kollektiv bietet dieser Widerspruch aber für die Frauen auch die Chance, sich nicht einfach anzupassen, weder an die alte Frauenrolle noch an was weiß ich alles, was eine moderne, tüchtige Frau nach männlicher Norm alles können und vereinen soll, die Chance, einige ihrer »abweichenden« Fähigkeiten *für sich selbst,* für *ihre* Entwicklung einzusetzen. Die psychotherapeutischen Selbsthilfegruppen stellen einen solchen Versuch dar.

1.2. *Beschränkte weibliche Strategien der Situationsbewältigung*

Zum Zusammenhang psychischer Störungen bei Frauen mit alltäglichen weiblichen Strategien der Reaktion auf ihre Situation als Frauen

Die weibliche Situation in allen Lebensphasen einschließlich der frühkindlichen Sozialisation prägt gleichzeitig die subjektiven Reaktionsweisen der Frauen auf diese Situation, sie bringt »weibliche Charaktere« hervor; sie legt bestimmte Verhaltensstrategien als kulturell verfestigte Muster von Weiblichkeit nahe und belohnt sie; zum Erwerb anderer Verhaltensstrategien bestehen nur wenig Möglichkeiten.

»Psychische Störungen« sehen wir als Ergebnis aktiver Versuche der Individuen, ihre konkreten Lebensbedingungen mit ihren Widersprüchen und Belastungen zu bewältigen. Psychische Störungen – so unsere These – sind extreme, scheiternde und sozial auffällige Formen typischer Verarbeitungsstrategien für Alltagsprobleme. Allerdings handelt es sich um mehr oder weniger inadäquate Versuche, die zwar die konkrete Situation verändern, aber eher negativ, scheiternd: durch Selbsteinschränkungen der Handlungsmöglichkeiten oder auch durch soziale Sanktionen, die auf die Frau selbst zurückfallen, inadäquat auch insofern, als es sich um isolierte individuelle Problemlösungsstrategien handelt, die weitgehend macht- und hilflos bleiben.

Die beschränkten weiblichen Verhaltensstrategien hat Prokop (1976) als »Lösungen« der erlebten Widersprüchlichkeit der weiblichen Lebenssituation nach vorfindlichen Mustern beschrieben. Sie bleiben jedoch ambivalente Kompromisse zwischen unentwickelten Bedürfnissen, Wünschen und der »Fesselung« in der weiblichen Situation: Die Frauen äußern verschlüsselt ihre Wünsche, artikulieren ihr Leiden und Unbehagen in Reaktionsmustern, die aus dem weiblichen Lebenszusammenhang zu verstehen sind.

Da wir hier aus Platzgründen und wegen mangelnden Wissens nicht auf Schichtunterschiede weiblicher Verhaltensweisen eingehen, sei auf Prokops Typisierungsversuche hingewiesen (Prokop 1976). Unserer Erfahrung nach sehen Arbeiterfrauen ihre Situation oft wesentlich klarer und ungeschminkter als Mittelschichtfrauen. Manche scheinen von einer schier unvorstellbaren Belastbarkeit – abgesehen von psychosomatischen Reaktionen...

1.2.1. *Einige alltägliche Verhaltensstrategien von Frauen*

Die *allgemeinste und kulturell »normale«* weibliche *Strategie* ist die *der »abgeleiteten Identität«*, der Unselbständigkeit, *des Verzichts auf eigenes effektives Handeln* (Prokop). Sie ist insofern allgemein verbreitet, normal, als der soziale Status von Frauen vom Ehemann abgeleitet ist, selbst wenn sie berufstätig sind, als sie wesentlich auf den unselbständigen Bereich der familiären Arbeit verwiesen sind – wenn auch nicht mehr ungebrochen. Sie entspricht den Normen von Weiblichkeit, und sie ist mit großer Wahrscheinlichkeit durch vorgängige Sozialisation psychisch verankert. Daher findet sie sich nicht nur bei Hausfrauen, sondern auch bei alleinstehenden Frauen, die die große positive Veränderung ihres Lebens, ihre Bestätigung von der Beziehung zum richtigen Mann erwarten. Reste und abgeschwächte Formen dieser Strategie finden sich bei fast allen Frauen.

Mit Verzicht auf eigenes effektives Handeln meinen wir: die Frau verzichtet tendenziell sowohl auf Aktivitäten, v. a. außer Haus, mit denen sie ihre *Situation* selbst in die Hand nimmt, als auch auf solche, die *Selbst*veränderung, eigene Weiterentwicklung bedeuten würden. Statt dessen sucht bzw. wartet sie auf einen Mann, der die von ihr nicht entwickelten Fähigkeiten besitzt, und erwartet, daß er in vielem *stellvertretend für sie* handelt, sie »durchs Leben führt«. Im Extremfall bezieht sie ihren Wert aus seiner Anerkennung und identifiziert sich mit ihm; sie braucht ihn als ideales Selbst, das ihre Ideale stellvertretend für sie verwirklicht. Alles an ihm, was dem widerspricht, muß sie verleugnen, v. a. seine Schwäche. Neid und Aggression, welche sie gleichzeitig ihm gegenüber entwickelt, wehrt sie ab, doch sie nähren eine ambivalente Haltung gegenüber dem Mann; masochistisches und aggressives Verhalten ihm gegenüber mag abwechseln. Unzufriedenheit mit ihrer Situation münzt sie eher in Forderungen an ihren Partner oder Vorwürfe um, daß er sich nicht ändert, als daß sie tatkräftig anfängt, selbst etwas zu verändern.

Allerdings sind die objektiven Voraussetzungen dafür, selbständig aktiv zu werden, z. B. bei Frauen mit mehreren kleinen Kindern oder bei älteren Frauen (Arbeitsmarkt!), oft denkbar ungünstig und die sozialen Fertigkeiten der Frauen zu direktem Handeln schlecht entwickelt. Hier sind nur kleine Schritte und allmähliche praktische Veränderungen der objektiven Situation, Aufbau einer eigenen ökonomischen Basis, eigener Sozialkontakte, eines außerhäuslichen Betätigungsfeldes, in dem Erfolge und Mißerfolge ihre eigenen sind, möglich.

Exkurs: Die psychische Verankerung der Strategie der Unselbständigkeit, des Nichthandelns, der »abgeleiteten Identität« in der Sozialisation im weiblichen Lebenslauf.

Man kann – überspitzt – die weibliche Sozialisation als (nicht bruchlose) *Einweisung in ein beschränktes und abhängiges Handlungsfeld* und als *Einübung in Selbstbeschränkung und Abhängigkeit* verstehen. Auf diese Weise wird das Mädchen auf häuslich-private Reproduktionsarbeit vorbereitet. Weibliche Sozialisation bedeutet Ausschluß von vielen gesellschaftlich anerkannten und Anerkennung bringenden Handlungs- und Aneignungsmöglichkeiten und damit Ausschluß von der Entwicklung gesellschaftlich hochbewerteter und notwendiger Fähigkeiten. Beeindruckend sind jedenfalls Studien, die zeigen, wie kleine Mädchen in der Abhängigkeit von Personen, v. a. der Mutter, gehalten werden, während gleichaltrige Knaben zur Auseinandersetzung mit den Dingen der Welt rundum angehalten werden. Selbst beim Stillen schon scheinen sich Mütter – völlig unbewußt – ihren Töchtern gegenüber eher ambivalenter und mehr bedürfnisunterdrückend (schnell, unter Zeitdruck trinken) zu verhalten als gegenüber Söhnen (Scheu 1977). Neuere psychoanalytische Theorien der Weiblichkeit (vgl. Moeller-Gambaroff 1977) betonen die weitverbreitete Unterdrückung der Autonomie- und Selbständigkeitsbestrebungen des kleinen Mädchens durch die »präödipale« Mutter. Ähnlich dürften sich allerdings auch andere Erziehungspersonen verhalten. Auch die Tatsache, daß das Mädchen nicht vom frühen mütterlichen Identifikationsobjekt abgehen muß wie der Knabe, um ein geschlechtsadäquates Vorbild zu haben, erschwert den Abbau der frühkindlichen Abhängigkeit von der Mutter. Die Beziehung zu ihr bleibt oft eine der Abhängigkeit und der Ambivalenz bis weit ins Erwachsenenalter. Von ihr übernommen oder in Opposition oder Absetzung von ihr entwickelt sind oft Lebenspläne und Strategien der Töchter (»das soll mir nicht so passieren wie meiner Mutter!«).

Hier kann keine Sozialisationstheorie entwickelt werden.

Nur auf einige *»kritische« Punkte im weiblichen Lebenslauf* in diesem Zusammenhang sei noch hingewiesen:

In der *Adoleszenz*, beim Verlassen der Schule, dem Eintritt in den Beruf und evtl. Teilhabe an Gleichaltrigengruppen ist eine psychische und materielle Loslösung vom Elternhaus und die Entwicklung einer eigenen Identität zwar eine »normale Entwicklungsaufgabe«, aber ob dafür die Bedingungen gegeben sind, ist noch mehr als von der Schicht vom Geschlecht abhängig. Mädchen verbleiben oft in enger psychosozialer und materieller Abhängigkeit von ihrer Familie, wohnen zu Hause, werden streng kontrolliert, verdienen z. T. nicht genug, um sich im Konfliktfall auf eigene Füße stellen zu können.

Diese Situation ändert sich oft nur dahingehend, daß die Mädchen bald in die persönliche Abhängigkeit von und Anpassung an einen Freund übergehen; ihre Identität, ihr Status beruht dann im wesentlichen auf dieser Beziehung. Ein Teil der Mädchen kann allerdings durch Schulbildung, Mitgliedschaft in Gleichaltrigengruppen, Berufstätigkeit eine gewisse materielle, soziale und psychische Unabhängigkeit erringen, durch Erweiterung von Kontakten, von Gesichts- und Handlungsfeld selbständige Handlungsmöglichkeiten, Zielvorstellungen, ein nicht nur abgeleitetes Selbstwertgefühl aufbauen. In den letzten 10, 15 Jahren zeichnet sich eine Änderung der Einstellung der weiblichen Jugendlichen ab in Richtung einer antizipatorischen Orientierung auf Beruf *und* Ehe.

Eine entscheidende Einengung findet in der weiblichen »Normalbiographie« oft wieder mit dem Eingehen einer *engen Beziehung zu einem Mann* statt. Meist schon vor der *Heirat* geben die Frauen ihre eigenen sozialen Kontakte auf, passen ihre Freizeitaktivitäten an die des Mannes an und stellen sich antizipatorisch auf die »normale« Dominanz des Mannes in der Ehe ein.

Entscheidende Veränderungen für die Frauen bringt die *Geburt des ersten Kindes,* die fast immer die traditionelle Aufgabenverteilung in der Familie erzwingt und immer, auch wenn die Frau noch berufstätig ist, die Anbindung an Haus und Familie, an den Ort und die sozialen Beziehungen und Arbeiten, sprunghaft erhöht. Materielle Abhängigkeit der »Nur«-Hausfrau macht die Aufgabe auch der psychischen Selbständigkeit zwar nicht nötig, aber wahrscheinlich, so wie eigene anerkannte Aktivitäten über die Ehefrauen- und Mutter-Tätigkeiten hinaus aufgegeben werden. Die abgeleitete soziale Existenz der Ehefrau »setzt sich nach innen durch« – auf der Basis einer langjährig unterentwickelten Identität bzw. von starken Abhängigkeitsbedürfnissen, die trotz demonstrierter Selbständigkeit bestehen.

Eine ergänzende Strategie zu der der »abgeleiteten Identität« ist die *rastlose Aktivität im Haus* und/oder die *Aufopferung für die Familie.* Scheinbar restloses *Aufgehen in der Mutterrolle* gibt dem Leben vieler Frauen Sinn – bis sie sich völlig verausgabt haben oder bis dieser Sinn durch Weggehen der Kinder, Scheitern der Ehe usw. ersatzlos wegfällt, eine Krise entsteht.

Manche berufstätigen Frauen, v. a. in sozialen Berufen, *übertragen* diese weibliche Strategie des Lebens, des Sichabarbeitens für andere *auch in den Beruf.* Sie überarbeiten sich, fühlen sich durch mangelnden Dank gekränkt, leiden durch ihre Überidentifikation mit dem Beruf extrem unter repressiven und entfremdeten Arbeitsbedingungen.

In der *Phantasie* oder durch *Setzen von Zeichen* kompensieren viele Frauen die Beschränkung ihres Handelns in der Isolation und Privatheit der Familie sowie die monoton repetitiven Tätigkeiten in Haus und Beruf: in Tagträumen der Fließbandarbeiterin und der Hausfrau; in nie ausgeführten Plänen, Phantasien der (Mittelschicht-)Hausfrau, was sie alles tun könnte; oder in der Stilisierung der Wohnung, des Familienalltags oder ihrer Person gemäß kulturellen Stereotypen (»etwas darstellen«), mit den Mitteln von Mode, Kosmetik, Konsum, Freizeitverhalten. Damit setzen sie Zeichen für sozialen Status, Individualität, Identität, wo ihre reale Situation ihnen diese vorenthält. Dieses Phantasie-Potential beinhaltet die Gefahr der Entfernung von der Realität, extrem des Realitätsverlustes, aber es bedeutet auch Festhalten der Wünsche nach einer besseren Realität, nach Glück und Befreiung.

Zu den allgemeinen weiblichen Strategien würden wir auch *Konflikt- und Aggressionsscheu bis -unfähigkeit* rechnen. Sie erscheinen uns besonders gravierend für die Bewältigung der alltäglichen Probleme der Frauen in ihrer widersprüchlichen Situation. Zumindest Frauen der Mittelschichten vermeiden es meist möglichst lange, Konflikte und Aggressionen offenkundig werden zu lassen und sie auszutragen. Dafür gibt es auch keine gängigen Muster, und die Erziehung von Frauen geht, darin stimmen alle Untersuchungen überein, auf weitgehende Einschränkung von offenen Aggressionen aus. Selbstbehauptung, die zum offenen Konflikt mit anderen führen könnte, findet nicht statt. Der Unterschied zwischen Aggression als Verletzung des anderen und Selbstbehauptung ist ihnen nicht klar.

Statt ihre Interessen, Wünsche zu artikulieren, versuchen Frauen oft endlos lange, *den anderen zu verstehen*, bis sie nicht mehr wissen, was sie selber wollen, außer daß es etwas anderes ist als das, was läuft. Sie ziehen sich zurück, äußern sich nicht, bleiben aus konflikthaften Situationen weg, beklagen sich oder explodieren schließlich an einem Punkt, wo eine gemeinsame, konstruktive Veränderung der Situation nicht mehr möglich ist.

Hier stellt sich die Frage nach der weiblichen Fähigkeit und Bereitschaft *zuzuhören, sich in die Situation des anderen zu versetzen*, emotionale Töne und Stimmungen beim anderen genau wahrzunehmen und auf ihn einzugehen. Diese für menschliche Beziehungen so wichtigen *empathischen Fähigkeiten* erscheinen heute allerdings vielen Frauen als Selbstaufgabe zugunsten anderer. Denn die von den Frauen objektiv immer stärker geforderte psychisch-emotionale Reproduktionsfähigkeit – während kaum jemand um *ihre* psychisch-emotionale Reproduktion besorgt ist – überfordert sie.

Während sie zuhören, auf den anderen eingehen wollen, sind sie doch woanders, können nicht mehr zuhören, wahrnehmen, es quillt aus ihnen heraus: »mir geht es genauso...«. Aber sie sind oft nicht wirklich bei sich, bei ihren Empfindungen in der Situation, dem anderen gegenüber, überlegen nicht, was sie wirklich hier wollen, was ihnen wichtig ist. Frauen sind für Gefühle »zuständig«, heißt es. Aber ich kenne fast nur Frauen, die sich ihrer eigenen Gefühle sehr unsicher sind, sie wegschieben, sich keine Zeit für sie nehmen oder nehmen können und auch über die Gefühle anderer mehr vorschnelle Vermutungen als einen »intuitiven Draht« haben. Wer sich seiner selbst und seiner eigenen Gefühle extrem unsicher ist (häufig bei Mittelschichtfrauen, Studentinnen) oder für Gefühle keine Zeit und Energie hat (besonders voll berufstätige Mütter, ungelernte Arbeiterinnen), kann sich auch nicht in andere einfühlen. Frauen versuchen jedoch immer noch tendenziell mehr auf die anderen einzugehen, als Männer. Das überfordert sie um so mehr, als sie, entsprechend der historischen Entwicklung, zu sehen oder zu ahnen beginnen, daß sie auch ein Recht darauf haben, *für sich* dazusein und daß *andere für sie* da sind – nicht nur im Schadensfall käufliche Reproduktionsarbeiter wie die Psychologen.

Die Widersprüchlichkeit der weiblichen Situation schlägt sich in *widersprüchlich-ambivalentem (»neurotischem«) Verhalten* nieder: in Schwanken zwischen Abhängigkeit und Selbständigkeitsforderung; zwischen Bescheidenheit, Aufopferung und narzißtischer Selbstbezogenheit; zwischen Unterwürfigkeit und Machtansprüchen; zwischen Bewunderung und Neid, Aggression usw. Ich nehme an, daß diese Ambivalenzen besonders bei etwas verbesserten objektiven Bedingungen, in höheren Schichten, zutage treten. Sie führen ziemlich zwangsläufig zu konfliktträchtigen Interaktionsverwicklungen.

Sich aufschaukelnde Verwicklungen in den Interaktionen mit wichtigen Bezugspersonen und/oder die Selbsteinschränkungen, die wir oben beschrieben haben, können allmählich oder auch plötzlich (z. B. Depression, Phobien) die Alltagsroutine krisenhaft zerreißen, die Entscheidungsmöglichkeiten dramatisch einengen. Die alten Mittel, die gewohnten Verhaltensstrategien, haben in eine Sackgasse geführt, reichen nicht mehr zur alltäglichen Lebensbewältigung. Gerade die Reaktion auf solche Krisen ist oft »mehr vom selben«, nämlich von den durch die weibliche Situation nahegelegten Bewältigungsstrategien: völliges Aufgeben jeder Eigenaktivität, Einschränkung aufs Haus, andere Vermeidungs- und Rückzugsreaktionen, die unter Umständen, die wir hier nicht näher untersuchen können, als Depression, Agoraphobie, Tablettensucht, Frigidität usw. sozial auffällig werden.

Im folgenden versuchen wir exemplarisch die Affinität einiger weiblicher Situationsbewältigungsstrategien zu häufigen psychischen Störungen herauszuarbeiten.

1.2.2. *Weibliche Strategien und psychische Störungen*

1.2.2.1. *Gelernte Hilflosigkeit, Überanpassung an weibliche Rolle, Allen-Ansprüchen-genügen-Wollen und Sich-selbst-die-Schuld-Geben – »depressive« Strategien.* Wir haben die weibliche Strategie des Verzichts auf effektives eigenes Handeln als Selbstbeschränkung der durch ihre objektive Situation eingeschränkten Frauen beschrieben. Damit verbunden sind ein negatives Selbstkonzept, Passivität, eingeschränkte Kompetenzen für direkte aktive Selbstbehauptung und Interessenvertretung. Das alles sind Elemente »normaler« Weiblichkeit, welche das Gefühl, die eigene Situation durch eigene Aktivitäten in Richtung auf eigene Ziele, Wünsche und Interessen ändern zu können, nicht gerade fördern. Hier drängt sich das Konzept der gelernten Hilflosigkeit auf (Seligman 1975, s. a. Frese 1977). Die gelernte Hilflosigkeit stellt geradezu eine Überanpassung an die weibliche Rolle dar: mehr vom selben, nämlich Einengung der Handlungsmöglichkeiten, von sklavischem Bezug auf die Realität (statt Realitätsveränderung) und auf Normen von Weiblichkeit, glücklicher Ehefrau usw. Aber die angeblich so zufriedene Hausfrau – und manche andere Frau – kämpft immer wieder mit starken Gefühlen der Niedergeschlagenheit, mit dem Gefühl »ich kann nicht mehr«, »ich habe versagt«, »ich schaffe es nicht« – nämlich allen Anforderungen zu genügen. Die Hausfrauensituation vermittelt das Gefühl: Sie schafft es nicht, geduldig zu sein und gleichzeitig die Hausarbeit zu erledigen; sie sieht nur flüchtige Ergebnisse ihrer Arbeit (Sauberkeit, eine Mahlzeit, Zufriedenheit der Familie), sie ist nie fertig mit der Arbeit, aber abends hat sie »nichts« (außer dem Selbstverständlichen) getan; sie ist allein mit den Kindern, der Ehemann versteht ihre Sorgen nur zum geringen Teil; sie fühlt sich selbst oft zu kurz gekommen bei aller Mühe. Das entmutigt, lähmt, sie klagt. Ihre Klagen sind oft versteckte Anklagen und Hilfe- und Entlastungsgesuche in einem. Wenn das Gefühl der Nicht-Kontrolle über ihre Situation zunimmt – sei es, weil sie sich an zu hohen Normen, unerfüllbaren Erwartungen (glückliche Ehefrau, erfolgreiche Mutter, perfekte Hausfrau) orientiert, sei es, weil sie zu wenig soziale Kompetenzen hat (sparsam haushalten können, Konfliktfähigkeit), sei es, weil ihre Situation tatsächlich kaum zu schaffen ist (extrem: Unterschicht-Hausfrau mit mehreren kleinen Kindern ohne Unterstützung durch den Ehemann) – dann wird jede Aktivität, auch, gerade die im Haus, zur Last, tendenziell sinnlos, die Handlungsunfähigkeit breitet sich aus, alltägliche Routinearbeiten bleiben liegen, evtl. kommt die Frau ein paar Tage nicht aus dem Bett. Das sind Verhaltensweisen, die in extremer Ausprägung klinisch als depressiv bezeichnet werden. Gelernte Hilflosigkeit – entstehend aus Sozialisation und aktueller Situation – und Überanpassung an weibliche Rolle benutzen wir daher zum Verständnis der massenweise verbreiteten alltäglichen depressiven Verhaltensweisen ebenso wie für die häufigen schweren Depressionen von Frauen, ob »neurotisch« oder »psychotisch«, die vielen Suizidversuche.

Ganz ohne psychoanalytische Erklärungsansätze scheint uns das tendenziell oder extrem depressive Verhalten allerdings nicht verstehbar zu sein: Hemmung weiblicher Aggression nach außen und Wendung nach innen, gegen die eigene Person; unangemessene, weil nie an der Realität abgearbeitete Wünsche, Ansprüche an sich selbst; frühkindliche Verlusterlebnisse (die in ihrer Ambivalenz oder eigener Depression sich plötzlich entziehende Mutter); fortlebende Verarbeitungsformen der Wut und Trauer über diesen Verlust, nämlich angstvolles Anklammern, Schuldgefühle, weil Ablösungs- und Selbständigkeitsbestrebungen beim kleinen Mädchen wie bei der erwachsenen Frau unterdrückt werden, usw. Hier können nur Stichworte gegeben werden (s. Chasseguet-Smirgel 1974, Eicke

1977, Fischer 1976).

Das Gefühl der Nicht-Kontrolle, der Hilflosigkeit, des Versagens und damit auch depressives Verhalten von Frauen – so unsere These – häufen sich mit zunehmender Geltung der Gleichheitsnormen, d. h. auch der Forderung an Frauen, selbständige, verantwortliche Akteure ihres Lebens zu sein, während ihre objektive Situation und die Weiblichkeitsnormen nur wenig verändert sind. In der patriarchalischen Gesellschaft haben Frauen weiterhin sehr beschränkte Handlungsmöglichkeiten: im Innenraum der Familie, in unteren beruflichen Positionen, d. h. in sehr restringierten Arbeitssituationen; in der Öffentlichkeit, Politik so gut wie nie. In unserer Gesellschaft, in der angeblich jedermann – neuerdings auch jede Frau – Erfolg haben kann, wenn er befähigt ist und sich bemüht, müssen Frauen feststellen, daß sie kaum beruflichen oder politischen Erfolg und Einfluß haben; daß ihre Bemühungen um die Familie oder »die Beziehung« nicht als Leistung gelten, ihnen keine soziale Sicherung verschaffen, daß die Ehe oder Freundschaft trotzdem gefährdet und/oder unbefriedigend für sie ist und die Kinder Schwierigkeiten in der Schule haben. Die ihnen zugeschobene volle Verantwortlichkeit für das Funktionieren des privaten Reproduktionsbereichs, die Ansprüche an eine »gute Mutter« (Medien, Psychologie!) einerseits, die Abhängigkeit der Familie vom Produktions-/Berufsbereich oder den Anforderungen der Schule und die Überforderung der Familien damit, alle außerfamiliären Belastungen zu kompensieren, andererseits – all das programmiert das Scheitern geradezu. Da es so schwer zu durchschauen ist, wie die eigene Situation als Frau und die der Familie gesellschaftlich bestimmt ist, bleibt der Frau kaum eine andere Möglichkeit, als sich selbst die »Schuld« für den geringen Erfolg, also für Unfähigkeit und Versagen zuzuschreiben. Das Gefühl des individuellen Versagens, die Selbstzuschreibung der »Schuld« findet sich wohl v. a. bei Frauen gehobener Schichten, weil sie eher Normen der Gleichheit, des Individuums als des eigenverantwortlichen und effektiven Akteurs, illusionäre Ideale romantischer Liebe und verständnisvoller Partnerschaft internalisiert haben, weil sie mit den objektiven Beschränkungen und Widersprüchen weniger kraß konfrontiert sind.

Besonders schwer zu durchschauen, besonders diffus in ihrer

objektiven Bestimmtheit sind die Widersprüche und Schwierigkeiten der Studentinnen an der Universität und in der Beziehung zu einem männlichen Partner. Scheinbar frei, unabhängig, chancengleich, leben sie im dauernden Konflikt von männlicher Wissenschaft, Öffentlichkeit usw. und Weiblichkeit (Fähigkeiten, Normen). Meist machen sie ihr Selbstwertgefühl als Frau von der Beziehung zu einem Mann abhängig (abgeleitete Identität). Sie sollten in der Beziehung glücklich sein, sind aber latent unzufrieden, kommen mit ihren Bedürfnissen zu kurz, passen sich den Wünschen des Freundes maximal an, machen sich kleiner und hilfloser als sie sind und werden trotzdem in ihren Abhängigkeits- und Unabhängigkeitsbedürfnissen enttäuscht – und rechnen sich zeitweise alle Schwierigkeiten, ja sogar ihre Unzufriedenheit als persönliches Versagen an. Auch im Arbeitsbereich klappt es nicht: Sie trauen sich intellektuell, zumindest vor der Seminaröffentlichkeit, nichts zu, erhalten kaum eindeutige Bestätigungen für Leistung, haben eher Angst vor Erfolg. So folgen fast zwangsläufig auf den Versuch, alles richtig zu machen, Zeiten von tiefer Niedergeschlagenheit, Selbstvorwürfen bis zum Selbsthaß, von Inaktivität.

Da weibliche Passivität, Schwäche nicht mehr allgemein anerkannt ist, versuchen etliche Frauen, diesem Frauenbild entgegen zu leben. V. a. bei leistungsorientierten Studentinnen und Berufstätigen, begünstigt durch Hetze, Leistungsdruck, Konkurrenz in Bereichen, in denen sie sich als Frauen besonders bewähren müssen, findet sich nicht selten ein Schwanken zwischen einer Phase der Überaktivität, Demonstration von Stärke, Leistung, Unabhängigkeit, und einer Phase der Passivität, Inaktivität, Erschöpfung, wo Abhängigkeit, Hilflosigkeit als Zerrbild von Weiblichkeit überwiegen. Letztere wird oft als totales Versagen, als depressiver Zusammenbruch erlebt, als Einbruch einer rätselhaften Lähmung und ich-fernen Schwäche. Sie bringt aber auch Entlastung von überhöhten subjektiven und objektiven Anforderungen.

Hilflose, depressive Verhaltensweisen erlangen gerade für Frauen einen *funktionellen Wert* als *indirekte Steuerung* des Verhaltens anderer: Sie bekommen Hilfe, Zuwendung, psychische und Arbeitsentlastung. Indirekte Kontrolle war schon immer *das* Mittel von Unterdrückten und Unterprivilegierten, speziell von Frauen, die ihre Situation nicht aktiv-direkt in die

Hand nehmen können. Die »aktive« Version der indirekten Kontrolle ist »weibliche List« und charmante Manipulation; die »passive« Version ist weibliches Leiden, Schwäche, Jammern, Ängstlichkeit, Hilflosigkeit. Sie wird bei Frauen – in Grenzen – geduldet, wenn auch nicht positiv bewertet. Wenn die »normale« Hilflosigkeit in schwere längerdauernde Verstimmung und Einschränkung der Handlungsfähigkeit übergeht oder umschlägt, leiden zwar die Frau selbst und ihre unmittelbare Umwelt, aber man sieht diese Reaktionen der Frau eher als persönliches Versagen und Unfähigkeit (wie sie selbst), denn als zu behandelnde »Krankheit« oder »psychische Störung«. Die Frauen selbst versuchen meist, nach außen, über die Familie hinaus, ihre Probleme zu verbergen. Die funktionelle Effektivität depressiv-hilfloser Verhaltensweisen tendiert, wenn nicht der Partner sie für seine eigene Stabilität nötig hat, dazu, sich zu verschleißen: Sie werden lästig für die anderen; diese ziehen sich zurück. Das wiederum bedeutet für die Frau noch mehr Kontrollverlust, und gemäß ihrer dominanten Strategie wird sie mit noch mehr Hilflosigkeit, evtl. dem Zusammenbruch ihrer Handlungsfähigkeit in allen Bereichen, reagieren. Nur nach einem langen Prozeß der Entwicklung und Steigerung von objektivem und subjektivem Kontrollverlust, von hilflos-depressivem Verhalten, wenn die Frau im Haushalt überhaupt nicht mehr funktioniert und/oder wenn sie selbst oder die Angehörigen Suizidgefahr sehen, v. a. nach einem Suizidversuch, wird sie als »depressiv-krank« auffällig und behandelt bzw. institutionalisiert.

Gehäuft treten – oft sehr schwere – Depressionen in Lebenssituationen auf, die durch Anpassungsleistungen der Frau an die Situation als Mutter und Belastungen durch die Kinder gekennzeichnet sind: nach einer Geburt (Fransella/Frost 1977); in der Kinderphase, wenn eine Hausfrau, v. a. der Unterschicht, drei oder mehr Kinder versorgen muß und von ihrem Mann nicht unterstützt wird (Brown et al., 1975); wenn die Kinder aus dem Haus gehen, d. h. bei Verlust der Mutterrolle (Bart 1971) bzw. v. a. wenn die Frauen diese Situation antizipieren (Levy 1977). Auch Trennung vom Partner oder dessen Tod bedeuten besonders für Frauen, die auf Strategien der Unselbständigkeit, der stellvertretenden Identität gesetzt haben, die sich »im Haus« gehalten haben, daß sie ihre indirekte, über den Mann vermittelte Kontrolle über ihre Situation verlieren, und, indem sie sich dahineinfinden, auf eigene Aktivität verzichten, sich mehr oder weniger depressiv verhalten. Berufstätigkeit scheint für Frauen einen gewissen Schutz vor schweren und behandlungsresistenten Depressionen darzustellen (Brown et al., 1975, Weisman und Paykel 1974), vielleicht, weil dadurch eine gewisse Aktivität aufrechterhalten wird und weil das Verdienen eigenen Geldes und berufliche Leistungen das Gefühl von Kontrolle über ihre Situation vermitteln, weil die Mutter zeitweise dem entzogen ist, dauernd für andere dasein zu müssen und ihre Pläne und Abläufe dauernd von den Kindern durchkreuzt zu sehen.

Strategien der Überanpassung an weibliche Rolle bzw. des Allen-Ansprüchen-genügen-Wollens, der Hilflosigkeit stellen Selbstbeschränkungen bis hin zur völligen Bewegungsunfähigkeit dar. Gegen sie müßten sich Änderungsversuche richten.

1.2.2.2. *Strategien der Ängstlichkeit und der Vermeidung: soziale Ängste, Phobien.* Besonders eindeutig als weibliche Selbstbeschränkung aus der Lerngeschichte und konkreten Situation von Frauen sind Strategien der Ängstlichkeit und der Vermeidung verstehbar. Soziale Ängste und Phobien, die Frauen so häufig in psychologische Behandlung bringen, sehen wir als »mehr vom selben«, nämlich dieser Vermeidungs- und Ängstlichkeitsstrategie.

Wir meinen, daß die tendenzielle Erziehung von Mädchen zur Abhängigkeit, Ängstlichkeit und fürs Haus, die hochgezüchtete und z. T. reale Angst vor Vergewaltigung oder Belästigung auf der Straße eine recht generalisierte Bereitschaft zu Meideverhalten züchten. Mädchen wird geradezu gelehrt, exploratives Verhalten und das selbständige Machen neuer Erfahrungen zu meiden, wenn überbesorgte, beschützende und kontrollierende Eltern ihre Töchter kaum aus dem Haus lassen. Infolgedessen werden auch soziale Fertigkeiten für eher öffentliche Situationen mangelhaft ausgebildet, was die Konfrontation mit solchen Situationen zusätzlich angstbesetzt macht. Vermeidung angstbesetzter Situationen verstärkt die Angst, wohl weil in der Phantasie dic Gefährlichkeit der Situation zunehmend übertrieben wird. Vermeidungsstrategien tendieren zum Aufschaukeln und zur Generalisierung. Ängstliche Vermeidung einiger Tätigkeiten, Situationen, die zum normalen Erwachsenenleben bei uns gehören (Auto fahren, Umgang mit Behörden usw.), findet sich bei fast jeder Frau, auch bei sonst recht selbständigen. Offene Angstreaktionen von Frauen werden eher als bei Männern als »normal« bewertet, geduldet und durch beschützende Zuwendung beantwortet. Weibliche Ängstlichkeit hat für Männer etliche Vorteile, sie dürfte daher in einer für Frauen höchst zweischneidigen Weise, die sie einerseits einschränkt, abwertet, andererseits belohnt, unterstützt werden.

So erscheint jenes Vermeiden bestimmter Situationen, das die Bewegungsfreiheit einer Person einschneidend behindert und als »Phobie« bezeichnet wird, als eine Frauen besonders naheliegende Weise, mit Lebensproblemen, eben v. a. mit Widersprüchen ihrer Situation und ihrer eigenen Ambivalenz, umzugehen. Tatsächlich stellen Frauen den Großteil der Phobie-Patienten, so etwa 75% der verbreitetsten und schwerwiegendsten Form, der Agoraphobie.

An der Agoraphobie zeigt sich auch, daß die vermiedene Situation nicht selbst das Problem darstellt, sondern eine handlungsmäßige und/oder symbolische Schlüsselstellung in einem Konflikt hat.

Phobikerinnen kommen in der Regel aus einem überbesorgten, beschützenden Elternhaus. In der Pubertät und als Erwachsene heben sie diese Situation meistens nicht auf. Die meisten identifizieren sich stark mit der traditionellen Frauenrolle. Es gibt allerdings auch Frauen, die zwischen Schulzeit und Heirat zumindest äußere Selbständigkeit und Unabhängigkeit entwickeln, doch einige Zeit nach der Eheschließung plötzlich überhaupt nicht mehr aus dem Haus gehen können. Die meisten Agoraphobien entstehen, wenn die Frau durch kleine Kinder am meisten gefordert, ans Haus gebunden und zur Anpassung an diese Situation gezwungen ist, aber zugleich ahnt, daß sie mit ihren eigenen Bedürfnissen zu kurz kommt, mehr für sich und aus der einengenden Situation heraus will. Faktisch schließt sie sich mit der Agoraphobie im Haus, in ihrem Arbeitsbereich ein, schneidet sich andere Möglichkeiten ab, braucht sich nicht effektiv mit ihrem Konflikt und der Situation auseinanderzusetzen. Sie mag so versuchen, jedem Anspruch an ihre Weiblichkeit zu genügen, ihre auf der emotionalen Ebene fortbestehende kindliche Abhängigkeit auszuleben und sich selbst jeden Wunsch nach größerem Bewegungsspielraum, Öffentlichkeit, Unabhängigkeit zu verbieten und ihre Aggressionen stillzustellen. Bei der Agoraphobie tritt der symbolische Charakter und die handlungsmäßige Schlüsselstellung der zwanghaft vermiedenen Situation, als Frau (allein) aus dem Haus zu gehen, die Einengung der prototypischen weiblichen Situation zu durchbrechen, recht offen zutage. Auch die Angst, Eisenbahn zu fahren, kann mit einem Fluchtwunsch, die Angst vor Aufzügen mit dem Wunsch, einer Einengung zu entkommen, zusammenhängen; gleichzeitig verhindert die Phobie die Realisierung dieses Wunsches. Die Angst, so vermuten wir, bezieht sich wesentlich auf die Konsequenzen, wenn die Frau selbständig ihr Leben in die Hand nimmt, »ausbricht«; denn oft betrachtet sie die Ehe und ihre Abhängigkeit vom Ehemann als Bestätigung ihrer weiblichen Identität. Die Agoraphobie bedeutet dann ihre totale »Abhängigkeitserklärung« in der weiblichen Situation (Haus-Frau). (Miller 1971, Symonds 1973)

Bei solchen Phobien, Ängsten, scheint es uns einerseits wichtig, die sozialen Fertigkeiten und den Handlungsspielraum zu erweitern, andererseits aber auch unerläßlich, daß die Frauen ihre Situation reflektieren und ihre Wünsche, die über ihr angepaßtes Selbstverständnis hinausgehen, erkennen, akzeptieren und ihre Handlungsmöglichkeiten in dieser Richtung ausprobieren.

1.2.2.3. *Alkohol- und Tablettenmißbrauch als Vermeidungsstrategien.* Die überreiche medikamentöse Behandlung der bei Frauen so verbreiteten psychosomatischen Beschwerden (v. a. Schlaflosigkeit, Kopfschmerzen, vegetative Labilität) und Stimmungsschwankungen führt nicht wenige Frauen in Tablettenabhängigkeit. Ein erschreckender Anteil der weiblichen Bevölkerung konsumiert mehr oder weniger dauernd eine Vielzahl von Medikamenten, obwohl sie organisch gesund sind. Die persönlichen Konflikte und das Leiden unter scheinbar oder wirklich unveränderbaren bedrückenden Lebenssituationen, die diesen Beschwerden zugrundeliegen dürften, bleiben jedoch unverändert bestehen; denn das Gesundheitssystem wie auch diese Frauen beschränken sich offenbar auf die Definition der Probleme als physische Krankheit und entsprechende Behandlung mit (Psycho-)Pharmaka. Die Medikamente verschaffen kurzfristig Erleichterung und Vergessen – Verführung, immer häufiger und immer größere Dosen davon zu nehmen. So mag allmählich eine psychische und/oder physische Abhängigkeit von Schlaftabletten, Psychopharmaka usw. entstehen; denn sie schützen die Frau oft nicht nur vor der Qual schlafloser Nächte, sondern auch vor unerträglichen Tagen ergebnislosen Grübelns und der Unfähigkeit, die eingefahrene Situation, v. a. wohl mit dem Ehepartner, zu ändern. Frauen, die häufig bzw. zwanghaft zu Tabletten greifen, haben wohl extrem auf Strategien der Konfliktvermeidung, der Selbsteinschränkung und der Vermeidung unangenehmer Situationen und Gefühle gesetzt; denn Schlafmittel, Psychopharmaka beruhigen bis zur Bewußtlosigkeit, bis zur völligen Flucht aus der Situation (das gilt natürlich nicht für aktivierende Pharmaka).

Tablettensüchtige Frauen werden ebenso wie Alkoholabhängige relativ selten über den Familien- und Bekanntenkreis hinaus auffällig, weil sie zu Hause schlucken, trinken. Alkoholabhängige Frauen scheinen einige Ähnlichkeiten mit Tablettenkonsumentinnen zu haben. Über sie wissen wir etwas mehr (Mantek 1977, Wilsnack 1976). Alkoholismus findet sich besonders in gehobenen Schichten, v. a. der mittleren Mittelschicht, und extrem gehäuft bei geschiedenen Frauen, auch bei verwitweten. Besonders bei Frauen mit höherer Bildung scheint – sozial weitgehend unauffällig – der »milde Alkoholismus« der Mittelschicht zunehmend oft in starkes Trinken überzugehen. Frauen fangen oft in Lebenskrisen mit dem Trinken an, v. a. bei Trennung oder Scheidung vom Partner, beim Tod des Ehemannes, aber auch bei Seitensprüngen des Partners, bei Entbindungs- und gynäkologischen Störungen, Tod eines Elternteils und Heranwachsen, Aus-dem-Haus-Gehen der Kinder; sehr häufig also bei Verlust oder Störung ihrer »weiblichen Lebensaufgabe«. Damit hängt wohl zusammen, daß besonders viele Frauen im Alter zwischen 25-30 und 35-40 starkes Trinken beginnen. Einiges weist darauf hin, daß Alkoholikerinnen bzw. überhaupt Frauen, die öfters über den Durst trinken, Konflikte mit ihrer weiblichen Identität haben – oft nicht sehr bewußt –: Sie fühlen sich weniger weiblich, als sie meinen sein zu müssen; der Alkohol verhilft ihnen zu einem Gefühl der Weiblichkeit. Oft hängt weiblicher Alkoholismus unmittelbar mit der Partnerbeziehung zusammen. In dieser treten ähnliche Schwierigkeiten und ähnliche Reaktionsmuster der Frauen auf wie in deren Beziehung zu ihren Eltern in der Kindheit: Alkoholikerinnen fühlten sich von den Eltern stark eingeschränkt und autoritär auf Anpassung hin erzogen. Sie hatten sich gefügt, angepaßt und geschwiegen, waren sehr unsicher. Auch die Partner verlangen Anpassung, schränken sie ein, und die Frauen wehren sich nicht, ordnen sich unter, vermeiden Auseinandersetzungen und verzweigen ihre Gefühle, Wünsche und Gedanken. Sie leiden unter dem Mangel an Offenheit und Berücksichtigung ihrer Wünsche in der Beziehung und erleben ihren Mann als kritisierend und verletzend. Der Alkohol soll ihnen nicht nur helfen, den Problemen zu entfliehen und das Streßgefühl zu verringern, sondern auch sich aktiver, eventuell auch mal aggressiv, lockerer, sicherer und weiblicher zu fühlen. Das starke Trinken verursacht jedoch heftige Schuld- und Minderwertigkeitsgefühle, die den Druck auf die Frauen erhöhen.

Die Erfahrungen und Verhaltensweisen von Alkoholikerinnen zeigen also ein typisch weibliches Muster des Eingeschränkt- und Unter-Druck-gesetzt-Werdens und der passiv-anpassenden, nachgebenden und vermeidenden Reaktion, der mangelnden Durchsetzung und starker Selbstunsicherheit. Ähnliches findet sich bei tablettenabhängigen Frauen. Vielleicht ist es auch nur eine Frage des Zufalls oder des Vorbilds, oft eines trinkenden Ehemannes, ob eine Frau zum Alkohol oder zu Tabletten greift.

1.2.2.4. *Sexuelle Passivität – sexuelle Störungen.* Die sexuelle Störung bei Frauen ist Frigidität. Sie ist massenweise verbreitet, aber die Frauen klagen kaum darüber. Die meisten Frauen sind – so wenig man dazu überhaupt weiß – mit ihrem Sexualleben unzufrieden; am wenigsten empfinden Unterschicht-Frauen Lust beim Geschlechtsverkehr (Fransella/Frost 1977, S. 136f.). Daß die Sexualität der Frau auch heute bei uns noch weniger zu ihrer eigenen Befriedigung da ist, als vielmehr vom Kinder-(nicht-)Kriegen und den sexuellen Bedürfnissen des Mannes beherrscht ist, schlägt sich im Bewußtsein der Frauen nieder: Trotz Verhütungsmitteln und »sexueller Befreiung« sind die meisten Frauen noch so weit ihrer eigenen Sexualität entfremdet, daß sie oft nur mäßig über ihren Körper, über die Funktion der Klitoris, über den Konzeptionsvorgang und Verhütung, Bescheid wissen, selbstverständlich um die Befriedigung des Mannes besorgt sind, ihm evtl. Orgasmen vorspielen, aber kaum wissen und nur schwer herausfinden können, was sie selber wollen, wie oft und wann sie sexuellen Verkehr oder mehr Zärtlichkeit wollen, was ihnen Spaß macht. Durchgängig scheinen Frauen mehr Sinn für und Bedürfnis nach Zärtlichkeit zu haben, als die Männer (äußern, äußern können). Vollends widersprüchlich, geradezu paradox wird die Situation jedoch dadurch, daß jetzt auch die Frauen sexuelle Lust empfinden, einen Orgasmus haben sollen. Viele Frauen leiden – heimlich –, weil sie sexuell »nicht richtig funktionieren«, unter dem Gefühl der Inadäquatheit. Andere kommen dazu, sexuellen Verkehr zu verabscheuen; er wird ihnen nur zu oft aufgezwungen (»eheliche Pflicht« und eheliche Vergewaltigung).

Passive Verweigerung: Frigidität und Sich-möglichst-Entziehen, ist die Antwort vieler Frauen auf die Entfremdung von ihrer Sexualität, ganz im Rahmen ihrer traditionell passiven Rolle im Bett. Sexuell assertorisch zu sein, auf der Befriedigung eigener zärtlicher und sexueller Bedürfnisse ohne Angst vor Schwangerschaft zu beharren, ist für Frauen objektiv und subjektiv sehr schwer und kaum ohne Unterstützung durch andere Frauen zu lernen; es bringt zwangsläufig Schwierigkeiten mit den dadurch stark verunsicherten Männern.

Wir haben versucht, einige psychische Störungen von Frauen mit alltäglichen weiblichen Verhaltensstrategien und diese mit der Situation von Frauen in Verbindung zu setzen. Es wurde deutlich, daß die behandelten weiblichen Verhaltensstrategien extrem individualistisch sind, gemäß der isolierten Situation, daß sie im privaten Rahmen von Ehe und Familie ohnmächtig gefangen und verhaftet bleiben. Der im folgenden vorgestellte Selbsthilfe-Ansatz ist ein Versuch, diese Isolation als leidendes Individuum, die auch in der Institution Psychotherapie bestehen bleibt, solidarisch aufzuheben, das Gefangensein in immer gleichen weiblichen Situationsbewältigungsstrategien (»mehr vom selben«) aus eigener Kraft, durch gegenseitige Unterstützung zu durchbrechen, ohne professionelle Hilfe in Anspruch zu nehmen, ohne sich weiterem Druck zur Anpassung an Frauenrolle zu unterwerfen, ohne sich als »psychisch krank« diagnostizieren zu lassen.

2. Selbsthilfegruppen als therapeutisches Konzept

2.1. *Die historischen Hintergründe für die Entstehung von Selbsthilfe-Gruppen in der Frauenbewegung*

Selbsthilfe als Strategie der gemeinsamen Problembewältigung durch Einsetzen und gegenseitiges Weitervermitteln der eigenen Kompetenzen kann als zentrales Prinzip für Organisation und Vorgehensweise in der Frauenbewegung gesehen werden. Gegen die Erfahrung ihrer Ohnmacht und Hilflosigkeit in vielen Lebensbereichen setzen Frauen nun konkrete Projekte, in denen sie eigene Möglichkeiten finden, ihre Bedürfnisse in praktisches Handeln umzusetzen. Sie entwickeln dabei Verhaltensweisen und Fähigkeiten, die unter den üblichen weiblichen Sozialisationsbedingungen meist zu kurz kommen, sie erfahren in der gemeinsamen Arbeit zugleich ihr Frausein als ihre Stärke.

Innerhalb der Frauenbewegung ist der Name »Selbsthilfe-Gruppen« im allgemeinen den medizinischen Gruppen vorbehalten, die als erste die Selbsthilfe explizit zu ihrem Programm erklärten und den politischen Stellenwert von Selbsthilfe für die Frauenbewegung thematisierten. Sie setzen der von Männern beherrschten Gynäkologie eine eigene, von den Erfahrungen und Bedürfnissen der Frauen bestimmte Frauen-Medizin entgegen. Indem sie sich das Wissen und damit die Macht über ihren eigenen Körper wieder aneignen, setzen die medizinischen Selbsthilfe-Gruppen am zentralen Machtmittel des Patriarchats an: der Fremdbestimmung über den Körper und insbesondere die Reproduktionsfähigkeit der Frau.

Die Entstehung von psychotherapeutischen Selbsthilfe-Gruppen im Zusammenhang mit der Diskussion um Ansätze zu einer feministischen Psychotherapie weitet das Selbsthilfe-Prinzip der Frauenbewegung auf den Bereich der Psychotherapie und Psychologie aus. Wir sehen diese Initiativen als Teil eines Gesamtkonzeptes alternativer Gesundheitsversorgung für Frauen.

Im folgenden versuchen wir eine kurze Zusammenfassung der geschichtlichen Hintergründe für das Entstehen von Selbsthilfe-Gruppen in der Frauenbewegung zu geben.

Die Entstehung von Selbsthilfe-Initiativen als praktischer Ansatz der Problemlösung ist zunächst ein spezifisch amerikanisches Phänomen. Eigene Belange selbst in die Hand zu nehmen oder sich mit Gleichgesinnten zur Durchsetzung gemeinsamer Ziele zusammenzuschließen hat in den USA Tradition seit der Pionierzeit und stellt ein wesentliches Element amerikanischen Demokratieverständnisses dar. Bereits 1835 bemerkt Alexis de Toqueville: »Americans of all ages, all conditions, and all dispositions constantly form associations.« (Hurvitz, 1974, S. 104)

So ist es nicht verwunderlich, daß Selbsthilfe-Gruppen zunächst in der amerikanischen Frauenbewegung gegründet wurden. Diese Gruppen sorgten aktiv für die Weiterverbreitung ihrer Erfahrungen über die amerikanischen Grenzen hinaus: auf Vortragsreisen nach Europa berichteten sie von ihrer Arbeit, dem Aufbau eigener Gesundheitszentren, der Entwicklung neuer Behandlungsmethoden. Das Selbsthilfe-Konzept wurde bei uns begeistert aufgegriffen.

Die geschichtlichen Wurzeln für das Entstehen der aktuellen Frauengesundheitsbewegung sehen feministische Autorinnen (Ehrenreich und English, 1975) in der jahrhundertealten Tradition von Frauen in der Heilkunde im allgemeinen, die erst mit der Entstehung eines professionellen Ärztestandes gebrochen wurde. Insbesondere werden aber zwei historische Phänomene in unmittelbaren Zusammenhang mit der neuen Frauen-Medizin gebracht: Zum einen wurde das Wirken und Wissen der mittelalterlichen Heilpraktikerinnen wiederentdeckt, die von der katholischen Kirche zu Zehntausenden als Hexen verfolgt und ermordet wurden. Diese »weisen Frauen«, wie sie der Volksmund nannte, hatten die Kräuterheilkunde entwickelt, sie betrieben Geburtshilfe und kannten wohl auch empfängnisverhütende und abtreibende Mittel. Gerade damit machten sie sich aber in den Augen von Kirche und Obrigkeit verdächtig, denen an der Aufrechterhaltung von Unwissenheit und Ohnmacht der Bevölkerung gelegen war.

Zum anderen wird auf den engen Zusammenhang zwischen der »Volksgesundheits-Bewegung«, die in den USA in der ersten Hälfte des 19. Jahrhunderts entstand, und der damaligen Frauenbewegung hingewiesen. Die Frauen beteiligten sich in entscheidender Weise an den Aktivitäten der Volksgesundheits-Bewegung, sie bildeten eigene »physiologische Frauenvereinigungen«, die bereits die Geburtenkontrolle proklamierten. Gesundheitsversorgung wurde gänzlich neu definiert: sie sollte von den Betroffenen selbst organisiert und betrieben werden. »›Every man his own doctor‹, proclaimed the more radical wing of the movement and they meant every woman, too.« (Marieskind und Ehrenreich, Women and Health, 1975). Hier sind bereits wesentliche Elemente der aktuellen Selbsthilfe-Bewegung vorweggenommen.

Die Entstehung der neuen Frauengesundheitsbewegung ist in den USA und Europa unmittelbar mit den Kampagnen der Frauenbewegung gegen das Abtreibungsverbot Ende der 60er, Anfang der 70er Jahre verknüpft. Die Auseinandersetzung mit der Abtreibungsfrage führte unter anderem zu einer umfassenden Informationsarbeit, die sich zunächst auf Abtreibung und Verhütung konzentrierte, dann aber zunehmend die medizinische Versorgung von Frauen im allgemeinen reflektierte. Sie mündete in eine fundamentale Kritik an der patriarchalischen Gynäkologie, die als unzulänglich und obendrein frauenfeindlich abgelehnt wurde. Die positive Bestimmung einer alternativen Frauen-Medizin mußte von den Frauen selber geleistet werden. Die Arbeit in Selbsthilfe-Gruppen, in denen Frauen miteinander lernten, sich selbst zu untersuchen, ihre Erfahrungen mit ihrem Körper und Körpervorgängen auszutauschen, und die Wiederentdeckung der alten, von Frauen entwickelten Heilkunde ermutigten sie, andere Behandlungsmethoden zu erproben und weiterzuvermitteln.

Inzwischen sind auch in der Bundesrepublik feministische Gesundheitszentren entstanden, die ein breites Spektrum an Beratungsdiensten anbieten, Selbsthilfe-Gruppen organisieren, die Erkenntnisse und Methoden der naturwissenschaftlichen Medizin kritisch auf ihre Brauchbarkeit für Frauen hin überprüfen. Durch öffentliche Veranstaltungen, Selbsthilfe-Kurse, eigene Zeitschriften und Broschüren wird das Selbsthilfe-Konzept aktiv weiterverbreitet.

Psychotherapeutische Selbsthilfe-Gruppen sind in der deutschen Frauenbewegung erst in den letzten beiden Jahren entstanden. Als Vorläufer sind in gewisser Hinsicht die Selbsterfahrungsgruppen zu werten, die in der Frauenbewegung aufgrund ihrer bewußtseinsbildenden Funktion einen großen Stellenwert haben. In diesen Gruppen ist es Frauen – oft zum ersten Mal überhaupt – möglich, ihre individuellen Erfahrungen miteinander zu teilen, ihre Leiden und Ängste nicht länger als persönliches Versagen zu begreifen, sondern als sinnvolle Reaktion auf ihre objektive Situation. Die Intention der Frauen-Gesprächsgruppen ist es, die allgemeinen, verbindenden Strukturen in der Erfahrung von Frauen herauszuarbeiten. Dem entspricht die Vorgehensweise, die ein nicht wertendes, kritikloses Zuhören erfordert. Ein tiefergehendes Aufarbeiten von psychischen Schwierigkeiten einzelner Gruppenmitglieder ist daher im Rahmen von Selbsterfahrungsgruppen weder möglich noch wird es angestrebt.

Die Bewußtwerdung von Geschlechtsrollenzwängen, die Sensibilisierung für das Ausmaß der Unterdrückung im eigenen Leben und Verhalten, aber auch unrealistische Erwartungen an die Frauengruppen, an das verändernde Potential weiblicher Solidarität führte bei vielen Frauen zusätzlich zu Verunsicherung und Konflikten, die in den Gruppen nicht aufgefangen werden konnten. Aus der Erfahrung der diesbezüglich begrenzten Möglichkeiten solcher Gesprächsgruppen schlossen viele Frauen, sie könnten ihre Schwierigkeiten nur in einer herkömmlichen Psychotherapie bewältigen.

Damit begann eine intensive Auseinandersetzung mit traditioneller psychodiagnostischer und -therapeutischer Theorie und Praxis. Psychologinnen und Frauen, die in verwandten Berufen arbeiteten sowie Frauen, welche die therapeutische Praxis am eigenen Leib erlebten, begannen gemeinsam die Frauenfeindlichkeit psychologischer Wissenschaft und psychotherapeutischer Praxis anzuprangern.

Kurz zusammengefaßt bezieht sich diese Kritik im wesentlichen auf folgende Punkte:

1. Die Definition als psychisch Kranke liegt hauptsächlich in den Händen der von männlichen Normen geprägten Institutionen Psychiatrie bzw. Psychotherapie. Probleme von Frauen werden, losgelöst von ihrem alltäglichen Lebenszusammenhang, oft als übertrieben, irrational, sinnlos dargestellt. Auch weibliche Therapeutinnen durchlaufen die männlichen Ausbildungsinstitutionen und verinnerlichen deren Werte. Nicht selben erleben Frauen, wie Therapeutinnen ihre eigene anerzogene Selbstverachtung als Frau auf die Klientin übertragen. (Blessing, 1977, S. 194)

2. Frauen werden wesentlich häufiger als Männer mit vagen, vieldeutigen und im Grunde nichtssagenden Diagnosen wie

Neurose, Depression, affektive Psychose klassifiziert. Dabei ist die Trennungslinie zwischen »gesund« und »krank« genauso vage wie die Diagnose selbst. Gemeinsam ist all diesen diagnostischen Kategorien die Festlegung auf eine emotionale Störung; Frauen werden wieder mit ihren Gefühlen verunsichert und vergewaltigt.

3. Die Untersuchung von Broverman (1970), die inzwischen mehrmals mit ähnlichen Ergebnissen wiederholt wurde, zeigt, daß Psychotherapeuten Frauen den Status eines gesunden Erwachsenen nicht zugestehen. »Gesund« ist eine Frau nur dann, wenn sie abhängig, passiv, nachgiebig, leichter erregbar, weniger objektiv und abenteuerlustig etc. ist, d. h. der klinische Gesundheitsbegriff für Frauen impliziert gerade jene Selbstbescheidung und Selbsteinschränkung, die bei Frauen, wie wir im Teil I gezeigt haben, letztlich zum Scheitern ihrer Verhaltensstrategien führt. Implizit heißt das auch, daß eine Frau, die sich aggressiv, selbständig und nicht so leicht beeinflußbar verhält, eher als »nicht normal« angesehen werden kann. Auch andere amerikanische Untersuchungen und unsere eigenen Erfahrungen zeigen, daß Therapeuten dazu neigen, die Berufs- und Karrierewünsche von Frauen weniger ernst zu nehmen. Die Ehe und die Erziehung von Kindern werden immer noch als notwendiges Anzeichen emotionaler Reife bei Frauen angesehen. (Report of the Task Force, 1975)

4. Die therapeutische Situation bringt hinsichtlich traditioneller Rollenverteilung für Frauen nichts Neues; wiederum erlebt sie auf der einen Seite den mächtigen, wissenden Therapeuten, sich selber auf der Seite der Unwissenden, Hilfesuchenden. Die Abhängigkeit von und die Fixierung auf den Therapeuten fördert bei Frauen zusätzlich jene Haltung der Unselbständigkeit und des Vermeidens von Eigenverantwortlichkeit, der einen großen Teil ihrer Problematik ausmacht.

5. Dadurch, daß die Therapie die Probleme wieder auf den individuellen Bereich reduziert, verfestigt sich bei Frauen die Bewertung individuellen Versagens. Auch die Ursachen werden meist nur im individuellen Bereich gesucht, eine Zurückführung auf gesellschaftliche Zusammenhänge findet nicht statt. Dadurch wird die Anpassung an die traditionelle Frauenrolle eher verstärkt, als daß Frauen lernen, sich kritisch damit auseinanderzusetzen. Für uns Frauen hat das zur Konsequenz,

daß die therapeutische Situation uns weiter voneinander isoliert und gemeinsame Lösungsprozesse behindert.

6. Therapie findet losgelöst vom alltäglichen Lebenszusammenhang statt, d. h. von den Bedingungen, unter denen die Probleme entstehen und/oder aufrechterhalten bleiben. Damit wird die »Neurose« als isolierter Faktor zum Gegenstand einer »Behandlung«, ohne daß gewährleistet ist, daß die therapeutische Erfahrung fruchtbar in den Alltag integriert werden kann. Selten werden Frauen Werkzeuge vermittelt, mit denen sie selbst und zusammen mit anderen Frauen weiterarbeiten können.

Vor dem Hintergrund dieser Überlegungen kam es in Anlehnung an die medizinischen Selbsthilfegruppen vor zwei Jahren zur Gründung von psychotherapeutischen Frauen-Selbsthilfegruppen, welche die eigene Frustration und die allgemeine Unzufriedenheit in herkömmlicher Einzel- oder Gruppentherapie gemeinsam aufarbeiten und den üblichen, schwer zugänglichen, teuren und inhaltlich unbefriedigenden Therapieangeboten eine alternative, feministische Therapie bzw. therapeutische Selbsthilfe gegenüberstellen wollten. In diesen Gruppen engagierten sich Psychologinnen und Frauen, die das Konzept der Frauengesprächsgruppen um mehr therapeutische Aspekte erweitern wollten.

2.2. *Psycho-Selbsthilfegruppen als therapeutisches Konzept*

Motive und Möglichkeiten. Wir haben erlebt, daß Frauengruppen schon immer Elemente Psychischer Selbsthilfe erhielten (s. S. 241), ja, daß gerade die enge Verknüpfung von gesellschaftspolitischem Engagement nach außen und persönlichem Engagement der Frauen aneinander den Bestand der 218-Gruppen, der Frauenhaus-Initiativen oder der medizinischen Selbsthilfegruppen sicherte. Wir haben uns mit den Gruppen neue soziale Zusammenhänge geschaffen, die uns eine neue Erfahrung vermittelten: »Frauen gemeinsam sind stark«!

Diese Verknüpfung bewährt sich auch in den Psycho-Selbsthilfegruppen: Wir begnügen uns nicht damit, eine Versammlung kaputter Individuen zu sein, deren einziges Interesse aneinander nur darin besteht, sich gegenseitig in unbegriffenem Leiden beizustehen, ohne sonst etwas miteinander zu tun haben zu wollen, wie wir das aus vielen Therapiegruppen kennen. Unser Leiden zu begreifen, das schließt für uns ein, uns auch die allgemeinen und ganz besonderen gesellschaftlichen Bedingungen durchsichtig zu machen, die unsere »Neurosen«, unsere »Ambivalenzkonflikte« durch widersprüchliche Erwartungen, Belohnungen, Verzichtforderungen tagtäglich aufrechterhalten. Diese Widersprüchlichkeit nämlich läßt uns auch Raum für bewußte Entscheidungen darüber, was wir selbst von uns erwarten. Wir wollen uns durch den billigen Hinweis auf die frühkindliche Begründung unserer »Neurosen« nicht den Blick dafür verstellen lassen, daß wir hier und heute nicht nur uns, sondern auch unsere Umwelt verändern müssen. So werden wir auch nach außen aktiv, beteiligen uns an Aktionen des Frauenzentrums, analysieren das Therapie- und Beratungsangebot für Frauen in unserer Stadt, bieten inzwischen selbst psychosoziale Beratung an und verbreiten unsere Idee der Selbsthilfegruppen. Das weckt unsere Kräfte und gibt sie uns zurück für die notwendigen Veränderungen in uns, mindert unsere Angst, aus der Rolle zu fallen, weil wir erkennen, daß wir noch aus vielen unserer widersprüchlichen Rollen fallen müssen, ehe wir auf unseren eigenen Füßen stehen können. Die äußeren Bedingungen unserer Misere zu begreifen und zu verändern, heißt auch, daß wir uns nicht länger als »Patientinnen« isolieren lassen, daß wir unsere »individuelle Neurose« nicht mehr um jeden Preis voreinander verbergen wollen, nur um sie für fast jeden Preis einem Therapeuten anzuvertrauen: Den Preis der Abhängigkeit jedenfalls wollen wir nicht mehr zahlen, denn sie ist eine der Ursachen unserer Selbsteinschränkung (s. S. 245).

Wir glauben, daß wir unsere Kräfte auch ohne Abhängigkeit von Experten für uns mobilisieren können, denn wir selbst sind die Expertinnen für unsere Probleme. Und weil jede von uns ihre speziellen blinden Flecken woanders hat, können wir sicher sein, daß einige von uns schon sehen können, wo andere noch blind sind. So werden wir auch Expertinnen für die *Lösung* der individuellen Aspekte eines Problems, das uns alle betrifft. Da wir uns nicht nur unsere Schwächen zeigen wollen, um sie zu bejammern, sondern unsere Stärken für uns und füreinander einsetzen, entwickeln sich zwischen uns sehr oft belastbare emotionale Beziehungen, die in unsere alltäglichen Lebenszusammenhänge eingehen, sie bereichern und unser Vertrauen stärken, daß wir uns ändern können.

Konkrete Veränderung aber, die uns freier, selbstbewußter und selbstbestimmter handeln läßt, scheint uns nur dann möglich, wenn jede von uns sich bei der Festlegung ihrer Ziele nicht von vornherein von der gewohnten Fremdbestimmung, den alten Rollenklischees bestimmen läßt, aber auch nicht von einer neuen »feministischen« Ideologie: Wir wollen nicht zugunsten abstrakter Ziele der Bewegung absehen von unseren persönlichen, oft sehr unterschiedlichen Bedürfnissen.

Unserem Ziel jedoch, daß wir lernen, unsere Ziele selber festzulegen, stehen zunächst mal die in unserer weiblichen Sozialisation sorgfältig verankerten Hindernisse gegenüber: Der Mangel an Durchsetzungsfähigkeit zum Beispiel, oder unsere Tendenz, Konflikten lieber auszuweichen, oder unsere Angst, selbstverantwortlich Entscheidungen zu treffen und sie auch durchzuhalten (s. S. 224f.).

Und selbst unser Einfühlungsvermögen, oft gerühmt und noch öfter überstrapaziert und ausgebeutet, müssen wir erst von seiner einseitigen Ausrichtung auf die Interessen anderer befreien. Wir müssen ihm erst eine Sprache geben, die endlich auch unsere negativen und ambivalenten Gefühle gegenüber den Bedürfnissen anderer ausdrücken darf, ehe unsere Einfühlung uns helfen kann, in der Gruppe wirklich und nicht nur oberflächlich aufeinander einzugehen (s. S. 228f.).

Das alles bedeutet: Das Ziel der Gruppe und ihr Weg dahin fallen streckenweise zusammen; die Gruppe könnte nicht bestehen und wäre ohne explizite Leitung nicht arbeitsfähig, wenn wir nicht schon einiges an Fähigkeiten und gegenseitigem Vertrauen in sie einbringen würden, um es in und durch die Gruppe weiterzuentwickeln.

Organisatorischer Rahmen der Selbsthilfegruppen. Die Gruppen bilden sich meist im Umkreis der Frauenbewegung, entstehen aus der Erfahrung mit den Vor- und Nachteilen von herkömmlicher Therapie einerseits, von Frauengesprächsgruppen andererseits und entsprechen dem Bedürfnis von Frauen aus sozialen Berufen, weniger hierarchische, weniger entmündigende Formen für ihre soziale und therapeutische Arbeit zu finden.

Wir, die Beteiligten an der ersten Generation der Münchner Selbsthilfegruppen, kannten uns oft schon aus früheren Gruppen oder Arbeitszusammenhängen, waren meist Psychologinnen oder studierten Sozialwissenschaften, hatten insgesamt ähnliche Einstellungen zu Fragen der Frauenbewegung und waren alle zwischen 25 und 40 Jahren alt. Diese Homogenität engte sicher unseren Erfahrungshorizont und die Zugangsmöglichkeiten für Frauen mit anderem Background ein, hat uns aber zweifelsohne die Zusammenarbeit in den Gruppen sehr erleichtert. Das soll nicht heißen, daß nicht auch Frauen aus anderen Berufen, Schichten, Altersstufen sehr viel von diesen Gruppen haben könnten, wir glauben nur, daß allzu große Unterschiede in der bisherigen Lebensgeschichte, dem gegenwärtigen Problemdruck und den daraus sich ergebenden Bedürfnissen schwer zu verkraften sind. Günstig, wenn auch bei uns nicht realisierbar, ist es, wenn auch die räumliche Distanz der Frauen zueinander nicht zu groß ist und wenn die Treffen, der persönlichen Atmosphäre wegen, reihum in den Wohnungen der Mitglieder stattfinden, auch wenn der Ehemann/Freund erst auf solches Vorhaben eingestimmt werden muß.

Eine Gruppe läuft intensiver, eventuell natürlich auch konfliktreicher, wenn die Frauen sich auch außerhalb der »offiziellen« Gruppenabende treffen und wenn die Gruppe nicht zu groß ist. Unsere Gruppen haben 5-10 Mitglieder, und sie tagen oft bis spät in die Nacht, damit nicht nur für »Psycho-Probleme« Zeit ist, sondern auch für alles, was uns sonst noch betrifft und interessiert.

Die Tatsache also, daß wir einen ähnlichen sozialen Hintergrund haben und so viel mehr vom persönlichen Lebenszusammenhang jeder einzelnen wissen als sonst Therapiegruppenmitglieder, macht die Erfahrungen einer Frau für die anderen eher nachvollziehbar, erleichtert uns den Zugang zueinander: Unsere Beziehungen und Kontakte müssen nicht mühsam von einem Therapiekontext in unseren Alltagskontext übersetzt werden. So haben einige Frauen beschlossen, zusammen zu wohnen, andere verbindet eine enge Freundschaft, wieder andere brauchen sich als Partnerinnen für heftige, manchmal sehr intellektuelle, meist aber sehr persönliche Auseinandersetzungen.

Da wir uns auch weder an den überfüllten Terminkalendern

noch an den üppigen, keineswegs auf übliche Fraueneinkommen abgestimmten Honorarforderungen vielbeschäftigter Therapeuten orientieren müssen, brauchen wir uns auch weder für die einzelne Sitzung noch für die Gesamtdauer der Gruppe enge zeitliche Grenzen zu setzen. Angesichts unseres vielseitigen Interesses aneinander schiene uns solche Begrenzung auch künstlich und einengend, sie würde uns zwar vielleicht zunächst zu sehr konzentriertem Arbeiten anregen, uns aber irgendwann blockieren, da sie zuwenig Raum ließe für spontane und kreative Entwicklungen, notwendige Umwege und langsame, dafür aber tiefergreifende Prozesse.

Unsere Gruppen ändern ihre Ziele entsprechend unseren sich wandelnden Interessen, oder sie lösen sich auf, wenn sie ihren Zweck erfüllt haben. Da es aber auch Gruppen gab, die sich auflösen wollten, weil sie ihren Zweck nicht erfüllen konnten, und da wir überhaupt großes Interesse an Kooperation und Koordination der Selbsthilfegruppen hatten, gründeten wir 1976 einen Arbeitskreis, in dem sich alle 14 Tage Frauen aus allen Gruppen trafen, um die typischen Schwierigkeiten in unseren Gruppen (von denen noch die Rede sein wird) zu diskutieren, allgemeine Anregungen und Hinweise aus unseren Erfahrungen abzuleiten, die das Stagnieren des Gruppenprozesses verhindern und neuen Gruppen als Orientierungshilfe dienen können. Der AK unterstützt auch das Zustandekommen und den Start neuer Gruppen und ist ein Forum, in dem sich Gruppen in Krisensituationen von den Frauen aus anderen Gruppen beraten lassen können. Der AK sollte auch Erfahrungsberichte über Therapeuten und Therapiezentren sammeln, um Frauen beraten zu können, die nach einer Therapiemöglichkeit suchen. Da die einzelnen Frauen allerdings nur unregelmäßig am AK teilnehmen, ist es nicht einfach, dort kontinuierlich zu arbeiten. Frauen aus verschiedenen Selbsthilfegruppen beschlossen deshalb, eine neue feste Gruppe zu gründen, die psychosoziale Beratung für Frauen anbietet, sie bei entsprechendem Bedürfnis in Frauengruppen vermittelt und diese Gruppen auch beraten kann. Solche Beratungsmöglichkeiten, so hoffen wir, werden für gerade beginnende und für Gruppen in einer Krise eine »Hilfe zur Selbsthilfe« sein.

Methodisches Vorgehen. Wir arbeiten immer ohne professionelle Leitung. Wir finden es heilsam, Heilserwartungen *nicht* an eine Autorität zu richten, uns *nicht* auf ihre Stärke zu stützen, sondern auf unsere (teilweise noch verborgenen oder bisher von anderen verzehrten) Kräfte, die wir in der Gruppe weiterentwickeln wollen und die ihrerseits die Gruppe weitertreiben, wenn wir uns als verantwortlich und kompetent betrachten für unseren eigenen Lernprozeß und den der Gruppe. Das gelingt natürlich nicht ohne Schwierigkeiten, und so liegt im Fehlen eines Therapeuten die größte Bedrohung, aber auch die größte Chance für unsere Selbsthilfegruppen. Der Gefahr, daß die Gruppe an Unsicherheit und Orientierungslosigkeit scheitert, daß große Hoffnungen allzu rasch in große Frustrationen umschlagen, steht die Chance gegenüber, daß die Gruppe einen Prozeß beginnen kann, in dem wir alles auf Veränderung gerichtete Handeln nicht als bloße Folge der Anweisungen eines Therapeuten erleben, sondern als eigenen, *selbst initiierten* Schritt nachvollziehen, uns aneignen und deshalb auch leichter auf andere Alltagssituationen übertragen können.

Wie aber initiieren wir unsere Lernschritte in der Gruppe? Wir praktizieren keine bestimmte, schulmäßige Therapieform, sondern experimentieren eher eklektisch mit Elementen aus Gestalttherapie und Transaktionsanalyse, aus Selbstbehauptungsprogrammen und Partnertrainings, und beziehen auch Yoga, Meditation, Massage mit ein, Methoden und Möglichkeiten also, die wir selbst schon irgendwo »am eigenen Leibe« erfahren haben oder aus einschlägiger Literatur kennen (z. B. »Getting Clear« von Rush, 1975, sowie andere Bücher über Frauentherapie, die meist aus den USA kommen, oder Stevens, 1975; Schwäbisch und Siems 1974).

Unsere Diskussionen darüber, welche Implikationen die Ziele und Methoden der genannten Therapieansätze für eine explizit »feministische Therapie« haben können, die z. B. auf dem Kongreß »Frauen und Therapie« in Köln 1977 heftig geführt wurden, sind keineswegs abgeschlossen (s. dazu: Buchetmann und Ostermann, 1977), soviel aber läßt sich bereits jetzt sagen: Ziel einer solchen Diskussion kann es nicht sein, einseitig einer bestimmten Therapieform den Vorzug zu geben, sondern wir wollen solche theoretischen Ansätze und Handlungsanweisungen in unsere Arbeit aufnehmen, die unseren Zielperspektiven entsprechen, die sich nicht allzu esoterisch von unserer Alltagsrealität abheben und damit für deren Bearbeitung unbrauchbar werden, und die vor allem relativ leicht von *uns allen* anzuwenden und durchzuhalten sind.

Wir brauchen durchaus einfach handhabbare Beschreibungssysteme, wie z. B. die Transaktionsanalyse sie anbietet, sowie Körper- und Interaktionsübungen, weil sie unsere Wahrnehmung erweitern und schärfen und uns den Zugang zu Problemen leichter machen, die wir sonst lieber ängstlich umgehen; (so war es gut, Kritik aneinander zunächst in der Form auszudrücken, daß wir uns in Zweiergruppen jeweils zwei positive und zwei negative Gefühle füreinander mitteilten). Wir sind jedoch sicher: Selbsthilfegruppen sind weniger als künstlich zusammengesetzte, in ihrer Zeit und ihren Interaktionen eng begrenzte Therapiegruppen angewiesen auf formale therapeutische Technik, auf exakt angewandte Methoden. Unsere wichtigste »Methode« sind klärende, auch konfrontierende Gespräche, in denen keine von uns sich allein und unverstanden fühlen muß, weil andere, aktuell nicht so betroffene Frauen ähnliche Erfahrungen einbringen. So entsteht facettenartig ein genaues Bild des angesprochenen Problems, seines Hintergrunds und seiner möglichen Lösungen.

Außerdem, und das finden wir sehr wichtig, weil Selbsthilfe für uns heißt, die Fixierung auf unsere Schwächen aufzugeben und unsere positiven Möglichkeiten zu realisieren, gönnen wir uns auch gerne gemeinsame lustvolle Erfahrungen (Tanzen, Schwimmen, Wandern, Malen, Musikmachen, Zärtlichsein) und nehmen uns als Gruppe auch gegenüber unserer Umwelt wichtig, wenn wir z. B. Artikel schreiben, den Arbeitskreis und die Beratung für andere Frauen organisieren und uns mit Erfolgen und Mißerfolgen dabei konkret auseinandersetzen müssen. Das alles gibt uns neue Impulse und verhindert ein in sich selbst zurücklaufendes »Rumrühren im eigenen Gruppensumpf«.

Trotz unseres Methodenpluralismus und unserer Betonung spontanen, intuitiven, vielseitigen Vorgehens wollen wir aus den bisherigen Erfahrungen einige notwendige, wenn auch längst noch nicht hinreichende Prinzipien für ein erfolgversprechendes Vorgehen herausarbeiten:

– Vor allem zu Beginn einer Gruppe, aber auch danach immer wieder ist es wichtig, daß wir unser Interesse an der Gruppe abklären und feststellen, ob unsere Bedürfnisse ähnlich genug sind, um die Basis für eine Zusammenarbeit zu bilden. Gute Erfahrungen haben wir mit einem kurzen »Anfangsblitzlicht« gemacht, in dem jede ihre aktuelle Stimmung, ihre Wünsche und Bedürfnisse für den gegenwärtigen Abend kurz beleuchtet. Erst wenn die Unterschiede in den Interessen klar sind, können wir gemeinsam etwas tun. Auch wenn wir anfangs große Übereinstimmung über unser Vorgehen festgestellt haben, dürfen wir das nicht als Festlegung auf Dauer mißverstehen: Es scheint, als müßten wir in jeder Gruppe nach einer Phase starker Identifikation der Frauen miteinander und mit den gemeinsamen Zielen den Punkt erkennen und bearbeiten, an dem die Unterschiede zwischen uns wieder stärker in den Vordergrund treten. Wir wissen, daß diese notwendige Differenzierung zunächst Angst und Mißtrauen weckt, weil sie unsere anfängliche Harmonie bedroht. Wenn wir sie aber zulassen können, erweitern wir unsere Erfahrung: »Frauen gemeinsam sind stark« – wenn sie verschieden sein dürfen!

– Es verlangt einiges an Konsequenz und Durchhaltevermögen (und das bringen wir nicht immer auf!), aber es hat sich bewährt, wenn wir uns alle am Anfang ein individuelles Ziel setzen, was wir in und mit der Gruppe erreichen wollen. Dies Ziel muß in konkrete und überprüfbare Handlungsschritte umsetzbar sein. Wenn einige von uns ähnliche Ziele haben, z. B. das Ziel, nicht immer wieder Ja, sondern endlich einmal Nein zu sagen, so können wir uns nach entsprechender emotionaler Rückenstärkung die »Hausaufgabe« geben, das wirklich in der jeweils für die einzelne wichtigen Situation zu tun, um dann beim nächsten Treffen die Fortschritte zu feiern und uns Anregungen und Hilfestellungen zu geben, wenn es irgendwo nicht geklappt hat. Dies Eingehen »dosierter Risiken« ist ein gutes Prinzip, das jede einzelne und die ganze Gruppe weiterbringt, weil es erste Erfolge in greifbare Nähe rückt.

– Wir wissen inzwischen, daß uns die schönsten Übungen und Erkenntnisgewinne nichts nützen, wenn sie immer nur von ein, zwei Frauen ausgehen, denn dann werden sie leicht zum Therapeutenersatz, an den die anderen Initiative und Verantwortung delegieren, statt ihre eigenen verschütteten Potentiale zu entdecken und zu aktivieren. Dieser Versuch einiger, in der allzu gründlich gelernten Hilflosigkeit (s. S. 230) zu verharren, scheitert aber über kurz oder lang immer daran, daß die »starken« Frauen sich überfordert fühlen und/oder auch die »Schwachen« mit dieser Hierarchisierung nicht einverstanden sind: Es zeigt sich dann, daß eine Selbsthilfegruppe nicht gegen ihre fundamentale Regel, daß jede für sich selbst verantwortlich ist, verstoßen kann, ohne daß Krisen und Konflikte die Folge sind.

Um einerseits diesem Phänomen hinterrücks entstehender Hierarchisierung entgegenzuwirken, und um andererseits zu verhindern, daß sich in einer orientierungslosen Gruppe Lust- und Konsequenzlosigkeit breitmachen, haben wir mit dem Prinzip rotierender Leitung experimentiert: Reihum gestaltet jede Frau einen Abend mit den Mitteln, die ihr zur Verfügung stehen. Sie kann verschiedene Aktivitäten vorschlagen oder ein eigenes Problem einbringen, jedenfalls sorgt sie dafür, daß mehr läuft als Kaffeeklatsch, und daß das, was läuft, nicht struktur- und konsequenzlos bleibt. Diese Regelung hilft jeder von uns, ihrer Phantasie, ihren Fähigkeiten und ihrer Durchsetzungskraft mehr zu vertrauen, und es hilft der ganzen Gruppe, die Fähigkeiten der einzelnen genauer wahrzunehmen und in ihrer Verschiedenheit zu akzeptieren.

– Zum Schluß ein ganz zentraler Punkt: Eine Gruppe, die produktiv bleiben bzw. überhaupt ihre erste Euphorie überleben will, darf sich nicht darauf beschränken, die Schwierigkeiten ihrer Mitglieder außerhalb der Gruppe zu bearbeiten, sondern muß sich *rechtzeitig* mit den Konflikten, Konkurrenzen, Antipathien zwischen ihren Mitgliedern auseinandersetzen. Wir reagieren, wie man es uns beigebracht hat, auf »negative«, »störende« Gefühle gern mit Konfliktverleugnung und Vermeidung, aber wir wissen, daß das zu öden Abenden führt, an denen über alles, was möglich gewesen wäre, hinweggeredet wird, weil keine sich traut, die wirklich heißen Eisen anzufassen oder vollständig aus dem Feuer zu ziehen, und wir wissen auch, daß Frustration, unterdrückte Aggression mit den daraus resultierenden Schuldgefühlen und Ängsten einen Zündstoff schaffen, der die Gruppe sprengen kann, wenn wir ihn nicht rechtzeitig entschärfen.

Dabei geht es ganz und gar nicht um das eilige Wiederherstellen scheinbarer Harmonie, sondern darum, daß wir Gegensätze, Konflikte, Schwierigkeiten zwischen uns als wirklich vorhanden akzeptieren und daß wir unseren Ärger, unsere

Enttäuschung, unsere eigene Meinung, unsere Kritik selbst wahrnehmen und deutlich aussprechen. Das ist die einzige Möglichkeit, wie wir mit ihnen umzugehen lernen können.

Wir lernen es langsam. Wir lernen auch, die Bedeutung, die die Gruppe für uns hat, gegenüber unseren Ehemännern, Freunden, Kindern, gegenüber Therapeuten und Arbeitskollegen zu vertreten und uns nicht länger von ihren Zweifeln anstecken zu lassen. Und obwohl in unseren Frauengruppen die knisternde Spannung zwischen den Geschlechtern fehlt, die viele workshops erst interessant macht, fehlt uns nichts. Denn die Energie, die wir sonst im Spielen unserer weiblichen Rollen, im Ausspielen unserer »Weiblichkeit« im Kampf um zweifelhafte Siege verlieren, gewinnen wir in der Gruppe für uns selbst. Wir können viel für uns damit tun.

2.3. *Erklärungsansätze für die therapeutische Wirkung von Frauenselbsthilfegruppen*

Es gibt mehrere Versuche, die Prozesse in Selbsthilfegruppen aller Art durch sozialpsychologische Mechanismen bzw. Charakteristika solcher Gruppen zu erklären (s. z. B. das ausführliche Sammelreferat von Killilea, 1976). Die Ansätze erscheinen zum Teil beliebig, überschneiden sich auch und werden von uns als für die Analyse von Frauen-PSHG's als zum überwiegenden Teil unfruchtbar betrachtet. Wir möchten daher lediglich auf die Ansätze von Moeller (1975) und von Spiegel (1976) eingehen.

Die von Moeller hypostasierten Faktoren stammen zwar aus seinen Erfahrungen mit gemischten und eher psychoanalytisch orientierten PSHG's, die Betonung von Solidarität, Autonomie und gemeinsamer Erfahrung impliziert jedoch einige wichtige Essentials von Frauen-PSHGs.

Moeller nennt im wesentlichen 4 Faktoren:

1. Stabilisierender Effekt der »holding function« der SHG auf die Teilnehmer. Diese wird außer durch die Kontinuität der Sitzungen über die folgenden Momente hergestellt:

a) Die Verbindung der konfliktfreien, sozusagen kurativen Ich-Anteile aller Mitglieder bildet das Äquivalent des Therapeuten. Das Arbeitsbündnis ist eine Beziehung unter Gleichen (symmetrisch). Dadurch wird das Grundvertrauen als primäre

Voraussetzung einer günstigen therapeutischen Entwicklung gestärkt.

b) Aktualisierung von Autonomietendenzen durch die Aufforderung, sich selbst zu helfen.

c) Die Mitgliedschaft in der SHG beruht auf freier Wahl, ist selbst bestimmt. Das aktive Sich-Anschließen bei der Selbsthilfegruppenbildung und die folgende Selektion führen zu einer starken Gruppenkohäsion, also zu einem stabilen Arbeitsbündnis.

d) Gemeinsamer Leidensdruck und ähnliches Schicksal lassen eine große Solidarität in der Gruppe entstehen.

2. Das »helper therapy principle« (Riessman, 1965). Jedes Mitglied wechselt zwischen Therapeuten- und Patientenposition. In der Therapeutenposition werden die Konflikte der anderen verstärkt beobachtet. Damit ist die Chance gegeben, auch die eigenen Konflikte besser zu verstehen.

3. Die Möglichkeit der Aussprache als Schritt zur aktiven Bewältigung des bisher als passiv erlebten Leidens bedeutet darüber hinaus eine Aufhebung der Isolation der eigenen Konflikte. Die wechselseitige Teilnahme bringt Entlastung.

4. »Identifikatorische Resonanz« als Äquivalent der psychoanalytischen Deutung. Z. B. antworten die Gruppenmitglieder auf den Bericht eines einzelnen über eine spezifische Angst mit ihren je individuellen Assoziationen ähnlicher Ängste, ihren speziellen Verarbeitungsformen, ihren dagegen gerichteten Abwehrformen. Diese Gesamtresonanz aus zahlreichen Variationen und Assoziationen bietet einen Bedeutungsraum, der das ursprüngliche Problem (die berichtete spezifische Angst) unwillkürlich erläutert. So dringt das Verdrängte auf diese Weise schließlich durch die Verdrängung.

Zwar gehen in die Faktoren 1a und 4 Elemente der psychoanalytischen Theorie ein und treffen daher in dieser Form nicht das methodisch eher eklektische Selbstverständnis von Frauen-PSHGs. Insgesamt gibt Moeller jedoch eine plastische, wenngleich an vielen Stellen allzu optimistisch anmutende Darstellung des Ablaufs und der Dynamik von PSHGs, die auch auf Frauen-PSHGs übertragbar ist.

Spiegel (1976) geht noch einen Schritt über diese mehr gruppenintern festgemachten Deutungen hinaus.

Er entwickelt das Konzept eines Verhaltensspektrums, das

von privater Betroffenheit zum Phänomen des »going public«, einem offenen Bekenntnis einer persönlichen, im allgemeinen stigmatisierten Eigenschaft, bis hin zu breiterer politischer Aktion reicht. In Selbsthilfegruppen läuft der Prozeß von der Verheimlichung der stigmatisierten Eigenschaft über deren Enthüllung in einer kleinen unterstützenden Gruppe, die diese Eigenschaft teilt und deren Mitglieder sich gegenseitig solidarisch gegenüber Feindseligkeiten der Öffentlichkeit stärken, bis zu einer öffentlichen Erklärung gegenüber der breiteren Gesellschaft. Die Mitglieder der Selbsthilfegruppe bilden dann eine politische pressure group, um die Gesellschaft zur Aufhebung der stigmatisierenden Attitüden und Verhaltensweisen zu zwingen. Diese Progression entlang dem privat-öffentlich politischen Aktivitätsspektrum ist von zentraler Bedeutung für die Entwicklung personaler Kompetenz und psychischer Gesundheit. Sie ist insofern dialektisch, als in ihr sich ausdrückt, daß der Mensch beides ist: die Entsprechung seiner »objektiven« Persönlichkeitsdeskription (z. B. ein Alkoholiker) und mehr als diese (ein zu akzeptierendes Mitglied der Gesellschaft).

Die Fähigkeit, objektive Deskriptionen oder Rollen zu transzendieren, nennt Spiegel, und hier bezieht er sich auf die Existenzialphänomenologie, die Fähigkeit, sich zu etwas in Beziehung zu setzen (the capacity to relate).

Auf der Subjektebene, der Erfahrung des »yes I am this but I am more than this« (Spiegel, 1976, S. 138), trifft der Ansatz ein wesentliches Element von Frauen-PSHGs: das Erlebnis eigener Schwächen und Defizite und gleichzeitig die Entdeckung neuer Stärken und Verhaltenskompetenzen (s. S. 247f.).

Das von Spiegel beschriebene privat-öffentlich-politische Aktivitätsspektrum als Erklärungsansatz deckt sich mit unseren Erfahrungen in der PSHG. Die Möglichkeit, als individuell erlebte Schwierigkeiten im schützenden Raum der Gruppe anzubringen und zu den Schwierigkeiten der anderen in Beziehung zu setzen, öffnet den Blick auf etwas Neues: Die Schwierigkeiten, die ich habe, kommen auch bei anderen Frauen vor; und weiter: Sie sind Niederschlag dessen, wie Frauen in einer männlich strukturierten Gesellschaft zugerichtet werden.

Da Frauen sich tendenziell für alles selbst verantwortlich machen, wirkt diese neue Perspektive entlastend und klärend. Es wird deutlich, wieweit individuelle Veränderung im Rahmen der Gruppe möglich ist und wo gesellschaftlicher Wandel Voraussetzung für individuellen Wandel wäre. Wenn nun die Gruppe zu breiterer Öffentlichkeitsarbeit fortschreitet, so wirkt der Wechsel zwischen gruppeninterner Selbsterfahrung und zielorientierter Arbeit nach außen wieder motivierend auf den Gruppenprozeß zurück (s. S. 246 u. 252). Das haben wir z. B. erfahren, wenn wir Beiträge für den Kongreß »Gewalt gegen Frauen« (Verlag Frauenoffensive, 1976), den nationalen Frauenkongreß in München 1977 (Verlag Frauenoffensive, 1977), ein Vor- und Nachwort für Mander und Rush (1976) oder diesen Artikel schreiben.

Der Ansatz von Spiegel nähert sich auf der Handlungsebene jener neuen Art, Politik zu machen, »Politik mit Erfahrung zu verbinden und subjektiv erlebte Unterdrückung öffentlich zu machen« (Kickbusch, 1977, S. 6), die dem Politikbegriff der Frauenbewegung entspricht: das Persönliche ist politisch.

Kategorien der Interpretation von SHGs. Auch hier ließen sich eine Vielzahl teils sozialpsychologischer, teils eher soziologischer Interpretationen aufzählen (s. z. B. Killilea, 1976).

So schlägt Hurvitz (1974, S. 128-130) vor, alle psychotherapeutischen Systeme in einem Koordinatensystem mit »expressiven« und »instrumentellen« Achsen zu lokalisieren. Selbsthilfegruppen wären in diesem Bezugssystem dann so charakterisierbar:

– Expressive Dimension: Durch die Veröffentlichung von sonst privater Information werden emotional verpflichtende Beziehungen zwischen den Gruppenmitgliedern stimuliert und aufrechterhalten. Dies erleichtert die Akzeptierung der Gruppengefährten als signifikante Andere und die Identifikation mit der Gruppe und der Bewegung, deren Teil die Gruppe ist.

– Instrumentelle Dimension: Das Gruppenmitglied unterwirft sich einem kontinuierlichen Lernprozeß, paßt sich den Erwartungen und Zwängen der anderen Mitglieder an, die verbal und nonverbal modelliert und ausgedrückt werden.

Die SHG-Erfahrung läßt sich auch als Sozialisationsprozeß in Primärgruppen beschreiben: Die Bewegung, Gemeinschaft als Familie im weiteren, die Gruppenmitglieder als Familie im engeren Sinne mit expressiven bzw. instrumentellen Rollen. Es entsteht eine emotional geschlossene, aber wachstumsfördernde Umgebung, die eine Resozialisation im Einklang mit den Werten der Bewegung fördert. Frauen-PSHGs beinhalten expressive wie instrumentelle Elemente (s. S. 252).

Die expressiven Elemente, das Zugehörigkeitsgefühl zu der Gruppe, das Bewußtsein, daß die Gruppe ein wichtiger Bestandteil des eigenen Lebens geworden ist, sind gerade hier notwendige Voraussetzung für deren längerfristige Existenz. Sie setzen Energie frei, auch in Phasen der Frustration, wenn es mit der instrumentellen Arbeit nicht recht vorangeht, an der Gruppe festzuhalten. Allerdings stellt sich die Identifikation mit der Gruppe nicht allein über bloße Intimitätserlebnisse her, sondern wesentlich über gemeinsame Arbeits- (s. S. 248f.) und Lebenszusammenhänge, gegenseitige Hilfe über den zeitlichen Rahmen der Gruppe hinaus und z. Teil gemeinsames Wohnen. Caplan (1974, a, b) beschreibt SH-Gruppen als Elemente von »support systems« und liefert damit schon einen Ansatz zur Funktionsbestimmung von SH-Gruppen.

Caplan definiert support-Systeme als Verbindungen zwischen Individuen oder zwischen Individuen und Gruppen, die dazu dienen, die adaptive Kompetenz zu verbessern, mit kurzdauernden Krisen und Lebensveränderungen sowie mit längerfristigen Bedrohungen, Streß und Entbehrungen umzugehen durch

a) Förderung emotionaler Bewältigung,

b) Führungsangebote hinsichtlich der relevanten Einflußfaktoren, die an erwartbaren Problemen beteiligt sind, und Methodenangebote hinsichtlich des Umgangs mit ihnen,

c) Feedback über das Verhalten des Individuums, das sein Identitätskonzept validiert und verbessertes Verhalten auf der Basis adäquater Selbsteinschätzung fördert (Caplan, 1974 b, S. 2).

Interpretiert man, wie Caplan, Selbsthilfegruppen gleichsam als support-Systeme zweiter Ordnung, so ist damit gleichzeitig ausgedrückt, daß hier die gewachsenen support-Systeme nicht mehr tragen; oder wie Karl (1977, S. 67) für Bürgerinitiativen feststellt: Selbsthilfegruppen sind spontane Antworten auf Reproduktionsprobleme. Sofern solche Initiativen sich unmittelbar auf isolierte Anliegen beschränken, sind sie auch tendenziell ins System integrierbar. Solange das Engagement politisch neutral bleibt, wird es von den herrschenden Parteien als eine Form der »Partizipation« begrüßt.

»Hinter dieser Anerkennung steht die Absicht, eine Kritik der Gesellschaftsstrukturen abzublocken und das Engagement auf die Behebung der unmittelbarsten Mißstände ›aus eigener Kraft‹ einzuengen: derartigen Bürgervereinigungen (das gilt auch für SH-Gruppen, d. Verf.) kommt damit eine kapitalsparende Funktion zu; sie mobilisieren materielle und geistige Resourcen aus der Gruppe der Betroffenen heraus – die notwendige Reproduktion der Arbeitskraft soll also auch hinsichtlich gesellschaftlich zu lösender Probleme von ihr selbst geleistet werden« (Karl, 1977, S. 67).

Diese Funktionalisierungsmöglichkeiten sind auch schon für gynäkologische Frauenselbsthilfegruppen formuliert worden: »Ist das nicht das ideale Konzept für Dienstleistungssysteme in Finanzkrisen: Die Leute kümmern sich um sich selbst und kosten nichts? Vernachlässigen solche Selbsthilfeinitiativen nicht den Kampf gegen etablierte Systeme?« (Kickbusch, 1977, S. 16)

Andererseits eröffnen solche Initiativen aber auch Zugänge zu Einsichten in die Grenzen zugestandener »partizipatorischer Mitwirkung« und damit in den Charakter der Gesellschaftsordnung und in die Kraft eigener kollektiver Aktion (Karl, 1977, S. 67).

Es liegen zwar noch keine Untersuchungen zu den Ergebnissen von Frauen-PSHGs vor, doch scheinen hier einige Feststellungen über ähnlich strukturierte Gruppen übertragbar. So berichtet Spiegel (1976, S. 154) über eine Selbsthilfegruppe von Drogenabhängigen:

Politisches Bewußtsein hilft ihnen, Täuschung und Wirklichkeit zu unterscheiden und zu sehen, wo sie tatsächlich hilflos sind, ihr Leben zu kontrollieren, solange sie nicht kollektiv arbeiten.

In Anleitungen zur Gründung von Frauen-CR-Gruppen finden sich explizit Aufforderungen wie: »Setze deine persönliche Erfahrung in Beziehung zur Politik. Lerne zu verstehen, wie dein individuelles Leben von weitreichenden kulturellen Strömungen beeinflußt wird« (Rush, 1977, S. 142); und Kravetz (1976, S. 70) nennt unter anderem als Ergebnisse solcher Gruppen: Frauen werden die sozialen, politischen und ökonomischen Faktoren bewußt, die ihr Leben beeinflussen. Sozialer

Wandel wird als Voraussetzung für viele persönliche Veränderungen definiert.

Hier zeigt sich, daß SH-Gruppen sehr wohl ihre »kapitalsparende Funktion« zu transzendieren in der Lage sind (s. dazu auch den Bericht der Frankfurter Frauen über die Integration der Abtreibungsberatung als Dienstleistungssystem in das offizielle Beratungssystem, in: Kickbusch, 1977, S. 17).

Wie die gynäkologischen Selbsthilfegruppen und Selbsthilfekliniken innerhalb der Frauenbewegung sind auch PSHGs tendenziell eine Bedrohung des Expertentums von Professionals, hier Ärzten bzw. Psychologen; d. h. der institutionalisierten Form der Gesundheitsversorgung. PSHGs leisten, indem sie von Experten monopolisierte Kompetenzen quasi zurückfordern und Techniken zur Selbstversorgung lernen, einen Beitrag zur Entmystifizierung der Psychotherapie. Derartige Versuche müssen aber, um nicht gesellschaftlich folgenlos auf den scheinbar herrschaftsfreien Raum der Frauenbewegung beschränkt zu bleiben, rückgebunden werden an das professionelle System. Frauen werden auch weiterhin bei sehr schweren Problemen und Verhaltensstörungen auf die Hilfe von Experten angewiesen sein; oder, wie sich in den Interviews von Glaser (1976, S. 79) mit Frauen-PSHGs zeigt, »mehr für sich selbst« haben wollen, als die Gruppe anbieten kann. Damit diese Frauen besser und informierter das Wissen und die Fertigkeiten von Therapeuten nutzen können und vor allem, um sicherzustellen, daß diese Dienstleistungen in einem nicht-sexistischen Bezugsrahmen angeboten werden, sollten PSHGs aus ihren Erfahrungen Kriterien für non-sexistische Therapeuten entwickeln, die diesbezüglichen Wahrnehmungen der Klientinnen mit denen ihrer Therapeuten vergleichen (z. B. mit Fragebogen) und so Anstöße für die Entwicklung einer feministischen Therapie geben.

Gruppendynamik 1977 (5)
Kent Rush, A.: *Getting clear. Ein Therapiehandbuch für Frauen.* München: Frauenoffensive, 1977
Leeb, H.: Brigitte-Serie: *Selbstbehauptung.* In: *Brigitte,* 1977 (19, 20, 21, 22)
Prokop, U.: *Weiblicher Lebenszusammenhang.* Frankfurt: Suhrkamp, 1976
Schwäbisch, L. / Siems, M.: *Anleitung zum sozialen Lernen für Paare, Gruppen und Erzieher.* Reinbek: Rowohlt, 1974
Stevens, J. O.: *Die Kunst der Wahrnehmung.* München: Kaiser, 1976

B
Psychisches Leiden als Anlaß für die Etablierung von Professionen

Manfred Cramer

Zum Problem der Interessenvertretungen im Bereich der Klinischen Psychologie*

1. Klinische Psychologen und ihre Konkurrenten
2. Zum »Facharzt für Psychotherapie« vs. »Psychologischer Therapeut«
3. Zu den Interessen von Psychologen, sich in Vereinen zu organisieren
4. Die Interessen von Psychologen

Dieser Artikel ist als eine einführende Diskussionsgrundlage zu verstehen. Es ist nicht zu erwarten, daß ich hier umfassend und den verschiedensten Ansprüchen gerecht werdend das Problem der Interessenvertretungen im Bereich der Klinischen Psychologie diskutieren kann. Diese Beschränkung erscheint mir u. a. deswegen notwendig, weil es nur schwer vorstellbar ist, sich quasi objektiv dem Problem der Interessenvertretungen gegenüber zu verhalten.

Die notwendig subjektive Prägung dieses Artikels kann teilweise durch die Explikation meiner berufs- und gesundheitspolitischen Überlegungen aufgefangen werden; tragend wird sie vor allem in den Passagen, in denen wertende Aussagen zu treffen sind.

Die Argumentation in diesem Artikel basiert auf meinen jahrelangen Erfahrungen als Vorstandsmitglied in einem Verhaltenstherapieverein, der GVT. Hier wurde mir sehr deutlich, unter welchen Bedingungen und mit welchen Möglichkeiten in Vereinen Interessenpolitik betrieben wird, wie abhängig die Interessenvertretungen von ihrer jeweiligen vereinsinternen Dynamik sind; und wie sie damit immer wieder in die Lage geraten, Aussagen zu treffen und Forderungen zu artikulieren, die scheinbar zusammenhanglos nebeneinander stehen.

Diese hier unterstellten Abhängigkeiten komplizieren die Thematik ungemein; offensichtlich stehen die Interessen der Klinischen Psychologie in einem Zusammenhang mit Bedingungen, die sich nicht sachlogisch aus dem Fachgebiet der Klinischen Psychologen ableiten lassen.

* Dieser Artikel wurde abgeschlossen, ehe der Referentenentwurf zum Psychologengesetz vorgelegt wurde. Die von mir formulierte Einschätzung bedarf nach dieser Vorlage keiner Revision.

Recht pauschal sind mit diesen Bedingungen einerseits die Formen und Inhalte der beruflichen Tätigkeit, andererseits die reproduktiven Möglichkeiten angesprochen.

Die reproduktiven Interessen von Psychologen sind vergleichbar mit denen anderer Berufsgruppen. So ist anzunehmen, daß Psychologen ein Interesse an einer berufsbefähigenden Ausbildung, an einer Arbeitsstelle, die dieser Ausbildung entspricht, an einem angemessenen, möglichst hohen Gehalt haben.

Die Interessen von Psychologen, die sich mehr auf die Formen und Inhalte der beruflichen Tätigkeiten beziehen, sind jedoch davon weitgehend abgehoben. Wie C. Schwartz und J. Wilkening in ihren Arbeiten in diesem Buch u. a. zeigen, haben Psychologen die typischen mittelständischen Interessen einer Profession.

Wie viele andere *akademische* Berufsgruppen, haben sie ein Interesse an beruflicher Autonomie, ein Interesse an gesellschaftlicher Anerkennung, an einer Form der Spezialisierung, an der Unterordnung anderer beruflicher Gruppen, an einer Minimierung latenter oder offener Konkurrenz durch Angehörige der eigenen oder einer anderen Berufsgruppe, an einer Monopolisierung der praktizierten Handlungsmodelle, an einer Abgrenzung von »Kurpfuschern und Scharlatanen«.

1. Klinische Psychologen und ihre Konkurrenten

Zur inhaltlichen Präzisierung dieser hier in berufssoziologischen Kategorien formulierten Interessen erscheint mir die mühselige Arbeit nötig, zunächst auf quantitativer Ebene das berufliche Feld von Psychologen zu beschreiben. Ziel dieser Arbeit ist es, möglichst realitätsnahe Kategorien und einen Verständigungshintergrund für Trendaussagen zu gewinnen. Weiter soll eine Systematik herausgearbeitet werden, innerhalb derer die verschiedenen Interessen von Psychologen versteh- und interpretierbar sind.

Es ist zunächst festzustellen, daß Psychologen ein großes Interesse haben, *sich in Vereinen zu organisieren.*

Allein in den drei größten psychologischen Vereinigungen sind ca. 10000 Psychologen organisiert (Berufsverband Deutscher Psychologen, BDP: über 4000 Mitglieder nach: Report Psychologie, 1977, Nr. 8, S. 68; Gesellschaft für wissenschaftliche Gesprächspsychotherapie, GWG: 2600 Mitglieder nach: GWG-Info, 1977, Nr. 28, S. 68; Deutsche Gesellschaft für Verhaltenstherapie, DGVT: über 4000 Mitglieder nach: DGVT-Mitteilungen, 1977 [3], S. 272). Hinzu kommen noch ca. 1000 Psychologen, die in den tiefenpsychologisch orientierten Vereinigungen, sowie eine kaum zu überblickende Zahl von Psychologen, die in kleineren, vor allem regionalen psychologischen Vereinigungen organisiert sind.

Die Zahl der Psychologen wird sich in den nächsten Jahren rasch vergrößern (z. Z. sind ca. 14000 Psychologie-Studenten an den Universitäten eingeschrieben) und sich aufgrund des verschärften numerus clausus ab 1983 auf eine konstante Zuwachsrate von jährlich mindestens 10% zuzüglich der jährlichen Überlastquote einspielen. Damit einhergehend werden sich die Interessenvertretungen der Psychologen in den nächsten Jahren weiter vergrößern und vermehren. Die Geschwindigkeit dieser Entwicklung läßt sich daran ablesen, daß sich z. B. die Mitgliederzahl der DGVT in den letzten 8 Jahren ca. *verzehnfacht* hat. Es ist anzunehmen, daß diese imponierende Zunahme von Psychologen sich nachteilig für den einzelnen Psychologen auswirkt. So wird die Wahrscheinlichkeit, einen Arbeitsplatz zu erhalten bzw. diesen halten zu können, kleiner werden.

Vor vier Jahren stellten wir (U. Mühlen, H. Keupp, A. Rüggeberg u. M. Cramer) aufgrund des uns damals vorliegenden Materials fest, »daß die hohe Zahl an jährlichen Absolventen kein Überangebot darstellt, (...) die Angebot-Nachfrage-Relation war nach Berechnungen der Bundesanstalt für Arbeit im Herbst 1972 1:3, auf einen Stellenbewerber kamen also 3 Stellenangebote (...)
Legt man beispielsweise die Verhältnisse in den USA zugrunde, wo gegenwärtig auf 1 Million 150 Psychologen kommen, gelangt man zu dem Schluß, daß wir in der BRD bei etwas über 6000 augenblicklich tätigen Psychologen einen Fehlbedarf von 2700 haben. Dieser Vergleich von Momentaufnahmen führt dabei jedoch ziemlich sicher zu Unterschätzungen. Er berücksichtigt nicht den schon projektierten Zuwachs in bestimmten Sektoren« (1974, S. 93).

Dieses Zitat veranschaulicht eine historisch gewordene Situation, innerhalb derer wir damals recht optimistisch waren, daß die Klinischen Psychologen als Berufsgruppe einem großen Bedarf gegenüberstehen. Auf diesem Hintergrund war es möglich und wichtig, Diskussionen über gesundheitspolitische Ziele, über Ausbildungsmodelle, über Fragen der Kassenanerkennung für Psychologen, Probleme des Ausbaues von Beratungsstellen und über andere Problembereiche mehr zu beginnen. Man war damals sehr sicher, daß die Zukunft für Klinische Psychologen sich positiv gestaltet (s. hierzu z. B. die GVT-Mitteilungen der Jahre 1972-1975).

Die Arbeitsmarktlage für Psychologen hat sich in den letzten Jahren grundlegend gewandelt; der Zuwachs an arbeitslosen Psychologen stieg von 1974/75 bis zum Mai 1977 um 114,9% (Parmentier, 1977). 1976 waren bei den Arbeitsämtern über 1000 Psychologen arbeitslos gemeldet, demgegenüber konnten nur 124 offene Stellen verzeichnet werden (Report Psychologie, 1977, Nr. 7, S. 9).

Stimmen diese Angaben auch nur in etwa, so kann man einerseits feststellen, daß in den letzten Jahren einige tausend Psychologen einen Arbeitsplatz erhalten haben, andererseits aber auch ein Wettbewerb zwischen den Psychologen um Arbeitsplätze eingetreten ist.

War es vor einigen Jahren ein Problem, sich zwischen mehreren Stellen zu entscheiden, so wurde es etwa ab 1973 zum Problem, beispielsweise »aufs Land zu müssen«, und es ist jetzt für viele Psychologen, wieder vor allem für Berufsanfänger, zu einem Problem geworden, unterbezahlte Stellen annehmen zu müssen, berufsfremd zu arbeiten und sich immer wieder im Wettbewerb um eine Stelle zu sehen.

Die Konkurrenz zwischen Psychologen hat sich nicht zuletzt durch die Zunahme aller Personen, die im psychosozialen Bereich tätig sind, *verschärft*. Diese These werde ich mit ausgewähltem Zahlenmaterial über Berufsgruppen belegen, die als explizite oder implizite Konkurrenten von Psychologen anzusehen sind:

Zum Beispiel Sozialarbeiter: Nach H. Kreuz (1977) sind die »Arbeitsmarktchancen des Sozialarbeiters/Sozialpädagogen absolut (also isoliert betrachtet) gesehen schlecht, aber im Vergleich zu anderen Absolventen, sowohl von Hochschulen als auch von anderen Ausbildungseinrichtungen keineswegs ungünstig«. Landwehr (1977) schätzt für 1973 ca. 77000 Sozialarbeiter/Sozialfürsorger/Sozialpädagogen. Er geht davon aus, daß sich diese Zahl jährlich um ca. 12% erhöht hat bzw. erhöhen wird (bezogen auf das Stichjahr 1978). Die Zahl der beim Arbeitsamt als arbeitslos gemeldeten Sozialarbeiter stieg vom September 1973 bis zum September 1976 von 362 auf 2106.

Auf diesem Hintergrund meint Landwehr, daß »es unter den gegenwärtigen Arbeitsmarktbedingungen den Absolventen der Fachhochschulen relativ schwerfallen dürfte, Berufspositionen zu finden, auf die ihre Ausbildungsgänge zugeschnitten waren« (S. 69). Die Berufsaussichten dürften sich in absehbarer Zukunft »erheblich verschlechtern« (S. 71).

Im Ergebnis werden »die Einstellungschancen für graduierte Sozialarbeiter/Sozialpädagogen (...) durch die wachsende Konkurrenz auf dem höheren Qualifikationsniveau (Diplom-Pädagoge, Diplom-Soziologe, Diplom-Psychologe etc.), aber auch auf dem niedrigeren Qualifikationsniveau (Erzieher, Sozialassistent) in Zukunft stärker beeinflußt werden, da auf beiden Ebenen ebenfalls ein erheblicher Anstieg der Studenten- und Schülerzahlen eingetreten ist (Landwehr, 1977, S. 72).

Zum Beispiel Diplom-Pädagogen: 1969 wurde in der BRD eine Rahmenordnung für die Diplomprüfung in Erziehungswissenschaften von der Kultusministerkonferenz und der Westdeutschen Rektorenkonferenz erlassen. Dieser »neue, erziehungswissenschaftliche Diplomstudiengang« sollte »eine institutionalisierte sozialwissenschaftliche Orientierung (...) von Erziehungswissenschaften enthalten oder anbahnen, er sollte berufsweltbezogen sein (...) und er sollte den Studenten in der 2. Phase ihres Studiums eine wahlweise Akzentuierung von fünf Studienschwerpunkten (...) ermöglichen (...). Der neue Studiengang wurde bei Universitäten, Pädagogischen Hochschulen und ihren Studenten rasch populär. Ende 1972 waren bereits ca. 13000 Studenten registriert, Anfang 1975 waren es rd. 19000 (...). Im Unterschied zu einigen klassischen akademischen Ausbildungen (Juristen, Ärzte, Theologen) werden Diplom-Pädagogen nicht für klar abgegrenzte und für sie monopolisierte Tätigkeiten ausgebildet. Diplom-Pädagogen müssen bei jeder Bewerbung um einen Arbeitsplatz mit konkurrierenden Bewerbern anderer Qualifikationen rechnen«. In einer empirischen Untersuchung über Konkurrenzqualifikationen und Studienschwerpunkte zeigte sich, daß »die Diplom-Pädagogen – neben der zu erwartenden Konkurrenz mit Lehrern und Sozialarbeitern – vor allem Diplom-Psychologen und Diplom-Soziologen als Mitbewerber nannten (...). Die Zunahme der Diplom-Pädagogen auf jährliche Absolventenzahlen von 2000-3000 bis 1978 (danach ist eher eine Abnahme zu erwarten) könnte ein hohes Beschäftigungsrisiko nach sich ziehen. Dies würde verschärft, sollte sich eine restriktive Einstellungspolitik durchsetzen, wie es sich in der Stellungnahme der Spitzenverbände kommunaler Arbeitgeber in der Tendenz andeutet« (Koch, 1977).

Zum Beispiel Mediziner: »Ärzteinflation«, dies war der Aufmacher des 4. Novemberheftes 1977 der Ärztezeitschrift »Selecta«. In diesem Heft wur-

den vier verschiedene Prognosemodelle vorgestellt, die ich hier kursorisch darstelle:
Die Zahl der berufstätigen Ärzte stieg von 1960 bis 1977 von knapp 80000 auf über 125000. Diese Zahl wird für 1985 auf knapp 170000 prognostiziert.
Der Finanzwissenschaftler Metzel schätzt in dieser Darstellung, daß »unter der Annahme, daß jährlich etwa 1000 Ärzte aus dem Berufsleben ausscheiden, (...) sich die Ärztedichte von gegenwärtig 482 Einwohnern je Arzt auf 362 im Jahr 1985 vergrößert« (S. 4053). Er meint weiter, »daß der zu erwartende Anstieg des Ärzteangebotes dem wachsenden Bedarf entspricht«. Dies läßt sich »damit begründen, daß sich die Struktur des Krankheitsbildes der Bevölkerung und die Art der Behandlungsmethoden im Zeitablauf erheblich geändert haben und auch in Zukunft noch weiter ändern werden. Die sich ausweitenden psychischen Erkrankungen sowie der größer werdende Behandlungsbedarf von Alkoholikern und Drogenabhängigen lassen erwarten, daß in Zukunft mehr Ärzte gebraucht werden als gegenwärtig verfügbar sind« (S. 4056). Aufgrund der Monopolstellung der niedergelassenen Ärzte und anderer Bedingungen wird »eine stetig wachsende Zahl von Ärzten (...) in die freie Niederlassung drängen. 1980 dürften das 70800, 1990 bereits 114400 sein« (S. 4061).
Unter den Rädern der Kostendämpfungsgesetzgebung bedeutet dies deutlich spürbare Honorarkürzungen. So malte bereits J. Sewering ein Bild von »Praxen mit Fallwerten, die nicht einmal das Existenzminimum sichern« (S. 4064). In München zeigt der Ärzteüberschuß bereits deutlich »Verdrängungseffekte«, indem z. B. die Kinderärzte in eine Konkurrenz zu den im Bereich der Kinder- und Jugendpsychologie tätigen Psychologen treten. Ihre Bereitschaft, mit Psychologen zusammenzuarbeiten oder Kinder »abzugeben«, hat sich verringert, einige führen jetzt (ohne Abrechnungsmöglichkeiten) Testungen durch, bieten Familienberatungen an und versuchen insgesamt, ihre durch den Pillenknick knapp gewordene Klientel zu halten und in einer Stadt mit der höchsten Ärztedichte der BRD ökonomisch zu überleben.
Der Wissenschaftsrat empfahl auf dem Hintergrund dieser Entwicklung in dem siebten Rahmenplan für den Hochschulbau (1978-1981), die Quote von fast 11000 Studienanfängern in der Medizin nicht mehr zu erweitern. Er »plädierte auch aus Gründen der Beschäftigungs- und Einkommensmöglichkeiten gegen eine Ausweitung der Studienkapazitäten über den gegenwärtig erreichten Stand hinaus (...). Der Wissenschaftsrat hält zwar allgemeingehaltene Warnungen von einer »Ärzteschwemme« für nicht gerechtfertigt, nannte es zugleich aber unrealistisch, anzunehmen, die zu erwartende Verdoppelung der jährlichen Zahl von Berufsanfängern in der Medizin könne ohne intensive strukturelle Anpassungen bewältigt werden (...). Die Mediziner müssen sich ebenso wie die Hochschulabsolventen anderer Fächer im Beschäftigungssystem bewähren und Mobilität beweisen.

Zugleich müßten sie ihre Erwartungen zurückschrauben und deutlich sehen, daß ein Medizinstudium nur eine Chance, aber keine Garantie für eine gute Position und ein hohes Einkommen sei«.

Weiter wurde darauf hingewiesen, »daß eine steigende Zahl von Ärzten es erlauben werde, bislang nicht hinreichend abgedeckte Bereiche des Gesundheitswesens, wie die Versorgung ländlicher Gebiete, den öffentlichen Gesundheitsdienst, die Psychiatrie und die medizinische Forschung, personell besser als bislang auszustatten«. (Aus: DPA-Dienst für Kulturpolitik, 13. 2. 1978, S. 4-6).

Soweit nun diese *Situationsbeschreibung*. Aus ihr geht deutlich hervor, daß es im psychosozialen Bereich keine Mangelberufe mehr gibt und darüber hinaus die einzelnen Berufsgruppen in eine Konkurrenz zueinander geraten sind.

Da zu diesem Problembereich z. Z. weder empirische Untersuchungen noch theoretische Überlegungen vorhanden sind, fällt es schwer, aus der konstatierten Zunahme von den Berufsgruppierungen, die im Sozial- und Gesundheitsbereich tätig sind, Aussagen über die sich hier als notwendig ergebenden Neustrukturierungen abzuleiten.

Jedoch können gesichert Negativaussagen getroffen und Problemzonen formuliert werden. Meine erste These dazu ist, daß sich auf dem Hintergrund der verschiedenen akademischen Berufsgruppen *»Berufsüberschneidungen«* ergeben, die mit aller Wahrscheinlichkeit berufspolitische Konsequenzen haben werden. Die stark ideologisch belastete Annahme (die sich z. B. in der Psychiatrie-Enquête nachweisen läßt), daß es so etwas gäbe wie vorfindbare, nebeneinanderstehende Fachgebiete mit abgestuften Hierarchien, etwa derart, daß der Mediziner heilt, der Psychologe berät, der Sozialarbeiter soziale Veränderungen durchführt und der Pädagoge mehr für die Freizeit zuständig ist, dürfte vollends ins Wanken geraten sein.

Diese Annahme ist zwar notwendig zur Durchsetzung standespolitischer Interessen, jedoch gleichzeitig immer auch beliebig, d. h. aus der jeweiligen standespolitischen Perspektive geformt.

Mediziner, Psychologen, Pädagogen und Sozialarbeiter müssen stärker als bisher bestrebt sein, ihre *Fachgebiete auszuweiten* bzw. neu zu formulieren. Im Ergebnis wird es in bestimmten Berufsfeldern schwieriger, Tätigkeiten zu Berufsgruppen zu ordnen; die Frage, »wer was macht und was darf bzw. nicht darf«, wird zunehmend problematischer.

Mir scheint, daß gerade in den Bereichen, in denen sich Klinische Psychologen zu Hause fühlen und die mit dem Stichwort »Psychotherapie« unzureichend beschrieben sind, noch deutlichere Überlappungen sozialarbeiterischer, pädagogischer, psychologischer und medizinischer Tätigkeiten angestrebt, hergestellt sowie sich ergeben werden.

2. Zum »Facharzt für Psychotherapie« vs. »Psychologischer Therapeut«

Das berufspolitische Prinzip, das Fachgebiet der eigenen Berufsgruppe auszuweiten und damit das der anderen einzuengen bzw. zu ignorieren, werde ich am Beispiel ausgewählter Verlautbarungen medizinischer und psychologischer Interessenverbände veranschaulichen.

»Mitzudenken« ist in dieser Passage immer, was oben unter den Stichwörtern »Ärzteinflation«, »Psychologenarbeitslosigkeit« sowie der allgemeinen Ausweitung akademischer Berufsgruppen, die sich auf den psychosozialen Bereich beziehen, ausgeführt wurde.

Es wird sich zeigen, wie gerade die Interessenvertretungen dieser beiden Berufsgruppen *dasselbe* Fachgebiet jeweils ausschließlich beanspruchen. Die Aussagen der psychologischen Interessenverbände werde ich darüber hinaus in ihren mir wesentlich erscheinenden Gegensätzen formulieren und anhand ihrer verschiedenen Ziele versuchsweise mit den »gegebenen Realitäten« konfrontieren.

In der Medizin wird die Vereinnahmung des psychosozialen Bereichs durch die Konstruktion eines neuen Facharztes versucht; auf dem Bundesärztetag 1978 wird ein entsprechender Antrag diskutiert. W. Bräutigam (1977) begründet dies damit, daß »die Psychoanalyse (...) mehr als 50 Jahre (...) in der Versorgung aktiv« ist, »es gibt 800 praktizierende Psychotherapeuten, viele sind Fachärzte für Psychiatrie oder Innere Medizin. Seit 10 Jahren in der Kassenversorgung tätig, werden 1977 etwa 14000 Einzelbehandlungen und 50000 Gruppenbehandlungen von Ärzten und von Psychologen gegeben, die alle praktisch die Kriterien einer mehrjährigen Weiterbildung auf Facharztniveau absolviert haben. Es bleibt abzuwarten, ob Gesprächstherapie und Verhaltenstherapie eine Krankheitslehre entwikkeln und der Medizin ein ebenso nützliches Therapiekonzept anbieten können. Es ist jedoch unverkennbar, daß diese Behandlungstechniken von experimentalpsychologischen und nicht von klinischen Gesichtspunkten geprägt sind und Ärzte vorläufig nur eine verschwindende Minderheit in diesen Berufsgruppen bilden. Gesprächstherapie und Verhaltenstherapie sollten zunächst eine Weiterbildung auf dem Zusatztitelniveau für Mediziner organisieren, wie es die analytische Psychotherapie seit 1957 getan hat (...). Als Ärzte sind wir verpflichtet, für die Versorgung unserer Kranken alles verfügbar zu machen, was an wissenschaftlichen Erkenntnissen und Behandlungsmethoden bewährt ist«.

Dieser Gleichsetzung von Psychotherapie = Psychoanalyse halten die Psychiater Degkwitz und Kindt (1977) entgegen, daß »psychische Therapie als Psychotherapie« mehr umfaßt als nur die Psychoanalyse.

»Unter den spezifischen psychotherapeutischen Verfahren sind 1. die Psychoanalyse, 2. die Gesprächstherapie, 3. die suggestiven Verfahren und 4. die übenden Verfahren zu nennen. Alle genannten Methoden sind, soweit sie in der Heilkunde zur Behandlung krankhafter Zustände angewandt werden, psychotherapeutische Verfahren, und damit Psychotherapie im engeren Sinne.« Diese »psychotherapeutischen Verfahren ergänzen das medizinische Behandlungsspektrum und gehören damit zur Heilkunde. Hat man sich dazu durchgerungen, bei der Eingliederung psychotherapeutischer Verfahren in die Medizin keine Hindernisse zu sehen, ergibt sich als nächste Frage, wie man mit den derzeitigen praktischen Gegebenheiten umgeht«.

Dazu schlagen die Autoren vor, entweder die psychotherapeutischen Verfahren in die Psychiatrie einzuordnen oder sie als Teilgebiet der Psychiatrie anzusehen. Sie wollen »die einzelnen psychotherapeutischen Verfahren – soweit sie in der Heilkunde angewandt werden – als Teilgebiet in das Fachgebiet der Psychiatrie und damit auf diese Weise in die Medizin eingliedern. Mit dieser Lösung wird eindeutig zum Ausdruck gebracht, daß die psychotherapeutischen Verfahren zur Medizin gehören; gleichzeitig wird gesagt, in welchem Rahmen sie stattfinden (...).

Als Teilgebiete der Psychiatrie brauchen sich die einzelnen psychotherapeutischen Verfahren in Methode und Durchführung ihres Ansatzes nicht mit dem Konzept der Psychiatrie in Übereinstimmung zu befinden. Sie behalten in dieser Sicht ihre volle Selbständigkeit, zeigen aber als Teilgebietsbezeichnungen an, daß sie in der Medizin zum Gebiet der Seelenheilkunde, der Psychiatrie, gehören«.

Dasselbe Fachgebiet, nämlich »Psychotherapie«, versuchen die psychologischen Interessenverbände für Diplompsychologen zu monopolisieren. Auf welchen Aussagen diese Versuche beruhen, werde ich nun anhand *aller* vorhandenen »offiziellen« Aussagen zeigen.

Seit ca. 5 Jahren taucht in den psychologischen Zeitschriften der Begriff »nichtärztlicher Psychotherapeut« auf. Die Autoren beziehen sich dabei auf den 1973 erschienenen »Zwischenbericht der Sachverständigenkommission zur Erarbeitung der Enquête über die Lage der Psychiatrie in der BRD.«

In einer einleitenden Stellungnahme beschrieb das Bundesministerium für Jugend, Familie und Gesundheit (im folgenden BMfJFG) u. a., daß die Frage geprüft werden solle, »wie die Entwicklung weiterer geeigneter Berufe oder Berufszweige für den Bereich der Psychiatrie gefördert werden kann. Zu denken ist u. a. an eine bundesgesetzliche Regelung zum nichtärztlichen Psychotherapeuten« (Zwischenbericht S. 6).
Auf Länderebene erschien der Bundesregierung »unter Berücksichtigung der bisherigen Leistungen und Initiativen der Länder« u. a. vordringlich der »Ausbau der Möglichkeiten und der Einrichtung für Weiter- und Fortbildungen für Angehörige nichtärztlicher Heilberufe und sozialer Berufe auf dem Gebiet der Psychiatrie und Psychohygiene« (Zwischenbericht S. 6).
Generell betonte jedoch die Bundesregierung, daß sie alle »anstehenden Probleme nicht nur aus medizinischer, psychologischer und sozialer Sicht, sondern auch von organisatorischer und rechtlicher Seite her mit untersuchen« wird (Zwischenbericht S. 4).
Die finanzielle Seite der Empfehlungen der unabhängigen Sachverständigenkommission hob die Bundesregierung vor allem in ihrem Vorwort zu dem *Schlußbericht* vom 25. 11. 1975 hervor: »Da die Kosten der kurz-, mittel- und langfristigen Maßnahmen bei Bund, Ländern und Gemeinden und Trägern sehr erheblich sind, muß schon jetzt darauf hingewiesen werden, daß die Realisierung nur sehr langsam und abgestuft möglich ist und zusätzliche Mittel angesichts der angespannten Finanzlage der Kostenträger gegenwärtig nicht aufgebracht werden können« (Psychiatrie-Enquête, S. II).

Die Sachverständigenkommission betont in diesem Schlußbericht in einer knappen und allgemeinen Ausführung, daß sie einer gesetzlichen Regelung für die Zusatzausbildung des Diplompsychologen zum Psychologen für Klinische Psychologie zustimmt (siehe S. 347-348), wie sie von den psychologischen Vereinigungen vorgeschlagen wurde.

Damit bezogen sich die Autoren der Psychiatrie-Enquête auf ein *»Sachverständigengespräch«*, das das BMfJFG im Anschluß an den Zwischenbericht der Enquête-Kommission 1974 mit den verschiedensten Berufsgruppenvertretern veranstaltete. Das BMfJFG machte in diesem Gespräch deutlich, »daß man gegenwärtig lediglich plane, mit der neuen gesetzlichen Regelung die Schwierigkeiten des Heilpraktikergesetzes zu umgehen« (GVT-Mitteilungen 1974, [1], S. 42).

Genau zwei Jahre später sagten Vertreter des BMfJFG einigen Vorstandsmitgliedern der GWG und der GVT, daß der Gesetzesentwurf im Anfangsstadium sei, daß »dem Ministerium die simpelsten Grundlagen, nackte Daten fehlen würden« (GVT-Mitteilungen 1976 [1], S. 16).

Wieder ein Jahr später, im Februar 1977, hob ein Vertreter der Bundesregierung hervor, daß im BMfJFG eine ganze Reihe von Berufsgesetzen diskutiert würden oder in Vorbereitung seien. »In diesem Arbeitsfeld unseres Hauses sind eine ganze Reihe weiterer Gesetze für ähnliche Berufe ebenfalls in unterschiedlichen Stadien der Vorbereitung und Entwicklung«; mit einer Gesetzesvorlage zum »nichtärztlichen Psychotherapeuten« ist frühestens in der zweiten Jahreshälfte des Jahres 1978 zu rechnen (Psychologie Heute, 1077 [6], S. 69).

Die inhaltlichen Konturen dieses Gesetzentwurfes wurden zum ersten Mal in dem oben erwähnten Gespräch zwischen Vertretern des BMfJFG und der GVT und GWG deutlich. Geplant ist demnach in etwa, eine Weiterbildung zum nichtärztlichen Psychotherapeuten auf Länderebene zu institutionalisieren. Die Weiterbildung wird »wohl auf dem Diplom für Psychologen« aufbauen, jedoch »ist durch Kontaktaufnahme mit anderen Berufsgruppen (z. B. Psychologen) die Endregelung noch unklar« (GVT-Mitteilungen, 1977, [1], S. 15-16).

Soweit nun die Zusammenfassung der vorliegenden Materialien zum »Gesetzesentwurf nichtärztlicher Psychotherapeut«. *Diese geplante Vorlage ist abstrakt, ihr Ziel ist es, wie oben gesagt, die Schwierigkeiten mit dem Heilpraktikergesetz zu umgehen* und insgesamt den Empfehlungen der Autoren der Psychiatrie-Enquête Rechnung zu tragen, nämlich die rechtlichen Voraussetzungen zur Partizipation der *verschiedensten Berufsgruppen an der Versorgung psychisch Kranker* herzustellen.

Die abstrakten Ausführungen des BMfJFG, irgendwann den Ländern eine Weiterausbildung für Diplompsychologen vorzuschlagen und sie dann bundeseinheitlich zur Umgehung von Schwierigkeiten mit dem Heilpraktikergesetz zu normieren, wird von der Sektion Klinische Psychologie des BDP im Gegensatz zu den Therapieverbänden als bedrohlich empfunden.

Nach der Einschätzung der Sektion Klinische Psychologie des BDP ist der Besitzstand der Klinischen Psychologen nicht nur durch andere Berufsgruppen und ihre Interessenverbände, sondern auch durch die Politik der anderen *psychologischen* Vereinigungen in Gefahr.
»Die Sektion darf nicht zulassen, daß erst ein bestimmtes Zertifikat eines Therapieverbandes zu der Vervollkommnungsstufe wird, die ein Diplom-Psychologe zu erreichen hat, bevor er klinisch tätig werden oder sich gar als vollwertiger Diplompsychologe fühlen darf. Das Merkmal unserer berufspolitischen Vertretung ist das akademische Studium und die Ausübung einer klinisch-psychologischen Tätigkeit seiner Mitglieder (Ebel, GWG-Info, 1977, Nr. 28, S. 32). Ebel kritisiert vor allem die vereinsinterne Anerkennungspraxis von Vereinen wie der DGVT und GWG, indem er fragt, »ob es einer Berufsvertretung, einem Interessenverband ansteht, besondere Zertifikate zu verleihen, einige zu privilegieren, andere zu Mitgliedern zweiter Klasse mit eingeschränkten Rechten abzustempeln; und ob es ihr zusteht, dies auch noch gesetzlich bestätigen lassen zu wollen« (Ebel a.a.O., S. 34).
Offensichtlich verbittert stellt er gegenüber den Verlautbarungen der medizinischen Interessenverbänden fest, daß es »doch nicht Aufgabe unseres Berufsverbandes sein kann, seine Mitglieder von Berufsfremden mit Maßstäben messen zu lassen, die sie bei ihren eigenen Berufsvertretern mit kabarettreifen Passagen ad absurdum führen. Wie können eigentlich Ärzteverbände als Berufsfremde von uns fordern, daß wir nach einem akademischen Studium der Psychologie, in dem wir ein vielfaches an Psychotherapie lernen, wie jeder Arzt in seiner Ausbildung, daß wir also nach einem solchen Studium ein 3- oder 4jähriges Aufbaustudium absolvieren, um eine Tätigkeit auszuüben, die psychotherapeutisch nicht ausgebildete Ärzte im Gespräch zwischen Tür und Angel erledigen und zum Teil durch ihre Sprechstundenhilfe durchführen lassen« (Ebel a.a.O., S. 36).

Entgegen der Position des BDP beziehen sich die Therapieverbände, wie die DGVT und die GWG positiv auf die Vorstellungen in der Psychiatrie-Enquête zum »nichtärztlichen Psychotherapeuten«.

Sie fordern explizit eine Weiterbildung (da sie das Diplomstudium für Psychologen als nicht ausreichend ansehen) und haben ab etwa 1970 (gemeinsam mit dem BDP, der seine Politik änderte) begonnen, vereinsinterne Ausbildungsgänge und bescheidene Versuche der Berufsausübungskontrolle einzurichten. Diese Verfahren legitimierten die Therapieverbände früher im wesentlichen mit der ihrer Meinung nach vor der Tür stehenden *Trennung in Kurz- und Langstudiengänge;* seit dem Zwischenbericht der Enquête-Kommission machen sie dies ausnahmslos mit der zu *erwartenden »Anerkennung zum nichtärztlichen Psychotherapeuten«* und bauen in dieser Logik ihre Ausbildungseinrichtungen zügig aus.

Die Ansprüche der Therapieverbände an eine gesetzliche Regelung wurden 1977 von D. Schulte zusammengefaßt publiziert.

Ich werde diese zusammenfassenden Vorstellungen nun darstellen, sie auf ihren Realitätsgehalt überprüfen und bewerten.

Dazu noch die Vorbemerkung: In diesem Text wird, wie auch mittlerweile bei den Therapieverbänden, der Begriff »nichtärztlicher Psychotherapeut« durch den Begriff *»Psychologischer Therapeut«* ersetzt. Dieser Begriffswechsel hat nicht nur etwas mit dem schöneren Klang des zweiten Begriffes zu tun; er symbolisiert den Wunsch der Therapieverbände, nur Diplom-Psychologen zur nichtärztlichen Heilkunde im Bereich der Psychotherapie zuzulassen.

Nach den hier formulierten Vorstellungen sollte der Psychologische Therapeut befugt sein, »in der Diagnosestellung, der Indikationsstellung und in der Therapie heilkundlich in folgenden Bereichen selbständig und eigenverantwortlich tätig zu werden:

1. a) bei psychoneurotischen Störungen, einschl. Perversionen und Dissozialität mit Krankheitswert,
b) bei psychosomatischen Störungen,
c) bei psychogenen Organfunktionsstörungen,
d) bei Psychosen, ausgenommen in akutpsychotischen und symptomproduktiven Phasen,
e) bei Suchten, ausgenommen das Entgiftungsstadium und die Behandlung der körperlichen Begleitkrankheiten,
f) bei psychischen Störungen,
g) bei psychischen Störungen als Folge von geistigen und körperlichen Behinderungen oder von körperlichen Krankheiten,
h) bei psychogeriatrischen Störungen.

2. Der Psychologische Therapeut kann ferner auch außerhalb der Heilkunde in der Psychodiagnostik und psychologischen Beratung tätig sein«.

Weiter soll eine einheitliche Berufsbezeichnung »Psychologischer Therapeut« oder »Fachpsychologischer Psychotherapeut« gesetzlich geschaffen werden. Dabei sollten folgende therapeutische Richtungen zugelassen werden:

Psychoanalyse und tiefenpsychologisch fundierte Verfahren, einschl. Individualpsychologie, außerdem Verhaltenstherapie und klienten-zentrierte

Gesprächstherapie.
Zur Zusammenarbeit zwischen Ärzten und den so verstandenen Psychologischen Therapeuten meint Schulte, daß »durch ein vorgeschaltetes Konsultationsverfahren das Vorliegen körperlicher Krankheiten ausgeschlossen bzw. festgestellt werden« sollte.
»Wünschenswert wäre eine Regelung, die auch Ärzten die Konsultation von Psychologischen Therapeuten in bestimmten Fällen vorschreibt. Um die Unabhängigkeit und damit die partnerschaftliche Kooperation zwischen Ärzten und Psychologischen Therapeuten zu fördern, sollten die Psychologischen Therapeuten nicht über die kassenärztlichen Vereinigungen mit den Kassen abrechnen (sondern direkt mit den Kassen)«.
Als »nichtärztliche« Psychotherapeuten sollten nur Diplompsychologen mit einer entsprechenden Qualifikation zugelassen werden, deren Ausbildung in drei Phasen erfolgen soll:
a) »Psychologiestudium bis zur Diplom-Vorprüfung,
b) Psychologiestudium bis zur Diplom-Prüfung mit Schwerpunktbildung im Fach Klinische Psychologie« und eine
c) »zwei(evtl. drei-)jährige praktische psychotherapeutische Tätigkeit unter Supervision an möglichst unterschiedlichen Institutionen«.
»Die Ausbildung von Psychologischen Therapeuten und Ärztlichen Psychotherapeuten muß vergleichbar sein« (D. Schulte, 1977).

Dieses auf den ersten Blick bestechende, an einen Richtlinienkatalog zum Facharzt erinnernde Modell hat m. E. sehr problematische Voraussetzungen und Konsequenzen. Darüber hinaus ist es schwer vorstellbar, wie dieses Modell praktizierbar sein soll.

Nach Schulte sollen die Diagnosen und Indikationen von Psychologen selbständig gestellt werden, aber nur in Bereichen, die offenkundig schon vorher diagnostiziert wurden (s. die oben dargestellten Diagnosegruppen, die Schulte vorschweben).

Dieser mir wesentlich erscheinende Widerspruch entstand wohl durch den Wunsch, eine Lösung zu konstruieren, wonach der Psychologe neben dem Arzt wie ein Arzt fungieren darf. Der damit einhergehende Bezug auf die spezielle psychiatrische Krankheitslehre scheint darüber hinaus lückenhaft, unverständlich und auch teilweise unverstanden zu sein.

Im medizinischen Denkmodell, das Schulte hier propagiert, ist es undenkbar, sich eine Krankheitslehre so vorzustellen, daß kleine, fest umschriebene »Stückchen einer Torte« von Professionen, wie z. B. Internisten, Psychiatern, Neurologen und

Psychologischen Therapeuten, besetzt werden könnten. Solch eine Krankheitslehre würde in dogmatische Spekulationen zurückfallen, da sie u. a. auf differentialdiagnostische Methoden verzichten müßte. Ernsthaft kann dann jedoch nicht mehr von Diagnosen gesprochen werden, so schwer das jetzt schon in der Psychopathologie geworden ist. Diagnosen solcher Qualität sind es dann auch, die Schulte den Psychologen als »Lösung« zuerkennen will:

Ohne Verweis auf eine psychiatrische Schule oder die allgemeine Psychopathologie greift sich Schulte m. E. *willkürliche* Teilbereiche der speziellen psychiatrischen Krankheitslehre heraus, obwohl diese erst differentialdiagnostisch abgeklärt werden müßten. Statt es jedoch bei Oberbegriffen (z. B. »psychische Anomalien und Störungen«) zu belassen, greift sich Schulte gleich die Krankheitsbilder heraus; schließt dabei jedoch Krankheitsbilder ein, die nicht einzuschließen sind (z. B. wird »Dissozialität mit Krankheitswert« zu den »Psychopathien« gerechnet und erscheint in keiner mir bekannten Schule als Untergruppe von »psychoneurotischen Störungen«), dann werden wieder Krankheitsbilder ausgeschlossen, die nicht auszuschließen sind (»psychogeriatrische Störungen« können auch »Psychosen« sein; Psychosen haben nun aber »symptomproduktive Phasen« als differentialdiagnostisches Kriterium, die Schulte aber auch ausschließt).

Gleichzeitig wird in dieser »Lösung«, die mittlerweile als Verhandlungsbasis der psychologischen Interessenverbände zirkuliert, reichlich *beliebig mit wesentlichen Teilbereichen der Klinischen Psychologie* umgegangen. Psychologische Tätigkeiten werden hier ziemlich unvermittelt »psychiatrisch getrimmt«, indem man sich beliebige Krankheitsbilder herausgreift und sie zu psychologischen umdefiniert.

Die hier offenkundig werdenden Monopolisierungsbestrebungen der psychologischen Interessenverbände, ihr Versuch, einerseits »Psychotherapie« zu vereinnahmen und andererseits eine Partizipation an den Ressourcen der Gesetzlichen Krankenversicherung durchzusetzen, ergibt eine Spanne von Gegensätzlichkeiten, denen sich die Interessenverbände durch *harmonisierende Argumentation* zu entziehen suchen. Abgesehen davon, daß aus diesem Taktieren über die Jahre hinweg immer neue, neu angepaßte Forderungen resultieren (und damit die Verhandlungsposition der Interessenverbände immer schlechter wird), betreiben die Interessenvertretungen ihre Politik der *»harmonischen Vereinnahmung«* zusehends abgehobener von den angedeuteten Strukturveränderungen in dem psychosozialen Bereich. Nachdem ich oben die Zunahme an akademischen Berufsgruppen, die in diesem Bereich tätig sind, beschrieben habe, werde ich nun die Forderungen der psychologischen Interessenvertretungen im Zusammenhang mit den Kostendämpfungsbestrebungen im medizinischen Bereich diskutieren.

Der jährliche Anstieg der Kosten für die gesetzliche Krankenversicherung (GKV), der zwischen 1971 und 1975 zwischen 15 und 23% lag, ist jetzt bei 10% angelangt und wird 1978 durch verschiedene, hier nicht zu diskutierende Maßnahmen weit unter 10% gedrückt werden.

Eine dieser Maßnahmen betrifft die Psychologen, denen es jetzt schwerer gemacht wurde, mit den Kassen direkt über Therapiezuschüsse abzurechnen.

Zwar können Psychologen, Sozialarbeiter und ähnliche Berufsgruppen in psychiatrischen Praxen weiterhin »kleine Psychiatrie« abrechnen, aber nur so weit, wie sie den »Indikationskatalog der Psychotherapierichtlinien« umfassen.

Die Forderungen der psychologischen Therapieverbände umfassen jedoch weitaus mehr. Sie erwarten sich eine Regelung (und glauben wohl auch teilweise, daß diese kurz vor der Tür steht), die eine *beträchtliche Ausweitung der GKV-Kosten* bedeuten würde.

Dazu eine Proberechnung: Nimmt man z. Z. die Existenz von ca. 10000 Klinischen Psychologen an, die heilkundlich arbeiten und ihre Tätigkeiten über die GKV nach Meinung der Therapieverbände finanzieren lassen sollten, und legt ihnen ein jährliches Einkommen kleiner als 50% von dem mittleren Fachärzteeinkommen, beispielsweise 120000 DM zugrunde, so entstehen für die GKV zusätzliche Kosten von 1,2 Milliarden DM. Dieser Betrag ist nahe an der 2%-Grenze der GKV-Ausgaben insgesamt, die im ersten Halbjahr 1977 33,1 Milliarden DM betrugen (s. die Arbeits- und Sozialstatistik des Bundesministeriums für Arbeit, 1978, [1], S. 24). Die damit fälligen Beitragserhöhungen können weder zur Zeit noch in absehbarer Zukunft von einer politischen Instanz vertreten werden.

Den utopischen Charakter der Forderungen der psychologischen Therapieverbände macht jedoch mehr der Vergleich der zu erwartenden Kosten durch die »Psychologischen Therapeuten« mit den Kosten der »Krankenhilfe durch Ärzte« insgesamt deutlich:

Im ersten Halbjahr 1977 kostete die Krankenhilfe durch Ärzte 6,3 Milliarden DM (s. AS 78 [1], S. 24), auf das Jahr 1977 aufgerechnet also sicherlich nicht mehr als 13 Milliarden DM. Im Vergleich zu diesen Zahlen bedeuten die Forderungen der Therapieverbände eine Ausweitung dieses Betrages auf knapp 10%; eine Steigerungsrate, die wohl gerade von den Ärzten nicht hingenommen werden dürfte, vor allem deshalb nicht, da die Kostendämpfung in diesem Bereich die Ärzte deutlich getroffen hat.

Zwar werden auf dieselbe Problematik auch die ärztlichen Interessenvertretungen mit ihren Forderungen nach Einvernahmung des psychosozialen Bereiches, etwa durch die Konstruktion eines neuen Facharztes, stoßen, jedoch sicherlich nicht in dieser Weise, wie die psychologischen Interessenverbände, die ja immer noch begründen müssen, daß nicht die Ärzte, sondern die Psychologen es sind, die das Monopol für psychotherapeutische Tätigkeiten haben sollten.

Die abstrakten Forderungen der Interessenverbände an den Staat, doch etwas für die Psychologischen Therapeuten zu tun, haben auch eine rechtliche Seite, die jedoch von den Vereinigungen wenig beachtet wird. Ich habe bereits an anderer Stelle ausgeführt, welche Probleme die Forderungen zur Zulassung zum Heilberuf und zur Kassenabrechnung für Psychologen mit sich bringen dürften (s. hierzu: M. Cramer, 1977).

Letztlich wird die von den Interessenverbänden geforderte »Anerkennung« durch die Praktiken v. a. der Therapieverbände erschwert, permanent die Tätigkeiten anderer Berufsgruppen und die der Psychologen *zu deklassieren,* die sich aus den verschiedensten Gründen keiner vereinsinternen Ausbildung zu unterziehen bereit sind, und permanent die jeweiligen, sich rasch ändernden vereinsinternen Ausbildungsgänge als Voraussetzung für richtige und gute therapeutische Arbeit hinzustellen. Z. B.:

»Die DGVT trägt dem Klienten gegenüber die Verantwortung für die

Qualifikation der von ihr anerkannten Therapeuten (...). Die Fachleute an den Unis haben festgestellt, daß sie im Studium nicht ausreichend ausbilden können. Auch die Fallberichte bieten keine Gewähr für die Überprüfung der theoretischen Kenntnisse. Nach dem Diplom darf nur der therapeutisch arbeiten, der theoretische Kenntnisse nachweisen kann und zu einer Supervisionsgruppe gehört. Alles andere ist unverantwortlich« (DGVT-Mitteilungen, 1977, [3], S. 316-317).

Es ist ein Charakteristikum psychologischer Interessenvertretungen, daß ihnen die *gleichzeitige* Vertretung psychologisch-inhaltlicher sowie berufspolitischer Interessen scheinbar widerspruchslos möglich ist. Im Gegensatz etwa zu den Medizinern, deren Interessenvertretungen relativ eindeutig zu trennen sind in Förderungsvereine (z. B. Deutsche Gesellschaft für Innere Medizin) sowie Berufsverbände (z. B. Berufsverband Deutscher Internisten), vertreten die psychologischen Verbände diese beiden Bereiche gleichzeitig. Darüber hinaus haben sie aufgrund ihrer Berufspolitik in den letzten Jahren immer eindeutigere und anspruchsvollere Ausbildungs- und Anerkennungsinteressen entwickelt.

Der Anspruch, möglichst allem gerecht zu werden, was mit Psychologie überhaupt zu tun hat, *überfordert die Vereinigungen* offenkundig. Sie gründen in Permanenz irgendwelche Kommissionen für Fragen und Probleme, für ihre gegenseitige Verständigung, sie nehmen laufend zu irgendwelchen Problemen Stellung und verfallen leicht in einen *Aktionismus*. Die verschiedenen Kommissionen und Gremien überblicken nicht mehr, was die anderen Vereinsorgane gerade für Positionen bezogen haben, es gibt Mißverständnisse und Fraktionierungen.

Beispiele

Sie artikulieren sich als Berufsverband:

»Bochum: Mehr Rechte für Verhaltenstherapeuten«

Die »Deutsche Gesellschaft für Verhaltenstherapie« hat die Bundesregierung an ein Versprechen aus dem Jahre 1974 erinnert, wonach die Verhaltenstherapeuten zu den Heilberuflern gerechnet und zur Heilpraxis zugelassen werden sollten. Wie Verbandssprecher Bernhard Scholten, Bochum, mitteilte, sind die 4500 Mitglieder dieser Berufsorganisation mit der jüngsten Entwicklung unzufrieden. Ihrer Meinung nach müsse endlich etwas gegen den Wildwuchs im psychosozialen Bereich geschehen« (aus: Selecta, 1978, [4], S. 82).

Sie artikulieren sich als Förderungsgesellschaft:

»Wir sind mit Rainer Bastine der Meinung, daß das klassische GT-Konzept, d. h. der Variablenansatz, wie er im wesentlichen von Reinhard Tausch formuliert wurde, für die Breite der in der Praxis anfallenden Probleme »zu eng« ist. Im Gegensatz zu Bastine meinen wir aber, daß dieses klassische GT-Konzept schon lange nicht mehr der gegenwärtigen theoretischen Auffassung und theoretischen Praxis der GT und der GWG entspricht« (W. Bock, in: GWG-Info, 1977, Nr. 28, S. 1).

Dann wieder als Ausbildungsinstitution:

Die MV der DGVT hat in Berlin am 8./9. Okt. 1976 beschlossen, daß »Diplom-Psychologen und Ärzte, die eine Weiterbildung in VT entsprechend den Richtlinien des DBV begonnen haben«, diese bis zum 7. 10. 1978 nach diesen Richtlinien (Übergangsregelungen) abschließen können. Die ANK hat präzisiert, für welchen Personenkreis die Übergangsregelungen relevant sind, bzw. was unter »begonnener Weiterbildung zu verstehen ist« (DGVT-Mitteilungen, 1977, [3], S. 319).

Dann, ab und zu, auch als Gesundheitspolitiker:

»Am 16. 8. 1976 brachen die Vertreter der GWG, GVT und DBV die Verhandlungen mit der Bundesärztekammer und der Kassenärztlichen Bundesvereinigung über eine Interimslösung ab, da in den Verhandlungen klar geworden war, daß die Ärztevertreter kein Interesse hatten an einer Verbesserung der psychotherapeutischen Versorgung; eine eigenverantwortliche Tätigkeit eines nichtärztlichen Psychotherapeuten war nicht durchzusetzen, da die Politik der Ärzteverbände ausschließlich dahin zielt, die ärztliche Monopolstellung im Bereich der Heiltätigkeit zu verteidigen« (W. Bock, GWG-Info, 1977, Nr. 28, S. 8).

Diese Beispiele mögen zunächst genügen, um zu zeigen, welches *Interessenspektrum* die Vereinigungen mittlerweile umfassen. Vor allem die DGVT, aber auch die GWG haben aufgrund ihrer spezifischen Entwicklungen und ihrer großen Ansprüche ein sehr breites Interessen- und Meinungsspektrum formuliert. Man würde den Interessenverbänden unrecht tun, wollte man aus ihren Verlautbarungen Ziele ableiten oder diese so nehmen, wie sie dastehen. Es finden sich nämlich immer wieder Passagen, die im Gegensatz zu den anderen stehen.

Begründet werden kann dieser Sachverhalt zum einen mit dem oben herausgearbeiteten Anspruch der Vereine, zuviel und zu zu vielen gleichzeitig sprechen und von zu vielen etwas haben zu wollen; zum anderen verhalten sich die Vereine sehr situationsbezogen. Sie reagieren auf Ereignisse, verhalten sich also anlaßorientiert. Sie verhandeln mit (fast) jedem über alles mögliche und geben so ein sehr buntes Bild ab.

Ein Beispiel für die sich so ergebende Spanne von Äußerungen:
Auf S. 299 druckt der DGVT-Vorstand ein Muster seines neuen »Weiterbildungszertifikates« ohne jeden Kommentar ganzseitig ab. Blättert man die Seite um, so liest man eine »Stellungnahme der DKP zur DGVT-Politik«. Blättert man 8 Seiten zurück, so liest man in einer Stellungnahme der DGVT, daß »die DGVT nicht davon ausgeht, daß jeder Psychologe mit abgeschlossener Berufsausbildung seine Leistungen von der Kasse vergütet bekommen sollte« (1977, [3], S. 292). In demselben Heft, nochmals 16 Seiten weiter vorne, fordert die DGVT dann aber wieder: »Kooperative Teamarbeit darf sich nicht nur, wie es im BDP anklang, auf Ärzte und Psychologen beziehen, sondern muß auf alle Berufsgruppen ausgedehnt werden« (S. 276).

Diese Ausführungen sollten nicht als eine Kritik an einer »falschen« Vereinspolitik mißverstanden werden, die etwa durch einen »besseren« Vereinsvorstand aufzuheben ist. Meine Kritik zielt statt dessen auf die berufspolitischen Interessenvertretungen durch Vereine als Prinzip ab. Sie scheinen mir von ihrer Konstruktion her einerseits den nicht einzulösenden Anspruch zu haben, alle Interessen von Psychologen abdecken zu können und andererseits gezwungen zu sein, sich anlaßorientiert zu verhalten. Als ein Ergebnis resultiert dann die oben veranschaulichte Bandbreite von sich teilweise widersprechenden Aussagen und Forderungen, innerhalb derer eine geplante Vereinspolitik nicht mehr möglich zu sein scheint (s. hierzu auch: M. Cramer, a.a.O., 1977).

Die verschiedenen, sich widersprechenden Verlautbarungen der Interessenverbände sind auch als Ausdruck der inhaltlichen wie weltanschaulichen Segmentierung der Klinischen Psychologie zu verstehen. Die damit einhergehenden Fraktionierungen werden vor allem in demokratischen Vereinen wie der DGVT und wohl auch bedingt der GWG deutlich. Während der BDP, wie die tiefenpsychologischen Vereinigungen und die ärztlichen Verbände, relativ eindeutig und einfach in Hinsicht auf seine Ziele und seine politischen Haltungen eingeschätzt werden kann, ist dies bei der GWG und der DGVT nicht so leicht möglich. So bildet die DGVT, die seit 1972 keine abgestuften Mitgliedschaften (eine Trennung in »vollwertige« und »halbwertige« Mitglieder) mehr kennt und ihre Ausbildungen kostenfrei betreibt, relativ offen vor allem die verschiedenen Fraktionierungen der Hochschulpolitik ab.

Einig sind sich jedoch alle Vereinsaktivisten, wenn es um die Frage der »Anerkennung« geht; hier werden entweder keine abweichenden oder alternativen Meinungen zugelassen, oder es sind keine vorhanden.

Mit diesem Konsens innerhalb der psychologischen Interessenvertretungen, mit der Konstruktion eines »Psychologischen Therapeuten« und den damit verbundenen Strategien geraten wesentliche Arbeitsgebiete von Psychologen aus dem Blickfeld der Interessenverbände. Darüber hinaus werden nur sehr ausgewählte Teilbereiche der Klinischen Psychologie und Sozialpsychologie aufgegriffen und mit dem Blick auf zu okkupierende Teilbereiche der Psychiatrie instrumentalisiert.

Je nach »Schule« sollen die »Psychologischen Therapeuten« analytisch, verhaltenstherapeutisch oder gesprächspsychotherapeutisch v. a. »neurotische Patienten im Erwachsenenalter« heilen. Hinter diesen Vorstellungen steht der Anspruch, daß man als Verhaltenstherapeut, Analytiker oder Gesprächspsychotherapeut qua Einzelfallhilfe und mit dem durch die jeweilige »Schule« eingeschränkten Verhaltensrepertoire *heilkundlich*, einem Facharzt vergleichbar, tätig sein kann. Mit solch einer Beschränkung wird zwar der Vorstellung, wie ein Arzt fungieren zu können, nicht jedoch der *Spezifität psychologischer Tätigkeit* Rechnung getragen.

Zum Beispiel zeigt G. Herzog (1977), daß die Verhaltenstherapie sinnvoll nur zur Wirkung kommt, wenn sie eingebaut ist »in medizinische, pädagogische, alltagspraktische, emotionale und arbeitstechnische Belange« (S. 188). Erst in diesem Zusammenhang zeigen sich nach Herzog »die wahren Möglichkeiten der verhaltenstherapeutischen Arbeit (...) gerade an den Punkten, wo sie sich entgrenzt, ihren Anspruch auf wohl umschriebene Konzepte aufgibt und mit anderen psychologischen Methoden und mit außerpsychologischen Berufen kooperiert. Diese simple Tatsache scheint von den Apologeten und, mit Ausnahmen, auch von den Kritikern der Verhaltenstherapie oft übersehen zu werden. Dies hängt möglicherweise damit zusammen, daß sich die Klinische Praxis schlecht in die üblichen Darstellungsmittel zu fügen scheint und daher klinische Arbeitsbedingungen selten als konzeptbildende Elemente reflektiert werden«.

Im Gegensatz zu solchen, v. a. in Institutionen zu gewinnenden Erfahrungen steht das »Indikationsdenken« der Interessenverbände. Fordern die Interessenverbände z. B. die »heilkundliche Tätigkeit von Psychologischen Therapeuten bei psychischen

Störungen als Folge von geistigen und körperlichen Behinderungen« (s. oben), so wird dabei nicht berücksichtigt, daß sehr viele Psychologen mit verschiedensten Methoden und teilweise großen Erfolgen die »geistigen« und »körperlichen« Behinderungen selbst behandeln (s. hierzu M. Cramer, P. Gottwald, H. Keupp, 1976).

Wie unverbunden die Vorstellungen der Interessenverbände über psychologische Tätigkeiten sind, zeigt sich letztlich daran, daß auf die Psychologen, die in dem einzigen vorhandenen, wenn auch spärlich ausgebauten Versorgungsnetz, den Erziehungs-, Lebens- und Eheberatungsstellen, arbeiten, kaum Bezug genommen wird. Sie erscheinen nur unter »ferner liefen«, sie »können« auch dort »heilkundlich« arbeiten.

3. Zu den Interessen von Psychologen, sich in Vereinen zu organisieren

Die große Bereitschaft von Psychologen, sich in Vereinen zu organisieren, ist meines Erachtens kaum »rationalistisch« abzuleiten oder zu verstehen. Es ist wohl eher die Ideologie der Vereinigungen, daß sie die vielfältigen Interessen der Psychologen »vertreten«, empirisch nachvollziehbar ist dieser Anspruch nicht.

Aus dieser Perspektive wäre zu erwarten, daß sich die Interessenvertretungen »entlarven« oder an ihren eigenen Widersprüchen eingehen. Geht man davon aus, daß *gerade Psychologen* in der Lage sind, auch ihre beruflichen Probleme »angemessen« zu lösen, so kann man ihre große Organisationsbereitschaft in Verbänden nicht erklären.

In dieser Problemsicht bleiben jedoch einige Momente der Motivation einer mittelständischen Berufsgruppe unberücksichtigt. »Psychologe« ist man nicht nur durch die Absolvierung eines Studiums und die Ausübung eines Jobs. Die Bewußtheit, Psychologe zu sein oder zu werden, vermittelt sich innerhalb spezifischer akademischer Settings, die der Herausbildung einer beruflichen Identität dienen. Zu diesen Settings »gehören« die Angebote der Vereinigungen, die Tagungen, Kongresse, der Verband, die Verbandsnachrichten. Zweitrangig ist in diesem Zusammenhang die Frage nach Widersprüchen innerhalb der Vereinspolitik, dem Realisierungsgrad von Forderungen, die vor allem auf »Mitgliedervollversammlungen« von Vereinigungen erhoben und beschlossen werden, denn sie dienen vor allem der Produktion eines »social feeling« innerhalb der Berufsgruppe der Verhaltenstherapeuten, der Gesprächstherapeuten, der Analytiker, der freiberuflich tätigen Psychologen oder der Psychologen überhaupt.

Ich glaube, daß dieses Bedürfnis nach Konstitution und Verbalisierung einer spezifischen, symbolisierten Sinnwelt (z. B. über das »psychologische Selbstverständnis«) dem Anspruch entspringt, einerseits eine institutionelle Ordnung (z. B. die einer Klinik) aufrechterhalten zu müssen, andererseits anleitende und somit entlastende Handlungsmuster zu besitzen (die dem einzelnen aus dieser Ordnung nicht verständlich sind), die dem einzelnen Psychologen also sagen, was er zu denken, zu tun und besser zu lassen hat. Psychologen, die in Institutionen arbeiten, und vor allem aber Psychologen, die sich in ihrer »privaten« Praxis von ihrer Kollegenschaft isolierten, suchen (weitgehend unabhängig von ihrer jeweiligen weltanschaulichen Position) Situationen der Sinngebung, innerhalb derer es offenkundig in Abhängigkeit vom Professionalisierungsgrad zur Herausbildung von Subkulturen kommt (sehr deutlich wird dieser Sachverhalt am Beispiel der Mediziner; die Existenz von Fachärzteorchestern soll hier als Beispiel genügen).

Mit den hier skizzierten Bedürfnissen von Psychologen, sich in Vereinigungen zu organisieren, scheint mir das konstatierbare Unvermögen der Interessenverbände, *konzeptuell geplante Aussagen* zu formulieren, eine wesentliche Problematik zu sein.

Zwar betonen und beklagen Verhaltens- und Gesprächstherapeuten sowie Analytiker in ihren Verlautbarungen und in Gesprächen immer wieder die Notwendigkeit, von dem isolierten Einzelfallhilfeansatz weg zu kommen, den verhaltensanalytischen wie den Variablen-Ansatz oder das Triebmodell weiter zu entwickeln; im Ergebnis wird diesem Anspruch jedoch nicht Rechnung getragen, in den Ausbildungen wie den Verlautbarungen wird immer wieder eine »orthodoxe« GT, VT und PSA gelehrt und vertreten.

Man kann so den Eindruck gewinnen, als ob die Interessenverbände nicht so recht wissen, von was sie sprechen, wenn sie in ihren Bemühungen um eine Anerkennung zum Heilberuf ganze Theorienzweige in der Psychologie ignorieren, die breiten Diskussionen etwa um »Gemeindenähe«, »bedürfnisnahe Versorgung«, »mehrdimensionale Therapieansätze«, Diskussionen über »Stigmatisierungen und Zuschreibungen« entweder nicht aufgreifen oder nur noch in moralischen Restkategorien erscheinen lassen. Diese Kategorien kommen immer dann zum Tragen, wenn betont wird, daß *nur Psychologen* die psychotherapeutische Versorgung der Bevölkerung verbessern können. In diesem Anspruch kommt ein Gefühl der Überlegenheit wie auch wohl der Überheblichkeit zum Tragen, dem die Konzepte der psychologischen Einzelfallhilfe in doppelter Weise nicht Rechnung tragen.

Die zahlreichen Untersuchungen und breiten Diskussionen etwa über das Problem der *Zugänglichkeit* psychologischer Hilfe haben immer wieder beeindruckend gezeigt, wie »mittelschichtsorientiert« dieses Konzept ist; ein interessanter Indikator für diese Orientierung kann in »der Zahl der genehmigten psychoanalytischen Psychotherapien« gesehen werden. 1976 wurden von den RVO-Kassen knapp 3000 Anträge, von den Ersatzkassen aber knapp 11 500 Anträge genehmigt. Skizziert man die RVO-Kassen grob als die Kassen der »Unterschicht« und die Ersatzkassen als die Kassen der wesentlich kleineren »Mittelschicht«, so wird hier eine Diskrepanz deutlich, die beeindruckend ist. Es mag zwar sein, daß Gesprächs- und Verhaltenstherapie gerade den »unteren Schichten« etwas zugänglicher sind, nur mit einer Forderung nach mehr Einzelfallhilfe ist dieses Problem, das in der Psychiatrie unter dem Stichwort *»Zweiklassenpsychiatrie«* diskutiert wird, nicht zu lösen.

Dieses Problem ist vor allem deswegen so ernst zu nehmen, da alle epidemiologischen Untersuchungen verschiedenster Coleur immer wieder das Ergebnis zeigten, daß »Unterschichtsangehörige« weitaus mehr und auch schwerwiegendere psychische Störungen zeigen als Angehörige der »Mittelschicht«.

Dieses Problem kann meiner Einschätzung nach von den psychologischen Interessenverbänden nicht länger ignoriert werden, da es u. a. auch sehr ernst zu nehmende *versicherungsrechtliche Bedeutungen* hat. Das Prinzip der Gleichbehandlung und Gleichstellung aller Krankenversicherten und das Prinzip der chancengleichen Zugänglichkeit aller Versorgungseinrichtungen mag zwar auch im medizinischen Bereich stark ideologisch belastet sein; *es stellt jedoch gerade im psychosozialen Bereich die Konzepte der Einzelfallhilfe in Frage.*

4. Die Interessen von Psychologen

Während ich bisher vor allem die Vorstellungen, Forderungen und Aktionen der Interessenverbände, die leicht mit den Strukturen im psychosozialen Bereich verwechselt werden, darstellte und diskutierte, werde ich nun aus der »Perspektive der Betroffenen« (– Psychologen –) einige mir wesentlich erscheinende Gesichtspunkte erörtern.

Studenten, Berufsanfänger und Berufspraktiker, die ihre Ausbildung und ihre berufliche Tätigkeit unter bloßen instrumentellen Gesichtspunkten begreifen und dementsprechend handeln, scheinen mir besonders anfällig für die verschlungenen Wege wie Ziele der psychologischen Interessenvertretungen zu sein.

Es scheint ihnen oft das nötige Maß an Sensibilität verlorenzugehen, um nicht z. B. eine Kritik an den Interessenvertretungen mit einem ihrer Meinung nach »linken Gerede« zu verwechseln. Gleichzeitig sitzen sie aber in einem Boot mit den politischen Gruppierungen, denen sie so ferne sind, die aber (wenn auch aus anderen Gründen) genau wie die Therapieverbände und der BDP strukturelle Veränderungen im Gesundheitsbereich gegen den erklärten Widerstand der ärztlichen Interessenvertretungen fordern.

Ein recht naiver, ordnungspolitischer Glaube, gepaart mit geradezu übermächtigen Erwartungen an einen abstrakten »Gesetzgeber«, in Bonn lokalisiert, produziert hier teilweise erstaunlich widersprüchliche Haltungen. So betonen die Sprecher der Interessenvertretungen immer wieder, und sind darin nie müde geworden, daß sie in Kooperation mit den ärztlichen Kollegen, nicht gegen sie, die Forderungen ihrer Vereine verstanden wissen wollen. Diese Forderungen berühren jedoch in ihren Konsequenzen explizit die *Grundpfeiler des ärztlichen Sicherstellungsauftrages* und laufen im wesentlichen auf die Erwartung an den »Gesetzgeber« hinaus, das Monopol der niedergelassenen Ärzte für ambulante Behandlung aufzuheben. Wie die Ärzteverbände und in der Folge der »Gesetzgeber« auf solche Forderungen reagieren dürften, ist m. E. sehr eindeutig vorher bestimmbar.

Die Forderungen der psychologischen Interessenverbände dürften von den Ärzteverbänden und der Bundesregierung abgelehnt werden. Setzt man die breit diskutierten Empfehlungen nach *Partizipation* verschiedenster Berufsgruppen im Bereich der psychosozialen Versorgung in ein Verhältnis zu den Forderungen der psychologischen Interessenverbände, so wird sowohl der politische Gehalt der Bestrebungen, den psychosozialen Bereich für Psychologen zu monopolisieren, als auch die *Perspektivlosigkeit* solcher Unterfangen deutlich.

Die Auflösung der in diesem Artikel recht grob skizzierten Widersprüche in einem Gefühl der Wichtigkeit der eigenen Berufsgruppe (dem jetzt z. B. nur noch der »Gesetzgeber« bei etwas gutem Willen und schnellerer Arbeitsweise Rechnung tragen müßte, ansonsten würde aus der Bevölkerung der BRD eine Heerschar von Neurotikern) scheint mir nur Hand in Hand mit immer *weitreichenderen Realitätsverlusten* möglich zu sein. Neue Forderungen, neue Vereine und neue Kommissionen sind eine Konsequenz, wie die immer größer werdende Undurchschaubarkeit in diesem entpolitisierten Dschungel.

Einhergehend mit den naturwüchsigen *Verteilungskämpfen um den psychosozialen Bereich* durch die Interessengruppierungen der verschiedenen Berufsgruppen wird es für den einzelnen Psychologen schwer, sich noch angemessen mit den oben genannten Problemen auseinanderzusetzen. Ich kann mir nicht vorstellen, wie man sich als Psychologiestudent oder als Psychologe, der sich mit diesen Problemen beginnt auseinanderzusetzen, beispielsweise aus den verschiedenen Vereinsmitteilungen ein Bild über die Vorgänge machen will. Dazu sind die Verlautbarungen zu heterogen und widersprüchlich, die allein staatstheoretisch und berufssoziologisch verstehbaren Zusammenhänge für Psychologen zu wenig präsent. Zwar haben die psychologischen Interessenverbände mittlerweile einige »Rechtsgutachten« über die »Anerkennungsfrage« anfertigen lassen, sich jedoch nie *systematisch* mit den Strukturen der Krankenversorgung, der Gesundheitsfürsorge und der Sozialhilfe beschäftigt. Soweit mir bekannt ist, werden diese Zusammenhänge auch im Rahmen der Psychologieausbildung an den Universitäten kaum thematisiert.

Große Bedeutung haben die Interessenverbände bei Psychologen zu dem Zeitpunkt erlangt, als sich eine Überproduktion an Akademikern abzeichnete, die im psychosozialen Bereich tätig sind. Das in diesem Prozeß zutage getretene und immer größer werdende Bedürfnis von Psychologen, »zusammenzuhalten«, hat eine konkrete Basis in den sich verschärfenden *Wettbewerbsbedingungen* für Psychologen. Die informelle Einführung von Assistenzjahren, die oft zu sehende Taktik von Arbeitgebern, auf eine offene Psychologenstelle zwei Berufsanfänger zu setzen und von beiden zu erwarten, ganztags zu arbeiten, die Erwartungen der Arbeitgeber, daß sich die Psychologen privat fortzubilden und »Zusatzausbildungen zu absolvieren haben«, sind für den einzelnen Psychologen zu Fakten geworden, die er nur schwerlich übersehen kann. Heute kann man keinem Psychologen, wie noch vor einigen Jahren, raten, sich *keiner* privaten Ausbildung zu unterziehen, weil z. B. die Politik der Vereine, die solche Ausbildungen anbieten, »falsch« sei. Gerade für Berufsanfänger scheint es teilweise zu einer Existenzfrage geworden zu sein, von irgendwoher irgendwelche Scheine über Zusatzausbildungen zu erwerben.

Die mit diesen rapiden Verschlechterungen der Arbeitsbedingungen für Psychologen einhergehende Aushöhlung der Rechte und Pflichten der Arbeitnehmer, wie sie im BAT verankert sind, haben die psychologischen Interessenvertretungen mit ihrem »Kampf« um eine Anerkennung unter der Hand begleitet. Die permanente Betonung, daß Berufsanfänger nicht viel und die durch den jeweiligen Verein anerkannten Psychologen sehr viel können, hat sich im Bewußtsein der Arbeitgeber niedergeschlagen. Es wäre interessant, einmal in der »ZEIT« oder der »Psychologischen Rundschau« auszuzählen, in welchem Umfang mittlerweile hier »eine oder mehrere Therapieausbildungen«, »eine abgeschlossene Therapieausbildung« oder »nachzuweisende Kenntnisse in VT und GT« von Stellenbewerbern gefordert werden.

Aufgefangen werden können die dienst- und arbeitsrechtlichen Seiten dieser Problematik allein durch die Mitarbeit der Psychologen in der zuständigen *Gewerkschaft* (s. hierzu den Artikel von W. Bolz u. U. Stuhr in diesem Buch), der Unterstützung eines Personal- oder Betriebsrates oder einer Mitarbeitervertretung im Betrieb.

Als Student oder Berufsanfänger hat man jedoch sehr viel weniger Möglichkeiten; man fühlt sich wohl mit Recht ausgeliefert, zeigt Gefühle der Resignation und versucht, sich mit einem fragmentarischen Wissen durchzulavieren.

Eine Alternative zu der mit solchen Haltungen verbundenen Entscheidung, sich in berufsständischen Vereinigungen zu organisieren, sehe ich z. B. in der Mitarbeit in der Deutschen Gesellschaft für soziale Psychiatrie (DGSP). Dieser Verein versteht sich als Zusammenschluß aller in der Psychiatrie tätigen Berufe und interessierter Laien. Die DGSP ist keine Standesorganisation von Psychologen, keine Ausbildungsinstitution (obwohl sie Fortbildungen durchführt) und kein Förderungsverband von Therapierichtungen; die DGSP betreibt also keine Berufspolitik.

Die breiten Diskussionsmöglichkeiten in der DGSP, ihre Bereitschaft, Alternativen zu tragen, ihre berufsübergreifende Orientierung sowie ihr problemfeldorientierter Fortbildungsansatz scheinen mir jedoch gerade für Psychologen, die beginnen, sich mit den Problemen ihres Berufes selbst auseinanderzusetzen, wichtig zu sein.

Deutlich wird die Haltung der DGSP beispielsweise in der für Psychologen wichtigen Stellungnahme über die »künftige Stellung des nichtärztlichen Psychotherapeuten«.

In dieser politisch klugen wie eindeutigen Stellungnahme warnt die DGSP »eindringlich vor Plänen, das Behandlungsmonopol der Ärzte durch ein zweites Behandlungsmonopol niedergelassener Psychologen zu ergänzen, weil dies die Strukturmängel des vorhandenen Versorgungssystems nur verschärfen und die Defizite nicht beseitigen würde«. Sie empfiehlt im Gegensatz zu den psychologischen Interessenverbänden, »bei der gesetzlichen Fixierung des Tätigkeitsfeldes von ›nichtärztlichen Therapeuten‹ (...) Versorgungsbereiche und korrespondierende psychotherapeutische Handlungsweisen zur Abgrenzung zu verwenden«.

Nach Maßgabe von Schlüsselzahlen als Richtwerte sollen verschiedene Berufsgruppen in bestimmten Versorgungsbereichen oder Institutionstypen eigenverantwortlich tätig werden, dabei sollen keine einzelnen Therapierichtungen bevorzugt werden. Statt dessen »ist es entscheidend, dafür zu sorgen, daß ›nichtärztliche Psychotherapeuten‹ ebenso wie ›ärztliche Psychotherapeuten‹ in Einrichtungen kooperieren, die auf der Grundlage einer regionalen Planung und Koordination unterschiedliche Aspekte präventiver, kurativer und rehabilitativer Arbeit abdecken (...).

Die DGSP wendet sich entschieden gegen die Bildung von Psychologenkammern, wie sie in verschiedenen Entwürfen zu den sogenannten Psychologengesetzen von Berufsverbänden auf Landesebene vorgeschlagen wurden. (...) Die DGSP warnt dringend davor, die ambulante klinisch-psychologische Versorgung dem Marktmechanismus der Niederlassung zu überlassen« (DGSP, 1977).

Um nicht mißverstanden zu werden: ich möchte zum Ende dieses Artikels keine Werbung für die DGSP betreiben oder diesen Verein alternativ zu den psychologischen Interessenvertretungen vorstellen. Ich bin jedoch der Meinung, daß das Diskussionsforum, das die DGSP bietet, es möglich macht, *qualitativ andere Vorstellungen* über mögliche und sinnvolle Tätigkeiten zu entwickeln als in den psychologischen Interessenvertretungen. Verallgemeinert erscheint es mir wichtig, die Probleme, die die psychologischen Interessenvertretungen aufgreifen und thematisieren, zu relativieren und zu versuchen, sie *im Zusammenhang* mit den verschiedenen Entwicklungen im psychosozialen Bereich zu formulieren.

Die Probleme, die sich um eine *notwendig gewordene Fortbildung* für Psychologen zentrieren, sollte man *von der Frage der »Anerkennung« von Psychologen* lösen und sie statt dessen in ihren Bezügen zu realisierbaren und angestrebten Beschäftigungsverhältnissen angehen.

Im Gegensatz zu den »Weiterbildungen« der Therapieverbände, die immer von isolierten, optimalen Einzelfallsettings ausgehen, erscheint es mir wichtig, sich *problemfeldorientiert fortzubilden* und damit auch Institutionserfahrungen zu gewinnen.

Eine so zu verstehende *perspektivische Planung* der eigenen Verberuflichung bedeutet etwas anderes als ein Kurs in Gruppendynamik oder in therapeutischen Techniken, mit deren Hilfe man seine Wettbewerbschancen kaum erhöhen kann.

Es ist plausibel, daß Psychologen, die etwa als Abteilungsleiter bei Neubesetzungen zwischen mehreren Psychologen entscheiden müssen, sich mehr nach den einschlägigen Erfahrungen der Bewerber orientieren als nach »Zertifikaten« oder theoretischen Arbeiten. Beeindrucken kann man mit Titeln wie »Fachpsychologe« oder »anerkannter Therapeut« kaum noch, nicht zuletzt deswegen, weil es mittlerweile zu viele Titel und zu viele Psychologen sowie praktische Erfahrungen über den Wert solcher Titel gibt.

Cornelia Schwartz

Professionalisierung im Bereich Klinische Psychologie

Der Psychologe, der sich als Anbieter von Dienstleistungen sieht, weil er für seine Therapien Geld bekommt, weiß mehr über sich als der, der sich als Helfer sieht, weil das seiner Moral in den Kram paßt!

1. Professionalisierung: Berufssoziologische Ansätze und Definition
2. Historische Voraussetzungen
   2.1. Ausweitung der Tätigkeitsbereiche: Verlagerung von überwiegend diagnostischem zu therapeutischem Handeln
   2.2. Zahlenmäßige Relevanz der Interessengruppe Zusammenschluß in Berufsverbänden
   2.3. Entwicklung des Psychologenbedarfs als Transformierung von Bedürfnissen in Bedarf
3. Strukturelle Voraussetzungen
   Der Wissensaspekt als Basis der Professionalisierung
4. Professionalisierung als kontrollierende Strukturierung beruflichen Handelns
   4.1. Kompetenzkontrolle als Selbstkontrolle
   4.2. Absicherung der Weiterbildung durch eine neue Berufsbezeichnung
   4.3. Bundesgesetzliche Lizensierung des Berufs
   Der Anspruch der Heilbehandlung durch Psychologen
   4.4. Regelungen in der konkurrierenden Zuständigkeit des Bundes
   4.4.1. Berufszulassung und Kooperation mit den Sozialversicherungsträgern
   4.4.2. Strafrechtliche Schweigepflicht, Strafprozessuales Schweigerecht, Strafprozessuale Beschlagnahme
   4.5. Regelungen landesgesetzlicher Zuständigkeit
   4.5.1. Recht der Berufsvertretung und Berufsgerichtsbarkeit
   4.5.2. Berufsordnung
   4.5.3. Berufsbild

1. Professionalisierung: Berufssoziologische Ansätze und Definition

Ich werde beschreiben, wie das Fach Klinische Psychologie zum Inhalt eines neuen Berufs, dem des Klinischen Psychologen wird. Der Begriff Professionalisierung umfaßt in diesem Zusammenhang zweierlei: einmal, daß für die Anwendung der Wissenschaft Klinische Psychologie ein neuer praktischer Beruf geschaffen wird, und darüberhinaus, daß dieser neue Beruf zum Kreis der Professionen gehört oder dies zumindest deutlich angestrebt wird (Hesse, 1972, S. 35). Hier wird nun die Frage wichtig, was denn die Charakteristika einer Profession sind. Vor allem die angelsächsische Berufssoziologie hat sich ausgiebig mit diesem Problem auseinandergesetzt und einige, teils beschreibende, teils für eine analytische Problembearbeitung geeignete Ansätze entwickelt.

Es lassen sich zunächst zwei Ansatztypen grob unterscheiden: die trait-Modelle und die funktionalistischen Modelle. Die trait-Modelle sind im allgemeinen weniger abstrakt formuliert und zählen eine Liste von Eigenschaften auf, die den gemeinsamen Kern von Professionen repräsentieren soll. Die Ansichten der verschiedenen Autoren über die essentiellen Elemente einer Profession unterscheiden sich dabei weitgehend. Kein einziges Element wird von allen Autoren als wesentlich betrachtet und viele Elemente werden nur von jeweils einem Autor erwähnt.

Am häufigsten werden folgende Charakteristika genannt (Millerson, 1964):

1. Die Tätigkeit basiert auf theoretischem Wissen
2. Maßnahmen zur Ausbildung und Erziehung
3. Kompetenzkontrolle der Mitglieder
4. Organisation in einem Berufsverband
5. Bindung an einen professionellen Verhaltenskodex
6. altruistische Dienstleistung

Wegen ihres atheoretischen Charakters reproduzieren die trait-Ansätze meist lediglich das idealisierte Selbstverständnis der Professionen. Viele als Schlüsselelemente von Professionen bewertete Eigenschaften stimmen inhaltlich mit Elementen professioneller Berufsethiken überein.

Die trait-Ansätze wurden in zwei Richtungen ausgeweitet, die ich nur kurz erwähnen werde. Die idealtypischen Charakteristika von Professionen wurden teilweise operationalisiert, um den Professionalisierungsgrad von Berufen anhand dieser Indikatoren messen zu können. Daran anknüpfend betrachtete man die Indikatoren der Professionalisierung als Ausdruck einer bestimmten historischen Abfolge von Ereignissen, die alle sich professionalisierenden Berufe in identischen Stadien durchlaufen. Man beschrieb die »Naturgeschichte der Professionalisierung«.

Ähnlich wie die trait-Ansätze beschreiben die funktionalistischen zunächst die differentia specifica professionellen Verhaltens, beschränken sich dabei aber auf die Elemente, die funktionale Relevanz entweder für die Gesamtgesellschaft oder die Professional-Klient-Beziehung haben. So betrachtet Barber (1963) vier Attribute als wesentlich:

1. einen hohen Grad generalisierten und systematisierten Wissens,
2. Orientierung am Gemeinwohl,
3. einen hohen Grad selbstkontrollierten Verhaltens durch über berufliche Sozialisation internalisierte ethische Codes und durch die Berufsverbände,
4. ein Belohnungssystem (Geld und Ehrengaben), das die Arbeitsleistung symbolisiert und deshalb seinen Wert in sich trägt und nicht Mittel zur Durchsetzung privater Interessen ist.

Diese Elemente werden dann so zueinander in Beziehung gesetzt, daß, was als funktional notwendig analysiert wird, auch als faktisch existent angenommen wird und vice versa: Weil Wissen Mittel der Natur- und Kulturbeherrschung ist, soll es im Interesse des Gemeinwohls angewandt werden, und deshalb werden die Träger dieser Wissensmacht sich am Gemeinwohl orientieren. Da sie außerdem die Implikationen ihrer Praxis am besten beurteilen können, ist es nur natürlich, daß sie diese in der Hauptsache selbst kontrollieren. Die Gesellschaft belohnt diese wertvolle berufliche Leistung mit Geld und »Ehrengaben«, wobei die »Ehrengaben«, da sie mit dem Vorrang der Gemeinwohlorientierung assoziiert sind, für den Professional weniger wichtig sind.

Beide Ansätze sind, so wie ich sie geschildert habe, vom Muster der Ärzte abgezogen. Ich habe sie deshalb dargestellt, weil sie den kategorialen Beschreibungsrahmen für die Prozesse im Bereich der Klinischen Psychologie liefern. Das Selbstverständnis der Klinischen Psychologen und auch die Strategien ihrer Verberuflichung orientieren sich vor allem an diesem Prototyp der Profession.

Die trait- und die funktionalistischen Ansätze beinhalten die

Sicht, daß alle professionellen Tätigkeiten auf einem einzigen Kontinuum einordbar sind und sich in Richtung auf einen gleichförmigen Endzustand hin entwickeln. Tatsächlich beschreiben sie aber nur *eine* Form der institutionalisierten Kontrolle beruflichen Handelns, den Professionalismus. Indem die Selbstdarstellung der Professionen als Grundlage der Beschreibung akzeptiert wird, wird gleichzeitig eine spezifische institutionalisierte Form der Kontrolle als essentielle Voraussetzung für diese Berufe akzeptiert, anstatt diese Kontrollform als Produkt spezifischer historischer Bedingungen des 19. Jahrhunderts zu betrachten. Von daher bleibt bei diesen professionstheoretischen Versuchen der Untersuchungsgegenstand unklar: ist es eine professionelle Tätigkeit oder eine institutionalisierte Form der Kontrolle dieser Tätigkeit?

Neuere berufssoziologische Ansätze beziehen die Zeitdimension ein (z. B. Johnson, 1972, Hesse, 1972), wobei deutlich wird, wie die wechselnde Verteilung gesellschaftlicher Macht die Beziehung zwischen Waren- bzw. Dienstleistungsproduzenten und ihren Kunden bzw. Klienten strukturiert. Machtrelationen entscheiden also darüber, ob die in jeder Anbieter-Abnehmer-Beziehung inhärente Unsicherheit auf Kosten der Anbieter oder der Abnehmer von Dienstleistungen reduziert wird. In diesem Zusammenhang ist Professionalisierung neu zu bestimmen (nach Johnson, 1972, S. 32).

Professionalisierung ist nicht in jedem Fall identisch mit dem Streben nach professionellem Status. Professionalisierung kann auch in andere als kollegiale Kontrollformen beruflichen Handelns einmünden: in verschiedene Formen der Konsumentenkontrolle oder Kontrollformen, bei denen etwa der Staat vermittelnd in die Dienstleistungsbeziehung eingreift (Johnson, 1972). Professionalismus ist allerdings eine erfolgreiche Ideologie, die in das Vokabular vieler Berufsgruppen, eben auch der der Klinischen Psychologen, eingegangen ist, die um Status und Einkommen wetteifern.

Professionalisierung ist also jetzt nicht mehr nur als zur Profession, quasi zum »Eigentlichwerden«, einer Berufsgruppe zu fassen, sondern als zunehmende Strukturierung von Anbieter-Abnehmer-Beziehungen über Kontrollmechanismen, wobei Machtrelationen darüber entscheiden, zugunsten welcher Partei die Dienstleistungsbeziehung strukturiert wird. Die spezifische Professionalisierung, die von der Ideologie des Professionalismus getragen wird, läßt sich dann analog Hesse (1972, S. 73) definieren als »bewußtes und planvolles Bemühen, das an dem überkommenen Handlungsbündel ›profession‹ ansetzt, das auf Sicherung bzw. Steigerung des Einkommens, des Ansehens und des Einflusses (Kontrolle von Sozialbeziehungen) zielt, das einen möglichst autonomen Verband zur Voraussetzung hat und das mittels normativer Gestaltung der Arbeitsleistung, insbesondere mittels Spezialisierung und Monopolisierung von Leistungen sowie mittels Ausdehnung, Theoretisierung und Spezialisierung der Ausbildung die Sicherung bzw. Steigerung der Arbeitsentschädigung zu erreichen sucht.«

Ich werde jetzt beschreiben, wie sich die Klinischen Psychologen in diesem Sinne, der inneren Logik der »Naturgeschichte der Professionalisierung« folgend, bemühen, ihre Interessen durchzusetzen. Dies Bemühen ist jedoch nicht ungebrochen, sondern teilweise inhomogen und auch widersprüchlich. Dazu antithetische, externale Bedingungen wie staatliche Kontrollinteressen greifen intervenierend in den Prozeß ein, und auch innerhalb der Berufsgruppe der Klinischen Psychologen ist immer wieder über alternative Kontrollformen diskutiert worden. Ich kann auf diese alternativen Ansätze nur hinweisen und keine konkreten Handlungsanleitungen geben, vielleicht Denkanstöße.

2. Historische Voraussetzungen

2.1. *Ausweitung der Tätigkeitsbereiche: Verlagerung von überwiegend diagnostischem zu therapeutischem Handeln*

Bei den Psychologen stand am Anfang ihrer Professionalisierung nicht ein Problem der Praxis, für das es noch kein Problemlösungswissen gab – Psychotherapie wurde immer schon, ob von Laien oder anderen Berufsgruppen, betrieben –, sondern ein in der Forschung entwickeltes neues Problemlösungswissen: die Methoden der Klinischen Psychologie, d. h. der Psychoanalyse, vor allem der Verhaltens- und Gesprächstherapie. Das Professionalisierungsproblem stellt sich aber erst, wenn es darum geht, eine Anbieter-Abnehmer-Beziehung zu strukturieren. Da eine Wissenschaft im strengen Sinne keine

Klienten hat (Wilenski, 1972, S. 198), sind die Bedingungen für Professionalisierung erst dann erfüllt, wenn ein substantieller Teil einer wissenschaftlichen Disziplin deren Anwendung als Beruf betreibt. Für die Klinische Psychologie bedeutet das vor allem eine Ausweitung und Verlagerung psychologischer Tätigkeitsbereiche. Zuckermann (1967, S. 319) beschreibt die Situation in der BRD 1953: Bei dem begrenzten Ausmaß, in dem Psychotherapie betrieben wird, ist die Frage, welche Disziplin – Psychiatrie, Soziologie, Psychologie oder psychiatrische Sozialarbeit – dafür zuständig ist, noch nicht in dem Maß aufgetaucht wie in den USA. Das ließe sich teilweise darauf zurückführen, daß sich die im klinischen Feld arbeitenden Psychologen hauptsächlich als Diagnostiker verstehen und darüber hinaus darauf, daß sie wegen der geringen Anzahl der im Bereich angewandter Klinischer Psychologie Tätigen weder eine professionelle noch eine finanzielle Bedrohung für ihre psychiatrischen Kollegen sind.

Solange Psychologen also nur in geringer Anzahl psychotherapeutische Dienstleistungen anbieten bzw. sich nur vermittelt über diagnostische Dienstleistungen in Anbieter-Abnehmer-Beziehungen zwischen Psychiatern und Klienten einschalten, sind Professionalisierungsprobleme nicht relevant.

Diese Situation änderte sich innerhalb der nächsten zwei Jahrzehnte. Psychologen arbeiteten zunächst fast nur in Universitätskliniken, dann aber auch zunehmend in anderen Einrichtungen, wobei sie zunächst nur mit diagnostischen Aufgaben, später mit beratenden Tätigkeiten und schließlich mit der Übernahme therapeutischer Funktionen betraut wurden (Deutscher Bundestag, Drucksache 7/4200, S. 404).

1970 sprechen Hoyos und Tack (S. 296) allgemein von neuen Anwendungen und neuen Berufsfeldern, die neben die traditionellen Gebiete der praktischen Psychologie treten. Amelang und Tiedemann (1971, S. 181, S. 183) stellten fest, daß Klinische Psychologie und Erziehungsberatung relativ zur Gesamtwachstumsrate des Fachs durch Neuschaffung von Stellen oder erstmalige Besetzung von Stellen mit einem Psychologen an Boden gewinnen konnten. Diese Zunahme wird nur durch den Anstieg im Hochschulbereich übertroffen. Die Verteilung der Examensjahrgänge auf die einzelnen Tätigkeitsbereiche ließ einen monotonen Trend im Bereich der Klinischen Psychologie erkennen, die von (Examens-)Jahr zu Jahr relativ mehr Absolventen auf sich zieht, »ein Effekt, der, soweit das beurteilt werden kann, nicht nur im Stellenmarkt, sondern auch in dem offenbar zunehmenden Interesse der Abgänger begründet ist« (dies. S. 183).

1974/75 arbeitete fast ein Viertel (24,2%) der befragten Psychologen auf dem Gebiet der Klinischen Psychologie und Psychotherapie (Schröder, 1976, S. 32). Die entsprechende Prozentzahl für 1971 war 9,2% (Amelang und Tiedemann, 1971, S. 164). Weitere 30% arbeiteten in der Beratung einschließlich Schulpsychologie, so daß sich ein Gesamtprozentsatz von 55% klinisch tätigen Psychologen ergibt (1971 waren es 40%, Amelang und Tiedemann, 1971, S. 167).

2.2. *Zahlenmäßige Relevanz der Interessengruppe Zusammenschluß in Berufsverbänden*

Von der Professionalismusideologie getragene Professionalisierung impliziert, daß dieser Prozeß von den Inhabern der Berufsposition selbst initiiert wird. Dies wird den Psychologen von Daheim (1973, S. 238) auch explizit unterstellt. Professionalisierungsbestrebungen erhalten das notwendige Gewicht aber nur, wenn die Interessengruppe in irgendeiner Weise relevant ist. Das läßt sich zunächst an der Frage der zahlenmäßigen Relevanz der Interessengruppe überprüfen. Obgleich das Datenmaterial lückenhaft und stellenweise widersprüchlich ist, läßt sich die von Hoyos (1965, S. 241) festgestellte »kräftige Expansion in personeller Hinsicht« verifizieren. Heckhausen (1971, S. 43) spricht von einem »explosiv steigenden Andrang zum Studienfach der Psychologie«. Die hier interessierenden Daten sind in Tabelle 1 dargestellt (s. S. 305).

Der Anteil Klinischer Psychologen wird für 1974/75 zwischen 25-30% (Pawlik, 1975, S. 91) und 55% (Schröder, 1976, S. 32), also absolut auf 1250-4950 geschätzt, je nachdem, ob der Beratungsbereich und Schulpsychologie miteinbezogen werden.

Von der Sektion Klinische Psychologie des BDP wurde für 1974 ein Bestand von 2000-2500 Klinischen Psychologen geschätzt (Deutscher Bundestag Drucksache 7/4201 S. 904).

Tabelle 1:
Personelle Expansion innerhalb der Psychologie

Indikator	Zeitraum	Zunahme der Personen (absolut, bzw. prozentual) von	auf
Studenten	1951-1974	831 (Hoyos, 1965, S. 242	13524 (Psychologen-kalender, 1975
Anteil der Studienanfänger i. Psychol. an der Gesamtzahl aller Studienanfänger in NRW	1958-1966	0,8% Heckhausen, 1971, S. 43	4,1% ders.
Absolventen jährlich	1953-1972	115 Analysen, 1972, 2 (10)	840 dies.
psychologisch ausgebildete Arbeitskräfte	1961-1974	2400 Straumann 1974, S. 100	5000 Lorenz 1974, S. 54 7300-7500 Pawlik, 1975, S. 89

(Schröder [1976, S. 6] gibt bereits für 1973 eine Zahl von 9000 psychologisch ausgebildeten Arbeitskräften an.)

Die Daten über die personelle Expansion innerhalb der Psychologie sind zwar ungenau, aber beeindruckend. Verglichen mit anderen Berufsgruppen fallen die Psychologen aber zahlenmäßig kaum ins Gewicht. Im Statistischen Jahrbuch für die BRD von 1975 (Statistisches Bundesamt, 1975) ist der Psychologenberuf nirgendwo erfaßt. Dennoch haben es die Klinischen Psychologen verstanden, ihre eigenen Interessen zu artikulieren – hin und wieder auch die der von psychologischen Dienstleistungen bzw. psychischen Störungen Betroffenen – und zwar über die verschiedenen Verbände. Für die ältere Berufssoziologie erhalten Berufsgruppen erst durch Zusammenschluß in Verbänden und gemeinsame Einstellung ihre soziologische Bedeutung. Der Hauptzweck jedes Berufsverbandes ist dann, die Kontrolle seiner Mitglieder über Arbeitsbedingungen und Arbeitsentschädigung zu sichern und zu erweitern (Caplow, 1958, S. 211 f.). Dagegen verfolgen die psychologischen bzw. psychotherapeutischen Berufsverbände zum Teil eine unterschiedliche Interessenpolitik und nehmen in wechselndem Ausmaß berufspolitische und wissenschaftliche Aufgaben wahr. In vielen Verbänden sind außer Diplompsychologen auch andere, im Gesundheitswesen tätige Berufsgruppen vertreten.

Die Dachorganisationen sind:

– Der BDP (Berufsverband Deutscher Psychologen), Gründung 1947, Mitgliederzahl 1977: ca. 4500, mit der Sektion Klinische Psychologie, Gründung 1963, Mitgliederzahl 1976: 1960, vorwiegend standespolitische Aufgaben.
– Die DGfPs (Deutsche Gesellschaft für Psychologie), Gründung 1903, Organisation vor allem der im Hochschulbereich Tätigen, enge Zusammenarbeit mit dem BDP.
– Die DGPT (Deutsche Gesellschaft für Psychotherapie und Tiefenpsychologie) Mitgliederzahl 1972: 450, wissenschaftliche und standespolitische Aufgaben. Dachgesellschaft der analytischen Psychotherapeuten, Mitglieder: hauptsächlich Psychologen und Mediziner.

Daneben gibt es die spezifischen Berufsverbände, die meist einzelne therapeutische Schulen vertreten und die sowohl wissenschaftliche wie berufspolitische, teilweise auch gesundheitspolitische Aufgaben wahrnehmen.

– Die DGVT (Deutsche Gesellschaft zur Förderung der Verhaltenstherapie) Gründung 1976, Mitgliederzahl 1977: 4500, Zusammenschluß von GVT (Gesellschaft zur Förderung der Verhaltenstherapie, gegründet 1968) und DBV (Deutscher Bund der Verhaltenstherapeuten, gegründet 1971, Mitgliederzahl 1975: 50), Mitglieder: Psychologen und andere Berufsgruppen.
– Die GwG (Gesellschaft für wissenschaftliche Gesprächspsychotherapie), gegründet 1970, Mitgliederzahl 1977: 2600 Mitglieder: Psychologen und andere Berufsgruppen.
– Die DGSP (Deutsche Gesellschaft für soziale Psychiatrie), Vereinigung von im psychiatrischen Bereich Tätigen.

Dann gibt es noch verschiedene psychoanalytische Verbände, in denen vorwiegend Ärzte und Diplompsychologen mit abgeschlossener psychoanalytischer Weiterbildung organisiert sind.

– Die DGIP (Deutsche Gesellschaft für Individualpsychologie)
– Die DGAP (Deutsche Gesellschaft für Analytische Psychotherapie)
– Die DPV (Deutsche Psychoanalytische Vereinigung), Zweig der Internationalen Psychoanalytischen Vereinigung.
– Die DPG (Deutsche Psychoanalytische Gesellschaft), Gründung 1910.

Die psychoanalytischen Verbände entfalten in den berufspolitischen Diskussionen allerdings wenig Initiative, da sie mit der Übernahme der Behandlungskosten durch die Ersatzkassen (Dezember 1970) und die RVO-Kassenverbände (1972) ein relativ stabiles Professionalisierungsniveau erreicht haben.
Mit der Ausweitung der Tätigkeitsbereiche, quantitativer Vermehrung der Psychologen und damit auch der Klinischen Psychologen und Zusammenschluß in klinisch-psychologischen Berufsverbänden sind die Voraussetzungen für eine Professionalisierung gegeben. Mit der Gründung der Sektion Klinische Psychologie 1963 haben sich die Klinischen Psychologen als eine etikettierbare und beschreibbare Berufsgruppe formiert.

2.3. *Entwicklung des Psychologenbedarfs als Transformierung von Bedürfnissen in Bedarf*

Die als gestiegener gesellschaftlicher Bedarf an Psychologen objektivierte Unverzichtbarkeit der beruflichen Dienstleistung von Psychologen ist eine Bedingung für diese Entwicklung der Tätigkeitsbereiche, für die personelle Expansion und den Zusammenschluß in Berufsverbänden.
»Berufspolitische Verkaufsstrategien etwa – als ein möglicher anderer Erklärungsversuch – bleiben sicher ohne objektive gesellschaftliche Bedarfslage ineffektiv und nutzloses Imponiergehabe« (Keupp, 1974c, S. 75 f.).
Dieser Bedarf läßt sich auf verschiedene Weise definieren. Einige Autoren benutzen das Wort, um die Tatsache unbesetzter Arbeitsplätze zu beschreiben (Ben-David, 1968, S. 106). So betrug das Verhältnis zwischen Angebot an und Nachfrage nach Psychologen nach Berechnungen der BfA im Herbst 1972 etwa 1 : 3; auf einen Stellenbewerber kamen also 3 Stellenangebote (Analysen 1972, 2 [10]). In der Zwischenzeit hat sich diese Situation allerdings verschlechtert: Im Mai 1976 kamen auf eine gemeldete Stelle 5 Bewerbungsgesuche (Bundesanstalt für Arbeit, 1976, S. 15). Gesucht wurden überwiegend Psychologen mit Berufserfahrung für diagnostische und beratende Tätigkeiten. Dann gibt es Autoren, die den Bedarfsstand mit Hilfe eines Ideal-Standards von so und so vielen Ingenieuren, Wissenschaftlern, Ärzten und anderen akademischen Berufen je Kopf der Bevölkerung, der Arbeitskräfte oder der Industriearbeiter

beurteilen (Ben-David 1968, S. 106). Gemessen an der Psychologenzahl pro 1000 Einwohner läßt sich dann für die BRD eine Unterversorgung mit Psychologen konstatieren (z. B. Straumann 1974, S. 108). Oder es wird anhand einer als unzureichend gekennzeichneten Psychologen/Betten-Relation in den Fachkrankenhäusern auf einen gesteigerten Psychologenbedarf geschlossen (Deutscher Bundestag, Drucksache 7/4200, S. 404).

Oft wird auch einfach von der Erlebnisseite her argumentiert und die lange Wartezeit in den Erziehungs-, Ehe- und Lebensberatungsstellen, in den studentischen Beratungsdiensten u. ä. als Indikator für einen gesteigerten Psychologen- bzw. Expertenbedarf herangezogen (z. B. Kohlscheen in: Henkel und Kohlscheen, 1975, S. 46, Deutscher Bundestag, Drucksache 7/4200, S. 69). All diese Bedarfsfeststellungen sind das Resultat von zwei Transformationsprozessen: die Transformierung von Hilfsbedürftigkeit in versorgungsrelevante Bedürfnisse, also in Bedarf nach Psychotherapie oder Beratung, und die Zuordnung dieser Bedürfnisse zu einer bestimmten Berufsgruppe, der der Klinischen Psychologen. Der erste Transformationsschritt wird in dem Bericht über die Lage der Psychiatrie in der BRD (Deutscher Bundestag, Drucksache 7/4200, S. 69) explizit formuliert. »Erst die Anzahl und die Art der expertendefinierten Bedürfnisse bestimmen den Bedarf an Einrichtungen der Gesundheitsfürsorge.« Der zweite Schritt wird im allgemeinen umstandsloser vollzogen, manchmal mit einer Inkompetenzdefinition von benachbarten Berufsgruppen verknüpft, wie bei Hoyos (1964, S. 40), der einen steigenden Bedarf an psychotherapeutischen Leistungen feststellt, den der Ärztestand, als Hauptanbieter derartiger Leistungen, nicht befriedigen kann, »da die Zahl der ... für diese Aufgabe interessierten, geeigneten und vorgebildeten Ärzte mit hundert multipliziert noch zu klein wäre«, und der dann fordert, für psychologische Hilfeleistungen in stärkerem Maße als bisher Psychologen heranzuziehen.

Wenn, wie es sich bei den Klinischen Psychologen abzeichnet, der Nachweis der Unverzichtbarkeit der beruflichen Dienstleistung in den Nachweis eines quantitativen Psychologenbedarfs umschlägt, so impliziert dies zweierlei. Zum einen bedeutet die Umsetzung von Hilfsbedürftigkeit in Therapie- bzw. Beratungsbedarf eine affirmative Festschreibung des vorwiegend kurativ arbeitenden Systems der Gesundheitsversorgung. Zum anderen beinhaltet die Zuordnung dieser Bedürftigkeit zur Berufsgruppe der Klinischen Psychologen tendenziell eine Monopolisierung von Problemlösungsfähigkeiten, d. h. Zuerkennung von Kompetenzen an bestimmte Personengruppen, und damit gleichzeitig eine Inkompetenzdefinition anderer Berufsgruppen und der Laien. Auf diese Weise geraten alternative – z. B. alltagspraktische – Problemlösungsfähigkeiten aus dem Blickfeld. Überlegungen zu alternativen Formen der Professionalisierung, wie sie in der GVT und der GwG seit 1973 angestellt wurden, könnten zunächst einmal an diesen Implikationen professionalismusgeleiteter Professionalisierung ansetzen.

3. Strukturelle Voraussetzungen
Der Wissensaspekt als Basis der Professionalisierung

Verwissenschaftlichtes oder systematisiertes Wissen ist ein wesentliches Merkmal professionalistisch strukturierter Berufe. Die Wissensbasis »darf nicht zu vage, aber auch nicht zu präzise sein, nicht zu weit, aber auch nicht zu eng«. »Wenn die technische Basis eines Berufs in einem Vokabular besteht, das für jedermann geläufig ist, oder wenn er zwar eine wissensschaftliche, aber so eingeschränkte Basis hat, daß sie als Anzahl von Faustregeln von den meisten leicht gelernt werden kann, dann wird es für solche Berufe schwierig, erfolgreich ein Monopol anzumelden und ausschließliche Kompetenz zu beanspruchen« (Wilenski, 1972, S. 209).

Hier wird schon die legitimatorische Funktion der Wissensbasis für professionelles Handeln deutlich. Innerhalb der Klinischen Psychologie scheint die optimale Wissensbasis mit der Entwicklung hermeneutischer (Psychoanalyse), besonders aber erfahrungswissenschaftlich fundierter psychotherapeutischer Methoden, die empirisch kontrollierbar Heilung oder Besserung psychischer Störungen erwarten lassen, gegeben zu sein. Die Gesprächspsychotherapie, besonders aber die Entwicklung der Verhaltenstherapie als eine »autochthon psychologische, aus den Experimenten entwickelte Methode« lieferten die notwendige Wissensbasis für professionell therapeutisches Handeln, und damit wird die Forderung nach erweiterter Partizipation im Psychotherapiebereich auch begründet (z. B. Schulte in: Deutscher Bundestag, Drucksache 7/4201, S. 830).

Neben diesem expliziten Teil des Wissens, der aus Büchern, Vorlesungen und Demonstrationen gelernt werden kann, gibt es aber noch einen anderen Teil, der eher implizit bleibt und der in gelenkter Praxis und langer Erfahrung »verstanden« werden muß (Wilenski, 1972, S. 210): die Esoterik des Expertenwissens. Der esoterische Charakter des Professionswissens trägt wesentlich dazu bei, die Unsicherheit in der Dienstleistungsbeziehung und damit auch die Autonomiechance des Professionals zu erhöhen (s. Johnson, 1972, S. 42f.). So kann eine Machtrelation entstehen, die es dem Professionial ermöglicht, die soziale Distanz und seine eigene Autonomie und Handlungskontrolle durch einen Prozeß der »Mystifikation« zu erhöhen.

Dies gilt vor allem für solche Berufe, die sich mit Problemen menschlicher Beziehungen beschäftigen und sich um zentrale Werte der Gesellschaft gruppieren. Deren Klienten gelten als inkompetent zur Beurteilung professionellen Handelns (Goode, 1972, S. 162).

Der Hauch des Mysteriösen kann von professionalistischen Berufsgruppen als taktisches Mittel eingesetzt werden. Integrität bei der Dienstleistung wird für individuelle Klienten wichtiger als Kompetenz, und für die Sicherung der Integrität erklärt sich die Berufsgruppe selbst als einzig kompetente Instanz. So legitimieren auch Klinische Psychologen ihren Autonomieanspruch über die Elemente Zentralwertbezogenheit und Integrität. Das läßt sich an der Frage der Heilberufsanerkennung und der Berufsethik zeigen. Der esoterische Teil der Wissensbasis wird allerdings in Verhaltenstherapie und Gesprächspsychotherapie erst allmählich über eine erweiterte praxisorientierte Ausbildung integriert, in der Psychoanalyse war er immer schon enthalten. Ich vermute jedoch, daß Klinische Psychologen, die sich ja mit Problemen befassen, für die jeder Laie »Experte« ist, Schwierigkeiten haben werden, diese Esoterik ihrem Publikum glaubhaft zu vermitteln.

4. Professionalisierung als kontrollierende Strukturierung beruflichen Handelns

Ich werde jetzt darstellen, wie sich die Kontrollproblematik klinisch-psychologischen Handelns als Auseinandersetzung der verschiedenen Interessengruppen um Macht und Einfluß konkret entfaltet.

4.1. *Kompetenzkontrolle als Selbstkontrolle*

Unter dem Aspekt der Angleichung an professionalistisch strukturierte Berufe ist bei den Klinischen Psychologen eine Theoretisierung, Spezialisierung, Vereinheitlichung und zeitliche Verlängerung der Ausbildung sowie ihre Verlagerung an Institutionen, die sich mit der Pflege spezieller Wissensbestände befassen und mit Prestige, Autorität und Autonomie ausgestattet sind, wie etwa die Universitäten, zu erwarten sowie Einflußnahme der Berufsgruppe auf die Berufszulassung über eine Kontrolle der Prüfungen. Eine Kontrolle der Ausbildung als Garantierung von Kompetenz der Berufsangehörigen dient der Sicherung der Arbeitsqualität und liegt damit im öffentlichen Interesse. Das Bemühen der Berufsgruppe, diese Kontrolle autonom auszuüben, hat aber darüber hinaus die Funktion, die Erwerbs- und Versorgungschance und auch die Prestigechance des Berufs zu steigern. Dieses Bemühen läßt sich als Prozeß des Aushandelns von Autonomiechancen zwischen verschiedenen Interessengruppen beschreiben.

Während die Hochschulangehörigen bis etwa 1970 darauf bestanden, daß das Studium der Psychologie »nur der wissenschaftlichen Vorbildung und nicht der berufspraktischen Zurüstung zu dienen habe« (Heckhausen, 1971, S. 54, Erstveröffentlichung 1968), richteten sich die Interessen und Bedürfnisse der Studenten auf eine stärkere Spezialisierung und Praxisorientierung des Studiums. Darin waren sie mit den Vertretern der Berufsverbände und den berufstätigen Psychologen, die diese Forderung aus der erlebten Struktur der Praxis ableiteten, einig. Parallel zur Entwicklung der Klinischen Psychologie wurden diese Forderungen zunehmend thematisiert und tauchten schließlich in den Beratungen zwischen DGfPs und BDP zur neuen Rahmenprüfungsordnung (RPO) auf (s. Hoyos und

Tack, 1970). In der RPO selbst sind jedoch die berufspraktischen Ausbildungselemente weitgehend zurückgenommen zugunsten einer spezialisierten und forschungsorientierten Ausbildung (s. dies., S. 296, S. 302). 1973 wurde die neue RPO, die eng an den Vorschlägen der DGfPs- und BDP-Vertreter orientiert ist, verabschiedet, ein Indiz für die gesteigerten Einflußchancen der Berufsverbände auf die Ausbildungsrichtlinien. Gleichzeitig war damit die Voraussetzung für eine Vereinheitlichung der bis dahin unterschiedlichen Studien- und Prüfungsordnungen geschaffen. Zusätzlich versuchte die DGfPs (1975, S. 233), auf eine Verlängerung der Ausbildung hinzuwirken.

Das Problem der fehlenden Praxisorientierung des Studiums versuchte der BDP in Zusammenarbeit mit GwG, DBV, DGPT und DGIP durch den Vorschlag einer an privatwirtschaftlich organisierten Zentren zu absolvierenden Weiterbildung für Klinische Psychologen zu lösen (BDP, 1973) (s. dazu auch die ausführliche Kritik der Ausbildungskommission der GVT, 1973, *5* [3] S. 4-33).

In den darauffolgenden Jahren entwickelten GVT, DBV und GwG inhaltlich spezifizierte Ausbildungspläne. Die GVT realisierte ihr Konzept im Rahmen eines Selbsthilfemodells. DBV und GwG kreierten ein System von Kursen, das es den Berufsverbänden zwar erlaubte, die Ausbildung autonom zu gestalten, d. h. sowohl inhaltlich autonom zu gestalten, wie auch den Berufszugang autonom zu bestimmen. Gleichzeitig bedingte dieses System aber eine Zunahme individualistischer Konkurrenz zwischen den Berufsinhabern, die dem Ziel interner Stabilität der Berufsgruppe als Voraussetzung einer einheitlichen Politik widerspricht. Die Überwindung individualistischer Konkurrenz läßt sich am besten durch die Forderung einer einheitlichen Mindestqualifikation, die über das Diplom hinausgeht und an der Universität oder anderweitig staatlich verankert ist, erreichen. Entsprechend finden sich bei BDP, GwG und GVT mit unterschiedlicher Dringlichkeit, Konsequenz und Präzision formulierte Forderungen nach öffentlich-rechtlicher Institutionalisierung der Weiterbildung zum Klinischen Fachpsychologen bzw. Psychologischen Therapeuten in Form eines Postgraduiertenstudiums (BDP, s. Kohlscheen, 1976, S. 150) oder eines auf 6 Semester verlängerten zweiten Studienabschnitts nach dem Vordiplom mit Staatsexamen als Abschluß und anschließender supervisierter Praxis in staatlichen Institutionen ([1]GVT, 1974, 6 [3] S. 13-17) als Aufbaustudiengang (GwG s. Esser, 1975, S. 25) und Zusatzausbildung unter staatlicher oder auch universitärer Kontrolle (GwG s. Esser, 1975, S. 22f.).

4.2. *Absicherung der Weiterbildung durch eine neue Berufsbezeichnung*

Mit einer Anhebung des Ausbildungsniveaus wird im allgemeinen die Möglichkeit verknüpft, einen besonderen Titel zu erwerben. Damit wird eine »Präzisierung des Leistungsangebots gegenüber Kunden (Klienten, Arbeitgebern verschiedener Art)« (Heinrich/Krüger, 1975, S. 250) ermöglicht, also einerseits eine Steigerung der Erwerbs- und Versorgungschance der Professionals, andererseits Schutz des Klienten vor inkompetenten Quacksalbern. Beides läßt sich allerdings nicht zuverlässig mit nur privatrechtlich geschützten Titeln verwirklichen. Es bedarf dazu bei den Klinischen Psychologen letztlich einer bundesgesetzlichen Regelung.

Die Sektion Klinische Psychologie des BDP beschloß 1971 die Schaffung des »Fachpsychologen für Klinische Psychologie« (Duhm, 1972) und bildete einen Aufnahmeausschuß zur Prüfung von Anträgen auf Zuerkennung des Zertifikats, zur Prüfung und Definition der Qualifikationsmerkmale und zur Entwicklung von Richtlinien für die fachliche Weiterbildung des Diplompsychologen. Weiter wurde ein Gutachterausschuß gebildet (ders.), der sich schon bald auf grundsätzliche Ziele einigte, »die Position, die die nichtärztlichen Psychoanalytiker bei der selbständigen Durchführung von Therapien haben, für den erweiterten Kreis der Fachpsychologen zu erreichen, bis hin zur direkten Abrechnung mit den Krankenkassen« (Windheuser, 1972, S. 274). Die mit der Vergabe des privatrechtlich geschützten Titels verbundenen Zielsetzungen lassen sich danach als eine Verbesserung der Erwerbs- und Versorgungschance kennzeichnen.

Neben dem BDP vergeben auch die anderen therapeutischen Berufsverbände interne Zertifikate. So konnten die Mitglieder des ehemaligen DBV die Berechtigung erwerben, sich »Verhaltenstherapeut DBV« zu nennen (Jaeggi/Schulte, 1973, S. 158, Schulte, 1972, S. 179); die GwG vergibt nach Erfüllung der verbandsinternen Kriterien ein Zertifikat »Gesprächspsychotherapeut in der GwG«. Die GVT bzw. DGVT vergibt lediglich Bescheinigungen über einen »Abschluß der Weiterbildung nach den Kriterien der DGVT« (DGVT, 1977, *9* [3] S. 299, DGVT, 1976, *8* [4] S. 363-365), die aber letztlich die gleiche Funktion haben wie die Zertifikate der anderen Verbände: die Anwartschaft auf einen einheitlichen Titel für alle psychotherapeutischen Schulrichtungen nach einem neuen Heilgesetz zu sichern (s. GVT, 1976, *8* [3] S. 224).

Eine derartige Diversifikation der Qualifikationen untergräbt die »scheinbare Einheit« (Bucher/Strauss, 1972, S. 192), die Professionen bei Verhandlungen mit relevanten Teilen der Öffentlichkeit im allgemeinen zeigen. So versuchte der BDP bereits seit 1972 die Verbände zur Kooperation zu bewegen »damit nicht durch zu viele partikularistische Einzelaktivitäten die Verhandlungsposition geschwächt wird« (Windheuser, 1972, S. 275). Die Informationsbroschüre des BDP zum Berufsbild und Ausbildungsplan des Fachpsychologen für Klinische Psychologie (BDP, 1973) war ein erstes, aber noch nicht hinreichend vereinheitlichendes Ergebnis der Zusammenarbeit zwischen BDP, GwG, DBV, DGPT und DGIP. Mit dem Erscheinen des Zwischenberichts über den Stand der Enquête über die Lage der Psychiatrie in der BRD (Deutscher Bundestag, Drucksache 7/1124) am 19. 10. 1973 konkretisierten sich die Erwartungen auf eine bundesgesetzliche Regelung über den Beruf des nichtärztlichen Psychotherapeuten, d. h. im wesentlichen dessen Anerkennung als Heilberuf. Anfang 1974 fand in Bonn ein Sachverständigengespräch zu dieser Frage statt (GVT 1974, 6, *1*, S. 35-45), und auf eine große Anfrage der CDU/CSU 1975 hin wurde der Gesetzentwurf für die nächsten zwei Jahre angekündigt (Deutscher Bundestag, Drucksache 7/3322).

Inzwischen wurde der Entwurf jedoch durch die Vergabe eines Forschungsauftrags zur Klärung der damit zusammenhängenden Fragen verzögert (s. DGVT, 1977, *9* [2] S. 134-136, Psychologie Heute, 1977, *4* [6] S. 68). Im Hinblick auf die gesetzliche Regelung verstärkten sich die Bemühungen der Therapieverbände um ein einheitliches Vorgehen. Weitere Treffen, an denen sich nun auch die GVT beteiligte, fanden ab Juli 1974 statt. Am 18. 10. 1975 vereinigten sich die Verbände zur »Arbeitsgemeinschaft der Psychotherapieverbände« (AGPTV). Ein Kriterienkatalog zur Aufnahme in die AGPTV wurde erstellt (GVT 1975, *7*, [4] S. 343) und verabschiedet (GVT 1976, *8* [2] S. 124). Hiermit war eine zumindest vorläufige Basis geschaffen, der allgemeinen Öffentlichkeit geschlossen gegenüberzutreten.

4.3. *Bundesgesetzliche Lizensierung des Berufs Der Anspruch der Heilbehandlung durch Psychologen*

Im Sachverständigengespräch im BMJFG hieß es zu der geplanten gesetzlichen Regelung: man plane »gegenwärtig lediglich, mit der neuen gesetzlichen Regelung die Schwierigkeiten des »Heilpraktikergesetzes zu umgehen« (GVT 1974, *6* [1] S. 42).

Wird klinisch-psychologische Tätigkeit als Ausübung der Heilkunde verstanden, was sich inhaltlich wie formal auch bestreiten läßt, so verstößt sie gegen das ärztliche Heilmonopol, und es muß eine Ausnahmegenehmigung zur nichtärztlichen Heilbehandlung nach dem Heilpraktikergesetz (HPG) vom 17. 12. 1939 (RGBl. I 251) beantragt werden. Das die Heiltätigkeit betreffende Fachwissen des Antragstellers soll dabei ausdrücklich *nicht* geprüft werden (s. Kühne, 1976, S. 32).

Wegen des Fehlens inhaltlicher Qualifikationsanforderungen ist das HPG weder zur Wahrung des Klienteninteresses an qualifizierter Behandlung bzw. eines öffentlichen Interesses an qualifizierter Gesundheitsversorgung noch zur Wahrung berufspolitischer Interessen von Psychologen geeignet.

Wenn die Erlaubnis, eine bestimmte Berufstätigkeit auszuüben, nicht an den Nachweis eines besonderen, anderen nur schwer zugänglichen Wissens geknüpft ist, fehlt die Legitimationsbasis für den Anspruch der Berufsangehörigen auf einen Expertenstatus und auf Autonomie in der Berufsausübung. Eine Heilberufsanerkennung kann, solange sie nach dem Heilpraktikergesetz erfolgt, noch nicht die angestrebte Gleichstellung von Ärzten und Psychologen schaffen. Diese wäre erst mit der Heilberufsanerkennung nach einem speziell auf die Belange der Klinischen Psychologen zugeschnittenen Modell analog der Bundesärzteordnung mit Ergänzungsvorschriften (s.

Kühne, 1976) garantiert. Die Argumentation zur Begründung dieser Forderung beginnt im allgemeinen mit einem Hinweis auf das HPG und zielt dann darauf ab, den Beruf des Klinischen Psychologen mit den wesentlichen Charakteristika der professionalistisch strukturierten Berufe zu beschreiben. Dabei wird auf den Nachweis der Zentralwertbezogenheit psychotherapeutischen Handelns besonderer Wert gelegt. Die beispielhafte Analyse einer zusammenfassenden Begründung für den heilberuflichen Charakter der von Klinischen Psychologen ausgeübten Tätigkeit soll diese professionalistische Orientierung noch einmal verdeutlichen (s. Tabelle 2). (S. 317)

Nachdem Klinische Psychologie sich auf diese Weise als idealtypische Profession profiliert hat, wird versucht, staatliche Unterstützung für Bestrebungen zur beruflichen Selbstverwaltung und berufsständischen Kontrolle, also zur Verbandsautonomie, zu erlangen.

Da die einwandfreie Durchführung der von den Professionen erbrachten Dienstleistungen für die Leistungsempfänger besonders wichtig ist, liegt die Kontrolle professioneller Tätigkeit im öffentlichen Interesse. Daß die Kontrolle im wesentlichen als Selbstkontrolle der Profession institutionalisiert werden soll, wird in der Regel mit der technischen Unkontrollierbarkeit der Leistung legitimiert (s. z. B. im Text S. 314, Argumente 4 und 6 von Kühne).

Ich werde auf diese Problematik nun anhand einiger berufsrechtlicher Fragen eingehen, die sich aus einer Heilberufsanerkennung analog dem ärztlichen Modell ergeben: die Frage der Berufszulassungsordnung und der Kooperation mit den Sozialversicherungsträgern, strafrechtliche Schweigepflicht, strafprozessuales Schweigerecht, strafprozessuale Beschlagnahme, Recht der Berufsvertretung und der Berufsgerichtsbarkeit, Berufsordnung, Berufsbild. Auf die Implikationen und Konsequenzen der berufsverbandlichen Strukturierung dieser Fragen kann ich nur verkürzt hinweisen. Ich beschränke mich daher hauptsächlich auf deren Darstellung und den Versuch, den ideologischen Gehalt der Konzeptionen herauszuarbeiten.

Tabelle 2:
Analytische Betrachtung der Begründung von Kühne (1976, S. 43) für den heilberuflichen Charakter der von Psychologen ausgeübten Tätigkeit, anhand der bei Hesse (1972, S. 64f.) zusammengestellten Charakterisierungsvorschläge einiger ausgewählter Autoren, die »professions« betreffend.

	Kühne 1976	Hesse 1972
1	»Prüfen wir die Tätigkeit des DPPT[2] anhand dieser Kriterien, kommen wir zu dem Ergebnis, daß er einen Heilberuf ausübt:	Die Vertreter des »professions« werden auf Grund gesellschaftlicher, z. T. gesetzlich fixierter Erlaubnis tätig: durch diese Erlaubnis werden sie selbst zu abweichenden Verhaltensweisen autorisiert, die allgemein in der Gesellschaft unter Strafandrohung stehen.
2	Ähnlich dem Arzt hat sich der DPPT in den Dienst des leidenden Menschen gestellt.	Tätigkeit ist gemeinschaftsbezogen und wird als Dienst verstanden.
3	Ein Dienst, der nicht vorrangig von finanziellen Erwägungen geprägt wird.	Tätigkeit wird entlohnt durch ein System von Gütern (sowohl Ehrengaben als auch Geld), die ihren Wert in sich tragen und nicht erst als Mittel zur Befriedigung privater Interessen wertvoll sind.
4	Grundlage seiner Tätigkeit ist die therapeutische Freiheit und Selbstverantwortlichkeit, der jede Weisungsgebundenheit fremd ist.	Die Vertreter der »professions« üben ihre Tätigkeit weitgehend autonom, d. h. relativ frei von Laienkontrolle aus.
5	Diese Eigenständigkeit wird legitimiert durch sein Fachwissen,	Die Vertreter der »professions« genießen Autorität auf Grund fachlicher Kompetenz. Tätigkeit stellt die Anwendung hochgeneralisierten und systematisierten Wissens dar.
6	welches ihm ermöglicht, sein therapeutisches Wissen in Beziehung zur Gesamtpersönlichkeit des Therapierten zu setzen.«	Tätigkeit ist rational gesteuert und universalistisch strukturiert.

[2] DPPT = Diplompsychologe für Psychotherapie. Gemeint ist dasselbe wie mit »Fachpsychologe für Klinische Psychologie«, »nichtärztlicher Psychotherapeut«

4.4. Regelungen in der konkurrierenden Zuständigkeit des Bundes

4.4.1. *Berufszulassung und Kooperation mit den Sozialversicherungsträgern.*

Kühne (1976) leitet aus dem heilberuflichen Charakter psychotherapeutischer Berufstätigkeit die konkurrierende Gesetzgebungskompetenz des Bundes für die Zulassung zum Beruf des DPPT ab und entwirft dann ein Modell einer Berufszulassungsordnung für DPPT, dessen Paragraphen direkt aus der Bundesärzteordnung abgeleitet sind.

Soweit sich die in der AGPTV organisierten Psychologenverbände inhaltlich mit den dort angesprochenen Fragen auseinandergesetzt haben (s. DGVT 1977, *9* [4], S. 516-519), sind deren gemeinsame Vorstellungen im wesentlichen mit Kühnes Modell deckungsgleich. Kühne unterstellt das gesamte Gebiet der Klinischen Psychologie der Zuständigkeit des DPPT und damit dem Zulassungserfordernis (entsprechend der Approbation). Das gilt aber nur für die Tätigkeit unter der Berufsbezeichnung DPPT. Die Zulassung soll von den zuständigen Landesbehörden erteilt werden. Voraussetzungen dafür sind unter anderem ein Universitätsabschluß als Diplompsychologe und die Beendigung einer mindestens zweijährigen praxisorientierten Weiterbildung an staatlich anerkannten Weiterbildungsstätten (in der AGPTV werden Staatsexamen und eine dreijährige Weiterbildung vorgeschlagen). Kühne verweist dabei auf die schon bestehenden, von den Berufsverbänden geführten Einrichtungen. Die Mindestanforderungen an die dem Universitätsabschluß folgende Weiterbildung und Näheres über die Prüfung zum DPPT sollen vom Bundesminister für Gesundheitswesen durch Rechtsverordnung mit Zustimmung des Bundesrates in einer Zulassungsordnung geregelt werden. Damit werden in Grundzügen die Rahmenbedingungen für Studien- und Prüfungsordnungen, die ja nicht der Bundeskompetenz unterliegen, fixiert. Weiter enthält das Modell eine Übergangsregelung für klinisch tätige »einfache« Diplompsychologen, die den berufsverbandlichen Zertifikaten posthume Dignität verleiht: Für den, der ein solches besitzt, ist die Zulassung erleichtert.

Außerdem soll die Bundesregierung ermächtigt werden,

durch Rechtsverordnung mit Zustimmung des Bundesrates die Entgelte für die Tätigkeit des DPPT in einer Gebührenordnung zu regeln.

Die Durchsetzung dieses Entwurfs liefe im wesentlichen auf eine Steigerung der Erwerbs-, Versorgungs-, Prestige- und Autonomiechancen Klinischer Psychologen hinaus.

Zwar bedeutet ein gesetzlicher Schutz klinisch-psychologischer Tätigkeit unter dem Titel DPPT eine verbesserte Durchsichtigkeit des Psychotherapiemarktes, gleichzeitig wird aber deutlich, wie eine von der Professionalismusideologie getragene Professionalisierung zu einer Monopolisierung von Problemlösungsfähigkeiten führt: klinisch-psychologische Tätigkeit anderer Berufsgruppen und auch die des »einfachen« Diplompsychologen ist nurmehr ihrem Anspruch, nicht aber ihrem Inhalt nach eine Tätigkeit des Klinischen Fachpsychologen; sie ist »materiell nicht mit ihr identisch« (s. Kühne, 1976, S. 67)[3].

Zwar wird über eine bundeseinheitliche Definition von Mindestanforderungen an die Ausbildungsvoraussetzungen und durch staatlichen Anerkennungszwang für die Ausbildungsinstitutionen die »Rahmenkompetenz« von Klinischen Psychologen öffentlich kontrolliert und garantiert, doch beinhalten diese Vorschläge letztlich doch eben die staatliche Legitimation dessen, was die Berufsverbände immer schon angestrebt haben: eine Kontrolle der Ausbildung und damit auch des Berufszugangs durch die Berufsgruppe selbst.

Zwar bedeutet die bundeseinheitliche Regelung der Höchst- und Mindestsätze für DPPT-Leistungen eine Präzisierung des Angebots für den Klienten; gleichzeitig wird damit aber die individualistische Konkurrenz unter den Klinischen Psychologen vermindert, d. h. die interne Stabilität der Berufsgruppe und deren Durchsetzungschancen für berufsspezifische Partialinteressen erhöht.

Vor allem aber ist eine solche Gebührenfeststellung bei der Tätigkeit von Klinischen Psychologen im Zusammenhang mit der Erstattungsfähigkeit der Unkosten durch Sozialversicherungsträger relevant (Kühne, 1976, S. 57, Schwaiger, 1976).

Die Beteiligung von Klinischen Psychologen in der öffentlichen und eventuell auch in der privatrechtlichen Krankenversorgung wird vom BDP seit Anfang der sechziger Jahre angestrebt (BDP, 1961). Zwar gibt es immer schon Möglichkeiten der direkten und indirekten Abrechnung mit den Krankenkassen, doch sind dies »Kannleistungen« der Kassen, die jederzeit gestrichen werden können, wie im August 1976 die Ersatzkassenleistungen (s. Psychologie Heute, 1977, 4 [1] S. 13-17, Stern, 1976 [37]). Daher arbeiten nun die in der AGPTV vereinigten Verbände auf eine entsprechende Änderung der Reichsversicherungsordnung hin, um die Erstattung psychotherapeutischer Leistungen als Pflichtleistungen der Kassen durchzusetzen.

Versicherungsökonomisch hätte eine solche Regelung Umverteilungseffekte, die eher »regressiv« als »progressiv« einzuschätzen sind. Die Abrechnungsregelung betrifft nämlich nur freiberuflich tätige Klinische Psychologen. Die Daten über schichtspezifische Inanspruchnahme von Psychotherapie lassen erwarten, daß Mittelklassepatienten die Hauptabnehmer ambulanter psychotherapeutischer Leistungen sein werden. Das Versicherungsaufkommen wird aber von allen Schichten gleichmäßig erbracht.

Auf eine weitere Implikation der Hereinnahme psychotherapeutischer Leistungen in die Reichsversicherungsordnung, die Übernahme des medizinischen Krankheitsmodells, werde ich am Beispiel des Berufsbildes für den Klinischen Fachpsychologen eingehen.

4.4.2. *Strafrechtliche Schweigepflicht, strafprozessuales Schweigerecht, strafprozessuale Beschlagnahme.* In der Auseinandersetzung um strafprozessuales Schweigerecht und strafprozessuale Beschlagnahme drücken sich die widersprüchlichen Interessen der beteiligten Gruppen aus.

Zwar ist die Schweigepflicht für Diplompsychologen gesetzlich sanktioniert. Auch kann der Psychologe im Zivilprozeß sein Zeugnis und auch sein Gutachten verweigern. Das Zeugnisverweigerungsrecht gilt auch in Verwaltungsprozessen, arbeits- und sozialgerichtlichen Verfahren, nicht aber im Strafprozeß. Ebenso sind Klientenakten nicht vor strafprozessualer Beschlagnahme geschützt, was verständlicherweise das Vertrauensverhältnis zwischen Therapeut und Klient gefährdet, die Kooperation und damit die therapeutische Arbeit beeinträchtigt oder die Beanspruchung klinisch-psychologischer

Hilfeleistungen überhaupt verhindert.

Am Beispiel einer konkreten Polizeiaktion werden diese Überlegungen nachvollziehbar: Am 24. 10. 1975 durchsuchten 50 Polizeibeamte, Beamte des Rauschgiftdezernats und drei Staatsanwälte die Räume der Suchtberatungsstelle des Caritasverbandes Aachen und beschlagnahmten Klientenkartei und -akten. Daraufhin wurden zahlreiche Ermittlungsverfahren eingeleitet.

Angesichts der konzertierten Protestreaktion der Psychologenverbände (s. GwG, 1975, [23], S. 36f., GVT, 1975, 7 [4]) gerät staatliches Handeln in den Widerspruch zwischen dem Interesse an einer wirksamen Verbrechensbekämpfung und Strafverfolgung und dem Interesse, über eine Sicherung der therapeutischen Beziehung letztlich eine der institutionellen Voraussetzungen für psychische Gesundheit zu garantieren. Der Konflikt ist vorläufig zugunsten der ersten Option entschieden worden (s. DGVT, 1977, 9 [2], S. 129).

In der Reaktion der DGVT (1977, 9 [3], S. 293-295) wird die beschleunigte Arbeit am Gesetz zum »nichtärztlichen Psychotherapeuten« gefordert, dessen Verabschiedung das Zeugnisverweigerungsrecht einschließe.

Der Argumentation von Kühne (1976, S. 63f.) folgend, wird das berufsständische Interesse hinter dieser Forderung deutlich: Eine Berufsgruppe, der Zeugnisverweigerungsrecht gewährt werden soll, muß zwei Voraussetzungen genügen. Sie soll ein festgefügtes Berufsbild mit einem herausgebildeten Berufsethos sowie eine Kontrollinstanz für die Überprüfung der berufsethischen Normen haben. Über das vom Staat zu schützende Klienteninteresse an der Intimität der therapeutischen Beziehung werden Forderungen nach gesetzlicher Fixierung von Berufsbild, Berufsethos und der Kontrollinstanz legitimiert und letztlich für ständische Interessen funktionalisiert. Das werde ich in den folgenden Abschnitten genauer darstellen. Im übrigen sind pragmatische Lösungen im Umgang mit der Schweigerechtproblematik denkbar. Als Gehilfen von Ärzten dürfen Diplompsychologen mit deren Erlaubnis vom Zeugnisverweigerungsrecht Gebrauch machen. Diese Möglichkeit wird aber in den klinisch-psychologischen Verbänden nicht diskutiert, wohl weil sie ihrem Autonomieanspruch gegenüber der Ärzteschaft widerspricht.

4.5.1. *Recht der Berufsvertretung und Berufsgerichtsbarkeit.* Aus der Diskussion um das Zeugnisverweigerungsrecht läßt sich bereits die Forderung nach einer Berufsvertretung, d. h. hier, die Einrichtung einer Psychologenkammer, mit Berufsgerichtsbarkeit ableiten. Kühne (1976, S. 66) führt dabei die Elemente »Zentralwertbezogenheit der Dienstleistung« und »Integrität der Berufsgruppe« ein: »Das Gemeinwesen hat überdies noch ein generelles Interesse an der reinen und pflichtbewußten Berufsausübung der DPPT, weil ihre Tätigkeit von größerer Bedeutung für das Gemeinwohl ist«.

Kammern sind Körperschaften des öffentlichen Rechts, die für den Staat Aufgaben der sogenannten mittelbaren Staatsverwaltung wahrnehmen. Für ihre Mitglieder präsentieren sie Gruppeninteressen (s. Lüth, 1974, S. 385).

Eine Psychologenkammer hätte Aufgaben der Berufsfortbildung, Unterstützung des öffentlichen Gesundheitsdienstes, Streitschlichtung unter den Mitgliedern und Kontrolle der Ausübung der Berufspflichten, d. h. unter anderem: Kammern üben eine Disziplinargerichtsbarkeit aus und sind Einleitungsinstanzen für die Berufsgerichtsverfahren, deren Durchführung den Berufsgerichten bei den zuständigen Verwaltungsgerichtshöfen der Länder obliegt.

Kammerfähigkeit eines Berufs bedeutet vor allem eine Erweiterung der Autonomiechance. Ich zitiere hierzu die innerhalb der GVT erwogenen Vorteile einer Kammer (GVT, 1975, 7 [3], S. 217):

»– Autonomie der Berufsgruppe, Hoheitsbefugnisse
– Kontrollierte Einwirkung auf Gesetzgeber
– Gleichberechtigung gegenüber der Ärztekammer
– Flexiblere Regelungsmöglichkeiten bei berufsinternen Streitfällen über Berufsethos; Wettbewerb
– Ausführliche Regelung der Berufstätigkeit möglich
– Förderung der Vereinheitlichung des Berufsbildes der Psychotherapie«

Die Einrichtung einer Kammer wurde im BDP seit Anfang der sechziger Jahre diskutiert (BDP, 1963) und ist Bestandteil der Satzung des BDP. Die Landesgruppen Berlin und Nordrhein-Westfalen im BDP regelten in ihren Entwürfen für ein »Psychologengesetz« (GVT, 1973, 5 [5], S. 50-63, BDP, 1974) einige Kammerfunktionen im Zusammenhang mit der Berufsgerichtsbarkeit. Das seit 1973 bestehende Kuratorium der Föderation der DGfPs und des BDP, als Kammervorläufer gedacht (BDP 1973, S. 73), nimmt vor allem Ausbildungsfunktionen wahr.

An der Kammerlösung wurden innerhalb der GVT die erweiterten Disziplinierungs-, Bestrafungs- und Ausschlußmöglichkeiten, etwa bei politisch unerwünschten Kollegen, kritisiert (GVT, 1973, 5 [5], S. 62 f.). Auch in der GwG verliefen die Diskussionen kontrovers (s. Bröhl/Esser, 1975). Innerhalb der AGPTV wurde dann die Kammerproblematik wegen fehlender Dringlichkeit zunächst zurückgestellt (GVT, 1976, *8* [1], S. 10-11).

4.5.2. *Berufsordnung.* Eine Kammer mit Satzungsautonomie hätte auch die Befugnis, sich selbst eine Berufsordnung zu schaffen. Im Vorgriff darauf veröffentlichte der BDP berufsethische Verpflichtungen (BDP, 1968), die als »Rückgrat der Berufsordnung für Psychologen« (BDP, 1963, S. 138) gedacht waren. Über die Berufsethik soll das Vertrauensproblem in der Experte-Klient-Beziehung gelöst werden. Dabei liegt die Betonung meist auf der Gewährleistung von Integrität, verstanden als Normenkonformität des Verhaltens, gegenüber Kompetenz, verstanden als Beherrschung des Wissens.

So beginnt auch die Berufsethik des BDP mit der Formulierung eines Dienstideals, mit dem die Gemeinwohlorientiertheit der Berufstätigkeit demonstriert wird. Es fehlen dagegen Verpflichtungen, den Klienten umfassend über die Art seiner Störung und die Möglichkeiten ihrer Behebung zu informieren. Es wird lediglich eine teilweise Informationspflicht formuliert.

Probleme der Kompetenzgrenzen und der Weiterüberweisung an andere Fachleute werden nur vage und unscharf angesprochen.

Inkompetente Ausübung psychologischer Tätigkeit soll intraprofessionell geregelt werden. Besonders wenn Klinische Psychologen einzeln praktizieren, ist jedoch eine wirksame Kollegenkontrolle kaum möglich, weil es wenig Informationen über die Leistungen der Berufskollegen gibt. Vermutlich wirken sich zudem internalisierte Verhaltenskontrollmechanismen hindernd aus: Es gilt häufig unter Kollegen als unprofessionell, ja gefährlich, Informationen über Kollegenleistungen auszutauschen.

Die Berufsethik eignet sich offensichtlich kaum zur Lösung des Vertrauensproblems, sondern eher zur Erhöhung der Prestige- und Autonomiechance der Berufsgruppe und, über die Reduktion internen Wettbewerbs, auch der Erwerbs- und Versorgungschance.

4.5.3. *Berufsbild.* In ein Kammergesetz würde auch ein Berufsbild des Klinischen Psychologen gefügt. Denn während die Berufszulassungsordnung lediglich definiert, wer sich Klinischer Fachpsychologe *nennen* darf, nicht aber, was man *tut*, wenn man Klinischer Fachpsychologe ist, sind die Berufsfunktion, die Arbeitsgebiete und -bedingungen und die geforderten Fertigkeiten und Kenntnisse im Berufsbild festgelegt.

Berufsbilder haben nicht nur deklaratorische, sondern auch konstitutive Bedeutung. Tätigkeitsfixierungen und Abgrenzungen im Berufsbild des Klinischen Psychologen haben wesentliche Implikationen für den weiteren Bereich der psychosozialen Versorgung.

Das erste formal einheitliche Berufsbild für den Fachpsychologen für Klinische Psychologie wurde vom BDP (1973) in Zusammenarbeit mit Vertretern von DGIP, DGPT, GwG und DBV konzipiert. Es wurde bereits mehrfach kritisiert (GVT 1973, 5 [3], S. 2-33, Henkel/Roer, 1975).

Unter dem Aspekt der Tätigkeitsfixierung hebe ich vor allem die Abgrenzung der klinisch psychologischen Tätigkeit im weiteren Feld der psychosozialen Versorgung hervor.

Zur Praxis des »einfachen« Diplompsychologen finden sich keine Aussagen, zur Praxis benachbarter Berufe lediglich an zwei Stellen vage Beschwörungen des »interprofessionellen Teams« (s. BDP 1973, S. 9, S. 37). Funktion und Rolle dieser Berufe im psychosozialen Bereich werden nicht reflektiert, sondern lediglich ausgegrenzt, allenfalls weniger wichtige Tätigkeiten an Assistenztherapeuten delegiert (s. Tack, 1972, S. 70).

Der Bezug zu Medizinern wird, wohl eher taktisch motiviert, als »je spezifisches gegenseitiges Ergänzungsverhältnis« definiert (BDP, 1973, S. 7f.).

Die Darstellung der Anwendungsbereiche psychologischer Therapie ist, wie auch die verschiedenen im Zusammenhang mit der Kassenzulassung erstellten Indikationskataloge (s. GVT, 1973, *5* [5], S. 18-26, Schulte, 1977, S. 66, GVT, 1977, *9* [3], S. 292), von einem medizinischen Krankheitsmodell geprägt, womit zumindest Verhaltenstherapeuten und Gesprächspsychotherapeuten in Widerspruch zu ihrer expliziten Wissens- und Legitimationsbasis geraten. Das gleiche gilt für den unter dem Sachzwang einheitlicher Berufspolitik notwendigen und erklärten Methodenpluralismus (s. BDP 1973, S. 49).

Die im Berufsbild gefaßte Berufskonstruktion als kollektive Selbstgestaltung durch die Berufsverbände ist allerdings begrenzt, denn der Gesetzgeber hat grundsätzlich das Recht, die Berufsbilder typischer Berufe gesetzlich zu fixieren (s. Kühne, 1976, S. 29f.). Ich vermute, daß der Forschungsauftrag der Bundesregierung (s. im Text S. 310) in diese Richtung zielt.

Anmerkungen

1 Hinweise auf die GVT bzw. DGVT mit Jahreszahl, Jahrgang, Bandnummer und Seitenzahl beziehen sich auf die entsprechenden »Mitteilungen der GVT« bzw. »Mitteilungen der DGVT«.

2 DPPT = Diplompsychologe für Psychotherapie. Gemeint ist dasselbe wie mit »Fachpsychologe für Klinische Psychologie«, »nichtärztlicher Psychotherapeut«.

3 Die AGPTV diskutiert allerdings darüber, den Berufszugang mehreren »Grundberufen« offenzuhalten, was aber das Monopolisierungsargument nur teilweise entkräftet (s. DGVT, 1977, *9* [4], S. 518).

Literaturempfehlungen

Henkel, D./Roer, D.: *Die Politik der klinisch-psychologischen Standesverbände.* In: *Das Argument*, 1975, *17* (91), S. 387-422.

Johnson, T. J.: *Professions and power.* London: The Macmillan Press, 1972.

Kühne, H. H./Schwaiger, H. (Hrsg.): *Zum Recht der Heilbehandlung durch Psychologen.* Bern, Stuttgart, Wien: Huber, 1976.

Luckmann, T./Sprondel, W. M. (Hrsg.): *Berufssoziologie.* Köln: Kiepenheuer & Witsch, 1972.

Ulrich Stuhr/Waltraud Bolz

Die gewerkschaftliche Perspektive: Solidargemeinschaft und Reformen*

1. Bedingungen gewerkschaftlicher Organisation
1.0. Einleitung
1.1. Der klinische Psychologe als Angehöriger der Intelligenz
1.1.1. Gesellschaftliche Funktionen der Intelligenz
1.1.1.1. Delegation und Arbeitsteilung
1.1.1.2. Arbeitsplatz und Bewußtsein
1.1.2. Betroffenheit
1.1.2.1. Vergesellschaftung
1.1.2.2. Dreifache Betroffenheit
1.2. Organisierung in den Gewerkschaften
1.2.1. Was führt zur gewerkschaftlichen Organisierung?
1.2.2. Entwicklung der Grundsätze gewerkschaftlicher Aufgabenstellung
1.2.3. Ausgewählte Probleme gewerkschaftlicher Arbeit
1.2.4. Bündnismöglichkeiten zwischen Intelligenz und Arbeiterbewegung
1.3. Gewerkschaftliche Organisationsmöglichkeiten für Psychologen
1.3.1. Darstellung der für klinische Psychologen zuständigen Gewerkschaften: ÖTV, GEW, DAG
1.3.2. Detaillierte Darstellung der ÖTV
2. Inhalte gesundheitspolitischer Reformvorstellungen in den Gewerkschaften
2.1. Konkrete Reformansätze und Programme
2.1.1. Gesundheitsprogramm des DGB, 1972
2.1.2. Perspektiven der ÖTV zur Gesundheitspolitik, 1977
2.1.3. Stellungnahme der ÖTV zur Versorgung der seelisch Kranken und der geistig Behinderten, 1972
2.1.4. Sonderinformation der ÖTV für Psychologen im Bereich der Medizin, 1977
2.2. Perspektiven und Grenzen gewerkschaftlicher Reformansätze

1. Bedingungen gewerkschaftlicher Organisation

1.0. *Einleitung*

Im Gesundheitswesen sind wichtige Reformen zu verwirklichen (z. B. gemeindenahe psychotherapeutische Versorgung)[1].

Diese konzipierten Reformansätze setzen sich jedoch nicht von allein durch; hierfür bedarf es bewußt, aktiv und gemeinsam handelnder Menschen. Der Zielgruppe dieses Buches, nämlich den klinischen Psychologen, soll für die Durchsetzung dieser Reformvorstellungen eine Perspektive eröffnet werden. Da klinische Psychologen aufgrund ihrer beruflichen Sozialisation und gesellschaftlichen Stellung zur »Intelligenz« gezählt werden können, gehören sie einer sozialen Gruppe an, die – neben dem allgemein herrschenden Mangel an Geschichtsbewußtsein – an Kämpfen um sozialpolitische Veränderungen traditionslos (Abendroth, 1954) ist. Die Frage: wie führe ich als klinischer Psychologe einen Kampf um sozialpolitisch relevante Veränderung? wollen wir in diesem Kapitel deshalb mit der Frage verbinden, inwieweit die Gewerkschaften als historisch ausgewiesene Kraft sozialen Kampfes inhaltlich und von ihrer Strategie her Bündnispartner bei der Durchsetzung von Reformen im Gesundheitswesen sein können – bzw. umgekehrt: wir Bündnispartner für sie.

Wir wollen uns eine erste Lernmöglichkeit schaffen, unser Verhältnis als Intellektuelle zur Institution der Arbeiterbewegung, den Gewerkschaften, für die Durchsetzung sozialpolitischer Reformen und die Sicherung der beruflichen Existenz zu bestimmen. Dabei soll zuerst unsere Stellung in der Gesellschaft und unsere Betroffenheit (z. B. Arbeitslosigkeit von Psychologen) dargestellt werden, um dann anhand exemplarisch ausgewählter Bereiche:

- Was führt dazu, sich in Gewerkschaften zu organisieren?
- Welche grundsätzliche Aufgabenstellung entwickelte sich im Laufe der Zeit für die Gewerkschaften?
- Welche Probleme gibt es in der gewerkschaftlichen Arbeit?

unser Verhältnis zur Gewerkschaft zu diskutieren.

1.1. *Der klinische Psychologe als Angehöriger der Intelligenz*

1.1.1. *Gesellschaftliche Funktion der Intelligenz*

1.1.1.1. *Arbeitsteilung und Delegation.*

In diesem Rahmen können wir auf grundsätzliche Überlegungen zur Stellung der Intelligenz nicht eingehen (vgl. hierzu Kievenheim u. Leisewitz 1973, Casanova u. a. 1975); wir wollen hier sowohl jene zur Intelligenz zählen, die nicht manuell tätig sind (sog. Kopfarbeiter), als auch jene, die eine besondere Qualifikation besitzen (Hoch- bzw. Fachhochschulabschluß) (Boedecker u. Leisewitz 1973, Casanova 1975). Hierbei müssen wir uns vergegenwärtigen, daß die Intelligenz keine einheitliche Schicht darstellt, sondern eine in jeder Hinsicht inhomogene Gruppe ist, unter die Künstler, Ingenieure wie auch Psychologen gefaßt werden können. Entscheidend zum Verstehen ihrer Stellung innerhalb der Gesellschaft ist ihre historische Entstehung. Denn betrachtet man die frühen Phasen menschlichen Zusammenlebens, so fällt auf, daß eine Voraussetzung für die Entstehung der Intelligenz die Erzeugung eines Mehrproduktes ist, d. h. es wird mehr geschaffen als verbraucht. Diese ökonomische Voraussetzung ermöglicht es, Leute aufgrund der Produktion anderer für besondere Aufgaben freizustellen, z. B. dafür, Kranke zu heilen. Obwohl die Intelligenz ehemals sichtbar aus der materiellen Produktion (z. B. Herstellung konkreter Waren) hervorgegangen ist, scheint die Arbeit der Intellektuellen sich heute verselbständigt zu haben, d. h. die historische und materielle Verbundenheit mit jenen, die tatsächlich produzieren, ist verschleiert. Diese »Trennung« von jenen, die vor allem manuell arbeiten und die Basis der Arbeiterbewegung bilden (sog. Handarbeiter), wird weiterhin dadurch unterstrichen, daß die von der Intelligenz übernommenen Tätigkeiten vor allem a) Leitungsfunktionen bzw. Verwaltung und b) Normenbildung und Wissenschaft betreffen und von daher übergeordnet erscheinen.

Wir können diesen Prozeß im Rahmen unserer heutigen Gesellschaft auch als Delegation bezeichnen. Denn auf der Ebene der industriellen Produktion tritt der Unternehmer die Funktion unmittelbarer und fortwährender Beaufsichtigung bzw. Leitung der Arbeit ab und schafft damit eine spezielle Art von Lohnarbeitern im Betrieb, die als Eigentümlichkeit der meisten Intelligenzberufe eine soziale Zwitterstellung bzw. Doppelfunktion als *abhängiger* Arbeitnehmer, der andere *anleitet*, besitzt. Auf gesamtgesellschaftlicher Ebene entspricht der Delegation die gesellschaftliche Arbeitsteilung, d. h. die Freistellung von Berufen – wie denen von Ärzten und Psychologen – zum Zwecke der Erhaltung der Arbeitskraft, die in der Produktion verschlissen wurde (Deppe 1972).

Von daher ist auch zu verstehen, warum die politisch-ideologische Zuverlässigkeit des Ausbildungssystems oberstes Gebot war und ist, nämlich um die Kontrolle über die Intellektuellen behalten zu können (s. z. B. Bildungsprivileg oberer Bevölkerungsschichten oder Maßnahmen aus dem kommenden Hochschulrahmengesetz).

Der DGB-Vorsitzende H. O. Vetter (1977, S. 14) formulierte hierzu in seiner Rede zur 450-Jahrfeier der Marburger Universität: »Es gilt, eine Stätte traditioneller Eliteausbildung und kapitalorientierter Forschung der arbeitenden Bevölkerung zu öffnen und so dem allgemeinen Demokratiegebot des sozialen Rechtsstaats auch in diesem Bereich Genüge zu tun.«

1.1.1.2. *Arbeitsplatz und Bewußtsein.* Die besondere Stellung der Intelligenz aufgrund der an sie delegierten Funktionen wird durch die Art ihres Arbeitsplatzes bzw. die Art, zu arbeiten, untermauert.

Berufliche Leistungsfähigkeit beruht bei den Intelligenzberufen kaum auf Gemeinschaftsarbeit, sondern resultiert aus der Anwendung eines individuellen Systems beruflicher Fähigkeiten, das unlösbar an die Person seines Besitzers gebunden ist. Deppe (1973) weist am Beispiel des niedergelassenen Arztes darauf hin, daß er sich nicht ohne weiteres den beiden gesellschaftlichen Hauptgruppen: den Unternehmern einerseits und den Lohn- bzw. Gehaltsabhängigen andererseits zuordnen läßt; er ist auf die Anwendung seiner eigenen – d. h. an ihn selbst gebundenen – qualifizierten Arbeitskraft angewiesen. Diese Art der Qualifikation führt häufig im Zusammenhang mit nicht-industriellen Arbeitsinhalten (z. B. Krankenversorgung, Beratung) zur freiberuflichen Tätigkeit. Zu diesen von der Intelligenz ausgeübten sogenannten freien Berufen gibt es bisher keine wissenschaftlichen Untersuchungen (Rauskolb, 1976, S. 29); festzustellen ist aber, daß in ihrer Selbstdarstellung (»Gemeinwohl«, akademische Tradition und persönliche Leistung) der Anspruch einer geistigen »Führungsschicht« zum Ausdruck kommt (Rauskolb, 1976, S. 32). Dieser selbstformulierte Anspruch führt dann im Zusammenhang mit der objektiven Funktion der Intelligenz im Rahmen der Arbeitsteilung bzw. Delegation (s. o.) zu einer standespolitischen Orientierung, auf die an dieser Stelle nicht eingegangen werden kann (s.

Cramer i. d. Buch). Deutlich ist aber, daß die eher individuelle Arbeitsweise der Intelligenz zu einem entsprechenden Bewußtsein führt, das eher standesorientiertes Organisieren und Professionalisieren begünstigt (s. Cramer u. Schwartz i. d. Buch). Wie die Art des Arbeitsplatzes bzw. der Tätigkeit das Bewußtsein prägt, deutet sich an, wenn wir nicht nur die freiberufliche Tätigkeit mit ihrer standespolitischen Ideologie betrachten, sondern zwischen Intellektuellen im Bereich der materiellen Produktion und jenen im öffentlichen Dienst unterscheiden. Aufgrund der relativen Ferne zur Produktion und Arbeiterschaft haben letztere die Macht kapitalistischer Verhältnisse in der Arbeitsweise »nur« mittelbar zu tragen. Für sie sind deshalb Machtverhältnisse nicht so leicht bewußt zu machen, so daß hier die Empörung gegen Mißstände auf einer nur moralischen Ebene bleibt. Am Arbeitsplatz herrscht zudem meist eine als bürokratisch erlebte Arbeitsteilung und hierarchische Aufstiegspolitik, was zu einem starken Konkurrenzdenken und damit zur Vereinzelung führt. Einheitliches Handeln und ein solidarisches Bewußtsein wird hierdurch verhindert und führt eher zur Durchsetzung von Einzelinteressen.

So findet man bei Intellektuellen in diesem Bereich zwar ein rationales, wissenschaftliches, moralisches Bewußtsein, aber aufgrund ihrer Vereinzelung bleibt ihnen häufig verborgen, welche Bedingungen dazu führen, daß sie in dieser Situation sind, bzw. wie sie sich über individuelle Interessen hinaus wehren können. Diesen individualistischen vorindustriellen Arbeitsformen der Intelligenz, wie z. B. als ärztlicher Kleinunternehmer, läuft gesamtgesellschaftlich der Prozeß der Vergesellschaftung aller Arbeits- und Lebensbereiche entgegen.

1.1.2. *Betroffenheit*

1.1.2.1. *Vergesellschaftung.* In unserer Gesellschaft besteht die Tendenz, Dienstleistungsbereiche wie z. B. Freizeit, Bildung, Ernährung, Krankenversorgung immer umfassender kooperativ und arbeitsteilig zu betreiben (sog. Vergesellschaftung). Die Arbeit wird zunehmend in kooperativen Gruppen/Teams statt von einzelnen verrichtet. Der Bedarf an moderner Ausrüstung (z. B. auf dem medizinischen Sektor) und verwertbarem klinischen Änderungswissen (z. B. neue Therapieverfahren für die sozialen Probleme im Gefolge der immer forcierteren Kapitalverwertung, s. S. 338, vgl. Wilhelmer 1973, Staeuble 1972, Maikowski u. a. 1976) wächst und damit auch der Bedarf an Personal, das über die intellektuellen Voraussetzungen verfügt. In diesem Bereich entwickeln sich somit Aufgaben, die immer höhere wissenschaftliche Qualifikation voraussetzen; entsprechende Methoden, z. B. Meinungsforschung, Krisenmanagement im Sozialbereich und Verhaltenstechniken in den Humanwissenschaften, werden benötigt (Wurm, 1974).

Die technologische und wissenschaftliche Entwicklung erzwingt (z. B. in der Medizin) aufwendige Investitionen und die Zusammenarbeit von immer mehr Fachrichtungen (z. B. mit klinischen Psychologen). Die zunehmende objektive Umgestaltung der Arbeitsformen führt jedoch dazu, daß die Selbstbeschreibungen von Intellektuellen (»schöpferisch, verantwortlich, frei«) nur noch Bekundungen sind, die zunehmend außerhalb der realen Bedingungen der Gesellschaft liegen; denn individuelle Berufsarbeit und damit auch der freiberufliche soziale Status weichen zunehmend neuen Arbeits- und Organisationsformen.

Die Entwicklung löst qualitative Veränderung in der bestehenden Gruppe der Intelligenz aus. Steiner (1967, n. Rauskolb, 1976, S. 24) formuliert deshalb für die Entwicklung der Intelligenz: »Vermögen sich einige zu kapitalistischen Unternehmern zu entwickeln und gelingt es noch dem größten Teil der Selbständigen, ihre kleine freischaffende Existenz wegen der relativen Sonderstellung in den Intelligenzberufen zu erhalten, so findet der größte Teil des Intelligenznachwuchses nur Tätigkeiten als Angestellte«. Rauskolb versucht diese Entwicklung am Beispiel des Verhältnisses von freipraktizierenden zu angestellten Ärzten zu belegen. So steigt der prozentuale Anteil der hauptamtlich in Krankenhäusern tätigen Ärzte an der Gesamtärzteschaft stetig (1968/28%, 1970/40%, 1972/42%, 1974/43,9%; aus Rauskolb 1976, S. 22, und Statistisches Bundesamt R7, 1974-76). Zur jüngsten Entwicklung teilt das Statistische Bundesamt (1978, S. 4) mit: »Die seit langem andauernde Verschiebung in der Berufsausübung von der Praxis zum Krankenhaus hin hielt auch 1976 an. Ende 1976 arbeiteten 46,7% der Ärzte (1975: 46,9%) in freier Praxis, während 44,7% hauptamtlich im Krankenhaus... tätig waren«.

Die steigenden Anforderungen verlangen somit Arbeitseinheiten und Arbeitsweisen, denen die freiberufliche Einzeltätigkeit nicht mehr gerecht werden kann. Die vorindustriellen Arbeitsstrukturen, wie z. B. Einzeltätigkeit oder die Einheit von Privat- und Berufssphäre durch die örtliche Einheit von Arbeitsplatz und Haushalt oder durch helfende Familienangehörige, lassen kaum Fortschritte in den Dienstleistungen zu; professionelle Spezialisierung wie auch organisierte Kooperation scheinen in zunehmendem Maße unvermeidlich, um ausreichende Versorgung (z. B. psychisch Kranker) zu gewährleisten.

Nach einer Studie der Heidelberger »Studiengruppe für Systemforschung« (Rauskolb 1976, S. 28) bestehen die größten Institutionsmängel im Gesundheitswesen in der außerklinischen Versorgung und damit bei den freipraktizierenden, niedergelassenen Ärzten, die nicht funktionsgerecht arbeiten können. Wir sehen also, daß im Zuge der Vergesellschaftung und Optimierung der Leistungsfähigkeiten sich die Berufe der Intelligenz umstrukturieren und – wie z. B. bei den angestellten Ärzten – es auch zu einem tendenziell veränderten Bewußtsein kommt: nur *angestellte* Ärzte sind *gewerkschaftlich* organisiert.

Die schnelle Entwicklung von Wissenschaft und Technik führt weiterhin zur Notwendigkeit, interdisziplinär arbeiten zu lernen, und der Notwendigkeit, ständige Zusatzstudien (z. B. Verhaltenstherapie) zu absolvieren, um auf dem neuesten Stand und eine verwertbare Arbeitskraft bleiben zu können. Die Menschen, die diesen Forderungen gerecht werden wollen/müssen, begreifen dabei meist weder den Ursprung noch die Bedeutung ihrer Bedürfnisse nach forcierter Weiterbildung, da trotz beginnender Umstrukturierung der Arbeitsplätze mehr Zeit für *fachliche* Weiterbildung als für *politische* Bildung und Tätigkeit verausgabt wird. Der Wandel im Rahmen der Vergesellschaftung führt also nicht automatisch zu einem neuen Bewußtsein innerhalb der Intelligenz, auch wenn zunehmend objektive Voraussetzungen geschaffen werden (interdisziplinäre Arbeit, Arbeit in Institutionen). Ein weiteres entscheidendes Moment ist die berufliche Sicherheit in diesem Prozeß. Denn selbst die Diplome traditionsreicher Universitäten geben keine ausreichenden Garantien mehr.

Güther (1977) ermittelte z. B. folgende überdurchschnittliche

Zuwächse der Arbeitslosigkeit von September 1976 gegenüber September 1975 für folgende Intelligenzberufe: Lehrer (von 1302 auf 2082 = + 55,8%), Ärzte (von 907 auf 1315 = + 45%), Psychologen (von 529 auf 847 = + 60,1%), – insgesamt wurde gegenüber 1975 ein Zuwachs von 31,3% ermittelt. Wenn diese alarmierende Situation im Verhältnis von Bewerbern zu angebotenen offenen Stellen ausgedrückt wird, so zeigt sich, daß z. B. Real-, VS- und Sonderschullehrer 1973 einen Index von 0,5 gegenüber 1,5 1976 hatten und Psychologen 1973 0,5/1976 6,4 (Güther, 1977, S. 13 und 28). Der Autor sieht aufgrund seiner Analyse »einen Hinweis auf die gesunkenen Chancen der Wiedereingliederung von Angehörigen besonders ›qualifizierter‹ Berufe in das Erwerbsleben« (S. 28). »....Bei unveränderten (ökonomischen/d. A.) Verhältnissen deutet nichts daraufhin, daß sich die Vermittlungschancen für akademische Berufe in den nächsten Jahren verbessern werden« (Güther, 1977, S. 23).

Auch erste Zahlen der Bundesanstalt für Arbeit für 1977 (n. SZ, Dez. 1977) stützen diesen Trend: »Bei den Arbeitsämtern sind 24670 Arbeitslose mit Hochschulbildung registriert, diese Zahl ist um 6260 höher als 1976... Die Zahl der arbeitslosen Psychologen wuchs gegenüber dem Vorjahr um 23,1% auf 910...«

Die Intelligenz wird also zunehmend von einer doppelten Angst erfaßt: der Angst vor plötzlichem, »unerklärlichem«, sozialem Abstieg, der das Alltagsleben der Familie belastet, und der Angst, nicht mehr qualifiziert zu sein, was zu einem Bedürfnis nach ständiger und möglichst schnell zu absolvierender Weiterbildung führt, dem aufgrund der häufigen Überlastung im Beruf nur schwer bzw. nur unter Streß nachzukommen ist.

Neben dem Widerspruch von Ausbildungsaufwand und Berufschancen ist häufig eine Kluft zwischen dem erlernten, wissenschaftlich fundierten Wissen, das in Reform-Modellen seinen Ausdruck findet, und der täglichen Berufspraxis festzustellen (z. B. Mißverhältnis von therapeutischen gegenüber präventiven Maßnahmen). Von daher ist es natürlich auch kaum mehr möglich, sich – wie eventuell zu Beginn des Studiums – als Beteiligter an relevanten Orientierungsentscheidungen zu verstehen, auch wenn man eine aufwendige Ausbildung hinter sich gebracht hat.

Der soziale und ideologische Wandel innerhalb der Intelligenz verläuft jedoch nicht geradlinig; die Vergesellschaftung ist vielmehr durch Widersprüche gekennzeichnet: Auf der einen Seite wurden neue Kooperations- und Qualifikationsmöglichkeiten sowie Arbeitsmöglichkeiten in alternativen Institutionen geschaffen, zum anderen wurden diese positiven Ansätze durch standespolitischen Kampf um Privilegien und Rationalisierungs- bzw. Sparmaßnahmen der öffentlichen Hand gehemmt. Weiterhin ist eben noch nicht jeder innerhalb der Intelligenz von z. B. Arbeitslosigkeit und Abbau von Privilegien betroffen, bzw. es kann aufgrund von Bildung und Herkunft teilweise »abgemildert« werden, so daß sich die Widersprüche in einem Differenzierungsprozeß innerhalb der Intelligenz niederschlagen: Teile der Intelligenz (z. B. *angestellte* Krankenhausärzte) wurden aufgrund der Veränderung ihrer Arbeitsplatzsituation bewußter und kämpfen für sozialpolitische Forderungen, während andere (z. B. niedergelassene Ärzte) weiterhin ihre Privilegien verteidigen.

Aus der Sicht des gesellschaftlichen Fortschritts erscheinen dabei diese Abstiegsprozesse als »positive« Effekte der sozialen Veränderung, da sie historische Privilegien abbauen helfen und langfristig für die Mehrheit der Angestellten Vorteile bringen (z. B. öffentlich finanzierter Bildungsurlaub).

Das bedeutet nichts anderes, als daß soziale Veränderungen auch dann durchgeführt werden müssen, wenn sie einzelnen oder ganzen Gruppen Schaden zufügen (Widmaier 1970). Entscheidend ist dabei, daß z. B. lediglich durch das Auftreten von konkreten Versorgungslücken in der psychiatrischen Versorgung der Monopolanspruch der praktizierenden Ärzte zugunsten der Kliniken, Gesundheitsämter, aber auch der klinischen Psychologen in Frage gestellt ist: der gesellschaftliche Auftrag kann – im Gegensatz zu den Thesen der Ärzteverbände – nicht erfüllt werden. Der Wandel der ökonomischen Basis und in der direkten Folge die sozialen Auswirkungen entziehen dem Standesbewußtsein der Intelligenz die Basis: der gesellschaftlich notwendige Wandel erzwingt Privilegienschwund und neue Arbeitsplatzstrukturen, die tendenziell ein neues Problembewußtsein in der Intelligenz schaffen bzw. zur Abwehr existentieller Not (s. Arbeitslosigkeit) neue Organisationsformen hervorbringen könnten.

1.1.2.2. *Dreifache Betroffenheit.* Zusammenfassend und zum Teil ergänzend können wir festhalten, daß die Intelligenz objektiv dreifach betroffen ist:

1. Als Auszubildende
Auswirkungen sind z. B. in der Verkürzung von Ausbildungszeiten an den Hochschulen (s. das neue Hochschulrahmengesetz), d. h. in der inhaltlichen Verkürzung (z. B. keine Seminare, um über das Menschenbild und die herrschende Methodik innerhalb der Psychologie zu reflektieren, oder Abbau praxisorientierter Therapieausbildung) der vermittelten Qualifikation und der notwendigen und teuren Weiterbildung zu sehen. Die Rückwirkungen der gezielten inhaltlichen Veränderungen auf die soziale Stellung der Intelligenz lassen sich a) als Einschränkung auf bestimmte Funktionen charakterisieren und b) als frühzeitiger Verschleiß von Qualifikation. Das stellt eine Form der Entwertung der Arbeitskraft dar, die auch heute über generelle Arbeitslosigkeit, Entlassung älterer Arbeitskräfte, Degradierung, Lohnkürzungen oder überhaupt Stellenknappheit für jeden Hochschulabsolventen (bes. auch für die Psychologen, s. o.) spürbar wird.

2. Als Arbeitnehmer
Die Intelligenz ist hier zweifach betroffen:
a) Sie sind als geistige Arbeiter selbst Arbeitnehmer und b) sie arbeiten in jenem gesellschaftlichen Bereich, in dem das Arbeitsvermögen von Arbeitnehmern durch ihr Wissen und ihre Fertigkeit wiederhergestellt werden soll. Als Arbeitnehmer sind sie vor allem von der Knappheit der öffentlichen Mittel bzw. den Rationalisierungsmaßnahmen betroffen. Wulf (1973) merkt hierzu an, daß eine Hauptvoraussetzung von Reformen, die aus dem Interesse der Psychologen nach Umsetzung wissenschaftlicher Erkenntnisse im Gesundheitsbereich stammen, die Schaffung von genügend Planstellen für deren Realisierung ist.

3. Verbraucher von Dienstleistungen
Hier ist ganz einfach gemeint, daß – trotz zeitweiliger Selbsthilfe über kollegiale Beziehungen – der klinische Psychologe selber merkt, daß das Versorgungssystem unzureichend ist,

wenn er für sich oder Verwandte/Bekannte Beratung, Diagnostik, Therapie oder einen Kindergartenplatz sucht.

Wie wir ansatzweise sahen, ist die soziale Stellung und Funktion der Intelligenz einer z. T. krisenhaften Wandlung ausgesetzt (vgl. auch Kievenheim und Leisewitz, 1973). Wie schon zu Beginn des 20. Jahrhunderts und der 20er Jahre dieses Jahrhunderts (vgl. Kautsky 1894/95, Zetkin, 1924), führt die Veränderung der Lage der Intelligenz nun auch mit Beginn der 60iger Jahre im Zuge der Intensivierung der Arbeit und genereller Rationalisierungen zur Ausbildung demokratischer und sozialpolitischer Strömungen unter Intellektuellen, die bei ihnen auch ansatzweise zu einem gewerkschaftlichen Engagement führte (z. B. angestellte Ärzte in Krankenhäusern). Bei der Interpretation dieser Bewegung ist darauf zu achten, welcher Teil dieser Bewegung sich dem gesellschaftlichen Fortschritt und der Interessengemeinsamkeit zwischen Intelligenz und der Arbeiterbewegung verpflichtet fühlt und sich von jenen unterscheidet, denen es letztlich nur um die Erhaltung der bestehenden sozialen Ordnung und deren Rechtfertigung geht.

Im folgenden soll der zunehmend von Arbeitslosigkeit und Rationalisierung bedrohten, aber auch der von Privilegien »befreiten« Intelligenz eine Organisation, eben die Gewerkschaft, dargestellt werden, die ähnlich – nur weitaus früher (s. S. 335) und nie durch Privilegien geblendet – wie Teile der Intelligenz heute, aus ökonomischer Not und Rechtlosigkeit heraus, den Kampf um gesellschaftlichen Fortschritt und soziale Sicherheit aufnahm und unvermindert führt.

1.2. *Organisierung in den Gewerkschaften*

1.2.1. *Was führt zu gewerkschaftlicher Organisierung?*

In diesem Rahmen kann die Geschichte der Gewerkschaftsbewegung nicht so ausführlich wie notwendig dargestellt werden (s. hierzu Deppe u. a. 1977, Limmer 1976, Abendroth 1954); an dieser Stelle soll ein erster Einblick in die gewerkschaftliche Arbeit anhand ausgewählter geschichtlicher Beispiele für klinische Psychologen gegeben werden. So ist die Frage, wie es geschichtlich zur Organisierung in Gewerkschaften kam, eine Frage, die konkret lauten könnte: was könnte mich angesichts von Arbeitslosigkeit, Rationalisierung und beruflicher Unsicherheit (s. 1.1.2.) auch heute noch dazu bringen, mich zu organisieren, d. h. haben die damaligen Motive auch heute noch Bedeutung?

a) *Materielle Not und Rechtlosigkeit.* Als Ausgangspunkt wird übereinstimmend in der Literatur (Deppe 1977, Fugger 1971, Abendroth 1954) die soziale und ökonomische Umwälzung durch die beginnende *Industrialisierung* am Anfang des 19. Jahrhunderts genannt. Politische und technologische Elemente der Industrialisierung, wie z. B. Entwicklung von Maschinen, Ausbau des Eisenbahnnetzes, Aufhebung der Erbuntertänigkeit, Gewerbefreiheit usw. führten zur Veränderung der alten, feudalistischen Ordnung. Wenn z. B. früher der Zunftgeselle im Handwerk hoffen konnte, eines Tages selbständiger Handwerksmeister zu sein, so löste sich mit Zunahme der Industrialisierung das Zunftwesen auf; seine Vorteile, nämlich sichere Arbeitsplätze, Unterstützung in Krankheits- und anderen Notfällen, fielen fort.

Die Industrialisierung zog weiterhin viele Menschen vom Lande in die Stadt, wo sie hofften, in der expandierenden Industrie regelmäßiges Einkommen und persönliche Freiheit zu gewinnen. Das einzige, was die Menschen besaßen, war ihre eigene Arbeitskraft, bei deren Verwertung sie sich gegenseitig Konkurrenz machten; denn jedem Arbeitgeber stand eine große Zahl derjenigen gegenüber, die nur vom Verkauf ihrer Arbeitskraft leben konnten (Anstieg der Bevölkerung von 1800 bis 1850 um 42% auf 35,4 Mio.). Die sozialen Defekte des neuen Systems wurden in dieser Zeit immer deutlicher: Verkauf der eigenen Arbeitskraft mit dem Gefühl, eine Ware zu sein; Abhängigkeit von Arbeitsverhältnissen und Lohnbedingungen, auf die selbst kein Einfluß möglich war; Gefährdung des Arbeitsplatzes durch Überschuß an Arbeitsuchenden. In großer Zahl wurden auch Frauen und Kinder zur Arbeit eingesetzt, so daß die Familienverbände, die früher noch gegenseitige Hilfe versprachen, sich auf Eß- und Schlafstellen reduzierten. Die sich ausbreitende Fabrikindustrie ruinierte zudem auch die Kleinbetriebe und vermehrte damit das Arbeiterangebot. Dieser Überschuß an Arbeitslosen ermöglichte es den Unternehmern, die Arbeitsbedingungen zu verschlechtern und in dieser schrankenlosen Freiheit ungehemmt Ausbeutung der arbeitenden Menschen zu betreiben, und zwar in menschenunwürdigen Arbeitsverhältnissen (z. B. wurde die Arbeitszeit auf 17 Stunden hochgeschraubt). Zudem verwandelte sich der Charakter der Arbeit selbst: Sie verlor ihre geschlossene, überschaubare Einheit, und der Arbeiter wurde zu einem Maschinenanhängsel.

Das führte zu folgendem Gesamtbild:
lange Arbeitszeiten, mangelhafte Ernährung, ungesunde Arbeitsbedingungen, miserable Wohnverhältnisse, die sich ungünstig auf den Gesundheitszustand der Arbeiter auswirkten (s. z. B. Herkner, 1916, G. Hauptmann, »Die Weber«). Den katastrophalen Arbeitsverhältnissen entsprach die politische Ordnung: die Arbeiter waren politisch weitgehend rechtlos.

Im Rahmen der bürgerlichen Revolution von 1848 entstanden dann die ersten Vereinigungen der Arbeiter, um die materielle Not abzuwehren und nicht länger rechtlos die Ausbeutung der Unternehmer hinzunehmen (z. B. in Mainz die Buchdrucker). »Diese Organisationen waren noch sehr zünftlerisch eingestellt, sie waren vorwiegend nationale Unterstützungsverbände. Sie kämpften aber bereits für Lohnerhöhungen, für die Beseitigung der Arbeitslosigkeit, gegen die kapitalistische Ausbeutung der Frauen und Kinder und nahmen an den revolutionären Kämpfen der damaligen Zeit den aktivsten Anteil (Fugger, 1971, S. 16). Noch im gleichen Jahr kam es zu ersten zentralen Organisationen in Berlin, wo sich 35 örtliche Vereine zur »Arbeiterverbrüderung« zusammenschlossen und die ersten gewerkschaftlichen Forderungen stellten (z. B. Mindestlohn, Arbeitslosenunterstützung usw.).

Wir sehen also, daß eine Hauptwurzel, sich gewerkschaftlich zu organisieren, in der solidarischen Vertretung sozialer und wirtschaftlicher Interessen besteht, oder noch konkreter: »die Unterstützungskassen von Gesellenbünden waren die ersten gewerkschaftlichen Tätigkeiten« (Fülberth, 1977, S. 18). Es soll jedoch – neben diesen ökonomischen Elementen – erwähnt werden, daß auch religiöse und gesellige Anlässe zu Zusammenschlüssen führten (s. auch Organisierungsmotive in Standesorganisationen, Cramer i. d. Buch). Die Niederlage von 1848 setzte jedoch diesen Anfängen ein Ende: 1854 konnten auf Antrag Bismarcks alle Arbeitervereinigungen aufgelöst werden. Die entscheidende Lehre, die daraus gezogen wurde und die die spätere gewerkschaftliche Entwicklung entscheidend mitbestimmte, war: Ohne demokratische Beteiligung an den gesellschaftlichen Entscheidungen, bzw. ohne diesen Staat seiner bisherigen Rolle zu entheben, nämlich, bloßer Garant für die Vorrechte privilegierter Sozialschichten zu sein, kann auch die primitivste soziale Existenz der Arbeitnehmer nicht gesichert werden.

b) *Bildung und politische Emanzipation.* Eine weitere historische Wurzel waren die Arbeiterbildungsvereine, die von liberalen Politikern initiiert wurden. Diese Vereine sollten die Bildung und soziale Geltung der Arbeiter heben und sie zum politischen Kampf für ihre Rechte *innerhalb* der gegebenen Verhältnisse anleiten. War zuerst noch liberales Bildungsgut vorherrschend, so begannen die Arbeiter, besonders in der Periode der Sozialistengesetze (1878-1890), Probleme ihrer materiellen Lage, ihrer konkreten Arbeit und ihrer Bildung zu diskutieren sowie unter Einfluß sozialistischen Gedankengutes an der liberalistischen Interessengemeinschaft von Arbeitern und Unternehmern zu zweifeln.

Ohne die weitere historische Entwicklung bis zum ersten Gewerkschaftskongreß 1892 in Halberstadt mit der Gründung einer zentralen Körperschaft aller Verbände zu verfolgen, sei für uns festgehalten, daß neben dem solidarischen Kampf um bessere materielle Lebensbedingungen (Widerstands- und Selbsthilfeorganisationen bei Streik, Aussperrung, Krankheit und Invalidität) auch der Kampf um politische Rechte sowie die grundsätzliche Diskussion gesellschaftlicher Bedingungen ein wichtiges Element gewerkschaftlicher Organisation ist.

Daß materielle Not auch noch in jüngster Zeit dazu führt, sich gewerkschaftlich zu organisieren, sei am Beispiel einer Gruppe verdeutlicht, die im Status den klinischen Psychologen relativ ähnlich ist, den Ärzten. Nach dem 2. Weltkrieg hatte sich die Lage der Ärzte erheblich verschlechtert (Petrowsky, 1974). Unter dem Druck ihrer ökonomischen und rechtlich ungesicherten Existenz nahm die Zahl der gewerkschaftlich organisierten Ärzte in der ÖTV (Petrowsky 1974, s. S. 157) erheblich zu (1952 Verdoppelung der Zahl gegenüber 1938); – daß die ÖTV sie im »Bund gewerkschaftlicher Ärzte« organisierte, also abgehoben von den übrigen Gewerkschaftskollegen im Gesundheitsbereich, wird im Abschnitt 1.3. diskutiert. Wenn wir das Bisherige zusammenfassen, so sind folgende Punkte zu nennen, die aufgrund ökonomischer und politischer Veränderungen dazu führten, sich gewerkschaftlich zu organisieren und die – wie unter 1.1.2. beschrieben – gerade heute große Teile der Intelligenz betreffen:

1. materielle Not (z. B. Arbeitslosigkeit)
2. rechtliche Schutzlosigkeit (z. B. Anerkennung als Heilberuf)
3. gegenseitige Unterstützung und Solidarität (z. B. Vereinzelung am Arbeitsplatz)
4. Bildung und Diskussion gesellschaftlicher Bedingungen (z. B. Kluft zwischen wissenschaftlichen Erkenntnissen und der täglichen Arbeitspraxis).

1.2.2. *Entwicklung der Grundsätze gewerkschaftlicher Aufgaben*

a) *Klassische Gewerkschaftsforderungen.* Nach dem 1. Weltkrieg, im Januar 1919, wurde die Wahl zur Nationalversammlung durchgeführt, die Deutschland das erste allgemeine Wahlrecht und die erste parlamentarische Demokratie brachte. Die Verfassung dieser ersten republikanischen Demokratie eröffnete den Gewerkschaften bis dahin nicht gewährte Rechte und Chancen. In der neuen Reichsverfassung wurden die klassischen gewerkschaftlichen Forderungen erfüllt:

1. der 8-Stunden-Tag
2. uneingeschränkte Versammlungsfreiheit
3. die Freiheit der gewerkschaftlichen Betätigung durch Pressearbeit, Versammlung und Streik, die Rechtsverbindlichkeit von Tarifverträgen der Sozialpartner, die Gewerkschaften zur Regelung der Lohn- und Arbeitsbedingungen zu gleichberechtigter Mitwirkung bei der gesamten wirtschaftlichen Entwicklung der Produktivkräfte zu berufen. Den Arbeitern und Angestellten wurden gesetzliche Vertretungen von Betriebsräten, Betriebsarbeiterräten und einem Reichsarbeiterrat in Aussicht gestellt.

b) *Neubeginn und politische Rückschläge.* Eine entscheidende

Situation für die Bestimmung der gewerkschaftlichen Aufgaben war nach dem Zusammenbruch des 3. Reiches vorhanden. Hier ist zu erwähnen, daß auch Funktionäre der Gewerkschaften einen überragenden Platz im Widerstandskreis während des Nazi-Regimes einnahmen, besonders aus dem Gesamtverband der Arbeitnehmer aus öffentlichen Betrieben, die später aktiv bei der Wiederaufbauarbeit der Gewerkschaft (z. B. der ÖTV) eine Rolle spielten.

Nach dem 2. Weltkrieg ging es nun um den von der Gewerkschaft mitgetragenen Neuaufbau einer demokratischen Gesellschaft. Die wichtigsten Einzelforderungen waren: die konsequente Entnazifizierung der staatlichen Behörden und der Wirtschaft, die Demokratisierung der Wirtschaft durch die Überführung der Schlüsselindustrien in Gemeineigentum, Mitbestimmung der Arbeiterschaft und ihre Mitbestimmung in Organisationen und Wirtschaft sowie Wirtschaftsplanung nach den Bedürfnissen der Bevölkerung« (Weis-Hartmann und Hecker, 1977, S. 290). Im Oktober 1949 wurde dann für die Bundesrepublik eine einheitliche Gewerkschaftsorganisation, der Deutsche Gewerkschaftsbund (DGB), geschaffen, und damit auch die für klinische Psychologen relevanten Einzelgewerkschaften (1.3.1.).

Dort wurden folgende pragmatische Ziele von den Gewerkschaften für eine Neuordnung der Bundesrepublik genannt:

– Vollbeschäftigung
– Mitbestimmung
– Überführung von Schlüsselindustrien (d. Verf.: Bergbau, Eisen, Stahl, Energie, Kredit u. a.) in Gemeineigentum und
– ein für klinische Psychologen wichtiger Punkt – »*soziale Gerechtigkeit* durch angemessene Beteiligung aller Werktätigen am volkswirtschaftlichen Gesamtertrag und Gewährung eines ausreichenden Lebensunterhalts für die infolge Alter, Invalidität oder Krankheit Nicht-Arbeitsfähigen« (Limmer, 1976, S. 81).

Wie sehr jedoch die inhaltliche Bestimmung und Realisation von Zielen der Gewerkschaften von der gesamtpolitischen Entwicklung abhängig sind, zeigte sich dann im Wahlausgang von 1953, bei dem die CDU die Hälfte aller Bundestagssitze errang. Die SPD-orientierten Gewerkschaften wurden auf ihre traditionellen tarifpolitischen Aufgaben zur Sicherung materieller Bedürfnisse zurückgedrängt. So verkündete der DGB am 1. Mai 1955 in seinem Aktionsprogramm, daß die tagespolitische Arbeit intensiviert werden sollte, und zwar sollten innerhalb der gegebenen Wirtschafts- und Gesellschaftsordnung möglichst rasch und spürbar lohn- und sozialpolitische Verbesserungen für die Arbeitnehmer gesetzt werden: – kürzere Arbeitszeit, – höhere Löhne und Gehälter, – größere soziale Sicherheit (Sicherung des Arbeitsplatzes, ausreichende Unterstützung der Arbeitslosen, Unfall und Krankheit, Alter), – gesicherte Mitbestimmung und verbesserter Arbeitsschutz. Dieses Aktionsprogramm drückt eine Verlagerung des Schwerpunktes weg vom Programm von 1949 (s. o.), hin zu einer langfristigen tagespolitisch orientierten Strategie aus und ist Ausdruck des wandelnden Kräfteverhältnisses in der BRD nach dem Wahlsieg der CDU im Jahre 1953.

Wenn wir die Hauptziele der Gewerkschaften in den folgenden Jahren zusammenfassen (vgl. z. B. DGB-Aktionsprogramm von 1972), so dienen folgende tarif- und reformpolitische Aktivitäten der Verbesserung der Lebens- und Arbeitsbedingungen der Arbeitnehmer:

Der Kampf um Mitbestimmung, mehr soziale Gerechtigkeit, Entwicklung eines Bewußtseins über die eigene Lage als Lohnabhängiger, Förderung solidarischen Verhaltens gegen Abhängigkeit, Kampf gegen soziale Verelendung und Entwürdigung (weiter s. DGB-Aktionsprogramm von 1972).

Für die Gewerkschaftsarbeit im Gesundheitswesen kann man drei Hauptmomente hervorheben:

1. *Berufspolitik:* Hierzu gehört der Kampf um eine einheitliche Ausbildungs- und Prüfungsordnung, um Berufsbild-Anerkennung, für eine Verbesserung der Ausbildung, für eine verbesserte und bundeseinheitliche Weiter- und Fortbildung.

2. *Tarifpolitik:* Hier geht es meistens um bessere Eingruppierungen sowie um die Neuaufnahme und Veränderung von Tätigkeitsmerkmalen in den Bundesangestelltentarif (BAT).

3. *Reformpolitik:* Neben der allgemeinen Aufgabe, die soziale Lage aller Mitglieder zu verbessern, stellt die Hauptabteilung Gesundheitswesen der ÖTV sich das Ziel, als »Hüter der Volksgesundheit der gesamten Arbeitnehmerschaft« zu wirken (ÖTV-Jahrbuch, 1951, S. 308). Hierzu gehören nach Beschluß des gesundheitspolitischen Ausschusses im Hauptvorstand der

ÖTV Themen wie z. B. Krankenhausversorgung, Mitbestimmung und Mitverantwortung, Versorgung der psychisch Kranken, Gestaltung und Ausbau der Rehabilitation, Reform des Unfallrettungsdienstes, Versorgung der Alterskranken etc.

Im Vordergrund aller Maßnahmen steht hier die Verbesserung der medizinischen Versorgung der gesamten Bevölkerung (s. 2.1.) und die Verbesserung der Arbeits- und Lebenssituation aller Arbeitnehmer im Gesundheitsbereich (z. B. Löhne, Arbeitszeit).

c) *Ein exemplarisches Beispiel verstärkter sozialpolitischer Orientierung: »Humanisierung der Arbeit«.* Im zunehmenden Maße bestätigte sich in den letzten zwei Jahrzehnten die Auffassung von H. O. Vetter, daß »der gewerkschaftliche Verteilungskampf... in Wirklichkeit an mehreren Fronten geführt (wird): An der Front der Löhne und Gehälter, an der Front der Steuern und staatlichen Haushalte, an der Front der Preise und an der Front der Arbeitsbedingungen« (Deppe u. a. 1977, S. 432). So verstärkte sich seit der Wirtschaftskrise 1966/67 im DGB die Diskussion um die sozialen und speziell gesundheitlichen Auswirkungen des technologischen Fortschritts aufgrund der zunehmenden Rationalisierung (Funke u. a. 1974), besonders das wachsende Arbeitstempo, maschinengebundene Arbeit und Nachtschichtarbeit standen im Mittelpunkt. H. O. Vetter (1974, S. 30/31) stellte hierzu fest: »Der allgemeine Gesundheitszustand der arbeitenden Bevölkerung verschlechterte sich... Ihren sichtbaren Ausdruck findet dies in den veränderten Krankheitsbildern: nicht-organisch bedingte Krankheiten nehmen beständig zu. Im Vordergrund stehen allmählich die nervlich bedingten Kreislauf- und Magenerkrankungen. Und dies im zunehmenden Maße bei Arbeitern«. Umfragen zu diesem Problembereich ergaben dann 1972/73, »daß die Unzufriedenheit über Arbeitstempo, Belastung und Streß weit vor derjenigen über Verdienst und Ausbildungsmöglichkeiten rangieren« (Deppe 1977, S. 434), d. h. es werden genau jene sozialen Probleme relevant, deren pathogene Auswirkungen direkt oder indirekt zur täglichen Arbeit klinischer Psychologen gehören bzw. von denen sie selbst in ihrem Beruf betroffen sein können (s. S. 328). Besonders die Angestellten, »die bisher glaubten, keine Solidargemeinschaft in Gewerkschaften zu brauchen« (Mechelhoff, 1975), sind von tiefgreifenden Arbeitsplatzveränderungen betroffen. So hat sich die Arbeitslosigkeit bei Angestellten von Mai 1971 bis Mai 1976 fast verzehnfacht (von 39570 auf 375000, Metall 25/26, 1976, S. 5). »Die Arbeit am Schreibtisch wird immer mehr so organisiert, daß sie sich immer weniger von der Arbeit am Fließband unterscheidet«, z. B. die zentralen Schreibdienste (ebenda). Sogar die »Union der Leitenden Angestellten« beklagt die »Gleichmacherei und Nivellierung«, da auch leitende Angestellte von 20% Kurzarbeit und bis zu 8%igen Gehaltseinbußen betroffen sind (Mechelhoff, 1975, S. 13). Rebell (1976, S. 86) sieht den Hauptgrund für die Gefährdung der beruflichen Identität und Selbstverwirklichung vor allem in der Dequalifizierung im Zuge der Rationalisierung.

Auf der anderen Seite zeigt sich gerade bei den Angestellten, die ähnlich wie Teile der Intelligenz ideologische Vorbehalte gegenüber den Organisationen der Arbeiterschaft hatten, daß zumindest im Metallbereich das Verhältnis von organisierten Angestellten zu Arbeitern sich erheblich veränderte: 1900 kamen auf einen Angestellten 20 Arbeiter, 1976 nur noch 2,4 (Metall, 25/26, 1976, S. 5). D. h. gesellschaftliche Gruppen, die lange Zeit glaubten, auf die Solidarität und Hilfe von Gewerkschaften verzichten zu können, gehen aufgrund zunehmender gesamtgesellschaftlicher Veränderungen (s. 1.2.1.) bewußt in die Gewerkschaften.

Angesichts dieser Entwicklung kann der gewerkschaftliche Kampf nicht/nie auf Lohnpolitik beschränkt bleiben: politische Einflußnahme und gesundheitspolitische Reformen (s. 2.1.) müssen intensiviert werden. Hier zeigt sich, daß die historisch frühen Aufgaben, nämlich die materielle Sicherung, mit sozialpolitischen Forderungen verbunden werden müssen. Der Kampf um die »Humanisierung der Arbeitswelt« ist deshalb Bestandteil des gewerkschaftlichen Kampfes – auch in Tarifverhandlungen (Mayr 1974).

An dieser Stelle halten wir fest:

1. daß die Motive, die dazu führen, sich gewerkschaftlich zu organisieren, auch die Aufgaben der Gewerkschaften bestimmen (z. B. Sicherung der materiellen Existenz), und zwar unvermindert bis in die heutige Zeit.

2. daß sich andeutet (z. B. CDU-Wahlsieg 1953), daß die

Prioritäten innerhalb der Aufgaben bzw. die reale Durchsetzung der Ziele von der gesamtpolitischen Entwicklung der Gesellschaft abhängig ist.

Welche Probleme sich bei der Verwirklichung gewerkschaftlicher Aufgaben ergeben können, soll im nächsten Abschnitt dargestellt werden.

1.2.3. *Ausgewählte Probleme gewerkschaftlicher Arbeit*

a) *Gegenorganisationen der Arbeitgeber und Sozialpartnerschaft.* Nachdem gewerkschaftliche Vereinigungen nicht mehr verboten werden konnten (z. B. nach Aufhebung der Sozialistengesetze), bildete die Industrie als Gegengewicht ebenfalls zentrale Organe: 1913 wurden ihre zwei Hauptorganisationen zur »Vereinigung der deutschen Arbeitgeberverbände« zusammengeschlossen. Nach dem ersten Weltkrieg regten die Arbeitgebervereinigungen in Erwartung revolutionärer Ereignisse die Gründung einer zentralen Arbeitsgemeinschaft zwischen Gewerkschaften und Arbeitgeberverbänden an, nachdem es schon während des 1. Weltkriegs zu spontanen Streiks und Demonstrationen der Arbeiterschaft gegen den »Burgfrieden« der Gewerkschaftsführer, Regierung und Unternehmer gekommen war. Die Arbeitgeber fürchteten im Zeichen eines möglichen Machtwechsels ihre Position zu verlieren; sie waren deshalb bereit, den Gewerkschaften *sozialpolitische Zugeständnisse* zu machen. »Hinsichtlich der Behandlung der ›Arbeiterfrage‹ vertrat die Montanindustrie fast bis zum Ende des Krieges ihren traditionellen, schroff antigewerkschaftlichen Herr-im-Hause-Standpunkt« (Gossweiler 1971, S. 57). Im Gegensatz dazu trat Rathenau, Chef des AEG-Konzerns, nicht nur für die Zusammenarbeit mit den Partei- und Gewerkschaftsführern ein, sondern gestand darüber hinaus Reformen zu. Rathenaus Vorstellung über Zugeständnisse an die Arbeiterklasse gingen erheblich weiter als die irgendeines anderen Monopolisten; dennoch war sein Ziel keineswegs eine echte Demokratisierung, sondern die Festigung der bestehenden Ordnung und deren Modernisierung (ebenda). Sechs Tage nach Ausbruch der revolutionären Ereignisse im November 1918 kam es dann zur Gründung der Arbeitsgemeinschaft industrieller und gewerblicher Arbeitgeber mit den Gewerkschaften. Hierin wurden die Gewerkschaften als Vertreter der Arbeiterschaft anerkannt, –

jegliche Beschränkungen der Koalitionsfreiheit negiert, Unterstützung von Konkurrenzunternehmen von seiten der Unternehmer wurden zurückgenommen, – jeder Arbeiter sollte Anrecht auf seinen alten Arbeitsplatz haben, – Bestimmung der Arbeitsbedingungen durch Kollektivverträge, – Einrichtung von Arbeiterausschüssen in den Betrieben, der 8-Stunden-Tag wurde eingeführt (s. 1.2.2.) und ein Zentralausschuß für Schlichtungssachen. Dies bedeutete für die Unternehmer zwar eine gewisse Machteinbuße, stellte aber gegenüber der Alternative »Sozialisierung« bzw. sozialistische Revolution (wie in Rußland 1917) das weitaus kleinere Übel dar: Diese taktischen Zugeständnisse der Arbeiterverbände führten jedoch zu einer heftigen und grundsätzlichen Kritik innerhalb der Gewerkschaften. Inmitten einer revolutionären Situation nach dem 1. Weltkrieg hatte man durch diese Arbeitsgemeinschaft auf die Möglichkeit zu systemverändernden Maßnahmen in der Wirtschaft verzichtet. Besonders im Metallbereich traten sehr viele aus der Gewerkschaft aus (Limmer 1976). An diesem historischen Beispiel zeigt sich ein Grundproblem gewerkschaftlichen Vorgehens, das bis heute diskutiert wird: nämlich, ob die Zusammenarbeit mit Arbeitgebern (z. B. in der heutigen Zeit »Sozialpartnerschaft« in der sogenannten »Konzertierten Aktion«) nicht eine Strategie der Unternehmer oder/und der Regierung ist, die Gewerkschaften a) auszurichten bzw. zu disziplinieren und b) über Zugeständnisse den gewerkschaftlichen Kampf um politische Veränderungen zu entkräften. Denn am Anfang der 20iger Jahre erlaubten wirtschaftliche und politische Verhältnisse den Unternehmern, ihre Position wieder zu stärken, sozialpolitische Errungenschaften, auf die die Gewerkschaften stolz waren, zurückzunehmen, z. B. wurde der 8-Stunden-Tag 1923 durch eine Arbeitszeitverordnung ungültig und Streikfreiheit und Autonomie durch staatliche Schlichtungsstellen stark eingeschränkt. Das konnte selbst die Mehrheit der Gewerkschaftler nicht mehr hinnehmen, so daß im Januar 1924 der Austritt aus der Arbeitsgemeinschaft von seiten der Gewerkschaft erklärt wurde – ein Vorgang der sich im Juli 1977 ähnlich wiederholte, als der DGB angesichts der Verfassungsklage der Unternehmerverbände gegen das neue Mitbestimmungsgesetz nach 10jähriger Zusammenarbeit vorerst aus der Konzertierten Aktion ausschied.

Das Fazit könnte somit lauten:

Die Gewerkschaften hatten erfahren müssen, daß eine isolierte Lohn- und Sozialpolitik keine substantiellen Erfolge erzielen konnte, wenn nicht gleichzeitig die politischen Machtverhältnisse, die gesellschaftlichen und wirtschaftlichen Strukturen beeinflußt, korrigiert würden. Viele Arbeiter verließen deshalb, zweifelnd am Nutzen gewerkschaftlicher Betätigung, die Gewerkschaftsverbände, deren Kassen sich in der Weimarer Zeit durch die Inflation leerten und die nicht mehr imstande waren, Unterstützung an ihre Mitglieder und Gehälter an hauptamtliche Angestellte zu zahlen (von 1922-1924 verlor die Gewerkschaft die Hälfte ihrer 8 Mill. Mitglieder, Limmer 1976). Die Unternehmer nutzten das Elend der Arbeiter und die Machtlosigkeit der Gewerkschaften zum Abbau weiterer sozialpolitischer Positionen aus (s. o.).

b) *Einheit der Gewerkschaftsbewegung.* Nach dem 2. Weltkrieg hatte sich in den Gewerkschaften das Organisationsprinzip »ein Betrieb – eine Gewerkschaft« durchgesetzt, d. h. alle Berufsgruppen eines Betriebes organisierten sich auch gemeinsam. Diese neue Organisationsform gestattete keine Sonderorganisation für Angestellte, und so kam es 1949 zur Abspaltung der Deutschen Angestelltengewerkschaft (DAG). Die DAG beharrt auf dem Anspruch, die spezifischen Interessen der Angestellten zu vertreten, obwohl die Industrieverbände auch schon viele Angestellte zu ihren Mitgliedern zählten. Die Auseinandersetzung zwischen DGB und DAG ist bis heute nicht ausgetragen: z. B. Trennung in den Tarifverhandlungen zwischen DAG und ÖTV 1976 oder 1977, die divergierenden Auffassungen des DGB und der DAG zur Konzertierten Aktion, aus der der DGB im Gegensatz zur DAG vorläufig ausschied (s. o.).

Von seiten der CDU/CSU wurde in den 50iger Jahren der Versuch unternommen, die Gewerkschaften zu spalten. Aufgrund der aus der Geschichte erwachsenen Verbundenheit von SPD und Gewerkschaften hatte die Gewerkschaft die auf gewerkschaftliche Ziele orientierte SPD im Wahlkampf 1953 unterstützt. Die CDU/CSU sah darin einen Verstoß gegen den Grundsatz der parteipolitischen Unabhängigkeit der Einheitsgewerkschaft. Daraus folgerten sie – gestärkt durch ihren

Wahlsieg –, daß mehrere Persönlichkeiten aus Reihen der christlichen Arbeitnehmerschaft zusätzlich in den Bundesvorstand des DGB hinein sollten. Als jedoch die Mehrheit der Gewerkschaftler diesen Forderungen nicht zustimmte, kam es 1955 zum Bruch und zum Auszug einer Minderheit christlich-sozialer Funktionäre aus den DGB-Gewerkschaften. Sie gründeten eine separate christliche Gewerkschaftsbewegung Deutschlands, die später Christlicher Gewerkschaftsbund hieß. Diese Gewerkschaft blieb jedoch bedeutungslos, und hervorzuheben ist die seltene Einmütigkeit und Kritik gegenüber dieser Spaltung, und zwar von allen Parteien, auch von Teilen der CDU/CSU.

Obwohl damals diese Spaltungstendenz unbedeutend blieb, ist es jedoch wichtig, die parteipolitischen Übergriffe bzw. die parteipolitische Unabhängigkeit als Problempunkt gewerkschaftlichen Wirkens festzuhalten (s. z. B. auch in jüngster Zeit zusätzliche Wahllisten von CDU-Gewerkschaftlern bei Betriebsratwahlen).

c) *Verhältnis von gewerkschaftlicher Basis zur Führung.* Von großer historischer Bedeutung für die Akzentuierung der gewerkschaftlichen Aufgabenstellung und Mobilisierung der gewerkschaftlichen Basis war der Ausgang der sog. »Massenstreikdebatte« in der Gewerkschaft (1905). Deren Resultat war, daß der Streik aller Arbeiter, der sog. General- und Massenstreik, kein taugliches Mittel sei, politische Forderungen (wie z. B. das allgemeine Wahlrecht) durchzusetzen. Aufgrund dieser Entscheidung kam es in den Gewerkschaften zur Diskussion über das Auseinanderlaufen von Interessen der Basis und Funktionäre in den Gewerkschaften. Der linke Gewerkschaftsflügel beschuldigte die Gewerkschaftsführung, keinen konsequenten Klassenkampf zu führen und die sozialistischen Hoffnungen zu mißachten. Er sah nämlich als wichtigstes Mittel, die Aktivität der Arbeiter in direkten Massenaktionen zu mobilisieren. Rosa Luxemburg (1928, n. Limmer 1976, S. 39) schrieb deshalb zum Ausgang dieser Debatte: »Die Masse der Genossen wird zur urteilsunfähigen Masse degradiert, der hauptsächlich die Tugend der Disziplin, d. h. des passiven Gehorsams zur Pflicht gemacht wird«. Demgegenüber argumentierte der Vorsitzende der Bauarbeitergewerkschaft »... die

Gewerkschaften müßten sich organisatorisch ausdehnen, und deshalb dürften sie nicht durch Massenaktionen in einen Zustand der Unruhe versetzt werden« (nach Schmidt und Seichter, 1977, S. 89). So kam es, daß, je mehr sich die Organisation ausbaute und zu einem respektierten Bestandteil der politischen Ordnung aufstieg, sich das Empfinden verbreitete, man sei dem nationalen Schicksal verpflichtet und müsse im Interesse der Nation stillhalten.

Dieses Problem, nämlich die Beteiligung der gewerkschaftlichen Basis[2] an der Entscheidung und ihre Mobilisierung für direkte Aktionen, zeigte sich auch in der BRD unter veränderten Bedingungen im Rahmen des sogenannten »Deutschen Wirtschaftswunders«, wo vielen Arbeitnehmern die von den Gewerkschaften erstrittenen sozialen und lohnpolitischen Verbesserungen als Resultat eines automatischen, mehr oder weniger anonymen Fortschritts erschienen – begünstigt von der Hochkonjunktur und politischem Druck der Adenauer-Regierung wurden die Arbeitskämpfe selten, da die Effektivlöhne häufig über den tariflichen lagen. Oder sie betrachten die Gewerkschaften als sozialen »Versicherungsapparat«, nicht als solidarische Selbsthilfe- und Widerstandsorganisation. Außerdem macht die wachsende Bürokratisierung der Gewerkschaften es kompliziert, das Netz der gewerkschaftlichen Demokratie noch zu überblicken. Die Spitze der hauptamtlichen Führungskräfte ist so breit geworden, daß eine gewisse Entfremdung zwischen Basis und Spitze entstanden ist (Limmer 1976). Von besonderer Bedeutung ist deshalb der sogenannte Vertrauensmann in den Gewerkschaften, der – im Anklang an Basisaktivitäten nach dem I. Weltkrieg im Rätesystem –, gewählt von der gewerkschaftlichen Basis, direkte Verbindung und Vertretung zu den hauptamtlichen Funktionsträgern der Gewerkschaften ist.

Die hier ausgewählten Probleme gewerkschaftlicher Arbeit

1. der sozialpolitische Kampf mit den Arbeitsorganisationen
2. Spaltungstendenzen innerhalb der Arbeitnehmerschaft
3. die Beteiligung der gewerkschaftlichen Basis an Zieldefinitionen und ihre Mobilisierung

zeigen, daß die einmal durchgesetzte Organisationsform und die erkämpften Ziele nicht selbstverständlich sind, sondern weiter verteidigt werden müssen (vergl. z. B. 1978: Tarifverhandlungen der IG Druck und Papier über Entlassungen der Setzer). Die Mobilisierung der Gewerkschaftsmitglieder und neuer Mitglieder sind deshalb dringende Aufgaben. In der historischen Entwicklung gesehen überwiegt die pragmatische Gewerkschaftsarbeit, in der sich aufgrund ihrer Abhängigkeit vom gesamtpolitischen Geschehen (Konjunktur, Regierungspolitik u. a.) auch der Zwang zur Anpassung dokumentiert. Es ist deshalb notwendig, sich wieder auf die geschichtlichen Aufgaben der Gewerkschaften zu besinnen und ihren antikapitalistischen Gegenmachtscharakter aus dem Grundsatzprogramm von 1949 zu betonen. Deshalb geht es auch darum, das Bestehende nicht nur aufzufangen, sondern Alternativen zur Veränderung der Gesellschaft anzugeben und für sie zu kämpfen. Das verbraucht notwendig einen Großteil ihrer Kräfte. Um so notwendiger ist die Frage, welche sozialen Gruppen als Bündnispartner für den sozialen Kampf um Reformen gewonnen werden können.

1.2.4. *Bündnismöglichkeit zwischen Intelligenz und Arbeiterbewegung*

Als deutliche Hinweise, daß große Teile der Intelligenz keine Sonderstellung innerhalb der Arbeitnehmerschaft länger einnehmen können, wurden in Abschnitt 1.2.1. angeführt: 1. Die große Zahl von Arbeitslosen unter ihren Mitgliedern, 2. Einengung ihrer Befugnisse und der Tätigkeitsbereiche durch Rationalisierungsmaßnahmen bzw. mangelnde rechtliche Sicherung, 3. die Tatsache, daß sie ebenso wie die anderen Arbeitnehmer vom Verkauf ihrer Arbeitskraft leben müssen. Kautsky wies schon 1894/95 darauf hin (u. Boedecker und Leisewitz 1973), daß diese Punkte zwar auf die Intelligenz zutreffen, aber jeweils nicht als ausreichend gewertet werden können, um von vornherein von einer Bündnismöglichkeit zwischen Intelligenz und Arbeiterbewegung ausgehen zu können. Die Intelligenz ist leichter manipulierbar als die Schicht der industriellen Arbeiter, weil ihr die Tradition der Klassenkämpfe fehlt und sie gegenüber den industriellen Arbeitern ein höheres, häufig elitäres, Sozialprestige beansprucht (z. B. Glaube an den Aufstieg oder persönliche Freiheiten, Abendroth [1954]). Der Intelligenz fehlt es aufgrund ihrer Sozialisation, gesellschaftlichen Funktion (s. 1.1.), Zersplitterung in unterschiedlichste

Berufsfelder, individuellen Arbeitsplatzstrukturen und Konkurrenz in der Aufstiegshierarchie an kollektiven Interessen, die hier durch ein spezifisches Berufsinteresse ersetzt sind (vergleichbar mit den Handwerksgesellen zu Beginn der Industrialisierung und gewerkschaftlichen Organisierung, die auch kein kollektives Interesse kannten). Trotz zunehmender »Rückgliederung der Akademiker in die breite Arbeitnehmerschaft« (Weis, 1977) muß deshalb in der Analyse der *sozialen Differenzierungsprozesse* beachtet werden: a) immer mehr Mitglieder der Intelligenz steigen ab und werden dem Proletariat in ihren Lebens- und Arbeitsbedingungen verwandt, b) es gibt weiterhin Privilegierte innerhalb der Intelligenz, die von einer bestimmten elitären Gesinnung geleitet sind und weiterhin Leitungs- und Normbildungsfunktionen haben, so daß sie als »Personifizierung eines Herrschaftssystems« den anderen Arbeitnehmern gegenübertreten. Diese weiterhin privilegierten Intellektuellen stehen bejahend zu den bestehenden Verhältnissen und verteidigen sie, indem sie z. B. durch technologische oder pragmatistische Ideen versuchen, alle sozialen Unterschiede oder Probleme zu negieren. Sie erkennen aufgrund ihrer Herkunft und ihrer hauptsächlich an bürgerlichen Universitäten erhaltenen geistigen Bildung häufig nicht die entscheidende Rolle der Arbeiterbewegung, der zahlenmäßig, politisch und materiell bedeutendsten Bewegung in der Gesellschaft, und sind standespolitisch orientiert (vergl. Cramer i. d. Buch). Veränderungen durch die zunehmende Vergesellschaftung führen somit nicht automatisch, sondern differenziert zu einer veränderten Bewußtseinslage bei den Angehörigen der betreffenden Berufsgruppen (z. B. bei angestellten Ärzten oder klinischen Psychologen). Es geht auch nicht simpel darum, soziale Ideen der Arbeiterbewegung an die Intellektuellen, sprich klinischen Psychologen, heranzutragen (vergl. etwa GVT-Mitteilungen, Heft 3/74). Es gibt vielmehr eine differenzierte Fragestellung: wie kann die Intelligenz zur Gewerkschaft und wie die Gewerkschaft zu ihr kommen? Was bislang in der Arbeiterbewegung fehlte, war, von den unmittelbaren Interessen dieser Schicht auszugehen (z. B. Arbeitslosigkeit, rechtliche Schutzlosigkeit des Titels und in der Therapieausübung) und entsprechende Forderungen zu entwickeln, die geeignet wären, sie für den Kampf an der Seite der Arbeiterbewegung zu gewinnen.

Entscheidend scheint deshalb zu sein, an Punkten anzusetzen, wo die Intelligenz merkt, daß sie nicht alleine ihre Probleme lösen kann (z. B. Arbeitslosigkeit, Einschränkungen ihrer Funktionen und Inhalte). Die Arbeiterbewegung muß, wie z. B. die ÖTV in einem ersten Schritt für die gesetzlich geregelte Zulassung des Klinischen Psychologen zur psychotherapeutischen Tätigkeit, den aktiven Kampf für die Interessen der Intelligenz führen (s. Sonderinformation der ÖTV, 1977). Gerade für den Kampf gegen Arbeitslosigkeit, aber auch gegen Rechtsunsicherheiten in der Berufsausübung (heilberufliche Tätigkeit im Sinne der RVO, Zeugnisverweigerungsrecht, geschützte Berufsbezeichnung, staatlich anerkannter Ausbildungsgang, vgl. auch Roer u. Henkel, 1978) bieten sich die Gewerkschaften – wie jedem anderen Arbeitnehmer – als Partner an. Aus gewerkschaftlicher Sicht ist dabei aber entscheidend, daß nicht nur spezifische Interessen (s. o.) einer Berufsgruppe, sondern die gesamtgewerkschaftlich relevanten Inhalte der Arbeit (z. B. Reformen im Gesundheitswesen) und die Arbeitsbedingungen der Betroffenen selbst gesehen werden: Arbeitslosigkeit, Mitbestimmung, Beseitigung von Vormachtstellungen etc. H. O. Vetter warnt gerade die Intelligenz vor der Vertretung von Sonderinteressen in den Gewerkschaften: »Um es ganz klar zu sagen: Zusammenarbeit hört da auf, wo jemand glaubt, uns als ›Durchlauferhitzer‹ benutzen zu können! Wir sind kein Mittel, um ›Massenbasis‹ vorzutäuschen.« (Vetter, 1977) Für die Gewerkschaften ist es auch undenkbar, mit Intellektuellen zusammenzuarbeiten, die mit einem »abstrakt politischen Anspruch« oder »stellvertretend« für die Arbeiterschaft Gewerkschaftsarbeit machen wollen. In einem Bündnis sollten vielmehr die spezifischen Fähigkeiten der Intelligenz für die soziale Bewegung genutzt werden, und zwar ihre Möglichkeiten, über inhaltliche Analysen Reformziele im Gesundheitswesen zu bestimmen. Die umfassende Analyse der Problemlage im Gesundheitswesen ist hierbei aber keine Frage der individuellen Aneignung in den »Studierstuben«, sondern setzt konkrete Praxis und die Verankerung in der Arbeitnehmerschaft dieser spezifischen Praxis voraus (z. B. Kooperationsverträge von Universitäten und Gewerkschaften). Die Aufgabe der Intelligenz ist es hierbei, die Arbeiterbewegung über die gewerkschaftlichen Tagesfragen hinaus zu weiterführenden Zielen in der Gesundheitspolitik zu führen. Die zunehmende Vergesellschaftung bringt Veränderung der Arbeitsplatz- und Berufsstruktur mit sich, die eher ein Bewußtsein schaffen, das der Organisierung in den Gewerkschaften förderlich sein könnte – die Ideologie, »sich für den materiellen Kampf für zu gut zu halten«, wird sich langfristig nicht halten können. Die auftretenden sozialen Defekte (z. B. Arbeitslosigkeit, Beschneidung der Ausbildung) bewirken neben der Einsicht, daß gesundheitspolitische Reformen notwendig sind und nicht von einzelnen durchgesetzt werden können, in den Gewerkschaften einen möglichen Bündnispartner zu sehen. So nimmt die Bereitschaft zur gewerkschaftlichen Organisierung z. B. bei den angestellten Ärzten zu, ebenso wie die Bereitschaft der Ärzteschaft, sich auch aus einer politischen Tradition heraus (z. B. Virchow) mit Problemen der Arbeiterbewegung bekannt zu machen (Mausbach 1973, Lüth 1973). Für die ökonomische Sicherung ihrer Mitglieder ist sie historisch – trotz Niederlagen – ausgewiesen; für die Durchsetzung von sozialpolitischen Reformen werden auch von seiten der Gewerkschaften Bündnispartner gesucht. Im Abschnitt 2 werden die konkreten Reformziele der Gewerkschaften dargestellt, um zu verdeutlichen, daß ein gemeinsames Vorgehen – wenigstens inhaltlich – möglich ist.

1.3. *Gewerkschaftliche Organisationsmöglichkeiten für Psychologen*

Da Psychologen in unterschiedlichen Berufsfeldern tätig sind, können sie sich auch in verschiedenen Gewerkschaften organisieren: die im öffentlichen Dienst Beschäftigten in der Gewerkschaft »Öffentliche Dienste, Transport und Verkehr« (ÖTV), die im Erziehungs- und Wissenschaftsbereich arbeitenden Psychologen in der »Gewerkschaft Erziehung und Wissenschaft« (GEW) und alle angestellten Psychologen in der »Deutschen Angestellten Gewerkschaft« (DAG). Viele, besonders klinische Psychologen, können zwischen zwei oder sogar drei dieser Gewerkschaften wählen.

Nur wer sich in einer Privatpraxis niederläßt, hat keinerlei gewerkschaftliche Organisationsmöglichkeiten, da er kein von einem Arbeitgeber abhängiger Arbeitnehmer ist.

Diese drei für Psychologen wichtigsten Gewerkschaften

werden im folgenden Abschnitt miteinander verglichen, wobei die u. E. bedeutendste Gewerkschaft, die ÖTV, anschließend ausführlicher dargestellt wird.

1.3.1. *Darstellung der für klinische Psychologen zuständigen Gewerkschaften: ÖTV, GEW, DAG*

Schon ein Vergleich der Mitgliederzahlen der drei Gewerkschaften zeigt sehr deutlich, daß die ÖTV die bei weitem stärkste Gewerkschaft mit über 1 Million Mitgliedern ist, während in der DAG 471 000 Mitglieder, in der GEW lediglich 165 000 Mitglieder organisiert sind.

Die ÖTV verfügt außerdem über das größte berufliche Spektrum aller im öffentlichen Dienst Beschäftigten, von Arbeitern, Angestellten und Beamten. Sie stellt daher die breiteste Organisationsbasis im Sinne einer Einheitsgewerkschaft (d. h. gemeinsame Vertretung von Arbeitern, Angestellten und Beamten) dar.

Die DAG umfaßt lediglich die Angestelltenberufe, und in der GEW sind hauptsächlich die im Erziehungswesen beschäftigten Akademiker organisiert.

Als 1949 in Stuttgart die ÖTV gegründet wurde, plante man eine einheitliche Gewerkschaft für den gesamten öffentlichen Dienst und für das Transport- und Verkehrswesen zu schaffen. Aber die Einzelgewerkschaften für die Bereiche Post, Eisenbahn und Bildungswesen gründeten selbständige Organisationen.

Die GEW muß daher als berufsspezifische Einzelgewerkschaft betrachtet werden. Allerdings können wir sagen, daß die GEW »den Status ständischer Politik, wie er in den alten Lehrerverbänden betrieben wurde, überwunden (hat), wenn auch Relikte dieser Positionen in einzelnen Gliederungen dieser Gewerkschaft noch feststellbar sind und einer weiteren gewerkschaftlichen Orientierung erst in absehbarer Zeit völlig erliegen werden« (Fülberth, 1973, S. 96).

An den Universitäten sind die Psychologen meist in der GEW, die anderen Mitarbeiter in anderen Gewerkschaften (ÖTV und DAG) organisiert, so daß durch diese Spaltung die Probleme, an denen die Mitarbeiter eines Betriebes meistens gemeinsam leiden, nie gemeinsam und einheitlich bekämpft werden können.

U. E. kann die DAG von den drei verglichenen Gewerkschaftsorganisationen als die rückschrittlichste Gewerkschaft bezeichnet werden (s. 1.2.3.). Das zeigt sich politisch in ihrem ständigen Kampf gegen die ÖTV bei Tarifverhandlungen und besonders deutlich in ihren programmatischen Aussagen, wie z. B. in ihrem »Programm zur Gesellschaftspolitik«, Hamburg, 1976.

Hierin wird unter anderem gefordert, daß die Steuerzahler die Praxisgemeinschaften der Ärzte finanzieren sollen (ebenda, S. 33), und Psychologen werden als »nicht-ärztliche Spezialisten« bezeichnet und gelten lediglich als Anhängsel von niedergelassenen Ärzten (S. 33).

Auch hat die DAG bisher den Anschluß an den Deutschen Gewerkschaftsbund (DGB) verweigert, die GEW ist Mitglied im DGB und die ÖTV ist mit ihren über 1 Mill. Mitgliedern sogar die zweitgrößte unter den Gewerkschaften im DGB (insgesamt 7 Millionen Mitglieder).

Die ÖTV bietet neben der solidarischen Hilfe von 1 Million Kollegen, hinter denen 6 Millionen DGB-Mitglieder stehen, die für Psychologen größtmögliche Organisation zur Durchsetzung von Forderungen.

Darüber hinaus bietet die ÖTV ihren Mitgliedern zahlreiche weitere Leistungen, u. a. Rechtsschutz, Unterstützungen in außergewöhnlichen Notfällen, Freizeit-Unfallversicherung etc.

1.3.2. *Detaillierte Darstellung der ÖTV*

Innerhalb eines Betriebes werden von der Gewerkschaft möglichst regelmäßig Mitgliederversammlungen organisiert, auf denen die gewerkschaftlichen Vertrauensleute gewählt werden. Diese bilden auf betrieblicher und regionaler Ebene die Grundlage für die Gewerkschaftsarbeit.

Alle Mitglieder eines Betriebes – also nicht nur die gewerkschaftlich organisierten – wählen außerdem den Betriebs- bzw. – im öffentlichen Dienst – den Personalrat, für den nicht nur die im Betrieb aktiven Gewerkschaften kandidieren.

Das Vertrauensleute- und Betriebsratsystem zeigt einen engen Bezug zu den in der Weimarer Republik entwickelten Ansätzen zur Basisdemokratie: an die Vertrauensleute, die zusammen mit den Beschäftigten arbeiten und von ihnen direkt gewählt werden, kann sich jeder wenden, der persönliche und berufliche Probleme an seinem Arbeitsplatz hat.

Wegen ihrer inhomogenen Zusammensetzung aus zahlreichen Berufsgruppen sah sich die ÖTV genötigt, parallel zu ihrer regionalen Gliederung in Bund, Bezirk und Kreis mehrere inhaltliche Hauptabteilungen zu gründen, um den vielfältigen Interessen ihrer Mitglieder gerecht zu werden. Es existieren daher Hauptabteilungen für folgende Bereiche: Energie und Wasserversorgung, Nahverkehr, Bund, Länder, Gemeinden, Polizei, Gesundheitswesen, Sozialversicherungsträger.

Diese Hauptabteilungen sind wiederum in mehrere Abteilungen untergliedert; z. B. die Hauptabteilung Gesundheitswesen in:

- Abteilung Bund gewerkschaftlicher Ärzte (BGÄ)
- Abteilung Krankenpflege/und Pflegedienst/Bund freier Krankenschwestern und Krankenpfleger
- Abteilung Personal in medizinisch-technischen Berufen und medizinischen Hilfsberufen
- Abteilung Betriebs-, Verwaltungs- und Wirtschaftsdienst
- Abteilung hygienischer und sanitärer Dienst.

Zu der Abteilung Bund gewerkschaftlicher Ärzte (BGÄ) gehören: Zahnärzte, Ärzte, Tierärzte, Apotheker und auch Psychologen.

Diese Aufteilung der Hauptabteilung Gesundheitswesen in zahlreiche Unterabteilungen wird von vielen Gewerkschaftsmitgliedern kritisiert und ist auf fast jedem Gewerkschaftskongreß Anlaß zu erneuter Diskussion.

Hierdurch wird die Gruppe der Arbeitnehmer in sich gespalten und werden die einzelnen Berufsgruppen voneinander getrennt. Denn gerade im Krankenhaus sind viele Probleme gemeinsame Probleme von Ärzten, Krankenschwestern, Sozialarbeitern und auch Psychologen (z. B. fehlende Nachsorge- und Rehabilitationseinrichtungen für entlassene Patienten). Auch wird durch dieses starre Einteilungsprinzip verhindert, daß Arbeitskreise gegründet werden, die von den Mitgliedern mehrerer Abteilungen getragen werden, z. B. die Einrichtung einer Arbeitsgemeinschaft »psychosoziale Versorgung«, die innerhalb der ÖTV auf verschiedenen Ebenen diskutiert wird.

Für die Psychologen besteht außerdem die Gefahr, daß sie mit den Ärzten im BGÄ wieder isoliert von den anderen Beschäftigten sind, was die Gefahr einer standespolitischen Entwicklung in sich bergen könnte (s. Cramer i. d. Buch).

Betrachten wir die Mitgliederzahlen der Hauptabteilung Gesundheitswesen, so zeigt sich, daß hier 9,53% aller ÖTV-Mitglieder organisiert sind, allerdings 26,6% aller weiblichen Mitglieder, die hauptsächlich auf das Verwaltungs- und Pflegepersonal entfallen.

Aus diesen Gründen umfaßt das Vorstandssekretariat für das Gesundheitswesen zugleich das Frauensekretariat, das für die 231529 in der ÖTV organisierten Frauen zuständig ist.

Tabelle:
Mitgliederstruktur der Hauptabteilung Gesundheitswesen und des BGÄ (1975):

Hauptabt.	Arbeiter		Angestellte		Beamte		Zusammen		Insgesamt
Gesundheitswesen	♂	♀	♂	♀	♂	♀	♂	♀	
	13479	20001	26832	41060	1849	413	42160	61474	103634
Abt. Bund gewerkschaftl. Ärzte	—	—	1538	540	236	27	1774	567	2341

(ÖTV-Geschäftsbericht, 1972-1975, S. 517)

Zur Mitgliederstruktur innerhalb der Abteilung Gesundheitswesen ist zu sagen, daß der BGÄ eine besonders kleine Gruppe darstellt mit nur 2341, d. h. 2,26% aller Mitglieder der Hauptabteilung Gesundheitswesen.

Allerdings ist ein sehr starkes Bemühen der ÖTV gerade um diese kleine Gruppe zu bemerken, sowohl in bezug auf die Errichtung von Arbeitskreisen wie auf ihr Bemühen um die Durchsetzung ihrer Interessen. Sie ist in anderen Abteilungen sehr viel weniger aktiv, obwohl z. B. das Pflegepersonal sehr viel größere Probleme bezüglich der gewerkschaftlichen Organisierung, der Schichtarbeit, des Personalmangels und der zahlreichen Überstunden hat und z. B. in der Abteilung medizinisch-technische und Verwaltungsberufe ein starkes Zurückgehen der Mitgliederzahlen registriert wird.

Es ist daher kritisch zu fragen, warum sich die ÖTV so intensiv um die Belange einer so kleinen Gruppe von Akademikern und Angestellten kümmert.

Vermutlich betreibt die ÖTV aus zwei Gründen verstärkt Angestelltenpolitik: erstens ist die Konkurrenz um die Angestelltenmitglieder zur DAG sehr groß, und außerdem bemühen sich sehr intensiv um die Ärzte Organisationen wie der Marburger Bund und der Beamtenbund.

Zweitens glaubt die ÖTV wahrscheinlich, auf sogenannte »Führungskräfte« oder »Experten« in ihrer Organisation angewiesen zu sein, um mit ihrer Hilfe größeren Einfluß auf Ministerien etc. zu gewinnen.

Die Gefahr besteht jedoch darin zu übersehen, daß diese sogenannten »Führungskräfte« teilweise auch Arbeitgeberfunktionen (s. 1.1.1.) übernehmen, so daß die von ihnen vertretenen Inhalte oft gegen die Interessen anderer Arbeitnehmer verstoßen und standespolitisch gefärbt sind.

Als Gewerkschaft hat die ÖTV jedoch die Aufgabe, die Belange aller Arbeitnehmer zu vertreten und nicht in erster Linie diejenigen einer kleinen privilegierten Gruppe, besonders wenn sie auf Kosten anderer Arbeitnehmer gehen.

2. Inhalte gesundheitspolitischer Reformvorstellungen in den Gewerkschaften

2.1. *Konkrete Reformansätze und Programme*

Im folgenden Teil werden die wichtigsten gesundheitspolitischen Programme der Gewerkschaften vorgestellt und inhaltlich daraufhin untersucht, welche Forderungen sie erheben für

a) die Verbesserung des Gesundheitssystems generell und

b) die Probleme von Psychologen speziell.

Da nur der DGB und die ÖTV ausführlich und fortschrittlich zur Frage der Gesundheitspolitik Stellung genommen haben, sollen die gesundheitspolitischen Programme des DGB und der ÖTV, die Stellungnahme der ÖTV zur Versorgung der seelisch Kranken und geistig Behinderten und die Sonderinformation der ÖTV für Psychologen diskutiert werden.

2.1.1. *Gesundheitsprogramm des DGB*

Mit diesem Programm legte der DGB 1972 seine gesundheitspolitischen Vorstellungen der Öffentlichkeit vor. Diese beruhen auf den entsprechenden Zielsetzungen des DGB und seiner Gewerkschaften, wie z. B.: Hauptziel der Gewerkschaften ist die Verbesserung der Lebens- und Arbeitsbedingungen, durch Reformen die Lebensqualität zu erhöhen, Hüter der Volksgesundheit zu sein.

Die in diesem Programm behandelten Problembereiche sind sehr umfangreich: Vorsorge, Früherkennung, Rehabilitation, Sicherung der ärztlichen Versorgung, medizinische Versorgung im Krankenhaus, sozialärztlicher Dienst, öffentlicher Gesundheitsdienst, Arbeitsmedizin, Arzneimittel, Aus-, Weiter-, Fortbildung der Medizinberufe, Versicherungsrecht.

Ausgeklammert in diesem Programm sind allerdings Fragen des Umweltschutzes und der Altersversorgung.

Im Gesundheitsprogramm werden Psychologen überhaupt nicht erwähnt, lediglich wird allgemein von Psychotherapeuten gesprochen. Bei einigen Forderungen kann davon ausgegangen werden, daß Psychologen implizit mit eingeschlossen sind.

So wird in dem Kapitel über Vorsorge und Früherkennung die Bedeutung von nicht-ärztlichen Mitarbeitern (z. B. Sozialarbeitern) betont (S. 7). Einige für Psychologen zutreffende Forderungen nach einer einheitlichen staatlichen Ausbildung werden im Kapitel über Aus-, Weiter- und Fortbildung artikuliert: »In Zukunft kommt den neben den Ärzten... tätigen Berufen im Gesundheitswesen eine größere Bedeutung zu... die Ausbildung zu diesen Berufen muß intensiviert werden, die dafür erforderlichen Einrichtungen sind zu schaffen. Bundeseinheitliche Richtlinien müssen inhaltliche Ausbildungsziele und Inhalte festlegen« (S. 28).

Am ehesten wird in dem Kapitel »Psychiatrische Versorgung« (S. 21) auf Probleme, die auch Psychologen betreffen, eingegangen.

Hier leistet die Gewerkschaft zunächst eine gründliche Bestandsaufnahme über den gegenwärtigen Zustand der psychiatrischen Versorgung. Sie kommt zu dem Ergebnis, daß die psychiatrische Betreuung in keiner Weise den Erfordernissen einer optimalen Versorgung entspricht. Im Detail betont sie, daß es kaum Möglichkeiten der Rehabilitation gibt, daß die psychiatrische Medizin noch weitgehend bewahrenden Charakter hat, daß der soziale Status der psychiatrisch Kranken im Vergleich zu Organ-Kranken gefährdet ist, daß sie von den übrigen Lebensbereichen isoliert sind und daß sie durch Vorurteile häufig diskriminiert werden.

Aufgrund dieser Bestandsaufnahme stellt die Gewerkschaft folgende Forderungen auf:

– Um die Diskriminierung zu beseitigen, wird ein Anschluß der Psychiatrischen Krankenhäuser an die Allgemeinen Krankenhäuser gefordert,

– Eine Veränderung des Bewußtseins der Bevölkerung gegenüber psychischer Krankheit (Aufklärung).

– Weiterhin wird gefordert, daß durch höhere Pflegesätze ein besseres Arzt-Patienten- und Pflegepersonen-Patienten-Verhältnis geschaffen werden kann, da dies im Vergleich zu den Allgemeinen Krankenhäusern wesentlich schlechter ausfällt.

– Außerdem sollen an die Psychiatrischen Abteilungen Rehabilitationseinrichtungen angeschlossen sein. Die Psychiatrischen Krankenhäuser sollen eine gemeindenahe Versorgung ermöglichen, indem sie stadtnahe konzipiert werden.

– Eine größere Zahl an Pflegepersonal wird gefordert, wie Sozialarbeiter, Beschäftigungstherapeuten etc.

Wichtig erscheint weiterhin eine bessere Integration der in freier Praxis tätigen Psychiater mit den Psychiatern und Psychotherapeuten an den Krankenhäusern.

Grundsätzlich zu diesem Programm ist zu sagen, daß es zu begrüßen ist, daß sich der DGB derart detailliert mit Gesundheitsproblemen befaßt. Kritisch muß aber betont werden, daß die Studie zwar wichtige Reformen aufzeigt, daß diese aber die grundsätzlichen Ungerechtigkeiten und Widersprüche im Gesundheitswesen nicht beseitigen. Mit diesen Reformvorschlägen bleibt der DGB in vielen Punkten zudem hinter den Forderungen einer Studie seines eigenen Wirtschafts- und Sozialwissenschaftlichen Instituts (WSI, 1971) zurück.

In dem Programm wird allgemein eine direkte Konfrontation mit den ärztlichen Standesorganisationen vermieden. So wird z. B. nicht gegen die hohen Einnahmen der Ärzte Stellung genommen, während in der WSI-Studie zumindest ein Einfrieren ihrer Einkommen gefordert wird. Bei der Vorsorge- und Früherkennung wird ebenfalls nicht daran gerüttelt, daß sie weiter allein den niedergelassenen Ärzten überlassen bleibt, und außerdem wird keine Kontrolle über die Arbeit der niedergelassenen Ärzte gefordert.

Die Öffnung der Krankenhäuser für die ambulante Versorgung wird von dem DGB nur sehr vage verlangt, eine ausdrückliche Forderung nach Polikliniken unterbleibt. Der Anschluß Psychiatrischer Krankenhäuser an die Allgemeinen

Krankenhäuser kann die Gleichstellung von psychisch und organisch Kranken fördern, bedeutet eventuell aber auch, daß die psychisch Kranken ins medizinische Krankheitsmodell integriert werden, so daß dadurch psychosoziale Versorgungsansätze verhindert werden (s. Zaumseil i. d. Buch). Der öffentliche Gesundheitsdienst behält weiter seine Lückenbüßerfunktion, anstatt seinen Ausbau zu fordern. Weiterhin wird die freie Arztpraxis unterstützt, wenn auch mit einigen Forderungen in Richtung Gemeinschaftspraxen. Hier wird jedoch nicht reflektiert, daß Gemeinschaftspraxen an sich keinen Fortschritt darstellen, wenn man nicht genau die Inhalte und das ökonomische Leitprinzip ihrer Versorgung betrachtet. Ansonsten sind sie als reine Privatunternehmen zu bezeichnen und fördern keine Verbesserung der ambulanten Gesundheitsversorgung.

Hier macht sich insgesamt negativ bemerkbar, daß der DGB-Studie kein analytischer Teil vorweggestellt ist, der die Einordnung des Gesundheitssystems in das Gesamtgesellschaftssystem untersucht und grundsätzliche Kriterien zur Veränderung erarbeitet.

Es wäre so deutlicher geworden, wie wenig die aufgezeigten Reformen eine grundsätzliche Veränderung in der Versorgung bewirken können.

2.1.2. *Perspektiven der ÖTV zur Gesundheitspolitik*

Das vorliegende Programm ist eine Zusammenfassung der Ergebnisse der gesundheitspolitischen Tagung der ÖTV vom 25. Oktober 1977 in Bonn.

Teilnehmer an dieser Tagung waren einerseits ÖTV-Funktionäre, wie Heinz Kluncker als Vorsitzender und Monika Wulf-Mathies als für den Gesundheitsbereich zuständiges Mitglied des geschäftsführenden Hauptvorstandes sowie Vertreter aus Ministerien, wie Prof. Dr. H. G. Wolters vom Bundesministerium für Jugend, Familie und Gesundheit und Anke Fuchs vom Ministerium für Arbeit und Sozialordnung.

Die Anträge für diese Tagung wurden in von der ÖTV eingerichteten Arbeitskreisen vorbereitet.

Inhaltlich nimmt die ÖTV zu fast allen Bereichen des Gesundheitswesens Stellung und setzt wichtige Schwerpunkte in der Gesundheitspolitik: Prävention, verbesserte Integration der Gesundheitseinrichtungen und Selbstverwaltung der Betroffenen. Sie stellt dem Programm eine kurze Analyse unseres Gesundheitssystems voran.

So formuliert sie in der Einleitung über die Position der Gewerkschaft: »Für den Arbeitnehmer ist die Gesundheit nicht nur die Grundlage für eine volle Teilnahme am gesellschaftlichen Leben, sondern die Voraussetzung für seine soziale Existenz. Die Gewerkschaften haben deshalb von jeher neben der Sicherung der materiellen Existenz die Gesundheitssicherung der Arbeitnehmer in den Vordergrund ihrer Politik gestellt« (S. 5).

Weiter sagt sie deutlich, wo sie die Misere in unserem Gesundheitswesen sieht: »Die kostentreibende Grundstruktur unseres Gesundheitswesens, nämlich öffentliche Finanzierung und private Leistungserstellung, wurde nicht angetastet. Auch die ständige Abwälzung der sozialen und wirtschaftlichen Folgen des Produktionsprozesses auf die Sozialversicherten und die volkswirtschaftlichen Kosten von Krankheiten und Krankheitsfolgen und ihre Entstehungsursachen wurden bewußt übersehen« (S. 5).

Sie betont, daß nur eine »grundlegende Strukturreform« die Möglichkeit bietet, diese Misere zu ändern (S. 6).

Wichtige Forderungen sind daher: Mitbestimmung, die Selbstverwaltung der Sozialversicherungsträger durch die Versicherten, die Selbstverwaltung im Gesundheitswesen aus Vertretern der Versicherten, der Beschäftigten im Gesundheitswesen und den Gebietskörperschaften und eine bessere Bedarfsplanung der Regionen (s. Zaumseil i. d. Buch).

Als zentrales Anliegen fordert die Gewerkschaft einen verstärkten Ausbau der Prävention, die ihrer Meinung nach nur durch gesetzliche Maßnahmen im Bereich des Umwelt- und Arbeitsschutzes erreicht werden kann.

Es wird von der Gewerkschaft deutlich gesehen, daß »Belastungen durch die Arbeitswelt zur Entstehung und Verstärkung von Krankheitssymptomen beitragen, die bei weiterem Einwirken chronisch werden« (S. 8).

In diesem Zusammenhang betont sie, daß, obwohl das soziale Umfeld für die Entstehung von Krankheiten mitbestimmend ist, andere Medizinalfachberufe und Sozialberufe in die ambulante Versorgung kaum integriert sind (S. 10). Sie fordert daher »eine Lösung der Früherkennung aus der ausschließlichen Zuständigkeit des niedergelassenen Arztes« (S. 16).

Gegenüber der Therapie wird der Prävention die absolute Priorität eingeräumt. Sie formuliert daher ausführlich: »Gesundheitspolitisch bedeutet Therapie ein Versagen der Gesundheitssicherung: therapieren heißt reagieren, nicht aber agieren« (S. 14).

Betont wird, daß viele somatische Krankheiten psychische Ursachen haben, so daß der Erkrankte körperlich, geistig und sozial betreut werden muß.

Wichtig ist daher die Anbindung Psychiatrischer Abteilungen an Allgemeine Krankenhäuser (S. 19).

Für die Probleme psychisch Kranker wird deutlich betont, daß hier bei dem Problem der Wiedereingliederung psychisch Kranker nicht einmal in Ansätzen eine gemeindenahe Betreuung sichtbar ist (S. 11).

Die Gewerkschaft kommt aufgrund ihrer Analyse zu dem Schluß, daß sich im Krankenhaus ein hierarchisches System etabliert hat, daß durch seine Abhängigkeiten einer verantwortungsvollen patientenorientierten Versorgung entgegensteht (S. 13).

Es wird daher gefordert, »daß Privilegien abgebaut werden, damit eine gleichberechtigte Zusammenarbeit aller Medizinalfachberufe möglich wird«. »Eine zunehmende Bedeutung der Medizinalfachberufe... vor allem aber in der psychologischen, pädagogischen und sozialen Betreuung zwingt zu neuen Formen der Zusammenarbeit« (S. 18). (s. 1.1.2.1.)

Von großer Bedeutung für die Interessen von Psychologen ist die Aussage, daß die Aufgaben in den psychiatrischen Einrichtungen nur durch Teamarbeit bewältigt werden können, so daß das Behandlungsrecht nicht nur für Ärzte gelten darf, sondern auch auf andere Medizinalfachberufe ausgedehnt werden muß. Dies soll dazu beitragen, daß mehr Therapie durchgeführt werden kann und die Mitarbeiter den gleichen rechtlichen Schutz genießen (S. 20).

Zur Ausbildung wird im einzelnen gefordert, daß die Kooperationsfähigkeit der verschiedenen Berufe im Gesundheitswesen ein Lernziel der Ausbildung werden muß, daß nach einer abgeschlossenen Ausbildung planvolle Fort- und Weiterbildung zu schaffen ist, daß ein ausreichendes Angebot an Ausbildungsplätzen in den Medizinalfachberufen sichergestellt werden und daß die Fort- und Weiterbildung bundeseinheitlich geregelt und tarifvertraglich abgesichert werden muß (S. 21).

Grundsätzlich muß zu dieser Studie gesagt werden, daß ein starker Widerspruch besteht zwischen der Forderung nach grundlegenden Strukturreformen einerseits, die Gewerkschaft aber andererseits in zahlreichen Einzelpunkten nicht an entscheidende Privilegien, z. B. der niedergelassenen Ärzte, der Pharmaindustrie, rührt.

So wird zwar klar Stellung genommen gegen die Monopolisierung der Vorsorge- und Früherkennungsuntersuchung durch die niedergelassenen Ärzte, es wird jedoch keine Kontrolle der an diesen Untersuchungen beteiligten Ärzte gefordert.

Auf dem Gebiet der Vorsorge wird zwar global die Beseitigung krankmachender Umweltbedingungen gefordert, wobei sich die Gewerkschaften in Einzelproblemen (z. B. Atomkraftwerke) häufig widersprüchlich verhalten.

Die Forderung nach mehr Prävention, nach Integration der Gesundheitseinrichtungen und nach Selbstverwaltung der Betroffenen ist sicherlich richtig.

Die Probleme, die sich durch solche Forderungen ergeben, und die grundsätzlicheren Änderungen, die dafür nötig werden, sind jedoch in diesem Programm nicht erwähnt.

So scheut man sich auch, bessere Versorgungsmodelle, wie Polikliniken oder Ambulatorien, die an Krankenhäuser angegliedert sind, wörtlich beim Namen zu nennen und zu fordern.

2.1.3. *Stellungnahme der ÖTV zur Versorgung der seelisch Kranken und der geistig Behinderten*

Die vorliegende Stellungnahme unterscheidet sich von den allgemeinen Gesundheitsprogrammen dadurch, daß die ÖTV hier speziell die Probleme psychisch Kranker und geistig Behinderter behandelt.

Eine thematische Eingrenzung besteht darin, daß hauptsächlich die Situation in den Psychiatrischen Kliniken und in geringerem Maße die ambulante Versorgung untersucht wird.

Eine weitere Einschränkung ist darin zu sehen, daß es sich weniger um ein Forderungsprogramm handelt, als um eine ausführliche Bestandsaufnahme der heutigen Versorgungssituation. So sind ca. 40% der Broschüre mit Landkarten über die

Lage Psychiatrischer Krankenhäuser gefüllt. Der analytische Teil behandelt zunächst die geschichtliche Entwicklung der Psychiatrie und daran anschließend die Situation der seelisch Kranken und geistig Behinderten in unserer Gesellschaft besonders unter dem Aspekt des Informationsmangels über ihre Krankheiten, z. B. der noch herrschenden Annahme von Vererbbarkeit, etc. Daran anschließend folgt eine ausführliche Bestandsaufnahme der momentanen ambulanten und stationären Versorgungssituation psychisch Kranker, wobei auf die Divergenz der von der Weltgesundheitsorganisation geforderten Zahlen im Vergleich zu dem herrschenden Pflegepersonen-Patienten-Verhältnis oder Bettenverhältnis deutlich hingewiesen wird.

Im Forderungsteil dieser Stellungnahme wird hauptsächlich ein Abbau der Großkrankenhäuser in Form von stufenweiser Angliederung psychiatrischer Dienste an die Allgemeinen Krankenhäuser verlangt. Darüber hinaus wird die Schaffung von Versorgungsketten, über das Angebot von Beratungsstellen, über Krankenhausbehandlung hin zu beschützenden Werkstätten, gefordert.

Modelle wie Tages- und Nachtkliniken, Patientenklubs, Übergangs-, Wohnheime, beschützende Werkstätten werden von der Gewerkschaft als wichtigste Reform bezeichnet.

Weiterhin erforderlich scheint der Gewerkschaft der Ausbau der sozial-psychiatrischen Dienste, die im Rahmen der psychiatrischen Dienste der Gesundheitsämter Hausbesuche, Beratungen etc. übernehmen sollen.

Ein sehr wichtiger Bereich sind Fragen der Finanzierung, der Pflegesätze und die Personalprobleme. Hier geht es zunächst um den Ausbau und die Vergrößerung von Stellenplänen für alle in der Versorgung beschäftigten Berufsgruppen, außerdem aber um Fragen der Weiterbildung aller dieser Berufsgruppen und der Einbeziehung von anderen Mitarbeitern, wie z. B. Laienhelfern.

Wegen der Kürze dieses Forderungskatalogs werden Psychologen in diesem Programm kaum erwähnt, so daß auf ihre Probleme nicht detailliert Bezug genommen wird, sondern lediglich im Zusammenhang mit den Problemen von anderen Mitarbeitern.

So wird für alle Berufsgruppen ausführlich eine bessere Fort-

und Weiterbildungsmöglichkeit im Sinne einer sozialpsychiatrischen Weiterbildung, die staatlich anzuerkennen ist, gefordert (S. 13), die Psychologen sollen außerdem die Arbeit von Laienhelfern betreuen (S. 13), und es wird darauf hingewiesen, daß die Stellenpläne für die Psychologen und andere Mitarbeiter in den einzelnen Landeskrankenhäusern viel zu geringe Zahlen aufweisen, d. h. es wird eine Forderung nach mehr Arbeitsplätzen für Psychologen erhoben (S. 10).

Aufgrund der inhaltlichen Einschränkung dieser Stellungnahme bezüglich einer ausführlichen Bestandsaufnahme der stationären Versorgung sind leider wesentliche Bereiche inhaltlich ausgespart worden.

Es wäre sicherlich sinnvoll, wenn die Gewerkschaft unter Hinzuziehung des Enquête-Berichts und anderer, neuerer Analysen dieses Programm erneut überarbeiten und auch auf die ambulante Versorgung hin ausweiten würde.

2.1.4. *Sonderinformation der ÖTV für Psychologen im Bereich der Medizin*

Um die Probleme der Psychologen gewerkschaftlich aufzugreifen, wurde von der ÖTV 1976 ein überregionaler Arbeitskreis für Psychologen eingerichtet, der diese Probleme diskutierte und ein Informationsblatt für die Psychologen herausgab. Es wurde beschlossen, daß Psychologen sich im BGÄ organisieren sollten.

In diesem Info-Blatt wurden erstmals von einer Gewerkschaft explizit zentrale Probleme und Forderungen von Psychologen artikuliert:

»Die psycho-soziale Versorgung der Bevölkerung ist unzureichend. Dies geht auch aus der Enquête der Bundesregierung zur Lage der Psychiatrie hervor. Um die Mißstände beheben zu können, müssen Mittel zum Ausbau der öffentlichen Gesundheitsversorgung bereitgestellt werden. Dazu gehört auch, die Hierarchie im Gesundheitswesen abzubauen und die interdisziplinäre Zusammenarbeit zwischen Ärzten, Psychologen, Sozialarbeitern und verwandten Berufen zu verstärken.

Die Psychologen sind aufgrund neu entwickelter Methoden für Prävention, Therapie und Rehabilitation in die psycho-soziale Gesundheitsversorgung mit einbezogen. Entsprechend ihrer im Studium und in der therapeutischen Weiterbildung erworbenen Fähigkeiten sind sie in der psycho-sozialen Versorgung unerläßlich.

Lage der Psychologen
Die berufliche Stellung der Psychologen ist rechtlich nicht abgesichert:
1. Aufgrund der geltenden Gesetze der Reichsversicherungsordnung (RVO) ist es den Psychologen verboten, Psychotherapie als eine heilberufliche Tätigkeit auszuüben. Die ärztlichen Standesorganisationen haben bisher verhindert, daß die RVO entsprechend geändert wird.
2. Psychologen haben kein ausreichendes Zeugnisverweigerungsrecht. Das belastet das Vertrauensverhältnis zwischen Klient und Psychologen.
3. Die berufliche Tätigkeit der Psychologen ist gesetzlich nicht geschützt.
4. Die klinische Grundausbildung an den Universitäten ist unzureichend. Die Weiterbildung ist privatwirtschaftlich organisiert und damit der Kontrolle des Staates nicht zugänglich. Sie ist zudem mit erheblichen finanziellen und zeitlichen Belastungen verbunden.
Obwohl die psycho-soziale Versorgung unzureichend ist, sind viele Psychologen arbeitslos. Das führte zu einer verstärkten Niederlassung in freie Praxen. Langfristig läuft das gemeindenahen Konzeptionen der gesundheitlichen Versorgung zuwider.
Forderungen der Gewerkschaft ÖTV:
Im Interesse der Psychologen und der psycho-sozialen Versorgung der Bevölkerung fordert die Gewerkschaft ÖTV:
1. Die psycho-therapeutische Tätigkeit von Psychologen und verwandten Berufen muß gesetzlich geregelt werden.
2. Ein umfassendes und gesetzlich geregeltes Zeugnisverweigerungsrecht für Psychologen.
3. Die Berufsbezeichnung »Psychologe«, alle Wortkombinationen mit dieser Bezeichnung und die spezifisch psychologischen Berufstätigkeiten müssen rechtlich geschützt sein.
4. Die Aus- und Weiterbildung muß bundeseinheitlich geregelt und staatlich kontrolliert werden.
5. Die öffentlichen psychologischen Beratungs- und Therapiezentren müssen ausgebaut und erweitert werden.
6. Die Psychologen müssen funktionsgerecht tariflich eingruppiert werden.
7. Die Weiterbildung muß tarifrechtlich abgesichert werden.«

Wichtig an diesem Programm ist die Forderung nach einem Ausbau der öffentlichen Gesundheitsversorgung. Allerdings wird hierin nicht auf weitergehende strukturelle Reformen eingegangen, sondern es werden nur kurzfristige Vorschläge für die bessere berufliche Situation von Psychologen gemacht.

Hierbei muß darauf geachtet werden, daß die Absicherung der Psychologen nicht auf Kosten anderer Berufsgruppen erfolgt.

Zwar werden bei einigen Forderungspunkten andere im Gesundheitswesen tätige Berufsgruppen miteinbezogen, die Gefahr einer rein berufsständischen Forderung für Psychologen besteht jedoch in diesem Programm (s. Roer, Henkel, 1978).

Nicht problematisiert wird auch, daß eine gesetzliche Regelung der psychologischen Tätigkeit im Sinne einer Anerkennung als Heilberuf negative Auswirkungen auf eine präventive Versorgung hätte, da hierdurch noch mehr Psychologen vom präventiven zum therapeutischen Bereich abgezogen würden.

Auch gibt es in dieser Information keinerlei Hinweise auf die konkrete gesetzliche Regelung und die möglichen Finanzierungsmodelle, die der Gewerkschaft am fortschrittlichsten erscheinen.

Um die aufgezeigten Probleme weiter zu diskutieren und die ÖTV bei ihren Bemühungen zu unterstützen, ist es wichtig, daß möglichst viele Psychologen in die Gewerkschaft eintreten.

2.2. *Perspektiven und Grenzen der gewerkschaftlichen Reformansätze*

Die Gewerkschaftsbewegung und die Inhalte gewerkschaftlicher Reformvorstellungen zeigen, daß sozial-politische Veränderungen in einer Gesellschaft nicht selbstverständlich sind, sondern solidarisch durchgesetzt werden müssen, oder: »es setzt sich nur soviel Wahrheit durch, als wir durchsetzen« (Galilei, n. Brecht).

Aufgrund der Einbettung der Gewerkschaften in die Gesellschaft hängt die Durchsetzbarkeit in starkem Maße von der politischen und ökonomischen Gesamtsituation auf der einen und von der Aktivität und Geschlossenheit in den Gewerkschaften auf der anderen Seite ab, d. h. dem Grad der Organisierung. Obwohl ohne den aktiven Kampf der Gewerkschaften sicher nicht das heutige Niveau sozialer Sicherung erreicht bzw. erhalten worden wäre, wird die Gewerkschaft häufig aufgrund eines äußeren politischen und ökonomischen Drucks und innerer Anpassung auf tagespolitische Fragen zurückgeworfen (s. 1.2.3.). Die *allgemeine* Aufgabe von Psychologen kann es nun sein, sich als Arbeitnehmer, die von negativen Entwicklungen in der Gesellschaft (z. B. Arbeitslosigkeit, Rechtsunsicherheit) betroffen sind, in den Gewerkschaften für ihre ökonomische Sicherung an der Seite anderer Beschäftigter einzusetzen. Die *spezifische* Aufgabe von klinischen Psychologen sollte aber sein, für den Gesundheitssektor von ihren und anderen Wissenschaften begründete Reformperspektiven zusammen mit bzw. in den Gewerkschaften weiterzuentwickeln und durchzusetzen. Für Psychologen eröffnet sich damit eine zweifache Perspektive, die von den Gewerkschaften aufgegriffen werden muß, da auch sie im Kampf um soziale Gerechtigkeit aktive und inhaltlich vorantreibende Bündnispartner braucht. Objektive gesellschaftliche Umwälzungen (s. 1.1.2.) fördern die Notwendigkeit des gemeinsamen Vorgehens – sie werden bewirkt, aber nicht automatisch. Denn zum Schluß seien noch einmal Hindernisse, die der Gewerkschaftsarbeit im Wege stehen, zusammengefaßt:

– die Zersplitterung der Beschäftigten im Gesundheitsbereich spiegelt sich wider in der Aufteilung der Abteilung Gesundheitswesen der ÖTV in die fünf Hauptfachgruppen und in die berufsspezifische Aufgliederung der anderen Hauptabteilungen;

– die ÖTV bemüht sich innerhalb der Gewerkschaft um von vornherein privilegierte Gruppen (z. B. gewerkschaftlich organisierte Ärzte);

– es besteht starker Einfluß berufsständischer Verbände, die der gewerkschaftlichen Organisierung entgegenstehen;

– es wird häufig, im Krankenhaus z. B., auf gewerkschaftliche Kampfmaßnahmen wie z. B. Streik verzichtet;

– die ÖTV betreibt im Gesundheitswesen fast ausschließlich Angestelltenpolitik, – Belange von Arbeitern z. B. sind auf die Vertretung in tarifpolitischen Fragen beschränkt;

– die Gewerkschaften haben das Parlament als wichtigste Instanz für Reformvorschläge, bzw. in den Tarifverhandlungen ist der Verhandlungspartner die Bundesregierung, d. h. Tarifpolitik erfolgt hauptsächlich auf höchster Ebene;

– die Gewerkschaften sind stark parteipolitisch gebunden, besonders an die SPD;

– die Gewerkschaften sind zentralistisch und betriebsfern organisiert, so daß sie regionale Belange der Basis nur schwerfällig vertreten können.

Diese negativen Tendenzen der Gewerkschaftsarbeit können nur durch aktive Mitgliedschaft bekämpft werden bzw. dadurch, daß eine politische Tradition im Kampf um bessere Lebensbedingungen wiederentdeckt bzw. angeeignet wird.

Hierzu soll mit diesem Artikel beigetragen werden. Daß die Psychologen in den Gesundheitsprogrammen der Gewerkschaften kaum erwähnt sind bzw. erst in letzter Zeit, liegt nicht zuletzt an ihrer mangelnden Aktivität, d. h. Einflußnahme auf die inhaltlichen Reformbestrebungen der Gewerkschaften ist nur möglich, indem man sich in den Gewerkschaften organisiert. Bei der gewerkschaftlichen Organisierung entgehen die Psychologen im Vergleich zu den berufsständischen Verbänden der Gefahr, nur für ihre Privilegien zu kämpfen und damit häufig gegen die Interessen der Allgemeinheit.

Anmerkungen

* 1.0.-1.2.4. von Ulrich Stuhr, 1.3.-2.1.4. von Waltraud Bolz, 2.2. von beiden Autoren.

1 Siehe »Bericht zur Lage der Psychiatrie in der Bundesrepublik«, Bonn 1975

2 Im Rahmen des revolutionären Geschehens nach dem 1. Weltkrieg, wo die Arbeiter *aktiv* Druck für neue Verfassungsgrundsätze machten und auf eine von der Arbeiterschaft *mitbestimmte* Wirtschaftsordnung hoffen konnten, nahm die Mitgliederstärke erheblich zu (1919 4,6 Mill., 1922 8 Mill.)

Dieter Kleiber
Berufliche Sozialisation zum Klinischen Psychologen durch Hochschule und Praxis

1. Das Problem
2. Das Ziel: Verwissenschaftlichung psychotherapeutischer Praxis
2.1. Gesellschaftliche und institutionelle Determinanten der beruflichen Sozialisation
2.2. Personale Faktoren in der beruflichen Sozialisation
3. Zum Verhältnis von Hochschul- und Praxissozialisation
4. Eingriffsmöglichkeiten zur Veränderung beruflicher Sozialisationsprozesse

1. Das Problem

Der Anteil der Psychologen, die in den Bereichen Beratung und Therapie arbeiten, betrug 1971 etwas mehr als 40% (Amelang und Tiedemann 1971) und vergrößerte sich in den darauf folgenden Jahren ständig. In einer 1976 vorgelegten Replikationsstudie berichtet Schröder (1976) von einem Anteil von 55%. Die meisten der in den Bereichen Beratung und Therapie tätigen Psychologen (im Bereich klinischer Psychologie 59%, im Bereich Psychotherapie 73%) gaben an, durch das Studium keine hinreichende Grundlage für ihre gegenwärtige Tätigkeit vermittelt bekommen zu haben (Amelang und Tiedemann 1972). 71% der psychotherapeutisch Tätigen vermißten im Studium eine hinreichende Praxisorientierung und etwa 20% der Berufstätigen hätten sich eine bessere Therapieausbildung gewünscht. Hier war der Wunsch nach einer besseren Therapieausbildung im Studium insbesondere bei denjenigen stark ausgeprägt, die an Hochschulen studiert hatten, in denen z. B. Gesprächspsychotherapie oder Verhaltenstherapie gelehrt wurden (Amelang und Tiedemann 1972).

Die vorangestellten Daten verweisen auf ein wesentliches Problem: Hochschulabsolventen geraten, wenn sie überhaupt eine Anstellung bekommen (im September 1976 waren 52,9%

der Berufsanfänger und 19% der Gesamtpopulation der Diplompsychologen arbeitslos; IMSF 1977), in eine Sozialisationsumgebung, die eine Umorientierung der in der Hochschule vermittelten Ziel- und Wertsysteme, Einstellungen und Handlungskompetenzen erfordert. Sie werden einer der Hochschulsozialisation nachgeschalteten Sozialisation durch die Praxis unterworfen, in der sich ihre Kenntnisse, Fähigkeiten und Fertigkeiten im kognitiven, affektiven und handlungsbezogenen Bereich qualitativ verändern.

Begrenzte personelle und finanzielle Ressourcen, restriktive Gesetzgebungen, institutionelle Organisationsstrukturen etc. erweisen sich als Handlungsimperative und als Determinanten der beruflichen Sozialisation, die offenbar mit der Hochschulsozialisation nicht viel gemeinsam hat.

Es stellt sich daher die Frage nach der Funktionalität der Ausbildung für die Praxis; ebenso die nach dem Verhältnis von Hochschul- und Praxissozialisation, ihren wesentlichen Determinanten, Inhalten und Effekten.

Neben der unübersehbaren Diskrepanz von Hochschul- und Praxissozialisation bilden die oben referierten Daten noch einen weiteren Sachverhalt ab: Offensichtlich wird die Berufsvorbereitung der Studierenden nicht dadurch besser, daß durch eine Erweiterung des Vermittlungsangebots an therapeutischen Techniken der quantitative Anteil der Therapieausbildung im Studium vergrößert wird. Sind die Hochschulen dem zunehmend größeren Therapiebedarf in der Gesellschaft zunächst auf der technologischen Ebene gefolgt, so steht zunehmend die Frage an »Wie handeln die psychiatrisch Tätigen als Menschen mit Menschen?« bzw. »Wie wird es möglich, daß die therapeutischen Ziele nicht meine, sondern die des Patienten sind?« (Dörner 1977, S. 300). Damit wird der Therapeut als integrierter Bestandteil der therapeutischen Situation, als Träger eigener Probleme, privater Urteile, Werte und Ideologien notwendigerweise zum Gegenstand einer Forschung, die auf die Verbesserung der therapeutischen Praxis abzielt. Die Vermittlung psychotherapeutischer Handlungskompetenz kann daher nicht einfach auf die Vermittlung kognitiven Wissens bzw. technologischer Regeln beschränkt bleiben. Sie muß ebenso den Therapeuten selbst als therapierelevanten Faktor erkennen sowie die realen Bedingungen und Effekte seines Handelns einbeziehen.

Fragen der Sozialisation zum Psychotherapeuten, der objektiven und subjektspezifischen Determinanten seines Handelns sind deshalb unter Bezug auf das Ziel einer verbesserten therapeutischen Praxis wesentlich.

Dem Ziel folgend, die Praktikertätigkeit zur *wissenschaftlichen Tätigkeit* zu machen, kapriziert sich die akademische Psychologie in Erfüllung ihres Lehrauftrages bislang vorwiegend auf die kognitive Dimension des akademischen Lernens, indem sie Schulenwissen (VT, GT), therapeutische Techniken, etc. vermittelt. Weder die gesellschaftlichen und institutionellen Bedingungen, unter denen diese Techniken in der Praxis angewandt werden sollen, noch die rechtlichen Voraussetzungen der Anwendung, noch die personspezifischen Voraussetzungen werden im Studium hinreichend thematisiert.

So findet in der Ausbildung zum Diplompsychologen in systematischer Form lediglich ein Bezug auf funktionale Qualifikationen und deren Einübung statt. Sogenannte extrafunktionale Qualifikationen, wie normative Orientierungen, Einstellungen und Ziele, werden einem ›heimlichen Curriculum‹ im Studium folgend im Parallellauf erworben. Sie erweisen sich aber nichtsdestotrotz als zentrale Faktoren jeder therapeutischen Tätigkeit und sollten damit eigentlich wesentlicher Bestandteil der funktionalen Qualifikationen von Psychologen sein, systematisch erforscht und in der Ausbildung vermittelt werden. Die Unterscheidung von funktionalen und extrafunktionalen Qualifikationen ist für die Ausbildung zum Psychotherapeuten dysfunktional. Diesem Sachverhalt sollte in der Ausbildungsplanung stärker Rechnung getragen werden. Bislang ergibt sich für den Berufshandelnden die Notwendigkeit, diese Aspekte der Qualifizierung erst in der Praxis unter weitgehendem Verzicht auf Anleitung und äußere Kontrolle durch Supervisoren etc. zu lernen. In diesem Zusammenhang wird auch das Bedürfnis der Praktiker verständlich, eine ›Therapie der Therapeuten‹ (Jervis 1978) durch Selbsterfahrungsgruppen, gruppendynamische Trainings der in der Praxis Tätigen, Supervisionsgruppen, Eigenanalysen etc. zur systematischen Bearbeitung der o. a. Probleme anzustreben.

Neben dem Problem, die personspezifischen Voraussetzungen therapeutischen Handelns und ihre Determinanten (gesellschaftliche und institutionelle) mit dem Ziel einer Verwissenschaftlichung der Praxis zu untersuchen, stellt sich natürlich auch die Frage, ob die Theorien und Techniken, die an der Hochschule zur Lösung von ›Fällen‹ vermittelt werden, unter den ungleich komplexeren und restriktiveren Praxisbedingungen (Personal-, Geld- und Sachmittelmangel, lange Wartelisten, Vorselektion der Klientel durch die Institutionen, Nicht-Abrechnungsfähigkeit psychotherapeutischer Leistungen durch Psychologen, kurative Orientierung des Gesundheitsversorgungssystems) überhaupt anwendbar sind. Ein Rückblick auf die Relevanzdiskussion der sechziger und anfänglichen siebziger Jahre (Holzkamp 1972), die Krisendiskussion in der Psychologie (Seeger 1977) bzw. die neu entfachte Diskussion zum Theorie-Praxis-Verhältnis in der Psychologie (Westmeyer und Hoffmann 1977) muß hier skeptisch stimmen.

Das restriktive, dem behavioralen Paradigma und der entsprechenden Gegenstandsauffassung verpflichtete Methodenverständnis in der Psychotherapieforschung verhindert überdies, daß die sich in der Praxis als handlungsbestimmend erweisenden Rahmenbedingungen therapeutischer Tätigkeit als relevante Faktoren der Therapie- und Technologieentwicklung Berücksichtigung finden. Auch hier ist jeder Psychologe bei Berufseintritt darauf angewiesen, individuelle, auf die jeweiligen Rahmenbedingungen der Institution abgestimmte Handlungsstrategien und -kompetenzen zu entwickeln, die mit den im Studium erworbenen nicht mehr viel gemeinsam haben. Mit dem label ›Eklektizismus‹ oder ›Pragmatismus‹ werden sie häufig der Kritik unterworfen, ohne zu berücksichtigen, daß sie in der Praxis offensichtlich notwendig sowie dort durchaus funktional sind. (Vgl. Bromme, i. d. Bd.)

Zusammenfassend geht es im folgenden Beitrag darum, einige der Determinanten (umgebungs- und persongebundene Faktoren), durch die vermittelt der Prozeß der Sozialisation zum Psychotherapeuten abläuft, zu benennen und unter dem Gesichtspunkt zu bewerten, inwieweit sie eine Verwissenschaftlichung der Praxis fördern oder behindern. In einem weiteren Schritt soll eine Bestimmung des Verhältnisses von Hochschul- und Praxissozialisation werden werden, sowie eine Benennung der Eingriffsebenen geschehen, über die Sozialisationsprozesse mit dem Ziel einer Verwissenschaftlichung der Praxis initiiert werden können. Dazu sind unter dem Gesichtspunkt der

Äquivalenz von Studium- und Praxissituation Strategien der Angleichung von akademischer und Praxissozialisation zu diskutieren. Sie dokumentieren sich in Konzepten der Berufs- und Praxisorientierung des Studiums, des Projektstudiums, der Praxisforschung, etc.). Dabei ist die Durchsetzung solcher Konzepte natürlich immer auf dem Hintergrund der Veränderungsbedürftigkeit der Praxis zu diskutieren, wie sie etwa in der Enquête zur Lage der Psychiatrie in der BRD beschrieben worden ist. Mit der Praxisorientierung des Studiums muß daher immer die Forderung nach einer veränderten Praxis verknüpft werden, wie sie etwa von Mitgliedern der Deutschen Gesellschaft für Soziale Psychiatrie (DGSP) gefordert und konzeptuell beschrieben wird, bzw. teilweise schon durchgesetzt ist (vgl. Dörner 1977).

So wesentlich m. E. Ergebnisse aus dem Bereich beruflicher Sozialisation zum Therapeuten sowohl für Planungen im Bereich der Studienreform wie für eine Verbesserung therapeutischer Praxis sein könnten, so gering ist unser Kenntnisstand in diesem Bereich.

Weder existiert in Ansätzen eine übergreifende Theorie, die als Rahmenkonzept zur Untersuchung beruflicher Sozialisationprozesse herangezogen werden könnte (vgl. Weinert 1972), noch erweisen sich die bislang entwickelten Einzelansätze als hinreichende Theoriegrundlage. Sie alle – der rollentheoretische, organisationstheoretische, lerntheoretische, aber auch der Ansatz des symbolischen Interaktionismus (vgl. Reiß und Schulmeister 1976², Piontkowski 1975) sind unter mehreren Gesichtspunkten unzulänglich:

Zum einen beschreiben sie Sozialisationsverläufe vorwiegend unter formalen, von Inhaltsaspekten abstrahierenden Gesichtspunkten. Weiter zeichnen sie sich durch einen generellen Mangel an Zielexplikation aus. Das hat weitere Folgen. Dem Sozialisanden wird im Sinne mechanistischer Prägungsmodelle (Meier 1974, Kieselbach 1977) eine *adaptive Rolle* zugeschrieben. Sozialisation wird als Prozeß der Integration in vorgegebene Umgebungen interpretiert, in dem kein Platz für eine *aktive Rolle* des Sozialisanden ist. Gerade aber die neuere Psychologiediskussion über die Notwendigkeit der Erarbeitung eines epistemologischen Paradigmas (Groeben und Scheele 1977) hat gezeigt, wie wichtig es ist, den Gegenstand der Psychologie, den Menschen, als reflexives, aktiv-zielgerichtet handelndes Subjekt zu konzipieren.

Deshalb sollten solche Sozialisationsmodelle entwickelt werden, die sowohl die adaptive als auch eingreifend verändernde, aktiv-zielgerichtete Funktion der Subjekte des Sozialisationsprozesses herausarbeiten. Eine psychologische Handlungstheorie könnte hier entscheidend weiterhelfen (s. u.).

Neben tragfähigen Theorieentwürfen fehlen aber auch schlichte Erfahrungsdaten über den Prozeß der beruflichen Sozialisation zum Psychotherapeuten. So wäre es nötig, den Prozeß der beruflichen Sozialisation im Rahmen von Längsschnittuntersuchungen zu rekonstruieren. Solche Untersuchungen liegen jedoch nicht vor. Lediglich eine Reihe von Einzeluntersuchungen z. B. über das Selbst- und Fremdbild von Psychologen, über Bedingungen der Berufszufriedenheit, über Erwartungen, die an das Studium und die Praxis geknüpft waren, etc. erhellen einige sozialisationsrelevante Fragestellungen (vgl. besonders die Publikationen in der Psychologischen Rundschau). Der Anspruch, mit dem diese Arbeit geschrieben wird, muß daher ein bescheidener sein. Die intensive Erforschung der Bedingungen und Veränderungen des Praktikerhandelns in der beruflichen Sozialisation könnte zur Verwissenschaftlichung der Praxis beitragen und diese anleiten. Erste Arbeiten mit dieser Zielsetzung existieren bereits. Im vorwiegend metatheoretisch verbleibenden Bereich vgl. Seeger 1977, Bromme und Hömberg 1977, Bromme i. d. Bd. Im descriptiven Bereich vgl. Breuer und Seeger 1977.

2. Das Ziel: Verwissenschaftlichung psychotherapeutischer Praxis

Für die Psychologie gilt dasselbe wie für andere Einzelwissenschaften: In dem Maße, in dem sie zu einem zunehmend wichtigen Faktor der Planung, Kontrolle und Zukunftsgestaltung wie der gesellschaftlich organisierten Lösung von Problemen wird, unterliegt sie selbst einem Prozeß der Vergesellschaftung. Mit der Vergesellschaftung von Wissenschaft wird parallel eine zunehmende Verwissenschaftlichung der gesellschaftlichen Praxis verwirklicht. Dadurch wird *wissenschaftliches Handeln* zur (im Kapitalismus sich widersprüchlich durchsetzenden) Zielkategorie und Anforderung an Wissenschaftler *und* Praktiker und die *Vermittlung von Wissenschaft an die von der Praxis Betroffenen* zur zentralen Aufgabe.

Für die Psychologie hat das Miller (1969) programmatisch in der Aufforderung formuliert, die Psychologie sei an die Betroffenen wegzugeben (›to give psychology away to the people‹) und hat damit das Kriterium benannt, an dem sich die Nützlichkeit der Psychologie (Seeger 1977) und ihre gesellschaftliche Relevanz zu erweisen habe. Umsetzungsversuche, die in diese Richtung gehen, gehen vom Konzept des ›personal scientist‹ aus (Mahoney 1977), verstehen Therapie als ›Hilfe zur Selbsthilfe‹ oder sehen die Aufgabe professioneller oder semiprofessioneller Hilfe in der solidarischen Beteiligung (nicht Dominierung!) an ›sozialen Aktionen‹ (vgl. Zaumseil i. d. Bd.). Dahinter steckt das Ziel, eine (wie sie in der Enquête zur Lage der Psychiatrie in der BRD [1975] vorgeschlagen wurde) nahezu lückenlose Expertenpräsenz, die eine Psychiatrisierung und Klinifizierung im gesellschaftlichen Maßstab nach sich zöge, durch eine solche Art von Hilfe abzulösen, in der die Bedürfnisse der Betroffenen angebotssteuernd sind (vs. professionell verordnete Hilfsangebote). Gleichzeitig sollen Prinzipien der Selbsthilfe, Nachbarschaftshilfe etc. zum Tragen kommen. In diese Richtung sollte eine Verwissenschaftlichung der Praxis gehen, die der Reflexivität der Klienten Rechnung trägt.

Die Forderung nach einer so verwissenschaftlichten Praxis der Psychologie impliziert, daß die Tätigkeit der Subjekte dieser Praxis als *auf Problemlösung gerichtetes wissenschaftliches Handeln* (Kaminski 1970) zu entwickeln ist, dessen Aneignung, Einübung und Ausübung zum Ziel der durch Hochschule und Praxis vermittelten beruflichen Sozialisationsprozesse wird. Prozesse beruflicher Sozialisation können dann in dem Maße als gelungen betrachtet werden, wie in ihnen innere (persongebundene) wie äußere (gesellschaftliche und institutionelle) Bedingungen realisiert werden, die wissenschaftliches Handeln, d. h. eine wissenschaftliche Praxis, ermöglichen. Diese Bedingungen erweisen sich vorrangig als gesellschaftliche und institutionelle (allgemein: Umgebungsbedingungen [Huber 1975]) Bedingungen des Qualifikations- und Sozialisationsprozesses, »durch den das Individuum Handlungsfähigkeit und Verhaltensstrategien für den jeweiligen sozialen Kontext erwirbt« (Huber 1974, 10f.). Sie wirken teils direkt, d. h. *unmittelbar* (handlungs-)steuernd, wenn sie dem Sozialisanden als scheinbar invarianter Handlungsrahmen vorgegeben erscheinen. NC-Bedingungen, in Prüfungs- und Studienordnungen kodifizierte Anforderungen, aber auch hochschulspezifische ›Invarianten‹ wie sie etwa durch die personelle Ausstattung der jeweiligen Hochschulinstitute gegeben sind (es gibt regional unterschiedliche durch Hochschullehrer repräsentierte Ausbildungs- und Forschungsschwerpunkte) bilden den Rahmen für den Inhalt und die Richtung akademischer Sozialisationsprozesse. In der Praxis existieren analoge Rahmenbedingungen, durch die das Praktikerhandeln mehr oder weniger direkt gesteuert wird. Sie sind als Bedingungen der Leistungsabrechnung, als personelle und finanzielle Bedingungen zu beschreiben, oder durch institutionenspezifische Aufgabenschwerpunkte, Organisationsstrukturen der Arbeit etc. gegeben. Gemeinsam ist allen genannten Rahmenbedingungen, daß sie, obwohl sie die Tätigkeit des einzelnen Praktikers weitgehend steuern, sie dennoch erst *vermittelt* wirksam werden; indem sie von den handelnden Subjekten wahrgenommen und verarbeitet werden. Es findet also ein Lernprozeß statt, in dessen Verlauf diese Bedingungen in Form von Erwartungen, Zielen, Handlungsstrategien etc. als subjektive Determinanten der Handlungen zum Tragen kommen.

Die hier ausschnitthaft aufgeführten Handlungs- bzw. Sozialisationsdeterminanten sind selbst Resultat sich verändernder gesellschaftlich-historischer Bedingungen, die sich als äußere Zwänge bis in die einzelne Arbeitshandlung hinunter auswirken. Im Hochschulbereich wirken sie in Form von HRG, entsprechenden Ländergesetzen, Ordnungsrechten und Regelstudienzeiten, in Form des Radikalenerlasses und seiner Folgen (Theorieverbot, Duckmäusertum etc.) formierend und verhindern tendenziell die Entfaltung der Wissenschaft. Im Bereich der Praxis erweisen sich gesetzliche Regelungen zur Krankenversorgungsfinanzierung, rechtliche Voraussetzungen der Berufstätigkeit, etc. als handlungsleitende Rahmencurricula beruflicher Sozialisationsprozesse, indem sie Erwartungen, Ziele, Handlungsspielräume und Handlungsstrategien der Sozialisanden festlegen.

Die Beispiele sollten verdeutlichen, daß berufliches Handeln der Wissenschaftlichkeitsforderung nur dann nachkommen kann, wenn zum einen der restriktive Handlungsrahmen erweitert wird, zum anderen aber auch die Determinanten des Berufshandelns und ihr Wirkung erkannt sind, so daß sie als Voraussetzung des eigenen Handelns Teil des jeweiligen operativen Abbildes werden. Auch ergibt sich aus dem Wissen um die Wirkungen solcher Rahmenbedingungen und der Kenntnis, daß sie die Möglichkeiten zur Überführung jeweils konkreter Zustände in antizipierte Zielzustände behindern, ein Motiv für ihre Veränderung.

Als psychologisches Modell, das hatten wir oben bereits angedeutet, zur Rekonstruktion solcher Sozialisationsprozesse, ihrer Determinanten und Verlaufsformen, wäre eine psychologische *Handlungstheorie* vorauszusetzen/zu erarbeiten. Für den Bereich des wissenschaftlichen Lernens hat Breuer (1975) in Anlehnung an Galperin (1969) und Hacker (1973) ein Theoriegerüst vorgelegt, innerhalb dessen die subjektiven Voraussetzungen (Steuerungskonzepte, Zielorientierung) studentischen Handelns beschrieben und untersucht werden konnten. Auch aus der Analyse der Tragfähigkeit behavioraler und kognitivpsychologischer Ansätze für die Untersuchung des wissenschaftlichen Lernens ergibt sich m. E. die Notwendigkeit, es als Studien*handeln,* seinen objektiven und subjektiven Determinanten und Effekten im Rahmen einer kybernetisch-psychologischen Handlungstheorie zu untersuchen (Kleiber 1976). In einem solchen Modell, auf deren genaue Explikation wir hier verzichten müssen, können Handlungen analog dem Modell eines Regelkreises beschrieben werden, wobei jeweils eine Orientierungsgrundlage, ein Ausführungsteil und ein Kontrollteil der Handlung voneinander zu unterscheiden sind. Die Orientierungsgrundlage (und als ihr Bestandteil der Kontrollteil der Handlung) repräsentiert die jeweils subjektiven Voraussetzungen der Handlung. Letztere sind als Orientierungsgrundlagen der Handlung (Galperin), als operative Abbilder (Oschanin), kognitive Schemata (Neisser 1976) etc. zu beschreiben. Dabei repräsentieren sie das Subjektwissen, das zur Lösung eines Problems mehr oder weniger ausreichend sein kann, subjektive Ziele, Erwartungen und Handlungspläne, d. h. sie sind innere Modelle der Handlung. Auf der Grundlage dieser inneren Modelle werden Handlungen ausgeführt, deren Konsequenzen an das handelnde Subjekt zurückgemeldet werden, so daß a. eine mögliche Steuerung/Regelung der Handlung (in bezug auf ein Ziel) b. eine Veränderung des operativen Abbildsystems möglich wird. Veränderungen des operativen Abbildsystems (der Orientierungsgrundlage der Handlung) können als Lernresultate angesehen werden, die als kognitive Strukturen, Wissen, Ziele, Motive, Einstellungen, Erwartungen etc. operationalisiert und gemessen werden können. Gleichzeitig sind sie Voraussetzung für neue Handlungen. Die operativen Abbilder haben, analysiert man sie genauer, eine hierarchisch-sequentielle Struktur, deren Inhalte im Lernprozeß verändert werden. Der Prozeß individueller Handlungsbildung und -steuerung bzw. -regulation vollzieht sich in der tätigen Auseinandersetzung mit der Realität. Die dort vorfindbaren ›Umstände‹ bilden die Voraussetzung der Handlung, in deren Verlauf sie zu Bestandteilen des operativen Abbildsystems werden und als Wissen *interiorisiert*/verinnerlicht werden. Die Produkte des Interiorisationsvorganges werden dann im nächsten Schritt zur Voraussetzung weiterer Handlungen, über die die ›Umstände‹/Bedingungen, unter denen sich Handeln vollzieht, verändert werden können. *Sozialisation ist im Rahmen dieses Modells ein Lernprozeß, der als wechselseitiger Interiorisations- und Exteriorisationsprozeß beschrieben werden kann.* Auf der Basis äußerer Bedingungen werden durch Handlungen innere Modelle der Außenwelt gebildet, die als regulatives Wissen die subjektspezifische Voraussetzung weiterer Handlungen repräsentieren.

Voraussetzungen für *wissenschaftliches Handeln* sind auf der Subjektseite (und damit Ziel des Sozialisationsprozesses) solche operativen Abbilder (Orientierungsgrundlagen), die die Kenntnis der Rahmenbedingungen der (Praxis-)Handlungen und der Gesetzmäßigkeiten umfassen, über deren Anwendung vorgefundene Ist-Zustände in Soll-Zustände transformiert werden können. Unter diesem Gesichtspunkt müssen die durch die Hochschulausbildung vermittelten operativen Abbilder als unvollständig beschrieben werden, da sie weder die gesellschaftlichen und institutionellen Bedingungen noch die personspezifischen Voraussetzungen therapeutischer Handlungen in hinreichendem Maße berücksichtigen bzw. zu ihrer

Veränderung anleiten.

Der handlungstheoretisch rekonstruierte Sozialisationsprozeß hat eine *adaptive*, weil auf äußere Umstände notwendig bezogene Seite, konstituiert sich aber wesentlich über die Tätigkeit der Sozialisationssubjekte, deren *Aktivität* Voraussetzung für Sozialisationseffekte wird. I. d. S. überwindet die Handlungstheorie mechanistische Prägungstheorien der Sozialisation und erlaubt prinzipiell eine vollständige Rekonstruktion individueller Sozialisationsprozesse (was die Kenntnis der subjekt- und umgebungsspezifischen Voraussetzungen des Sozialisationsprozesses voraussetzt). Wir wollen hier mit der Theorieexplikation individueller Sozialisationsprozesse abbrechen und versuchen, einige der äußeren Bedingungen beruflicher Sozialisation zu benennen, die interiorisiert zu subjektspezifischen Handlungsvoraussetzungen werden und mehr oder weniger adäquat für die Einlösung der Forderung nach wissenschaftlicher Problemlösung sein können.

Ich hatte oben bereits angemerkt, daß Sozialisationsprozesse in der Hochschule unter Bedingungen ablaufen, die sich von denen der realen Praxis wesentlich unterscheiden. Da die Praxisbedingungen im Studium nur unzureichend repräsentiert sind, ergibt sich notwendig die Annahme prinzipieller Sozialisationsdifferenzen zwischen Studien- und Berufshandelnden. Da die Studierenden in der Hochschule praktisch keine Modelle des Praktikerhandelns vorfinden, fehlen praxisbezogene Lernfelder. Die Hochschullehrer, die als Sozialisationsagenten sicherlich eine wesentliche Funktion haben, arbeiten (aus Gründen eigener und sanktionierter Berufsidentität) wissenschafts- und nicht praxisorientiert. Die von ihnen initiierte Psychotherapieforschung fand (aus Gründen der Methodenauffassung, der Gegenstandsauffassung und des impliziten Menschenbildes der Psychologie) primär nach dem Modell idealisierter Bedingungskontrolle statt, in der ›reale Bedingungen‹ konstant oder als Störvariablen ausgeschaltet wurden. Daß so entwickelte Therapietechniken eine für die Praxis von Psychologen unzureichende Voraussetzung darstellen, kann nicht verwundern. Die Forderung nach einer Verwissenschaftlichung der Praxis, nach wissenschaftlichem Handeln in der Praxis wird nur insoweit erfüllt werden können, als man den Prozeß realen Praktikerhandelns, in dem ja auch Erfahrungsbildung stattfindet, wissenschaftlich untersucht. Auf diese Weise lernen Wissenschaftler von Praktikern und können wissenschaftliche Ergebnisse, Erklärungen des eigenen Praktikerhandelns liefern, die als Bestandteil des operativen Abbildsystems die subjektspezifischen Voraussetzungen der Handlungen bilden und letztere anleiten.

2.1. *Gesellschaftliche und institutionelle Determinanten der beruflichen Sozialisation*

Wenn die Finanzierung psychotherapeutischer Maßnahmen innerhalb eines krankenversicherungsrechtlichen Rahmens geschieht, was bis vor 1 1/2 Jahren noch der (mögliche) Fall war, kommt (wie bei den Medizinern) eine *›innere Logik des Abrechnungssystems‹* (vgl. Wolff i. d. Bd.) zum Tragen. Die Abrechnungsfähigkeit therapeutischer Einzelleistungen muß über expertendefinierte diagnostische Kategorien nachgewiesen werden. Die Folge sind ›Psychiatrisierungstendenzen‹ im Gesundheitswesen, die aus außengesetzten Diagnoseanforderungen und bürokratischen Anforderungen erwachsen. Infolge der (abrechnungstechnisch notwendigen) Diagnosezuschreibungen werden labeling- und Stigmatisierungsprozesse ausgelöst, die einen Krankheitsverlauf im Sinne einer ›self-fulfilling-prophecy‹ begünstigen. Über diese Form der Finanzierung psychosozialer Versorgungsleistungen wird faktisch die Möglichkeit zu wissenschaftlichem Handeln eingeschränkt sowie den Interessen der Hilfesuchenden entgegengearbeitet. Gleichzeitig steckt in den Konstruktionsprinzipien unseres Krankenversicherungssystems eine Priorisierung kurativer Hilfsangebote. Dadurch müssen sozusagen erst behandlungsfähige Einheiten geschaffen werden, bevor Leistungen begründet und abgerechnet werden können. Für die Organisation psychosozialer Hilfe bedeutet das eine Festschreibung einer Komm-Struktur, die die ›Helfer‹ darauf festgelegt, auf ihre Klientel zu warten, bis der Krankheitsprozeß so weit fortgeschritten ist, daß er in abrechnungsfähigen Einheiten behandelbar ist (vgl. Dörner 1975). Die Finanzierungsmodi psychotherapeutischer Tätigkeiten erweisen sich also als Handlungsimperative, die jede Möglichkeit einer präventiven Orientierung von Hilfsangeboten verhindern. Hierin liegt ein Grund, warum fortschrittliche Konzepte zur psychosozialen Versorgung Finanzierungsmodelle vorschlagen, die die Gesundheitsarbeiter tarifrechtlich abgesichert in öffentlich finanzierten Institutionen beschäftigt wissen wollen, eine private Abrechnung von Einzelleistungen ablehnen sowie der immer wieder geforderten Kassenabrechnungsfähigkeit psychologisch-therapeutischer Einzelleistungen skeptisch gegenüberstehen (vgl. DGVT, DGSP und Vorschläge der Enquête-Kommission 1975). Geboten scheinen Modelle, die eine Pauschalabrechnung mit Versorgungsträgern vorsehen.

Im Zusammenhang mit der zunehmenden *Arbeitslosigkeit* von Psychologen, auf deren Ursachenanalyse wir hier nicht eingehen können (vgl. IMSF 1977, Güther 1978, Ernst 1977), ergeben sich weitere Zwänge in der beruflichen Sozialisation. Getrieben von Reproduktionsnotwendigkeiten orientieren sie sich immer mehr in Richtung auf den ›freien Therapiemarkt‹. In der *›freien‹ Praxis* unterliegen sie aber – insbesondere, seit ihre Leistungen nicht mehr kassenabrechnungsfähig sind – dem Zwang, privat auf Honorarbasis abzurechnen. Dabei schlägt ein simpler Mechanismus durch: Die Praxen werden dort eröffnet, wo die Aussicht, daß sie finanziell getragen werden können, am größten sind. Die Therapieangebote werden sich also auf eine Mittel- und Oberschichtenklientel richten müssen, was die Verschärfung bereits bestehender Versorgungsungleichheiten in der Bevölkerung bedingt (vgl. Enquête-Bericht 1975, Gleiss, Seidel und Abholz 1973). Mit der Wahl des Standortes der Praxis wird zwangsläufig eine Vorselektion der Klienten getroffen. Diese setzt sich mit engerem Raster in der Institution fort, wobei organisatorische und therapeutenspezifische Selektionskriterien wirksam werden. Die einzelnen Institutionen haben in der Regel Wartelisten, präferieren eine bestimmte Klientel, sind schulenspezifisch ausgerichtet o. ä. Therapeutenspezifische Selektionskriterien ergeben sich ebenfalls aus der Tatsache, daß die Praxisinstitutionen meist lange Wartelisten haben, die zur Abweisung vieler Klienten zwingen. Schulenspezifische Orientierungen der Therapeuten, Bevorzugungen bestimmter Problemtypen wie bestimmter Kliententypen (sog. YAVIS-Persönlichkeit: sie ist young, attractive, verbal intelligent, successful) wirken als Selektionskriterien. Für den einzelnen Therapeuten ergibt sich in der ›freien Praxis‹

auch die Notwendigkeit, die Arbeit nach den Prinzipien und Gesetzen des ›freien Marktes‹, also nach ökonomischen Prinzipien zu organisieren. Daraus folgt, daß aufwendige Psychodiagnostik und Einzelfalltherapie von den Therapeuten mit zunehmender Berufserfahrung als unwichtiger erlebt werden (Breuer und Seeger 1977). Insgesamt zeigt sich, daß über den Einsatz therapeutischer Maßnahmen weniger problem- bzw. klientenorientiert als vielmehr ertragsorientiert entschieden wird. Vielleicht liegt hier mit ein Grund für die zunehmende Beliebtheit verschiedenster gruppentherapeutischer Verfahren und standardisierter Therapieangebote.

Im institutionellen, auch öffentlich finanzierten Kontext ergeben sich unter gegenwärtigen Bedingungen generellen Versorgungsmangels eine Reihe (institutionenspezifisch variierender) Probleme, die individuelle Lösungsstrategien von den Berufshandelnden verlangen, die man als Effekte beruflicher Sozialisation interpretieren kann.

Auf dem Verhaltenstherapiekongreß der DGVT 1976 sahen sich Boyer et al. (1977) dazu veranlaßt, die dadurch entstehenden *Probleme praktisch tätiger Verhaltenstherapeuten* (für andere an Schulrichtungen orientierte Praktiker wird Analoges gelten) zur Diskussion zu stellen. Das geschah – bezeichnenderweise –, indem sie die sich offensichtlich aus institutionellen und gesellschaftlichen Bedingungen ergebenden Schwierigkeiten in verhaltensanalytischer Betrachtungsweise als Devianz einer fiktiven Klientin ›Anna O‹ individualisiert abbildeten. Anna O klage insbesondere darüber, daß sie den Anforderungen und Ansprüchen, die sie in der universitären Ausbildung vermittelt bekommen hat und als persönliche Zielkategorien ihres Berufshandelns akzeptiert hat, nicht genügen kann. Komplexe Randbedingungen des Einzelfalles lassen die Anwendung gelernter Therapietechniken nur in entarteter Weise zu, die Warteliste setzt sie unter einen Zeitdruck, dem sie nicht ausweichen kann. Sie muß Klienten abweisen und kann nur ungenügend viele Therapietermine anbieten. Zu Beobachtungen im Lebenskontext der Klienten kommt sie gar nicht. Für den Einsatz bestimmter Therapieverfahren fehlen ihr technische Geräte. Auch zu Kontrolluntersuchungen, die ihr ein feedback über ihre Effektivität geben könnten, kommt sie nicht. Sie hat jedoch das Ziel, beruflich effektiv und wissenschaftlich akzeptiert zu arbeiten. Die Verhaltensanalyse *ihrer* Schwierigkeiten erbringt zwar funktionale Zusammenhänge zwischen den äußeren Bedingungen und ihrem Problemverhalten, eine Therapieplanung gerät aber nicht über das Stadium einer im brainstorming zusammengetragenen Liste von Einzelvorschlägen hinaus. Diese Liste enthält überdies – vielleicht wieder bezeichnenderweise – keine Handlungsvorschläge, die auf die Veränderung der Randbedingungen ihrer Tätigkeit abzielen. Sie enthält praktisch nur subjektive Lösungsvorschläge. Zu einem konkreten Therapieplan kommt es gar nicht. Offensichtlich ist ›der Fall‹ zu komplex, um mit dem Inventar der Verhaltensanalyse und -therapie bearbeitet werden zu können.

Relevant für Fragen der beruflichen Sozialisation erscheinen mir die von den Autoren vorgeschlagenen Schlußfolgerungen: sie legen nahe, therapeutische Maßnahmen mit Blick auf zwei Ebenen zu entwickeln: die durch die Problemstruktur der Klienten vorgegebene Ebene und die durch die Problemstruktur der Arbeitssituation vorgegebene Ebene. Da letztere weder in der Therapieforschung noch in der universitären Ausbildung Berücksichtigung findet, sind in der beruflichen Sozialisation Um- und Neulernprozesse notwendig, die auf die je spezifischen Bedingungen der Arbeitssituation ausgerichtet sind. Ihr Ergebnis sind Praktikererfahrungen, die, wenn sie systematisiert aufgearbeitet und zur Grundlage der Entwicklung therapeutischer Techniken gemacht würden, zur Voraussetzung einer praxisrelevanten Psychologie werden könnten.

In Form unzureichender personeller Ausstattung der Institutionen, objektiven Zeitmangels, in Form begrenzter finanzieller Ressourcen und unzureichender Ausstattungen der Institutionen wie intitutionenspezifischer ›Zwänge zur Aufnahme‹, institutionell verankerter Hierarchien etc. zeigen sich uns institutionengebundene gesellschaftlich produzierte Zwänge, die wissenschaftliches Handeln behindern, Kooperations- und Interaktionsformen der Praktiker strukturieren etc., dem Berufshandelnden insgesamt individuelle Lösungsstrategien abverlangen, die sich von den universitär vermittelten wesentlich unterscheiden. Die Wahl bestimmter Lösungsstrategien wird dabei ein Ergebnis der Interaktion der genannten Rahmenbedingungen und personspezifischen Voraussetzungen (Motive, Einstellungen, bisherige Lernerfahrungen, etc.) sein.

Angesichts des regelmäßig vorfindbaren Personalmangels wird es zumindest in solchen Institutionen, in denen kein Aufnahmezwang (wie etwa in Psychiatrischen Landeskrankenhäusern) besteht, notwendig, Wartelisten aufzustellen und Klienten abzuweisen. Die Abweisungsquote beträgt dabei teilweise bis zu 70% (vgl. Breuer und Seeger 1977). Angesichts solcher Bedingungen stellt sich für den einzelnen Psychologen die Frage, welchen Klienten nehme ich, wen weise ich ab. Soll ich versuchen, die Warteliste klein zu halten, was auf Kosten der Gründlichkeit therapeutischer Maßnahmen ginge, oder versuche ich das, was ich mache, gründlich und verantwortungsbewußt zu machen, dann gerate ich u. U. in Konflikt mit dem Träger der Institution, der eine bestimmte Anzahl behandelter Fälle zur Voraussetzung der Weiterfinanzierung macht, außerdem verlängere ich die Warteliste. Die jeweiligen Entscheidungen werden hier sicherlich in Abhängigkeit von qualifikatorischen, motivationalen und zielbezogenen Merkmalen des einzelnen Psychologen getroffen werden. Breuer und Seeger (1977) kamen nach einer Befragung von Beratern und Therapeuten, die deren praktische Tätigkeit, ihre Vorgehensweisen und Problemlösestrategien und institutionellen Kontexte erfaßte, zu einer Beschreibung von drei idealtypisch differenzierbaren Lösungsmustern:

- die Lösung durch Verdrängung
- Lösung durch Wartenlassen, in der Hoffnung auf viele ›Spontanremissionen‹
- Lösung durch Überweisung, ein Versuch der aktiven Steuerung bzw. Lösung des Dilemmas. Ein solcher Versuch muß jedoch so lange scheitern, wie es keine Institutionen gibt, die Fälle aufnehmen können, weil sie selbst eine lange Warteliste haben.

Inter-individuell differieren werden auch Bewältigungsstrategien auf einer anderen Ebene: Dadurch, daß Klienten abgelehnt werden müssen, können/müssen auch Klienten ausgewählt werden. Hier wird es persönlichkeits- und therapeutenspezifische Bevorzugungen etwa ›bestimmter Problemtypen‹, ›bestimmter Klienten‹ etc. geben.

In Institutionen, in denen sich die Zwänge noch drastischer zeigen, wie etwa in den Landeskrankenhäusern, für die ein Aufnahmezwang besteht, kommt es zu eigentlich psychologisch-problemlösender Arbeit in der Regel gar nicht erst (Breuer und Seeger 1977), da nur noch eine Auseinandersetzung mit den eigenen Arbeitsbedingungen möglich ist. Als handlungsdeterminierend erweisen sich auch hier die Personalausstattung, ungenügende räumliche und finanzielle Ausstattung, Gemeindeferne der Institution, Zwangseinweisungen, institutionalisierte Hierarchien usw. Als »Lösungsstrategien« erweisen sich hier entweder Tendenzen zum ›Therapeuten-drop out‹, was mit einem Stellenwechsel verbunden wäre, oder die Arbeit verlagert sich auf die Ausbildung von Mediatoren (Krankenschwestern, Pflegern etc.) Alle bisher genannten gesellschaftlich und institutionell vorgegebenen Determinanten beruflicher Sozialisationsprozesse sind, das sahen wir, zwar unmittelbar gegeben, wirken sich aber im Verhalten der Problemlöser/Therapeuten in von personalen Merkmalen abhängig differierender Weise aus, verändern Qualifikation, Einstellung und Handeln des Praktikers. Kaminski (1970) trägt diesem Sachverhalt Rechnung, wenn er therapeutische Tätigkeit analog einer komplizierten Theorie des Problemlösens auffaßt. In ihr wirken – wie er sagt – sog. äußere Umstände, wie Zeitmaßstäbe, Leistungsmaßstäbe, personale Voraussetzungen (institutionenspezifische Schulorientierungen), Anforderungen durch die Auftraggeber sowie der technisch-organisatorische Rahmen des Berufshandelnden, immer nur über die persongebundenen und -spezifischen Kognitionen. Daraus folgt, daß sie nicht mechanisch, sondern über Individualkonstanten, -variablen vermittelt wirksam werden. Indem die Effekte des so produzierten Verhaltens reafferent gesteuert zu individuellem *Wissen*, Teil des subjektspezifischen operativen Abbildsystems werden (vgl. oben), werden individualspezifische Theorien über Fallbearbeitungen entwickelt, deren Gehalte den Rahmenbedingungen und ›Individual-Parametern‹ Rechnung tragen, und Problemlösungsstrategien des jeweiligen Psychologen. Die Erforschung und Systematisierung solch persongebundener Problemlösungstheorien, in die ja die durch die restriktiven Rahmenbedingungen vermittelten Erfahrungen eingehen, könnte u. E. einen Schritt in Richtung auf die Produktion praxisrelevanten Wissens weiterführen.

Die Ergebnisse solcher Forschungen könnten, an die Studierenden und Praktiker rückvermittelt, deren operatives Abbildsystem vervollständigen und eine Orientierungsgrundlage schaffen, die zu wissenschaftlichem Handeln befähigt. So hat sich in den letzten Jahren infolge der zunehmenden Kenntnisnahme der gesellschaftlichen, institutionellen und personalen Voraussetzungen psychiatrisch-psychotherapeutischer Arbeit eine Gegenbewegung zur traditionellen psychiatrischen und psychotherapeutischen Versorgung herausgebildet, die darauf abzielt, die Handlungsbedingungen und Handlungen der in diesem Bereich beruflich Tätigen zu verändern. In Italien entwickelte sich in Anwendung marxistischer Gesellschaftstheorie und sozialwissenschaftlicher Krankheitsmodelle die Demokratische Psychiatrie, deren Erfolge beeindruckend sind (vgl. Jervis 1977). In der BRD initiierten insbesondere Mitglieder der DGSP Veränderungen in der psychosozialen Versorgung, die klienten- und problemorientiert und nicht vorrangig schulenorientiert organisiert sind. Dabei wurde zunächst eine Selbstaufklärung der Psychiatrie als Institution und Wissenschaft betrieben, in der herausgearbeitet wurde, daß viele der in psychiatrischen Institutionen vorfindbaren Symptome erst durch die Institution verursacht werden. Dieser zunächst noch theoretisch-intellektuell betriebenen Analyse schlossen sich erste Aktionen an. Infolge mehr emotional geprägter Aufklärungsprozesse in der antiautoritären Bewegung wurden neue Lebensformen propagiert, die sich konzeptuell auch in der Psychiatrie durchgesetzt haben. In dieser Phase entstand in Italien die ›Demokratische Psychiatrie‹, wurde die erste psychiatrische Anstalt durch Basaglia geöffnet. In der BRD entstand der Mannheimer Kreis, eine Bewegung, die aus dem Zusammenschluß aller in der Psychiatrie tätigen Berufsgruppen eingeleitet wurde. Ihre Vertreter setzten sich ein für die Ablösung von standes- und berufspolitischen Interessen durch eine Zuwendung zur Situation des Patienten, für eine Beseitigung der berufsgruppenspezifisch variierenden Wahrnehmungen und Sprachen und entwickelten sozialpsychiatrische Konzepte, die in einer weiteren Phase aufgrund der Initiative von DGSP-Mitgliedern institutionelle Wirklichkeit wurden – eine Wirklichkeit, die noch völlig unterentwickelt und unzureichend ist, deren Durchsetzung jedoch notwendig erscheint (vgl. Dörner 1977). Die Konzepte der Demokratischen Psychiatrie in Italien wie die von der DGSP entwickelten Konzepte einer sozialen

Psychiatrie sollten zum Modell genommen werden, dessen Durchsetzung und Verbesserung mit dem Ziel einer Verwissenschaftlichung der Praxis betrieben werden sollte.

2.2. *Personale Faktoren in der beruflichen Sozialisation*

Studenten verschiedener Fachrichtungen unterscheiden sich hinsichtlich mehrerer Persönlichkeitsmerkmale signifikant voneinander. Das gilt für Personenmerkmale wie Erfolgs- und Mißerfolgsmotivation, für das Leistungsmotiv, für Zielorientierungen, politische Einstellungen, kognitive Gründe des Studienhandelns, aber auch für das konkrete Studienverhalten (vgl. Feldman-Newcomb 1970, Halsey und Trow 1971, Breuer et al. 1975, Kleiber 1976). Akademische Sozialisation ist also offensichtlich Fachsozialisation! Für die fachspezifischen Unterschiede von Personmerkmalen wird häufig ein – im Vorlauf zur Hochschulsozialisation stattfindender – Prozeß der Selbstselektion verantwortlich gemacht. Danach wird angenommen, daß eine Korrespondenz zwischen Personmerkmalen und der Wahl des Studienfaches besteht; eine Annahme, die mehrfach bestätigt wurde. Der Hochschule wird dann die Funktion zugeschrieben, vorhandene Unterschiede vermittels des ›fachspezifischen Klimas‹ zu akzentuieren. Für die Psychologen lassen sich die Effekte des angesprochenen Selbstselektions- und Akzentuierungsprozesses wie folgt beschreiben: »An den Persönlichkeitsmerkmalen fällt bei den Psychologen noch auf, daß sie als einzige Studenten erfolgsmotiviert sind. Es unterscheiden sich in dieser Hinsicht nur zwei Fachbereiche: Die Mathematiker sind extrem mißerfolgsmotiviert, die Psychologen notorisch erfolgsmotiviert. Diese hohe Erfolgszuversicht geht einher mit einer ausgeprägten Fortschrittsgläubigkeit als wissenschaftlicher Haltung und mit einem geringen generellen Arbeitseinsatz.« (Keil und Piontkowski 1973, S. 238). Im Vergleich zur Gesamtpopulation der Studenten sind die Psychologen hinsichtlich ihrer hochschulpolitischen Orientierung als eher progressiv zu kennzeichnen (vgl. Kieselbach 1977). Die Psychologiedozenten – und damit Sozialisationsagenten mit Modellfunktion – verfolgen als Ziele ihres akademischen Unterrichts Ziele, die sie als Teamworker und Arbeitsbiene (Keil und Piontkowski 1973) kennzeichnen. Arbeitsbiene und

Teamworker sind (neben Klein-Humbold) faktorenanalytisch gewonnene Beschreibungsdimensionen dozentenabhängiger Zielorientierungen des akademischen Unterrichts. Die Arbeitsbiene ist gekennzeichnet durch Ziele wie Fachwissen, Stoffbeherrschung und Sachkenntnisse, Arbeitstechniken, Arbeitseinteilung, Arbeitsdisziplin und -strategie. Der Teamworker präferiert Zieldimensionen wie selbständiges Denken, Autonomie und Kommunikationsfähigkeit, Fähigkeit des kritischen Wertens und Urteilens, etc. Die Psychologiedozenten verfolgen also vorwiegend Ziele, die auf Kooperationsfähigkeit und Arbeitstüchtigkeit abzielen. Praxisbezogene Ziele wurden nicht abgebildet. Dies ist kein Wunder, da zum einen Praktiker in den seltensten Fällen als Hochschullehrer tätig sind, zum zweiten das akademische (Karriere-)Gratifikationssystem auf die Beurteilung von Forschungsarbeiten und Wissenschafts-›output‹ (gemessen an der Anzahl der Publikationen der Fachvertreter) geeicht ist. Praktische Tätigkeit und Lehrtätigkeit spielen nur eine untergeordnete Rolle, sie werden entweder, wie die Lehre, als unvermeidbare Pflicht angesehen oder als Hobby, für das man eigentlich kaum Zeit findet.

In analoger Weise zur fachspezifischen Sozialisation wie der vorgeschalteten Selbstselektion, die ein Resultat der Wechselwirkung von Einstellungen der Studienaspiranten und dem Fachimage sein werden, wollen wir davon ausgehen, daß ähnliche Prozesse auch bei der Berufswahl und beruflichen Sozialisation wiederzufinden sein werden. Eingeschränkt wird der Effekt der Selbstselektion in der Berufswahl sicherlich durch Außenbedingungen wie die zunehmende Arbeitslosigkeit von Psychologen, die es nicht mehr zuläßt, daß man sich interessenspezifisch bewirbt. Statt dessen wird eine tendenziell breit gestreute Bewerbungspraxis die Folge sein, werden die Zahlen der Stellenwechsel steigen, etc. Dennoch gehen wir von einem Zusammenhang zwischen Personenmerkmalen der Therapeuten/Praktiker und der Wahl/Bevorzugung bestimmter Therapierichtungen/-schulen aus. Zu differenzieren wären beispielsweise eher personorientierte oder eher verhaltensorientierte Psychologiekonzeptionen (GT vs. VT).

Es bleibt zu vermuten, daß sich im Studium sowohl personabhängige Präferenzen in dieser Richtung zeigen, als auch analog Therapierichtungen bzw. eine Bevorzugung therapeutischer

Verfahren personabhängig gewählt werden wird. Verstärkt wird die Annahme eines solchen Zusammenhangs durch die Tatsache, daß es bislang keine hinreichend begründete Lösung des Indikationsproblems gibt. Dadurch werden die Therapeuten zu Entscheidungen gezwungen, die weniger durch wissenschaftliche Argumentationshintergründe als durch persönliche Erfahrungen, Ziele, Werte geprägt sind. Ebenso werden Entscheidungen über Therapieziele vom impliziten Menschenbild, den Ziel- und Wertvorstellungen der einzelnen Therapeuten abhängen, solange keine ›rationale‹ Begründung von Therapiezielen (vgl. Kleiber et al. 1977) möglich ist. Für die Therapie bzw. die Frage nach dem wissenschaftlichen Praktikerhandeln ergeben sich aus diesem Sachverhalt beträchtliche Konsequenzen. Struck und Birkhan haben auf den Umstand aufmerksam gemacht, daß in systemtheoretischer Betrachtung therapeutischer Prozesse immer eine wechselseitige Determination und Erfahrungsbildung an der Therapie beteiligter Personen stattfindet. Die Kenntnis der personalen Voraussetzungen des Therapeuten ist deshalb für eine Therapie, die wissenschaftlichen Anforderungen nach Kontrollierbarkeit genügen möchte, unumgänglich. Sie wird zur Voraussetzung für wissenschaftliches Praktikerhandeln. Diesem Sachverhalt trugen Friedrichsen und Heckert (1978) Rechnung, als sie ein instruktionspsychologisch relevantes ›Supervisionssystem‹, das nach dem Prinzip des ›lauten Denkens‹ arbeitet, entwickelten. Dabei kommt es darauf an, die therapeutenspezifischen, persönlichkeitsabhängigen Reaktions- und Verarbeitungsmuster transparent und kontrollierbar zu machen. Psychologiepraktiker sehen dieses Problem ebenfalls. Als Lösung schlagen sie, wie die Untersuchung von Breuer und Seeger (1977) dokumentiert, den Einsatz von Selbsterfahrungsgruppen (für Therapeuten), gruppendynamischen und/oder Gestalttrainings sowie systematische Supervision der Therapeuten vor. Während Supervision vorwiegend die Funktion erfüllt, die Anwendung psychologischer Interventionstechniken zu optimieren oder therapeutische Gesprächsführungstechniken zu trainieren, zielen die übrigen Verfahren eher auf eine Verbesserung der Selbstwahrnehmung, der kommunikativen Kompetenz, auf ein besseres Einfühlen in Klientenprobleme usw. und helfen den Therapeuten, Sicherheit im Umgang mit dem eigenen Verhalten zu gewinnen.

Aber nicht nur die Auswahl einzelner Interventionstechniken oder eines spezifischen Gesprächsführungsverhaltens sowie die Präferierung bestimmter Schulen in der Psychologie wird mit Personmerkmalen der Therapeuten interagieren.

Wesentlich – gerade unter therapeutischen Gesichtspunkten – ist auch der Anspruch des Therapeuten auf die Ausbildung der Rollenkonstellation Therapeut-Klient, in der er aufgrund seiner Machtposition dominierend sein wird. Die Frage, ob die Rollenkonstellation eher auf Statusdifferenzierung oder Ich-Beteiligung des Therapeuten und damit auf die Herausbildung eines diskursfähigen Interaktionsklimas abzielt, hängt somit weitgehend von der Persönlickeit des Therapeuten ab. Erschwerend für ihn wird dabei sein, daß er sich mit Erwartungen seitens der Institution, bei der er beschäftigt ist, aber besonders auch mit Erwartungen seitens der Klienten auseinandersetzen muß und dabei eine Fülle von Konflikten auftreten können bzw. Abstimmungen notwendig sind. So werden Klienten aus ihrer eigenen Erfahrung mit Therapeuten den Psychologen in Analogie zum Arzt wahrnehmen und entsprechende Erwartungen an ihn richten, die ein auf Statusdifferenzierung abzielendes – der Therapie aber abträgliches – Therapeutenverhalten unterstützen. Die Erwartungen der Klienten erweisen sich daher als Sozialisationsinstanzen für die Therapeuten. Deshalb ergibt sich als Voraussetzung einer wissenschaftlichen Praxis auch die Aufgabe, Klientenerwartungen zu modifizieren. Für den Therapeuten bedarf es dabei großer Mühe, den Klienten als aktiven Therapiebeteiligten ›aufzubauen‹ und sich selbst in die Rolle des unterstützenden Partners zu begeben. Die Schwierigkeit wird noch größer durch den Umstand, daß aufgrund der objektiven Beschäftigungsbedingungen von Psychologen sowie der Rechtslage, die verbietet, Therapie im Sinne von *Heilausübung* zu machen, ständig an anderer Stelle statusgewinnbezogene Einstellungen und Handlungen notwendig werden. Der Psychotherapeut steht im Verhältnis zum Klienten dem Anspruch nach als Partner eines therapeutischen Diskurses den (insbesondere Mediziner-)Kollegen und Geldgebern bzw. staatlichen Institutionen gegenüber in einem ständigen Professionalisierungszwang (vgl. Schwarz i. d. Bd.).

Die Veränderung *personaler Qualifikation* im Prozeß institutions-, aufgaben- und personabhängiger Erfahrungsbildung kann nicht, so meinen Breuer und Seeger (1977), als Prozeß kumulativen Wissenserwerbs beschrieben werden, eher als qualitative Um- bzw. Neustrukturierung von Wissen, Fähigkeiten und individueller Kompetenz. Idealtypisch verglichen sie auf der Grundlage ihres Datenmaterials den Berufsanfänger mit dem erfahrenen Praktiker. Beide haben bzgl. der Fähigkeitsdimension nicht viel gemeinsam. Sowohl hinsichtlich der subjektiven Sicherheit des eigenen Verhaltens wie auch des Selbstkonzepts unterscheiden sie sich beträchtlich. Während der Berufsanfänger – infolge einer unzureichend klar definierten Aufgaben- und Kompetenzzuweisung – Orientierungsschwierigkeiten hat, den Sozialisationsdruck der neuen Umgebung spürt, ohne ihm sinnvoll begegnen zu können, hat der ›erfahrene Praktiker‹ private Lösungsmuster entwickelt, die ihn in seinem Beruf zufrieden sein lassen. Unter dem Zwang, sich arrangieren zu müssen, führt die Einsicht in den unzureichenden Entwicklungsstand der Psychologie entweder zu praktischem Eklektizismus oder aber dazu, sich einem bestimmten therapeutischen Konzept fest zu verschreiben und darüber die eigene berufliche Identität zu bestimmen. Wichtig für den Gewinn subjektiver Sicherheit sind offensichtlich auch die Gratifikationen, die sich aus dem besseren oder schlechteren Kooperationsklima in der Praxisinstitution ergeben. Interessant in diesem Zusammenhang ist vielleicht ein kürzlich veröffentlichtes Untersuchungsergebnis (Brandtstädter und Bernitzke 1978): Verschiedene Merkmale wurden hinsichtlich der subjektiven Bedeutsamkeit für die Arbeitszufriedenheit eingeschätzt. Die geordnete Rangreihe sah wie folgt aus: 1. Selbständigkeit, 2. Betriebsklima, 3. Fortbildungsmöglichkeiten, 4. Abwechslung, Vielfalt, 5. fachliche Kooperationsmöglichkeiten, 6. sozial-gesellschaftliche Bedeutung, 7. personell-materielle Ausstattung des Arbeitsfeldes, 8. fachliches Ansehen, 9. Sicherheit am Arbeitsplatz, 10. Einkommenshöhe, 11. Arbeitsbelastung, 12. soziales Prestige, 13. Anteil nichtpsychologischer (fachfremder) Aufgaben, 14. Entsprechung Studium/Beruf, 15. Aufstiegsmöglichkeiten.

Klinische Psychologen, Erziehungsberater und Schulpsychologen beurteilten in dieser Untersuchung ihre Tätigkeit hinsichtlich der Merkmale Selbständigkeit, Abwechslung/Vielfalt und Fortbildungsmöglichkeiten relativ besser als ihre Kollegen in anderen Berufspositionen. Die Gesamtzufriedenheit mit der beruflichen Situation ist offensichtlich recht gut. Interessant sind vielleicht noch zwei weitere Ergebnisse: Klinische Psychologen schätzten die Bedeutung des fachlichen Ansehens für ihre Arbeitszufriedenheit geringer ein als die meisten anderen Berufsgruppen. Der Zusammenhang einzelner Zufriedenheitsaspekte mit der Gesamtzufriedenheit wurde mittels einer multiplen Korrelationsanalyse errechnet. Dabei ergab sich das erstaunliche Ergebnis, daß gerade diejenigen Aspekte, deren Bedeutung für die Arbeitszufriedenheit niedrig eingeschätzt wurden, in den Satz optimaler Prädiktorenvariablen mit eingingen. »Mit einem auf die vier Einzelzufriedenheiten ›Betriebsklima‹, ›Abwechslung/Vielfalt‹, ›fachliches Ansehen‹ und ›sozial-gesellschaftliche Bedeutung der eigenen Tätigkeit‹ reduzierten Prädiktorensatz lassen sich bei einem multiplen R von .70 immerhin noch 49% der Varianz im Kriterium ›Gesamtzufriedenheit‹ vorhersagen.« (Brandtstädter und Bernitzke 1978). Für dieses – den Erwartungen der Autoren des o. g. Beitrages zuwiderlaufende – Ergebnis könnten u. E. zwei Gründe ausschlaggebend gewesen sein: Erstens kann, was anhand des Artikels nicht prüfbar war, eine Variable, die unabhängig von der Variation des Ausmaßes der Gesamtzufriedenheit als bedeutungsvoll eingeschätzt wird, eine Variable, deren Ausprägung also offensichtlich nicht interindividuell variiert, natürlich auch keine Prädiktorenfunktion übernehmen. Dies wäre eine Erklärung aufgrund methodischer Überlegungen. Die zweite Hypothese wäre inhaltlicher Natur. Sie unterstellt ein sozialisationsrelevantes ›heimliches Curriculum‹ der Berufssituation, in dem über genau die Prädikatoren, die auf Statusdifferenzierung abzielen, Arbeitszufriedenheit und berufliche Identität vermittelt werden. Wagner (1977) hat in einer neueren Arbeit als den Kern des Inhalts der Hochschulsozialisation nicht, wie vielleicht zu vermuten wäre, die Vermittlung berufsrelevanter Kenntnisse, Fähigkeiten, etc. herausgearbeitet, sondern Formen von Herrschaftsverhalten, die im universitären ›heimlichen Lehrplan‹ vermittelt werden. Der Erwerb eines herrschaftsbezogenen Führungshabitus wie der Erwerb von Herrschaftswissen werden als relevanteste Effekte der Hochschulsozialisation erkannt. Führt man diesen Gedanken für die berufliche Sozialisation weiter und bezieht ein, daß für eine wissenschaftliche Praxis der Psychologie aufgrund der jeweiligen institutionellen Bedingungen der Praxis wie aufgrund des unzureichenden Standes der Psychologie, der sich darin ausdrückt, daß das, was in der Praxis geschieht, nicht als deduziert aus psychologischen Theorien gelten kann (vgl. Bromme i. d. Bd.), infolgedessen auch private ›Lösungen‹ des Theorie-Praxis-Problems gefunden werden müssen, so erscheint es gar nicht zu unverständlich, daß Kriterien wie Statussicherung, Anerkennung durch andere etc. Gesichtspunkte sind, über die die berufliche Identität hergestellt und Arbeitszufriedenheit erreicht wird. Die Professionalisierungstendenzen im Bereich der Klinischen Psychologie (vgl. Schwarz i. d. Bd.) geben ein eindrucksvolles Beispiel für die o. g. Hypothese. Berufliche Sozialisation zielt offensichtlich unter gegenwärtigen Bedingungen auf die Errichtung einer Identität als ›Professional‹. Diese läßt sich gegenwärtig eher über den Erwerb spezifischer Attitüden, Einstellungen etc. als über den Versuch, wissenschaftlich zu handeln, erzielen.

Das hier gezeichnete Bild der Rolle von Wissen, Kenntnissen und Fähigkeiten für die Berufspraxis führt uns auf die Frage nach der Funktion des Ortes, an dem dieses Wissen vermittelt bzw. gelernt werden sollte: und damit zu der Frage nach dem Verhältnis von Hochschulsozialisation und Sozialisation durch die Praxis.

3. Zum Verhältnis von Hochschul- und Praxissozialisation

Eine Bestimmung des Verhältnisses von Hochschul- und Praxissozialisation kann u. E. anhand der Frage »Wie schwierig/einfach ist der Übergang vom Studium in die Berufspraxis?« geleistet werden. Dabei gehen wir von der Hypothese aus, daß dieser Übergang umso einfacher gelingen wird, je strukturähnlicher, d. h. äquivalenter die Hochschul- und Praxis-›Umgebung‹ für den Sozialisanden ist. Das Äquivalenzproblem ist uns aus anderem Zusammenhang bekannt: Die Frage nach der gesellschaftlichen Relevanz psychologischer Forschung für die Praxis (Holzkamp 1972) führte zu der Einschätzung, daß »auch bei bestem Wollen und höchster Kompetenz« unter den Resultaten der psychologischen Forschung nur relativ wenig zu finden sei, was tatsächlich für die Berufspraxis gebraucht werden könne (1972, 9). Dem Faktum ›gesellschaftlicher Irrelevanz‹ sei nur durch eine Angleichung von experimenteller und Alltagsrealität zu begegnen. Dafür stehen prinzipiell zwei Wege zur Verfügung, entweder wird die experimentelle der Alltagsrealität angepaßt (was zur Bevorzugung weicher Methoden in der Psychologie wie zur Priorisierung von Aktionsforschungsansätzen in der Psychologie führte), oder umgekehrt: es findet eine Angleichung an die experimentelle Realität statt. Bezogen auf die Sozialisationsproblematik können wir analog feststellen, daß offensichtlich Differenzen/Diskrepanzen durch eine Angleichung von Hochschul- und Praxissituation beseitigt werden könnten (wir kommen darauf in der Diskussion zur Berufs- und Praxisorientierung des Studiums zurück). Nun ist allerdings generell festzustellen, daß die zum Vergleich anstehenden Sozialisationsumwelten sich faktisch wesentlich unterscheiden. Auf der subjektiven Ebene drückt sich das darin aus, daß die meisten Studenten in ihren Erwartungen an das Studium enttäuscht werden/worden sind. In einer Untersuchung, die Infratest (1974) durchführte, wurden Studenten danach gefragt, was sie sich vom Studium erhofft hatten und ob ihre Erwartungen in Erfüllung gegangen seien. Die wesentlichen Hoffnungen an das Studium waren: auf einen interessanten Beruf vorbereitet zu werden, durch das Studium die persönlichen Fähigkeiten weiterentwickeln zu können sowie die Hoffnung auf eine praxisbezogene theoretische Ausbildung. Alle drei Erwartungen sind nach Angaben der Befragten bitter enttäuscht worden (vgl. Wagner 1977, 19). In Untersuchungen, die an spezifischen Psychologenpopulationen durchgeführt wurden, zeigte sich Analoges. Praktikerbefragungen ergaben, daß die Bedeutung des Studiums für die Berufspraxis umso geringer eingeschätzt wurde, je abwechslungsreicher und interessanter die berufliche Tätigkeit eingeschätzt wurde. Hinsichtlich der Kriterien ›Abwechslungsreichtum‹ und ›Interessantheit der Berufstätigkeit‹ gaben klinische Psychologen und Psychotherapeuten die günstigste Einschätzung. Sie fordern eine weniger theoretische, stärker praxisbezogene Ausbildung, eine stärkere Gewichtung der Therapieausbildung und der angewandten Psychologie, eine relativere Geringergewichtung methodischer und allgemeinpsychologischer Aspekte des Psychologiestudiums wie die verstärkte Einbeziehung von Praktikern in den Lehrbetrieb, die Förderung interdisziplinärer Arbeit und ein höheres Maß an Integration von Hochschulinstituten und Instituten mit konkreten Anwendungsaufgaben (Amelang und Tiedemann 1972). Die Diskrepanz zwischen Studium und Beruf ist also offensichtlich sehr groß. Ursächlich lassen sich dafür Gründe auf zwei Ebenen angeben:

– Gründe, die auf Strukturmerkmale der Ausbildungs- und Praxissituation zurückführbar sind (z. B. Handlungsimperative, die durch die Spezifik der Praxissituation bedingt sind, Bedingungen der Ausbildungssituation, wie Wissenschafts- und nicht Praxisorientierung der Hochschullehrer, Idealisierung bzw. Reduzierung der Ausbildungssituation (Modellfälle), Ausbleiben von sozialisationsrelevanten Modellen im Studium etc.).

– Gründe auf der inhaltlichen Ebene, die durch den Stand der Forschung bzw. den Entwicklungsstand der Einzelwissenschaft Psychologie gegeben sind und ein praktisches Nützlichwerden der Psychologie verhindern (Seeger 1977). Das führt Graumann et al. zu der Einschätzung, daß der Kern des Problems, das durch die Diskrepanz von Studium und Praxis gegeben ist, in der Diskrepanz von reiner Forschung und alltäglicher Praxis bestünde. Im übrigen habe berufliche Praxis in Klinik, Beratung, Erziehung etc. ihre je eigenen Gesetze, die sich nicht unbedingt aus der wissenschaftlichen Psychologie herleiten lassen. »Sie machen vielmehr eine Praxeologie der Praxis aus, in die prinzipiell politische, ökonomische, technische, soziologische und psychologische Kategorien eingehen, die jedoch noch weitgehend ungeschrieben ist« (Graumann et al. 1977[3], 263) – im übrigen aber auch nicht geschrieben werden könne, da die Praxis nichts Gegebenes sei, sondern als Möglichkeit der Psychologie, in die Gesellschaft hineinzuwirken, immer erst geschaffen werden müsse. Vorläufig scheinen wir offensichtlich mit der Diskrepanz zwischen Forschung und Praxis, Hochschul- und Praxissozialisation leben zu müssen. Unter gewissen Gesichtspunkten erweist sich diese Diskrepanz als geradezu funktional. Bei den Hochschulabsolventen verursacht sie als Resultat des Berufseintritts ein Reaktionssyndrom, das häufig als ›Praxisschock‹ (oder Realitätsschock, Lüscher 1972) bezeichnet wird. Der Praxisschock bezieht sich auf die

Verunsicherung des Berufsanfängers, die aus der mangelhaften Vorbereitung auf die Berufspraxis resultiert. Diese Verunsicherung bzw. Labilisierung des Berufsanfängers erweist sich für kapitalistische Interessen als funktional für eine spezifische Umorientierung der Berufsanfänger nach ihrem Berufseintritt. Die im College erworbenen fortschrittlichen Einstellungen verändern sich in Richtung auf konservative (vgl. Reinhardt 1972, Cloetta u. a. 1973). Junglehrer, bei denen das Praxisschockphänomen wohl am besten untersucht worden ist, zeigen Umorientierungen, in denen sich konservative Einstellungen gegenüber schulischen und gesellschaftlichen Veränderungen sowie zunehmend negative Einschätzungen der Wirksamkeit von Bildungsmaßnahmen herauskristallisieren. Der neue Berufspraktiker sieht sich einem Anpassungsdruck ausgesetzt, der ihn im Zusammenhang mit Inkompetenzerlebnissen (infolge mangelhafter Anwendungsmöglichkeiten des gelernten Wissens) einem Normendruck gegenüber resignativ werden läßt. »Aus dem Idealisten der Studienjahre wird der Anpassungsvirtuose der Praxis« (Fürstenberg 1972, 285). Für Psychologen, die in den Bereichen Beratung und Therapie tätig sind, rekonstruierten Breuer und Seeger (1977) das Reaktionssyndrom ›Praxisschock‹, indem sie zwei Anpassungsphasen voneinander unterschieden. In der ›Initialphase‹ zeichnet sich der Berufsanfänger dadurch aus, daß er versucht, durch strenge ›Voraus-Strukturierungen‹, ›-festlegungen‹, sowie das Einhalten von Vorschriften seine Verunsicherung zu überwinden. In der Regel wird er versuchen, sich an das zu klammern, was er in der Universität gelernt hat. D. h., er wird versuchen, etwa in der Anwendung von Tests oder der Durchführung von Therapien, so präzise wie möglich entsprechend den Anforderungsnormen, die ihm an der Universität vermittelt wurden, zu arbeiten. »Die Tätigkeit des Berufsanfängers scheint dadurch charakterisiert werden zu können, daß ein ›Laufenlassen‹ von Person und Situation völlig fehlt« (Breuer und Seeger 1977, 16). Mit zunehmender Praxiserfahrung werden jedoch die Grenzen eines solchen Vorgehens gegenständlich. Es sind Umorientierungen des Wissens und der Praxis notwendig, die die ›institutionenspezifischen Rahmenbedingungen‹ berücksichtigen. Diese ›adaptive Phase‹ der beruflichen Entwicklung ist dadurch zu kennzeichnen, daß der Praktiker zwar keine befriedigenden

Lösungsstrategien für die anstehenden Probleme zur Verfügung hat – insofern muß er gar nicht effektiver arbeiten als sein neuer Kollege –; nur findet er sich damit offensichtlich besser ab. Der unzureichende ›Stand der Kunst‹ wird nicht mehr zum Faktor personaler Verunsicherung, sondern zum Ausgangspunkt für personspezifische Lösungsmuster, die etwa als Eklektizismus oder starres Schulendenken beschrieben werden können. Im übrigen scheint sich eine lockere Haltung gegenüber der Anwendung diagnostischer Verfahren oder der ›wissenschaftsgerechten‹ Anwendung psychologischer Verfahren/Technologien zu ergeben.

Wenn also die berufliche Erfahrungsbildung nicht so sehr durch einen Zuwachs, einen routinierteren Umgang mit wissenschaftlichen Handlungsweisen, sondern eher durch den zunehmend selbtsicheren Umgang mit elektizistischen Strategien gekennzeichnet werden kann, bleibt wieder die Frage, auf welchem Hintergrund der einzelne Praktiker seine berufliche Identität aufbaut. In diesem Zusammenhang sei noch einmal auf die Untersuchung von Hofstätter (1965) sowie die noch nicht erwähnte Replikationsstudie von Fürntratt (1969) verwiesen, in der Nicht-Psychologen nach ihren Vorstellungen, die sie sich von Psychologen machen, sowie Psychologen nach ihrem Selbstverständnis gefragt wurden. Zusätzlich wurden die Psychologen auch danach gefragt, wie wohl ihrer Meinung nach die Einschätzungen von Nicht-Psychologen über sie ausfallen würden. Interessant war, daß sich das Selbstbild und das Bild, das Nicht-Psychologen von Psychologen haben, nicht wesentlich voneinander unterscheiden; im Gegenteil: im Verlauf der Zeit fand noch eine Angleichung von Selbst- und Fremdeinschätzung statt. Aber noch interessanter war, daß die Psychologen bei den Nicht-Psychologen ein sehr viel schlechteres Urteil vermuteten. Hier zeigt sich u. E. zweierlei. Offensichtlich gelingt es den Psychologen durch einen entsprechenden Habitus, bestimmte Verhaltensweisen, Attitüden etc. ein Bild von sich durchzusetzen, das sie selbst für nicht gerechtfertigt halten. Es sieht so aus, als »fürchten die Psychologen, ihre nichtpsychologischen Partner könnten gemerkt haben, wie sehr bei ihrem beruflichen Selbstbild ein Wunsch Pate gestanden habe« (Hofstätter 1965, 269). Graumann et al. (1977) halten diesen Befund für eine Projektion, eine Nachaußenverlagerung eigener Unsicherheiten, Ängste und Konflikte.

Muß etwa ein wesentlicher, wenn nicht der wesentliche Inhalt der beruflichen Sozialisation im Erwerb von ›Bluff-Strategien‹ (Wagner 1977) zu sehen sein, die ihrerseits in Form des Hereinwachsens in eine ›Akademikeridentität‹ gleichzeitig der Sozialisationsinhalt sind, über den der Übergang vom Studium zur Praxis noch am ehesten vollzogen werden kann? Einige Argumente sprechen dafür: ›Bluff-Strategien‹ dokumentieren sich uns etwa in Form der ›Professionalisierungsbemühungen‹ vieler Psychologen (vgl. Schwarz i. d. Bd.). Letztere entstehen, wenn auch über die Subjekte vermittelt, im gesellschaftlichen Kontext und der ihm inhärenten Gesetzmäßigkeiten, sind also Ausdruck gesellschaftlicher Verhältnisse und (auf sie bezogene) individueller Reaktionsmuster.

Versuche, Eingriffsebenen zu finden, über die berufliche Sozialisationsprozesse in Richtung auf ›Sozialisation zum wissenschaftlichen Handeln‹ verändert werden können, müssen diesem Sachverhalt Rechnung tragen. Sie werden einerseits davon ausgehen müssen, daß die Sozialisanden nicht ›disponible Masse‹ sind – Veränderungsstrategien müssen über die Subjekte laufen –, andererseits müssen sie die Ebene gesellschaftlicher und institutioneller Determiniertheit der Sozialisationsprozesse als die wesentliche erkennen, was eine Relativierung der Erfolgsaussichten von Veränderungsprozessen anbelangt, die unterhalb dieser Ebene eingreifen (Gruppendynamik, interaktive Strategien, Schaffung eines diskursiven Arbeitsklimas etc.). Vergessen werden darf aber auch nicht, daß jeder Versuch einer Realisierung ›wissenschaftlicher Praxis‹ seine Grenzen am Entwicklungsstand der Psychologie findet. Diese weiterzuentwikkeln – unter veränderten Methodenauffassungen, einer veränderten Gegenstandsauffassung und einem veränderten Menschenbild – erweist sich als notwendige Voraussetzung für jeden Versuch, die Psychologie ›nützlich‹ werden zu lassen, sie, wie Miller (1966) sagt, an die Menschen wegzugeben.

4. Eingriffsmöglichkeiten zur Veränderung beruflicher Sozialisationsprozesse

Bezugnehmend auf die Frage nach der Äquivalenz von Studium und Praxis ergeben sich Anhaltspunkte für Eingriffsebenen und -möglichkeiten zur Veränderung beruflicher Sozialisationsprozesse unter der Zielkategorie ›Verwissenschaftlichung psychologischer Praxis‹.

– Im Bereich der Modifikation der Sozialisationsbedingungen von Berufspraktikern wird es vorrangig darum gehen, die als Handlungsimperative identifizierten gesellschaftlichen und institutionellen Zwänge zu beseitigen, um wissenschaftliches Handeln zu ermöglichen. Die Richtung, in die eine Veränderung der institutionellen, rechtlichen und organisatorischen Bedingungen von Psychotherapie gehen müßte, kann durch einen Verweis auf die von Zaumseil (i. d. Bd.) vorgestellte ferne Utopie der Institutionalisierung angegeben werden.

»Man stelle sich integrierte Forschungs- und Ausbildungsstätten vor, in denen Psychologen, Mediziner und Soziologen, Sozialarbeiter und Krankenschwestern für die Arbeit im psycho-sozialen Bereich ausgebildet werden. Diese Ausbildungsstätten müßten gleichzeitig alle in einer Region anfallenden Aufgaben der Prävention, Beratung, Behandlung, Rehabilitation und Evaluation lösen. Nur innerhalb eines solchen Modells eines integrierten, gemeindenahen Ausbildungs-, Dienstleistungs- und Forschungsmodells wäre es in selbstverständlichem Zusammenhang möglich, das, was man lernt und forscht, an dem zu orientieren, was gebraucht wird« (Zaumseil, i. d. Bd.). In dem hier vorgeschlagenen Modell wird von einer vollständigen Äquivalenz von Ausbildungs- und Praxissituation ausgegangen, die (theoretisch) zur Folge hat, daß sich die Forschung an den Praxisproblemen orientiert und die Praxis anleitet. Vorläufige Versuche in diese Richtung (Zusammenhang von Forschung und Praxis in Projektstudiengängen, Interdisziplinarität der Ausbildung, präventive Orientierung, gemeindenahe Versorgung in Standardversorgungsgebieten [vgl. Enquête-Bericht 1975], Problem- vs. Schulenorientierung der Ausbildungs- und Weiterbildungskonzepte, Durchsetzung eines sozialwissenschaftlichen Krankheitsmodells, Veränderung von gesetzlichen Regelungen, die psychologischen Psychotherapeuten das Recht auf Heilausübung einräumen, ihnen ein Zeugnisverweigerungsrecht zugestehen, ihre Berufsbezeichnung schützen, etc.) finden ihre Grenzen an den jeweiligen Interessen- und Machtkonstellationen und den konkret-historischen Bedingungen. Dabei werden berufspolitische, gesundheits- und ausbildungspolitische Fragen wie Probleme geeigneter Durchsetzungsstrategien thematisch, auf die wir hier nicht eingehen wollen, da sie an anderer Stelle in diesem Band behandelt werden (Schwarz [Professionalisierungsprobleme], Cramer [Interessenverbände], Zaumseil [Institutionalisierungsprobleme klinisch-psychologischer Arbeit], Wolff [Durchsetzungsprobleme alternativer Praxiskonzepte], etc.). Wir wollen uns deshalb auf einige Fragen/Probleme zur Veränderung (und Lösung des Äquivalenzproblems auf der zweiten Ebene) von Sozialisationsprozessen im Hochschulbereich beschränken.

– Mit dem Stichwort Berufs- und Praxisorientierung des Studiums ist die Richtung angegeben, in die eine *Veränderung akademischer Sozialisationsprozesse* gelenkt werden sollte. Vorschläge in diese Richtung betonen häufig die Notwendigkeit, eine verstärkte Verankerung von Praxisanteilen im Studium anzustreben, mehr Praktiker an die Hochschulen zu holen, eine Zusammenarbeit von Hochschul- und Praxisinstitutionen zu fördern, eine praxisnahe, interdisziplinär orientierte Ausbildung in Projektstudiengängen durchzusetzen, Aktionsforschungsstrategien empirisch-experimenteller Forschung vorzuziehen, usw. Im Parallellauf hat natürlich eine Umorientierung der Einzelwissenschaft Psychologie in Richtung auf die Konzeptualisierung alternativer ›reflexiver‹ Subjektmodelle in der Psychologie (Groeben und Scheele 1977), eine Umorientierung der Methodenauffassung und herrschenden behavioral geprägten Gegenstandsauffassung stattzufinden, da nur durch den Zusammenhang von organisatorischen und inhaltlichen Aspekten der Studienreform überhaupt Veränderungen in Richtung auf eine Verwissenschaftlichung psychologischer Praxis möglich sind (vgl. Hermsen 1978). Neben Modifikationen inhaltlicher und ausbildungsorganisatorischer Natur erweist sich natürlich auch eine Reform der Studien- und Prüfungsordnungen als notwendig, da letztere sich als relevante Handlungsimperative mit studiensteuerndem Charakter erweisen und eine Orientierung an ihnen häufig einen Bezug auf gesellschaftliche und Praxisanforderungen verhindert (Breuer 1975). Der Steuerungsaspekt erweist sich dabei als umso durchschlagender, je durchstrukturierter die Studiengänge sind. Im Zusammenhang damit erweist es sich als sinnvoll, kurz Bezug zu nehmen auf die von der Kultusministerkonferenz vom 2. 2. 1973 beschlossene ›Rahmenordnung für die Diplomprüfung in der Psychologie‹, da diese den verbindlichen Rahmen für die Erstellung regionaler hochschulspezifischer Prüfungsordnungen darstellt. Die ›Rahmenordnung‹ entstand aus der Einschätzung, daß die Forderung nach Psychologen, die für Anforderungen verschiedenster Art gleich gut ausgebildet sind, nicht mehr zeitgemäß sei. Konsequenterweise sieht sie eine verstärkte Spezialisierung im Hauptstudium Psychologie vor, die über die Schwerpunktbereiche Methodik, Anwendung und Grundlagenvertiefung geleistet werden soll. In der Diplom-Hauptprüfung hat man vier Fächer auszuwählen, und zwar aus jedem Schwerpunktbereich mindestens eins. Unter der Frage, inwieweit die neue Rahmenordnung eine Berufs- und Praxisorientierung des Studiums fördert, wollen wir als Antwort die kritische Würdigung von Hermsen (1978) zitieren. »Die Spezialisierung geschieht hier vornehmlich nicht im Sinne einer stärkeren Berufsorientierung und -vorbereitung, sondern um Spezialkenntnisse für eine ›Studienabschlußprüfung‹ zu erwerben« (Hermsen 1978, 67). Sie genügt somit nicht den Anforderungen an eine Rahmenordnung, die unter dem Gesichtspunkt der Berufs- und Praxisorientierung des Studiums formuliert wird.

Das grundlegendere Problem bei Durchsetzungsversuchen einer verstärkten Berufs- und Praxisorientierung des Studiums ist jedoch inhaltlicher Natur. Die Rahmenordnung kann nur als Ausdruck zunehmender Gewichtung von Ausbildungsstrukturen anstelle der curricularen Neugestaltung von Inhalten bewertet werden.

4.1. *Berufs- und Praxisorientierung des Studiums*

Mit der Forderung nach einer stärkeren Berufs- bzw. Praxisorientierung scheint die alle politischen und Interessengruppen vereinende Konsensformel für studienreformerische Aktivitäten gefunden zu sein. War die Realitätsdistanz zwischen akademischer Ausbildung und politischen und ökonomischen Anforderungen an die Personengruppe, die von der Universität ausgebildet wurde, solange durchaus funktional, wie noch keine Verwissenschaftlichung der Produktion und Reproduktion als Folge der Produktivkrafterhöhung notwendig wurde, entstanden im Prozeß der Vergesellschaftung der Wissenschaft natürlich konkrete Anforderungen an die Universität und die in ihr Ausgebildeten. So verschiedene hochschulpolitische Positionen, wie die technokratisch-funktionalistische Position, vertreten von der Bundesvereinigung deutscher Arbeitgeber und staatlichen Stellen, die eine bürokratische Reformierung durch Formierung des Studiums anstreben, die gesellschaftskritisch-demokratisch und die explizit sozialistische Position (nach Krüger und Müller 1974) vertreten die Forderung einer stärkeren Berufsorientierung des Studiums. Während mit der in § 7 des HRG verabschiedeten Formel, »Lehre und Studium sollen den Studenten auf ein berufliches Tätigkeitsfeld vorbereiten und ihm die dafür erforderlichen Kenntnisse, Fähigkeiten und Methoden so vermitteln, daß er zu wissenschaftlicher oder künstlerischer Arbeit, zu wissenschaftlichem Denken und zu verantwortlichem Handeln in einem freiheitlichen, demokratischen und sozialen Rechtsstaat befähigt wird« (§ 7 HRG, 1976), versucht wird, solche Qualifikationen zu produzieren, die unmittelbar notwendig für die zukünftige Berufspraxis sind, akzentuieren die gesellschaftskritisch-demokratische und besonders die sozialistische Position unter einem Praxisbegriff, der Praxis als bewußtes soziales Handeln begreift (Kieselbach 1977) den Zusammenhang von Ausbildung, Praxisanforderungen und aus einer kritischen Analyse resultierenden Veränderungsnotwendigkeiten der Praxis. So versuchte der SDS, eine stärkere Berufsorientierung der wissenschaftlichen Ausbildung durch Reflexion der Konstitutions- und Verwertungsbedingungen von Wissenschaft durchzusetzen, und forderte der VDS mit der Formel »Annäherung des Studiums an die Praxis in kritischer Absicht« (vgl. Jüchter 1967), daß die wissenschaftliche Ausbildung sich an den sachlichen Anforderungen und gesellschaftlichen Problemen der Praxis orientieren solle.

Die zunächst allgemein begründete Forderung nach stärkerer Berufsorientierung des Studiums stützte sich seitens der technokratisch-funktionalistischen Interessenvertreter auf den Ansatz des ›manpower approach‹ (vgl. Riese 1967; Widmaier 1967), der die an Hochschulen zu vermittelnde Qualifikationsstruktur unmittelbar aus der gegenwärtig vorfindbaren Beschäftigungsstruktur abzuleiten versucht. Der Ansatz des ›manpower approach‹ mußte jedoch aus mehreren Gründen scheitern:

– Er geht implizit davon aus, daß die technologische und arbeitsorganisatorische Entwicklung in einzelnen gesellschaftlichen Bereichen in einem Ausmaß vorhersehbar sei, daß sich die Hochschulen darauf einstellen können. Die Ergebnisse der Arbeitsmarkt- und Berufsforschung zwingen jedoch, diese Voraussetzung als falsch zurückzuweisen (Faltin und Herz 1974).

– Ein Rückbezug auf die faktische Praxis (der Psychologie) als Grundlage für die Ausbildungsplanung würde notwendig zu einer Festschreibung gerade der Praxis führen, für die eine Alternative durchgesetzt werden soll. Deshalb genügt die Forderung der Berufsorientierung des Studiums nicht. Sie muß ergänzt werden durch die Forderung nach einer demokratischen, auf alternative Praxis (vgl. Wolff i. d. Bd.) abzielenden Berufspraxis. Das impliziert die Veränderungsnotwendigkeit real vorfindbarer Praxis wie die Kenntnis der Veränderungsrichtung. Sie muß unter Einbeziehung des Genese- und Verwertungszusammenhang von Wissenschaft aus einer Bestimmung des Gegenstandes der Einzelwissenschaft Psychologie abgeleitet werden. Das macht die Verankerung sozialwissenschaftlicher Grundstudiengänge im Psychologiestudium sowie sozialwissenschaftlicher Grundlagen der Verhaltensmodifikation notwendig, in denen die gesellschaftlichen Bedingungen therapeutischen Handelns, rechtliche, gesundheitspolitische Fragen, Fragen nach einem gegenstandsadäquaten Krankheitsmodell und dessen Durchsetzung etc., diskutiert werden können.

– Ein weiterer Gesichtspunkt führte ebenfalls zur Einsicht, daß der manpower-approach der bürgerlichen Bildungsforschung gescheitert sei. Seine Durchsetzung fordert faktisch, bereits an den Universitäten arbeitsplatzspezifische Qualifikationen, Einstellungen, Normen etc. auszubilden. Da diese aber institutionenabhängig stark differieren, überdies im Studium immer nur aspektive Gesichtspunkte der Berufsrealität aufgenommen werden können, stellt sich das Problem, in der

Universität transferbezogenes Wissen bzw. Grundqualifikationen (Schlüsselqualifikationen) zu vermitteln, die auch unter sich verändernden Arbeitsanforderungen nützlich sind. Diese Einsicht veranlaßt das Bundesministerium für Bildung und Wissenschaft, in einer von ihm herausgegebenen Studie auf das Problem der ›Substitutionalität‹ und ›Flexibilität‹ von Qualifikationen hinzuweisen, das in bildungspolitischen Maßnahmen Berücksichtigung finden muß.

Mit der Forderung einer stärker berufs- bzw. praxisbezogenen Orientierung des Studiums sind unterschiedliche Interessen verknüpft. Überdies sind der Planbarkeit und Realisierbarkeit der allgemeinen Forderung offensichtliche Grenzen gesetzt, so scheint gar nicht klar zu sein, inwieweit Diskrepanzen zwischen Studium und Beruf (im Sinne der schnellen Normenübernahme durch die Sozialisanden) unter kapitalistischen Verwertungsinteressen durchaus funktionale Aspekte haben. Die Forderung nach einer Berufs- und Praxisorientierung der Ausbildung muß deshalb mit der Zielexplikation einer ›alternativen Praxis‹ und daraus abgeleiteten Anforderungsstrukturen verknüpft werden, wenn das Ziel einer Verwissenschaftlichung psychologischer Praxis nicht aus den Augen verlorengehen soll.

Hans Joachim Wilkening

Das Psychotherapeut-Patient-Verhältnis als berufliche Beziehung

1. Einleitung
2. Phänomenologische Analyse einiger Merkmale psychotherapeutischer Selbsthilfegruppen und professioneller Psychotherapie
3. Die strukturelle Abkoppelung des therapeutischen Gebrauchswertes von den beruflichen Eigeninteressen
4. Die Struktur der Neurose und die Machtüberlegenheit der Therapeuten am Beispiel der Psychoanalyse
5. Das Fehlen struktureller Gebrauchswertkontrollen in der Anbieter-Abnehmer-Beziehung
6. Das Selektionsprinzip der marktrelevanten Nachfragekategorien und die Indikation zur Psychoanalyse
7. Die berufskompatible Strukturierung des Therapeut-Patient-Verhältnisses

1. Einleitung[1]

Die Dominanz des beruflichen Verhältnisses von Psychotherapeut und Patient als Form der gesellschaftlichen Strukturierung einer psychotherapeutischen Beziehung hat weitgehend den Blick dafür getrübt, daß diese Beziehung nur eine historisch besondere Form ist, in der psychotherapeutisches Handeln strukturell eingebettet sein kann. Das bedeutet, daß die Selbstverständlichkeit dieser Form zu einer Gleichsetzung therapeutischen Wirkens mit eben dieser besonderen Strukturierungsform geführt hat, wobei Möglichkeiten aus dem Blickfeld geraten, deren therapeutische Potenz durchaus nicht als unzulänglich gesehen werden muß.

In den letzten Jahren hat im Bereich der psychotherapeutischen Versorgung eine neue Form rasch zunehmende Verbreitung gefunden, die in Ansatz und Zielrichtung betont unberuflich, unprofessionell ist und insofern eine deutliche Alternative zur Grundform der beruflich/professionellen psychotherapeutischen Beziehung darstellt: die Selbsthilfegruppe. Im folgenden soll zunächst versucht werden, auf einer phänomenologischen Ebene der Analyse einige hauptsächliche Merkmale der psychotherapeutischen Selbsthilfegruppe mit den Merkmalen professioneller Psychotherapie zu vergleichen. Diese Analyse dient als Hintergrund für die darauffolgende theoretische Erörterung der Berufsform von Psychotherapie als dominanter Form der Bereitstellung von Arbeitsvermögen in warenproduzierenden Gesellschaften. Daraufhin sollen einige wesentliche Merkmale dieser Berufsform entfaltet werden und ihre Auswirkungen auf die Möglichkeit der Strukturierung psychotherapeutischen Handelns untersucht werden.

Schließlich wird sich zeigen, daß schon in die Definition dessen, was als Ziel oder Arbeitsweise psychotherapeutischen Handelns gesellschaftlich legitimiert wird, Strukturierungsimpulse der dem therapeutischen Handeln ja zunächst äußerlichen Berufsform eingehen. Dies gilt in grundlegender Allgemeinheit für alle Formen und Richtungen beruflicher Psychotherapie. In dieser Arbeit werden die wesentlichen Zusammenhänge am Beispiel der psychoanalytischen Therapiebeziehung aufgezeigt, sind jedoch keineswegs auf diese beschränkt.

2. Phänomenologische Analyse einiger Merkmale psychotherapeutischer Selbsthilfegruppen und professioneller Psychotherapie

In einer Selbsthilfegruppe treffen sich Personen, die in irgendeiner Weise ein gleiches oder ähnliches Problem haben. Sie kommen überein, dieses Problem miteinander und aneinander zu bearbeiten und ihr Verhalten möglichst auf Gegenseitigkeit der Hilfestellung auszurichten, d. h. auf Bezahlung oder ähnliches untereinander grundsätzlich zu verzichten. Selbsthilfe bedeutet eben gerade Hilfe von privaten Personen untereinander und den bewußten – zum Teil ausdrücklichen – Verzicht auf Hilfe professioneller Art, d. h. den Verzicht auf das Eingehen einer Dienstleistungsbeziehung, in der professionelles Handeln gegen abstrakten Wert (Geld) getauscht wird.

In der Selbsthilfegruppe herrscht also ein Prinzip von Gegenseitigkeit auf derselben Ebene, das bedeutet, daß das Gleichgewicht der Interaktion (im Falle des Gelingens) darin besteht, daß der Eine dem Anderen wie auch der Andere dem Einen Hilfestellung gibt. Der Teilnehmer einer Selbsthilfegruppe gibt und nimmt im wesentlichen in der gleichen Weise. Er gibt, indem er die Verhaltensweise und Situation der anderen zu verstehen versucht; er nimmt, indem der andere ihm gegenüber das gleiche Verständnis aufbringt. Der professionelle Psychotherapeut dagegen gibt Verständnis und Hilfestellung, er nimmt dafür abstrakten Wert.

In einem Falle ist die gegenseitige Hilfe nicht meßbar, im anderen Falle ist die Geldmenge das Maß des Ungleichgewichtes zwischen Geben und Nehmen. In der professionellen psychotherapeutischen Beziehung liegt also eine gesellschaftliche Definition und zumeist auch eine Standardisierung des Wertes der Arbeitszeit des Therapeuten vor. Insofern aber die Patienten in durchaus unterschiedlicher Weise solvent sind, d. h. über ökonomische Ressourcen verfügen, insofern ist auch diese standardisierte Wertmenge im Austausch zwischen Patient und Therapeut subjektiv von gänzlich unterschiedlicher Höhe. Mit der Abstraktion und Standardisierung des Wertes des therapeutischen Berufshandelns, kommt also unmittelbar das außertherapeutische Moment ökonomischer Ungleichheit auf seiten der Patienten verzerrend in die Austauschbeziehung hinein. Dieses ökonomische Prinzip hat eine Selektivität in der Rekrutierung der Patientenschaft zur Folge, die sich nicht aus einem therapeutischen Kriterium, sondern aus Gesichtspunkten ergeben, die mit der Warentauschbeziehung zwischen Therapeut und Patient gesetzt sind. Im Unterschied dazu kennt die Selbsthilfegruppe ihrer Struktur nach keine solche Selektion, sie ist prinzipiell frei vom Zwang, ökonomische Prinzipien in die Zusammensetzung der Gruppe hineinwirken zu lassen.

In die Selbsthilfegruppe gehen also ausschließlich Personen mit prinzipiell ähnlicher Motivation, während die therapeutische Beziehung dadurch konstituiert wird, daß der Eine Hilfe sucht, der Andere Berufshandeln zum Zwecke der ökonomischen Subsistenz anbietet. Ich kann hier nicht untersuchen, welche jeweiligen sozialpsychologischen Konsequenzen diese strukturellen Bedingungen des Entstehens des jeweiligen Typus einer therapeutischen Beziehung haben. Offensichtlich wird aber hier, daß die berufliche Psychotherapiebeziehung von einer Ungleichwertigkeit des Hilfe- bzw. Befriedigungscharakters des Verhalten des Einen zum Anderen ausgeht bzw. durch diese Ungleichwertigkeit überhaupt erst konstituiert wird. Nur wenn diese Ungleichwertigkeit prinzipiell existiert, wird die Gegenleistung in abstrakter Wertmenge d. h. die Bezahlung von Honorar überhaupt plausibel. Es wäre interessant, die Frage zu verfolgen, ob mit der Setzung dieses Ungleichwertigkeitsverhältnisses auf der Seite des Patienten nicht Momente in seine Selbstdefinition eingehen, die dem therapeutischen Prozeß als einen Prozeß des Unabhängig- und Mündigwerdens eher entgegenstehen. Auf der anderen Seite ist bei der Konstitution einer Selbsthilfegruppe die prinzipielle Gleichheit der Betroffenen vorausgesetzt – ein Moment der Ungleichwertigkeit untereinander also im wesentlichen ausgeschlossen. Es bleibt allerdings kritisch zu beobachten, ob nicht etwa kollektive Minderwertigkeitsdefinitionen der Gruppe gegenüber der »gesunden« Außenwelt Platz ergreifen.

Eine Selbsthilfegruppe kann weitgehend auf Regeln verzichten oder aber auch sich ein verbindliches Ritual schaffen, wie z. B. die Anonymen Alkoholiker. Inwieweit sich solche Strukturierungen durchsetzen und welchen Charakter sie annehmen, dürfte sich weitgehend lediglich durch die jeweiligen Probleme und das Potential der Beteiligten ergeben. Im Unterschied dazu unterliegt die professionelle Therapiebeziehung in aller Regel kollektiven (d. h. hier innerhalb der Profession akzeptierten) Regelungen, die über richtiges oder unsachgemäßes Berufshandeln entscheiden. Weiter unten soll gezeigt werden, daß diese Regelungen sich nicht ausschließlich aus dem Willen nach Optimierung von Heilungserfolgen ergeben können, sondern Rücksicht nehmen müssen auf die Grenzen, die die berufliche Form der Therapiebeziehung diesen Strukturierungen jeweils schon setzt bzw., daß die berufliche Form auch in inhaltlicher Weise therapeutisches Vorgehen sozusagen außertherapeutisch mitstrukturiert (siehe unten).

Insofern die professionelle Therapiebeziehung ein bürgerlicher Vertrag über den Austausch von Dienstleistung gegen Geld ist, unterliegt sie auch den vielfältigen Momenten solcher Verträge, d. h. auch, daß sie gekündigt werden kann, wenn ökonomische Erwägungen den einen oder den anderen Vertragspartner dazu motivieren. Das Auflösen einer solchen Therapiebeziehung bedeutet für den Patienten das Versiegen der

Hilfe des Therapeuten, für diesen bedeutet es primär das Ende einer seinen Lebensunterhalt gewährleistenden Austauschbeziehung. Im Unterschied dazu liegt die Bedeutung des Ausscheidens einer Person aus einer Selbsthilfegruppe für alle Beteiligten prinzipiell auf derselben Ebene. Es ist das Ende eines Versuches gegenseitiger Hilfe, der Eine verliert die Hilfe des Anderen, der Andere die des Einen. Ökonomische Implikationen hat solch ein Geschehen in aller Regel nicht. Dieser Sachverhalt beinhaltet auch, daß die Verläßlichkeit des jeweilig anderen bei den beiden verglichenen Formen von Therapiebeziehungen qualitativ unterschiedlicher Natur ist. Die Verläßlichkeit des Partners in der Selbsthilfegruppe dürfte im wesentlichen in der ausgeglichenen Gegenseitigkeit der Hilfe-Beziehung liegen, die Verläßlichkeit des Psychotherapeuten in seinen ökonomischen, finanziellen Interessen und (soweit jeweils ausgeprägt) in der Verpflichtung auf professionelle Standards.

Die Notwendigkeit eines ungefähren Gleichgewichtes von Geben und Nehmen in der Selbsthilfegruppe schließt andererseits eine längerfristige Einseitigkeit aus. Beziehungen von ausschließlich einseitigem Nutzen können hier nicht erhalten bleiben. Jedoch zeigt das vorliegende psychopathologische Wissen, daß solch einseitige Bemühungen des Einen um den Anderen – zumindest für einen begrenzten Zeitraum – oftmals heilungsnotwendig sein können. Z. B. schildert Jan Foudraine solche Beziehungen extremer Einseitigkeit und auch von langer Dauer in der Therapie als schizophren klassifizierter Personen die er selbst durchgeführt hat. (Foudraine, 1976, Seite 239, passim)

Nur die Abkopplung des therapeutischen Handelns vom Prinzip der direkten Gegenseitigkeit ermöglicht die adäquate Bearbeitung eines erheblichen Teils der psychischen Störungen. Um denjenigen Personen, die zu einer irgendwie tragfähigen Gegenseitigkeit nicht mehr in der Lage sind, zu helfen, gibt es keine andere Möglichkeit als bestimmte Personen für diese Bemühung zu bestellen und ihre Subsistenz dadurch zu sichern, daß man sie bezahlt. (Das bedeutet allerdings keineswegs, daß eine *direkte* Tauschbeziehung zwischen Patient und Therapeut notwendig ist, um eine berufliche Beziehung herzustellen.)

Das hier eingeführte Prinzip der Bezahlung speziell bestellter Personen ermöglicht es, von diesen zu erwarten, daß sie ihr Verhalten nicht primär nach unmittelbarer Bedürfnisbefriedigung ihrer eigenen Person ausrichten, sondern vielmehr am rechtverstandenen Interesse des Anderen an Heilung, Reifung, Befreiung von Belastungen, etc. Die professionelle Beziehung bringt hier den überaus großen Vorteil mit sich, daß diejenigen Phänomene, die in unmittelbarer Gegenseitigkeit nicht tragbar sind, ebenfalls und zwar systematisch bearbeitet werden können. Darüber hinaus beinhaltet natürlich die professionelle Beziehung, daß allzumeist eine beträchtliche Vorbereitungszeit für die Meisterung der beruflichen Aufgaben – Ausbildung – institutionalisierbar wird, weil das Problem ökonomischer Subsistenz des zukünftigen Berufsausübenden durch den Vorgriff auf das künftige Honorar im allgemeinen gelöst werden kann.

Es mag erstaunen, daß ich das Problem der Qualifikation hier nur ganz am Rande erwähne. Zunächst ist jedoch beabsichtigt, basale Dimensionen der therapeutischen Beziehungen herauszuarbeiten. Der Qualifikationsgesichtspunkt wird weiter unten noch einmal aufgenommen. Im allgemeinen sollte es jedoch möglich sein, von solch allbekannten Tatsachen wie dem Nutzen einer fundierten Ausbildung für die Lösung schwieriger Probleme in einer Untersuchung einmal abzusehen, um gerade diejenigen Phänomene in den Blick zu bekommen, die von dieser Selbstverständlichkeit zumeist verdeckt bleiben.

3. Die strukturelle Abkoppelung des therapeutischen Gebrauchswertes von den beruflichen Eigeninteressen

Die berufliche psychotherapeutische Beziehung unterscheidet sich – ganz grundsätzlich – von der un-beruflichen, »privaten« Gegenseitigkeit dadurch, daß die materielle Reproduktion des Therapeuten, die Sicherung seines Lebensunterhalts an seine psychotherapeutische Tätigkeit gekoppelt ist. Seine konkrete, gesellschaftlich nützliche, auf das Leiden anderer bezogene Arbeit muß damit notwendig auch zum *Instrument des Erwerbs*, des Zugangs zu den Gütern und Diensten anderer (vgl. Beck/Brater, 1978a, Grenzen abstrakter Arbeit, a.a.O.) werden.[2]

Diese simple und an sich banale Tatsache, daß die psychotherapeutische Arbeit für den Therapeuten »Berufsarbeit« im Sinne des Tausches von Arbeitszeit gegen Geld ist, hat sehr weitreichende – oftmals ideologisch verschleierte – Konsequenzen. Die Psychoanalyse leugnet diese konstitutive Bedingung der psychoanalytischen Beziehung nicht. »Dem Analytiker, der die allgemeine Heuchelei in Fragen der Sexualität überwunden hat, ist auch die in Geldangelegenheiten inadäquat.« (Dahmer, 1973, 198)

Er bezeichnet unumwunden den bürgerlichen Vertrag als Grundlage der analytischen Kur.

»Sie wird auf einen Vertrag zwischen Privatpersonen, zwischen Konsument und Dienstleistendem gegründet, der Arzt stellt seine Zeit und die erworbene Spezialqualifikation (Übertragungsphänomene und Widerstände im Zaum zu halten, fragmentarisch zutage gefördertes unbewußtes Material lebensgeschichtlich zu deuten) gegen Honorar zur Verfügung, der Patient unterwirft sich der Grundregel als der Arbeitsbedingung und zahlt.« (Dahmer, 1973, 195)

Erst dieser Vertrag ermöglicht in aller Regel überhaupt die physische und soziale Reproduktion des Psychotherapeuten, die Ausbildung seiner Spezialqualifikationen und ihre langfristige (nicht sporadische) Ausübung. Ähnliche Kennzeichnungen des therapeutischen Verhältnisses benutzt z. B. Szasz (Szasz, 1965, S. 81 ff.), hier wohl der humanistischen Psychologie zuzurechnen; für die Verhaltenstherapie Davidsen und Stuart (Davidsen u. Stuart, 1975, S. 755-763).

Andere Gruppen psychotherapeutisch Arbeitender neigen zu einer Verschleierung dieser ökonomischen Basis und mystifizieren die Therapiebeziehung als primär aus Ethik und Unmittelbarkeit herrührend. Adorno zufolge stellt das Beharren auf der kruden Beruflichkeit auf seiten der Psychoanalytiker ein Element von Aufrichtigkeit dar, eine Haltung, die keine menschliche Unmittelbarkeit und Selbstlosigkeit vortäuscht, wo die Gesetze des Tausches herrschen. Im psychoanalytischen Vertrag bleibt das Verhältnis, was es ist: die Arbeitszeit des Analytikers eine Ware; seine Zuwendung grundsätzlich erkauft:

»Freuds Kälte, die jede fingierte Unmittelbarkeit zwischen Arzt und Patient von sich weist und das beruflich vermittelte Wesen der Therapie offen bekennt, tut der Idee von Menschlichkeit, indem sie deren Schein unerbittlich ausschließt, mehr Ehre an als tröstende Liebe und Wärme auf Kommando.« (Adorno, 1972, S. 15)

Ist nun aber diese Vertragsform der Beziehung, die Dynamik des Warentausches mit der Psychodynamik des therapeutischen Geschehens überhaupt vereinbar? Setzt nicht die ökonomische Basis die psychotherapeutische Behandlung Zwängen und Restriktionen aus, die deren inhärenter Logik wesensfremd sind? Die Heterogenität der beiden Elemente, die die berufliche psychotherapeutische Situation konstituieren, fällt ins Auge. Gleichwohl wurde ihre mögliche Widersprüchlichkeit selten als problematisch empfunden und konsequent analysiert: Für die meisten Therapeuten besteht ein solcher Widerspruch nicht. Für die Psychoanalytiker etwa sind die Strukturen der Beziehung zwischen ökonomischen Subjekten im Tausch und den Erfordernissen der Psychoanalyse nicht nur durchaus verträglich; sie scheinen nachgerade in einer »prästabilierten Harmonie« miteinander vereint.

Demgegenüber verweist die berufstheoretische Analyse drastisch auf die schwerwiegenden arbeitsinhaltlichen Konsequenzen der die Berufsform der Arbeit kennzeichnenden Verkoppelung des inhaltlich-arbeitsaufgabenbezogenen Zwecks der Arbeit mit ihrem Tauschzweck:

»Mit dieser doppelten Zweckstruktur, die den inneren Aufbau der *beruflichen Form der Arbeitsteilung* wesentlich kennzeichnet (im Unterschied etwa zu familialen, ständischen oder rotierend spontanen Formen), ist das fundamentale gesellschaftliche Problem angelegt, daß die Arbeitenden selbst mit ihrer Arbeit ganz andere, von dieser Arbeit inhaltlich unabhängige Eigenprobleme lösen müssen, während der gesellschaftlich nützliche, Probleme lösende und Bedürfnisse befriedigende Charakter der Arbeit nicht in ihrem Interesse liegt, sondern diesen Interessen u. U. sogar zuwiderläuft.« (Beck/Brater, 1978 a, Grenzen...)

Durch den Zwang zur Reproduktionssicherung wird der logische Zweck/Mittel-Zusammenhang des beruflichen Handelns außer Kraft gesetzt; die Arbeitsinhalte können prinzipiell instrumentalisiert und damit die berufsmäßigen »Anbieter« von Arbeitskraft gegenüber den konkreten Bedürfnissen ihrer »Abnehmer« »gleichgültig« werden.

Nicht nur im Problem der Festlegung des Äquivalents der Arbeitsleistung sind die Interessen von Arbeitsleistenden und Abnehmern einander entgegengesetzt, sondern potentiell auch in bezug auf alle inhaltlichen Elemente des Arbeitshandelns und damit auch auf die gesellschaftliche Definition der adäquaten beruflichen Fähigkeitskombination. So sind etwa nicht alle Formen psychotherapeutischen Handelns für den Therapeuten gleich anstrengend, unangenehm oder gar gefährdend oder unerträglich. Unter Berücksichtigung einer Grenze zur Unglaubwürdigkeit können nun prinzipiell – aus der Interessenperspektive der Therapeuten heraus – die möglichen beruflichen Handlungselemente so selegiert und kombiniert werden, daß sie den Eigeninteressen des Therapeuten an interessanter und wenig ermüdender Arbeit etc. am ehesten entgegenkommen, unabhängig davon, ob andere Kombinationen oder Arrangements größere therapeutische Wirkung entfalten könnten.

Die Interessen des Therapeuten sind also von den Interessen des Patienten abgekoppelt und diesen gegenüber tendenziell entgegengesetzt. (Beck/Brater, 1978b, Berufliche Strategien)

Auch wenn die professionelle Gemeinschaft einen Kanon von Regeln zur kunstgerechten Ausübung des Berufs festgelegt hat[3], steht die Berufspraxis im Einzelfall unter widersprüchlichen Imperativen. So hätte z. B. in einer Situation des allgemeinen Patientenmangels der Therapeut *strukturell* mit der »Beruflichkeit« seines Handelns (und nicht etwa aufgrund eigener moralischer Entscheidung) ein Interesse an der Verlängerung der Therapie, und zwar auch dann, wenn dies vielleicht im Sinne des Therapieerfolgs nicht mehr zwingend notwendig wäre. Grundsätzlich läßt die berufliche Form der Organisation der Arbeit sowohl die Scharlatanerie wie den Dilettantismus, die Problemverkürzung im Eigeninteresse wie das engagierte Ausnützen jeder Gebrauchswertmöglichkeit zu. In welchem Maße sich die jeweiligen Tendenzen ausbilden und durchsetzen können, hängt entscheidend von der Art des zu *bearbeitenden Problems und der jeweiligen Struktur der beruflichen Kontrolle* in ihren vielfältigen Dimensionen ab, die jetzt am Beispiel der psychoanalytischen Berufssituation eingehender zu diskutieren sind: gibt es hier aufweisbare Kontrollmechanismen, die etwa im Sinne einer strukturellen Abkoppelung »richtiger Therapie« vom Berufsinteresse der Therapeuten ein Bemühen um optimale Therapie fördern bzw. verbürgen? Oder birgt gerade das Problem der psychischen Störung besondere Gefahren, weil es dem Patienten die Kontrolle über den Gebrauchswert weitgehend unmöglich macht? Wie gestaltet sich das Anbieter-Abnehmer-Verhältnis in bezug auf diese besondere Art der Arbeitsleistung? Dieses Verhältnis soll zuerst kurz untersucht werden, weil im Sinne der »Logik« des Warentauschs sich bekanntlich ja die »Marktpartner« gegenseitig kontrollieren sollen und also möglicher Machtmißbrauch einer Seite durch die Korrektur- und Sanktionsmöglichkeiten der anderen verhindert zu werden scheint.

4. Die Struktur der Neurose und die Machtüberlegenheit der Therapeuten am Beispiel der Psychoanalyse

Mit der Aufnahme einer Psychoanalyse läßt sich der Analysand auf das Konzept des Unbewußten ein. Er wählt damit nicht nur eine bestimmte psychopathologische Konzeption und die zu ihr gehörige Behandlungsform aus; er nimmt auch die Auswirkungen der tiefenpsychologischen Konzeption auf die analytische Beziehung als Tauschbeziehung in Kauf.

In diesem tiefenpsychologischen Interpretationskontext sind die neurotischen Symptome nur Ausdruck einer darunterliegenden, dem Neurotiker nicht selbst zugänglichen psychischen Konfliktsituation. Von den erkennbar werdenden Symptomen kann der Neurotiker nicht auf den spezifischen Charakter des verdrängten Konfliktes schließen, zumal im Laufe der psychoanalytischen Kur sich auch oftmals das Gewicht der einzelnen Symptome oder Symptomgruppen verschiebt; einige treten recht bald ganz in den Hintergrund, andere werden erst im Laufe einer langen Behandlung der bewußten Wahrnehmung zugänglich. Der neurotisch Leidende hat also keine Möglichkeit, von seiner Sichtweise seiner Symptome her, selbst wenn er genügend Kenntnisse der Neurosentheorie besitzen würde, zu entscheiden, ob seine subjektiv konkrete Ausformung von Leidensqualitäten unter den Begriff der Neurose mit Sicherheit zu subsumieren ist. Schon gar nicht kann er sich vom Erscheinungsbild seiner Symptome her die Gewißheit verschaffen, zu welchem Typus von Neurose sein Leiden zu rechnen ist, zumal die neurotische Symptomatik sehr häufig in starken Mischformen auftritt und der klassifizierende und prognostische Wert der psychoanalytischen Nosologie auch für den psychoanalytischen Praktiker nicht allzu groß ist. (Strotzka, 1973, S. 10-45)

Schließlich ist noch folgendes von ganz besonderer Wichtigkeit: Die Möglichkeit der Beurteilung der eigenen Situation, der Erfolgschancen einer analytischen Therapie, der Kompetenz des Analytikers und aller andrer relevanten Faktoren ist möglicherweise durch den besonderen Charakter der neurotischen Störung selbst mehr oder weniger stark beeinträchtigt. Zwar ersetzt ja der Neurotiker nicht die äußere Realität durch eine ihm erträgliche wahnhafte Ersatzrealität, aber die Realitätswahrnehmung des neurotisch Gestörten kann in verschiedener Hinsicht ganz erheblichen Verzerrungen unterworfen sein. Die angsterregenden Elemente der äußeren Umwelt können durch »Verleugnung in Wort und Handlung« (Freud, A., o. J.), durch Verkehrung ins Gegenteil, durch Projektion, durch Identifizierung mit dem Angreifer etc., also durch alle neurotischen Abwehrmechanismen unsichtbar, verzerrt oder sonstwie unangemessen wahrgenommen werden. Es ist nun gar nicht verwunderlich, daß gerade in die Beurteilung der psychoanalytischen Therapie, in die Sichtweise des Psychoanalytikers und in die Wahrnehmung vieler Begleiterscheinungen der psychoanalytischen Kur von seiten des potentiellen Analysanden psychoneurotische Realitätsverzerrungen in besonders starkem Ausmaße eingehen können. Dabei kann das Vorhandensein dieser Phänomene dem Neurotiker selbst verborgen sein; er kann sich möglicherweise sogar heftig gegen deren Aufweis zur Wehr setzen. Der Analytiker, der eine Therapie anbietet, die auf der Prämisse unbewußter Abwehrmechanismen basiert, spricht also notwendig dem potentiellen Patienten das volle Ausmaß der Beurteilungskompetenz nicht nur in bezug auf den Charakter seiner Krankheit, sondern auch in bezug auf die tauschbezogenen Aspekte der Analytiker-Analysand-Beziehung ab. Es dürfte nicht selten sein, daß gerade in einer frühen Phase der analytischen Kur die Elemente der vertraglichen Verhaltensregelung zwischen Analysand und Analytiker Gegenstand der analytischen Arbeit sind: Die Bezahlung, das Auf-der-Couch-Liegen, der Zwang zur Pünktlichkeit etc. können zum Streitpunkt werden, wobei die Äußerungen des Analysanden zum Gegenstand tiefenpsychologischer Deutung werden, womit ihm also in einer ganz bestimmten Weise die Kompetenz abgesprochen wird. Der subjektiv geäußerte Sinn wird in einer Weise reinterpretiert, daß in ihm etwas aus dem

Unbewußten des Analysanden sich ausdrücke, was zumeist und zunächst nur dem Analytiker sichtbar wird. Dieses spezifische Charakteristikum des psychoanalytischen Dialoges, »die extrem asymmetrische Definition der Dialogrollen im analytischen Gespräch« (Schröter, 1974, S. 45-64), bedingt eine vielfältige, unkonturierte Ohnmacht des Analysanden in bezug auf die Definition der analytischen Situation und einen erheblichen Machtüberhang auf seiten des Analytikers (Keupp und Bergold, 1972, S. 105–141) – eine Struktur, die durch die Technik der Deutung unbewußter Motive allemal wiederhergestellt und perpetuiert wird.

»Wenn wir einem Gegenüber als einem Subjekt und nicht als einem Gegenstand, den wir manipulieren können, begegnen, unterstellen wir ihm (unvermeidlich) Zurechnungsfähigkeit. Wir können mit ihm nur in eine Interaktion eintreten, ihm auf der Ebene der Intersubjektivität (...) begegnen, wenn wir supponieren, daß er bei geeigneter Nachfrage über sein Handeln Rechenschaft ablegen könnte. (...) Wir sind (...) unfähig, in der Interaktion selber dem Gegenüber unbewußte Motive zuzuschreiben. Sobald wir das tun, verlassen wir die Ebene der Subjektivität und behandeln den anderen als ein Objekt, über das wir mit dritten kommunizieren können, aber eben nicht mit ihm selber.« (Habermas, 1971, S. 118)

Der Analytiker kann prinzipiell jeden Einwand des Analysanden in bezug auf die Regelung der Tauschbeziehung dadurch immunisieren, daß er ihn als Widerstand deutet. Z. B. kann eine Kritik an der Honorarhöhe analytisch als ein unbewußtes Nicht-hergeben-Wollen angegangen werden, womit die Frage nach der Angemessenheit des Honorars allemal aus der analytischen Situation verbannt werden kann.

Die Situation der Parteien, die einen Vertrag über die Durchführung einer analytischen Psychotherapie schließen, ist also durch ein extremes Ungleichgewicht charakterisiert. Der Analysand begibt sich in eine Situation, in der seine volle Kompetenz angezweifelt wird und in Frage gestellt werden muß, wenn die Theorie des Unbewußten Grundlage der Therapie sein soll. Er gesteht mit dem Abschluß des Behandlungsvertrages eine defizitäre Beurteilungs- und Handlungskompetenz von nicht genau zu übersehendem Ausmaß ein, die sich auf alle Elemente des Vertragsabschlusses erstrecken kann.

Während die Grundlage von Tauschbeziehungen gerade die Gleichheit und Vertragsfähigkeit beider Parteien voraussetzt, beruht der Vertrag zwischen Analytiker und Analysand gerade auf der Voraussetzung, daß der Analysand in der autonomen Wahrnehmung *seiner* Handlungsmöglichkeiten behindert, also in einem gewissen begrenzten Sinne nicht ganz vertragsfähig ist. Diese Paradoxie wird von Analytikern dadurch entschärft, daß sie die Unterstellung der vollen Verantwortlichkeit der Analysanden als Notwendigkeit des therapeutischen Prozesses begreifen. Im Vertrag zwischen Analytiker und Analysand jedenfalls willigt der Analysand in die Machtverteilung ein, die der analytischen Kommunikationsform implizit ist. Der Beginn der Behandlung stellt also für den Analysanden auch den Konsensus über die Beschneidung seiner eigenen Autonomie dar.

Mit dieser Struktur ist einer mißbräuchlichen Gestaltung der therapeutischen Beziehung, zumindest einer teilweisen Funktionalisierung im Eigeninteresse des Therapeuten eine überaus weitreichende Möglichkeit gegeben.

Die spezifische Eigenart der neurotischen Störung bzw. ihre theoretische Erfassung[4] und die aus ihr abgeleitete spezifische Kommunikationsform macht den *Analysanden* – als »Abnehmer« der beruflichen Leistung, von dem im Rahmen des »Marktmodells« der beruflichen Tauschsituation die entscheidenden Kontrollen über den »Anbieter« auszugehen hätten – in einem ganz besonderen Maße *ohnmächtig und imkompetent*, über die adäquate Erfüllung seiner Bedürfnisse zu wachen. Er wird im Rahmen der *inhaltlichen* Beziehung zum Therapeuten als *unfähig* definiert, seine *beruflich-formelle* Kontrollfunktion auszuüben. Er ist nicht »Tauschpartner«, sondern Abhängiger, damit aber – bei Beibehaltung von Warenbeziehungen – potentiell Auszubeutender. Weiterführend stellt sich nun die Frage, ob in der Anbieter-Abnehmer-Beziehung bzw. in der Therapie-Markt-Situation andere Kontrollmechanismen wirksam sind, die diesen Mangel kompensieren.

5. Das Fehlen struktureller Gebrauchswertkontrollen in der Anbieter-Abnehmer-Beziehung

Da das berufliche (Tausch-)Interesse die Realisierung gebrauchswertbezogenen Handelns nur insoweit und in der

Form erwarten läßt, wie es mit den Tausch-, Karriere- und Machtinteressen der Berufstätigen (Beck/Brater, 1978a, Grenzen...) koinzidiert, soll nun gefragt werden, ob die Tauschinteressen selbst nicht gewisse Implikationen bergen, die eine Orientierung an den Bedürfnissen der Abnehmer nahelegen oder sogar erzwingen. Der Markt, auf dem die Arbeitsleistungen gehandelt werden, in unserem Falle der Psychotherapie-Markt, könnte der Ort sein, auf dem durch die *Konkurrenz* der Anbieter untereinander[5] und die Vergleichbarkeit und Bewertbarkeit der Therapien für mögliche Abnehmer die Realisierung bedürfnisadäquater Therapien zu erwarten wäre.

Es zeigt sich nun, daß die Realität des Therapie-Marktes und die Möglichkeiten gebrauchswertorientierter Abnehmer-Strategien dieses bei weitem nicht leisten können. So sieht sich der mögliche Abnehmer z. Zt. einer Vielzahl von Therapien gegenüber, die zu beurteilen er kaum in der Lage ist. Es fehlt ihm ja einer der wesentlichsten Orientierungspunkte, die wissenschaftliche Zuverlässigkeit und der wissenschaftliche Konsens über eine richtige Psychopathologie, die erfolgversprechenden Therapien, die genaue Indikation. Obendrein lassen sich die Protagonisten der einen oder anderen Therapie gar nicht auf eine Diskussion über die wissenschaftliche Fundierung ihrer Psychotherapie ein, sondern arbeiten mit irrationalen Argumentationsstrategien (vgl. die Werke von Janov und Perls).

Außerdem liegen kaum Ergebnisse vergleichender Psychotherapieforschung vor, die dem Laien eine fundierte Entscheidung für die eine oder andere Therapie ermöglichen würden. Die »Erfolgsquoten« alternativer Therapien sind nicht vergleichbar, weil auch ein Konsens über die entsprechenden Kriterien fehlt (Bergold, 1973, und Hartig, 1975) und dessen Möglichkeit darüber hinaus prinzipiell in Frage gestellt wird. (Fürstenau, 1972, S. 423-462)

Gibt nun die Wissenschaft nur unzureichende und widersprüchliche Beurteilungshilfen und wird ihre Zuständigkeit generell in Frage gestellt, so bleibt der potentielle Abnehmer von Psychotherapie auf sein eigenes Urteil verwiesen. Versucht er sich an den Berichten ehemaliger Patienten, Analysanden etc. zu orientieren, so wird ihm neben der Vielfalt und Widersprüchlichkeit der Erfahrungen vor allem die Frage der Gültigkeit der subjektiven Erfolgseinschätzungen zu schaffen machen. So muß ja nicht jeder, der eine Therapie in eigenen Augen mit Erfolg beendet hat, vor zukünftigen Zusammenbrüchen, Symptomverschiebungen oder Einengungen seiner Erlebnisfähigkeit gefeit sein; ebenso wie eine eher skeptische Einstellung zum eigenen Therapieerfolg mehr einer Tendenz zur nüchternen Selbsteinschätzung als einem vergleichsweise geringen therapeutischen Effekt geschuldet sein kann.

Versucht ein potentieller Patient schließlich, an dem jeweiligen therapeutischen Geschehen selbst sich zu orientieren, so trifft er auf eine Vielzahl widersprüchlichster Einstellungen, Verfahrensweisen, Umstände etc. Da wird als optimale bzw. einzig richtige Therapie ausgegeben, was sich ausschließlich mit dem zugänglichen Bewußtsein des Patienten/Klienten befaßt oder aber was die Äußerungen dieses Bewußtseins gegenüber den Manifestationen des Unbewußten gering einschätzt. Die biographische Genese der Schwierigkeiten oder aber nur das Hier und Jetzt wird als Objekt der Bearbeitung gewählt. Das methodische Training oder aber die unkontrollierten Selbstäußerungen sollen der Weg zu therapeutischer Veränderung sein. Fordert die eine therapeutische Schule vom Therapeuten weitgehende Passivität und Distanziertheit, so die andere teilnehmende Aktivität und geäußertes emotionales Engagement. Fördert die eine Therapie den Aufbau von Ich-Stärke, Selbstsicherheit und Arbeitsfähigkeit, so eine andere die emotionale Offenheit und den gänzlichen Abbau von Widerständen. Die eine Richtung favorisiert die Einzeltherapie, die andere hält die Gruppensituation für unerläßlich, und vieles mehr.

Es ist aufgrund dieser Sachlage nicht zu erwarten, daß die betroffenen Laien in der Lage sind, dieses mannigfaltige und widersprüchliche Therapieangebot zu beurteilen und durch ihre Wahl der optimalen Therapie einen selektiven Druck zur Herstellung therapeutischen Gebrauchswertes auszuüben. Das Angebot konkurrierender Therapien auf dem Therapiemarkt ist also ebenfalls keine wirksame Kontrollinstanz, die das »Systemproblem der Gebrauchswertproduktion« (Beck/Brater) auch nur annähernd zu lösen vermöchte.

Die berufliche Beziehung von Therapeut und Patient kann also durch die Therapeuten so definiert werden, daß sie deren Eigeninteressen sehr weitgehend entgegenkommt, jedenfalls mit diesen zumindest nicht in Konflikt gerät. Dies auf drei Ebenen: in bezug auf die Selektivität bearbeitbarer Probleme, in bezug auf die inhaltlichen Momente der Therapiebeziehung und in bezug auf die Definition des Tauschäquivalents.

6. Das Selektionsprinzip der marktrelevanten Nachfragekategorien und die Indikation zur Psychoanalyse

Die berufliche Form der Organisation menschlichen Arbeitsvermögens bindet die Möglichkeit der Bearbeitung gesellschaftlicher und individueller Probleme grundsätzlich an die Möglichkeit der Realisierung des Tauschzwecks; mit anderen Worten: nur die Probleme sind berufsmäßig bearbeitbar, für die sich zahlungsfähige und zahlungswillige Nachfrager einfinden. Es entscheidet also nicht die reale, objektive Problemstruktur von Individuen oder gesellschaftlichen Gruppen darüber, ob für sie Arbeitskraft aufgewandt wird, sondern »was möglicher Inhalt von Berufen werden kann, hängt davon ab, welche Bedürfnisse und Probleme wie in marktrelevante Nachfragekategorien übersetzt werden«. (Beck/Brater, 1978c, Kritik...) Interveniert nicht ein Dritter, z. B. der Staat (etwa in Form gesetzlicher Krankenkassen), aus seiner Interessenlage heraus und sichert mit seinen Ressourcen die Bearbeitung bestimmter Probleme, so ist die Kontur des gesellschaftlich bereitgestellten Arbeitsvermögens mit der Kontur nicht des realen Problems, sondern seiner ökonomischen Nachfragefähigkeit (annähernd) kongruent.

Die Möglichkeit der berufsmäßigen Bearbeitung psychischer Probleme ist demgemäß eingegrenzt auf diejenigen Personen, die auch als zahlungskräftige und zahlungswillige Nachfrager psychotherapeutischer Leistung auftreten. Nur diese kommen für den Therapeuten langfristig als mögliche Patienten in Frage, denn die Beruflichkeit seines therapeutischen Handelns läßt ihm gar keine andere Wahl. Zwar könnte er diese (vielleicht manchmal unerwünschte) heteronome Begrenzung seiner Patientenwahl gelegentlich überschreiten und mittellose Patienten umsonst oder für ein geringeres Honorar therapieren, doch nur um den Preis des Verzichts auf einen Teil seines Einkommens. Dies lehnt Freud z. B. ausdrücklich ab. Indem er auf dem Tausch als Basis der Therapie besteht, weist er konsequenterweise auch das Ansinnen subjektiver Verzichtbereitschaft ab, dem ja auch andere Berufe nicht ausgesetzt sind. (Freud, GW, S. 465)

Die ökonomischen Mechanismen der Problem- bzw. Patientenselektion sind am reinsten sichtbar in der Modellsituation, in der der freiberufliche Therapeut mit einer Anzahl selbstzahlender Patienten in Beziehung steht. Ob mit der Aufnahme psychotherapeutischer Behandlungen in den Leistungskatalog gesetzlicher Krankenkassen diese Mechanismen wirkungsvoll aufgehoben sind, kann hier nicht entschieden werden. Für die meisten Therapieformen gilt jedoch real auch z. Z. noch (bzw. wieder) dieses Modell.

Im folgenden soll nun gezeigt werden, daß die ökonomischen Selektionsmechanismen möglicher Patienten nicht nur der gesellschaftlichen Kontur der Problematik (vgl. die Ergebnisse der Epidemiologie) nicht gerecht werden, sondern auch konstitutiv für inhaltliche Momente der Therapiebeziehung geworden sind. Dieses kann sinnvollerweise an der Entstehung der psychoanalytischen Therapie demonstriert werden (obwohl sie ja inzwischen über die Kassen abgerechnet werden kann), da sie unter Bedingungen des »reinen Marktes« sich herausbildete.

Die Analytikerschaft war lange Zeit an eine vorgängige Selektion ihrer Patienten gebunden, die diese *nach einem ökonomischen Kriterium* in diejenigen aufteilt, die *faktisch* behandelt werden können, und diejenigen, die von der Behandlung ausgeschlossen werden mußten. Diese Unterscheidung hatte zunächst nichts mit ihrer jeweiligen psychischen Problemlage und ihrer Eignung zur analytischen Therapie zu tun, sondern war ausschließlich Ergebnis der ungleichen Verteilung gesellschaftlicher Ressourcen und der Selektivität der beruflichen Bearbeitungsform. Diese brachte – jedenfalls im Fall der privaten Einzelpraxis – eine therapeutische Abstinenz bzw. einen »therapeutischen Nihilismus« gegenüber den mittellosen Schichten oder Klassen hervor, was dem Analytiker als bedauerlich, aber unter den gegebenen Verhältnissen unabänderlich erschien.

»Man kann der asketischen Verdammung des Geldes ganz ferne stehen und darf es doch bedauern, daß die analytische Therapie aus äußeren wie aus inneren Gründen den Armen fast unzugänglich ist. Es ist wenig dagegen zu tun.« (A.a.O. S. 466)

Hier werden also nicht nur die gesellschaftlichen Verhältnisse als Selektionsgründe genannt, sondern es tauchen auch angebliche »innere Gründe« auf, die die Armen von der Behandlung ausschließen:

»Unterhalb eines gewissen Niveaus an Intelligenz ist das Verfahren überhaupt nicht anwendbar...« (a.a.O., S. 264), es erfordert ein gewisses Maß von Reife und Einsicht beim Kranken, taugt daher nicht für kindliche Personen oder für erwachsene Schwachsinnige und Ungebildete.« (A.a.O., S. 513)

Die Anforderungen analytischer Therapie, sozusagen ihre immanenten Zwänge, denen auch die Analytiker sich nicht entziehen können, bestimmen also zusätzlich die Selektion möglicher Patienten, und zwar derart, daß die aus ökonomischen Gründen ausgeschlossenen zugleich die sind, die auch innerlich zur Analyse gar nicht befähigt sind.

Es erstaunt wenig, daß dieses eigenartige Zusammentreffen einen Ideologieverdacht provoziert hat, den Verdacht nämlich, die Analytiker erklärten sich dort aus wissenschaftlichen, therapie-immanenten Gründen für unzuständig, wo in Wirklichkeit die Armut der Betroffenen sie an der Behandlung hindere. (Wolff und Hartung, 1972, S. 71ff.)

Dies liegt nahe, zumal gerade im Gesundheitsbereich eine solche krasse Ungleichheit der Zugänglichkeit von beruflicher Hilfe wohl kaum legitimierbar wäre.

Allerdings bleibt diese ideologiekritische Erklärung vordergründig, zumal sie auch nicht das wirkliche Auftreten von (auch typischen) Schwierigkeiten bei gelegentlicher Behandlung von Unterschichtspatienten zu erklären vermag. (Gleiss, Seidel und Abholz, 1973, S. 37ff.)

Diese verweisen vielmehr darauf, *daß die ökonomisch-soziale Patientenselektion zu einem spezifisch konstruierten therapeutischen Verfahren geführt hat, das auf die besonderen Problemlagen und Fähigkeiten einer relativ homogenen Patientengruppe hin zugeschnitten ist:* Die Konzentration auf die individuelle neurotische Problematik »reifer« Personen aus bürgerlichen Schichten hat überhaupt erst das »klassische« setting der analytischen Kur mit seiner Betonung sprachlicher und introspektiver Fähigkeiten möglich gemacht.

Eine solcherart entwickelte Therapie hätte somit die spezifischen pathogenen Faktoren und pathologischen Erscheinungsformen ökonomisch deprivilegierter Personengruppen gar nicht erst systematisch in den Blick bekommen. Noch weniger sind sie zum Gegenstand der Entwicklung und Erprobung therapeutischer Verfahrensweisen geworden. Das bedeutet, daß der Anwendung der psychoanalytischen Therapie auf Unterschichtpatienten Schwierigkeiten gegenüberstehen, die auch und gerade in der Konstruktion dieser Therapie begründet sind. Je sorgfältiger und spezifischer sich die Herausbildung der analytischen Therapie an den Problemen und Möglichkeiten *ihrer* Patienten orientierte, um so größer dürften die Schwierigkeiten der Verallgemeinerung des Zugangs zu dieser Therapieform sein.

Außerdem spielt hier die reale Differenz der unterschiedlichen Lebensform und klassenspezifischen Psychopathologie eine erhebliche Rolle. (Vgl. Gleiss u. a., a.a.O., S. 146ff.)

Indem die Konstruktion der psychoanalytischen Therapie sich auf bestimmte Fähigkeiten, soziale Kompetenzen, insbesondere sprachliche Kompetenz etc., ihrer Patienten stützte, schloß sie damit gleichzeitig andere therapeutische Zugangsmöglichkeiten und Heilungsressourcen für andere Problemgruppen aus dem Verfahren aus.

Dabei war es ja an sich nicht selbstverständlich, daß die Sprache zum alleinigen therapeutischen Medium werden mußte.

Auf diese Weise selegiert die Psychoanalyse ihre Patienten also in doppelter Hinsicht:

Die ökonomische Selektionsfunktion des freien Berufes schließt die mittellosen Patienten an sich schon von der analytischen Kur aus. Darüber hinaus führt sie zu der Konstruktion eines therapeutischen Gebrauchswertes, der dann inhaltlich der Problemlage und den sozialen Fähigkeiten anderer Patientengruppen nicht problemlos entspricht, mit der Konsequenz, daß solche Gruppen auch dann, wenn die ökonomischen Selektionen wegfallen (z. B. durch Übernahme der Kosten durch Krankenkassen), nicht ohne weiteres für die Analyse zugänglich zu sein scheinen.

Das Selektivitätsprinzip der marktrelevanten Nachfragekategorien, das in der Berufsform (hier: dem freien Beruf) strukturell angelegt ist, verlängert sich also gleichsam bis in die Möglichkeiten und Inhalte des therapeutischen Verfahrens selbst.

Es zeigt sich an diesem Punkt, daß die Vermittlung des psychotherapeutischen Handelns durch den warenförmigen Tausch diesem Handeln selbst nicht äußerlich bleibt, bzw. daß die strukturellen Folgen des Tauschzwanges bzw. des Tauschinteresses in die Konstruktion des psychoanalytischen Gebrauchswertes selbst eingehen.

Die z. T. offensichtlichen Bedingungen der Entwicklung der psychoanalytischen Therapie wurden aber in einem Prozeß der Reifizierung der Behandlungstechnik und Professionalisierung der Analytiker zusehends weniger sichtbar. Aus der Arbeitsperspektive des Analytikers heraus stellt sich nicht primär die Frage, für welche Patientengruppen die Therapie zugeschnitten ist, sondern welche Patienten für die jetzt entwickelte Form der Therapie geeignet sind. In der Frage nach der angemessenen Indikation drehen sich sozusagen die Verhältnisse um und machen sozialstrukturelle und berufliche Konstitutionsbedingungen der Therapie zur Frage nach der subjektiven Eignung von Personen. Die ursprünglich ökonomisch selegierende Vermittlung gesellschaftlich-psychischer Probleme in eine spezifische Behandlungstechnik kehrt sich um zu der medizinisch verstandenen Frage, wo die Psychoanalyse indiziert ist und wo nicht. (Dührssen, 1972, S. 126ff.)

Durch diese perspektivische Umkehrung scheint es aus innertherapeutischen, medizinischen Gründen nicht möglich zu sein, mittellose Patienten zu heilen. Jedenfalls kam eine quantitativ umfangreiche Behandlung von Angehörigen der Unterschicht auch deswegen nicht zustande, weil für sie die Psychoanalyse (im Selbstverständnis der Psychoanalytiker und bezogen auf die »klassische« Form) zumeist kontraindiziert wäre.

Damit ist die Indikation zur Psychoanalyse auch zu einem tauschwertstabilisierenden Faktor für den Analytiker geworden: Wenn nämlich die Therapie selbst nur die Behandlung relativ gebildeter (d. h. auch zahlungskräftiger) Personen erlaubt, ist eine beträchtliche Honorarforderung unter gegebenen Bedingungen durchaus legitimierbar:

»Für den Mittelstand ist der für die Psychoanalyse benötigte Geldaufwand nur scheinbar ein übermäßiger. Ganz abgesehen davon, daß Gesundheit und Leistungsfähigkeit einerseits, ein mäßiger Geldaufwand andererseits überhaupt inkommensurabel sind: wenn man die nie aufhörenden

Ausgaben für Sanatorien und ärztliche Behandlung zusammenrechnet und ihnen die Steigerung der Leistungs- und Erwerbsfähigkeit nach glücklich beendeter analytischer Kur gegenüberstellt, darf man sagen, daß die Kranken einen guten Handel gemacht haben.« (Freud, a.a.O. S. 466ff.)

Die therapeutische Gebrauchswertkonstruktion sichert also über den ihr impliziten Indikationsbereich die materielle Reproduktionsmöglichkeit der Analytiker in der freien Arztpraxis. Gleichzeitig schließt sie es aus, daß sie für die gesellschaftliche Versorgung im Bereich der psychischen Störungen überhaupt verantwortlich herangezogen werden können, wo ihre Therapie doch nur für einen geringen Teil derselben anwendbar ist. Damit ist die Gefahr (aus der Perspektive der beruflichen Eigeninteressen gesehen) ausgeschlossen, daß die Analytiker auf weniger einkömmliche Aufgaben verpflichtet werden können.

Hier kann zum Vergleich die Lage der Ärzteschaft vor der Medizinalreform von 1848 herangezogen werden.
Ihre »materielle Lage ... war durchaus schlecht« (Ackerknecht). Das erklärt sich z. T. aus einem solchen Versorgungsauftrag. Da der medizinische Gebrauchswert universell anwendbar ist, konnte der Ärzteschaft auch eine Versorgung der Armen prinzipiell zugemutet werden und tatsächlich waren sie auch dazu verpflichtet, wenn nötig, sogar unentgeltlich. Das brachte ihnen zum Teil erhebliche finanzielle Einbußen, weswegen auch gegen diese Verpflichtung besonders heftig polemisiert wurde. Ihr Gebrauchswert war also nicht per se tauschwertkonform konstruiert, und insofern war ihr Reproduktionsniveau faktisch gefährdet. (Vgl. Ackerknecht, 1932, bes. S. 89ff. und S. 138ff.)

7. Die berufskompatible Strukturierung des Therapeut-Patient-Verhältnisses

Die ökonomische Selektionsfunktion der beruflichen Organisationsform psychoanalytischen Handelns entscheidet also nicht nur über die Struktur der gesellschaftlichen Versorgung, sondern findet auch – gleichsam über einen Umweg – inhaltlich in die Therapiekonstruktion Eingang. Daneben unterliegt das Spektrum möglicher therapeutischer Verfahren einer weiteren ganz grundsätzlichen Begrenztheit, die sich aus der Berufsform selbst ergibt: Es gibt Handlungen, Beziehungsformen, Situationsstrukturierungen, die mit einem Verhältnis von Personen als Tauschpartner grundsätzlich nicht vereinbar sind.

Diese Beziehungsqualitäten, z. B. nachbarschaftliche Kontakte, freundschaftliche oder Liebesbeziehungen, die spontane Reziprozität des Verhaltens in Selbsthilfegruppen, können allenfalls untypischerweise neben der beruflichen Therapiebeziehung auftreten, bringen die Austauschbeziehung jedoch tendenziell in Gefahr. So schildert Mowrer sein Vorgehen beim Aufbau einer Selbsthilfegruppe, wobei er eigene Probleme grundsätzlich mit in die Klientengespräche aufnahm (und auch selbst davon profitierte), mit der Bemerkung:

»Nebenbei bemerkt fand ich es unangemessen, für diese Art von Interaktion mit anderen Personen Honorar zu verlangen, und ich habe auch nie ein solches gefordert.« (Mowrer und Vattano 1977, S. 314)

Nur ein einseitiges Verhältnis, das das Ungleichgewicht der Interaktionspartner nicht aufhebt, legitimiert also die Bezahlung. Umgekehrt können also in eine Dienstleistungsbeziehung grundsätzlich nur diejenigen Interaktionsqualitäten Eingang finden, die keine Gleichheit des Nutzens, der Betroffenheit herstellen. Hier ist die entscheidende inhaltliche Begrenzung beruflicher Therapiebeziehungen angelegt. Das Potential einer Beziehungsqualität direkter Reziprozität, nicht-tauschvermittelten Verhaltens von Personen zueinander kann in der Psychotherapeut-Patient-Beziehung nicht systematisch zum Tragen kommen. Zwar kann prinzipiell der Therapeut z. B. Zorn, Freundlichkeit, Ernst, Trauer, Zuneigung oder Ekel etc. zeigen, jedoch nicht ohne eine gewisse Relativierung: daß er überhaupt gegenwärtig ist, zu dem Patienten sich verhält, rührt nicht primär aus seinen spontanen Gefühlen her, sondern aus seinem beruflichen Erwerbsinteresse. Das therapeutische Potential ungebrochener Gefühlsbeziehungen (über das wir systematisch wenig wissen) kann also hier grundsätzlich nicht voll wirksam und auch nicht uneingeschränkt sichtbar werden.

Möglicherweise kann von diesem Gesichtspunkt aus ein Beitrag zur Erklärung »spontaner Remissionen« geleistet werden. Die Psychotherapieforschung verweist in diesem Zusammenhang auf den manchmal entscheidenden Einfluß von »Variablen«, die nicht in den bewußt gestalteten Dimensionen einer Therapiebeziehung oder ganz außerhalb von dieser liegen.

Es ist nicht unwahrscheinlich, daß dieser Sachverhalt, diese merkwürdige Relativierung, auch unerwünschte Konsequenzen in der psychoanalytischen Praxis haben kann, zumal gerade die Psychoanalyse die Übertragung – also ein »gefühlsmäßiges« Moment – zur zentralen Vorbedingung und zum wesentlichen Bearbeitungsgegenstand bei der Neurosentherapie gemacht hat. (Dührssen, 1972, S. 70ff.; Stone, 1973; Wyss, 1972, S. 96ff.)

Die *Übertragung* ist in der analytischen Theorie das Vehikel, über das frühkindliche Konflikte in der analytischen Situation präsent sind. Der Analysand richtet in einer Art »erwünschtem Dauerirrtum« sein verdrängtes und zerstörerisches Angstpotential und seine unbefriedigten Liebeserwartungen etc. auf die Person des Analytikers, dem sie aber nicht eigentlich gelten. Die lebensgeschichtliche Rückführung dieser »Übertragungsneurose« und ihre analytische Durcharbeitung macht dann wesentlich die analytische Arbeit aus. Die Möglichkeit für den therapeutischen Zugang zu verdrängten Konflikten besteht also nicht lediglich in der Präsenz der Person des Analysanden in der Therapiesituation, sondern in einer spezifischen und möglichst intensiven Beziehung zum Analytiker. In dieser Hinsicht erfordert die analytische Kur *tendenziell etwas Außerberufliches*: nämlich gerade das Aufgeben der für den Tausch typischen Distanz und das Eingehen einer vorbehaltlosen Beziehung, letztendliche Hingabe und Auslieferung. Dies allerdings wird nur vom Analysanden gefordert, nicht vom Analytiker, der neutral bleiben und nicht mehr zeigen soll als ein Spiegel.

Das Zustandekommen und die schließliche Auflösung der Übertragungsneurose ermöglicht den Erfolg der Analyse, das Bewußtwerden der verdrängten Konflikte und das Verschwinden der Symptome. Die Fähigkeit des Patienten zu einer bearbeitbaren Übertragung ist also zentrales Element seiner Eignung zur Analyse. Andererseits werden infolgedessen diejenigen Personen, von denen eine solche Übertragung nicht oder nicht sicher und stabil genug erwartet werden kann, von der psychoanalytischen Behandlung ferngehalten. In der Sichtweise des Psychoanalytikers ist es die psychodynamische Eigenart einer Person, eines Krankheitsbildes, die den Erfolg der analytischen Arbeit ermöglicht, erschwert, verhindert. Daß aber diese Übertragung nicht in einer alltäglichen Ernstsituation auf eine wirklich geliebte oder gehaßte Person erfolgen muß, sondern auf einen Berufsmenschen, der ganz wesentlich auch einen Erwerbszweck verfolgt, wird nicht bedacht. Dabei geht es hier ja faktisch nicht um Übertragungsfähigkeit per se, sondern um die Fähigkeit und Bereitschaft, seine schwierigen, gefährdenden und unverstandenen Gefühle *auf eine Person zu richten, zu der man primär in einem »zweckrationalen« Berufskontakt steht*, die sich allemal auf diese berufliche Vermittlung berufen und zurückziehen und die im Extremfall den Kontakt auch einseitig lösen kann. Es ist zu vermuten, daß diese berufsbedingte Konstellation mit ihrer spezifischen Anforderung an Vertrauensfähigkeit und persönliche Öffnungsbereitschaft des Patienten bestimmten Gruppen von Problempersonen den Zugang zur Analyse erschwert oder unmöglich macht, nämlich gerade jenen, deren Leiden ursächlich mit traumatischen Enttäuschungserlebnissen (die z. B. auch Folge von entfremdeten Warenbeziehungen sein können) zusammenhängen; hierher könnten z. B. psychotische Deformationen gehören, deren analytische Behandelbarkeit überhaupt von der institutionellen Psychoanalyse in Frage gestellt wird.

Von diesen Überlegungen ausgehend ließe sich die oft diskutierte Problematik der analytischen Zugänglichkeit *psychotischer* Personen neu bestimmen.

Es spricht vieles für die These, daß nicht lediglich die Eigenart dieser Personengruppe den analytischen Zugang erschwert oder unmöglich gemacht hat, sondern daß die berufliche Bearbeitungsform (jedenfalls in ihrer dominanten Konkretion als freier Beruf) dieser spezifischen Problematik nicht angemessen ist. Die angebliche Unfähigkeit zur Übertragung könnte sich als situationsbedingt herausstellen. Unter anderen als beruflich normalen Umständen wird sogar von besonders reinen Übertragungen berichtet; (vgl. Foudraine, J. 1973).

Möglicherweise erfordert das adäquate Eingehen auf die Problematik dieser Personen gerade eine Beziehungsform, die beruflich-therapeutische Distanz ausschließt und sich auf eine persönliche Involviertheit des Therapeuten gründet.

Interessant wäre es auch, den Wandel der Ansichten über die analytische Therapierbarkeit von psychotischen Personen mit Veränderung der beruflichen Bearbeitungsform in Zusammenhang zu bringen. Hier liegt folgende These nahe: In der Zeit, wo psychotherapeutische Behandlung so gut wie ausschließlich in der freien Praxis ausgeübt wurde, kumulierten sich die hierdurch gegebenen Probleme: die häufige Zugehörigkeit der Psychotiker zur Unterschicht, also das Problem der Bezahlung, Sprache etc., oft auch die Rechtsunfähigkeit.

Unter der Bedingung, daß analytische Therapie auch von angestellten Krankenhausärzten und in Forschungsinstituten etc. betrieben wird, fallen heute einige der Hindernisse fort und die Ansicht der Heilbarkeit verbreitet sich. Jedesmal jedoch ist das Augenmerk vorwiegend auf die Heilbarkeit der Psychose und nicht auf die Angemessenheit der Bearbeitungsform gerichtet. (Ammon, 1973, Wolff und Hartung 1972, S. 72ff., Searles, 1974)

Im allgemeinen werden die Restriktionen und Strukturierungen, die die Tauschbeziehung allemal in die Therapiekonstruktion einbringt, von den Analytikern keineswegs als störend empfunden. Sie sehen sich nicht etwa in der Situation, daß sie wissenschaftlich erarbeitete Erfordernisse der Psychoanalyse mit den Möglichkeiten und Begrenzungen der Berufsform in einem schwierigen Prozeß vereinbaren müßten. Diese beiden konstitutiven Elemente der psychoanalytischen Situation sind für sie nicht nur an sich schon kompatibel, sondern die richtige Durchführung der Aufhellung der tiefenpsychischen Dynamik kann – ihrer Ansicht nach – nur in dieser beruflichen Form vorgenommen werden. Das heißt historisch-konkret, daß es die Arzt-Patient-Beziehung ist, die den geeigneten Rahmen der Psychoanalyse darstellt. Leo Stone geht sogar so weit, die Möglichkeit der Entstehung der Psychoanalyse an diese Arzt-Patient-Beziehung zu binden:

»Ich werde sogar die zweifellos verwegene These vertreten, daß die Psychoanalyse unter keinen anderen Auspizien hätte entstehen können.« (Stone, 1973, S. 19)

»Und insofern die ursprünglich angewandte Technik die Hypnose war, behielt die Beziehung zwischen Arzt und Patient (für die psychoanalytische Technik, d. Verf.) – in einigen Hinsichten sogar übersteigert – ihre traditionellen Merkmale: scheinbar allwissend, autoritär, hilfreich der eine; unwissend, völlig ergeben, hilfebedürftig der andere.« (A.a.O. S. 14)

Die Elemente der beruflich vorgegebenen Beziehungsstruktur zwischen Arzt und Patient werden mit der psychoanalytischen Technik also nicht nur in Einklang gebracht, sie werden bewußt aufgenommen und zielgerichtet gestaltet. Die Konstruktion der analytischen Therapie geschieht also nicht unabhängig von den außer-analytischen beruflichen Bedingungen, etwa nur der inneren Logik wissenschaftlichen Erkennens verpflichtet. Im

Gegenteil: sie stützt sich gerade auf diese vorgängigen Beziehungsstrukturen, entwickelt sie zu zentralen Elementen der therapeutischen Beziehung und versucht somit, sie für Zwecke der Therapie zu nutzen. Was ursprünglich schon durch die Berufsform vorgegeben war, wird uminterpretiert und nach Möglichkeit zum therapeutischen Mittel funktionalisiert.

So wird z. B. die Autoritätsstruktur zwischen Arzt–Experten und Laien–Patient für die Übertragung in Dienst genommen. Im analytischen Selbstverständnis ist gerade diese Struktur besonders geeignet, wünschenswert intensive Übertragungen zu provozieren. So begründet Stone seine o. g. These mit

> »der einzigartigen Fähigkeit des Arztes, Übertragungen auf sich zu ziehen (Übertragungsvalenz)« (a.a.O. S. 54).

Die Unterlegenheit gegenüber dem kompetenten, autoritären Arzt/Analytiker befördert die wünschenswerte Regression des Patienten. (Balint, 1972, S. 97ff.)

Als berufliche Beziehung schließt die Arzt-Patient-Beziehung auch ein, daß die Sphäre der Privatheit des Arztes vom Bereich seiner beruflichen Aktivitäten getrennt ist. Erstere braucht den Patienten keineswegs zugänglich zu sein. Diese Eigenart beruflicher Beziehungen wird ebenso in das analytische setting übernommen und hier zur Norm erhoben. Die Unbekanntheit des Analytikers als Privatmensch, eigentlich überhaupt als konkrete Person wird zur wichtigen Vorbedingung unverzerrter Übertragungen. Was also der Analysand an seinem Analytiker entdeckt, ist nicht dessen wirkliche Eigenschaft, sondern stammt via Übertragung aus dem verdrängten Anteil der Biographie des Analysanden selbst.

Auch hier hat die »berufliche Distanz« zugleich therapeutische Valenz. Faßt man berufliche Distanz als das Grundverhältnis von Personen, deren Interaktion sich durch den Zweck des Tausches konstituiert, so bezieht sich der eine auf den anderen zunächst nicht als auf die volle, konkrete Person, sondern die Kontakte sind im allgemeinen begrenzt und prinzipiell reduzierbar auf das, was für den beruflichen Austausch notwendig ist. Diese grundsätzliche Reduziertheit des beruflichen Kontaktes (im Gegensatz etwa zu familialen, feudalen, emotionalen etc. Bindungen) wird in der analytischen Therapie zum

Element der Neutralität des Therapeuten funktionalisiert und präzisiert:

»Der Übertragungsliebe, die ihm entgegenschlägt, muß der Analytiker um der Schonung seines eigenen Affektlebens wie um des therapeutischen Zieles willen wie ein Chirurg mit ›Gefühlskälte‹ begegnen.« (Dahmer, 1973, S. 194)
Der Analytiker soll »neutral sein im Hinblick auf religiöse, moralische und soziale Werte, das heißt, die Behandlung nicht aufgrund irgendeines Ideals lenken und sich jeden Rates enthalten; neutral in bezug auf Übertragungsmanifestationen...«. (Laplanche und Pontalis, 1973, S. 331)

Von dieser analytischen Neutralität hängt die Herstellung einer sicheren Übertragung ab (Freud, GW S. 474), die hier wieder an die vorgegebene Trennung von Berufsmensch und Privatmensch auf der Seite des Analytikers gebunden erscheint:

»Die Neutralität kennzeichnet nicht die reale Person des Analytikers, sondern seine Funktion: Derjenige, der Deutungen gibt und die Übertragungen geschehen läßt, sollte neutral bleiben, das heißt als psychosoziale Individualität nicht eingreifen.« (Laplanche und Pontalis, a.a.O. S. 332)

Die analytische Technik stellt also in vieler Hinsicht eine eigenartige ›Verschmelzung‹ der beruflich gegebenen Beziehungsstrukturen mit dem psychodynamischen Erkenntnis- und Heilungsvorhaben dar, wobei die Dimension der beruflichen Distanz zum integralen Bestandteil des analytischen Verfahrens selbst wird. Überspitzt könnte man sagen: Das klassische psychoanalytische Verfahren ist nicht ein Verfahren zur Neurosentherapie an sich, sondern die Nutzung der beruflichen Beziehungsstruktur von Arzt und Patient für die Therapie neurotischer, zahlungsfähiger, gebildeter Einzelpersonen.

Aus der Begrenztheit der Möglichkeiten, an die die Konstruktion der analytischen Therapie gebunden war, und aus ihrer Funktionalisierung beruflicher Beziehungsstrukturen für die analytische Technik lassen sich von der hier verfolgten Argumentation her keine Schlüsse über die therapeutische Effektivität ableiten. Allerdings kann aber darauf verwiesen werden, was alles *nicht* für die Therapie nutzbar gemacht wurde bzw. werden konnte. Insofern als der therapeutische Wert nicht-beruflicher Beziehungsstrukturen und Verhaltenstypen weitgehend unbekannt geblieben ist, können Versuche zu nicht-beruflichen Organisationsformen therapeutischen Handelns grundsätzlich ganz neue Möglichkeiten eröffnen.

Es kann hier nicht diskutiert werden, inwieweit dabei die Ergebnisse der psychoanalytischen Neurosenlehre bzw. Persönlichkeitstheorie als Ergebnis der beruflichen Bearbeitungsform auch in nicht-beruflichen Zusammenhängen nutzbar gemacht werden können bzw. inwieweit die beruflichen Entstehungsbedingungen diese Anwendung erschweren.

In der Frage des *Honorars* wird die Umdeutung beruflicher Beziehungselemente zu Momenten der Therapie am deutlichsten (und wohl auch recht prekär). Die Notwendigkeit der Bezahlung des Analytikers für seine berufliche Arbeitsleistung bleibt nämlich nicht als eine Selbstverständlichkeit der Tauschbeziehung außerhalb des therapeutischen Geschehens, sondern wird von seiten der Analytiker als Mittel der Therapie selbst ausgegeben und eingesetzt. Dabei beziehen sie sich auf eine Bemerkung Freuds, daß man die »Schätzung der Behandlung beim Patienten nicht erhöht, wenn man sie sehr wohlfeil abgibt.« (Freud, GW, a.a.O.) Dies wurde später zu der Ansicht verdichtet, »daß der analytische Patient ein ›Opfer‹ zu bringen habe, damit die Therapie wirklich in Gang käme« (nach Dührssen, 1972, S. 103).

Erst die Bezahlung motiviere den Patienten zureichend und dauerhaft für die schwierige und schmerzliche Bearbeitung seiner Widerstände.

Dabei können die Analytiker aber kaum erklären, warum dieses Opfer in der Form des Geldes und nicht etwa als Leistung, z. B. gesellschaftlich nützlicher Arbeit, erbracht werden muß. Ferner bleibt ungeklärt, wieso diese Geldsumme unbedingt dem Analytiker zugeeignet werden muß, um auf der Seite des Patienten ein Gefühl des Opferns hervorzubringen.

Hier ist allerdings darauf hinzuweisen, daß Freud selbst dieser Frage gegenüber differenziert blieb und sich nicht eindeutig festlegte.

A. Dührssen äußert in diesem Zusammenhang die interessante Beobachtung, daß die Funktion der Bezahlung als Opfer insbesondere von denjenigen Analytikern betont wurde, die in einer psychoanalytischen Privatpraxis arbeiteten. Diejenigen dagegen, »deren Ausbildung und Tätigkeit von polyklinischen Erfahrungen geprägt war«, die somit als Angestellte über ein festes Gehalt verfügten, traten für »eine große Flexibilität der therapeutischen Strategie« ein und standen dieser Ansicht fern (Dührssen, a.a.O.).

Ist die Bezahlung solcherart zum wichtigen Bestandteil des therapeutischen Prozesses erklärt worden, so gefährdet ihr Wegfall nicht aus ökonomischen, sondern nunmehr aus innertherapeutischen Gründen den Erfolg der Analyse und führt zu der »immer wieder einmal auftauchenden Behauptung, daß eine unentgeltliche Behandlung überhaupt keine Erfolge zeitigen könne« (Dührssen, a.a.O.). Auch wo diese Ansicht nicht bis zur letzten Konsequenz verfolgt wird, wird die Zahlungsbereitschaft des Analysanden (und zwar nach Maßgabe der Honorarforderung des Analytikers) zu einer therapie-immanenten Notwendigkeit.

Das brachte nun allerdings Schwierigkeiten für die Analytiker mit sich, als die ambulante tiefenpsychologisch fundierte Psychotherapie in den Leistungskatalog der gesetzlichen Krankenkassen aufgenommen wurde. Kassenpatienten, die nun nicht mehr selbst bezahlen, also kein »Opfer« mehr bringen, müßten eigentlich unheilbar sein. Tatsächlich ist dieser Standpunkt auch vertreten worden (vgl. Haak, 1957, S. 183 bis 195).

Es scheint allerdings seit diesem Zeitpunkt sich die Ansicht durchzusetzen, daß »der regelmäßige Beitrag an die Krankenversicherung und das regelmäßige Einhalten einer Behandlungsstunde (einschließlich der Fahrgeldkosten) (einen) ausreichenden Beitrag und ausreichendes ›Opfer‹ darstellen, um den Heilungsprozeß in Gang zu halten« (Dührssen, a.a.O. S. 104).

Hier ist das Tauschäquivalent in den Gebrauchswert selbst hineingenommen und steht damit – sozusagen aus therapeutischem Sachzwang – nicht mehr zur Diskussion. Durch diese fast einmalige Konstruktion sind die beruflich-finanziellen Interessen der Analytikerschaft garantiert und kritikimmun abgesichert.

Die einzige ähnliche Konstruktion scheint der kirchliche Ablaßhandel zur Zeit Luthers gewesen zu sein, bei dem ebenfalls die Zahlung einer gewissen Geldsumme notwendige (und in diesem Fall auch hinreichende) Bedingung für das Ziel des Tausches, die Befreiung von irdischen Sünden, war.

Zusammenfassend kann gesagt werden, daß die verschiedenen Elemente des psychoanalytischen setting zuallererst Momente der beruflichen Beziehung darstellen, die von den Analytikern therapeutisch begründet und umgedeutet und so in die therapeutische Gebrauchswertkonstruktion überführt wurden. Dabei liegt die Vermutung nahe, daß diese beruflichen Momente, das Autoritätsgefälle, die Abtrennung der Privatsphäre etc. nicht in allen Fällen auch selbstverständlich und in prästabilierter Harmonie zugleich Momente optimaler Therapie darstellen. Jedenfalls ist deutlich, daß die Aufrechterhaltung dieser als therapeutisch sinnvoll behaupteten »Gebrauchswert«-Elemente identisch ist mit der Stabilisierung der beruflichen Bearbeitungsform und der Sicherung der professionellen Privilegierung. Ob unter diesen Bedingungen und Begrenzungen allerdings das therapeutische Potential menschlichen Verhaltens voll zum Tragen kommen kann, daran kann mit Fug und Recht gezweifelt werden.

Anmerkungen

1. Der vorliegende Aufsatz ist die neubearbeitete Fassung der Arbeit »Einige Probleme und Konsequenzen der beruflichen Institutionalisierung der Psychoanalyse«. In: Ulrich Beck und Michael Brater (Hrsg.), Die soziale Konstitution der Berufe. Materialien zu einer subjektbezogenen Theorie der Berufe, Band 1. Materialien aus dem Sonderforschungsbereich 101 der Universität München; Frankfurt: Aspekte-Verlag 1977. Die berufstheoretische Argumentationslinie ist dort ausführlicher dargestellt.
2. Die hier zugrunde liegende berufstheoretische Argumentation wurde im SFB 101 der Universität München, »Theoretische Grundlagen sozialwissenschaftlicher Arbeitskräfte- und Berufsforschung« entwikkelt; vgl. Beck/Brater, alle Titel.
3. Dies macht ein zentrales Element der Professionalisierung aus (vgl. Schwarz, C., in diesem Band).
4. Die berufssoziologische Analyse kann über die inhaltliche Richtigkeit psychopathologischer Theorien selbst keine Aussagen machen. Für die hier vorgetragene Argumentation genügt es, daß sich Patient und Analytiker im großen und ganzen auf dieses Neurosekonzept einigen und daß in der Regel solcherart konfliktgeleitete Wirklichkeitsverzerrungen beim Patienten aufzutreten pflegen.
5. Für den Aspekt strategischer Konkurrenz alternativer Anbieter untereinander vgl. Cramer, M., in diesem Band.

Weiterführende Literatur

Beck, U. und M. Brater: *Gesellschaftliche Arbeitsteilung und soziale Ungleichheit.* Frankfurt: Campus 1978

Diess.: *Die soziale Konstitution der Berufe.* Materialien zu einer subjektbezogenen Theorie der Berufe, Band 1, 2 Frankfurt: Aspekte 1977

Gleiss, I., R. Seidel und H. Abholz: *Soziale Psychiatrie; Zur Ungleichheit*

in der psychiatrischen Versorgung. Frankfurt: Fischer 1973
Matarazzo, J. D.: Psychotherapeutic Processes, In: *Am. Rev. Psychol.*, 1965, 16, S. 181-224.
Moeller, M. L.: Selbsthilfegruppen in der Psychotherapie. In: *Praxis der Psychotherapie*, 1975, S. 181-193.
Ders.: Wodurch wirken Selbsthilfegruppen? Zu einigen Therapieprinzipien der Gruppenselbstbehandlung. In: *Gruppendynamik* 5/77 (8. Jg.), S. 337-357

Barbara Winkler
Humanistische Psychologie und Gruppenbewegung in der Psychoszene

1. Zur Lage
2. Gesellschaftliche Hintergrundbedingungen der Entwicklung
2.1. Suche nach emotionaler Erfahrung
2.2. Suche nach Orientierung
2.3. Suche nach »Lebenssinn«
3. Welche Bedeutung hat die Gruppenbewegung im Rahmen der psychosozialen Versorgung?
3.1. Das Gesundheits- und Krankheitskonzept der Humanistischen Psychologie nach Maslow
3.2. Institutioneller Rahmen, Finanzierung und Zielgruppen
3.3. Einfluß der Gruppenleiter/Trainer/Therapeuten
4. Entwicklungstendenzen
4.1. Methodenintegration
4.2. Institutionalisierung, Professionalisierung
5. Schlußbemerkungen

1. Zur Lage

Der Psychomarkt floriert, »Gruppen« sind »in«. Trotz der warnenden Rufe mancher Kritiker, die von »Gruppensüchtigkeit«, »Pseudorealität« und von spektakulären psychischen Zusammenbrüchen während Gruppenveranstaltungen berichten, besteht eine große Nachfrage nach Veranstaltungen, die im breiten Sinne etwas mit Psychologie, Selbsterfahrung und Psychotherapie zu tun haben.

Wir erleben in der Bundesrepublik derzeit eine Entwicklung, wie sie in den USA schon in den sechziger Jahren stattfand. Dort durchlief die Gruppenbewegung, die seit ihren Anfängen Millionen von Amerikanern erfaßt hat, verschiedene Stadien. Sie begann in den vierziger Jahren in dem Kreis um den Sozial- und Gestaltspsychologen Lewin, dem es zunächst darum ging, Techniken der Willensbildung und des politischen Handelns für Kommunalpolitiker zu entwickeln. Über das Stadium erzieherischer Aufgaben in den fünfziger Jahren, als individuelle

Bildungsprozesse, Selbsterfahrung und Reifung im Vordergrund standen, setzte sich in den sechziger Jahren die Erkenntnis durch, daß Training und Therapie kaum noch voneinander zu unterscheiden seien. Gleichzeitig brachte die Etablierung der sich selbst so bezeichnenden Humanistischen Psychologie eine explosionsartige Vermehrung der verwendeten Verfahren und es begannen sich kommunenartige Gruppen zu bilden, die nach ihren neugewonnenen Vorstellungen alternative Formen des Zusammenlebens versuchten.

Diese Entwicklung scheint bei uns noch längst nicht auf ihrem Höhepunkt angekommen zu sein. Zur Veranschaulichung einige Daten: In den USA haben nach einer Schätzung von Gibb (1972, S. 140) im Zeitraum von 1947 bis 1970 etwa dreiviertel Millionen Menschen an irgendeiner Form von Sensitivitätstraining teilgenommen.

In einer neueren Arbeit ist bereits zu lesen:

»Schätzungsweise fünf Millionen Amerikaner oder mehr haben irgendwann einmal an irgendeiner Gruppenaktivität teilgenommen, deren Ziel persönliche Entwicklung oder Veränderung in Encounter-Gruppen war. Einige Millionen sind Mitglieder von Selbsthilfe-Gruppen; Zehntausende waren als Patienten in irgendeiner Form von Gruppenpsychotherapie.« (Lieberman, 1977, S. 503)

Verglichen mit dieser rasanten Expansion in Amerika entwächst der bundesdeutsche Gruppenmarkt gleichsam erst den Kinderschuhen. Hier wurden die ersten Sensitivity-Trainings mit beträchtlicher Importverzögerung erst in den sechziger Jahren durchgeführt. Der Teilnehmerkreis beschränkte sich auf eine überschaubare Zahl von Personen, zumeist ebenso wie in den amerikanischen Anfängen auf solche mit einflußreichen Positionen in sozialen Berufen oder in der Industrie. Der Optimismus, den einige Vertreter der Gruppendynamik dabei an den Tag legten, war beträchtlich. So rechnete Brocher (1971) hypothetisch durch, wie in der Bundesrepublik innerhalb von drei bis fünf Jahren durch das Wirken von drei bis vier Ausbildungsinstituten für gruppendynamische Methoden mit je 10-12 Fachleuten eine Veränderung der Urteilsbildung, Wahrnehmung, Einstellung und Haltung von rund 50000 bis 80000 Menschen in erzieherischen Schlüsselfunktionen erreichbar wäre. Und Antons (1977) schildert die von der Beratermacht ausgehende Faszination mit einer Episode aus dem Jahre 1971: Aufgrund der rein informatorischen Anfrage einer Bundestagsfraktion entstand in einer Gruppe von Trainern die Phantasie, welch entscheidende Verbesserungen der parlamentarischen Demokratie erreicht werden könnten, wenn es gelänge, den ganzen Bundestag zu trainieren. An solcherart ausgedrücktem Demokratieverständnis und solcher Sozialtechnologie übt Horn (1972) vehemente Kritik.

Mittlerweile ist die Euphorie der gruppendynamischen Gründerjahre auch in der Bundesrepublik einem Trend zum Individuellen und auch nach innen gewichen. Metzger (1975, S. 329) beklagt diese Entwicklung: »...(in welcher Weise) die Gruppenarbeit in den 30 Jahren seit ihrer Einführung sich zu einer Art individueller Psychotherapie zurückentwickelt hat, die die Gruppe nur als *Werkzeug* benutzt, wieweit sie zu einem neuen Gesellschaftsspiel und zu einer Art psychischer Sauna geworden ist, die zwar ›Erlebnisse‹ vermittelt, aber im übrigen alles beim alten läßt, wenn nicht gar verschlimmert...« (Hervorhebung im Original).

Mit dem Beginn der siebziger Jahre entstanden nämlich nach dem Vorbild der »Growth Centers« in Kalifornien auch bei uns kleine Gruppen, die es sich zum Ziel machten, die persönlichen Erfahrungen, die sie mit Methoden und Gedanken der »Humanistischen Psychologie« in Amerika gemacht hatten, in der Bundesrepublik weiterzugeben. Es liegen zwar für die gesamte Entwicklung dieser Bewegung keine Zahlen vor, doch am Beispiel des bei uns wohl größten Zentrums dieser Art sei verdeutlicht, in welchem Ausmaß und wie stürmisch sie verläuft: 1970 kaufte ein Arztehepaar – aus Kalifornien zurückgekehrt – einen Hof in Oberbayern. »Ziel war, ein Therapiezentrum aufzubauen, in dem Methoden der Humanistischen Psychologie Anwendung finden und in Deutschland verbreitet werden sollten. Als Anregung und Vorbild diente das Esalen Institute in Big Sur, Kalifornien, Amerikas größtes Zentrum dieser Richtung, an dem die Familie (...) mehrere Monate verbracht und Therapie dieser Art ›am eigenen Leibe‹ erlebt hatte«. (Zist Tätigkeitsbericht, o. J., S. 1). »In den folgenden Jahren wurde dieser Hof in eigener Handarbeit zusammen mit befreundeten Studenten, Handwerkern und einigen Drogenabhängigen, die den klinischen Entzug hinter sich hatten, ausgebaut. Die erste Selbsterfahrungsgruppe fand 1972 nach Fertigstellung des zweiten Bauabschnitts in Zist, dem Zentrum für Individual- und Sozialtherapie, statt. Im Jahre 1973 gründeten... (das Ehepaar) mit Freunden und Interessierten den Verein Zist e. V.... Seit 1974 mietet der Verein die 1975 mit dem vierten Bauabschnitt fertiggestellten Räume und Gebäude zum satzungsgemäßen Zweck, die theoretische und praktische Arbeit auf dem Gebiet der Humanistischen Psychologie voranzubringen, welche sich der »Erforschung und Entfaltung des menschlichen Potentials von Individuen in ihrem sozialen Bezug widmet. Mit diesem Zweck wurde der Verein 1974 im Sinne der Gemeinnützigkeit als förderungswürdig eingestuft« (S. 3 und 4). Weiter heißt es in dem Bericht, der die Bilanz bis Ende 1976 enthält:

»Es werden pro Jahr etwa 100 offene Gruppen angeboten, d. h. es kommen im Jahr durchschnittlich 1000 Menschen nach Zist. Bei dieser Zahl ist zu berücksichtigen, daß viele Personen mehrmals kommen. Diese verteilen sich auf zwei-, drei-, vier- und fünftägige Gruppen, einmonatige Intensiv- und Ausbildungsprogramme, deren Teilnehmer fest in Zist wohnen, und ein-, zwei- und dreimonatige Intensiv- und Ausbildungsprogramme, deren Teilnehmer sich zu festen Zeiten treffen, aber nicht ständig in Zist leben, d. h. ihrer Arbeit nachgehen können.« »Sowohl bei kurzen Gruppen wie bei langfristigen Intensivprogrammen ist es nicht bei den Hauptmethoden Encounter, Bioenergetik und Gestalt geblieben... bieten wir Gruppen an mit Familientherapie, Psychosynthesis, Psychodrama, Primärtherapie, Tanztherapie, Yoga, Sensory Awareness, Enlightenment Intensive, Dynamische Meditationen, Tai Chi, Massage und anderes« (S. 5). Um zu veranschaulichen, wie sehr dieses Gebiet in Bewegung ist, sei erwähnt, daß der Begründer von Zist auch Ausbildungsveranstaltungen im Rahmen des Deutschen Arbeitskreises für Gruppenpsychotherapie und Gruppendynamik (DAGG) anbietet. Seit 1977 verfügt das Zentrum – der großen Nachfrage folgend – über eine geräumige Dépendance am Rande der Münchner Innenstadt. In diesem Haus hat auch ein Meditationszentrum sein Stadtdomizil eingerichtet, das ebenso wie Zist seine Anfänge auf dem Lande hatte. Geleitet wird dieses zweite Zentrum von Schülern des Bhagwan Shree Rajneesch, einem indischen Guru mit großer europäischer Anhängerschaft. Beide unter einem Dach vereinigten Zentren fühlen sich freundschaftlich verbunden.

Die oben erwähnten Einrichtungen stehen für viele, die über die gesamte Bundesrepublik verstreut sind. Als gemeinsamer Nenner der verschiedenen Gruppierungen taucht immer wieder die Bezeichnung »Humanistische Psychologie« auf. Diese Humanistische Psychologie findet mittlerweile auch Eingang in Hochschulseminare, und zwar über persönliche Erfahrungen, die Angehörige sowohl psychologischer wie medizinischer Universitätsinstitute in Selbsterfahrungsgruppen mit ihr machen.

Einer größeren kritischen wissenschaftlichen Analyse ist diese Richtung jedoch für den deutschen Sprachraum bislang noch nicht unterzogen worden. Es ist im Rahmen dieser Arbeit auch nicht möglich, eine derartig umfassende Analyse zu geben. Erwähnt sei, daß die Humanistische Psychologie aus der Unzufriedenheit mit den beiden großen Schulen der Psychoanalyse und des Behaviorismus entstand. Begründet wurde sie 1962 als »Association for Humanistic Psychology« von dem Motivationspsychologen Abraham Maslow und einer größeren Zahl weiterer Psychologen, wie Carl Rogers und Charlotte Bühler, sowie Vertretern anderer Wissenschaften. Die Humanistische Psychologie hat bislang noch in keiner Weise ein ausgefeiltes einheitliches Theoriesystem vorgelegt, vielmehr sind recht heterogene Strömungen in diesem Sammelbecken vertreten. Gemeinsam ist ihnen jedoch eine Auffassung vom Menschen, in der die Erfahrung seiner selbst und des anderen Menschen als zentrale Erlebnisse angesehen werden (Bühler und Allen 1974). Diese »Dritte Kraft« in der Psychologie, wie Maslow sie gelegentlich nennt, »...schließt die Adlerianer, Rankianer und Jungianer ein, ebenso alle Neofreudianer (oder Neoadlerianer) und die Postfreudianer (sowohl die psychoanalytischen Ich-Psychologen als auch Schriftsteller wie Marcuse, Wheelis, Marmor, Szasz, N. Brown, H. Lynd und Schachtel, der die Arbeit der talmudischen Psychoanalytiker fortsetzt). Außerdem wächst der Einfluß von Kurt Goldstein und seiner organismischen Psychologie ständig, desgleichen der Einfluß der Gestalttherapie, der Gestaltpsychologen und Lewinianer, der allgemeinen Semantizisten und solcher Persönlichkeits-Psychologen wie G. Allport, G. Murphy, J. Moreno und H. A. Murray. Die existentielle Psychologie ist ein neuer und mächtiger Einfluß. Dutzende weiterer einflußreicher Forscher können als Selbst-Psychologen, phänomenologische Psychologen, Wachstums-Psychologen, Rogersianer, humanistische Psychologen bezeichnet und in Gruppen zusammengefaßt werden, usw. usf. Eine umfassende Aufstellung ist unmöglich...« (Maslow, 1973, 17/18).

Der Anhängerkreis der Humanistischen Psychologie hat sich in der Bundesrepublik bisher in verschiedener Weise organisiert. Seit 1975 erscheint regelmäßig eine »Zeitschrift für Verfahren Humanistischer Psychologie und Pädagogik« mit der Bezeichnung »Integrative Therapie«. Der Herausgeber Hilarion Petzold schreibt im Editorial des ersten Heftes, daß mit der Humanistischen Psychologie als »dritter Kraft« keine Profilierung gegen Psychoanalyse und Verhaltenstherapie geschaffen werden solle, sondern daß es das Anliegen der Zeitschrift sei, Brücken zwischen den Methoden zu schlagen. Eine weitere »Zeitschrift für Humanistische Psychologie« nennt sich »Sensus-Kommunikation«. Sie wird seit 1977 herausgegeben vom »Sensus-Freundes-Kreis, Verein zur Förderung der persönlichen Entfaltung und offenen Begegnung (e. V.)«. Im Gegensatz zur »Integrativen Therapie«, die wissenschaftliche Ansprüche vertritt, dient »Sensus-Kommunikation« eher dem Informationsaustausch innerhalb der Subkultur, die sich um die »Wachstumszentren« herum bildet. Ebenfalls 1977 etablierte sich nun auch eine »Deutsche Gesellschaft für Humanistische Psychologie«, die für den Sommer 1978 bereits ihren ersten Kongreß plant. Die Expansion der »Psychoszene«, die sich in diesen Entwicklungen widerspiegelt, verdient eine genauere Betrachtung. Inhalt dieser Arbeit wird es sein, zu untersuchen, wie es zu der Gruppenbewegung und zur Ausbreitung der Humanistischen Psychologie kommen konnte, welche Bedeutung ihr im Gesamt der psychosozialen Versorgung beizumessen ist und wie es hier mit solchen Fragen wie Professionalisierung und Institutionalisierung bestellt ist.

2. Gesellschaftliche Hintergrundbedingungen der Entwicklung

Nicht nur in den Praxen von Psychoanalytikern und Therapeuten anderer Richtungen, auch in Selbsterfahrungsgruppen, Encounter-Marathons und verschiedensten Psycho-Wochenendgruppen nimmt die Zahl derer zu, die psychisches Leiden präsentieren, ohne eine spezifische engumschriebene Symptomatik vorweisen zu können. Diese Menschen führen oft äußerlich einen erfolgreichen und wohlangepaßten Lebensstil. Sie spüren jedoch, daß ihnen irgend etwas nicht genau zu Bezeichnendes im Leben fehlt, zweifeln trotz ihrer eventuell zusammengetragenen materiellen Werte an ihrem eigenen Wert und am Sinn des Lebens. (Aussage eines Teilnehmers an einem Workshop »Feeling Therapy«.)

In ihren Sozialbeziehungen vermitteln sie für den Außenstehenden manchmal sogar ein überangepaßtes Bild. Und trotzdem erleben sie sich als schal, nichtig, ungeliebt, zu keiner engen Bindung fähig, leer, manchmal voller unbestimmter Angst und ohne sichtlichen Anlaß deprimiert.

In erschreckendem Ausmaß angestiegen ist vor allem auch die Anzahl jener, deren Leiden in exzessiven Drogen- und Alkoholmißbrauch eingeht.

Zu Freuds Zeiten sah der Ausdruck psychischen Leidens noch anders aus. Seine Patienten hatten eine klar umschriebene Symptomatik, die er mittels der »psychoanalytischen Kur« auf partielle psychische Konflikte zurückzuführen und – als Nebenprodukt einer Neustrukturierung der Persönlichkeit – aufzulösen versuchte. Freuds Arbeit mit »klassischen Neurosen« wurde determiniert durch seine Klientel aus dem Wiener Großbürgertum des Jahrhundertbeginns. In diesem Kreis war Sexualität tabuisiert und bei dem reinen, unschuldigen Kind völlig undenkbar. Insofern wurde sein Werk bestimmt durch den allgemeinen gesellschaftlichen Hintergrund und speziell durch das Normengefüge der sozialen Gruppe, in der er wirkte. Auf einer gemeinsamen Basis waren es dann für die nächste Zeit vor allem Angehörige des Besitz- und Bildungsbürgertums, die die Möglichkeiten psychotherapeutischer Behandlung nutzten. Diese Menschen waren bereit, ihre Probleme als individuelle Neurose zu sehen und wegen dieser »Krankheit« einen Therapeuten aufzusuchen. Zudem waren sie auch in der Lage, ihn zu bezahlen.

Wohl nicht zuletzt durch die Tatsache, daß sich neben den Spezialisten für Körperbeschwernisse auch solche für »Seelenbeschwernisse« zu etablieren begannen, hat sich die Sensibilität für etwaige Störungen im psychischen Befinden erhöht. Innerpsychische Probleme und Schwierigkeiten im zwischenmenschlichen Bereich werden – zumindest in bestimmten Kreisen – nicht mehr einfach hingenommen, sondern als lösbar betrachtet. Und wenn heute mehr Menschen als früher mit »defekten Ich-Strukturen« als mit »klassischen Neurosen« auf der Suche nach Hilfe sind, so muß auch gesehen werden, daß sich die gesellschaftlichen Hintergründe des Leidens gewandelt haben. Während von den Patienten der ersten Analytiker noch angenommen werden kann, daß sie – sofern sie überhaupt arbeiteten – ein relativ ungebrochenes Verhältnis zu ihrer Arbeit und deren Produkten hatten, ist das beim psychisch Leidenden der letzten Jahrzehnte nicht mehr ohne weiteres der Fall. Für ihn trifft das Konzept der Entfremdung in mehrfacher Hinsicht zu: er ist seiner Arbeit entfremdet, er kann nicht mehr selbst darüber entscheiden, was er tut und wie er es tut. Ebenso ist er den Produkten seiner Arbeit entfremdet, er hat keinen Einfluß darauf, was mit ihnen geschieht. Und ein in unserem Zusammenhang besonders wichtiger Punkt: Im Arbeitsprozeß ist er auch seinen Mitmenschen entfremdet, da Konkurrenz und Leistungsdruck Kooperation unmöglich machen.

Diese Entfremdung trifft heute – stärker als früher – auch für Angehörige akademischer Berufe zu. Für ihr Selbstverständnis kommt noch erschwerend hinzu, daß sie in ihrer Berufsrolle, z. B. als Lehrer oder Richter, häufig nach Prinzipien handeln müssen, die ihren privaten Anschauungen entgegengesetzt sind. Doch das ist es nicht allein. Zunehmend wird vom einzelnen verlangt, daß er, den »Erfordernissen der Wirtschaftslage« entsprechend, beruflich »mobil« ist. Das heißt oft auch: Verlagerung des Wohnortes, schneller Wechsel in sozialen Beziehungen. Ein Zwang zu störungsfreiem Funktionieren besteht auch außerhalb des Arbeitsbereiches, wesentlich mitbedingt durch menschenfeindliche Wohnverhältnisse. Freizeit wird durch eine entsprechende Industrie organisiert, und auch im persönlichen Bereich ist das Erreichen von Leistungsnormen wichtiges Ziel geworden. So werden Gefühlsbeziehungen durch immer komplexere Lebens- und Arbeitszusammenhänge auf ein Minimum beschränkt, wenn nicht gar ganz »ausgeschaltet« (s. a. Elias, 1976).

Damit einhergehend bröckeln die familiären Bindungen ab, in denen sich Menschen ehemals stabilisiert haben. Und für die meisten Menschen kommt noch erschwerend hinzu, daß sie nach der Erfahrung der letzten Kriege und der Erkenntnis einer relativen Unkontrollierbarkeit der Zukunft außer einem »Konsumismus«, der nicht weit trägt, keine Wertvorstellungen oder Ideen mehr sehen, aus denen sie für ihre Existenz einen »Sinn« ableiten könnten.

Richter (1972) sieht einen möglichen Weg aus dieser »Krise des Individuums« in »der Gruppe«. Hilfen in der »Krise der Kultur unserer Zeit« kann nach Meinung von Bühler und Allen (1974) die Humanistische Psychologie geben. In den Gruppenveranstaltungen, die eine wesentliche Verwirklichungsform dieser psychologischen Schule darstellen, herrschen die Prinzipien der Förderung persönlicher Nähe, Wahrhaftigkeit des Ausdrucks und gefühlsmäßige, oft auch sinnliche Erfahrung.

Außerdem beginnt in bestimmten Schichten – gerade unter den »Kopfarbeitern« – ein Zug zurück aufs Land, zum Leben in der Natur, zur handwerklichen Arbeit und zur Ernährung mit selbstangebauten oder anderweitig beschafften »unverfälschten« Nahrungsmitteln und vor allem zu neuen Formen des Zusammenlebens unter bestimmten ideologischen Vorzeichen. (AAO 1976, Vollmar, 1977).

Anhand von drei Bereichen will ich versuchen, die möglichen Ursachen und Auswirkungen dieser Entwicklung kritisch zu beleuchten.

2.1. *Suche nach emotionaler Erfahrung*

In der Hippiekultur wie in der weltweiten Protestbewegung der Studenten während der sechziger Jahre steckte sicher ein großes Stück Auflehnung gegen die oben beschriebene einseitige Struktur affektfreier Rationalität. Propagiert wurde nun demgegenüber direkter Ausdruck von Gefühl, körperliche Nähe und sinnliche Erfahrung. »Die Wiederentdeckung des Gefühls« (Casriel, 1977) wurde gefeiert. In der Atmosphäre einer Encounter-Gruppe beispielsweise haben Versuche, in das Neuland des eigenen gefühlsmäßigen Erlebens vorzudringen, gute Chancen, sich verwirklichen zu lassen. Durch die Gruppenatmosphäre angeregt und durch den Gruppenleiter gefördert öffnen sich die Gruppenteilnehmer, »lassen ihre Gefühle raus« und entwickeln für die Dauer der Gruppe häufig enge Beziehungen zu anderen Teilnehmern. Eine solche Gruppe kann einer Reise in bisher wenig erlebte Bereiche der eigenen Person gleichen. In manchen Gruppen wird geschrien, geweint, geschimpft und getobt – ohne Angst vor irgendwelchen Sanktionen. Und ebenso befreiend wird gelacht, getanzt und gestreichelt, erleben die Gruppenteilnehmer Freude, entdecken sie völlig neue Seiten an sich (z. B. Schutz, 1971).

Manche erwachsene Menschen haben in derartigen Gruppen zum ersten Male in ihrem Leben ein starkes Gefühl erlebt und ausgedrückt und bezeichnen nachträglich diese Gruppenerfahrung als ihr bisher schönstes und wichtigstes Erlebnis.

Der bisherige offenkundige Mangel an emotionalen Erfahrungsmöglichkeiten hat auch im pädagogischen Bereich dazu geführt, daß sich verschiedene Leute Gedanken machten, wie man kognitives Lernen nicht weiterhin steril und unbefriedigend hält, sondern wie Lernprozesse durch Einbeziehung ihres affektiven Umkreises befriedigender gemacht werden können. Vor allem an Hochschulen wurden verschiedene Anstrengungen in dieser Richtung unternommen. Das Prinzip des »Living Learning« bzw. der Themenzentrierten Interaktion (Cohn, 1975) wurde auch in der Bundesrepublik an einigen Universitätsseminaren eingeführt. Ebenso entstanden im Bildungsbereich auch bei uns Sensitivity-Trainingsgruppen, Selbsterfahrungsgruppen und Psychodramagruppen, um nur einige zu nennen.

So positiv eine Besinnung auf die Tatsache ist, daß Menschen außer vernunft- auch gefühlsbegabte Wesen sind, und so notwendig und richtig es auch ist, daß diese »Erkenntnis« in Handeln umgesetzt wird, so wenig sind auch die Probleme zu leugnen, die mit dem »Hier-und-Jetzt«-Ausdruck von starken Gefühlen auftreten können:

a) Derartige verstärkende »Spitzen«-Erlebnisse – da sie meist unverbunden neben den Verhaltensmöglichkeiten außerhalb der Gruppe stehen – bilden oftmals den Ausgangspunkt für das Umherziehen von einer Gruppe zur anderen, für »Gruppensüchtigkeit« und »Gruppensubkulturen«.

b) Ist der Ausdruck von Gefühl erst einmal Prinzip geworden, Intimität veröffentlicht, ist der Weg nicht weit zum »Leisten«

von Gefühl, zum Ersetzen alter durch neue Zwänge, die dem Teilnehmer per Gruppendruck mehr oder weniger aufoktroyiert werden.

c) Durch das Auslösen sehr intensiver Emotionen werden Abwehrstrukturen gelegentlich in einem Ausmaß eingerissen, daß eine therapeutische Weiterbetreuung unbedingt erforderlich wird. Aber in aller Regel werden die Teilnehmer weder vorher nach dem Gesichtspunkt ausgewählt, ob sie den emotionalen Anforderungen der Gruppe gewachsen sind, noch werden ihnen für den Zeitraum danach Hilfsmöglichkeiten an die Hand gegeben.

d) Wird – wie das häufig geschieht – ein rationales Durcharbeiten der ausgedrückten Gefühle nicht ermöglicht oder gar verhindert, so braucht ein möglicher Transfer der Lernerfahrungen aus der Gruppe ins tägliche Leben nicht mehr erwogen zu werden. Er ist von vornherein ausgeschlossen.

2.2. *Suche nach Orientierung*

Ein weiterer Grund dafür, daß gerade viele junge Erwachsene derartige Gruppen besuchen oder sich zu Gruppen zusammenschließen, liegt in ihrem Wunsch, mehr Klarheit über sich selbst zu gewinnen, selbstsicherer zu werden, auch die Bedürfnisse anderer Menschen besser wahrnehmen und auf sie eingehen zu können (Schmidbauer, 1977). Der in sich ruhende Mensch ist rar geworden, doch scheint bei etlichen Menschen eine Hoffnung zu bestehen, über Gruppenerfahrungen die eigene Zerrissenheit und Orientierungslosigkeit zu überwinden. Das bezieht sich auch auf die eigenen Reaktionsweisen in Konfliktsituationen. Dazu kommt noch, daß viele Zeitgenossen in ihren Rollen als Partner und Eltern und in ihrer sozialen Rolle verunsichert sind. Die Erfahrungen, die ihnen während der eigenen Kindheit und Jugend vermittelt wurden, reichen heute nicht mehr aus, um ein befriedigendes Erwachsenenleben führen zu können. Zu rasch haben sich manche Werthaltungen gewandelt. Besonders problematisch ist die Situation für solche Menschen, die sich durch beruflichen Aufstieg mit völlig neuen Einstellungen und Umgangsgewohnheiten auseinandersetzen müssen. Gruppen schaffen hier die Möglichkeit zur Orientierung und Abstimmung mit Gleichaltrigen. Sie übernehmen auch Funktionen, wie sie früher vielleicht der Seelsorger, die Großfamilie oder ein intimer Freundeskreis hatten. Für Menschen, die ständig in Gruppen leben, wie z. B. in Landkommunen, kommt noch hinzu, daß ihnen die Gruppe einen relativ stabilen Schutz gegen das Gefühl von Einsamkeit und Verlorenheit bietet.

Ohm (1973) nannte einen Artikel, der sich gesellschaftskritisch mit Sensitivitätstraining auseinandersetzt, polemisch »Ziellosigkeit als Lernziel der Gruppendynamik«. Nach seiner Auffassung bieten derartige Trainings im Kapitalismus bloße Ersatzbefriedigungen, die verschleiernden Charakter haben. Er stellt diesem Ansatz einen anderen Weg entgegen, nämlich den über kollektive Arbeit, einen gemeinsamen ideologischen Hintergrund und ein gesellschaftsveränderndes Ziel. Einige Landkommunen versuchen ansatzweise einen ähnlichen Weg zu gehen (Vollmar, 1977). Jedoch treten auch in derartigen Alternativgruppen Kommunikationsprobleme und Hierarchien auf. Als Therapie schlägt Vollmar ironischerweise u. a. wieder Gruppendynamik vor. Allerdings muß hier gesehen werden, daß es einen entscheidenden Unterschied ausmacht, ob gruppendynamische Verfahren bei einer Gruppe von Menschen angewendet werden, die sich nur vielleicht fünf Tage in ihrem Leben sehen, oder bei solchen, die ständig zusammenleben.

Die neugewonnene Orientierung in einer alternativen Lebens- und Produktionsgemeinschaft führt jedoch in Extremfällen – wie in der »Aktionsanalytischen Organisation bewußter Lebenspraxis« – in ein Netz starrer Abhängigkeiten und autoritärer Strukturen.

2.3. *Suche nach »Lebenssinn«*

Die eben erwähnte, von Otto Muehl ins Leben gerufene AAO-Bewegung kann als Zeichen (wenn auch als negatives) dafür gesehen werden, daß in Teilen der Psychoszene die Suche nach charismatischen Führerpersönlichkeiten und Ideen, die so etwas wie »Lebenssinn« vermitteln können, überdeutlich wird. Seit die überkommenen Sinnorientierungen in der westlichen Zivilisation mit dem Rückgang des Einflusses der Kirchen vielfach verlorengegangen sind und der Glaube an technischen

Fortschritt, verstärktes Wirtschaftswachstum und vermehrten Konsum auch keine Tragfähigkeit mehr besitzt, sucht mittlerweile eine recht beträchtliche Zahl von Menschen nach neuen Sinngebungen und Werten. Anstrengungen und Hoffnungen auf gesellschaftliche Veränderungen, wie sie bei den »Linken« in den sechziger und Anfang der siebziger Jahre noch bestanden haben, sind mit der Gegenbewegung der Restauration zum größten Teil einer Resignation gewichen. Seither ist ein Rückzug zum einfachen Leben in Gemeinschaften auf dem Lande zu beobachten. Etliche dieser Gruppen hängen einer ökologischen und/oder spirituellen Orientierung an. Vor allem auch bei Therapeuten und Gruppenleitern sieht man einen starken Trend zu östlichem Gedankengut und zur Meditation.

Der vorn erwähnte Inder Bhagwan Shree Rajneesh hat seit geraumer Zeit einen großen Kreis von Europäern um sich versammelt. Etliche seiner Schüler führen nach ihrer Rückkehr in »Ashrams« (Meditationszentren), aber auch anderswo, Trainings »im Geiste Bhagwans« durch.

Diese Trainer sind zu erkennen an dem indischen Namen, den Bhagwan ihnen als seinen »Sannyasins« verliehen hat. Um die Worte und Ideen des Meisters hat sich mittlerweile eine große Gemeinde gebildet. In der bayerischen Provinz gibt es bereits zwei »Ashrams«, die mit dem Segen Bhagwans gegründet wurden. Eines davon hat – wie schon erwähnt – auch schon eine Dépendance in München.

Maslow prophezeite eine Entwicklung hin zu einer »Vierten Psychologie«, die ihren »Mittelpunkt im All« haben soll. »Diese neuen Entwicklungen können sehr wahrscheinlich eine greifbare, mögliche und wirksame Befriedigung des ›frustrierten Idealismus‹ vieler verzweifelter, besonders junger Menschen bieten. Sie können sich zu einer Lebensphilosophie entwickeln, zu einem Religionsurrogat, zu dem Wertsystem und Lebensprogramm, das man bisher vermißt hat. Ohne das Transzendente und Transpersonale werden wir krank, gewalttätig, nihilistisch oder sogar hoffnungslos und apathisch« (Maslow, 1973, S. 12). Mittlerweile hat sich auch in der BRD eine »Gesellschaft für Transpersonale Psychologie« etabliert.

3. Welche Bedeutung hat die Gruppenbewegung im Rahmen der psychosozialen Versorgung?

In seinem Buch »Die Gruppe«, in dem es hauptsächlich um die Arbeit mit Elterninitiativgruppen und um Randgruppenarbeit geht, machte Richter (1972) auch kurze Bemerkungen über gruppendynamische Veranstaltungen. Schon damals schrieb er, daß in solchen Veranstaltungen automatisch sehr intensive Heilungserwartungen aktualisiert und Prozesse von therapeutischer Relevanz in Gang gesetzt würden, auch wenn das deklarierte Ziel hier nicht Heilung, sondern Gruppenerfahrung sei, und die Teilnehmer sich nicht Patienten, sondern Mitglieder, die Gruppenleiter sich nicht Therapeuten, sondern Trainer nennen. Seither wurden verschiedentlich Versuche unternommen, Kriterien für die Unterscheidung zwischen gruppendynamischer Arbeit und Gruppentherapie zu finden. Dabei zeigte sich, daß klare Trennungslinien nicht mehr gezogen werden können. Die Übergänge scheinen ähnlich fließend zu sein wie die zwischen »gesund« und »krank« (s. hierzu den Beitrag von E. v. Kardorff). Die 7. Arbeitstagung des DAGG (Deutscher Arbeitskreis für Gruppenpsychotherapie und Gruppendynamik) 1976 hatte sich Übergänge und Unterschiede zwischen Gruppentherapie und Gruppenarbeit sogar zum zentralen Thema gemacht. In seinem dort gehaltenen Vortrag subsumiert Antons (1977) unter Gruppenarbeit – wie er sagt, »in vielleicht allzu globaler Weise« – »die Richtungen der Gruppenpädagogik, die sozialpsychologisch orientierten Schulen der Gruppendynamik, die auf der Psychoanalyse aufbauenden Formen der Gruppentherapie, die neueren, zwischen Therapie und Bildung anzusiedelnden Richtungen, die sich derzeit unter dem Schlagwort der ›humanistischen Psychologie‹ konstituieren« (S. 215). Daraus kann wohl entnommen werden, daß bei uns – wie schon in den USA (z. B. Lieberman, 1976) – eine grundsätzliche Unterscheidung zwischen Gruppentherapie, gruppendynamischen Trainings und Encounterbewegung kaum mehr getroffen werden kann.

Verschiedene Zentren und Institute, die Gruppenveranstaltungen anbieten, sprechen dabei von einer »Therapie für Normale«. Im Paradoxon dieses Schlagwortes sehen wir uns hier einer ganz besonderen Situation gegenübergestellt: es wird

Therapie angeboten, ohne daß sich derjenige, der sich der Therapie unterzieht, als Patient zu deklarieren braucht. Damit ist der Zugang zu dieser Art der Therapie natürlich sehr erleichtert. Die Hemmungen und Nöte, die jemand erlebt, der sich dazu entschließt, individuelle psychotherapeutische Hilfe in Anspruch zu nehmen, sind jedem bekannt, der auf diesem Gebiet arbeitet.

Lieberman (1976), ein bekannter amerikanischer Forscher auf dem Gebiet der Gruppentherapie, zieht aus eigenen und fremden Untersuchungen den Schluß, daß sich die Populationen, die Wachstumszentren und Sensitivitytrainings besuchen, und »klinische« Stichproben, die sich in psychiatrischer oder psychotherapeutischer Behandlung befinden, weitgehend ähneln. Unterscheidungen kämen eher durch den ideologischen Hintergrund der einzelnen Richtungen zustande, als daß sie dem tatsächlichen »psychological distress« der Klientel entsprächen. Berücksichtigt man diesen Befund, wird allerdings auch die Aussage fragwürdig, es handle sich bei den verschiedenen Kurzgruppenaktivitäten um Therapie für »Normale«, von denen erwartet werden könne, daß sie ein ziemliches Ausmaß an psychischem Streß während des Trainings ertragen können. Und um so verständlicher wird die Warnung vor Zusammenbrüchen in Gruppen und vor mangelhaft ausgebildeten Trainern.

Mit diesem Ergebnis stellt sich fast zwangsläufig die Frage nach den Besonderheiten von Psychotherapie. Gerade in der Bundesrepublik erhebt sich das Problem mit besonderem Nachdruck, da hier bisher nur ein sehr begrenzter Personenkreis legal auf dem Gebiet tätig sein darf. Kanfer und Goldstein (1977, S. 2) nennen als Kennzeichen von professionellen und halbprofessionellen therapeutischen Beziehungen, daß diese in Abhebung von Interaktionen mit nichtprofessionellen Partnern einseitig systematisch, formal und zeitlich begrenzt seien. Das kann alles auch noch für andere Verfahren außer der Psychotherapie gelten. Der entscheidende Abgrenzungspunkt liegt darin, daß jemand, der in der Bundesrepublik Psychotherapie ausübt, definitionsgemäß mit »kranken« Menschen arbeitet. Der entsprechende »definitorische Hinweis« in der Psychiatrie-Enquête lautet nämlich: »Als Psychotherapie bezeichnet man dagegen alle Arten gezielter psychologischer Maßnahmen, die auf eine Überwindung *krankhaften* Geschehens abzielen.« (Bundestagsdrucksache 7/4201, S. 4, Hervorhebung vom Verfasser)

3.1. *Das Gesundheits- und Krankheitskonzept der Humanistischen Psychologie nach Maslow*

Wie bereits oben erwähnt, bemüht sich die Humanistische Psychologie neben einer Abgrenzung vom Behaviorismus, den sie als mechanistisch ablehnt, auch um eine Abhebung von der orthodoxen Psychoanalyse dadurch, daß sie zum Ausgangspunkt ihrer theoretischen Überlegungen den »gesunden« statt den »kranken« Menschen wählt. Der gesunde Mensch wird von Maslow durch die Beschreibung seiner »klinisch beobachtbaren Merkmale« (!) definiert. Er nennt 13 Merkmale des gesunden Menschen, wie z. B. »größere Wahrnehmung der Realität«, »wachsende Akzeptierung seiner selbst, der anderen und der Natur«, zunehmende Spontaneität, »demokratischere Charakterstruktur« (Maslow, 1973, S. 41). Bei dieser Definition fällt auf, daß die von ihm erwähnten Merkmale im Komparativ auftauchen. Nach Maslow haben diese gesunden Menschen nämlich »ihre Grundbedürfnisse nach Sicherheit, Geborgenheit, Liebe, Achtung und Selbstbewußtsein ausreichend befriedigt, so daß sie primär von Tendenzen zur *Selbstverwirklichung* motiviert werden«. Da mit Selbstverwirklichung ein zentraler Begriff in der Humanistischen Psychologie angesprochen wird, der auch immer wieder in Ankündigungen von Gruppenveranstaltungen auftaucht, ist es von einigem Interesse zu sehen, was Maslow, ein Hauptvertreter dieser Richtung, darunter versteht. Er definiert Selbstverwirklichung »als fortschreitende Verwirklichung der Möglichkeiten, Fähigkeiten und Talente, als Erfüllung einer Mission oder Berufung, eines Geschickes, eines Schicksals, eines Auftrages, als bessere Kenntnis und Aufnahme der eigenen inneren Natur, als die Persönlichkeit«. (Maslow 1973, S. 41)

Mit dieser Begriffsbestimmung wird deutlich, daß die Humanistische Psychologie im Maslowschen Sinne das menschliche Selbst als im Inneren einer als individualistisch begriffenen Persönlichkeit liegend betrachtet, das darauf wartet bzw. sich damit beschäftigt, sich zu entwickeln und zu verwirklichen. Mehr noch, es kann auch eine Mission oder Berufung (wo kommt die her, aus dem All, dem Zentrum der Vierten Psychologie?) erfüllen. Wir gehen aber nicht darauf ein, daß diese Entwicklung und Verwirklichung in der täglichen Interaktion zwischen dem Individuum und seiner ganzen konkreten sozialen Umgebung doch wohl zwangsläufig stattfinden muß. Die konkrete soziale Umwelt des Individuums ist generell ein Gebiet, das innerhalb der Humanistischen Psychologie recht wenig berücksichtigt wird. Die soziale Umgebung des Menschen wird nämlich in diesem Konzept nur insoweit erwähnt, als sie der Lieferant ist für die als elementar angesehenen Bedürfnisse nach Sicherheit, Liebe und sozialem Status. (Maslow 1973, S. 48)

Sind diese Bedürfnisse erfüllt, kann die eigentliche Entwicklung der Individualität beginnen. Das Bild, das dann von dem sich selbst verwirklichenden Individuum gezeichnet wird, ist betrachtenswert: »...viel weniger abhängig, viel weniger verpflichtet, weit mehr autonom und selbstgeleitet. Weit davon entfernt, andere Menschen zu brauchen, können wachstumsmotivierte Menschen tatsächlich von ihnen behindert werden.« (S. 49) Ein solcherart sich aus sozialen Bezügen heraushebendes Individuum stellt aber in einer Massengesellschaft einen Anachronismus dar. Diese Form der Selbstverwirklichung dürfte allenfalls einer sehr kleinen Elite gelingen, die die notwendige soziale Sicherheit eben ein für allemal hat, auf gemeinsam mit anderen durchzuführende Arbeit nicht angewiesen ist und sich so ganz mit der eigenen »Voll-Menschlichkeit« (S. 15) beschäftigen kann. Für den Rest der Menschen muß eine so verstandene Selbstverwirklichung Utopie bleiben, wobei ich die Wünschbarkeit dieser Utopie stark anzweifle, von ihrer Realisierbarkeit ganz zu schweigen.

Das waren in sehr knappem Ausschnitt Maslows Vorstellungen vom gesunden, »wachstumsmotivierten«, sich selbst verwirklichenden Menschen. Beim neurotischen, »defizitmotivierten« Individuum fehlt es seinen Überlegungen zufolge sozusagen an den elementarsten Grundlagen, die eine Entwicklung überhaupt erst ermöglichen. Er sieht Neurosen als »Defizit-Krankheiten«, Defizite nämlich an den »Grundbedürfnissen« nach »Sicherheit, Zugehörigkeit und Identifikation, nach engen Liebesbeziehungen, Respekt und Prestige...«. Zu den Defiziten bemerkt er:

»Die permanenten Defizit-Merkmale sind also die folgenden. Es handelt sich um ein grundlegendes oder instinktoides Bedürfnis, wenn 1) Fehlen Krankheit hervorruft, 2) Vorhandensein Krankheit vermeidet, 3) Wiederherstellung Krankheit heilt, 4) es in gewissen (sehr komplexen) und frei gewählten Situationen von der deprivierten Person anderen Befriedigungen vorgezogen wird, 5) es inaktiv auf niedriger Ebene oder funktionell abwesend in der gesunden Person vorgefunden wird. Zwei zusätzliche Merkmale sind subjektiv, nämlich bewußte oder unbewußte Sehnsucht, das Gefühl des Fehlens oder des Mangels wie von etwas, das einerseits nicht vorhanden ist und andererseits ›gut schmeckt‹.« (S. 37) Über den Aspekt der Bedürfnisbefriedigung kommt der Umgebung des Menschen also doch ein ganz entscheidender Einfluß zu, dahingehend nämlich, daß sie dem Individuum entweder den Weg in die Wachstumsmotivation = Gesundheit, oder Defizitmotivation = Krankheit bahnt. Jedoch werden daraus nur wenig Folgerungen gezogen. Maslow schreibt zwar: »Heilung (erfolgt) vor allem durch die Bereitstellung dessen, woran es mangelt, oder sie muß es dem Patienten ermöglichen, dafür selbst zu sorgen. Da die Bereitstellung durch andere Menschen erfolgt, muß die normale Therapie interpersonal sein.« (S. 51)

Doch bleibt ausgeklammert, wie Heilung aussehen soll, wenn die Defizite mit allgemeinen wirtschaftlichen und gesellschaftlichen Bedingungen zusammenhängen. Kein Wort fällt darüber, wie jemand ein Sicherheitsdefizit beheben soll – mit Therapeuten oder allein –, wenn der Sicherheitsmangel z. B. in einem Arbeitsplatzmangel besteht, der zu massiven Existenzängsten führt. Von Defiziten in anderen Elementarbereichen, wie sozialer Anerkennung und Respekt bei einem Menschen ohne Arbeit, einmal ganz zu schweigen. Der ins Auge springende Mangel bei Maslows Ansatz ist seine fast vollständige Vernachlässigung größerer sozialer Zusammenhänge, in denen das Individuum faktisch steht – eben nicht von ihnen abgetrennt und autonom. Zwar beginnen vereinzelt sich Humanistische Psychologen Gedanken über diese umgreifenden Wirtschafts- und Gesellschaftsstrukturen zu machen (z. B. Harman 1974), doch grundsätzlich besitzt der Satz von Nord (1977, S. 82) noch Gültigkeit: »In short, much of humanistic psychology may be too psychological to be effectively humanistic«.

3.2. *Institutionellen Rahmen, Finanzierung und Zielgruppen*

Im realen Gruppengeschehen und in den Eingriffen der Gruppenleiter ist die Ausklammerung der umfassenden Bedingtheiten von »Gesundheit« und »Krankheit« dann auch deutlich ablesbar.

Viele der Gruppen auf dem freien Markt werden als Veranstaltungen angeboten, zu denen die Teilnehmer nur für einige Tage zusammenkommen, und das »Hier und Jetzt« des Erlebens wird durch Interventionen der Leiter in den Mittelpunkt gerückt. Dem Individuum wird nahegelegt, daß die Entscheidung über seinen Zustand, seine Lebensführung ganz bei ihm liegt. In recht verkürzter Sicht wird ihm zu verstehen gegeben, daß er allein die Verantwortung dafür trage, ob er »gesund oder krank« sei oder, wie die Bezeichnungen hier eher lauten: »o. k. – nicht o. k.«, »Gewinner – Verlierer«, »sane – insane«... Gerade bei derartigen isolierten Kurzgruppen fällt das Zurückwerfen des Individuums auf sich selbst und seine Abtrennung aus weiteren Bezügen ins Auge.

Solche – zumeist durch private Institute angebotenen – Kurzgruppen sind nun auch nur ein möglicher Rahmen für Gruppenaktivitäten, wenn auch ein recht häufig verwendeter. Veranstaltungen dieser Art waren auch ein Ausgangspunkt für die immer stärkere Verbreitung des »experientiellen« Ansatzes in der Gruppenbewegung. Inzwischen hat er aber Eingang auch in Institutionen gefunden, in denen Menschen über längere Zeit hinweg miteinander in Beziehung stehen, und diese Entwicklung hat Konsequenzen.

Für den Gruppenteilnehmer ist nämlich der institutionelle Hintergrund, vor dem seine Gruppe stattfindet, von durchaus spürbarer Bedeutung, denn je nachdem, in welchem Rahmen diese Gruppe steht, muß er dafür mehr oder weniger Geld aufwenden.

Will er an einer ambulanten Gruppenveranstaltung teilnehmen, so steht ihm ein breites Marktangebot gegenüber. Allerdings ist dieses Angebot sehr stark durch die lokalen Gegebenheiten seines Lebensgebietes bestimmt:

1) Er kann eine der Gruppen wählen, die über Einrichtungen der Erwachsenenbildung relativ preisgünstig angeboten wer-

den, da diese Institutionen aus öffentlichen Mitteln finanziert werden.

2) Hat er das Glück, daß sich in der Nähe eine Ambulanz oder Beratungsstelle eines öffentlichen Trägers befindet, die ebenfalls Gruppenveranstaltungen durchführt, so wird der finanzielle Aufwand, den er dafür zu leisten hat, auch nicht sehr groß sein.

3) Finanziell am günstigsten liegt er, wenn er in eine Gruppentherapie bei einem der Therapeuten übernommen wird, deren Arbeit legal sanktioniert ist und von den Krankenkassen bezahlt wird (das trifft derzeit nur für Psychoanalytiker zu).

4) Den größten Geldaufwand muß er für solche Gruppenveranstaltungen leisten, die ohne Zuschuß öffentlicher Gelder in privaten Praxen und Therapieinstituten durchgeführt werden.

Befindet er sich dagegen als Patient in einer Klinik, in der seine Aufenthalts- und Behandlungskosten durch seine Versicherung übernommen werden, entstehen ihm aktuell gar keine finanziellen Belastungen. Hier wird dann von den Geldgebern auch am wenigsten danach gefragt, von wem und mit welchen Methoden die Therapiegruppe durchgeführt wird, an der er als Patient teilnimmt.

Ein anderer Hintergrund, vor dem eine nicht unbeträchtliche Zahl von Gruppenveranstaltungen durchgeführt wird, liegt in den Aus-, Fort- und Weiterbildungsrichtlinien für verschiedene Berufsgruppen im sozialen Bereich. Vielen Sozialberuflern wird die freiwillige Teilnahme an Arbeitsgruppen, Supervisionsgruppen und Selbsterfahrungsgruppen vorgeschlagen, bzw. werden ihnen derartige Gruppen über einen Ausbildungsplan zwingend vorgeschrieben. Das Ziel, das hierbei im wesentlichen verfolgt wird, liegt in einer Erweiterung des Handlungsspielraums und Ausdrucksspielraums der Betroffenen. Zu erreichen ist es wohl nur durch Selbsterfahrung, durch Selbstkonfrontation mit den im Gruppengeschehen sichtbar gewordenen eigenen starren Verhaltensmustern (s. a. den Beitrag von Bromme). Das bedeutet, daß innerhalb des Gruppengeschehens derartige Verhaltensmuster modifiziert werden, das bedeutet auch – in anderen Terminologien –, daß persönliche Konflikte aufgearbeitet werden oder abgespaltene Persönlichkeitsanteile wieder integriert werden. Und das heißt auch, daß ein derartiger Prozeß immer auch ein Stück weit »Therapie« ist.

Derartige Gruppen werden dann häufig, wenn auch durchaus nicht ausschließlich, innerhalb der entsprechenden Institution durchgeführt. Da viele dieser Ausbildungen privatwirtschaftlich organisiert sind, hat der Teilnehmer in der Regel die anfallenden Kosten zu tragen.

Erwähnt werden muß ebenfalls, daß eine ganze Reihe von privaten Instituten sich darauf spezialisiert haben, im Auftrage größerer Firmen oder öffentlicher Verwaltungen deren Angestellte während »Organisationstrainings« oder »Firmenseminaren« psychologisch zu beeinflussen. Derartige Gruppenveranstaltungen müssen dann die Teilnehmer in aller Regel nicht aus eigener Tasche bezahlen. Auch hier gilt das eben bereits Gesagte: die gewünschte Erweiterung der »Sensitivität« oder der »psychosozialen Kompetenz« wird erreicht durch einen Prozeß, der vieles mit einem therapeutischen gemeinsam hat.

3.3. *Einfluß der Gruppenleiter / Trainer / Therapeuten*

Gruppen werden also in den verschiedensten institutionellen Rahmenbedingungen durchgeführt. Über Gruppen werden viele Menschen – auch gerade solche mit Multiplikatorenfunktion – erreicht und beeinflußt. Gruppen könnten ein relativ machtvolles Instrument zu sozialen Veränderungen sein, wie es Lewin vorschwebte. Und da sie nur in seltenen Fällen ohne einen Leiter arbeiten, ist die Macht- und Einflußfülle, die dieser in Händen hält, wert, näher angesehen zu werden – nenne er sich nun Leiter, Trainer oder Therapeut. Es kann wohl als unbestritten gelten, daß ein Gruppenleiter über große Steuerungsmöglichkeiten für das Gruppengeschehen verfügt. Auch, und besonders dann, wenn er nach dem Konzept der »Minimalstrukturierung« verfährt, strukturiert er durch die ungewöhnliche Zurückhaltung, die er anfangs an den Tag legt, ausgesprochen maximal, und seine seltenen Interventionen bekommen so ein höchst bedeutsames Gewicht.

Der Teilnehmer einer Gruppe hat an diese oftmals große, teilweise sehr unbestimmte Erwartungen mit entsprechend unspezifischen Vorstellungen von den Zielen, die er mittels der Gruppe erreichen möchte. Er ist also massiv davon abhängig, wie der Gruppenleiter den Ablauf des Geschehens beeinflußt, welche Erfahrungsmöglichkeiten ihm als Teilnehmer dadurch zur Verfügung gestellt werden, und vor allem davon, aus welchem Norm- und Wertsystem heraus der Leiter mit welcher Zielsetzung arbeitet.

Derartige Fragen sind von tiefgreifender ethischer Bedeutung, da der Leiter durch sein Verhalten das Norm- und Wertsystem des Teilnehmers, wie auch dessen Befinden und offenes Verhalten, durch das bestehende Abhängigkeitsverhältnis extrem manipulieren kann, ohne sich darüber im klaren zu sein, daß er das tut.

Die von Keupp und Bergold (1972) diskutierten Probleme der Macht in der Psychotherapie stellen sich besonders auch in der Durchführung von Gruppenveranstaltungen. Pagès (1973) hat die Fragen von Macht- und Autoritätsstrukturen gerade für den Bereich gruppendynamischer Trainings an Beispielen intensiv aufgegriffen.

Die Forderungen, die die genannten Autoren stellen, überschneiden sich z. T. mit den Paragraphen in »The Client's Bill of Rights«, die Van Hoose und Kottler (1977, S. 74ff.) aufstellen und die auch jedem Therapeuten und Gruppenleiter dringend zur Beachtung empfohlen werden können. Mit dieser Aufstellung soll erreicht werden, daß die therapeutische Situation für den Klienten durchsichtiger wird und er in der Beziehung ein gleichberechtigter Partner wird. Für Gruppenveranstaltungen sind diese Punkte ebenfalls von eminenter Wichtigkeit. Es ginge hier darum, zu konkretisieren, was eigentlich mit welchen Mitteln über die Gruppenarbeit erreicht werden solle. Bei Däumling (1976, S. 188) lesen wir: »Methodenkombinationen im Sensitivity-Training rechtfertigen sich, indem damit optimale Lernbedingungen angestrebt werden.« Nur müssen wir fragen, was soll unter optimalen Bedingungen eigentlich gelernt werden? Die Antwort ist wohl bei der von ihm vorgeschlagenen Definition von Sensitivity-Training zu suchen. »Sensitivity-Training ist eine Methode zu lernen, eigene und fremde Verhaltensweisen subtil aufeinander abzustimmen« (S. 185). Das somit ausgesprochene Lernziel, die subtile Abstimmung eigener und fremder Verhaltensweisen, ist so vage, daß es offenbar für die eigentliche Arbeit in der Gruppe nicht viel bringt. Ich will damit nicht sagen, daß Aussagen aus anderem Hintergrund viel klarer wären. Erinnert sei an Maslows Zielvorstellung des sich selbstverwirklichenden Individuums, oder auch an Fürstenau:

»Ziel der Psychoanalyse ist die weitestmögliche Reduktion solcher infantil-inadäquater, unrealistisch-ungünstiger Lösungen... zugunsten erwachsener, realistischerer, befriedigenderer, kreativerer Verarbeitung von Spannungen und Konflikten.« (1977, S. 60)

Fengler (1976) kommt dann auch bei einer Gegenüberstellung von theoriegeleiteten Aussagen und tatsächlicher Arbeit in vielen Gruppentrainings zu folgender Feststellung: »Die Grundfragen jeder gruppendynamischen Konzeptdiskussion, nämlich wie, mit welchen Zielen und mit welcher Begründung die Zeit des Laboratoriums strukturiert wird, stößt bei vielen Staffs auf ärgerliches Achzelzucken.« (S. 190)

In der Gleichgültigkeit, in der unreflektierten eigenen Machtfülle und in der Überheblichkeit sowie der Spur von Verachtung dem potentiellen Gruppenmitglied gegenüber, die aus solch ärgerlichem Achselzucken sprechen, sind wahrscheinlich auch einige der Ursachen für die bei Gruppenveranstaltungen immer wieder einmal auftretenden psychischen Zusammenbrüche mancher Teilnehmer zu suchen.

Sicher liegen die Gründe für derartige Zusammenbrüche auch beim Gruppenteilnehmer und im Verhalten der übrigen Gruppe. Doch da der Gruppenleiter fast immer die Person ist, auf die sich die stärksten Erwartungen des Teilnehmers richten, hat er auch den stärksten Einfluß in dieser Hinsicht.

Besonders die Kombination von einem Gruppenleiter mit einem Führungsstil, der durch Aggressivität und Charisma gekennzeichnet ist, und einem Teilnehmer mit niedriger Selbsteinschätzung und sehr hohen Erwartungen scheint bezüglich eines Verschlechterungseffekts für den Teilnehmer gefährlich zu sein (Yalom und Lieberman 1973).

Im Interesse künftiger Gruppenteilnehmer muß gehofft werden, daß die theoretischen Reflexionen über das eigene implizierte Norm- und Wertsystem (Bühler 1976, Antons 1977, Gottwald 1978) in Verbindung mit empirischer Forschung (wie z. B. Lieberman, Yalom und Miles 1973) dazu führen werden, Vorstellungen über ein relativ optimales Gruppenleiterverhalten zu entwickeln.

4. Entwicklungstendenzen

4.1. *Methodenintegration*

In den letzten Jahren konnte zunehmend beobachtet werden, daß durch den Import immer neuer therapeutischer Verfahren auch die bisher hartnäckig verteidigten Grenzen zwischen verschiedenen Therapieschulen sich langsam verwischen. Die Entwicklung findet sowohl auf dem Gebiet der individuellen Therapien wie auch bei den Gruppentherapien statt. Dabei sind von den Verfahren der Humanistischen Psychologie wichtige Impulse für diesen Ausgleich gekommen. Von den Vertretern anderer Schulen wurden diese Verfahren zumeist erst ein wenig belächelt, offiziell ignoriert und abgewertet, um später als ganz natürliche Ergänzung der eigenen Vorgehensweisen wieder zu erscheinen. Das trifft in der Bundesrepublik zu für die Tiefenpsychologie, in der jüngst vermehrt interaktionelle, erlebnisorientierte Verfahren angewendet werden. Ebenso für die Verhaltenstherapie, in der mit der Besinnung auf die Bedeutung kognitiver, innerer Prozesse auch entsprechende Therapierichtungen neu entdeckt wurden, wie Albert Ellis' Rational-Emotive Therapy und kürzlich auch George Kelly und seine Personal Construct Therapy. Die klientenzentrierte Gesprächspsychotherapie macht eine ähnliche Entwicklung durch, die allerdings dadurch erleichtert sein sollte, daß ihr Begründer Carl Rogers auch ein Vater der Humanistischen Psychologie ist.

Diese Methodenintegration, die nicht zuletzt durch die Tatsache erreicht wurde, daß Vertreter verschiedener Schulen in Workshops, Sensitivity-Trainings und Marathons positive Erfahrungen mit anderen als den eigenen Verfahren machten, hat z. B. ermöglicht, daß im Sommersemester 1975 ein bekannter Psychoanalytiker an der Münchner Universität ein Seminar veranstaltete mit dem Titel: »Neuere Entwicklungen der angewandten Tiefenpsychologie: verschiedene psychotherapeutische Gruppenverfahren.« Dieses Seminar, das die Teilnehmer auch die vorgestellten Verfahren punktuell »erleben« ließ, stieß auf sehr große Nachfrage. Offenbar bestand unter den Studenten ein großes Bedürfnis nach einer derartigen Veranstaltung. In einer Kleingruppe wurden dabei theoretische und praktische Erfahrungen mit Gruppendynamik, Gestalttherapie, Themenzentrierter Interaktion, Transaktionsanalyse, Psychodrama u. a. gemacht. Drei Jahre später bietet ein als »harter« Verhaltenstherapeut geltender Psychologieordinarius für die Angehörigen einer ausländischen Universität einen Workshop an mit dem Titel: »Behavioral Encounter – New Ways of Experiential Behavior Therapy«. Und unter den Ausbildungsleitern des Instituts für Integrative Gestalttherapie Würzburg wird z. B. F. Kanfer genannt, der als führender Verhaltenstherapeut gilt.

Die Bundeskonferenz für Erziehungsberatung (Buko), ein Zusammenschluß der Landesarbeitsgemeinschaften für Erziehungsberatung in der Bundesrepublik, der über Mittel des Bundesjugendplanes finanziert wird, hat in den letzten Jahren ein kursartiges Weiterbildungsprogramm für die in den Beratungsstellen tätigen Personen angeboten. Auch in diesem Programm ist ein deutlicher Trend zur Methodenvielfalt und Methodenintegration zu beobachten.

1977 wurden im Deutschen Arbeitskreis für Familien- und Lebensberatung (DAK), einem Dachverband der Vereinigungen von Beratungsstellen bzw. in Beratungsstellen tätiger Personen, gemeinsame Ausbildungsrichtlinien für die beteiligten Organisationen erarbeitet. Eine dieser Organisationen ist die bereits erwähnte Bundeskonferenz für Erziehungsberatung. In diesen Richtlinien wird einer Entwicklung zu problem- statt zu methodenorientiertem Vorgehen Rechnung getragen. Damit ist auch ein Curriculum geschaffen, das die Ausbildung für einen sehr großen Personenkreis innerhalb der psychosozialen Versorgung von den privatwirtschaftlichen Ausbildungsinstituten wegverlagert.

4.2. *Institutionalisierung, Professionalisierung*

Auf der anderen Seite werden unter dem Gesichtspunkt der zu erwartenden Gesetzgebung, die die Tätigkeit nicht-ärztlicher Berufsgruppen auf dem Gebiet der Psychotherapie regeln soll, in verschiedensten Standes-, Berufs- und Therapieorganisationen massive Anstrengungen unternommen, rechtzeitig Positionen zu wahren, zu erweitern oder sie zu erlangen. So bemüht sich die Deutsche Gesellschaft für Psychotherapie, Psychosomatik und Tiefenpsychologie e. V. (DGPPT) zusammen mit der Allgemeinen Ärztlichen Gesellschaft für Psychotherapie (AÄGP) um die Durchsetzung eines Facharztes für »Psychoanalytische Medizin« in Verbindung mit einer bundeseinheitlichen Regelung der Zusatzbezeichnung »Psychotherapie« für entsprechend ausgebildete Ärzte verschiedener Fachrichtungen (bzw. nach neuen Bestimmungen auszubildende). Der Begriff »Psychoanalytische Medizin« ist dabei nicht definiert und soll so weit gefaßt sein, daß neuere Entwicklungen darin Platz finden und es nicht in Deutschland zu einem ähnlichen Niedergang der Psychoanalyse komme wie in den USA, die ja unter den »schrecklichen Dingen, die sich da in Kalifornien tun«, sehr zu leiden habe (aus einem Vortrag von Prof. H. Enke, der bis vor kurzem 1. Vorsitzender der AÄGP war, gehalten am 13. 3. 1977 in der Universitätsklinik in München, s. a. Bräutigam, Deutsches Ärzteblatt 1977, Heft 9). Es bestehen hier wohl starke Assimilierungsbestrebungen.

Durch diese Vorbereitungsphase der Gesetzgebung kam es auch unter Vertretern von Verfahren der Humanistischen Psychologie zu einiger Bewegung. Eine Doppelnummer der Zeitschrift »Integrative Therapie« (1976, Heft 2/3) ist dem Themenschwerpunkt »Professionalisierung und Ausbildung von Psychotherapeuten« gewidmet. Die Vertreter der Ausbildungsinstitute hatten sich zu einer gemeinsamen Sitzung getroffen, es herrschte Einigkeit über die Zulassungsvoraussetzungen und die Elemente der Ausbildungen. »Selbsterfahrung, Theorie, Theorie im Praxisbezug, Supervision, kontrollierte Behandlungen und Weiterbildung stehen auf dem Ausbildungsprogramm aller Institute, und auch die Zahl der Ausbildungsstunden wird allgemein zwischen 600 und 850 Stunden, verteilt auf mindestens vier Jahre, angesetzt... über die theoretischen und behandlungstechnischen Divergenzen soll und darf nicht hinweggegangen werden, jedoch lassen sich Gemeinsamkeiten finden, die zur Entwicklung gemeinsamer Strategien in curricularer, methodisch-didaktischer und nicht zuletzt in berufs- und standespolitischer Hinsicht führen können...«. (Editorial der genannten Zeitschrift)

Es werden vorgestellt die Aus- und Fortbildungsrichtlinien für Themenzentrierte Interaktion, für Psychotherapeuten und Berater für Partnerkonflikte und Sexualstörungen, für Körperorientierte Psychotherapie, Katathymes Bildererleben, Gestaltherapie, ebenso werden das Curriculum der Sektion Psychotherapie in der »Gesellschaft für analytische Gruppendynamik (GAG) e. V.« und die Ausbildungsrichtlinien der Deutschen Gesellschaft für Transaktionsanalyse aufgeführt. (Das Curriculum für die Psychodrama-Ausbildung ist in Heft 4 abgedruckt). Als Gemeinsamkeit aller erwähnter Verfahren wird genannt, daß sie einen interaktionalen und experientiellen, d. h. erlebniszentrierten Ansatz haben, ohne daß damit tiefenpsychologische oder lerntheoretische Elemente ausgeschlossen würden.

In derselben Ausgabe nimmt C. Cöllen Stellung zur Professionalisierung in der Psychotherapie. Er beklagt, daß formale Gründe gegenüber dem Inhalt der Psychotherapie unerwartet stark in den Vordergrund gespielt würden, und sucht die Gründe dafür zu klären. Unter dem Aspekt, daß eine problemorientierte Ausbildung erforderlich wäre, hält er es derzeit – gerade auch wegen des geplanten Facharztes und der Neuregelung der Psychotherapiezusatzregelung für Ärzte – unbedingt für erforderlich, das »Interesse an der Sache« durchzusetzen. Darunter versteht er:

– »Psychotherapie als Berufstätigkeit überhaupt erst einmal zu legitimieren, ohne das mit der Frage der Berufsstände zu verknüpfen;

– die Lücke in der psychotherapeutischen Versorgung zu schließen, wie dies in der Enquête als Ziel genannt wird;

– Methodenoffenheit innerhalb der psychotherapeutischen Versorgung zu erreichen«. (S. 74)

Diese Methodenoffenheit wird zwar insgesamt immer wieder betont, schlägt sich aber am deutlichsten darin nieder, daß K. H. Mandel in dem Titel, unter dem er sein Ausbildungskonzept vorstellt, nicht eine Methode erwähnt, sondern die Problembereiche, an denen die Therapie ansetzen soll.

Angemerkt sei hier, daß an Mandels Institut Ausbildung im Rahmen des vorn erwähnten Dachverbandes (DAK) durchgeführt wird. Damit wird dieses problemorientierte Vorgehen wohl erleichtert, er muß keine Methode für die Ausbildung verkaufen.

Über den Deutschen Arbeitskreis für Gruppenpsychotherapie und Gruppendynamik (DAGG) werden – außer für Gruppendynamiktrainer – keine Ausbildungen durchgeführt, wohl aber setzen seine einzelnen Sektionen (z. B. Sektion Psychodrama) Aufnahmebedingungen, die i. d. R. nur nach Absolvierung der Ausbildung an einem Privatinstitut erfüllbar sind. Ebenfalls privatwirtschaftlich organisiert sind die vorn genannten Ausbildungen in den erwähnten Therapieverfahren, dasselbe ist der Fall bei der Therapeutcnausbildung der Deutschen Gruppenpsychotherapeutischen Gesellschaft (DGG) wie auch bei der Zusatzausbildung zum Gruppenpsychotherapeuten innerhalb der Ausbildungsinstitute der DGPPT.

Die neu gegründete Deutsche Gesellschaft für Humanistische Psychologie e. V. ist Mitglied im Deutschen Paritätischen Wohlfahrtsverband. Unter ihren satzungsgemäßen Zwecken und Zielen wird genannt, daß sie die Aus- und Fortbildung in Verfahren der Humanistischen Psychologie fördern soll, außerdem will sie Forschungsarbeiten im Gebiet der Humanistischen Psychologie anregen, fördern und durchführen. Man darf gespannt sein, wie diese Anliegen in die Praxis umgesetzt werden.

5. Schlußbemerkungen

Die rasante Entwicklung innerhalb der Psychoszene bringt laufend neue Interventionsverfahren, gerade für die Anwendung in Gruppen. Besonders Angehörige der gehobenen Mittelschicht, vor allem Studenten und Akademiker gehören zu dem Kreis derer, die sich von der Humanistischen Psychologie angesprochen fühlen und an derartigen Gruppenaktivitäten teilnehmen. Es wurde der Versuch unternommen, diese Entwicklung in Beziehung zu ihrem gesellschaftlichen Hintergrund zu diskutieren. Dabei zeigte sich, daß in »Gruppen« offenbar die Aktivierung von Bereichen gesucht wird, die in den rein funktionalen Lebens- und Arbeitszusammenhängen der gegenwärtigen Gesellschaftsstruktur ausgeklammert bleiben. Nicht zu übersehen ist jedoch die Gefahr, daß durch eine Überpointierung individueller »Selbstverwirklichung« einer Minderheit die umgreifenden gesellschaftlichen Bedingungen aus dem Blickfeld geraten, die für eine Vielzahl von Menschen zu unbefriedigenden Lebensformen führen.

Die Rolle der Gruppenbewegung innerhalb der psychosozialen Versorgung der Bundesrepublik kann bisher noch nicht klar bestimmt werden. Die augenblickliche Lage ist gekennzeichnet durch Umbruchstimmung, denn die Fragen der Einpassung in das System der Institutionalisierung, Professionalisierung und Finanzierung stellen sich auch hier.

Weiterführende Literatur

Back, K. W.: Die Landschaft der Gruppenbewegung, In: *Gruppendynamik*, 1974, 5, S. 249-258.

Horn, K. (Hrsg.): *Gruppendynamik und der ›subjektive Faktor‹. Repressive Entsublimierung oder politisierende Praxis.* Frankfurt: Suhrkamp, 1972.

Fleissner, P.: Therapien für Normale? Eine Einschätzung der Psychogruppenbewegung. In: *Österreichische Zeitschrift für Soziologie*, 1977 (3/4), S. 64-78.

Sager, C. J. & Kaplan, H. S. (Hrsg.): *Handbuch der Ehe-, Familien- und Gruppentherapie.* Band I: Gruppentherapie. München: Kindler, 1973.

Schülein, J. A.: Das neue Interesse an der Subjektivität. In: *Leviathan*, 1976, 4, S. 53-78.

Schwärzel, W.: Nichtverbale Interaktionstrainings – ein neuer Markt für Symptomverwertung? In: *Gruppendynamik*, 1974, 5, S. 25-38.

C
Psychisches Leiden als Anlaß für seine theoretische Bearbeitung

Rainer Bromme
Wissen als Grundlage und Gegenstand therapeutischen Handelns

1. Das Problem der Anwendung von Theorien
   – Eklektizismus und Integration als Programm für Praxis- und Theorieentwicklung
   – Das Scheitern der Ableitungsannahme
2. Die Bedingungen therapeutischer Effektivität
   – Psychotherapieforschung und Wissen
3. Zu den drei Betrachtungsebenen des Wissens für psychotherapeutisches Handeln
   – ad 1: Wissen als Grundlage der Organisation therapeutischen Handelns
   – ad 2: Die Bedingungen therapeutischer Effektivität als die relevanten Wissensinhalte des Therapeuten
   – ad 3: Wissen als Gegenstand und Produkt therapeutischen Handelns.

1. Das Problem der Anwendung von Theorien

In der Diskussion über die Verbesserung therapeutischer Praxis, die in Lehrbüchern und wissenschaftlichen Artikeln geführt wird, wie auch in Berichten von psychotherapeutisch Arbeitenden zeigen sich immer wieder Unzufriedenheiten mit dem Nutzen von »Theorie« (mit Theorie werden im folgenden die Produkte der Arbeit von Psychologen – Wissenschaftlern gemeint).

Diese Unzufriedenheiten sind ein Ergebnis von Erfahrungen der Unzulänglichkeiten psychotherapeutischer Tätigkeit einerseits und von Erwartungen an Theorien andererseits. Insofern sind diese Unzufriedenheiten interessant: Sie können beitragen zum Verständnis des Verhältnisses von therapeutischer Tätigkeit und Theorie. Immerhin steht und fällt jede Vorstellung von einem Curriculum für die Ausbildung zum Therapeuten mit diesem Verhältnis. Was, wie, wann an Theorie für welchen Zweck gelernt werden soll, sollte entschieden werden in Abhängigkeit davon, was davon in Wissen übergeht und zwar in ein solches Wissen, das für das berufliche Handeln erforderlich ist. Wir formulieren einige dieser Unzufriedenheiten hier bewußt überspitzt und stellen in Klammern die dabei jeweils implizierten positiven Erwartungen an Theorien voran:

a) (Die Theorien und Ziele therapeutischer Schulen sollten die Lebens- und Arbeitsbedingungen von Therapeuten und Klienten berücksichtigen.)

Die Wirklichkeit der Institutionen (d. h. zum Beispiel die Lebensbedingungen der Patienten eines Psychiatrischen Krankenhauses) lassen eine Arbeit entsprechend den gegebenen Theorien und Zielen nicht zu.

b) (Therapeutische Praxis sollte sich aus Grundlagentheorien ableiten lassen.)

Die Theorien (etwa die Lerntheorie) haben mit der therapeutischen Praxis (Verhaltenstherapie) wenig zu tun (vgl. die zusammenfassende Darstellung dazu in Westmeyer und Hoffmann 1977).

c) (Forschungsergebnisse sollten zu therapeutischen Kompetenzen verhelfen.)

Wissenschaftliche Forschungsergebnisse haben trotz eines gegenteiligen Anspruchs oft wenig mit therapeutischen Fähigkeiten zu tun und verhelfen auch nicht dazu (vgl. z. B. Lazarus 1976, S. 6).

d) (Wissenschaftliche Theorien sollten bestimmte praktische Handlungen begründen.)

Die eigene Praxis des Therapeuten ist theoretisch nicht begründet.

Der Therapeut weiß gar nicht, ob es richtig ist, was er probiert, was er an Kenntnissen und Techniken mixt usw. (vgl. Breuer und Seeger 1977).

e) (Theorien sollten nicht nur beschreiben und erklären, sondern auch Handlungsanweisungen bieten.)

Die vorhandenen wissenschaftlichen Theorien über Verhaltensstörungen usw. erlauben es oftmals, Störungen zu analysieren, Ursachen festzustellen, aber was man im Einzelfall tun soll, wie man sie behandeln kann, ist ihnen nicht zu entnehmen.

f) (Theorien sollten umfassend und einheitlich jeweils für einen Gegenstandsbereich sein.)

Theorien sind oft widersprüchlich, haben zum Teil verschiedene Begriffe für gleiche oder ähnliche Sachverhalte, empfehlen aber auch geradezu entgegengesetzte Handlungen.

h) (Theorien sollten »gültig«, d. h. wirklichkeitsadäquat sein *und* praktisch brauchbar.)

Methodische Strenge *oder* Praxisnähe, Richtigkeit *oder* Brauchbarkeit ist leider bei den meisten Theorien die Alternative.

Diese Unzufriedenheiten mit der Theorie sind hier sicher nicht vollständig wiedergegeben, ihre allgemeine Verbreitung (vgl. Breuer und Seeger 1977) läßt aber Rückschlüsse auf einen bestimmten Zustand der gesellschaftlich vorhandenen Praxis therapeutischer Tätigkeit zu. Dieser Zustand aber ist nicht nur ein Ergebnis der Problematik der Theorie-Praxis-Beziehung: Die Enquête der Bundesregierung zur Lage der Psychiatrie zeigt, daß die institutionellen Bedingungen der Psychotherapie derzeit oftmals so sind, daß der Therapeut kaum Theorien *anwenden* kann. Soweit die Psychotherapeuten also in erster Linie damit befaßt sind, sich die Bedingungen therapeutischer Tätigkeit zu schaffen, kann es kein Theorie-Praxis-Problem im beschriebenen Sinne geben. Es ist also auf den ersten Blick erforderlich, bei dem Theorie-Praxis-Problem zu unterscheiden zwischen solchen Problemen der Theorieanwendung, die durch die nicht-psychologischen Bedingungen des Arbeitens und Lebens von Psychotherapeuten und Klienten geschaffen werden, und solchen, die tatsächlich auf der Beziehung von Theorien zu Handlungen des Therapeuten beruhen.

Auf den zweiten Blick hin ist es übrigens doch erforderlich, wieder beide genannten Ursachenbereiche für Probleme und Hindernisse der Umsetzung von Theorien in therapeutische Praxis zusammengefaßt zu betrachten: Von psychologischen Theorien, sofern sie den Anspruch haben, etwas zur Organisation therapeutischen Handelns beizutragen, ist auch zu erwarten, daß durch sie die nicht-psychologischen Bedingungen der therapeutischen Praxis erfaßt werden. (In ihrer Konsequenz ist diese Forderung ein Zentralpunkt der »Relevanzdebatte« der Psychologie, die hier nicht behandelt werden soll.)

Die in den Klammern jeweils zusammengefaßten positiven Erwartungen an Theorien können in Analogie zu dem Konzept der Alltagspsychologie (vgl. Laucken 1974) als ein Teil der naiven Wissenschaftstheorie oder Alltagswissenschaftsauffassung bezeichnet werden.

In dem Maße, wie für eine Berufstätigkeit, wie hier z. B. die des klinischen Psychologen, *wissenschaftliche* Ergebnisse von Bedeutung sind (oder sein sollten), werden auch die Auffassungen über Wissenschaft, über die Anwendung von Theorien, über Wissenschaftlichkeit usw. von Bedeutung sein. Die zu diesen Fragen vorherrschenden Auffassungen sind selbst mögliche Determinanten der Anwendbarkeit wissenschaftlicher Ergebnisse. So wie auch die Merkmale naiver Psychologie des Alltags aus ihrer handlungsorientierenden Funktion zu verstehen sind, sind auch die Annahmen der naiven Wissenschaftstheorie Ausdruck von Notwendigkeiten der systematischen, begründeten Anleitung solch komplizierter (Berufs-)tätigkeiten, wie sie zur Durchführung von Psychotherapien erforderlich sind. Die in den Klammern zusammengefaßten Erwartungen weisen auf die Theorie-Voraussetzungen effektiven therapeutischen Handelns hin. (Es kann hier nicht der Frage nachgegangen werden, welche dieser Erwartungen an Theorien sich zwar in Übereinstimmung mit bestehenden Wissenschafts- bzw. Theorieauffassungen, etwa der Aussagenkonzeption, befinden, sich aber auf dem Hintergrund anderer [realistischerer] Wissenschafts- bzw. Theoriekonzeptionen als von Theorien gar nicht erfüllbar erweisen.)

In diesem Beitrag wird versucht, Hinweise darauf zu geben, was Therapeuten realistisch von Theorien erwarten können, und komplementär dazu, was sie von sich selbst erwarten müssen, indem von den therapeutischen Handlungen und den von diesen ausgehenden Anforderungen an Wissen zu ihrer Organisation ausgegangen wird. Von *Wissen* ist hier die Rede, weil Theorien nicht schlechthin auf therapeutisches Handeln bezogen werden können. Begründete Aussagen zu diesem Thema sind nicht nur wichtig für die Frage der Aus- und Weiterbildung, wie bereits angesprochen, sondern auch für ein professionelles Selbstbewußtsein, das Wissen um die eigene Kompetenz und deren Grundlagen einschließt. Solches Wissen um die eigene Kompetenz und deren Theoriegrundlagen ist z. B. notwendig, um angemessen auf Mißerfolge reagieren zu können, gerade angesichts eines begrenzten Zeitfonds für Weiterbildung und Reflexion der eigenen therapeutischen Tätigkeit.

(Wenn hier und im folgenden von *effektivem* therapeutischem Handeln gesprochen wird, so setzt dies einen Konsensus zwischen Therapeut und Klient über Ziel und Zielerreichungskriterien der Psychotherapie voraus; ob ein solcher Konsensus jeweils vorliegt, ist eine Frage, die hier nicht weiter behandelt werden kann.)

Eklektizismus und Integration als Programm für Praxis- und Theorieentwicklung

Diese angeführten Klagen sind natürlich nicht nur Klagen geblieben; wenn sie, wie bemerkt, Ausdruck praktischer Erfordernisse sind, müssen sich auch praktische, möglicherweise vorläufige Lösungen für die mit diesen Klagen beschriebenen Probleme finden lassen: dies ist tatsächlich der Fall. In der Diskussion um Therapieformen wie auch aus den Berichten von Praktikern ergibt sich als Trend in der Praxis ein *Eklektizismus* von Methoden, Techniken, theoretischen Annahmen und als Reaktion darauf eine Forderung nach *Integration* für die Technik- wie Theorieentwicklung. In der Literatur zu therapeutischen Techniken und über therapeutische Erfahrungen ist nach unseren Beobachtungen der Hang zur Überwindung therapeutischer Schulen, die Benutzung von nach ihrem Anspruch z. T. widersprüchlichen Prinzipien, in einem Wort: der unorthodoxe Umgang mit den verschiedensten Produkten wissenschaftlicher Tätigkeit um so stärker, je konkreter sich ein Bericht oder eine Therapietheorie auf konkrete Störungen bezieht. Solange es keine empirisch ausgearbeitete Handlungstheorie psychotherapeutischen Handelns gibt, sind dabei kasuistische Darstellungsformen notwendig (vgl. auch Herzog 1977, S. 194).

Angesichts *praktischer* Probleme wird der Eklektizismus zum Programm. Die grundlegende Annahme dieses Programms ist die der Komplementarität verschiedener Theoriebestandteile, Therapierichtungen, die als sich ergänzend begriffen werden (Bastine 1976). Am deutlichsten ist dieses Programm im Bereich der Verhaltenstherapie formuliert worden, vermutlich wegen der dort angeblichen und beanspruchten wissenschaftlichen Begründung therapeutischen Handelns durch den Behaviorismus (vgl. den Sammelband von Westmeyer und Hoffmann 1977, in dem programmatische Arbeiten dazu zusammengefaßt sind). Angesichts der relativen Effektivität des Eklektizismus konnte diese Entwicklung nicht ohne Rückwirkung auf die unterschiedlichen therapeutischen Modelle bleiben (vgl. Mahoney 1977). So kommen für den Bereich der Verhaltenstherapie Lazarus und Wilson zu dem Schluß: Es gebe »keine allgemein akzeptierte Definition, keinen Konsensus für die Ziele, Begriffe oder zugrundeliegende Philosophie, keine Einigung über ihren Wirkungsbereich, keinen monolithischen Punkt der Sichtweise, keine einzigartige Strategie oder zentrale Technik...« (zitiert nach Lazarus 1977, S. 550, Übers. d. A.). So wie der praktische Eklektizismus eine Reaktion auf die zunehmenden Anforderungen an Psychotherapeuten ist, kann er auch in dem Maße nicht ohne Rückwirkungen auf die mit der Durchführung von Psychotherapien in Zusammenhang stehenden Grundlagentheorien der Psychologie bleiben, wie Psychotherapie selbst ein gesellschaftliches Erfordernis ist. Wir kommen damit zu einer Abfolge, die der Geschichte anderer Wissenschaftsgebiete und der ihnen zugeordneten Anwendungsgebiete widerspricht: Die therapeutische Praxis, verstanden hier als die sich gesellschaftlich herausbildenden Muster von therapeutischen Handlungen, entwickelt sich »gegen«, »zwischen« theoretischen Konzeptionen über diese Praxis und damit auch losgelöst von den Grundlagentheorien, die mit dieser Praxis in Zusammenhang stehen oder stehen sollten (vgl. Seeger 1977). Die Rückwirkung des Eklektizismus, die Theorie- und Technologieentwicklung, die Forderung nach Integration und gegenseitiger Ergänzung führen auch zu einer Rückbesinnung auf den *Gegenstand* der Theorien. Dies hat wiederum z. B. Lazarus artikuliert (der ein in diesem Zusammenhang insgesamt sehr interessanter Vertreter praktisch arbeitender Wissenschaftler ist, in dessen Arbeiten also die hier beschriebenen Konflikte in hervorragender Weise zum Ausdruck kommen): Er spricht sich vehement gegen die »Fortentwicklung der Psychoanalyse, Fortentwicklung der Gestalttherapie, Fortentwicklung der Verhaltenstherapie oder irgendeiner begrenzten Schule des Denkens« aus, statt dessen: »Ich möchte eine Fortentwicklung des psychologischen Wissens sehen, eine Fortentwicklung im Verständnis menschlicher Interaktion bei der Linderung von Leiden und im know how therapeutischer Interventionen« (1977, S. 553, Übers. d. A.).

Die Forderung, sich nun einmal dem Gegenstand der Psychologie im Interesse der Klienten, der psychotherapeutischen Praxis zuzuwenden, liegt zwar vermutlich manchem »schulengeschädigten« Therapeuten ebenfalls am Herzen, ist aber unrealistisch. Es kann keine Orientierung am Gegenstand schlechthin geben. Praktisches psychotherapeutisches Handeln wie auch Technologie- und Theorieentwicklung geschehen immer mit theoretischen Konzepten und Ergebnissen, (wenn auch in einem unterschiedlichen Ausmaß des Gebrauchs theoretischer Begriffe). Dies ist auch einer der Gründe dafür, daß durch die Berichte von Praktikern die durch sie in ihrer therapeutischen Praxis vorgenommene Integration therapeutischer Methoden nicht einfach beschrieben werden kann, und auch dafür, daß die Berichte nicht einfach zusammenzufassen sind zu einer integrativen Theorie der Psychotherapie.

Während die Rückwirkung des praktischen Eklektizismus auf die Forschung durchaus erfreulich ist (die Frage nach dem Gegenstand des [psychologischen] Denkens deutet immer auf grundlegende Änderungen der theoretischen und methodologischen Annahmen einer Wissenschaft hin, vgl. Groeben und Scheele 1977, S. 2ff.), beinhaltet der Eklektizismus zugleich eine Beschränkung der Verbesserung therapeutischer Praxis. So hat die wissenschaftliche Kritik behavioristischer Grundannahmen diese nicht aus dem eklektizistischen Programm der Psychotherapeuten vertreiben können, und der wissenschaftlich geführte Nachweis: »es gibt keinen überzeugenden Beweis für die Existenz von operantem oder klassischem Konditionieren bei erwachsenen Menschen« (Brewer 1974), hindert vermutlich wenig Therapeuten daran, die Störung ihrer Klienten als per klassischer oder operanter Konditionierung entstanden zu interpretieren. (Vgl. auch die Beispiele bei Groeben und Scheele 1977, S. 42ff.) Es wäre zu einfach, dies auf mangelnde Rezeption von Forschungsresultaten zurückzuführen. Es gilt vielmehr, diesen Sachverhalt, ähnlich wie z. B. die Vorlieben für z. T. abenteuerliche spekulative Theorien, wiederum als Ausdruck von Notwendigkeiten und Erfordernissen des Gebrauchs von und Umgangs mit Theorien aufzufassen. Eine derartige Sichtweise erlaubt Rückschlüsse auf Merkmale therapeutischen Handelns. So hat Martin (1975, S. 10) die Notwendigkeit eines stabilflexiblen Umgangs mit Theorien sehr schön beschrieben: »Der praktizierende Therapeut muß gegenüber Veränderungen offen sein und sie sogar suchen. Gleichzeitig muß er jedoch seiner gegenwärtigen Position genügend vertrauen, um seinem Klienten mit gutem Gewissen Hilfe anbieten zu können. Er muß ein loyaler, revisionistischer Gläubiger sein, der fest zu seiner provisorischen Position steht.«

Nach unserer Auffassung ist die Weiterentwicklung der Psychologie als Wissenschaft (auch) abhängig von der Analyse des beschriebenen eklektizistischen Umgangs mit Theorien und Technologien, eine Analyse, die unter Einbeziehung psychologischer Theorie und Empirie geschehen muß (vgl. Bromme 1977); eine solche Analyse des Verhältnisses von therapeutischem Handeln und wissenschaftlichen Theorien kann also einerseits dazu dienen, die Erfahrungen, die Psychotherapeuten im eklektizistischen Umgang mit Theorien machen, für die Psychologie selbst zu nutzen, und sie dient außerdem dazu, die Psychotherapeuten »selbstbewußter« bei ihrem Eklektizismus zu machen, ihnen die Notwendigkeiten und Begrenzungen dieses Eklektizismus zu vermitteln. Breuer und Seeger (1977) haben nämlich gezeigt, daß die Weiterentwicklung der therapeutischen Praxis gegenüber dem gegebenen Stand an Theorien und Technologien nicht unbedingt auch von einem entsprechenden Selbstbewußtsein begleitet ist. So berichteten Psychotherapeuten von großen Unsicherheiten bezüglich der Richtigkeit ihres eklektizistischen Vorgehens (1977, S. 16).

Eine psychologische Analyse des Umgangs mit Theorien, d. h. mit für psychotherapeutisches Handeln in *gesellschaftlichem* Umfang relevanten Konzepten/Theoriebestandteilen, kann schließlich Aufschluß über *mögliche Bedeutungen* von Theorien und Konzepten geben, die nicht notwendig zum Zeitpunkt und im Kontext der Theorieerstellung bekannt waren, die aber Aufschluß über den jeweiligen Gegenstand der Theorie selbst erlauben. »Öffentliches Interesse ist kein Anzeichen für die Validität einer Theorie, aber es liegt nahe, daß die Theorie etwas Wichtiges sagt« (Neisser, 1976, S. 4, Übers. d. A.). Dies soll im folgenden kurz begründet werden. Wissenschaftliche Begriffe, indem sie Abstraktionen von Gegenständen oder Sachverhalten sind, entsprechen diesen nicht in ihrer Totalität, in ihrer ganzen empirischen Wirklichkeit. In ihnen sind gegenüber der Wirklichkeit einerseits Reduktionen enthalten, andererseits auch zusätzliche Momente, die aus den Operationen, bei denen mit dem Begriff umgegangen wird, bei denen Begriff und Wirklichkeit in Übereinstimmung gebracht werden usw., resultieren. Die Bedeutung wissenschaftlicher Begriffe ist weiterhin bestimmt von der Funktion, die sie im Zuge wissenschaftlicher Theorieerstellung haben, sie konstituiert sich weiterhin durch die Systematik der je (relativ) gegenstandsunabhängigen allgemeinen Merkmale (Logik) der Theorie, deren Teil der Begriff ist.

Man kann dies dahingehend zusammenfassen, daß Begriffe operationale und gegenstandsabbildende Seiten haben (vgl. Otte und Bromme 1978). Indem nun die Bedingungen des Umgangs mit dem Begriff variieren, tritt zugleich seine gegenstandsabbildende Seite als Invariante deutlich hervor, indem Praktiker also mit einem psychologischen Konzept umgehen, zeigt sich deutlicher, welche Sachverhalte und Beziehungen von dem Begriff abgebildet werden (können) und damit dem handelnden Zugriff zugänglich gemacht werden (auch das praktische Handeln hat seine relativ gegenstandsunabhängige Systematik, auch praktisch angewandte Begriffe haben wiederum eine operationale und gegenstandsabbildende Seite). Eine Variabilität der Verwendung des Begriffs kann unseres Erachtens die gegenstandsabbildende Seite eines Begriffes erst richtig »ausschöpfen«. Dies geht allerdings nur begrenzt. Eine solche Anwendung sprengt irgendwann den einmal gebildeten Begriff und macht eine systematische Bildung neuer Begriffe (Theorieentwicklung und Forschung) nötig. Die »Sprengung« eines Begriffs wird u. E. am Beispiel des Konzeptes Selbstkontrolle deutlich, dessen Widersprüchlichkeit Groeben und Scheele ausführlich beschreiben (1977, S. 208 ff.). Das Hervortreten der gegenstandsabbildenden Sachverhalte eines Begriffes als sein invarianter Teil in verschiedenen Verwendungskontexten ist nun nicht einfach der Durchschnitt möglicher Begriffsbedeutungen praktischen wie wissenschaftlichen Gebrauchs, sondern er ist erkennbar durch wissenschaftliche Analyse seines tatsächlichen Gebrauchs.

Unsere Formulierung der Frage des Zusammenhangs von Theorien und praktischen Handlungen legt es nahe, das Anwendungsproblem von Theorien nicht als wissenschaftstheoretisches, sondern selbst als psychologisches Problem zu begreifen. Anlaß und Begründung zu dieser Vorgehensweise bietet jedoch die wissenschaftstheoretische Diskussion des Zusammenhangs von Theorien und ihrer Anwendung. Wiederum ist im Bereich der Verhaltenstherapie über diese Frage am schärfsten gestritten worden. Die wissenschaftstheoretische Untersuchung des Zusammenhangs von Theorien und ihrer Anwendung ist dabei auf die Frage des Zusammenhangs von verschiedenen Aussageformen begrenzt: Wie hängen Theorien mit Regeln zusammen, d. h. mit Anweisungen zur Erreichung von Zielen? Die darum entstandene Diskussion kann hier nicht nachgezeichnet werden (vgl. einerseits Prim und Tilman 1975, Schulte 1976, 1977, andererseits Bunge 1967 II, Westmeyer 1976 a, b, Bromme und Hömberg 1976, Seeger 1977, Herrmann 1978). Wir können aber als Ergebnis festhalten, daß die Anweisungen zum psychotherapeutischen Handeln sich nicht aus Grundlagentheorien *deduzieren* lassen. Die verschiedenen Argumente dafür lassen sich dahingehend zusammenfassen, daß es sich bei wissenschaftlicher Tätigkeit und bei praktischer Tätigkeit um die Bearbeitung von Problemen unterschiedlichen Typs handelt: Einmal um die Erstellung von Realitätsbeschreibungen/Analysen, im anderen Fall um die Veränderungen von Sachverhalten. Natürlich beinhaltet psychotherapeutische Praxis auch das Erkennen, Beschreiben von Sachverhalten (Diagnose); etwa mag die Aggressivität eines vorgestellten Kindes in der Erziehungsberatungsstelle mit der Zuwendung der Mutter auf Aggressivität »erklärt« werden, aber die Handlungen des Therapeuten, seine Ratschläge an die Mutter stellen nicht einfach eine Umformung des Satzes »Verstärkung erhöht die Auftretenswahrscheinlichkeit von Verhalten« dar. Zwischen diesem Theoriesatz und dem, was der Therapeut dann der Mutter vorschlägt, liegt eine Kette von Ergänzungen und Interpretationen, die einerseits diesen theoretischen Satz seiner Allgemeinheit und andererseits seiner Banalität und Zirkularität entkleiden und die ihn mit der Definition und Wahrnehmung des Therapeuten von der Situation verbinden. Der Therapeut stellt im Zuge der Anwendung also eine Reihe von Umformungen eines solchen allgemeinen Satzes her. Dieser Prozeß der Umformung und damit Bereicherung des theoretischen Satzes verleiht diesem nicht nur etwas Lebensnähe, sondern führt seinerseits zu neuen Erkenntnissen, die für sich gespeichert wieder eingesetzt werden können (Bildung von Erfahrungen) (vgl. Bromme und Hömberg 1976, S. 49 ff.). Dies verweist auf den Psychotherapeuten, auf seine Kreativität, bzw.: es zwingt dazu, den Anwendungsvorgang von Theorien für psychotherapeutisches Handeln als einen heuristischen, problemlösenden Prozeß aufzufassen, der neue Erkenntnisse produziert, Erkenntnisse, die wir vorläufig und ungenau als »Wissen« bezeichnen wollen.

Als eine mögliche praktische Konsequenz ergibt sich, daß die von Praktikern gerühmte »Intuition«, das »Gefühl, es zu können«, nicht notwendig eine Form psychotherapeutischen Handelns *ohne* die Anwendung wissenschaftlicher Ergebnisse darstellt. Derartige Betonung der Intuition (als einer Form der Mystifizierung des psychischen Prozesses beim Problemlösen) ist u. E. Ausdruck »naiver« Wissenschaftstheorie über das Anwenden von Theorien.

Ein Weg der Verbesserung dieser »Intuition« besteht in der Forschung (und Lehre) über diesen Prozeß der Problemlösung selbst. Den grundlegenden Entwurf für derartige Untersuchungen hat Kaminski (1970) vorgelegt. Die mit der Wissensanwendung verbundenen Problemlöseprozesse sind nach unserer Kenntnis am weitesten derzeit im Bereich *diagnostischen* Denkens (und damit Wissensanwendens) untersucht (vgl. bereits 1960! Sarbin et al., Bierkens 1968, Kaminski 1976, Blaser 1977).

Die Optimierung derartiger Prozesse des problemlösenden Denkens beim Anwenden von Wissen kann dabei sowohl von der *empirischen Analyse* der Denkprozesse wie auch von einem *möglichen rationalen Ablauf* der Problemlöseprozesse (vgl. z. B. den Vorschlag von Groeben und Scheele [1977, S. 182 ff.] zu Indikationsentscheidungen von Konditionierungs- vs. kognitiven Lerntheorien, vgl. auch Kruse und Juhl 1977, Shaffer 1976) ausgehen. Anzustreben ist dabei eine theoretische und praktische Vermittlung beider Ebenen der Analyse.

Die Umformungen des Theorie-Wissens müssen nicht bei jeder Anwendung vom Therapeuten neu vorgenommen werden. Sie können als Fertigkeiten bei einem Therapeuten beobachtet, begrenzt auch von anderen Therapeuten erfragt werden. Außerdem stellen die vorhandenen Technologien (etwa die Konzepte der Verhaltenstherapie oder Gesprächspsychotherapie) ihrerseits schon ein Stück solcher Umformungen im beschriebenen Sinne dar. Die Veränderungen, denen Theorien unterliegen, wenn sie handlungsleitend umgeformt, d. h. Teil handlungsorganisierenden Wissens werden, können unseres Erachtens nicht einfach im Sinne einer Reduktion von Rationalität oder Komplexität beschrieben werden. Dies kann im folgenden nicht systematisch behandelt werden. Hier sei nur darauf hingewiesen, daß die verbreitete Konzeptualisierung therapeutischen Handelns als *problem*lösendes Handeln (vgl. Urban und Ford 1971) die Produktion jeweils (zumindest für die Beteiligten) *neuer* Erkenntnisse impliziert (vgl. Bromme und Hömberg 1977, S. 95ff.).

Abschließend läßt sich nun das Problem der Anwendung von Theorien in der Psychotherapie als die Frage formulieren: Wie wirkt Wissen (als psychologische Existenzform von Theorien aufgefaßt) auf psychotherapeutisches Handeln?

Zu dieser Frage sollen im folgenden einige Probleme aufgezeigt und Hypothesen aufgestellt werden. Der geringe Entwicklungsstand einer Psychologie des Wissens macht es erforderlich, dazu empirische und theoretische Ergebnisse heranzuziehen, die eigentlich im Rahmen anderer Fragestellungen gewonnen wurden.

2. Die Bedingungen therapeutischer Effektivität

Mit der sogenannten kognitiven Wende in der Psychologie zeichnet sich ein Subjektmodell oder Menschbild ab, das geeignet erscheint, das Problem des Wissens psychologisch zu bearbeiten. Bereits die Aufnahme von Informationen – etwa bei der optischen, akustischen Wahrnehmung – hat sich empirisch als ein aktiver Vorgang erwiesen, so wird die Informationsaufnahme z. B. durch die Verteilung von Aufmerksamkeit und Suche nach Informationen gesteuert (vgl. Neisser 1974). Die

Steuerung innerer wie äußerer Handlungen (Denken, Problemlösen, Autofahren usw.) kann psychologisch mit Hilfe von Modellen regulativer Systeme beschrieben werden. Die in der Psychologie vorliegenden Modelle solcher regulativen Systeme können hier nicht besprochen werden. Sie haben die verschiedensten Bezeichnungen, z. B. Plan, operatives Abbildsystem, Schema, kognitiver Apparat usw. (vgl. Miller, Galanter und Pribram 1973, Hacker 1974, Pribram 1977, Dörner 1976, Volpert 1975, Neisser 1976, Raeithel 1976 usw.). Sie werden als hierarchisch strukturiert oder als System von parallelen Hierarchien angenommen, zumindest werden jeweils zwei Instanzen unterstellt, um der Beobachtung Rechnung zu tragen, daß sie nicht nur der Steuerung von Handlungen dienen, sondern sich auch selbst verändern können.

Es muß betont werden, daß nicht die Steuerung menschlicher Handlungen oder auch nur therapeutischer Handlungen schlechthin, also die Wirkung von Plänen usw. auf Handlungen unser Thema ist, sondern nur ein möglicher Teil solcher Pläne, nämlich Wissen. Unter Wissen verstehen wir im folgenden solche Informationen des Handelnden über sich selbst, über die Außenwelt und über mögliche Handlungen, die in Form von sprachlich benennbaren Begriffen gespeichert und bearbeitet werden können und damit zumindest prinzipiell einem bewußten Zugriff unterliegen und die geeignet sind, Handlungen zu organisieren. (Zwei ergänzende Bemerkungen: Begriff meint hier nicht nur die kognitive Repräsentation einzelner klar voneinander abgegrenzter Sachverhalte, sondern schließt Beziehung, Bewegung ein und damit auch die Beziehung zwischen Begriffen, und zweitens ist es in unserem psychologischen Zusammenhang wichtig, daß die Beschränkung des Terminus Wissen auf solche Begriffe, die auch sprachlich benennbar und bewußt handhabbar sind, nicht impliziert, daß *sämtliche* Bedeutungen eines Begriffes auch jeweils sprachlich faßbar sein müssen.

Ein Handlungsplan ist nicht identisch mit Wissen im definierten Sinn. Handlungspläne sind Ergebnis mindestens zweier »Einflußgrößen«: den gespeicherten, vorliegenden Informationen, d. h. u. a. dem Wissen, und den je aktuellen wie überdauernden Bedingungen des Handelns. Handlungen vollziehen sich jeweils raumzeitlich begrenzt. Ein Handlungsplan muß also sowohl in seinem die Situation repräsentierenden Teil wie auch in seinen die einzelnen Operationen des Handelnden vorschreibenden Teilen je spezifisch sein, d. h. die Komplexität der Situation wie auch die Komplexität möglicher Handlungen muß reduziert werden. Weder die interne Repräsentation der Umgebung noch die Sequenz von einzelnen Operationen des Handelnden kann durch bloße Reduktionen der aufgenommenen bzw. ausgewählten Informationen erzielt werden. Die für die Steuerung von Handlungen erforderliche Komplexitätsreduktion bei der Erstellung von Handlungsplänen geschieht durch die *Organisation* der Wahrnehmungen der handlungsrelevanten Bedingungen, der gespeicherten Ziele, der möglichen Operationen usw. Diese Organisation von Informationen geschieht mit Hilfe von Begriffen, die Klassen von Ereignissen zusammenfassen und damit den »Strom von Informationen« wie den »Strom von Handlungen« strukturieren. Etwa erlaubt ein Begriff die Klassifizierung einzelner optisch und akustisch wahrgenommener Informationen, verschiedene Begriffe werden wiederum in Beziehung zueinander gebracht durch eine »Erklärung«, d. h. durch einen Begriff über eine bestimmte Beziehung von Sachverhalten, Ereignissen; solche Erklärungen wiederum erlauben den Aufbau eines Handlungsplanes usw. (In der Motivationspsychologie werden die persönlichkeits- und situationsspezifischen Strukturen solchen Wissens, das in Handlungspläne eingeht, beschrieben, vgl. Heckhausen 1977, S. 299ff.)

Die hier skizzierte Funktion von Wissen für Handlungspläne ist orientiert an der Beschreibung des Zusammenspiels von »top down«- und »bottom-up«-Prozessen der menschlichen Informationsverarbeitung von Lindsey und Norman (1977, S. 178ff.) (vgl. auch Palmer 1975, Eisenstadt und Kareev 1975). Diesen Autoren folgend, konstituiert sich das (Wieder-)Erkennen eines Gegenstandes »data driven«, d. h. durch den sensorischen input, und »conceptual driven«, d. h. durch die jeweils in bezug auf den wahrgenommenen Gegenstand vorhandenen Begriffe (obwohl sie auch das *Problem* dieses Zusammenwirkens eher benennen als lösen).

In der Psychotherapieforschung wird die Frage nach dem Wissen des Therapeuten in einer solchen psychologischen Perspektive nach unserer Kenntnis wenig gestellt. Unter den klassischen Variablen der Therapieeffektivität wie »Person des Therapeuten«, »therapeutische Methoden«, »Person des Klienten« usw. (vgl. Kiesler 1977) findet sich nicht die Variable »Wissen«. Wir vermuten, daß dies nicht (nur) eine Folge fehlender kognitionspsychologischer Grundlagen für die Konzeptualisierung von »Wissen« ist, sondern in dem Gegenstand »Wissen« selbst begründet liegt. Es handelt sich dabei nämlich nicht um eine eigene Variable, die zusätzlich zu anderen wirksamen Faktoren therapeutischer Situationen hinzukommt, sondern um ein psychologisches Konzept, mit dem *sowohl Inhalte wie auch Funktionen* beschrieben sind. Indirekt ist »Wissen« in der Psychotherapieforschung z. B. thematisiert worden bei Vergleichsuntersuchungen verschiedener Therapiemethoden (vgl. z. B. die Studie »Insight vs. desensitizitation«, Paul 1966, die wegen ihrer Methodik als beispielhaft gilt, vgl. Meichenbaum 1977, S. 185). Andererseits sind derartige Effektstudien wenig geeignet, den *Prozeß* der Psychotherapie selbst zu erfassen (vgl. die Kritik von Kiesler 1973). Obwohl man davon ausgehen kann, daß zumindest ein Teil des therapie-relevanten Wissens aus der Kenntnis der therapeutischen Methoden des Therapeuten selbst besteht, können die Funktionen von »Wissen« in der Psychotherapie also nur bei Betrachtung des *psychotherapeutischen Prozesses als Ganzem* untersucht werden, dies auch deshalb, weil sich die Wirkung einer einzelnen Methode als abhängig von Merkmalen des Therapeuten, des Klienten und der Störung erwiesen hat (vgl. Kiesler 1977).

Auch die in Kap. 1 skizzierte Vermischung von Theorie mit Erfahrungen, die Veränderung der *Bedeutung* therapeutischer Konzepte im Zuge der Anwendung selbst ist nur durch die Betrachtung der therapeutischen Tätigkeit zu erfassen. Hier allerdings entsteht ein Dilemma: Einerseits ist eine solche analytische Erfassung therapeutischen Handelns und seines Zusammenhangs mit Wissen nicht unabhängig von den vorhandenen Theoriesystemen der Psychotherapie zu leisten, andererseits geht es ja gerade darum, die *Abweichungen* von diesen Theoriesystemen, die Produkte der Kreativität wie der Erfahrung von praktizierenden Psychotherapeuten, kurz Wissen, nicht nur als Voraussetzung, sondern auch als Produkt des therapeutischen Handelns schulenübergreifend zu erfassen.

Dieses Dilemma erklärt möglicherweise auch die seit Jahren konstanten Erfolgsquoten in vergleichenden Therapieuntersuchungen, die sich auf ca. 70% eingependelt haben (vgl. Smith und Glass 1977). Indem die vergleichende Therapieforschung es auf *Unterschiede zwischen* Therapiemethoden anlegt, muß sie notwendig Therapeuten als Versuchspersonen suchen, die sich *strikt* an diese Methoden halten bzw. sich selbst als strikte Anwender von Methoden auffassen. Die Veränderung therapeutischen Wissens durch Erfahrungsgewinn ist dabei ausgeklammert.

Um die Wirkung von Wissen auf Handeln schulenübergreifend zu erfassen, ist es also erforderlich, von dem tatsächlichen therapeutischen Handeln selbst auszugehen. Die vorläufige Konsequenz dieser Überlegungen ist, da die Bewältigung eines solchen Gegenstandes selbst wiederum »Theorie« zur Voraussetzung hat, daß die Frage des Wissens in der Psychotherapie offensichtlich zur Frage einer Handlungstheorie therapeutischen Handelns führt, die auch den inhalt-spezifischen Seiten *therapeutischen* Wissens und Handelns gerecht wird. So sind die möglichen Handlungen des Therapeuten während einer Einzeltherapie zwar korrekt zu beschreiben mit »sprechen, zuhören, beobachten, non-verbal agieren«, aber über den Zusammenhang von Wissen und Handeln geben derartige Beobachtungskategorien wenig Aufschluß. Die Problematik dieses Zusammenhangs erfordert die Rekonstruktion des subjektiven Sinnes, der Intention der Handlungen, die Rekonstruktion der wahrgenommenen Bedingungen, des Handelns usw. So ist das Wirksamwerden therapeutischen Wissens über eine Methode (z. B. die systematische Desensibilisierung von dem tatsächlichen Vorliegen bestimmter indikationsrelevanter Merkmale des Klienten wie auch von der Wahrnehmung einschließlich der geeigneten Kategorisierung dieser Merkmale durch den Therapeuten und den Klienten (siehe Teil 3) abhängig. Das Wissen des Therapeuten ist also einerseits eine unter vielen Determinanten therapeutischer Handlungen, zugleich aber ist sein Inhalt von (möglichst) allen diesen Determinanten bestimmt.

Diese Problematik einer inhaltsspezifischen Beschreibung des Wissens und des Handelns ist eins der schwierigsten Probleme psychologischer Handlungstheorie (vgl. Pivovarov 1977) wie auch der Wissenspsychologie so stellen Schank und Abelson (1977, S. 3, Übers. d. A.) zu Beginn ihrer Untersuchung über Handlungspläne und Wissen fest: »Bevor wir mit einer Theorie der Wissenssysteme beginnen, müssen wir uns selbst fragen: Wissen über was?«

Nun kann an dieser Stelle keine Ausarbeitung einer psychologischen Handlungstheorie für therapeutisches Handeln geleistet werden (vgl. dazu die Ansätze bei Kaminski 1970, Breuer 1975, Suckert-Wegert 1977, Kruse und Juhl 1977, Bergold 1978).

Eine andere (möglicherweise und hoffentlich mit den Bemühungen um eine Handlungstheorie therapeutischen Handelns konvergierende) Möglichkeit, therapeutisches Wissen in bezug auf seinen Inhalt zu betrachten, sehen wir in der Frage nach den tatsächlichen Determinanten therapeutischer Effektivität. Diese Determinanten sind unseres Erachtens zugleich diejenigen Wissensinhalte, die geeignet sind, therapeutische Handlungen zu organisieren. Diese Fragestellung, die hier nur in Ansätzen entwickelt werden kann, erlaubt unseres Erachtens auch eine Integration vorhandener empirischer Ergebnisse der Psychotherapieforschung.

Die Frage nach den Determinanten therapeutischer Effektivität als zugleich den Inhalten therapeutischen Wissens erlaubt auch eine Abgrenzung des Begriffs »therapeutisches Wissen« zum Alltagswissen als dem »im Handeln aktualisierte(n) Wissen, das als selbstverständlich vorausgesetztes, aber unbeachtetes Bezugsraster alltäglichen Handlungen Sinn und Sicherheit gibt« (Mader 1976, S. 701).

Wir vernachlässigen hier Wissen, das etwa zu »Legitimationszwecken« dient (vgl. Schwartz in diesem Band) und das von dem für die Organisation von Handlungen tatsächlich verwendeten Wissen unterschiedlich sein mag. Allerdings ist die Abgrenzung zwischen diesen unterschiedlichen Funktionen von Wissen und entsprechend unterschiedlichen inhaltlichen Wissensbeständen nur je speziell empirisch zu treffen, da auch eine solche Legitimationsfunktion von Wissen die Grundlage des Selbstverständnisses und der Erfolgserwartung des Therapeuten sein kann, die ihrerseits zu den Wissensvoraussetzungen effektiven therapeutischen Handelns zählt (vgl. Lerner und Fiske 1973).

Die Frage: »What makes behavior change possible?«, die Burton 1976 an die Vertreter verschiedener therapeutischer Orientierungen gestellt hat, markiert unseres Erachtens die Suche nach *den* Wissensinhalten, die zur Organisation therapeutischen Handelns notwendig sind. Allerdings muß einschränkend angemerkt werden, daß die sich dabei ergebenden Determinanten therapeutischer Effektivität ihrerseits daraufhin untersucht werden müssen, wie weit sie *als Teil des Wissens* der Beteiligten in der Psychotherapie eine Rolle spielen.

Der Psychotherapieforscher Strupp beantwortet die Frage von Burton, indem er drei »basic ingredients« therapeutischer Veränderung nennt, die unseres Erachtens eine geeignete Organisation verschiedener, allerdings konvergierender Untersuchungsergebnisse zur Frage der Determinanten therapeutischer Effektivität darstellen. Diese drei Bedingungen sind (1969, S. 97, von uns übersetzt und zusammengefaßt):

Bedingung 1. Der Therapeut stellt eine unterstützende Beziehung zum Klienten her, die charakterisiert ist durch Achtung, Interesse, Verständnis, Takt, Reife, und er erzeugt ein festes Vertrauen in seine Fähigkeit, helfen zu können. (Die für die Erzeugung einer solchen Beziehung erforderlichen Verhaltensweisen und -qualitäten sind vor allem im Bereich der Gesprächspsychotherapieforschung untersucht worden, bei Validierungsversuchen der psychotherapeutischen Kernvariablen »Verbalisierung emotionaler Erlebnisinhalte«, »positive Wertschätzung und emotionale Wärme«, »Echtheit und Selbstkongruenz«. Minsel (1974) kommt bei einer Forschungsübersicht zu dem Schluß, daß nicht eindeutig abgeleitet werden könne, »...daß die Kernbedingungen die Veränderungen bedingen. Doch das Ausmaß der Bestätigung und die Deutlichkeit der Beziehungen machen ihre Bedeutsamkeit zumindest als Grundlage, auf der sich mögliche Veränderungen ansiedeln können, sehr wahrscheinlich« (1974, S. 63).

Wiederum nach Strupp: *Bedingung 2.* Die vorhandene Bedingung 1 liefert eine Grundlage (power base), von der aus der Therapeut den Patienten durch einen oder mehrere der folgenden Schritte beeinflußt:

a) Suggestion, Überzeugung
b) Ermutigung zur Offenheit
c) Interpretation von »unbewußtem« Material
d) Darbietung eines Modells
e) Veränderungen von »Belohnung«

Die genannten therapeutischen Handlungen entsprechen wiederum den vermuteten Bedingungen therapeutischer Effektivität, die auch von der Mehrzahl der anderen Befragten, wenn auch mit unterschiedlichem Schwergewicht, genannt werden, so nennt z. B. Marmor (1976, S. 6) eine gute Patient-Therapeut-Beziehung die »basic matrix of any psychotherapeutic process« (entspricht der Bedingung 1), und sieben von Marmor weiter genannte Bedingungen sind wiederum Operationen des Therapeuten, allerdings bei ihm beschrieben in Termini der vermuteten psychologischen Mechanismen der Änderung des Klienten wie z. B. Spannungsreduktion, kognitives Lernen, operantes Konditionieren usw. Eine solche Unterscheidung bedeutet nicht, daß nicht auch die Wirkung der sogenannten Therapeuten-Variablen, die unter Bedingung 1 zusammengefaßt sind, auf den Klienten gleichermaßen psychologisch erklärt werden können (so vermutet z. B. Wolpe einen angsthemmenden Effekt als Grundlage der Wirkung der unter Bedingung 1 genannten Variablen (1976, S. 66).

Bastine (1976) hat eine umfassende Darstellung der therapeutischen Handlungen, die unter Bedingung 2 zu subsumieren sind, schulenübergreifend formuliert. Entkleidet man die Formulierung von Strupp ihrer psychoanalytischen Einschränkungen (die unter c genannten Handlungen sind dann nicht auf die Interpretation von *unbewußtem* Material beschränkt, was viele Techniken der kognitiven Verhaltenstherapie einschließen würde), dann erweisen sich die von Strupp zusammengestellten Handlungen als unvollständig, aber konvergent mit dem derzeitig verfügbaren Arsenal von Techniken.

Bedingung 3. Wiederum Strupp: Beide vorangehenden Bedingungen sind in ihrer Wirksamkeit davon abhängig, daß der Klient die Möglichkeit und Bereitschaft besitzt, aus der Erfahrung der Therapie Nutzen zu ziehen. Ob diese Annahme tatsächlich empirisch begründet ist, kann in diesem Zusammenhang nicht diskutiert werden. Die beim Klienten vorliegenden Bedingungen, um Therapien effektiv verlaufen zu lassen, sind in unserem Zusammenhang auch nur indirekt von Bedeutung.

Mit der Unterscheidung dieser drei Gruppen von Bedingungen therapeutischer Effektivität sind nur grob die für den Therapieeffekt relevanten Größen gekennzeichnet. Die Formulierung von Strupp aber wurde hier gewählt, da sie bei allen Einschränkungen den Interaktionscharakter dieser drei voneinander abhängigen Größen deutlich macht: Therapeutische Tätigkeit und therapeutisches Wissen konstituiert sich und wirkt durch die Interaktion dieser drei Bedingungen.

Hier wird wiederum die Notwendigkeit einer angemessenen theoretischen Konzeptualisierung therapeutischen Handelns auf der Basis einer psychologischen Handlungstheorie deutlich.

Einen dafür möglichen Ansatz sehen wir in der Auffassung der Prozesse in der Psychotherapie als Problemlösungsprozesse. Allerdings ist dazu eine Überwindung des Stufenmodells des Problemlösens notwendig (an das sich z. B. Urban und Ford 1971 anlehnen), da das Stufenmodell nicht geeignet ist, die kontinuierlichen Veränderungen von »Wissen« im Prozeß des Problemlösens zu beschreiben.

Soweit eine psychologische Konzeptualisierung therapeutischen Handelns gegenstandsspezifisch ist, muß sie auch die für die jeweils bestehende psychotherapeutische Praxis spezifischen gesellschaftlichen Bedingungen berücksichtigen. Dabei sind diese Bedingungen nicht nur »äußerlich« i. S. von *Rahmen*bedingungen psychotherapeutischer Arbeit oder Lebensbedingungen des Klienten, sondern sie *realisieren sich* in einzelnen therapeutischen Handlungen.

Die Vermittlung gesellschaftlich vorhandener Normen, Definitionen von Devianz (vgl. Keupp 1976), Techniken der inter- und intrapersonellen Konfliktlösung usw. sowie des jeweils historisch gegebenen Zustands der Lebensbedingungen mit dem je individuellen Handeln des Therapeuten und Klienten geschieht wesentlich – wenn auch nicht ausschließlich – durch »Wissen« über die genannten Bedingungen. Daß die genannten drei Bedingungen therapeutischer Effektivität (einschließlich der Kriterien dieser »Effektivität«) somit historisch und sozial bedingt und damit variabel sind, kann hier nur erwähnt, nicht ausgeführt werden.

Um der Selbstreflexivität des Wissens, der Notwendigkeit, mit »Wissen« Strukturen wie Funktionen zu bezeichnen und der Notwendigkeit, »Wissen« je in bezug auf seinen Gegenstand/Inhalt zu beschreiben, gerecht zu werden, unterscheiden wir im folgenden *drei Betrachtungsebenen des Wissens*:

1. psychotherapeutisches Handeln (verstanden als das Ergebnis des Interaktionsprozesses der drei genannten Bedingungen) wird (wenn auch in unterschiedlichem Ausmaß) organisiert durch »Wissen«, und zwar beim Therapeuten wie beim Klienten.

2. Die drei genannten Gruppen von Bedingungen therapeutischer Effektivität sind zugleich die für die Organisation therapeutischen Handelns relevanten Inhalte/Gegenstände des Wissens. Diese Bedingungen selbst wie auch ihre kognitive Repräsentation als »Wissen« sind gesellschaftlich-historisch variabel, und über sie (weil sie die Bedingungen des *therapeutischen Handelns* sind) vermitteln sich auch die makrosozialen Bedingungen.

3. Durch psychotherapeutisches Handeln wird Wissen produziert, vermittelt, verändert.

3. Zu den drei Betrachtungsebenen des Wissens für psychotherapeutisches Handeln

ad 1 Die Annahme, daß »Wissen« Grundlage der Organisation von Therapeuten- wie Klientenhandlungen gleichermaßen ist, macht Untersuchungen im Bereich therapeutischen Handelns schwieriger als bei anderen Berufshandlungen, bei denen es um den Zusammenhang von Wissen und Handlungen geht, die auf die Veränderung von Gegenständen gerichtet sind. Es muß hier vernachlässigt werden, daß der Gegenstand therapeutischen Handelns, nämlich die Störung des Klienten, ihrerseits sowohl eine objektive wie subjektive Seite hat, d. h. durch das Wissen des Therapeuten wie des Klienten über die Störung konstituiert wird, aber andererseits dieser Prozeß der Herstellung und Festlegung der Störung wiederum nicht willkürlich, unabhängig von der Realität des Lebens des Klienten wie der therapeutischen Situation insgesamt ist (vgl. Gleiss, in diesem Band).

ad 2 Mit der Annahme, daß es sich bei den drei Bedingungen therapeutischer Effektivität zugleich um die Inhalte therapeutischen Wissens handelt, ist ein Abgrenzungskriterium vom sonstigen Wissen des Therapeuten gegeben.

Dabei sind mit »Wissen« nicht nur diejenigen Informationen gemeint, die auch von dem Therapeuten als »Wissen« erlebt und z. B. von »Einstellungen«, »Meinungen« usw. alltagssprachlich abgrenzbar sind. Auch Einstellungen bzw. die in ihnen jeweils enthaltenen Informationen über das Objekt und den Träger der Einstellung werden – insofern sie Grundlage therapeutischer Effektivität sind – dazu gerechnet (vgl. dazu auch Fietkau 1977).

In bezug auf Bedingung 1 läuft die Annahme 2 einem gängigen Stereotyp zuwider, demzufolge die Realisation der dort genannten Handlungsqualitäten vor allem eine Folge psychischer Prozesse beim Therapeuten sei, die alltagssprachlich mit Einfühlung, Verständnis usw. charakterisiert werden, deren Realisation aber nicht eine Folge therapeutischen *Wissens* sei. So formuliert Rogers (1962) »... Therapie hat etwas zu tun mit Beziehung (relationship) und relativ wenig mit Techniken oder mit Theorie und Ideologie«, (zitiert nach Reisman 1971, S. 72, Übers. d. A.). Solche Stereotype stützen sich auf Ergebnisse der Psychotherapieforschung bei der Suche nach Unterschieden und Gemeinsamkeiten zwischen Therapeuten. Einerseits weisen die theoretischen Orientierungen des Psychotherapeuten klare Unterschiede entsprechend ihrer »Schule« auf. Diese Orientierungen wurden erhoben mit Skalen über Auffassungen zur Entwicklung der Persönlichkeit, Theorien über Neurosen usw. Andererseits zeigten Untersuchungen, daß sich in Berichten von Therapeuten bezüglich der Patient-Therapeut-Beziehung bzw. der Qualitäten ihres Verhaltens, wie »Zuwendung« usw., Übereinstimmung zwischen Therapeuten verschiedenster Orientierungen zeigt (nach Bordin 1974, S. 54ff. und Reisman 1971, S. 71ff.).

Einschränkend muß allerdings bemerkt werden, daß diese Untersuchungen durchgeführt wurden zu einer Zeit, als der Eklektizismus als Programm noch nicht wie oben beschrieben verbreitet war.

Solche *Gemeinsamkeiten* in den Auffassungen über die Qualitäten therapeutischen Handelns einerseits und *Unterschiede* in den theoretischen Orientierungen (also den unmittelbaren und im Selbstverständnis der Beteiligten *eigentlichen Inhalten des Wissens*) andererseits sind nicht geeignet, Wissen, auch theoretisches Wissen, über die Bedingung 1 als Grundlage therapeutischen Handelns zu negieren.

Dies zum einen, weil die Handlungsqualitäten, die zur Realisation der Bedingung 1 erforderlich sind, nicht zusätzlich zu einzelnen therapeutischen Handlungen, die den theoretischen Orientierungen folgen, wie sie unter Bedingung 2 zusammengefaßt sind, realisiert werden, sondern sich eben *durch diese* Handlungen verwirklichen lassen. Insofern ist auch die Unterscheidung von spezifischen und unspezifischen therapeutischen Effekten und die Vorstellung einer additiven Wirkung und getrennten Untersuchung (Franks 1976, S. 74: unspezifische sind wichtig, Wolpe 1976, S. 66: spezifische Bedingungen müssen identifiziert werden) eine zu kurz greifende Unterscheidung, die der dreifachen Bedingtheit therapeutischer Effekte nicht Rechnung trägt.

Zum zweiten wollen wir deutlich machen, daß die unter Bedingung 1 genannten Handlungsqualitäten zu realisieren sind in der psychotherapeutischen Tätigkeit durch den *bewußten* Umgang mit diesen Handlungsqualitäten. Insofern sind die Ausführungen hier auch normativ gemeint. Dieser bewußte Umgang kann als eine Form der Anwendung therapeutischen Wissens auf den Therapeuten selbst charakterisiert werden.

Die Versuche, die Wirksamkeit der therapeutischen Bedingung 1 lerntheoretisch zu erklären (etwa in dem Versuch der lerntheoretischen Konzeptualisierung des Gespräches der Gesprächspsychotherapie), zeigen, daß auch deren Wirksamkeit *erklärbar* ist, (wobei die Adäquatheit der vorhandenen lerntheoretischen Erklärungen hier nicht entschieden werden kann). Erklärbarkeit ist jedoch ein Hinweis auf die Möglichkeit einer bewußten Handhabbarkeit. Es ist im folgenden zu begründen, wieso die Bewußtheit gegenüber dem eigenen therapeutischen Handeln die Anwendung therapeutischen und psychologischen Wissens auf sich selbst bedeutet. Ausgangspunkt dazu ist die in der Attributionsforschung erbrachte empirische Evidenz, daß die subjektiven Theorien von Versuchspersonen über die für ihre Handlungen tatsächlich relevanten Informationen nicht notwendig mit diesen Informationen übereinstimmen. Nisbett und DeCamp Wilson (1977) haben dazu viele Untersuchungsergebnisse zusammengetragen. Dazu das Beispiel des »bystander effect«: wenn viele Leute in einer Situation mit einer hilfsbedürftigen Person anwesend sind, lassen sich einzelne Versuchspersonen von Hilfeleistungen abhalten, geben aber das Wissen um die Vielzahl der anwesenden Personen in der Situation nicht als Grundlage ihrer Nicht-Hilfe an.

Aus der Tatsache, daß in vielen Experimenten die Versuchspersonen offensichtlich keinen introspektiven Zugang zu ihrer *aktuellen* Verarbeitung von Informationen hatten, schließen die Autoren, daß zutreffende wie unzutreffende Angaben über die kognitiven Prozesse, die den Handlungen zugrunde lagen, eher das Ergebnis der *Anwendung* vorhandener »naiver« Theorien über eigenes Handeln sind.

Zutreffende Theorien, auf sich selbst angewandt, sind geeignet, eigenes Handeln zu verbessern. Hinweise auf die tatsächlich verwendeten Informationen, also z. B. ihre begriffliche Fassung durch eine Erklärung des bystander effects in unserem Beispiel, können diesen Effekt aufheben. Vorhandene naive Theorien können je speziell zutreffend angewandt werden, jeweils abhängig davon, ob die tatsächlich handlungsrelevanten Bedingungen plausibel (Nisbett und DeCamp Wilson 1977, S. 253), d. h. im Sinne der vorhandenen »naiven« Theorien wahrnehmbar sind.

Eine erhöhte »Bewußtheit« über eigene Handlungen hat also Theorien bei dem Handelnden zur Voraussetzung, die die tatsächlichen inneren und äußeren Determinanten des eigenen Handelns einschließlich ihrer Verknüpfungen in Ursache-Folge-Beziehung adäquat wiedergeben. Bezogen auf Therapie heißt das z. B.: Indem der Therapeut dafür sensibel wird, wie sich sein Handeln der Komplexität der Therapiesituation oder je speziellen Persönlichkeit des Klienten anpaßt, ist er auch selbst in der Lage, den Prozeß der Entwicklung, Anpassung seines Handelns an die situativen Erfordernisse durch bewußten Einsatz der Informationen und ihrer Verknüpfungsmöglichkeiten (Wissen) zu verbessern.

Die hier nur hypothetisch vorgetragene Vorstellung von der Anwendung sogenannter naiver Theorien auf sich selbst als Form der bewußten Änderung eigener Handlungen und Handlungsqualitäten erlaubt es, eine mögliche Funktion von

Wissen für die Organisation und Veränderung von Handlungen zu beschreiben. Es sei daran erinnert, daß oben (Teil 2) Wissen nur als *eine* Voraussetzung tatsächlich wirksamer Handlungspläne dargestellt worden war. Auch subjektive Theorien müssen je konkret mit den gegebenen inneren und äußeren Handlungsbedingungen verknüpft werden, wie es oben in Analogie zum Wahrnehmungsvorgang dargestellt wurde (vgl. auch Nisbett u. a. 1976). Damit ist auch impliziert, daß die *kognitive Vermittlung* von Wissensgrundlagen therapeutischen Handelns für sich genommen zwar notwendig, aber nicht hinreichend zur Erzielung therapeutischer Kompetenz ist.

Die Wirkung von verhaltens- wie selbsterfahrungsorientierten Trainingsprogrammen kann mit Hilfe dieses Konzepts der Wissensanwendung rationaler erklärt werden, als es derzeit zum Teil auf dem expandierenden Markt derartiger Programme geschieht. Da für die Erzielung therapeutischer Effekte die Person des Therapeuten, seine Gefühle, sein nonverbales Verhalten usw., selbst ein Mittel ist (im Zusammenspiel aller drei Bedingungen therapeutischer Effektivität), muß auch das »Anwenden von Theorien« auf die eigene Person geübt werden, muß das wiederholte Verknüpfen solcher subjektiven Theorien mit aktuellen Bedingungen (d. h. für Therapeuten: seinen eigenen Emotionen, Einstellungen usw.) geübt werden. Derartige Trainingsformen therapeutischer Kompetenz können also in zweierlei Hinsicht verglichen werden: zum einen, ob sie für therapeutisches Handeln *geeignete* Theorien zur Selbstanwendung vermitteln, zum anderen, ob sie solche Ebenen der Persönlichkeit des Therapeuten zu aktivieren in der Lage sind, die die *je aktuellen* Bedingungen für die beschriebene Selbstanwendung von Theorien bilden können.

Die besondere Bedeutung der Bewußtheit des Therapeuten gegenüber der eigenen Person und damit von Wissen über sich selbst ist nicht nur begründet durch die Notwendigkeit der unmittelbaren Organisation therapeutischer Handlungen, sondern sie ergibt sich auch aus Erfordernissen der Diagnostik.

Effekte, die die verbalen und nonverbalen Handlungen des Klienten auf den Therapeuten ausüben, können von diesem selbst auch zu diagnostischen Zwecken wahrgenommen werden. Beier (1966, S. 51) nennt den Therapeuten »Resonanzboden«, er sollte sich selbst (nach Beier) als diagnostisches Instrument einsetzen, wenn er sich z. B. über den Klienten ärgert, nicht nur mit diesem Ärger fertig werden, sondern außerdem danach fragen, *wie* der Klient ihn geärgert hat. (Beier 1966, S. 31 ff., beschreibt anschaulich die Vielzahl der Anforderungen an die Bewußtheit des Therapeuten gegenüber sich selbst.)

ad 3 Daß durch psychotherapeutisches Handeln auch Wissen vermittelt wird, ist im Zusammenhang mit sogenannten kognitiven Therapien im Bereich der Verhaltenstherapie deutlich geworden. Ihr Grundprinzip besteht darin, die Kognitionen des Klienten als Bedingung der Störung aufzufassen und zu ändern.

Im Handeln des Klienten zeigen sich bestimmte Regelmäßigkeiten, die die Grundlage für eine Intervention sind (wäre ein Problemverhalten, z. B. eine Klaustrophobie [die Angst vor engen Räumen], nicht regelmäßige Handlung, gäbe es keinen Grund, einen Therapeuten aufzusuchen). Diese Verhaltensregelmäßigkeiten können selbst das Ergebnis kognitiv repräsentierter Regeln sein (z. B. das Wissen: Wenn ich in der Kleingruppe etwas sage, lachen doch alle über mich, also bin ich lieber ruhig) wie auch von »Regeln«, die einem Interaktionsablauf zugrunde liegen, ohne daß der Klient sie unbedingt kennt.

Der Klient bildet allerdings, wie jeder Handelnde, dennoch eine Theorie über den Interaktionsprozeß: Er hat somit eine falsche Regel oder kennt, wenn er sich in einer »problematischen« Weise verhält, nicht die geeignete Regel. (Vgl. Fiedler 1978, der verschiedene solcher Regeln zusammengestellt hat.) Für den kognitiv orientierten Therapeuten ergibt sich jeweils eine andere Form der Notwendigkeit, »Wissen« zu vermitteln. Er kann die zugrundeliegenden Regeln des Klienten, die dieser hat, bewußt machen, ihm helfen, sie sprachlich zu fassen, und sie dadurch für den Klienten handhabbar und veränderbar machen (Fiedler 1978). Er kann diese Regeln als irrational kritisieren und Alternativen vorschlagen (Ellis 1977). Er kann Wissen vermitteln, um negative Selbstverbalisationen zu erkennen und alternative Selbstinstruktionen anzuwenden (vgl. Meichenbaum 1977). Er kann vor allem Regeln zur Produktion neuen Wissens über sich selbst (Selbstbeobachtung) und Regeln über die Gültigkeit spezifischer Regeln (Relativierung eigener depressiver Gedanken z. B.) einführen (vgl. Beck 1976).

Diese Beispiele stammen alle aus dem Bereich der sogenannten kognitiven Therapien: Sie knüpfen an bestehendes Wissen über sich selbst als eine Ursache der Störung des Klienten an und versuchen es zu verändern, zu ergänzen.

Dennoch lassen sich nicht alle Therapiewirkungen auf Veränderung von Kognitionen zurückführen, und die angeführten sogenannten kognitiven Therapieformen sind auch nicht durch eine bloß kognitive Vermittlung von Wissen an den Klienten wirksam. So wie auch das Handeln des Therapeuten nicht nur von seinem Wissen determiniert wird, sind auch die Handlungspläne des Klienten neben dem Wissen von einer Vielzahl anderer Determinanten bestimmt. Indem der Therapeut z. B. eine »flooding«-Prozedur durchführt (eine Technik der »Reizüberflutung«), verändert er äußere Bedingungen des Klienten-Handelns und erzeugt erst dadurch Wissen beim Klienten über den Umgang mit vormals als gefährlich erlebten Gegenständen. Natürlich funktioniert auch dies nicht ohne das Wissen über »flooding«, das der Therapeut dem Klienten vermitteln muß, jedoch ist *nur* von der Vermittlung der dem »flooding« zugrundeliegenden Regel kein Erfolg zu erwarten. Der Therapeut muß außerdem selbst Situationen identifizieren, Handlungen in diesen Situationen für beide aussuchen und währenddessen schließlich auf den Klienten beruhigend einwirken. Seine Anwesenheit dabei selbst ist ein therapeutischer Faktor.

An diesem Beispiel wird die Unterscheidung unserer drei Funktionen von Wissen für die Therapie noch einmal deutlich. Es organisiert die Handlungen des Therapeuten. Es wird in der Therapie vermittelt, und es hat diesen Prozeß selbst zum Gegenstand.

Es muß einschränkend bemerkt werden, daß die den kognitiven Therapien zugrundeliegende Vorstellung von Kognitionen nicht identisch mit dem hier verwendeten Wissensbegriff ist, da in unserem Zusammenhang, abgeleitet aus der hier im Mittelpunkt stehenden Frage der Organisation von Handlungen, sich Forderungen an den Realitätsgehalt und damit auch an die notwendige Rationalität des Wissens ergeben. Demgegenüber bietet z. B. die rationale emotive Therapie von Ellis 1977 »...kein auf die realen Umstände bezogenes oder gar logisch ableitbares Rationalitätskriterium an. Außer der subjektiven Befindlichkeit liefert sie kein Kriterium für die Richtigkeit/Falschheit individueller Bewertungen äußerer Ereignisse« (Kleiber u. a. 1977, S. 534).

Diese Forderung ist hier nur logisch, nicht empirisch begründet, und es gibt Beispiele für therapeutische Effekte, die durch die Vermittlung *falscher* Informationen erzielt wurden (vgl. Nisbett u. a. 1976, S. 115 f.). Vor allem zur Erzielung von Stabilität und Generalisierbarkeit von Problemlösungen ist u. E. Realitätsadäquatheit der vermittelten Informationen erforderlich.

Indem durch psychotherapeutisches Handeln das Verhältnis des Klienten zu seinen eigenen Problemen verändert wird, wird dem Klienten zugleich Wissen über eben dies Verhältnis vermittelt, d. h. Wissen über seine Psyche, die Art und Weise, mit solchen Problemen umzugehen usw. Insofern wird in der Psychotherapie auch psychotherapeutisches Wissen übermittelt. Allerdings ist diese Feststellung hier nur logisch, nicht empirisch begründet. Sie ergibt sich aus der Überlegung, daß ein aktiveres Verhältnis zu eigenen Problemen bzw. eine »Beseitigung« der zu der Therapie veranlassenden Störung wiederum Bewußtheit im Umgang mit sich selbst im Sinne der Erläuterungen unter ad 2 beinhaltet (vgl. Gleiss in diesem Band).

Daß Wissen nicht nur Voraussetzung, sondern auch sich verändernder Gegenstand therapeutischen Handelns ist, haben auch Therapieforscher als allgemein vorhandenes Merkmal unterschiedlicher Therapierichtungen beobachtet. So kommt Reisman (1971, S. 75) bei der Suche nach Unterschieden und Gemeinsamkeiten therapeutischen Handelns zu dem Schluß, daß die Vertreter verschiedener therapeutischer Schulen zwar unterschiedliche Interpretationen für Störungen bieten, ihnen aber gemeinsam ist, *daß* sie ein *Verständnis* des je speziellen Verhaltens haben, das sie dem Klienten kommunizieren (vgl. auch Meichenbaum 1977, S. 196). Der Terminus Verständnis (understanding) bei Reisman verdeckt allerdings, daß mit Wissen wiederum Funktion und Inhalt gemeint ist, daß also ein »Verständnis« des Klienten von seinen eigenen Problemen zugleich eine bestimmte Form des Umgangs mit sich selbst beinhaltet. Eine *funktionale* Charakterisierung des durch Therapie (hier Gesprächspsychotherapie) vermittelten Wissensinhaltes bietet demgegenüber Andersons (1974) Interpretation der

Vorgänge in der Gesprächspsychotherapie mit Hilfe von Ergebnissen der Psychologie der Informationsverarbeitung.

Er erklärt die vom Therapeuten beim Klienten bewirkten Veränderungen als Änderungen der bestehenden Regeln zur Informationsverarbeitung, als Änderung der Aufmerksamkeitsverteilung und Erhöhung der Verarbeitungskapazität. Indem der Gesprächstherapeut die Erfahrungen des Klienten artikuliert, macht er diesem nicht nur den von dem Klienten produzierten Inhalt, sondern zugleich einige der selektiven, abstrahierenden usw. Operationen deutlich, die in die Produktion des jeweiligen Inhaltes eingehen (vgl. Anderson 1974, S. 43 ff.). (Der Beitrag von Anderson ist auch deshalb interessant, weil der Autor im Sinne der auch hier vertretenen Konzeption um die Anwendung *einer* psychologischen Theorie auf Therapeuten wie Klienten gleichermaßen bemüht ist.)

In dem Maße, wie sich die hier skizzierte dreifache Funktion von Wissen für psychotherapeutisches Handeln als tragfähig für empirische Untersuchungen wie für die Konzeptualisierung therapeutischer Praxis erweist, ergibt sich die Notwendigkeit, die Ergebnisse über den Umgang mit Wissen, etwa aus der pädagogischen Psychologie, in stärkerem Maße auch auf die Gestaltung von Therapien anzuwenden.

Für hilfreiche Hinweise und Diskussionen danke ich Eckhard Hömberg und Dr. Falk Seeger.

Literaturempfehlung

Dörner, D.: *Problemlösen als Informationsverarbeitung*. Stuttgart: Kohlhammer, 1976
Das Buch führt verständlich in verschiedene Bereiche der Denk-, Gedächtnis- und Problemlösepsychologie ein und ist zugleich lesenswert, weil es einen Integrationsversuch dieser Ergebnisse darstellt, der Anwendungen auf »natürliche« und damit meist sehr komplexe Probleme ermöglicht.

Kaminski, G.: *Verhaltenstheorie und Verhaltensmodifikation*. Stuttgart: Klett, 1970.

Es handelt sich um das »Standardwerk« für die Untersuchungen der Praktikertätigkeit. Der in diesem Buch entwickelte Ansatz zur Untersuchung der Wissensanwendung mit Hilfe allgemeinpsychologischer Kategorien bildet auch die Grundlage des hier vorliegenden Aufsatzes.

Reisman, J. M.: *Toward the Integration of Psychotherapy*. New York: John Wiley, 1971.

Eine lesbare und auch orientierende Zusammenfassung empirischer Befunde der »klassischen« angloamerikanischen Psychotherapieforschung.

Westmeyer, H. und Hoffmann, M. (Hrsg.): *Verhaltenstherapie – grundlegende Texte*. Hamburg: Hoffmann & Campe, 1977.

Der Sammelband bietet die wichtigsten Aufsätze der angloamerikanischen Debatte um die Verhaltenstherapie. Die Zwischenkommentare der Herausgeber helfen bei der Einordnung und Unterscheidung der verwandten, aber nicht identischen Probleme, wie etwa der Frage der wissenschaftlichen Begründung der Verhaltenstherapie, des Zusammenhangs von Lerntheorie und Verhaltenstherapie, dem Technologieproblem usw.

Nicht nur für Verhaltenstherapeuten von Interesse.

Meichenbaum, D.: *Cognitive Behavior Modification. An integrative approach*. New York: Plenum Press, 1977.

Das Buch stellt schwerpunktmäßig den Selbstinstruktionsansatz von Meichenbaum selbst dar, zugleich aber auch verwandte (amerikanische) Ansätze aus dem Bereich der kognitiven Verhaltensmodifikation.

Irma Gleiss

Probleme und Perspektiven der sozialen Epidemiologie psychischer Störungen

o. 1. Der Stellenwert der sozialen Epidemiologie psychischer Störungen
1.1. Der ätiologische Interpretationsrahmen der sozialen Epidemiologie
1.2. Der prozessuale Interpretationsrahmen der sozialen Epidemiologie
1.3. Begründung einer psychologischen Perspektive für die soziale Epidemiologie
2. Aspekte einer psychologischen Analyse des psychiatrischen Patienten
2.1. Skizze des psychologischen Bezugsrahmens
2.2. Kriterien psychischer Strukturen
2.3. Psychische Störungen als Dimension der psychischen Widerspiegelung
2.4. Die Entwicklung zum Patienten
3. Probleme der Vermittlung von Individualebene und epidemiologischer Aggregatebene
3.1. Implikationen für die theoretische Analyse des Zusammenhangs zwischen psychischen Störungen und gesellschaftlichen Bedingungen
3.2. Implikationen für die Empirie der sozialen Epidemiologie

o. Problemstellung

Die Frage nach den gesellschaftlichen Ursachen psychischer Störungen ist theoretisch wie empirisch noch weitgehend ungeklärt. Auch über methodologische und wissenschaftstheoretische Fragen, z. B. welche Disziplin für ihre Klärung zuständig ist und welchen Stellenwert empirische Untersuchungen haben können, herrscht alles andere als Klarheit.

Die empirische Erforschung des Zusammenhangs zwischen gesellschaftlichen Bedingungen und psychischen Störungen fällt bislang schwerpunktmäßig in das Gebiet der sozialen Epidemiologie. Dabei wird versucht, über die soziale Verteilung psychischer Störungen – über die Entstehungshäufigkeit unter verschiedenen sozialen Bedingungen – Schlußfolgerungen über mögliche gesellschaftliche Entstehungsbedingungen und Risikofaktoren zu ziehen. Dieser Weg enthält zwei zentrale Probleme:

1. stellt sich die Frage, ob Zusammenhänge, wie sie sich für die epidemiologische Aggregatebene als gültig erweisen, Hinweise für die Erklärung der Genese des individuellen Falles geben können.

2. ist die Empirie nicht voraussetzungslos. Sie impliziert notwendig konzeptionelle Vorentscheidungen über das Wesen psychischer Störungen. Denn ich muß ja vor der empirischen Analyse entscheiden, wen ich zur Population der psychisch Gestörten zähle und wen ich davon ausschließe. Es fragt sich also, wie solche theoretischen Vorentscheidungen der sozialen Epidemiologie beschaffen sind und wie darüber die Aussagemöglichkeiten der empirischen Resultate mitbestimmt werden.

Nach einer ersten Etappe der naiven Empirie, wie sie sich auch teilweise in ätiologischen Interpretationsversuchen der sozialen Epidemiologie bewahrt hat, wurde besonders durch soziologische Ansätze ein erster wichtiger Schritt für die Auflösung dieser Probleme getan: er besteht in der theoretischen und kasuistischen Analyse des empirischen Gegenstandes der sozialen Epidemiologie. Denn das empirische Subjekt der sozialen Epidemiologie ist ja nicht eine psychische Störung, sondern es ist ein konkretes Individuum, und zwar ein ganz bestimmtes, nämlich ein Patient. Es handelt sich in den empirischen Studien also nicht unmittelbar um psychische Störungen, sondern um die Klientel klinischer Institutionen – entweder um die faktische oder aber, wie in Untersuchungen der ›wahren Prävalenz‹, um die potentielle Klientel.

Die Frage ist also: Entstehen psychische Störungen nach denselben Gesetzen wie psychiatrische Patienten, ist der Zusammenhang zu gesellschaftlichen Arbeits- und Lebensbedingungen in beiden Fällen identisch oder vergleichbar, kann ich entsprechend über die soziale Verteilung von Patienten Rückschlüsse auf die Genese psychischer Störungen ziehen?

Auf der theoretischen und allgemeinen Ebene dominiert in dieser Frage die Kontroverse zwischen Psychiatrie und Soziologie: die Psychiatrie sieht im Patienten wesentlich die personifizierte Krankheit, die Soziologie sieht in ihm die personifizierte Krankenrolle. Von einer möglichen Kompetenz der Psychologie, allgemeine Aussagen über das Wesen des Patienten zu treffen, ist kaum die Rede. Diese Ausgrenzung oder Vernachlässigung der Psychologie steht im krassen Widerspruch zur realen gesundheitspolitischen Praxis. Denn hier ist die Psychologie in ihren verschiedenen psychotherapeutischen Konzeptionen in zunehmendem Maße für die Therapie des individuellen Falles zuständig. Es handelt sich dabei jedoch um psychotherapeutische Konzeptionen, die psychische Störungen primär als Problem des isolierten Individuums begreifen. Genau in diesen Widerspruch versucht der folgende Beitrag einzugreifen: Die Analyse des empirischen Subjekts der sozialen Epidemiologie ist bisher maßgeblich aus einer soziologischen Perspektive erfolgt. Sie soll hier um den nicht unwesentlichen psychologischen Aspekt ergänzt werden. Ziel dabei ist in erster Linie, zu zeigen, daß es eine sinnvolle psychologische Perspektive für die soziale Epidemiologie geben kann und daß dies wesentlich auch vom Charakter der psychologischen Basistheorie abhängt. Weiterhin soll auch angedeutet werden, daß über den ersten Schritt einer analytischen Differenzierung zwischen soziologischen und psychologischen Aspekten in der Analyse des Patienten auch der nächste Schritt der Vermittlung zwischen Individualebene und epidemiologischer Aggregatebene aussichtsreicher als bisher vollzogen werden kann.

1. Der Stellenwert der sozialen Epidemiologie psychischer Störungen

Epidemiologische Untersuchungen haben insgesamt die Hypothese bekräftigt, daß psychische Störungen mit gesellschaftlichen Prozessen zusammenhängen. Besonders übereinstimmend ist das Ergebnis, daß psychiatrische Patienten, insbesondere als schizophren diagnostizierte, unter den Arbeits- und Lebensbedingungen der unteren sozialen Schichten gehäuft zu finden sind. Typische soziale Risikofaktoren, die mit einer überdurchschnittlichen Erkrankungshäufigkeit verbunden sind, sind: unqualifizierte Arbeit, Armut, Arbeitslosigkeit und desorganisierte Wohnverhältnisse. Die Ergebnisse können hier jedoch nicht in ihrer Vielschichtigkeit und Widersprüchlichkeit dargestellt werden (siehe dazu Gleiss, Seidel und Abholz 1973; Keupp 1972b, Keupp 1974a). Der Schwerpunkt soll vielmehr auf prinzipiellen Problemen ihrer Interpretierbarkeit hinsichtlich der eingangs genannten Fragestellungen liegen. Zur Verdeutlichung des Problems werden zunächst die Argumentationen von zwei maßgeblichen Interpretationsansätzen nachgezeichnet: dem ätiologischen und dem prozessualen. Auch hier können nur die zentralen Argumente idealtypisch skizziert werden, womit den einzelnen Autoren, die sich diesen Ansätzen zuordnen, in keiner Weise Rechnung getragen werden kann und soll.

1.1. *Der ätiologische Interpretationsrahmen der sozialen Epidemiologie*

Ätiologische Interpretationsversuche mußten sich in der Geschichte der sozialen Epidemiologie zunächst gegen verschiedene Versionen der sogenannten ›drift‹- oder Selektionshypothese profilieren. In dieser maßgeblich von Vertretern der klassischen Psychiatrie unterstützten Hypothese wird eine ätiologische Interpretierbarkeit epidemiologischer Ergebnisse abgestritten: Die ungleiche Häufigkeit psychischer Störungen sei nicht das Ergebnis der pathogenen Wirkung sozialer Faktoren. Sie sei vielmehr Resultat eines individuellen und/oder sozialen Selektionsprozesses – mit der Folge, daß prämorbide oder gestörte Personen sich in den unteren sozialen Schichten ansammeln. Die entscheidende Funktion der Selektionshypothesen bestand darin, auf der epidemiologischen Ebene die psychiatrische Krankheitslehre zu untermauern. Die Vertreter ätiologischer Interpretationsansätze versuchen dasselbe mit der umgekehrten Stoßrichtung: sie wollen auf der epidemiologischen Ebene die Gültigkeit dieser Lehre in Frage stellen bzw. diese relativieren. Einen ersten ›Sieg‹ konnten sie dabei auf der empirischen Ebene erreichen: die Auswertung systematischer Sekundäranalysen der empirischen Ergebnisse sowie die Ergebnisse kritischer Entscheidungsuntersuchungen sprechen dafür, daß Selektionsprozesse allein nicht die unterschiedlichen Raten psychischer Störungen in verschiedenen sozialen Schichten erklären können (vgl. z. B. Dohrenwend und Dohrenwend, 1969), daß es also einen ›ätiologischen Anteil‹ geben muß.

Ein prinzipielles Problem bleibt jedoch trotz dieses empirischen Nachweises bestehen: Auch eindeutig identifizierbare organische Erkrankungen – z. B. Herzkrankheiten, Tbc und vor allem Berufskrankheiten – entstehen nicht in allen sozialen Schichten gleich häufig. Auch sie sind in ihrer Entstehung von konkreten gesellschaftlichen Arbeits- und Lebensbedingungen abhängig. Mit dem Nachweis einer sozial ungleichen Entstehungswahrscheinlichkeit für psychische Störungen ist also noch keinesfalls geklärt, ob es sich hierbei um organische Erkrankungen handelt oder nicht. Die psychiatrische Krankheitslehre, mit ihrem Kern des ›medizinischen Modells‹ (siehe dazu den Beitrag von v. Kardorff in diesem Band), bleibt somit unangetastet. Sie läßt sich auf dieser Ebene weder bestätigen noch widerlegen.

Ein weiteres Problem ätiologischer Interpretationsversuche ist allgemein durch die Bindung soziogenetischer Hypothesen an epidemiologische Unterschiede gegeben. Denn dadurch wird nahegelegt, daß der gesellschaftliche Einfluß auf die Genese psychischer Störungen nur die Form schichtenspezifisch oder kulturell variierender Faktoren haben kann. Die mögliche Pathogenität der gesellschaftlichen Verhältnisse bzw. die der entsprechenden ›Faktoren‹ in ihrer gesellschaftlichen Formbestimmtheit kann damit nicht berücksichtigt werden. In diesem ›Faktorendenken‹ ätiologischer Hypothesen zeigt sich auch die eigene Nähe zur psychiatrischen Krankheitslehre, zum medizinischen Modelldenken für die Wesensbestimmung psychischer Störungen. Pathogene gesellschaftliche Bedingungen werden gleichsam als ›soziale Noxen‹ begriffen. Damit wird, ähnlich wie im medizinischen Modell, eine mechanische Wirkungsweise pathogener Ursachen nahegelegt. Denn die methodologischen Prämissen sind dieselben: ob ich organische oder soziale Noxen annehme, ich gehe in beiden Fällen davon aus, daß psychische Störungen durch diese Impulse unmittelbar verursacht sind, daß sie entsprechend in ihrem Wesen dann erforscht sind, wenn die relevanten und wesentlichen Ursachen gefunden sind.

Allerdings sprechen alle empirischen Befunde gegen eine mechanische, d. h. unmittelbare und notwendig pathogene Wirkung der jeweils ermittelten Risikofaktoren. Denn welche Bedingungen man auch wählen mag, es stellt sich immer heraus, daß ein größerer Anteil der Bevölkerung nicht erkrankt, obgleich er diesen Bedingungen ausgesetzt ist. Verschiedene ›multifaktorielle Modelle‹ versuchen diesen Widerspruch zu lösen. Ihre Logik dabei ist: soziale Faktoren wirken nicht allein und notwendig pathogen. Diese Wirkung entsteht nur durch die Kombination mit weiteren sozialen Bedingungen, durch die mit konstitutionell-somatischen Faktoren oder aber durch die Kombination mit erworbenen psychischen Eigenschaften wie beispielsweise Mechanismen der Konfliktverarbeitung. Einige Ansätze der ›multifaktoriellen Genese‹ psychischer Störungen – so z. B. die Arbeiten von Kohn (1969) – kommen zwar recht nahe an den Punkt, den Prozeß des Umschlags sozialer Bedingungen in psychische Sachverhalte zu thematisieren. Sie können jedoch, da auch die psychischen Vermittlungsmechanismen als Faktoren betrachtet werden, das prinzipielle Problem mechanistischer Implikationen nicht überwinden: die Vorstellung einer direkten, linearen und kausalen Wirkungsweise pathogener Faktoren oder Faktorenkombinationen bleibt erhalten.

Ein letztes und wesentliches Problem des ätiologischen Interpretationsrahmens wurde bereits angedeutet: Die soziale Epidemiologie ist in ihrer bisherigen Forschungsplanung darauf angewiesen, »Fälle« zu definieren und zu finden, um dann erst statistische Zusammenhänge mit bestimmten sozialen Parametern zu ermitteln. Diese Definition und Fallfindung geschieht wesentlich nach den Empfehlungen der bestehenden Psychiatrie – sei dies in der Form psychiatrischer Diagnosen oder aber in der Form ihrer institutionellen Praxis. Der empirische Gegenstand der sozialen Epidemiologie ist also nicht nur der Patient schlechthin, sondern der Patient, wie er durch die bestehende Psychiatrie diagnostiziert wird und wie er im Netz der bestehenden psychiatrischen Versorgungseinrichtungen hängenbleibt.

Wenn also ätiologische Interpretationsversuche davon ausgehen, daß epidemiologische Ergebnisse eine direkte Schlußfolgerung darüber zulassen, welche gesellschaftlichen Bedingungen für die Entstehung psychischer Störungen verantwortlich sind, dann enthält dies folgende Implikationen:

1. Ein Individuum wird durch seine psychische Störung zum Patienten, und durch nichts sonst. Der Patient ist also gleichsam die personifizierte Erkrankung.

2. Die psychiatrische Diagnostik ist in der Lage, über die Ab- oder Anwesenheit einer psychischen Störung beim Individuum bzw. über die Art der Störung ein treffendes Urteil abzugeben. Da hier das diagnostische Instrumentarium uniform Merkmale am Individuum zu erfassen versucht, heißt das auch: psychische Störungen sehen bei allen Menschen gleich aus, sind ihrer inhaltlichen Charakterisitik nach also unabhängig von besonderen sozialen Bedingungen.

3. Der Prozeß der Fallfindung selber ist ein quasi naturwissenschaftlicher Definitions-, Identifikations- und Klassifizierungsprozeß, der unabhängig von weiteren sozialen Einflußgrößen die quantitative Erfassung psychischer Störungen und ihre qualitative Bestimmung vornimmt.

Mit diesen Implikationen wird das medizinische Modell psychischer Störungen eher zementiert als in Frage gestellt. Die epidemiologischen Ergebnisse werden so interpretiert, als handele es sich bei psychischen Störungen um Naturerscheinungen, um natürliche Merkmale am Menschen, die ihrem Wesen nach mit gesellschaftlichen Sachverhalten nichts zu tun haben, sondern die lediglich in ihrer Auftretenswahrscheinlichkeit von sozialen Bedingungen mitbestimmt werden.

Genau wegen dieser Nähe zum medizinischen Modell der klassischen Psychiatrie wendet sich nun der prozessuale Interpretationsrahmen gegen ätiologische Erklärungsversuche (vgl. dazu Keupp, 1976).

1.2. *Der prozessuale Interpretationsrahmen in der sozialen Epidemiologie*

Prozessuale Ansätze innerhalb der sozialen Epidemiologie legen ein besonderes Gewicht auf die Analyse derjenigen sozialen Prozesse, die mit der Falldefinition und Fallfindung faktisch geschehen.

Es wird dabei mit sehr stringenten empirischen Untersuchungen und kasuistischen Darstellungen gezeigt, daß es sich bei diesen methodischen Verfahren keineswegs um rein naturwissenschaftliche, objektive Ermittlungsverfahren handelt – etwa ähnlich wie die Bestimmung bestimmter Arten und Familien in der Botanik –, sondern um soziale Prozesse. Wer z. B. in psychiatrischen Anstalten landet, entscheidet weniger das professionelle Urteil, sondern zuvor bereits der reale gesellschaftliche Alltag. Das gesellschaftliche ›Machen‹ eines psychiatrischen Falles ist meist bereits abgeschlossen, wenn der Psychiater diesen zu Gesicht bekommt. Aber auch das professionelle Urteil ist kein abgehobenes wissenschaftliches Statement, sondern unterliegt seinerseits gesellschaftlichen Wertvorstellungen und gesellschaftlichen Normen. Es erfüllt nicht nur die Funktion einer ›wissenschaftlichen Bestimmung‹, sondern es erfüllt soziale Funktionen, d. h. hat soziale Konsequenzen, meist die der Absonderung und Ausgliederung der Betroffenen, oder aber seine ›Normalisierung‹.

In ihrer ›weichen Form‹ verstehen sich die Vertreter prozessualer Ansätze nicht als Alternative zu soziogenetischen Hypothesen. Sie geben nur zu bedenken, daß schichtenspezifisch variierende Zuschreibungs- und Ausgrenzungsprozesse in der Interpretation epidemiologischer Ergebnisse Berücksichtigung finden müssen.

In seiner ›harten Form‹ vertritt der prozessuale Ansatz dagegen die Auffassung, daß gesellschaftliche Zuschreibungsprozesse nicht nur die Raten psychischer Störungen mitbedingen, sondern daß auch der individuelle Fall erst durch Zuschreibung entsteht. Hier geht die Kritik an soziogenetischen Erklärungsversuchen sehr viel weiter. Sie bezieht sich in ihrem Kern darauf, daß psychische Störungen als Erscheinungen des individuellen Lebens behauptet werden, die unabhängig von Prozessen der professionellen oder nicht-professionellen Zuschreibung und Etikettierung existieren.

Besonderer Wert wird also auf den Nachweis gelegt, daß psychische Störungen keine Krankheiten sind, wie dies vom medizinischen Modell behauptet wird. Dagegen wird gehalten: Psychische Gestörtheit sei vielmehr eine normative Kategorie, deren Funktion darin besteht, abweichende Individuen sozial ›handhabbar‹ zu machen. Durch die Attribution des Etiketts der Krankheit oder Verrücktheit legitimierten sich die alltäglichen oder institutionell verankerten Versuche der sozialen Kontrolle, der Ausgrenzung oder aber der Normalisierung des Betroffenen. Das Resultat entsprechender Etikettierungs- und

Kontrollprozesse, die sprachlich, interaktionell oder auch materiell sein können, sei der sogenannte psychiatrische Patient, der eine gesellschaftlich vorgegebene Rolle – nämlich die des psychisch Kranken – zwangsweise oder aber auch freiwillig übernommen hat.

Über den empirischen Gegenstand der sozialen Epidemiologie, den psychiatrisch diagnostizierten und institutionell erfaßten Patienten, werden damit folgende Aussagen gemacht: Der Patient entsteht durch die individuelle Übernahme einer gesellschaftlich vorgegebenen Krankenrolle. Er ist seinem Wesen nach gleichsam eine personifizierte Rolle, das, was ihn als Patienten wesentlich kennzeichnet, ist sein besonderer sozialer Status. Die Mechanismen dieses Konstitutionsprozesses sind allgemein die von Rollenzuschreibung und -attributierung. In vielen Ansätzen, so beispielsweise bei Scheff (1973), wird dabei zwar berücksichtigt, daß der Etikettierung des einzelnen eine ›Primärabweichung‹ vorausgeht. Über den *gesellschaftlichen* Charakter dieser Primärabweichungen werden jedoch keine Aussagen gemacht. Sie selber scheinen nicht gesellschaftlich bestimmt zu sein, sondern lediglich ihre Bewertung ist von sozialen Normen und korrespondierenden gesellschaftlichen Prozessen abhängig. Der Tendenz nach wird von prozessualen Ansätzen nahegelegt, daß die Entstehung von Primärabweichungen keinen entscheidenden und wesentlichen Beitrag für die Patientenkarriere liefert. Denn in abweichendem Verhalten wird kein qualitativer und immanenter Unterschied zu normalem Verhalten gesehen. Ein Unterschied entstünde erst durch die soziale Wertung und die damit einhergehenden sozialen Reaktionen.

1.3. *Begründung einer psychologischen Perspektive für die soziale Epidemiologie*

Für die beiden dargestellten Interpretationszusammenhänge gilt gleichermaßen, daß sie eine ›Opfertheorie‹ psychischer Störungen, bzw. des psychiatrischen Patienten, implizieren. Ätiologische Ansätze sehen im Patienten das Opfer einer Krankheit, sozialer Noxen oder aber der Kombination beider. Prozessuale Ansätze sehen in ihm das Opfer sozialer Zuschreibungsprozesse. In dieser Implikation liegt auch der springende

Punkt für die partielle oder prinzipielle Unvereinbarkeit dieser Ansätze mit psychotherapeutischen Bemühungen. Denn Psychotherapie bedeutet letztlich immer – auch wenn die entsprechenden Theorien dies nicht adäquat reflektieren – die bessere Bewältigung der bestehenden sozialen Belastungen durch das Individuum bzw. die über die eigene Aktivität erreichte Veränderung des aktuellen sozialen Lebensraumes, z. B. über die Erweiterung des Handlungsspielraumes. Psychotherapie setzt also voraus, daß der Patient Subjekt ist.

Opfertheorien, egal in welcher Version sie angeboten werden, sind also mit einer psychotherapeutischen Perspektive deshalb nicht vereinbar, weil sie keine Konzeption des Patienten als Subjekt haben. Im ätiologischen Interpretationsrahmen ist das eigentliche Subjekt entweder die Krankheit ›am Patienten‹ oder aber die soziale Noxe. Eine konsequente Praxis zur Beseitigung der psychischen Störung kann also nur in der Heilung der Krankheit am Patienten, aber ohne ihn, gesehen werden – dies wäre der Weg der gängigen somatisch orientierten Psychiatrie – oder aber in der gesellschaftlichen Prophylaxe, d. h. in der Beseitigung entsprechender sozialer Risikofaktoren.

Im prozessualen Interpretationsrahmen wird auch nicht der Patient als Subjekt begriffen, sondern letztlich soziale Normen in ihren sprachlichen, interaktionellen und institutionellen Verankerungen. Für die Beseitigung des Problems, nämlich die Prophylaxe psychischer Störungen, wird entsprechend eine normative Abstinenz vorgeschlagen. Für den individuellen Fall des bereits entstandenen Patienten liegt kein Veränderungskonzept vor. Es wird vielmehr geraten, ihn im Netzwerk der sozialen Interaktionen zu verstehen und seinen Konstitutionsprozeß zu dokumentieren.

Es zeichnet sich also ab, daß die Grenzen der beiden Interpretationsversuche auch mit ihrer fehlenden Theorie der Subjektivität des Menschen zusammenhängen. Dies wiederum ist eng verknüpft mit der fehlenden psychologischen Perspektive. Denn die Subjektivität des konkreten Individuums, seine Bestimmung als Persönlichkeit, ist wesentlich das Thema einer psychologischen Abstraktionsebene.

Die Abstinenz gegenüber einer psychologischen Perspektive für die soziale Epidemiologie ist nur solange verständlich, wie auf psychologische Theorien zurückgegriffen werden muß, die das Individuum in seiner psychischen Entwicklung unabhängig von gesellschaftlichen Prozessen begreifen wollen oder aber einen Gegensatz zwischen beiden konstruieren. Die psychologische Widerspiegelungstheorie, wie sie sich innerhalb der marxistischen Psychologie entwickelt hat, macht diese Abstinenz überflüssig. Sie erlaubt in zweierlei Hinsicht Ansatzpunkte für eine psychologische Perspektive der sozialen Epidemiologie:

1. Psychische Störungen können als qualitative Dimension der psychischen Widerspiegelung begriffen werden und darin auch als gesellschaftlich determiniert

2. Die präzisere Bestimmung der psychologischen Abstraktionsebene zeigt Anhaltspunkte, um zwischen ›psychischen Störungen‹ und ›Patienten‹ differenzieren zu können. Damit wird es auch eher möglich, die Zusammenhänge dieser beiden Realitäten formulieren zu können.

2. Aspekte einer psychologischen Analyse des psychiatrischen Patienten

Ziel der folgenden Ausführungen ist es, zu zeigen, daß sich durch den Bezug auf die psychologische Widerspiegelungstheorie die Möglichkeit ergibt, psychische Störungen als qualitative Bestimmung der psychischen Widerspiegelung und damit als Dimension des individuellen Lebensprozesses zu begreifen und sie gerade darüber auch als gesellschaftlich determiniert sehen zu können. Weiterhin soll gezeigt werden, daß darin auch der wesentliche Beitrag einer psychologischen Analyse des Patienten begründet ist.

2.1. *Skizze des psychologischen Bezugsrahmens*

Die psychologische Widerspiegelungstheorie hat zwei Kernstücke, die hier nur knapp umrissen werden können (vgl. dazu Leontjew 1967 und 1973; Holzkamp 1973):

1. Die Bestimmung der Persönlichkeit als Subjekt der psychischen Widerspiegelung.

2. Die Bestimmung der psychischen Widerspiegelung als Tätigkeit (Tätigkeitsstruktur psychischer Prozesse).

Die marxistische Philosophie kennzeichnet das Wesen des Menschen zweifach: erstens ist der Mensch Subjekt des Erkenntnisprozesses und Subjekt gesellschaftlicher Veränderung. Zweitens ist das Wesen des Menschen das Ensemble der gesellschaftlichen Verhältnisse. – Beides scheint sich zunächst zu widersprechen. Wie kann der Mensch zugleich Subjekt und Objekt sein, bestimmt werden durch die gesellschaftlichen Verhältnisse und gleichzeitig diese bestimmen und verändern? Die Schlüsselbegriffe, um diese Dialektik begreifen zu können, sind die der Praxis und der gesellschaftlichen Arbeit. Gesellschaftliche Arbeit ist ein Prozeß, in dem die äußere Natur umgestaltet und verändert wird und in dem sich der Mensch *darüber* selbst verändert. Der Mensch ist also nicht passives Objekt gesellschaftlicher Einflüsse, sondern Gesellschaftliches wird durch ihn in dem Maße und in der Form individuiert, wie er selbst in seinem praktischen Lebensprozeß verändernd und umgestaltend auf gesellschaftliche Sachverhalte einwirkt. Dies geschieht vorrangig im Bereich der materiellen Produktion.

Die Besonderheit der psychologischen Abstraktionsebene zeigt sich in der Bestimmung der Persönlichkeit als Subjekt der psychischen Widerspiegelung. Die Persönlichkeit ist dabei nicht ein passiver Träger, an der die psychische Widerspiegelung abläuft, sondern sie ist deren Subjekt. D. h. die psychische Widerspiegelung entsteht im und durch den individuellen Lebensprozeß. ›Persönlichkeit‹ ist dabei nicht als Kategorie zu verstehen, die der psychischen Widerspiegelung neben- oder übergeordnet ist, sondern sie ist deren Dimension. Mit ihr läßt sich das Psychische als subjektiv begreifen. Denn nur das Psychische (nicht die Erkenntnis) ist zugleich subjektiv und objektiv. Nur hier werden gleichzeitig Erkenntnisbeziehungen und persönliche Beziehungen realisiert, die Erkenntnisbeziehung erscheint nur hier in ihrer Form der persönlichen, individuellen Beziehung. Psychisches hat also im Gegensatz zur Erkenntnis keine überindividuelle Existenzform.

Die Besonderheit der psychologischen Ebene ist also folgendermaßen zu umschreiben: es geht nicht um die objektive Realität selber, nicht um Erkenntnisbeziehungen (Subjekt des Erkenntnisprozesses ist nicht die individuelle Persönlichkeit, sondern die Gesellschaft, der Mensch als Gattungswesen). Es geht vielmehr um die *Orientierung* des konkreten Individuums in seiner Tätigkeit auf der Grundlage der psychischen Widerspiegelung. Das heißt, es geht um die besondere Funktion der psychischen Widerspiegelung für die Realisierung des individuell-gesellschaftlichen Lebensprozesses. Die Notwendigkeit einer psychologischen Erforschung der Persönlichkeit als Subjekt der psychischen Widerspiegelung – gegenüber ihrer physiologischen, soziologischen und gnoseologischen Charakterisierung – ergibt sich somit durch die besondere Funktion der Orientierung, die das individuell-subjektive Bewußtsein in der Realisierung der konkreten Lebenstätigkeit erfüllt. Die qualitative Besonderheit der bewußten psychischen Widerspiegelung des Menschen bestimmt sich – im Gegensatz zu der nicht-bewußten psychischen Widerspiegelung von Tieren – dadurch, daß sie im Wechselprozeß zwischen Individuum und Gesellschaft entsteht und notwendig wird, daß damit Beziehungen zwischen Individuum und Gesellschaft hergestellt werden. Dieser Sachverhalt bestimmt auch die Struktur der bewußten psychischen Widerspiegelung als Tätigkeit.

Die materiell-gesellschaftliche Grundlage der Entwicklung bewußter psychischer Widerspiegelung ist die Entwicklung gesellschaftlicher Beziehungen: die individuelle Lebenssicherung erfordert die Kooperation und die Bearbeitung der Natur. Besonders in der Bearbeitung der Natur zu Werkzeugen werden Erfahrungen fixiert, d. h. sie nehmen materielle, überindividuelle Gestalt an. Erfahrungen transzendieren so die Beschränkung des nur individuellen Austausches mit der Natur, sie werden in ihrer äußeren, materiell gewordenen Form des Arbeitsproduktes (bes. des Werkzeugs) zu überindividuellen, gesellschaftlichen Sachverhalten und Erfahrungstatbeständen. Sie sind damit auch anderen Menschen prinzipiell zugängig. Erst auf dieser Grundlage ist die Entwicklung zunächst von Bedeutungen, dann von Begriffen und Sprache zu erklären. Das Wechselverhältnis zwischen Organismus und Umwelt ist durch das Tier dagegen nur individuell realisierbar. Jedes Tier realisiert sie für sich. Individuell gewonnene Erfahrungen sind nicht in außerindividueller Form fixiert. Sie erlöschen mit dem Ende des individuellen Lebens.

Die subjekt-unabhängige Erfahrungsfixierung beim Menschen macht es auch möglich, zwischen Dingen und meiner persönlichen Beziehung zu Dingen zu unterscheiden. Für das

Tier dagegen existiert die Welt nur in der Form der ›subjektiv‹-individuellen Beziehung, d. h. in der Form biologischer Bedeutungen.

In der Struktur der psychischen Widerspiegelung findet das seinen Ausdruck in der Herausdifferenzierung von Handlungen, in der Unterscheidung zwischen Ziel und Motiv. Mit den Kategorien Tätigkeit, Handlung und Operation sind keine real nebeneinander existierenden Prozesse gemeint. Sie beziehen sich vielmehr auf ein und denselben Sachverhalt der bewußten psychischen Widerspiegelung unter verschiedenen Aspekten: aus der Sicht der Zielunterordnung stellt sich der Prozeß als Handlung dar, aus der Sicht des Motivs als Tätigkeit. Operationen sind verkürzte und automatisierte Handlungen. Um ein Beispiel zu nennen: ›Einen Nagel in die Wand schlagen‹ ist eine Handlung mit bestimmten automatisiert ablaufenden Operationen. Das Handlungsziel ist der in die Wand geschlagene Nagel; die Antizipation des Handlungsresultats, das bewußte Ziel, bestimmt so die Richtung der Handlung. Das Ziel bestimmt aber noch nicht, warum die Handlung überhaupt ausgeführt wird. Die Präsenz von Zielen alleine, die Vorstellung bestimmter Handlungsresultate, regt noch nicht zur Handlung an. Die Dynamik der Handlung und damit auch ihre psychologische Spezifik erschließt sich erst darüber, daß ich sie als Tätigkeit analysiere, d. h. unter dem Aspekt der Tätigkeit analysiere. Die oben genannte Handlung kann so ganz verschiedene Tätigkeiten realisieren, z. B. die der eigenen Wohnraumgestaltung, die berufliche Tätigkeit eines Zimmermanns etc.

Handlungsziele müssen also bewußt sein, um der Handlung die adäquate Richtung zu verleihen. Bewußt heißt dabei, daß das Handlungsresultat ideell vorweggenommen wird und als ideelles Abbild auch der Handlungsregulation dient. Zum anderen heißt ›Bewußtheit‹, daß das Ziel auch unabhängig von den je persönlichen und aktuellen Beziehungen antizipiert werden kann. Ich kann z. B. an einen Apfel denken, ohne ihn zu sehen und ohne hungrig zu sein. Bewußte Widerspiegelung als innere oder gedankliche Handlung heißt damit notwendig auch begriffliche Widerspiegelung. Denn nur der Begriff abstrahiert von den je persönlichen und aktuellen Beziehungen zu den Dingen und erfaßt deren subjektunabhängige, objektive und wesentliche Eigenschaften.

Unter dem Aspekt der Tätigkeit wird die psychische Widerspiegelung durch das Motiv bestimmt. Das Motiv ist die Art und Weise, in der das Handlungsresultat und Handlungsziel eine persönliche Bedeutung erlangt. Erst über das Motiv erhält man einen Zugang zum persönlichen Sinn von Handlungen, d. h. auch zum persönlichen Sinn objektiver Bedeutungsstrukturen.

Die Kategorien ›Ziel‹ und ›Motiv‹ beschreiben keine isolierten ›Persönlichkeitseigenschaften‹ oder aber isolierte Objekteigenschaften, sondern bestimmte, jeweils unterschiedliche Aspekte des widersprüchlichen Verhältnisses zwischen Individuum und Gesellschaft. Das subjektiv antizipierte Ziel bezieht sich auf die intendierten Veränderungen am Objekt, an gegenständlichen Objekten und Situationen. Der durch das Ziel bestehende Widerspruch reduziert sich, wenn das faktische Handlungsresultat dem Ziel entspricht.

Das Motiv dagegen bezieht sich auf die durch die Tätigkeit intendierte Veränderung am Subjekt, die nur über die Auseinandersetzung mit der gegenständlichen und personalen gesellschaftlichen Umwelt erreicht werden kann. Mit dem Motiv ist also die Seite des Widerspruchs zwischen Individuum und Gesellschaft angedeutet, die sich auf die eigene Subjektivität bezieht, darauf, was über die Tätigkeit für die eigene Person realisiert werden soll, für sie von Bedeutung ist. Die Reduktion dieses Widerspruchs kann entsprechend nur dann erfolgen, wenn das Handlungsresultat auch der intendierten Subjektveränderung entgegenkommt. Wenn ich beispielsweise nach B fahre, um dort einen Freund zu besuchen, diesen jedoch nicht antreffe, dann bleibt der Widerspruch auf der Ebene des Motivs bestehen, wenngleich der Prozeß als Handlung abgeschlossen, sein Ziel erreicht ist.

In dem Prozeß der Aneignung von gesellschaftlichen Gegenständen und Gegenstandsbedeutungen, d. h. in der Entwicklung von Handlungskompetenzen vollzieht sich die Persönlichkeitsentwicklung im Sinne einer Motiventwicklung, der Entwicklung von bewußter Subjektivität. So sammelt ein Kind beispielsweise bei der Aneignung eines Löffels nicht nur Erfahrungen mit diesem Gegenstand, sondern es macht gleichzeitig Erfahrungen über sich selber als Subjekt, das Prozesse in einer bestimmten Weise in Gang setzt und beeinflußt. Es kann so beispielsweise feststellen, daß es hilflos ist, in der Hilflosigkeit gehalten wird, sich die Hilfe erkämpfen muß, überfordert wird etc. In der Aneignung des Gegenstandes geht das Kind also gleichzeitig bestimmte Beziehungen zu anderen Menschen ein, vornehmlich zu den nahen Bezugspersonen. Auch die Erwachsenen vermitteln dem Kind im Unterstützungsprozeß nicht nur den adäquaten Umgang mit verschiedenen Gegenständen und anderen Menschen, sondern sie vermitteln ihm gleichzeitig, daß es z. B. klein und abhängig bleiben soll, daß es viel zu langsam lernt, ungeschickt ist, daß es ein besonders kluges Kind ist oder aber, daß der Bruder alles besser konnte. Das Kind macht so Erfahrungen über seinen ganz konkreten Standort, über seine Stellung im System gesellschaftlicher Beziehungen. In der Entwicklung von Handlungskompetenzen entwickeln sich also bestimmte Motivstrukturen, eine bestimmte persönliche und subjektive Logik, sich als Subjekt zu verhalten, für sich etwas zu tun, indem man sich mit den Gegenständen auseinandersetzt und sich zu anderen Menschen in Beziehung setzt.

2.2. *Kriterien psychischer Strukturen*

Es stellt sich nun die Frage, wie es überhaupt zu ›Störungen‹ in diesem Prozeß kommen kann, warum psychische Tätigkeit als Widerspiegelungstätigkeit nicht automatisch adäquat ist. Innerhalb der Aneignungstheorie stellt sich die Frage primär nicht als die nach der Entstehung von Störungen, sondern viel grundlegender bereits im Rahmen allgemeinpsychologischer und entwicklungspsychologischer Zusammenhänge als die nach der Konstitution adäquater Abbilder (Wahrnehmungen, Gedanken). Adäquatheit ist eine genetische Dimension eines jeden Aneignungsprozesses. Denn es ist ja niemals von Interesse, wie irgendwelche Gedanken entstehen, sondern wie sie sich in einer Weise entwickeln, die dem Gegenstand, der Aufgabe angemessen ist, die also der Orientierung dient. Psychische Entwicklung hat also immer auch den Aspekt, Aufgabenlösung zu sein, wobei die Aufgaben partiell oder vollständig gelöst werden können, richtig oder falsch. In jedem Fall muß sich die adäquate Lösung erst entwickeln. Denn die äußere, gesellschaftliche Umwelt ist dem Individuum nicht gegeben, sondern aufgegeben. Das Individuum steht vor der Aufgabe, sie sich anzueignen, und dies im Wechsel von Vergegenständlichung und Aneignung.

Für psychische Prozesse und Strukturen unter dem Aspekt der Handlung lassen sich die Kriterien noch relativ einfach bestimmen. Das Ziel ist die gedankliche Antizipation eines Handlungsergebnisses, die Ausführung der Handlung quasi ihr Verbindungsstück. Die Angemessenheit der Handlung und das Niveau ihrer Ausführung bemißt sich an der Übereinstimmung des tatsächlichen Handlungsresultats mit dem Ziel, die Adäquatheit des Ziels selber, als gedankliche Vorwegnahme des Handlungsresultats, mißt sich an den gegebenen Möglichkeiten seiner Realisierung. – Das Kriterium für die einzelne Handlung ist also das Niveau der Zielerreichung, das Kriterium für Handlungsstrukturen (Wissen, Fähigkeiten und Fertigkeiten) ist das Niveau der Kontrolle über die äußeren, gegenständlichen – materiellen wie ideellen – Lebensbedingungen. Es handelt sich hier also um ›Effizienzkriterien‹, wie sie in vielen Handlungstheorien angesprochen werden.

Für die Bestimmung der ›Ineffizienz‹ psychischer Störungen ist dies jedoch nicht hinreichend: die Vorbereitung und Durchführung eines Selbstmordes kann z. B. sehr effizient sein, ebenso verschiedenes Vermeidungsverhalten, Süchte etc. Vom Aspekt des Zielerreichens, d. h. als Handlungen, sind alle Störungen in gewisser Hinsicht effektiv. Sie dienen wirksam der Realisierung bestimmter Ziele.

Für die Bestimmung der Effizienz von Handlungen ist das Niveau der Aufgabenlösung entscheidend. Kriterium oder Maßstab ist also letztlich das Handlungsresultat, die in der Handlung erreichten Veränderungen am Objekt, am äußeren Handlungsgegenstand bzw. seiner gedanklichen Form. Die in der Handlung realisierten Veränderungen am handelnden Subjekt selber sind für die Bestimmung der Effizienz von Handlungen gleichgültig. Handlungen können effektiv sein und der eigenen Person ebenso schaden wie nützen, anderen Menschen schaden und nützen, für die Entwicklung gesellschaftlicher Prozesse ebenso schädlich sein wie auch nützlich.

Es ist also offensichtlich erforderlich, an die Handlungsziele selber Kriterien anzulegen, die Adäquatheit von Handlungszielen zu bestimmen.

Wie oben angedeutet wurde, existieren Ziele im menschlichen

Bewußtsein in doppelter Form: einmal als bewußte, d. h. subjektunabhängige Abbildung gegenständlicher Realität. Hier ist die Adäquatheit um so größer, je mehr von Subjektivem abstrahiert werden kann, je umfassender das gesellschaftliche Wissen individuell angeeignet wurde und angewendet werden kann. – Gleichzeitig existiert das Ziel aber auch in seiner Beziehung zum Tätigkeitsmotiv, in seiner Form als persönlicher Sinn. Der persönliche Sinn ist dabei nicht analog einer ›privaten Bedeutung oder Besetzung‹ zu verstehen, sondern bezieht sich auf die Bedeutung von Handlungszielen für mich als handelndes Subjekt. Diese Bedeutung mißt sich entsprechend daran, welche Veränderungen in und durch die Handlung an mir selber geschehen. Maßstab und relevantes Außenkriterium ist hier also das Subjekt selber, die Entwicklung des Subjekts durch die eigenen Handlungen. Adäquat sind unter diesem Aspekt Ziele also dann, wenn sie der Entwicklung des Subjekts dienen.

›Entwickelte Subjektivität‹ ist nicht gleichbedeutend mit Intellektualität. Sondern sie ist in dem Maße gegeben und in dem Maße entwickelt, wie der Mensch in der Lage ist, sich die eigene persönliche Entwicklung als Aufgabe zu stellen, sich selbst als Problem zu begreifen und selbst dafür die Verantwortung zu übernehmen, sich allmählich von passiven Erwartungen und Abhängigkeiten zu emanzipieren. Bewußte Subjektivität, wie sie hier verstanden wird, ist kein Prozeß privater Individuierung und Vereinzelung. Sie kann sich nur dann entfalten, wenn sich das Individuum der objektiven Logik der gegenständlichen Welt und der Entwicklungslogik gesellschaftlicher Prozesse unterordnet und diese für sich nutzt. Sie steht weiterhin in unmittelbarem Zusammenhang mit den gesellschaftlichen und sozialen Beziehungen, die das Subjekt eingeht. Für mich die Verantwortung zu übernehmen, heißt automatisch auch, dies beim anderen zu tolerieren und zu fördern, d. h., gegen Abhängigkeiten und Unterdrückung sein, heißt implizit oder explizit sich für die Herstellung gesellschaftlicher Verhältnisse einsetzen, die ›reif‹ genug sind, emanzipierte Subjekte verkraften zu können, für eine Gesellschaft, deren ökonomische Grundlagen und politische Strukturen durch die Emanzipation jedes einzelnen nicht gefährdet sind, sondern die im Gegenteil so beschaffen ist, daß die Entwicklung emanzipierter Subjekte zum Erfordernis, zur objektiv-gesellschaftlichen

Notwendigkeit wird.

Bisher sollte also betont werden, daß es zweierlei Kriterien und entsprechend Kompetenzen der psychischen Entwicklung gibt, die voneinander unterschieden werden müssen:

1. Effizienzkriterien, die sich auf Handlungsstrukturen, d. h. kognitive Kompetenzen, Fertigkeiten etc. beziehen. Maßstab ist hier das Niveau der Zielerreichung. Es ist ›abzulesen‹ an den Veränderungen der subjektunabhängigen Realität. Es geht hier maßgeblich um das Niveau der Umweltkontrolle.

2. Kriterien der Subjektivität, die sich auf die Tätigkeitsstrukturen und entsprechend auf die Motivstrukturen beziehen. Maßstab ist hier die Veränderung am Subjekt selbst, die Entwicklung hin zu bewußter Subjektivität. Es geht hier also nicht um Kontrolle der äußeren Realität, sondern um die Übernahme der Verantwortung für die eigene persönliche Höherentwicklung.

Im folgenden soll nun der Versuch gemacht werden, psychische Störungen innerhalb dieser Kompetenzbereiche zu lokalisieren und auch näher zu bestimmen.

2.3. *Psychische Störungen als Dimension der psychischen Widerspiegelung*

Oberflächlich gesehen erscheint jede psychische Störung zunächst als Handlungsdefizit – entweder als Unfähigkeit, bestimmte Handlungen auszuführen oder umgekehrt als Unfähigkeit, auf bestimmte Handlungen zu verzichten. Dennoch läßt sich die Störung nicht als Handlungsdefizit oder Handlungsinkompetenz erklären, da die erforderlichen Handlungskompetenzen vollständig ausgebildet sind. Um z. B. nicht mehr zu rauchen, zu trinken, um sich nicht mehr laufend die Hände zu waschen, sind überhaupt keine Fähigkeiten erforderlich. Ebenso ist anzunehmen, daß ein Klaustrophobiker über die erforderlichen Fähigkeiten verfügt, die notwendig sind, um U-Bahn zu fahren, Fahrstühle zu benutzen etc. Die kognitiven oder Handlungskompetenzen für die Aufgabenlösung sind entsprechend da, aber sie nützen offensichtlich nichts. Die Problematik psychischer Störungen, die Lokalisation des hier relevanten und typischen Widerspruchs zwischen Individuum und Gesellschaft, kann sich also nicht primär und vorrangig auf den Prozeß der Aufgabenlösung beziehen.

Wo liegt dann das Problem, wo ist es innerhalb des Prozesses der psychischen Widerspiegelung anzusiedeln, zu lokalisieren? Offensichtlich muß die Problematik der Aufgabenlösung vorgeschaltet sein, d. h. die Übernahme der Aufgabe mit der einhergehenden Bestimmung des Ziels betreffen.

Jede Aufgabe oder jedes Problem hat mehrere Dimensionen. Zunächst hat jede Aufgabe den Charakter eines äußeren Widerspruchs in der Form einer Aufgabe, die an mich gestellt wird, z. B. die, Schularbeiten zu machen. Damit jedoch eine Aufgabe ›an sich‹ zur Aufgabe ›für mich‹ wird, damit ich an deren Lösung herangehe, muß ich sie übernehmen. Ich muß sie in mein Tätigkeitssystem integrieren, sie muß für mich persönlich bedeutsam sein. Vor den Prozeß der Aufgabenlösung ist also ein Prozeß geschaltet, der zunächst die subjektive Übernahme der Aufgabe beinhaltet, d. h. die ›persönliche Aufgabenstellung‹. Erst wenn die Aufgabe oder Anforderung ›an sich‹ zur Aufgabe ›für mich‹ wird, verwandelt sich der äußere Widerspruch zu einem inneren Widerspruch, und es entsteht ein Handlungsdruck bzw. ein Impuls, an die Lösung der Aufgabe heranzugehen. Oder anders gesagt: Ich leide nur dann an bestimmten Inkompetenzen, wenn dieser innere Widerspruch da ist. Z. B. die Unfähigkeit, chinesisch zu sprechen, Ski zu fahren etc. läßt mich dann nicht leiden, wenn ich diese Kompetenzen nicht für die Bewältigung meines Alltags brauche und wenn ich sie auch nicht für mich brauche. Ich kann solche Anforderungen und äußeren Widersprüche als für mich bedeutungslos zur Seite legen. Sie werden nicht zu inneren Widersprüchen und versetzen mich nicht in einen Handlungsdruck.

Bei psychischen Störungen gelingt nun weder das eine noch das andere: weder kann sich der Betroffene der Forderung entziehen, z. B. Fahrstuhl zu fahren, noch kann er der Forderung nachkommen, obgleich die erforderlichen kognitiven Kompetenzen und Fertigkeiten voll ausgebildet sind. Es muß also angenommen werden, daß die vollständige Übernahme der Aufgabe durch das betroffene Subjekt unmöglich ist, und dies weder deshalb, weil die Aufgabe persönlich bedeutungslos wäre – dann könnte man sie wegpacken –, noch deshalb, weil die Aufgabenlösung die Handlungskompetenzen überschreiten würde, wie z. B. Skispringen lernen. Wenn weder der eine noch der andere Grund für die Unfähigkeit, die Aufgabe zu übernehmen, zutrifft, dann bleibt nur übrig: die Aufgabe mit ihrem entsprechenden Handlungsziel ›paßt‹ nicht in die Tätigkeitsstrukturen des Betroffenen. Sie ist mit dessen Motivstrukturen unvereinbar. Da die Übernahme der Aufgabe aber dennoch auch nicht als für mich bedeutungslos beiseitegelegt werden kann – oder falls das nicht gelingt –, kann der Widerspruch nicht gelöst bzw. reduziert werden. Eine solche Reduktion gelingt erst über das Symptom. Durch die Produktion von Symptomen wird ein Gleichgewicht zwischen Individuum und gesellschaftlicher Umwelt hergestellt – allerdings ein ›Gleichgewicht unter pathologischen Bedingungen‹. Psychische Störungen wären somit eine besondere Form von Problem-Lösung oder Aufgabenbewältigung. Ihre besondere Charakteristik besteht darin, daß durch die Herstellung von Symptomen das Problem verdeckt bleibt. Es handelt sich um eine Problemlösung ›am falschen Gegenstand‹, um eine inadäquate und nur scheinbare Problemlösung, weil das Problem bestehen bleibt. Das Symptom dient vor allem dazu, die direkte Auseinandersetzung mit dem Problem zu verhindern.

Charakteristisch für psychische Störungen ist ja die Unfähigkeit, bestimmte Erfahrungen zu machen bzw. bereits einen Schritt vorher, in bestimmten Bereichen des Lebensprozesses, aus Erfahrungen zu lernen, bestimmte Erfahrungen in die bestehenden inneren psychischen Strukturen zu integrieren. Z. B. setzen sich Phobiker in der Regel häufiger zwangsweise den kritischen Situationen aus, sie gehen auf die Straße, fahren mit U-Bahnen, und es passiert ihnen dabei in der Regel nichts Schreckliches. Dennoch bleibt die Phobie bestehen. Durch die Produktion des Symptoms, nämlich der Angst, blockieren sie sich selber, aus Erfahrung zu lernen, d. h. sie hindern sich selber daran, die Erfahrung zu machen, daß solche Situationen für sie gefahrenlos sind.

Das Symptom hat also den Stellenwert einer ›Lernblockierung‹, die jedoch für die Orientierung des Betroffenen in seinem individuellen Lebensprozeß mit den entsprechenden Anforderungen des Alltags solange notwendig ist, wie das zugrundeliegende Problem nicht gelöst ist. Das Symptom dient der Orientierung besonders dadurch, daß es vom Problem ablenkt und dieses verdeckt.

Symptome betreffen das Wechselverhältnis zwischen Individuum und Gesellschaft auf der Ebene von Handlungen. Mit der symptomatischen Handlung realisiert das Subjekt bestimmte Beziehungen zur gegenständlichen Umwelt oder aber zu anderen Menschen (die ja auch Handlungsziel sein können). Entsprechend sind auch die Ziele von symptomatischen Handlungen bewußt: ein Phobiker weiß z. B., daß er Menschen aus dem Wege gehen will, daß er Situationen meidet, in denen er angestarrt werden könnte, ebenso bewußt kauft der Alkoholiker sich jeden Tag seinen Schnaps, der Raucher die Zigaretten, und ebenso bewußt erfolgt der Ablauf diverser Zwangshandlungen. Das ›Problem‹ dagegen betrifft die psychische Widerspiegelung, das Verhältnis zwischen Individuum und Gesellschaft, auf der Ebene von Tätigkeitsstrukturen. Es bezieht sich also darauf, was ich in den Handlungen für mich selber mache, was sie mir bedeuten und wie ich mich darüber auch zu anderen Menschen und zum gesellschaftlichen Lebensprozeß in Beziehung setze.

Während Handlungsziele bewußt sein müssen, damit die Handlung erfolgen kann, brauchen die Motive der Tätigkeit nicht bewußt zu sein. Bezogen auf kommunikatives Handeln ist die Tätigkeitsebene das, was die Kommunikationstheorie mit ›Beziehungsaspekt‹ beschreibt. Angenommen, die ›persönliche Logik‹ aller meiner Handlungen und Kommunikation ist die, immer recht zu behalten. Dies wäre dann ein dominierendes Motiv, meinen individuellen Lebensprozeß so und so zu organisieren. Auf der Ebene von Handlungen ist eine beliebige Vielfalt denkbar. Wichtig ist, daß ich alle Probleme und Aufgaben, alle Auseinandersetzungen so zu organisieren versuche, daß unterm Strich für mich das gewünschte bzw. notwendige Ergebnis herauskommt, nämlich im Recht zu sein. An diesem Beispiel zeigt sich, daß das Motiv zwar bewußtgemacht werden kann, daß dies aber nicht so einfach ist. Es ist nun anzunehmen, daß ein solcher Mensch, der immer recht behält, immerzu auch mit Situationen konfrontiert wird, in denen dies zunehmend schwieriger wird, in denen er eigentlich die Erfahrung machen müßte, daß er unrecht hat, sich geirrt hat etc. Die Konfrontation mit solchen Situationen kann nun zu zwei verschiedenen Ergebnissen führen: entweder werden die neuen Erfahrungen integriert und es wird damit auch die dominierende Motivstruktur verändert, d. h. alltagssprachlich: der Mensch ändert sich – oder aber er muß ›produktiv‹ werden, ›sich etwas einfallen lassen‹, etwas tun, um diese Erfahrungen weiterhin von sich fernzuhalten. Er muß ein Symptom oder ein Spektrum von Symptomen entwickeln – beispielsweise nicht mehr richtig zuhören, durch das Nicht-Hören bereits die Argumente des anderen entkräften, dem anderen den Stiefel zuschieben (der will ja nur recht haben), oder aber Verleugnen und Verkennen (das hab ich ja gemeint, das hab ich ja schon immer gesagt), sich zunehmend isolieren und zurückziehen von anderen Menschen.

Es ist anzunehmen, daß Störungen in solchen Krisen entstehen und über die Produktion von Symptomen manifest werden. Eine ›Krise‹ wäre damit eine Situation, in der der Betroffene bestimmten Erfahrungen, die mit seiner Motivstruktur nicht vereinbar sind, nicht mehr ausweichen kann. Aus solchen Krisen sind zwei Auswege denkbar: die Lösung über eine Veränderung der Motivstruktur, d. h. über eine Entwicklung der Persönlichkeit, und die Lösung über die Produktion von Symptomen. Symptome haben also letztlich die Funktion, bestimmte Erfahrungen über sich selber, über die eigene Person in ihren Beziehungen zur gesellschaftlichen Umwelt, abzuwehren.

In solchen Krisen werden psychische Störungen jedoch nur manifest und sichtbar. Vorbereitet werden sie in der Sozialisation, und hier maßgeblich durch Prozesse, die es dem einzelnen Subjekt erschweren und es hindern, sich selbst zu reflektieren, sich Motive bewußt vergegenwärtigen zu können und die eigene Person als Gegenstand von Entwicklungsbemühungen begreifen zu können.

Für die Analyse pathogener gesellschaftlicher Aneignungsbedingungen und Anforderungsstrukturen heißt das vor allem: es erscheint relativ aussichtslos, die Entwicklungsbedingungen für psychische Störungen über das Finden ›sozialer Noxen‹ begreifen zu können. In einem ersten Schritt muß es vielmehr darum gehen, die gesellschaftlichen Aneignungbedingungen hinsichtlich ihrer Implikationen für die Persönlichkeitsentwicklung zu analysieren. Denn erst auf dieser Grundlage kann eine pathologische oder symptomatische Verarbeitung von Konflikten und Belastungen begriffen werden. Ihr Stellenwert als Orientierungskrise ist kein immanentes Kennzeichen der Belastung selber, sondern entsteht über die Bedeutung der entsprechenden Krise für die Persönlichkeit.

Ein Prototyp inadäquater Anforderungsstrukturen ist in der Situation der Doppelbindung beschrieben. Sie ist eine Konstellation, in der das Kind auf einer probleminadäquaten Ebene mit Forderungen konfrontiert wird und die es – sofern sie dominierend ist – dem Kind unmöglich macht, sich selbst in der Auseinandersetzung mit der gesellschaftlichen Realität kennenzulernen und zu bestimmen.

Dem Kind wird in einer solchen Beziehung z. B. nicht gesagt: ›laß mich in Ruhe, ich bin müde und möchte ausspannen‹, sondern es wird ihm gesagt: ›du bist doch schon groß genug, um dich alleine zu beschäftigen‹. Es wird ihm nicht gesagt: ›ich brauche dich immer als kleines und abhängiges Kind‹, sondern: ›du bist doch viel zu klein und hilflos, um ohne mich auskommen zu können‹. Daß heißt Forderungen, die die Erziehungspersonen um ihrer selbst willen an die Kinder herantragen, werden nicht als solche vermittelt, sondern entweder als vermeintliche Sachnotwendigkeiten oder aber als Notwendigkeiten, die sich scheinbar aus der Struktur des jeweiligen Beziehungspartners ergeben. Dadurch wird das Kind unfähig gemacht, sich bewußt, d. h. den aktuellen persönlichen Interessen folgend, zu artikulieren, solche Wünsche an andere Menschen zu äußern, um dann festzustellen, ob dieser Wunsch mit den aktuellen Interessen des Beziehungspartners vereinbar ist und – falls dies nicht der Fall ist – sich auf dieser Ebene mit dem Problem auseinanderzusetzen. Angenommen, ein Kind hat den Wunsch, mit seiner Mutter zu spielen. Es will also mit seiner Mutter eine bestimmte Beziehung eingehen und bringt dies entsprechend zum Ausdruck. Wenn die Mutter nun in der beschriebenen Form darauf reagiert und sagt, ›du bist doch schon ein großer Junge und kannst alleine spielen‹, dann verleugnet sie sich als relevantes Bedürfnisobjekt und nimmt sich damit aus der Problemkonstellation heraus. In dieser Situation wird also ein Problem, das zwischen Kind und Mutter besteht, umdefiniert zu einem Problem, das alleine das Kind betrifft. Da aber – dies angenommen – faktisch das Kind mit der Mutter spielen will und nicht groß genug sein will, um alleine zu spielen, wird durch die Intervention der Mutter, die ja in dieser

Konstellation über die größeren Machtmittel verfügt, das Problem auf eine Ebene transportiert, die nicht der Ebene entspricht, auf der sich das Problem für das Kind stellt. Die so entstehenden Konflikte lernt das Kind entsprechend nicht mit seiner Mutter auszutragen, sondern es muß sie mit sich selbst verhandeln, d. h. am falschen Objekt. Sofern es sich hierbei um eine bestimmte Struktur in der Beziehung zwischen Mutter und Kind handelt, führt dies beim Kind zu der Unfähigkeit, die eigenen Wünsche zu reflektieren und sie sich zunächst einzugestehen, um dann in einem zweiten Schritt zu überprüfen, ob die eigenen Wünsche mit den aktuellen Interessen seiner Beziehungspartner vereinbar sind, und sie damit den Bedingungen der Realität anzupassen. Denn die Möglichkeit, sich mit dem Problem auseinanderzusetzen, daß ich zwar mit meiner Mutter spielen will, diese jedoch im Moment ihre Ruhe haben will, ist durch die Verlagerung des Problems nicht gegeben. Das Kind kann damit nicht die Erfahrung machen, daß es bestimmte aktuelle Bedürfnisse haben kann, sich diese auch eingestehen kann und sie auch äußern kann, selbst wenn das Risiko gegeben ist, daß in der augenblicklichen Situation der Beziehungspartner diesen Wünschen nicht nachkommen will.

Mit der Situation der Doppelbindung wird also ein wesentliches Kennzeichen ›pathogener Aneignungsbedingungen‹ erfaßt: das Kind bleibt vom Aspekt der Persönlichkeitsentwicklung her gesehen unselbständig und abhängig, es lernt nicht, die eigenen Wünsche und Ängste zu sehen und sie direkt, d. h. am Gegenstand des Problems, zu überprüfen. Im Gegenteil: eine solche Selbstreflexion wird tabuisiert.

Allgemeinste materielle Grundlage pathogener Aneignungsbedingungen dürfte dabei sein, daß für den Bestand kapitalistischer Verhältnisse die entwickelte Subjektivität ihrer Mitglieder nicht erforderlich ist. Gefährdend ist sie besonders dann, wenn Angehörige der Arbeiterklasse sie entwickeln. Dies läßt sich an den Erfordernissen des kapitalistischen Arbeitsprozesses demonstrieren: Typisch besonders für die Situation des Lohnarbeiters ist die Trennung von Arbeit und Persönlichkeit. Nicht die Persönlichkeit des Arbeiters ist gefragt, sein Urteil, seine Einstellung, sondern seine Arbeitsleistung, die Verrichtung bestimmter Handlungen, die tendenziell auch von Maschinen übernommen werden können. Wenn er die entsprechenden Fertigkeiten und Fähigkeiten ausgebildet hat, was in der Regel schnell geschehen kann, dann muß er sie im weiteren nur noch anwenden. Er gibt also etwas von sich, immer dasselbe, ohne in diesem Prozeß auch für sich etwas zu gewinnen, nämlich ein höheres Maß an Geschick und Fertigkeiten, an Kenntnissen und Wissen. Der Anspruch, für die Entwicklung der eigenen Persönlichkeit etwas zu tun, ist mit den Erfordernissen des kapitalistischen Arbeitsprozesses in keiner Weise vereinbar.

2.4. *Die Entwicklung zum Patienten*

Nach der bisherigen Bestimmung ließen sich psychische Störungen im Sinne einer objektiv-realen Beeinträchtigung des Individuums folgendermaßen definieren: Psychisch gestört ist eine Person in den Anteilen, in denen sie unfähig ist, aus Erfahrung zu lernen, in denen sie über die Herstellung symptomatischer Strukturen verhindert, die eigene persönliche Problematik zu sehen und entsprechend zu verändern. Nur über die Tätigkeitsstruktur der Persönlichkeit kann es verständlich werden, daß Konflikte und Belastungssituationen eine psychopathologische Bedeutung bekommen. Denn Konflikte und Anforderungen sind schlechthin eine Entwicklungsbedingung der Persönlichkeit. Im Hinblick auf psychische Störungen werden sie also nur insofern bedeutsam, als sie für das jeweilige Subjekt den Stellenwert von Orientierungskrisen einnehmen. Das Symptom ist dabei eine mögliche Form der Bewältigung von Orientierungskrisen.

Mit der Existenz symptomatischer Persönlichkeitsanteile ist jedoch noch nichts über den Stellenwert des Symptoms für den individuell-gesellschaftlichen Lebensprozeß ausgesagt. Denn es ist offensichtlich ein Unterschied, ob ich nach einer Trennung mit schweren Depressionen, d. h. mit einer totalen Handlungsunfähigkeit die Erfahrung zu verhindern suche, auch alleine lebensfähig zu sein, ob ich z. B. eine symptomatische Partnerwahl eingehe, mich so beispielsweise für eine Frau entscheide, die meinen sexuellen Schwierigkeiten entgegenkommt, oder aber, ob ich mich durch eine Ehe vor der Erfahrung schütze, dieser und jener Anforderung im Studium nicht in der gewünschten Weise gewachsen zu sein.

Symptome müssen also differenziert werden – und zwar *zunächst* hinsichtlich ihres Stellenwerts im individuell-gesellschaftlichen Lebensprozeß. Es spricht nichts dagegen, hierfür die Kategorie ›krank‹ zu benutzen. Denn auch für den Bereich somatischer Krankheiten ist die besondere Qualität des Krankhaften eine soziale Dimension. Sie kennzeichnet nicht besondere Merkmale oder die Beschaffenheit isolierter Organe. Nicht die Leber beispielsweise ist krank, sondern sie ist in ihrer Funktion *verändert.* Krank ist das ›ganze Individuum‹ hinsichtlich seiner besonderen Stellung im gesellschaftlichen Lebensprozeß und bezogen auf die Unfähigkeit, bestimmten objektiven Anforderungen nachzukommen.

Ähnliches läßt sich über psychische Störungen, über Symptome sagen: Die Qualität des Krankhaften ist nie eine immanente Dimension des Symptoms selber, sondern sie ist eine Dimension der Wechselbeziehung zwischen Individuum und Gesellschaft, sie ist abhängig von den ganz konkreten Anforderungsstrukturen. Identische Symptome können also hier krankhaft sein und dort nicht. Die Impotenz eines Priesters wäre so z. B. zwar eine psychische Beeinträchtigung, aber keine Krankheit, da er nicht der Forderung nachkommen muß, eine Ehe einzugehen und Kinder zu kriegen. Die Dimension der Krankheit haben psychische Symptome also erst dann, wenn sie ein bestimmendes Moment der Beeinträchtigung des individuell-gesellschaftlichen Lebensprozesses werden.

Die Kategorie ›krank‹ ist jedoch nicht nur eine objektiv-reale Qualität des Verhältnisses zwischen Individuum und Gesellschaft. Sie ist auch Bestandteil des gesellschaftlichen Bewußtseins und somit abhängig von gesellschaftlichen Normen und vom Stand der Wissenschaft, die ihrerseits die Produktionsverhältnisse widerspiegeln. Um ein Beispiel zu nennen: Die Frigidität von Frauen ist immer eine Beeinträchtigung. Dennoch sind frigide Frauen nicht notwendig psychisch krank, da sie trotz des Symptoms die an sie gestellten Anforderungen erfüllen können, z. B. sich dem Mann als Sexualpartner zur Verfügung stellen und Kinder gebären können. Die gesellschaftliche Wertung des Symptoms als krank ist schließlich abhängig von den je gültigen Vorstellungen über weibliche Sexualität. In die gesellschaftliche Definition bestimmter Symptome als krank gehen also verschiedene Parameter ein, die sich wechselseitig bedingen: 1. die soziale Erwünschtheit des Symptoms, die wiederum abhängig ist von ökonomischen und politischen Herrschaftsinteressen, 2. die Entwicklung wissenschaftlicher Theorie und Praxis und 3. ideologische Aspekte des herrschenden Krankheitsbegriffes allgemein sowie die materielle Verankerung der Krankenrolle im System gesellschaftlicher Beziehungen (z. B. krank als minderwertig und sündig, oder krank als gesellschaftliche Stellung, die professionelle Hilfe zusichert, etc.).

Mit der Differenzierung von psychischen Symptomen in solche, die die objektiv-gesellschaftliche Bestimmung und/oder die normative Wertung als Krankheiten haben, ist jedoch noch nicht automatisch die subjektive Übernahme der Krankenrolle erfaßt. Sie muß als zusätzliche Dimension in der Konstitution des Patienten berücksichtigt werden. Ich kann also objektiv krank sein und/oder so von meinen Mitmenschen beurteilt werden, ohne daß dies auch Bestandteil meines individuellen Bewußtseins wird und zu einer entsprechenden Selbstdefinition führt. Es ist offensichtlich, daß die subjektive Bereitschaft, die eigene Beeinträchtigung als krank zu definieren, von weiteren, ebenfalls gesellschaftlich vermittelten, Prozessen abhängt: Wesentlich dürfte hier zum einen der Leidensdruck sein, der über das Symptom hergestellt wird. Zum anderen ist sicherlich auch die Perspektive einer ›konkreten Alternative‹ hier von großer Bedeutung. Ob sich eine solche Perspektive dem Individuum zeigt, ist nicht primär oder allein von subjektiven Bedingungen abhängig wie beispielsweise vom Wissensstand, der eigenen privaten Krankheitstheorie, bestimmten Einstellungen und Vorurteilen. Die subjektive Seite muß vielmehr als Reflex objektiver Entwicklungsmöglichkeiten begriffen werden, die sicherlich in vieler Hinsicht schichtenspezifisch bestimmt sind. Solange ich objektiv so gut wie keine Aussichten habe, ein Problem loszuwerden, wird auch meine Bereitschaft, das als Mangel zu sehen und als krank zu definieren, geringer sein. Die Genügsamkeit, wie sie sich in der Normalitätsauffassung und der Devianz-Toleranz unterer sozialer Schichten zeigt, hat somit auch die Funktion eines Selbstschutzes, da eine erhöhte Sensibilisierung für eigenes Leiden nur den Druck verstärken würde.

Die subjektive Übernahme der Krankenrolle ist jedoch nicht ausschließlich das Ergebnis einer Selbstdefinition. Viel häufiger scheint es zu sein, daß diese Definition dem Individuum von seiner Umwelt angeboten oder aufgezwungen wird. Entscheidend für die subjektive Übernahme dieses Definitionsangebotes dürfte die faktische Intention desselben sein. Extreme Intentionen wären die der Hilfe und Entlastung auf der einen Seite und die der Diskriminierung und Ausgrenzung auf der anderen. Diese Intentionen scheinen auch in hohem Maße schichtenspezifisch zu variieren. Sie sind jedoch nicht willkürlich oder primär von Wertvorstellungen abhängig, sondern weitgehend auch davon, wie die unmittelbare Umwelt des Betroffenen faktisch durch dessen Beeinträchtigung berührt wird.

Zusammenfassend scheint die Annahme sinnvoll, daß es für unsere gesellschaftlichen Verhältnisse verschiedene Krankenrollen gibt. Extreme Pole könnten sein: Krankheit als sozialer Status, der Entlastung und Zuwendung, Verständnis und Hilfe impliziert; und auf der anderen Seite als sozialer Status, der für den Betroffenen Diskriminierung und Ausgrenzung bedeutet. Der Zugang zu dem einen oder anderen gesellschaftlichen Status im Fall der Erkrankung dürfte weitgehend von schichtenspezifischen Bedingungen abhängen.

Mit dem Selbstverständnis, krank zu sein, wie immer es erreicht wurde und welche sozialen Implikationen dies hat, ist der Schritt zum konkreten Patienten noch immer nicht vollzogen. Ein Patient zu werden, ist nur eine der möglichen Konsequenzen. Sie ist gekennzeichnet durch die Inanspruchnahme eines bestimmten Spektrums öffentlicher und professioneller Dienstleistungen: nämlich medizinischer, psychiatrischer und psychologischer. Mit diesen institutionellen Festschreibungen ist der Status des Patienten objektiv vorgegeben, er existiert also unabhängig davon, daß er von einzelnen Individuen eingenommen wird. Die Übernahme der Patientenrolle ist also keine automatische Folge der Erkrankung und der entsprechenden Selbstdefinition. Andere mögliche Konsequenzen sind: sich in der Krankheit einrichten, die Inanspruchnahme privater Unterstützung z. B. durch die Familie, die freiwillige oder zwangsweise Inanspruchnahme anderer öffentlicher Institutionen, oder aber verschiedene Formen der Selbsthilfe, sei dies temporär in Form von Medikamenten oder Alkohol oder aber in Form des Selbstmordes.

Die subjektive Bereitschaft und die objektiven Möglichkeiten, den Patientenstatus zu übernehmen, müssen nun ihrerseits in ihrer Abhängigkeit von subjektiven und objektiven Bedingungen gesehen werden, die mit dem konkreten gesellschaftlichen Standort des Individuums zusammenhängen. So kann die Übernahme des Patientenstatus hier die Bedeutung haben, daß ich in meiner Beeinträchtigung ernstgenommen und akzeptiert werde, dort jedoch die Folge, daß mein Partner mich verläßt, die Nachbarn mich schneiden und mein Arbeitsplatz mir verlorengeht. Eine weitere soziale Einflußgröße ist das objektiv zugängliche Therapieangebot, die entsprechenden Kenntnisse darüber, eigene Einstellungen und Vorurteile. Die Analyse der entsprechenden Literatur erlaubt die Schlußfolgerung, daß diese Prozesse in hohem Maße, ähnlich wie die der Übernahme der Krankenrolle, abhängig sind von der konkreten Stellung des Individuums innerhalb des Systems der gesellschaftlichen Beziehungen und der materiellen Produktion. Für Angehörige der unteren sozialen Schichten scheint die Übernahme der Patientenrolle erst dann zu erfolgen, wenn alle Stricke gerissen sind. Sie ist oft der letzte Ausweg aus dem Elend und geschieht meist auch zwangsweise. Für Angehörige der oberen sozialen Schichten geschieht diese Übernahme oft freiwillig, relativ frühzeitig und mit der Perspektive einer Rückkehr zum gewohnten Alltag bzw. der eines glücklicheren Lebens.

Auch hier scheint die Annahme plausibel, daß es verschiedene Patientenrollen gibt und daß der Zugang des einzelnen zu diesen Rollen weitgehend abhängig von der sozialen Stellung des Betroffenen ist. Als Extreme könnte man sehen: einmal die Rolle des Patienten, um den man sich therapeutisch bemüht, für den dieser Status die offizielle Legitimation seiner geringeren Belastbarkeit ist, das andere Mal der Patient als Verwahrungsobjekt, vor dem die Gesellschaft geschützt werden muß. Im ersten Fall wäre so die Übernahme des Patientenstatus ein wesentlicher Schritt für die Rückkehr in den Alltag. Sie wäre entsprechend ein Übergangsstadium. Das andere Mal würde der Status des Patienten zu einer neuen Lebensform.

Mit diesen Ausführungen sollte angedeutet werden, daß Patienten weder allein und mechanisch durch Rollenzuschreibung entstehen, noch das lineare und automatische Resultat der psychischen Störung sind. Vielmehr sind beide Prozesse beteiligt und stehen ihrerseits in vielfältiger Form zu gesellschaftlichen Prozessen in Beziehung. Es sollte weiterhin gezeigt werden, daß es in keiner Etappe der Entwicklung zum Patienten lineare Kausalitäten gibt, daß es vielmehr darauf ankommt, die jeweils entscheidenden Wechselwirkungen zwischen Individuum und konkreter gesellschaftlicher Umwelt zu untersuchen. Schließlich sollten noch Argumente dafür vorgebracht werden, daß es nicht sinnvoll ist, psychische Störungen uniform d. h. ontologisch zu bestimmen, ebensowenig wie die Annahme sinnvoll erscheint, daß es innerhalb unserer Gesellschaft nur *eine* Krankenrolle und nur *eine* Patientenrolle gibt.

3. Probleme der Vermittlung von Individualebene und epidemiologischer Aggregatebene

Im folgenden sollen nun einige Konsequenzen genannt werden, die sich aus der oben getroffenen Differenzierung zwischen psychischen Störungen und Patienten für die empirische und theoretische Erfassung des Zusammenhangs ›psychische Störungen und Gesellschaft‹ ergeben.

3.1. *Implikationen für die theoretische Analyse des Zusammenhangs zwischen psychischen Störungen und gesellschaftlichen Bedingungen*

Es wurde bereits oben öfters betont, daß psychische Störungen nicht als Appendix von Personen begriffen werden können, als Merkmal, das Personen anhaftet, aber ohne sie funktioniert. Vielmehr handelt es sich bei psychischen Störungen um eine Bewegungsform des Subjekts im konkreten gesellschaftlichen Alltag, um eine Bewegungsform, die unter bestimmten Bedingungen entsteht und für die Orientierung unter diesen Bedingungen auch notwendig wird. In dieser Hinsicht ist die Analyse psychischer Störungen bis hin zur Konstitution des Patienten Gegenstand der Psychologie. Gleichzeitig ist jedoch das konkrete Subjekt niemals in seiner Einmaligkeit und Individualität wissenschaftlich begreifbar. Die wissenschaftliche Analyse muß im Individuellen das Besondere, Allgemeine und Wesentliche sehen. Das gilt für die Psychologie ebenso wie für die Soziologie.

Die Psychologie untersucht dabei, wie und wodurch sich das

Individuum durch seine Tätigkeit in der konkreten Umwelt orientiert, wie es sich darüber entwickelt. Wesentlich ist hier die Analyse des Individuums als Subjekt der eigenen Entwicklung. Ziel ist die Analyse und Herstellung optimaler Entwicklungsbedingungen.

Die Soziologie untersucht das Individuum als Träger gesellschaftlicher Gesetze, als Subjekt gesellschaftlicher Bewegungsformen und Entwicklungsprozesse. In dieser Hinsicht ist das Individuum ›Individualitätsform‹ (Sève 1972). Individualitätsformen lassen sich jedoch nicht beschränken auf ›ökonomische Charaktermasken‹ wie die des Lohnarbeiters oder des Kapitalisten. Ebensowenig ist ein konkretes Individuum ausschließlich bestimmt durch die Zugehörigkeit zu nur einer Individualitätsform. Die konkrete gesellschaftliche Stellung kann so beispielsweise dadurch bestimmt sein, daß ich Frau bin, Arbeiterin und psychiatrische Patientin. Die Analyse von Individualitätsformen hat im Unterschied zur psychologischen Analyse zu zeigen, welche gesellschaftlichen Gesetze durch diese realisiert werden. Es geht hier also um die Bewegungsformen von Individuen mit dem Ziel, Aussagen über gesellschaftliche Entwicklungsgesetze zu machen.

Für die hier zur Debatte stehenden Probleme des Zusammenhangs zwischen psychischen Störungen und gesellschaftlichen Bedingungen ergeben sich daraus Beziehungen, die zunächst durch eine Skizze verdeutlicht und systematisiert werden sollen.

Mit der Skizze auf der folgenden Seite sollen folgende Aspekte betont werden:

1. Psychische Störungen gehen in unterschiedliche objektive Realzusammenhänge ein und werden dabei durch je verschiedene Gesetzmäßigkeiten bestimmt. Sie sind zum einen eine Dimension des individuellen Lebensprozesses und darin auch Gegenstand einer psychologischen Analyse. Weiterhin sind sie eine Dimension gesellschaftlicher Individualitätsformen, normativ umschriebener und institutionell verankerter Funktionsbestimmungen. In dieser Hinsicht sind sie Gegenstand soziologischer Analysen.

Zuletzt sind sie auch eine Dimension des gesellschaftlichen Überbaus, d. h. sie haben eine Realität als wissenschaftliche

psychologische Ebene

Orientierung und Entwicklung des konkreten Individuums

soziologische Ebene

Individuum als Individualitätsform, als Träger gesellschaftlicher Verhältnisse

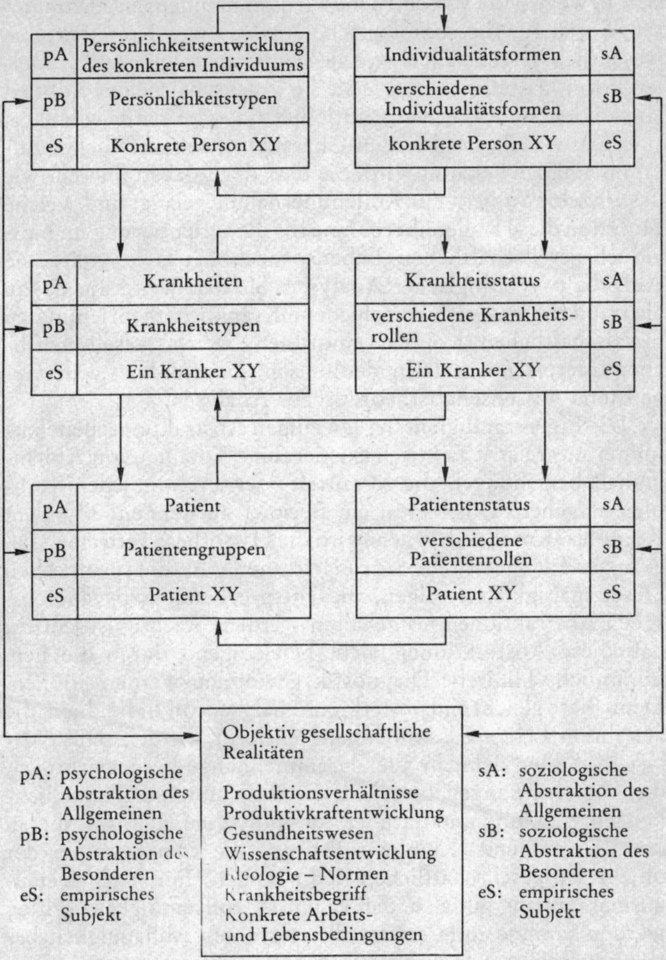

pA: psychologische Abstraktion des Allgemeinen
pB: psychologische Abstraktion des Besonderen
eS: empirisches Subjekt

sA: soziologische Abstraktion des Allgemeinen
sB: soziologische Abstraktion des Besonderen
eS: empirisches Subjekt

Kategorie, als diagnostische Handlungsanweisung, als Bestandteil des gesellschaftlichen Bewußtseins.

2. Auf jeder dieser Ebenen sind unterschiedliche gesetzmäßige Zusammenhänge wesentlich. Die Analyse psychischer Störungen darf also, je nachdem auf welcher Abstraktionsebene man sich bewegt, von verschiedenen Zusammenhängen abstrahieren. So ist für die soziologische Analyse von Krankenrollen wesentlich, festzustellen, wie sie sich in einer außerindividuellen Form kristallisieren, wie sie im gesellschaftlichen Kontext entstanden sind, darin institutionell und normativ verankert sind und was darin über den Charakter gesellschaftlicher Zusammenhänge bekannt wird. Sie darf davon abstrahieren, wie das einzelne Subjekt zur Rollenübernahme gelangt und welche Funktion diese Rollenübernahme für die Orientierung im individuell-gesellschaftlichen Lebensprozeß hat. Dies wäre die Aufgabe psychologischer Analysen. Sie darf weiterhin davon abstrahieren, wie sich verschiedene Krankheitstheorien in den gesellschaftlichen Kontext einordnen, welche gesellschaftlichen Interessen sich darin ideologisch spiegeln. Dies wäre Gegenstand wissenschaftstheoretischer Analysen.

3. Die Eigenständigkeit der jeweiligen Abstraktionsebenen ist immer nur relativ. Faktisch existiert eine Totalität von Abhängigkeitsbeziehungen, die vermittelt oder direkt in jeden Komplex eingehen. Um hierzu ein Beispiel zu nennen: Mit dem Komplex ›Krankheitstypen‹ wird die Hypothese vertreten, daß es in der Tat spezifische Störungsformen gibt, die spezifischen Gesetzmäßigkeiten folgen, die entsprechend in psychologischen Abstraktionen festgehalten werden. Wichtig ist jedoch, daß diese Abstraktionen nicht befriedigend durch die herkömmliche klinische Diagnostik gewonnen werden können. Denn diese gleicht einer ›Merkmalsanalyse‹ von Individuen, die aus ihrem Lebenszusammenhang entfernt wurden. Die Analyse muß hier vielmehr alle Zusammenhänge berücksichtigen, die im Schema angedeutet sind: die Beziehung zur Persönlichkeitsentwicklung und darüber zur Individualitätsform, die zu den verschiedenen Krankenrollen und die zum Komplex der objektiven gesellschaftlichen Bedingungen. Für jeden Detailzusammenhang gilt also, daß er um so vollständiger begriffen werden kann, je umfassender alle relevanten Abhängigkeitsbeziehungen in seiner Analyse berücksichtigt werden.

4. Für die Zusammenhänge auf allen Ebenen trifft zu, daß es sich nicht um Kausalitäten handelt, um lineare Abhängigkeiten oder Ursache-Wirkungs-Beziehungen. Es geht immer um Wechselbeziehungen. Allerdings ist es für die konkrete Analyse erforderlich, bestimmende Seiten in diesen Wechselbeziehungen von zufälligen oder unwesentlichen zu unterscheiden. Der Zusammenhang zwischen ›Schizophrenie-Theorie‹ auf der einen und der ›Entwicklung konkreter Individuen, die sich dadurch auszeichnen, daß sie sozial isolierte Außenseiter sind und einer relativ privaten Ideenwelt nachhängen‹, auf der anderen Seite ist so beispielsweise sicherlich eine Wechselbeziehung, in der jedoch bestimmende und nebensächliche Aspekte zu unterscheiden sind. Bestimmend für die Entwicklung dieser Individuen ist nicht die Existenz und Beschaffenheit der Theorie, wenngleich sie jedoch in die Entwicklung eingehen kann. Wenn ein Mensch mit den besagten Eigenschaften zu einem ›Schizophrenen‹ wird, dann kann das konkrete Implikationen für seine Orientierung und Alltagsbewältigung haben. Umgekehrt entsteht auch die Theorie der Schizophrenie nicht isoliert im Bereich des gesellschaftlichen Überbaus, sondern sie entsteht *auch* auf der Grundlage, daß es Menschen mit diesen Besonderheiten wirklich gibt. Wichtig wäre hier die Analyse, was die Theorie wesentlich bestimmt, welche Beziehungen sie wesentlich widerspiegelt.

An diesem Beispiel kann auch deutlich gemacht werden, daß es sich nicht um lineare, kausale Abhängigkeiten handelt: Die Art und Weise, wie z. B. konkrete Individuen mit besonderen Eigenschaften in Theorien aufgehoben sind, bestimmt sich nicht durch das »Sosein« der Individuen selber, sondern durch den komplexen gesellschaftlichen Umgang mit diesen Individuen. Das Konkrete findet nur über bestimmte Formen der gesellschaftlichen Praxis Eingang in die Theorie. Die Analyse bestehender Theorien muß entsprechend berücksichtigen, daß diese nicht nur oder nicht primär ›Sachverhalte an sich‹ abbilden, sondern den gesellschaftlichen Umgang mit diesen Sachverhalten. – Umgekehrt wirkt auch die Theorie nicht direkt auf die Entwicklung des Individuums, sondern über seine Tätigkeit, d. h. die bestimmte Form der Auseinandersetzung mit den praktischen Implikationen dieser Theorie.

5. Der Komplex ›objektive gesellschaftliche Realitäten‹ enthält

das Insgesamt gesellschaftlicher Sachverhalte, die sowohl unabhängig vom einzelnen konkreten Individuum als auch unabhängig von den verschiedenen Individualitätsformen existieren. Übergreifend handelt es sich um die Produktivkraftentwicklung und die Produktionsverhältnisse, d. h. um ökonomische Bewegungsformen. Davon abgeleitet sind die verschiedenen Überbauphänomene sowie die Arbeits- und Lebensbedingungen in ihrer konkreten Form. In diesen Komplex fallen also auch besondere Belastungen und gesellschaftliche ›Risikofaktoren‹. Wichtig dabei ist, daß die Wirkungsweise dieser Bedingungen auf die konkrete Person prinzipiell in doppelter Hinsicht besteht und zu untersuchen ist: nämlich einmal direkt und einmal vermittelt über die Individualitätsform. Um dies für den Zusammenhang zwischen Arbeitslosigkeit und Persönlichkeitsentwicklung deutlich zu machen: einmal wirkt sich die Arbeitslosigkeit direkt als materielle Lebensbedingung auf das Subjekt aus, d. h. als unmittelbare Orientierungsbedingung für die konkrete Alltagsbewältigung. Das andere Mal wirkt sie vermittelt über die gesellschaftliche Stellung des Individuums, über die Individualitätsform. Hier würde entsprechend z. B. der Unterschied erfaßt, den Arbeitslosigkeit für Angehörige der Intelligenz oder aber für Arbeiter bedeutet, im ersten Fall würden eher allgemeine Implikationen erfaßt. Wichtig dabei ist also zu sehen, daß gesellschaftliche Belastungen und Krisen sowohl hinsichtlich ihrer unmittelbaren materiellen Implikationen von Bedeutung sind als auch zum anderen hinsichtlich ihrer gesellschaftlichen Formbestimmtheit.

Mit diesen Aspekten und ebenso mit den skizzierten Zusammenhängen selber ist weder der Anspruch auf Vollständigkeit verbunden noch der, Endgültiges zu sagen. Es handelt sich vielmehr um einen Vorschlag, um den Stellenwert bestehender Theorien und Forschungsansätze besser ›orten‹ zu können, d. h. eine präzisere Gegenstandsbestimmung vorzunehmen, um damit auch eine bessere Kommunikation über den Gegenstand zu erreichen. Darüber hinaus scheint eine Ausdifferenzierung der relevanten Aspekte für den Zusammenhang zwischen psychischen Störungen und gesellschaftlichen Bedingungen wichtig, um Analogieschlüsse zu vermeiden. Denn dies ist die wesentliche Crux in der bisherigen Theoriebildung für diesen Bereich.

3.2. *Implikationen für die Empirie*

Das empirische Subjekt ist immer das ganz *konkrete* Individuum und das konkrete Individuum als *Ganzes*. Dies gilt sowohl für die Psychologie als auch für die Soziologie. Psychologen können ebensowenig die Psyche eines Menschen zum Experiment bitten wie Soziologen seine Individualitätsform zum Interview. Empirische Zusammenhänge sind also immer, sofern sie mit konkreten Individuen operieren, psychologisch und soziologisch zu interpretieren und zu analysieren. Der quantitative Aspekt ist dabei nicht entscheidend, um die soziologische von der psychologischen Ebene zu unterscheiden. Denn Abstraktionen müssen auf beiden Ebenen gewonnen werden, und Abstraktionen als Analyse des Wesentlichen im einzelnen erfordern immer auch quantitative Untersuchungen. Entscheidend für die Differenzierung zwischen psychologischer und soziologischer Abstraktionsebene ist vielmehr das Ziel und die Richtung der Analyse, entsprechend der oben genannten Schwerpunkte.

Es stellt sich nun die Frage, welche Implikationen sich daraus für die Klärung der eingangs genannten Probleme der sozialen Epidemiologie psychischer Störungen ergeben. Um an die beiden zentralen Ausgangsfragen zu erinnern:

– Lassen sich Zusammenhänge, die auf einer epidemiologischen Aggregatebene gewonnen wurden, für die Erklärung des individuellen Falles nutzen?

– Kann ich über die sozialen Konstitutionsbedingungen für psychiatrisch diagnostizierte und institutionell erfaßte Patienten Schlußfolgerungen für die Soziogenese psychischer Störungen ableiten?

Bezogen auf die erste Frage kann man zusammenfassend feststellen, daß hier nicht der Kern des Problems der sozialen Epidemiologie liegen kann. Der Sachverhalt der quantitativen Analyse bestimmter Zusammenhänge bietet für sich genommen keine Schwierigkeiten. Er dient sowohl der Hypothesenbildung für den individuellen Fall als auch der Prophylaxe. Wenngleich die Genese des individuellen Falles durch statistische Zusammenhänge nicht erfaßt werden kann, so lassen sich dennoch über diese auch Vorhersagen für den individuellen Fall treffen. Damit sind auch Orientierungsgesichtspunkte für die

Analyse des konkreten Subjekts gegeben. Quantitative Zusammenhänge sind und bleiben jedoch statistische Zusammenhänge. Die Qualität des Zusammenhangs muß theoretisch erschlossen werden, sie offenbart sich nie in quantitativen Beziehungen.

Das Kernproblem der sozialen Epidemiologie ist also nicht im Verhältnis zwischen epidemiologischer Aggregatebene und Individualebene angesiedelt. Die Problematik zentriert sich vielmehr um den zweiten Problemkomplex, um das Verhältnis zwischen psychischen Störungen und psychiatrischen Patienten in ihrer jeweiligen Abhängigkeit von gesellschaftlichen Bedingungen.

Die Schlußfolgerung, daß mit dem zweiten Zusammenhang auch der erste erfaßt sei, ist hier nicht möglich. Das Problem ist dabei nicht primär das des quantitativen Ausmaßes, z. B. daß Störungen sehr viel häufiger sind als Patienten. Das wäre kein prinzipieller Hinderungsgrund für die Analogiebildung oder den analytischen Vergleich. Das Problem ist vielmehr qualitativer Art. Die inhaltliche Bestimmung der Zusammenhänge ist qualitativ verschieden: Psychische Störungen und Patienten sind unterschiedliche Realitäten. Der Zusammenhang ›Gesellschaft und Patient‹ ist gleichsam eine Bewegungsform höherer Ordnung, in die psychische Störungen zwar konstitutiv eingehen, aber in ihrer spezifischen Bewegungsform aufgehoben sind. Denn der Patient ist eine komplexe und relativ eigenständige Realität, die nicht summativ begriffen werden kann, beispielsweise durch die Addition von psychischer Störung plus Diagnose plus Patientenstatus.

Für die weitere epidemiologische Forschung ergäben sich aus den bisherigen Überlegungen Aufgaben, die hier nur stichpunktartig genannt werden können:

1. Epidemiologische Studien als Beitrag zur empirischen Persönlichkeitsforschung. Die Entwicklung der Persönlichkeit müßte dabei im Sinne der Entwicklung zum Subjekt des eigenen persönlichen Entwicklungsprozesses untersucht werden und dies im ›Spannungsfeld‹ von Individualitätsformen und konkretem gesellschaftlichem Alltag und den je relevanten Aneignungsbedingungen und Anforderungsstrukturen.

2. Epidemiologische Analyse psychischer Störungen als spezifische Tätigkeitsstrukturen des Subjekts. Störungen müßten

hier nicht nur unabhängig vom Patienten, sondern auch unabhängig von der herkömmlichen Diagnostik erfaßt werden, da hier ja entgegen der Logik des Tätigkeitsansatzes psychische Störungen im Sinne ontologischer Eigenschaftskombinationen begriffen werden.

3. Analyse der gesellschaftlichen Stellung des psychisch Kranken und unterschiedlicher Krankenrollen in ihrer Abhängigkeit von gesellschaftlichen Prozessen und von der gesellschaftlichen Stellung des Subjekts, seiner Individualitätsform. Untersuchung des Prozesses der Übernahme der Krankenrolle durch das konkrete Subjekt sowie der daraus entstehenden Implikationen für die Orientierung im Alltag.

4. Unter entsprechenden Gesichtspunkten wäre auch die Analyse von Patientenrollen vorzunehmen. Als zusätzliches Problem stellt sich hier die Frage nach dem Zusammenhang zwischen Patientenrolle und diagnostischem Urteil, da ja, wie oben angedeutet wurde, die Annahme naheliegt, daß psychiatrische Diagnosen weniger die Zuständlichkeit des Betroffenen widerspiegeln, sondern vielmehr seine konkrete gesellschaftliche Stellung als Patient.

5. Epidemiologische Analyse des therapeutischen Prozesses selber. Diese Aufgabe begründet sich darin, daß die Entwicklungslogik psychischer Störungen in ihrer Abhängigkeit von gesellschaftlichen Verhältnissen nicht nur über deren Genese erfaßt werden kann, sondern auch über die Gesetzmäßigkeiten ihrer Veränderung. Die Arbeit mit dem individuellen Fall und die Psychotherapieforschung müßten sich so zum Bestandteil der epidemiologischen Forschung entwickeln.

Literaturempfehlungen

Hollingshead, A. B. und F. Redlich: *Der Sozialcharakter psychischer Störungen.* Frankfurt a. M. 1975. Fischer.

Holzkamp, K.: *Sinnliche Erkenntnis.* Frankfurt a. M. 1973. Fischer.

Holzkamp-Osterkamp, U.: *Grundlagen der psychologischen Motivationsforschung 1.* Frankfurt a. M. 1975. Campus.

Keupp, H.: *Abweichung und Alltagsroutine.* Hamburg 1976. Hoffmann & Campe.

Keupp, H. (Hrsg.): *Verhaltensstörungen und Sozialstruktur.* München 1974. Urban & Schwarzenberg.
Keupp, H.: *Psychische Störungen als abweichendes Verhalten.* München 1972. Urban & Schwarzenberg.
Gleiss, I., R. Seidel und H. Abholz: *Soziale Psychiatrie.* Frankfurt a. M. 1973. Fischer.
Leontjew, A. N.: *Tätigkeit, Bewußtsein, Persönlichkeit.* Stuttgart 1977. Klett.
Leontjew, A. N.: *Probleme der Entwicklung des Psychischen.* Berlin (DDR) 1967. Volk und Wissen.
Sève, L.: *Marxismus und Theorie der Persönlichkeit.* Berlin (DDR) 1972. Dietz.

Ernst v. Kardorff
Modellvorstellungen über psychische Störungen: gesellschaftliche Entstehung, Auswirkungen, Probleme*

Vorbemerkung
1. Psychiatriekritik als Kritik ihrer Modelle
2. Die Bedeutung der Modelldiskussion: eine sozialwissenschaftliche Perspektive
3. Zur historischen Entwicklung des ›medizinischen Modells‹
4. Zur Systematik der Kontroverse um das ›medizinische Modell‹ in der Psychopathologie
5. Probleme der Institutionalisierung von Modellvorstellungen über psychische Störungen
6. Die Rolle von Modellvorstellungen bei der Entwicklung von Alternativen

Vorbemerkung:

Die im folgenden vorgetragenen Überlegungen knüpfen an die in der BRD seit einigen Jahren v. a. unter Klinischen Psychologen, einer kleinen Gruppe von Psychiatern und an Problemen der psychosozialen Versorgung interessierten Sozialwissenschaftlern geführte Diskussion um das sogenannte ›medizinische Modell‹ in der Psychopathologie an. Diese Kontroverse steht dabei im Zentrum der Reformdiskussion über eine ›andere‹, eine bedürfnisgerechte, Psychiatrie, die sich als angewandte Sozialwissenschaft versteht. Auf diesem Hintergrund besteht das Ziel des Artikels in einer Einschätzung der Bedeutung dieser Auseinandersetzung für Theorie und Praxis der psycho-sozialen Versorgung. In diesem Sinne sehe ich auch die Funktion des Aufsatzes in dem vorliegenden Band: durch das Abstekken eines allgemeinen gesellschaftstheoretischen Bezugsrahmens zu einer problemadäquaten und politisch nicht-illusionären Diskussion des Zusammenhangs zwischen gesellschaftlichen, wissenschaftstheoretischen, sozialpolitischen und institutionellen Aspekten therapeutischen Handelns anzuregen. Im einzelnen geht es darum:

*) Für viele kritische Hinweise möchte ich Elmar Koenen herzlich danken.

– *erstens* aus einer sozialwissenschaftlichen Perspektive die relevanten Bezüge der Modelldiskussion zu analysieren;

– *zweitens* am Beispiel der historischen Entwicklung der Psychiatrie und der klinischen Psychologie die gesellschaftliche Entstehung und ihren Einfluß auf die den Theorien zugrundeliegenden Modellvorstellungen für die Praxis psycho-sozialer Versorgung herauszuarbeiten;

– *drittens* die wichtigsten Argumente der bisherigen Modelldiskussion zusammenzufassen und die zumeist nicht expliziten, wertenden und politisch folgenreichen Implikationen vor allem des ›medizinischen Modells‹ aufzudecken;

– *viertens* in einer Argumentationsskizze beispielhaft den Zusammenhang zwischen Modellvorstellungen und der Institutionalisierung therapeutischer Praxis zu verdeutlichen und schließlich

– *fünftens* für die Notwendigkeit einer Modellkonzeption zu plädieren, die die gesellschaftlichen Institutionalisierungsbedingungen therapeutischen Handelns systematisch berücksichtigt.

Neben den genannten Zielen soll die Gesamtargumentation des Artikels dem Beleg der Hypothese dienen, daß die nur scheinbar rein akademische Kontroverse von ihrem *Gegenstand* (gesellschaftliche Bestimmung psychischer Normalität und Abnormalität), von der gesellschaftlichen *Behandlung der Thematik* (sozialpolitische Strategien) und von den involvierten *Interessen* (Standespolitik) her *grundlegend politisiert ist.* Überlegungen zu alternativen Konzeptionen therapeutischen Handelns und zu einem an den Bedürfnissen Betroffener und am gesellschaftlichen Bedarf orientierten Konzept psycho-sozialer Versorgung haben von dieser Tatsache der Politisiertheit auszugehen.

1. Psychiatriekritik als Kritik ihrer Modelle

Im Zusammenhang mit der zunehmenden Verwissenschaftlichung der Sozial- und Gesundheitspolitik – im psycho-sozialen Bereich an der Einsetzung wissenschaftlicher Reformkommissionen ablesbar, wie etwa der ›Joint Commission on Mental Illness and Mental Health‹ in den USA, der Royal Commission ›On the Law-Relation to Mental Illness and Mental Deficiency‹ in England und der ›Psychiatrie-Enquête‹ in der BRD – kommt der Wissenschaftskritik ein erhebliches praktisch-politisches Gewicht zu. Das zeigt sich z. B. an der heftig geführten Kontroverse um das ›medizinische Modell‹ in der Psychopathologie, in der die wesentlichen Argumente der von verschiedensten Seiten vorgetragenen Psychiatriekritik zusammenlaufen und sich in der Frage kondensieren, welche sozialen und institutionellen Folgewirkungen der medizinische Zugriff auf ›Geisteskrankheiten‹ für die Entwicklung eines psycho-sozialen Versorgungssystems beinhaltet. In einer kritisch verstandenen Modellanalyse wird die wissenschaftliche Diskussion politisiert, indem zunächst – wie etwa bei Szasz – das Vorherrschen einer, auf den ›Gegenstand‹ Geisteskrankheit bezogen fragwürdigen medizinischen Perspektive mit den Partikular-Interessen einer Profession und darüber hinausgehend den Kontrollinteressen des Staates in Verbindung gebracht wird und im weiteren Verlauf auch die über eine Ideologiekritik und eine Interessenanalyse hinausgehende Frage nach den strukturellen gesellschaftlichen Voraussetzungen und Funktionen einer spezifischen wissenschaftlichen Konzeptualisierung von ›Geisteskrankheiten‹ in den Blick rückt. Als vielleicht der »erste berühmte ›Antipsychiater‹« (Jervis, 1978, S. 65) hat der Amerikaner Thomas Szasz aus der Position eines Liberalkonservativen (Pearson, 1975, S. 43) in Form einer Ideologiekritik auf die sozialen Folgen des medizinischen Modells in der Psychopathologie hingewiesen. Seine Analyse bildet den Ausgangspunkt für die weitere Argumentation.

Mit seiner engagierten und polemischen Kritik an Theorie und Praxis der Psychiatrie hat Thomas Szasz (1960; 1961), selbst Psychiater, vor 20 Jahren die Auseinandersetzung um das sogenannte *medizinische Modell* in der Psychopathologie eingeleitet und damit eine bis heute andauernde wissenschaftliche Kontroverse um das ›Wesen‹ der Geisteskrankheiten entfacht. Seine Behauptung, daß der Begriff *›Geisteskrankheit‹* einen Mythos repräsentiere, enthält zwei Argumente, die den ›harten Kern‹ (Lakatos, 1970) des theoretischen Selbstverständnisses und die daran orientierte Praxis der Psychiatrie in Frage stellen und gleichzeitig eine mögliche alternative Konzeptualisierung ›unvernünftigen‹ Verhaltens und ›abnormen‹ Erlebens beinhalten:

– *Zum einen* bestreitet Szasz die Möglichkeit eindeutiger Kausalerklärungen psychischer Störungen aufgrund von Erkrankungen des Nervensystems und stellt damit zugleich das im ›medizinischen Modell‹ implizierte reduktionistische Forschungsprogramm der Psychiatrie in Frage (vgl. dazu auch: Hellerich und Wambach, 1977): der Krankheitsbegriff, so Szasz, könne nur auf körperliche Erkrankungen angewandt werden; seine Übertragung auf den »Geist« oder das Verhalten bedeute einen Kategorienfehler und führe somit zum folgenschweren Mythos »Geisteskrankheit«.

– *Zum anderen,* so argumentiert Szasz, verstelle die Orientierung am ›medizinischen Modell‹ den Blick auf die soziale Genese psychischer Störungen und damit auch auf die Tatsache, daß es sich dabei um durch ›problems in living‹ (Szasz, 1973,

S. 23) hervorgerufene Abweichungen von sozio-kulturell eingelebten Selbstverständlichkeiten und sozialen Normen handele; eine gesellschaftlich bedeutsame Folge des ›medizinischen Modells‹ liege damit in seiner »Funktion eines sozialen Tranquilizers« (Keupp, 1972 b, S. 44), mit deren Hilfe es gelinge, die Durchsetzung der gesellschaftlichen Vernunft durch die Profession der Psychiater zu legitimieren.

Mit diesen Formulierungen verweist Szasz darauf, daß das ›medizinische Modell‹ über seine engeren Orientierungsfunktionen für das professionelle Handeln hinaus eine politische Funktion sozialer Kontrolle ›unvernünftigen‹ Verhaltens erfüllt und durch die Ausblendung sozialer Ursachen für psychische Störungen dazu beiträgt, soziale Konflikte zu verschleiern. Damit stellt er die Diskussion um das ›medizinische Modell‹ in einen über die wissenschaftliche Diskussion hinausgehenden Rahmen, der Probleme sozialer Normierung, der Gesundheits- und Sozialpolitik und der Organisation professioneller Therapie umgreift. Ganz allgemein ließe sich das ›medizinische Modell‹ der Psychopathologie dann als eine »Bewältigungsstrategie« (Pflanz/Keupp, 1977) begreifen, mit der die Gesellschaft versucht, die Unsicherheiten bei der Beherrschung der Natur, des Unverstandenen und des Übernatürlichen zu verringern. Von daher läßt sich erkennen, daß Krankheitskonzepte eng mit dem sozialen System, Auffassungen über Gesundheit, Normalität, Leben, Tod und Abweichung verknüpft und in der Alltagswelt der Gesellschaftsmitglieder verankert sind (Herzlich, 1973).

2. Die Bedeutung der Modelldiskussion: eine sozialwissenschaftliche Perspektive

Am Beispiel der Szaszschen Kritik wird deutlich, daß die Kontroverse um das ›medizinische Modell‹ »not an exercise in semantics« (Page, 1971, S. 15) bezeichnet, wie etwa Grinker (1969) meint, sondern daß in dieser Diskussion grundlegende Probleme der Beziehungen zwischen psychisch Gestörten, der Psychiatrie und ihren Institutionen und der Gesellschaft als Ganzer zum Thema gemacht werden müssen. Auf diesem Hintergrund geht es um eine allgemeine Darstellung der *Relevanz der Modelldiskussion* über die Bestimmung psychischer Störungen für das Selbstverständnis der Praktiker im psycho-sozialen Bereich, für die Formen therapeutischer Praxis und für die folgenreiche gesellschaftliche Institutionalisierung eines Systems psycho-sozialer Versorgung.

Für die Darstellung der relevanten Bezüge der Modelldiskussion unterscheide ich analytisch folgende miteinander zusammenhängende Problemkomplexe, die auf jeweils unterschiedlichen Abstraktionsebenen angesiedelt sind:

1. Das in den Vorstellungen über abnormes Verhalten zum Ausdruck kommende Verhältnis einer Gesellschaft zu sich selbst (das Problem der »inneren Ökonomie« sozialer Ordnung).
2. Die durch die gesellschaftlichen Produktionsverhältnisse geforderten Verhaltensorientierungen.
3. Die Praxis der gesellschaftlichen Ausgrenzung in eigens dafür geschaffenen Institutionen.
4. Die gesellschaftliche Definition psychischer Abweichung im Verhältnis zu den wissenschaftlichen Konzeptualisierungen.
5. Die Rolle der Modellvorstellungen für die Praxis der therapeutischen Professionen.

ad 1

Normalität/Abnormität als gesellschaftliche Kategorien. Hinter der Auseinandersetzung um das ›medizinische Modell‹ in der Psychopathologie steht die grundsätzliche, keineswegs nur philosophische Frage nach den Definitionskriterien von ›Normalität‹ und ›Abnormität‹ (Devereux, 1974; Canguilhem, 1975), auf die jede Gesellschaft eine verbindliche, d. h. sozial sanktionierte Antwort geben muß. In einer historischen, diachronen Perspektive (Foucault, 1969) wie auch in einer kulturvergleichenden, synchronen Perspektive (Ruth Benedict, 1934; Bergen/Thomas, 1971) zeigt sich, daß die Bestimmung dessen, was in einer Gesellschaft als ›normales‹, d. h. noch toleriertes Verhalten betrachtet wird, eine »allgemeine, abstrakte Pathologie« (Foucault, 1968, S. 10) zur Grundlage hat, die als Ausdruck einer »spezifischen, historisch bestimmten Beziehung des Menschen zum geistesgestörten Menschen« (Foucault, a.a.O., S. 10) oder, anders ausgedrückt, als gesellschaftlich-praktischer ›Diskurs‹ über den ›Wahnsinn‹ (Foucault, 1969) verstanden werden kann. Diese Beziehung einer Gesellschaft zu ihren ›Abnormen‹, für die sich historisch das System der psychiatrischen Versorgung und die Psychiatrie und klinische Psychologie mit ihrem spezialisierten Wissenstypus als zuständiges, d. h. gesellschaftlich legitimiertes System herausdifferenziert hat, bildet den in der Praxis nicht thematisierten Hintergrund für die diagnostizierenden, ausgrenzenden, bewachenden, bewahrenden, behandelnden und vorbeugenden Praktiken einer Gesellschaft. An dieser Stelle läßt sich fragen, aus welchen Gründen bestimmte Verhaltens- und Erlebensweisen für so wichtig und d. h. zumeist, für so bedrohlich gehalten werden, daß ein ausdifferenziertes gesellschaftliches Teilsystem zu ihrer Bearbeitung institutionalisiert wird, daß Personen, die ein problematisches Verhalten zeigen, ein Sonderstatus, z. B. die Krankenrolle (Parsons, 1951; Fabrega, 1975; Twaddle, 1972), zugeschrieben wird, und daß schließlich wichtige gesellschaftliche und ökonomische Ressourcen freigestellt werden, um die psychisch Abnormen wieder in die Gemeinschaft der Normalen, der »wahren Menschen« (Foucault), zurückzuholen oder aber sie als abschreckende Beispiele zu isolieren und das Problem des ›Wahnsinns‹ zu tabuisieren. Auf einer abstrakten Ebene ließe sich antworten, daß eine Gesellschaft mit der Definition des nicht mehr tolerierbaren Verhaltens und des öffentlich nicht mehr zugelassenen ›abnormen‹ Erlebens die für ihre ›innere Ökonomie‹ notwendigen Grenzziehungen für ihre Mitglieder sichtbar (z. B. in Form von Irrenhäusern) institutionalisiert; in dieser, auf die gesellschaftlichen Organisationsprinzipien bezogenen ›inneren Ökonomie‹ sind die für das Funktionieren der betreffenden Gesellschaft erforderlichen individuellen und kollektiven Wahrnehmungsweisen, Verhaltensmuster und zulässigen Formen der Bedürfnisbefriedigung festgelegt und die Beziehungen des Exzeptionellen zum Gewöhnlichen, des Erlaubten zum Verbotenen, des Identischen zum Nichtidentischen, des Transzendentalen zum Diesseitigen, Handfesten bestimmt. Die Einhaltung dieser Grenzen und die dazu notwendige, durch ›Vertrauen‹ (Luhmann, 1973a) in wechselseitige Erwartungen hergestellte Stabilität der Sozialordnung wird zum entscheidenden Teil in den alltäglichen Interaktionen von den Individuen selbst besorgt (McHugh, 1968; Douglas, 1973; Wolff, 1976a); für unabwendbare bestandsgefährdende Abweichungen, vor allem, wenn die Gefahr besteht, daß die festgelegten Sinngrenzen kollektiv überschritten werden und damit soziale Konflikte außer Kontrolle zu geraten drohen, existiert ein mehr oder weniger gut ausgebautes System *sozialer Kontrolle*. Diese für das normale Funktionieren einer Gesellschaft konstitutive Art der Beziehung zur psychischen Abweichung, zum ›Wahnsinn‹ (Foucault), geht notwendig in *jede* Modellvorstellung über abweichendes Verhalten mit ein und bestimmt die *Perspektive*, mit der psychischer Abweichung begegnet wird.

ad 2
›Normales‹ Verhalten als ökonomiegerechtes Verhalten. Wenn im vorhergehenden Abschnitt über die Funktionsgrundlagen einer Gesellschaft und die dafür notwendigen Sichtweisen und Verhaltensorientierungen ihrer Mitglieder gesprochen und dabei auf die ›innere Ökonomie‹ der gesellschaftlichen Strukturen und Prozesse hingewiesen wurde, dann geht es hier um die Rolle der *›äußeren Ökonomie‹* für die Definition von Abnormität und Normalität. Dabei ist eine funktionale oder instrumentelle Beziehung ›produktiver‹ und ›unproduktiver‹ Mitglieder einer Gesellschaft zu den Anforderungen der gesellschaftlichen Produktions- und Reproduktionsvorgänge angesprochen, aus der sich am historischen Material überprüfbare Hypothesen über die Formen der ökonomisch bedingten Ausgrenzung der (ökonomischen) Unvernunft gewinnen lassen. Das, worauf die vom politischen System gesteuerte Maschinerie der sozialen Kontrolle reagiert, ist mit den durch die Anforderungen des ökonomischen Systems an die Normalität der einzelnen bestimmten Definitionsmerkmalen verbunden und geht konstitutiv in die Modellvorstellungen der administrativen Verarbeitung der »Gestörten« mit ein. Wie eng diese Beziehungen zwischen ›normalem‹ Verhalten und Ökonomie gestaltet sind, haben eine Vielzahl von Studien über die ›produktionsgerechte‹ Sozialisation der gesellschaftlichen Subjekte am Beispiel der vom Kapitalismus geforderten Arbeitstugenden und der von ihm erzeugten »Charaktermasken« deutlich machen können (Ottomeyer, 1977; Krovoza, 1976; Lorenzer, 1973). Wie weit die Toleranzgrenzen für unnormales Verhalten dabei variieren, ist historisch von Gesellschaft zu Gesellschaft

und in den einzelnen Sozialschichten und sozialen Subkulturen unterschiedlich.

ad 3

Die institutionelle Praxis der Ausgrenzung. Die Orientierungspunkte und Perspektiven der *Institutionen* der sozialen Kontrolle sind, so haben wir in 1. und 2. gesehen, durch vorgängige, im gesellschaftlichen Prozeß hergestellte Definitionen psychischer Abweichung vorbestimmt, ihre Funktionen von den historisch-politischen Zielsetzungen abhängig, ihr Ausmaß und ihre Organisation ökonomisch formbestimmt. Gleichwohl lassen die Institutionen sich als eine relativ eigenständige Ebene begreifen, auf der die Modellvorstellungen noch eine spezifische Konkretisierung erfahren bzw. sich eigene institutionsspezifische Vorstellungen herausbilden. Da die gesellschaftlichen Funktionsbestimmungen sehr allgemeinen Charakter haben, müssen Institutionen die Organisation der Verarbeitung von Abweichung in praktizierbare Programme der Diagnose, Selektion, Behandlung, etc., umsetzen und im Rahmen der existierenden rechtlichen Bedingungen und der vorhandenen finanziellen Ressourcen bewerkstelligen, wobei sie zusätzlich einer Erfolgskontrolle durch das politische System einerseits und – in weit geringerem Maße – einer Normenkontrolle durch die Wissenschaften vom Verhalten andererseits unterliegen. Zur Bewältigung dieses komplexen Anforderungskataloges haben sich historisch institutionelle Formen herausgebildet, die eine nach Prinzipien einer internen Logik arbeitende Tradition der Problembewältigung entwickelt haben, die man unter dem Begriff *›administrativer Blick‹* zusammenfassen könnte. Für die Beurteilung von Modellvorstellungen über psychisch abweichendes Verhalten wird ihr Verhältnis zu den erwähnten organisationsbedingten Eigenrationalitäten im System psychosozialer Versorgung zentral: inwieweit sind die Konzeptionen miteinander verschränkt, welche theoretischen Vorstellungen haben die größten Chancen bzw. Schwierigkeiten bei der Durchsetzung von Reformen, etc.?

ad 4

Zur wissenschaftlichen Bestimmung psychischer Störungen. Für den Umgang mit dem jeweils Nicht-Verstehbaren, mit dem Ungewohnten, Abnormen, haben alle uns bekannten Gesellschaften (Plog/Edgerton, 1969; Murphy/Leighton, 1965; Page, 1971) ein spezielles Wissen entwickelt, ein Enklavewissen (Berger/Luckmann, 1966), das von gesellschaftlich dafür legitimierten Spezialisten verwaltet und ausgebaut wird. In den europäischen Gesellschaften haben sich im Übergang vom 17. zum 18. Jh., vor allem aber im 19. Jh., die Psychiatrie und ab dem späten 19. Jh. die Psychologie als wissenschaftliche Einzeldisziplinen herausgebildet, deren zentraler Gegenstand das Problem psychisch abweichenden Verhaltens ist; sie haben es unternommen, zu einer wissenschaftlich gültigen Modellvorstellung psychischer Gestörtheit zu finden und im Sinne der Kriterien Objektivität und Intersubjektivität allgemeine und »wahre« Aussagen über psychisch abweichendes Verhalten zu entwickeln. Dies Programm impliziert im Rahmen des Selbstverständnisses des neuzeitlichen Wissenschaftsbegriffs den Versuch, zu einer gesellschafts*unabhängigen* Bestimmung psychischer Abnormität zu gelangen; in welcher Form sich dieses Bemühen im Konzept des ›medizinischen Modells‹ niedergeschlagen hat, wird noch zu zeigen sein. Bei diesem Versuch zeichnet sich allerdings ein grundlegendes Dilemma ab, die gesellschaftliche Konstitution abnormen Verhaltens (siehe Punkt 1 und 2) durch ein a-gesellschaftliches und a-historisches Konzept erfassen zu wollen und dabei gleichzeitig als institutionalisierte praktische Wissenschaft im gesellschaftlichen Funktionszusammenhang sozialer Kontrolle eingebunden zu sein. Kann sich die »reine« Wissenschaft durch die Behauptung ihrer Autonomie wenigstens ideologisch aus diesem Konflikt stehlen, so ist dies für ihre Praktiker nicht möglich.

ad 5
Modellvorstellungen und die Organisation beruflicher Praxis.
Die Professionen, die mit dem »Processing« (McKinlay, 1974) der psychisch Abweichenden befaßt sind, stehen in einem Spannungsverhältnis, das durch drei Bezugspunkte charakterisiert ist: durch die administrativ-politische, die wissenschaftliche und die alltagsweltliche Perspektive der ›Gestörten‹ selbst. In diesem konfliktreichen Bezugsrahmen muß der Praktiker die einzelnen Perspektiven auf der Grundlage seiner situations- und fallspezifischen Einschätzungen miteinander »versöhnen« und dabei eine kognitiv äußerst voraussetzungsvolle (vgl. Rai-

ner Bromme in diesem Band), komplexe Transformationsleistung vollbringen. Da diese Anforderungen sich allen Praktikern im psycho-sozialen Bereich in ähnlicher Weise stellen, haben sich innerhalb der einzelnen Disziplinen gemeinsame Handlungsstrategien gebildet – für die Psychiatrie vgl. etwa Daniels, 1970; Freidson, 1975, u. v. a; für die Psychologie z. B. Ingleby, 1974; Maikowski et al., 1976; für die Sozialarbeit etwa Mills, 1943; Peters/Cremer-Schäfer, 1975; Blinkert, 1976–, die als jeweils eigene rekonstruierbare Modellvorstellungen über abweichendes Verhalten aufgefaßt werden können und denen als gemeinsame Merkmale eine über die Praxis in den Institutionen geprägte Sichtweise (›administrativer Blick‹) und eine über die professionelle Sozialisation vermittelte Handlungsorientierung (›therapeutischer Blick‹) zugrunde liegen.

Im Anschluß an diese allgemeine Bestimmung des gesellschaftlichen Bezugsfeldes, in das jede Auseinandersetzung um Modellvorstellungen psychisch abweichenden Verhaltens eingebunden ist, soll in einer groben historischen Skizze die Entwicklung der Psychiatrie und damit auch des zur Diskussion stehenden ›medizinischen Modells‹ in der Psychopathologie auf dem Hintergrund der beschriebenen fünf Ebenen nachgezeichnet werden. Um zu einer umfassenden Einschätzung der Tragweite der Modelldiskussion, für die ihre Heftigkeit ein äußeres Indiz ist, zu gelangen, reicht es nicht aus, lediglich auf die Begründung einer naturwissenschaftlich-medizinischen Psychiatrie und damit ihres ›medizinischen Modells‹ durch Griesinger in der 2. Hälfte des 19. Jh.s zu verweisen: Die *gesellschaftlichen* Ursprünge der Herausbildung des in der Psychopathologie dominierenden ›medizinischen Modells‹ lassen sich in der Geschichte der psychiatrischen Wissenschaft allein nicht aufspüren; um die unter dem – weitgehend ideologisierten – ärztlichen Selbstverständnis des ›Heilens‹ vollzogenen isolierenden, kontrollierenden und strafenden Praktiken in den Institutionen der Psychiatrie begreifen zu können, muß man vielmehr bei der gesellschaftlichen Ausgrenzung der Unvernunft ansetzen. Aus diesem Prozeß der historisch-spezifischen gesellschaftlichen Konstruktion des ›Wahnsinns‹ kann der medizinische Zugriff auf die ›Geisteskrankheiten‹ als Strategie einer individualisierenden moralisch-sozialen Kontrolle und einer kurativen Sozialpolitik erkennbar werden.

3. Zur historischen Entwicklung des ›medizinischen Modells‹

Da es im Rahmen dieses Aufsatzes nicht möglich ist, die komplexe, in sich widersprüchliche und von historischen Ungleichzeitigkeiten gezeichnete

Geschichte des ›medizinischen Modells‹ in der Psychopathologie angemessen nachzukonstruieren, habe ich mich dazu entschlossen lediglich einige allgemeine *Strukturhypothesen* über die dominanten Entwicklungstendenzen in der Geschichte der Psychiatrie aufzustellen. Dabei folgen die Hypothesen der thematischen Gruppierung, wie sie im vorhergehenden Abschnitt vorgenommen wurde. Bei der Betrachtung der einzelnen Ebenen in ihrer Entwicklung wird ein *gemeinsames* Grundmuster sichtbar, aus dem die heutige, um das ›medizinische Modell‹ organisierte Struktur der psycho-sozialen Versorgung verständlich werden kann und nicht mehr als naturwüchsig erscheint.

(a) Auf der Ebene des Verhältnisses der Gesellschaft zur psychischen Abnormität läßt sich die Tendenz feststellen, daß sich als relevantes Ausgrenzungskriterium in zunehmendem Maße die Befolgung von Normen der entsubjektivierenden, universalisierenden und deduktiven Rationalität des neuzeitlichen (= wissenschaftlichen) Denkens und des handlungsbezogenen empirischen Realitätsverständnisses, wie es sich idealtypisch in der experimentellen Wissenschaft zeigt, durchsetzen; in diesem Kontext läßt sich dann auch von einem Prozeß der Verwissenschaftlichung, Verdinglichung und Rationalisierung der ›inneren Ökonomie‹ der gesellschaftlichen Normierung des Problems ›psychischer Störungen‹ sprechen.

(b) Im Hinblick auf die ökonomische Entwicklung der Gesellschaft läßt sich die Geschichte der Psychiatrie als organisierte Reaktion auf die vom Produktionsprozeß und den Normen der bürgerlichen Gesellschaft ausgehenden Forderungen nach Differenzierung zwischen *Arbeitsfähigen* (Erkennen von Simulanten), *Kriminellen* (Identifikation der bewußten Übertretung geltender Normen) und nicht verwendbaren, zu isolierenden oder zu behandelnden *Geisteskranken*, dem eigentlichen ›Gegenstand‹ der Psychiatrie, interpretieren. Darüber hinaus zeigt sich zunehmend das Bemühen, das soziale Problem ›Geisteskrankheit‹ (= Verrücktheit *und* Arbeitsunfähigkeit, beides verbunden mit der Armut als Begleiterscheinung) durch eine Verbindung sozialpolitischer und psychiatrischer Strategien im Sinne sozialer Konfliktvermeidung bei gleichzeitiger Kostenminimierung zu bewältigen.

(c) Konkret finden die in (a) und (b) angedeuteten Strategien ihren Niederschlag in der Entwicklung des Systems psycho-sozialer Versorgung, das sich als organisatorischer Ausfluß der Verknüpfung einer spezifischen therapeutischen Perspektive (›therapeutischer Blick‹ mit dem ›administrativen Blick‹) darstellen läßt; eng damit verbunden ist die institutionelle Herausdifferenzierung der Psychiatrie. Dabei haben sich die Formen der Institutionalisierung psychiatrischer Praxis den sich wandelnden gesellschaftlichen Anforderungen an die Formen und den Umfang der erforderten sozialen Kontrolle angepaßt: von der Isolierung der Geisteskranken in den Arbeitshäusern und später Landeskrankenhäusern bis hin zu den Versuchen der Früherkennung und Konfliktprävention in der Community Psychiatry und Tendenzen zur ›Medizinalisierung‹ der Gesellschaft in der Mental Health Bewegung einerseits und zur ›Pädagogisierung‹ und ›Psychologisierung‹ der Gesellschaft durch Verhaltenstrainings und den grauen Psychomarkt (vgl. Barbara Winkler in diesem Band) andererseits.

(d) Bezüglich der wissenschaftlichen Entwicklung hat sich in der Psychiatrie ein biomedizinisch-naturwissenschaftliches Forschungsprogramm durchgesetzt, obwohl es in der Entwicklungsgeschichte der Disziplin immer von moralisch-sozialen Modellvorstellungen begleitet und zum Teil überlagert war. Inzwischen hat sich die Psychiatrie mit dem ›medizinischen Modell‹ als hartem Kern mit Erweiterungen um soziale Faktoren und einer auf individuelle Anpassung abzielenden sozialintegrativen Perspektive konsolidiert. Als Unterdisziplin der Medizin hat sie sich selbst in eine Reihe von Spezialgebieten untergegliedert (biochemische, pharmakologische, genetische, sozialpsychiatrische und psychotherapeutische Forschung) und kann damit im Sinne Kuhns als paradigmatische Wissenschaft betrachtet werden, durch deren Sichtweisen und durch deren Profession die Probleme des psycho-sozialen Feldes wesentlich bestimmt werden. Die klinische Psychologie hat sich bisher in den von der Psychiatrie nicht abgedeckten Bereichen, v. a. in der ambulanten Psychotherapie und bei diagnostischen Verfahren, etablieren können, ohne jedoch ein einheitliches Paradigma entwickelt zu haben oder auch nur mit der Psychiatrie um die Vorrangstellung rivalisieren zu können.

(e) Im Hinblick auf die Praktiker läßt sich für die Psychiatrieentwicklung und die psycho-soziale Versorgung insgesamt ein Prozeß zunehmender Professionalisierung (siehe auch

Cornelia Schwartz in diesem Band) und disziplinärer Spezialisierung konstatieren, der mit einer standespolitischen Orientierung, mit einer Aufsplitterung der Kompetenzen im psycho-sozialen Arbeitsfeld und mit einer spezifischen Dienstleistungsattitüde gegenüber den ›Klienten‹ einhergeht.

Versucht man nun aus den Strukturhypothesen das oben angesprochene gemeinsame Grundmuster zu identifizieren, so lassen sich folgende Entwicklungstendenzen im gesellschaftlichen Umgang mit dem Wahnsinn benennen, die seit etwa Mitte des 17. Jh.s begonnen haben und die sich bis heute fortsetzen, erweitern und sich auf der Grundlage des Organisationsprinzips der bürgerlich-industriellen, kapitalistischen Gesellschaft weiter differenzieren: Zerstörung des gesellschaftlichen wie des individuellen Sinns des Wahns und damit seine Entsubjektivierung; eine durch die – der medizinischen Orientierung geschuldete – Organzentrierung bewirkte sozialpolitisch folgenreiche Individualisierung des Wahns einerseits und seine Entgesellschaftlichung mit der Folge der Verhinderung einer ursächlich ansetzenden Sozialepidemiologie andererseits; Differenzierung der Arbeitsfähigen, aber Aufsässigen und Faulen (die exemplarisch bestraft, korrigiert und psychiatrisch zur gesellschaftlichen Vernunft gebracht werden) von den nicht mehr verwendbaren (armen) Irren (die in den Großkliniken verwahrt werden). Wie die systematische Analyse im nächsten Abschnitt dann im einzelnen zeigen wird, fließen im ›medizinischen Modell‹ die beschriebenen sozial relevanten Entwicklungsmuster der westlichen bürgerlichen Gesellschaften zusammen. Insofern repräsentiert das ›medizinische Modell‹ der Psychopathologie in idealtypischer Weise dominante gesellschaftliche Verarbeitungsmuster des Phänomens der psychischen Abweichung.

4. Zur Systematik der Kontroverse um das ›medizinische Modell‹ in der Psychopathologie

Die folgenden Ausführungen verstehen sich als Versuch einer Systematisierung der Kontroverse um das ›medizinische Modell‹ in der Psychopathologie; dabei konzentriere ich mich auf diejenigen Aspekte, die für das professionelle Selbstverständnis von Psychiatern, klinischen Psychologen,

Sozialarbeitern und Pädagogen, für die Definition der Rolle der ›Gestörten‹, die Institutionalisierung der psycho-sozialen Versorgung, für die Entwicklung der Forschung und die Planung von Interventionen von Bedeutung sind.

Betrachtet man zunächst nur die Rhetorik der Kontroverse, dann bietet sich folgendes von Klermann (1977) brillant gezeichnete Bild unterschiedlichster Gegnerschaften in verschiedensten Zusammenhängen, die unter dem Etikett Krise des ›medizinischen Modells‹ ausgefochten werden:

»Wie ›Recht und Ordnung‹ und ›Nachbarschaft und Schulen‹ ist der Begriff ›medizinisches Modell‹ zu einem Schlagwort in der öffentlichen Auseinandersetzung geworden; es ist eher ein Reizwort, mit dem man die jeweiligen Feinde attackiert, oder ein Sammelruf, um die Mitstreiter um sich zu scharen, als ein Konzept, das zur Präzisierung der weiteren geistigen Auseinandersetzungen oder zu wissenschaftlichen Entdeckungen beizutragen vermag. Für die medizinisch ausgebildeten Psychiater ist es zu einer Standardformel geworden, um den von den Versicherungsgesellschaften mit ihrer Forderung nach verringerten Leistungen für die psycho-soziale Versorgung bedrohten Besitzstand wahren zu können. Für Verhaltenstherapeuten, die auf den Spuren Skinners wandeln, bezeichnet es die Anhänger der Psychoanalyse, deren Praktiken auf der Annahme ›zugrundeliegender Krankheiten‹ beruhen und nicht eine direkte Behandlung beobachtbarer Verhaltensweisen vornehmen. Für die militanten Schwarzen in den städtischen Gettos steht das ›medizinische Modell‹ für die unnützen Versuche der Verwaltung der lokalen Mental-Health Zentren, mit den tief verwurzelten sozialen Übeln fertigzuwerden, indem sie die an der Gesellschaft Zerbrochenen mit Krücken versorgt. Für Psychologen und Sozialarbeiter, die in der psycho-sozialen Versorgung tätig sind, ist es eine Formel der Verachtung im Kampf um die Frage, ob medizinische Qualifikationen für Positionen mit größerem Einfluß oder höherem Gehalt erforderlich sind. Für Soziologen, die mit der ›Labeling-Theory‹ groß geworden sind, ist das ›medizinische Modell‹ der Beleg für den engstirnigen Reduktionismus des konventionellen psychiatrischen Denkens, das sich weigert, die sozialen Kräfte bei der Entstehung und Aufrechterhaltung sozialer Abweichung zur Kenntnis zu nehmen. Bürgerrechtler sehen in ihm die Grundlage, auf der die Experten für psychische Gesundheit sich dagegen sträuben, zu erkennen, in welchem Ausmaß die psycho-sozialen Institutionen als Agenten sozialer Kontrolle fungieren. Für medizinisch wie auch nicht-medizinisch ausgebildete Psychotherapeuten ist das ›medizinische Modell‹ gleichbedeutend mit biologischen Behandlungsverfahren, besonders ›Schocktherapie‹ und Psychochirurgie, die den Geist und die Seele ihrer Patienten zu zerstören drohen. Für Psychiater, die sich der biologischen Forschung in ihrem Fach verpflichtet fühlen und die sich mit den Fortschritten bei der

Entwicklung neuer Medikamente brüsten, stellt das ›medizinische Modell‹ einen umfassenden Appell dar, zur wissenschaftlichen Medizin und in den Schoß der anerkannten medizinischen Praxis zurückzukehren.« (Klerman, 1977, S. 220f., eigene Übers.)
In diesem Zitat wird die enge Verflechtung der unterschiedlichsten Interessen im psycho-sozialen Feld, die sich hinter der Modellkontroverse verbergen, präzise benannt; dabei werden hinter den vordergründig ideologischen – aber deshalb real nicht weniger wirksamen – berufsständischen Partikularinteressen die Konturen der grundlegenden strukturellen Probleme des ›medizinischen Modells‹ in der Psychopathologie sichtbar. Um diese Vielschichtigkeit der Auseinandersetzung aufhellen zu können, ist es notwendig, die Kontroverse zunächst auf ihren harten theoretischen Kern zurückzuführen und von da aus eine Systematik zur Diskussion der widerstreitenden Argumente auf den einzelnen Ebenen zu entwickeln. In einem weiteren Schritt wird es dann möglich, die praktischen Implikationen der Auseinandersetzung exemplarisch darzustellen.

Die häufig anzutreffende Schematisierung ›medizinisches Modell‹ vs. ›sozialwissenschaftliches Modell‹ trägt zwar zur leichten Identifizierung des jeweiligen Gegners bei, verdeckt jedoch die wirklich kontroversen Punkte: weder nämlich gibt es *das* ›medizinische Modell‹, noch auch bestreiten die darunter subsumierten Vertreter der Psychiatrie die gewichtige Rolle, die der sozialen Umwelt als auslösendem Faktor einer Symptomatik, für die Aufrechterhaltung einer Störung und für die Möglichkeit einer Rehabilitation oder einer Strategie primärer Prävention zukommt; noch weniger kann man auf der anderen Seite von *dem* ›sozialwissenschaftlichen Modell‹ sprechen oder dessen Vertretern unterstellen, sie wollten die genetische Basis etwa des Down-Syndroms, die Stoffwechselstörungen der Phenylketonurie, die neurologische Basis einiger Anfallskrankheiten oder die hirnpathologischen Befunde bei präseniler Demenz leugnen.

Der entscheidende ›Gegenstand‹, der den Kristallisationspunkt für den rationalen Kern der Kontroverse bildet, sind jene Gruppen von ›*Geistes*krankheiten‹ (im Sinne von verstandesmäßiger Verwirrung und emotionaler Gestörtheit: ›Wahnsinn‹), die in der Psychopathologie unter dem Etikett 'endogene Psychosen' figurieren: die *Schizophrenien* und die Erscheinungsbilder des *manisch-depressiven Formenkreises.*

Schon im Kraepelinschen Versuch einer ätiologischen Klassifikation der psychopathologischen Syndrome nehmen diese Erscheinungsformen eine Sonderstellung ein, da für sie weder infektiöse, traumatische oder toxische Ursachen bekannt waren.

Auch nach über einem halben Jahrhundert intensiver psychiatrischer Forschung konnte die Kraepelinsche Forderung nach dem schlüssigen Aufweis einer körperlichen Ätiologie nicht eingelöst werden, was allerdings die Mehrheit der psychiatrischen Community nicht daran hindert, an der Hypothese der genetischen bzw. stoffwechselbedingten *Ursache* (und nicht nur Begleiterscheinung oder Folge psychischer und sozialer Belastungssituationen bzw. fundamentaler Störungen des Kommunikationsnetzes) von Schizophrenie und Manie festzuhalten. So werden z. B. mit Hilfe der von Bateson et al. entwikkelten double-bind Theorie »einige der in der klassischen Psychiatrie als typisch schizophren angesehene Verhaltensweisen verstehbar: das Verhalten an ausschließlich einer Kommunikationsebene (auffallend bei ›Hebephrenen‹, die sich lachend über metakommunikative Signale hinwegsetzen), das mißtrauische Suchen nach versteckten Bedeutungen (bei ›Paranoiden‹), das Wörtlichnehmen gebräuchlicher Metaphern (macht einen Teil der Unverständlichkeit schizophrener Sprache aus) und der Rückzug aus jeglicher Kommunikation (›Mutismus‹, ›Autismus‹).« (Braun 1977, S. 51)

Bei der Erklärung des gesellschaftlich signifikanten Phänomens des ›Wahnsinns‹ tritt eine Bruchstelle im »harten Kern« des medizinischen Paradigmas der Psychiatrie auf, die zeigt, daß die Anwendung des naturwissenschaftlichen Forschungsprogramms für den Bereich der Psychosen zu keinen weiterführenden Erklärungen und Voraussagen geführt hat und deshalb als *»degenerativ«* (i. S. von Lakatos, 1970) zu bewerten ist (vgl. auch Falk, 1977). Im Gegensatz dazu haben verschiedene sozialwissenschaftliche Erklärungsmodelle i. S. des Lakatosschen *Progressivitätskriteriums* Hypothesen über die sozialen (Scheff, 1973; Coulter, 1973), interpersonellen (Laing, 1969), familiären (Lidz, 1976) und kommunikationsbedingten (Watzlawick et al., 1969) Ursachen der Psychosen, insbesondere der Schizophrenie, aufgestellt (Krüll, 1977); die diesen verschiedenen Ansätzen gemeinsame Grundstruktur beruht dabei auf der Behauptung einer systematischen Zerstörung der Funktionsgrundlagen zwischenmenschlichen Verstehens, die ihre Ursache in der sozialstrukturell bedingten (sozialer Wandel, Arbeits- und Lebensverhältnisse, Familienstrukturen) Zerstörung vertrauter sozialer Beziehungen hat und damit in allen Gesellschaften als Ausdruck sozialer Entfremdungserscheinungen in ähnlicher Form auftreten kann; hier zeigt sich übrigens, daß man aus der interkulturellen Syndromähnlichkeit keineswegs zu genetischen Hypothesen gelangen muß, wie die biologische Psychiatrie dies tut.

Die Kontroverse spitzt sich so auf einen Punkt zu, an dem die Betrachtungsweise und der Erklärungsanspruch des ›medizinischen Modells‹ sowie die daraus abgeleiteten Behandlungsformen und die möglichen sozialen und politischen Folgen aus *grundlegenden* Überlegungen heraus fragwürdig werden: *zum einen* verbindet sich mit dem hartnäckigen Festhalten der Psychiatrie an der organischen Genese der Schizophrenie (und an der Behauptung genetischer Persönlichkeitsdispositionen für Psychosen/Neurosen in einigen psychologischen Ansätzen) die Befürchtung einer – auch an der Interessen- und Einflußpolitik der Psychiater ablesbaren – immer weitergehenden, politisch folgenreichen *›Medizinalisierung‹ psychischer Störungen.* Besonders krasse Beispiele hierfür sind etwa die Medizinalisierung der Legasthenie (Weinschenk, 1965), der Hyperkinese (Conrad, 1975), schulischer Probleme (Keupp, 1976), der Kriminalität und Dissozialität (Nissen, 1974; Eysenck, 1976). *Zum anderen* geht mit dieser Tendenz die zunehmende Entsubjektivierung der ›*Geistes*krankheit‹ als einer den *ganzen* Menschen in seiner sozialen Um- und Mitwelt betreffenden Problematik einher; auf diesen Gesichtspunkt haben eine Reihe phänomenologisch und psychoanalytisch orientierter Psychologen und Psychiater sowie einige existentialistisch ausgerichtete Autoren mit dem Hinweis aufmerksam gemacht, daß Psychosen mit einem eigenständigen Bedeutungsgehalt ausgestattet sind, in dem sich Wahrheiten über die gesellschaftliche Normalität und damit auch über ihre politische und soziale Struktur in einer entschlüsselbaren Symbolik kondensieren (Deleuze/Guattari, 1977). In diesem Kontext, in dem eine Medizinalisierung der Psychosen gleichzeitig als Vernichtung möglicher Erkenntnisquellen und als Verdeckung typischer sozialer Krisen aufgefaßt werden kann, wird die – am zahlenmäßig relativ bedeutungslosen Anteil der Psychosen bei allen psychisch Behinderten geführte (Klerman, 1977) – Kontroverse über das ›medizinische Modell‹ zum Entscheidungsfall hinsichtlich einer adäquaten Fassung psychischer Normalität oder Abnormität.

Diese Sichtweise beinhaltet aber auch, daß die vielen gutgemeinten Integrationsvorschläge (Halleck, 1971; Klerman, 1977; Engel, 1976; Fabrega, 1976 u. v. a. m.), die eine Verbindung der sozialwissenschaftlichen mit der medizinischen Perspektive herzustellen versuchen, zu einer theoretischen Klärung nichts beitragen. Sie stellen viel eher pragmatische Lösungsversuche für das *existierende institutionelle Nebeneinander* verschiedener Perspektiven *innerhalb* eines von Medizinern dominierten Systems psychosozialer Versorgung dar. Die Resultate solcher integrativer Bemühungen sind inzwischen bereits zum Teil in die Realität umgesetzt worden (teilweise Öffnung der Kliniken, Tages- und Nachtkliniken; beschützende Werkstätten; etc.) bzw. haben sie in die einschlägigen Reformprogramme der psycho-sozialen Versorgung Eingang gefunden (vgl. Psychiatrie-Enquête).
In letzter Konsequenz trägt diese Entwicklung aber eher zu der erwähnten Medizinalisierungsgefahr bei und harmonisiert damit den in der Kontroverse enthaltenen strukturellen und politischen (weil Herrschaftsbezüge enthaltenden) Widerspruch in praktisch folgenreicher Weise.

Um die fundamentalen Differenzen in der Kontroverse nun systematisch im Gegensatz zur bisherigen stärker problemgeschichtlichen Darstellung zu erfassen, verwende ich das *analytische Konzept* der *Perspektiven:*

»Perspektiven sind Interpretationssysteme von Wirklichkeit, die in Abhängigkeit von sie konstituierenden Metaphern und Analogien wissenschaftliche Relevanzstrukturen festlegen« (Keupp, 1976, S. 64). Dabei treten »sich auf den gleichen Wirklichkeitsausschnitt richtende Perspektiven... dann in Konkurrenz, wenn sie aufgrund unterschiedlicher Relevanzstrukturen verschiedene Bedeutungshierarchien haben, sich deshalb auch nicht mehr über den Beweischarakter von Ereignissen oder erhobenen Fakten einigen können« (Keupp, 1976, S. 64).

Mit Hilfe dieses Konzeptes wird es nun möglich, die sozialwissenschaftliche und die medizinische *Perspektive* einander gegenüberzustellen; innerhalb jeder dieser Perspektiven existieren eine Reihe verschiedener *Ansätze* (in der Psychiatrie z. B. bio-chemische Forschung, Psychopathologie, Neurologie; in den Sozialwissenschaften z. B. ›Labeling-Approach‹, Kommunikationstheorie), die sich im Rahmen eines »harten«

paradigmatischen Kerns entfalten. Im psycho-sozialen Bereich bilden sich auf der Grundlage des jeweiligen Paradigmas *typische Modelle* für folgende drei nach Siegler/Osmond (1974) analytisch unterscheidbare *Bereiche:* Forschung, therapeutische Praxis, Planung der öffentlichen Gesundheitsversorgung.

Der hier beschriebene Zusammenhang soll in folgendem Schema noch einmal verdeutlicht werden:

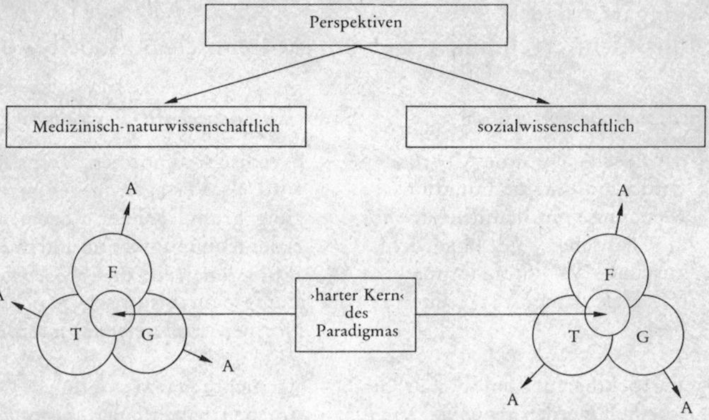

F = Modell der Forschung
T = Modell der therapeutischen Praxis
G = Modell der öffentlichen Gesundheitsversorgung
A = einzelne Ansätze

Die grundlegenden Differenzen der beiden Perspektiven im Hinblick auf den gemeinsamen Realitätsbereich ›psychische Störungen‹ bestehen vor allem in der unterschiedlichen Konstitution des relevanten Realitätsausschnittes und als Folge davon in dem unterschiedlichen Verhältnis zum Wahnsinn als dem ›Anderen‹, dem ›Unbewußten‹ der Gesellschaft (siehe Tabelle nächste Seite).

Nach diesem groben, Differenzierungen bewußt vernachlässigenden Vergleich der beiden Perspektiven will ich mich im folgenden darauf beschränken, die *strukturbildenden* Implikationen des medizinisch-psychiatrischen Paradigmas für die ›medizinischen Modelle‹ der *Forschung*, der *Therapie* und der *öffentlichen Gesundheitsversorgung* zu diskutieren.

Die Beschränkung auf das medizinische Paradigma begründet sich durch die Heterogenität und Vielfalt der sozialwissenschaftlichen Bemühungen, die in den meisten Fällen die Stufe paradigmatischer, ›reifer‹ Wissenschaft im Sinne Kuhns noch nicht erreicht haben und deren Einfluß auf die psycho-soziale Versorgung erst in Ansätzen erkennbar ist.

In Anlehnung an Überlegungen des Wissenschaftshistorikers T. S. Kuhn (1967; 1969) lassen sich wissenschaftliche Aussagensysteme durch ihre metaphysisch-axiomatischen Hintergrundannahmen, ihren kognitiven Gehalt und die soziale Bestätigung der Geltung ihrer Aussagen durch die Mitglieder der scientific community charakterisieren (Masterman, 1970; Weingart, 1976).

Inhaltlich verschränken sich im ›medizinischen Modell‹ Vor-

medizinische Perspektive	*sozialwissenschaftl. Perspektive*
– psychisch abnormes Verhalten wird als *objektive* Funktionsabweichung vom ›natürlichen‹ homöostatischen Gleichgewichtszustand des Organismus aus (C. Dale King, 1954) interpretiert.	– psychisch abnormes Verhalten wird als Versagen in der Befolgung grundlegender Regeln sozialer Kommunikation und Interaktion einerseits und als Abweichung von historisch variablen Normen andererseits interpretiert.
– Verrücktheit und emotionale Gestörtheit werden als *kontextfreie, nicht verstehbare und nicht-einfühlbare*, aber aufgrund organischer Traumata, Läsionen, genetischer Strukturdefekte oder fehlregulierter physiologischer Prozesse *erklärbare* Symptome angesehen	– Verrücktheit und emotionale Gestörtheit haben einen *Eigenwert als im Wege eines kontextbezogenen Verstehens rekonstruierbare Symptome*, die Träger von lebensgeschichtlich (idiosynkratisch) wie gesellschaftlich relevanten (typischen) Bedeutungselementen sein können.
– Der Nachweis psychischer Abnormität wird durch die Reduktion auf empirisch meßbare Naturtatsachen (Viren, Stoffwechselanomalien) geführt.	– Der Nachweis psychischer Abnormität wird durch den Bezug auf die gesellschaftliche Reaktion auf die Verletzung der ›harten‹ symbolischen Realität, die die gesellschaftlichen Verhältnisse im Zusammenleben regeln, geführt; darin ist enthalten, daß die Def. von psychischer Abnormität Resultat einer durchaus materiell bedingten ›gesellschaftlichen Konstruktion der Wirklichkeit‹ (Berger/Luckmann) ist.

stellungen über Normalität/Abnormität, Gesundheit/Krankheit, über das Verhältnis beider zueinander, über Auslöser der Krankheit, über Krankheitsursachen, spezifische Verlaufsformen, über Strategien zur Heilung und Kriterien zur Bewertung des therapiebedingten Behandlungserfolgs. In Anwendung auf den ›harten Kern‹ des medizinisch-naturwissenschaftlichen Paradigmas für den Bereich der Psychopathologie ließen sich dann folgende Merkmale formulieren:

(a) Psychische Krankheit ist von psychischer Gesundheit *qualitativ* verschieden, es besteht eine *Diskontinuität* zwischen Normalität und Abnormität.

(b) Die Phänomene abnormer Erlebnis- und Verhaltensreaktionen lassen sich in *voneinander abgrenzbaren Krankheitseinheiten* mit einem prognostizierbaren *typischen Verlauf* klassifizieren.

(c) Jedes psychopathologische Krankheitsbild manifestiert sich in einer Reihe von substantiellen (und akzidentiellen) *Symptomen*, denen *ursächlich* eine *individuelle* organisch fundierte Disposition zugrundeliegt.

(d) Wenn auch als Auslöser psychischer Krankheiten externe Faktoren (soziale, familiäre, lebensgeschichtliche) in Frage kommen, so sind die *Ursachen* körperlicher Natur.

(e) Psychische Krankheit ›befällt‹ ein Individuum, ohne daß es sich willentlich dagegen wehren oder für sein Verhalten zur Verantwortung gezogen werden könnte.

Der Verlauf der psychischen Krankheit ist durch einen *objektivierbaren und naturwissenschaftlich erklärbaren Prozeß* gekennzeichnet.

(f) Psychische Krankheit kann nur durch medizinisch ausgebildete Experten diagnostiziert, mit Hilfe medizinisch-psychologischer Verfahren und nach den Regeln ärztlicher Kunst behandelt werden.

Auf der Basis dieser für das »medizinisch-naturwissenschaftliche« Paradigma abstrahierten Grundannahmen haben sich in der Entwicklung der Forschungspraxis, der klinisch-therapeutischen Arbeit und im öffentlichen Gesundheitswesen jeweils auf spezifische Schwerpunkte des Paradigmas konzentrierte oder um zusätzliche Annahmen erweiterte (analytisch abstrahierbare) ›medizinische Modelle‹ herausgebildet. Eine Analyse dieser Modelle soll dazu beitragen, einige ihrer bedeutsamen

Folgen für den psycho-sozialen Bereich herauszustellen und im Hinblick auf die Kontroverse um das ›medizinische Modell‹ die von Shagass in kritischer Absicht gestellte Frage zu beantworten: »Ist das ›medizinische Modell‹ für die Fehlschläge und Irrtümer der Psychiatrie verantwortlich?« (Shagass, 1975, S. 408).

Bei dieser Analyse kann ich im vorgegebenen Rahmen nicht das gesamte Spektrum der in der Literatur geführten Diskussion berücksichtigen; die Kontroverse ist ohnehin von einem einzelnen kaum mehr zu überblicken. Nach der Durchsicht von weit über 200 Arbeiten lassen sich jedoch ohne Anspruch auf Vollständigkeit folgende Ebenen und Thematiken der Auseinandersetzung stichwortartig benennen:

– Auf der Ebene einer öffentlichen politischen, v. a. auch von Laien getragenen Kritik an der Psychiatrie wird die Dehumanisierung der Geisteskranken durch das ›medizinische Modell‹ und die aus ihm folgenden Praktiken angeprangert (z. B. Szasz, 1973; 1976; Dörner/Plog, 1972; Dullinger, 1974); Stichpunkte der Kritik sind dabei: Freiheitsberaubung durch Kasernierung, Elektroschocks und Psychochirurgie; Ruhigstellung durch Psychopharmaka; Verschlimmerung der Krisen durch soziale Isolation der Patienten; Ausnützen der Kranken in der ›Arbeitstherapie‹.

– Im Hinblick auf die Bestimmung von psychischer Normalität und Abnormität ist das Verhältnis der Gesellschaft zum Wahnsinn als historisch variabler Diskurs (Foucault, 1969) interpretiert worden; in der Anti-Psychiatrie (Laing, 1969; Cooper, 1976) dagegen wurde das Pathologiemodell, letztlich ahistorisch und undialektisch (Gleiss, 1975; Jacoby, 1975), umgekehrt, wie das Schlagwort von der ›abweichenden Mehrheit‹ anzeigt. In einer stärker auf die Probleme psychotherapeutischer Praxis ausgerichteten Diskussion wird das Normalitätsproblem vor allem im Hinblick auf die Vorstellungen von einer ›gesunden Persönlichkeit‹ (z. B. White, 1973) diskutiert; dabei spielen vielfach entwicklungspsychologische und kompetenztheoretische Ansätze, die über das rein funktionale Denken des ›medizinischen Modells‹ hinausgehen, eine große Rolle (z. B. Döbert/Nunner-Winkler, 1974).

– Im Kontext der Diskussion um das öffentliche Gesundheitswesen werden v. a. folgende Thematiken behandelt: (1) Das ›medizinische Modell‹ als Legitimationsideologie für den Erhalt ärztlicher Standesprivilegien (z. B. Szasz, 1961; Freidson, 1975). (2) Das ›medizinische Modell‹ als Paradigma für eine nur kurativ ausgerichtete psycho-soziale Versorgung (Dörner, 1975; Mechanic, 1975); damit steht (3) in Zusammenhang, daß das ›medizinische Modell‹ eine ungeeignete Handlungsorientierung für eine Gemeindepsychiatrie und die Entwicklung therapeutischer Gemeinschaften darstelle (z. B. Hoffman/Singer, 1977; Margolis, 1977). (4) Das ›medizinische Modell‹ in seinen gesellschaftlichen Konsequenzen: Erweiterung der sozialen Kontrolle (z. B. Zola 1972; Basaglia/Basaglia-Ongaro, 1972), Medizinalisierung der Gesellschaft (z. B. Wildavsky, 1977), Psychiatrisierung sozialer Konflikte (z. B. Scull, 1977; Gerson, 1976; Wulff, 1972), sozialpolitisch relevante Festlegung der Behandlungsbedürftigkeit im Sozialrecht (z. B. Dannecker, 1968).

– Mit Bezug auf die Rolle des ›medizinischen Modells‹ bei der Ausbildung von Psychiatern/Psychologen werden v. a. folgende Probleme diskutiert: Einengung professioneller Sichtweisen, Herausbildung einer ärztlichen Standesideologie und Aufrechterhaltung einer spezifischen Machtbeziehung zum Klienten (z. B. Halleck, 1976). Diesen negativen Folgen des ›medizinischen Modells‹ werden Modelle einer professionsübergreifenden und arbeitsfeldspezifischen Ausbildung entgegengestellt (z. B. das Ausbildungsmodell der DGSP).

– Auf der Ebene der wissenschaftlichen Diskussion stellt sich vorrangig das Problem der Angemessenheit des ›medizinischen Modells‹ für psychische Störungen. Dabei versuchen einige Autoren durch eine Spezifizierung des Geltungsbereichs die legitimen Anwendungsbedingungen des ›medizinischen Modells‹ herauszuarbeiten (z. B. Klerman, 1977) durch eine Erweiterung um soziale Faktoren sozialepidemiologischen Befunden gerecht zu werden (z. B. die Autoren der Psychiatrie-Enquête) oder Interaktionskonzepte für die Entstehung psychischer Störungen zu entwickeln (z. B. Moss, 1973; Engel, 1976). Andere Autoren versuchen auf dem Hintergrund sozialwissenschaftlicher Überlegungen eine Krankheitstheorie zu formulieren, die in ihrer Differenzierung zwischen ›disease‹ (rein somatisch) und ›illness‹ die lebensweltlichen Bezüge und die sozialen Ursachen, Begleiterscheinungen und Konsequenzen psychischer Störungen miteinbezieht (z. B. Fabrega, 1974; 1976; Eisenberg, 1977). Die Arbeiten der letztgenannten Autoren versuchen dabei die Dichotomie zwischen rein somatischen Ansätzen der Psychiatrie (z. B. Kety, 1974) und soziologischen Konzeptionen (z. B. Scheff, 1973) aufzuheben und damit auch methodologische Kontroversen über die ›Naturwissenschaftlichkeit‹ der Psychopathologie (vgl. Güse/Schmacke, 1976) oder das meist sprachanalytisch abgehandelte ›Leib-Seele‹ Problem (z. B. Stevenson, 1977) überflüssig werden zu lassen. Die Problematik der gesellschaftlich produzierten Materialität psychischer Störungen wird v. a. in der marxistischen Diskussion auf dem Hintergrund eines Widerspiegelungskonzeptes angegangen (z. B. Thom/Weise, 1973; Maiers, 1975).

Das ›medizinische Modell der Forschung‹ in der Psychopathologie

Dieses Modell setzt praktisch folgenreiche Rahmenbedingungen (1) für die Prozesse der Erkenntnisgewinnung, (2) für die Organisation des Forschungsprozesses und (3) für die Ausbildung der im psycho-sozialen Bereich tätigen Professionen.

ad (1) Spätestens seit dem Ende des 19. Jh.s (Dörner, 1975) tritt die Psychiatrie mit dem *Anspruch* einer Naturwissenschaft auf. Das biomedizinisch-naturwissenschaftliche Forschungsprogramm, an dem sie sich orientiert, weist – grob schematisiert – folgende Merkmale auf:

(a) Beschränkung auf objektivierbare Beobachtungsdaten;
(b) Versuch der Reduktion von Erleben und Verhalten auf zugrundeliegende somatische Prozesse und genetische Dispositionen;
(c) Methodologischer Individualismus als Forschungsstragetie
(d) Anwendung der experimentellen Vorgehensweise zur Ermittlung kausaler oder statistisch belegbarer Bedingungsgefüge;
(e) Anwendung des Falsifikationsprinzips als in der ›Community‹ anerkanntes (bzw. idealiter erstrebtes) Verfahren zur Geltungsüberprüfung von Hypothesen.

Versucht man zunächst diesen Anspruch im Hinblick auf die Anwendung bei psychischen Störungen zu diskutieren, dann läßt sich für die dominante, an Kraepelin orientierte Psychiatrie sagen: »Kennzeichnend für Kraepelins Psychiatrie ist nicht primär die naturwissenschaftliche Arbeitsweise, sondern der Anspruch, Psychiatrie als Naturwissenschaft zu betreiben. Der ›Modellfall Paralyse‹ wird zum Ausgangspunkt einer unbeirrbaren Hoffnung, mit anatomischen, histologischen, biochemischen und genetischen Methoden zur Auffindung abgrenzbarer Krankheitseinheiten gelangen zu können« (Güse/Schmacke, 1976, S. 180).

Weder ist die Forderung nach Objektivität eingelöst worden, noch ist das auf einem Konsensus der ›Community‹ beruhende Klassifikationsverfahren reliabel (vgl. hierzu die Studien von Rosenhan, 1975). Das schon wissenschaftstheoretisch problematische Reduktionsverfahren (Hellerich/Wambach, 1977) hat bislang eine direkte Kausalbeziehung zwischen Disposition und Verhalten nicht ermitteln können (mangelnde Validität). Die Anwendung experimenteller Verfahren und die Kontrolle durch das Falsifikationsprinzip finden sich nur selten in der Psychiatrie. Diese geringe Befolgung methodologischer Normen und die vor allem in der Psychosenforschung äußerst dürftigen Forschungsergebnisse können nicht einfach auf den noch jungen Status der Psychiatrie zurückgeführt werden, sondern lassen sich viel eher als Hinweis dafür interpretieren, daß das ›medizinische Modell‹ als Forschungskonzeption für den gesamten Bereich der Psychiatrie an der Sperrigkeit seines Gegenstandes gescheitert ist. In einer inhaltlichen Kritik erweist sich, daß das reduktionistische Forschungsprogramm den »Doppelcharakter von Krankheit« darzustellen, nämlich »organisches Prozeßgeschehen und soziale Lebensform« (Keupp, 1976, S. 169ff., 204ff.) zugleich zu sein, systematisch verfehlt.

Trotz dieser offensichtlichen Schwierigkeiten mit dem naturwissenschaftlichen Anspruch hat das ›medizinische Modell‹ in der psychiatrischen Forschung nichts von seiner Reputation eingebüßt, und das, obwohl die Konzeption der ›substanziellen Krankheitseinheiten‹, die auf Sydenham zurückgeht, nur bei Infektionskrankheiten eine reale Grundlage hat (Wieland, 1975, S. 111). Die Naturwissenschaft wird so bei Kraepelin und seinen Nachfolgern »zur stützenden Ideologie« (Güse/Schmacke, 1976, S. 182) des psychopathologischen Klassifikationssystems mit seiner typischen Subsumtionslogik.

Verfolgt man bei diesem Klassifikationssystem die Ausdifferenzierung der einzelnen Diagnosen, so läßt sich ein ›wissenschaftliches‹ Verfahren ausmachen, das alle jeweils neu auftretenden Erscheinungsbilder unter die bekannten Hauptsymptome zu subsumieren versucht, entweder, indem neu auftretende Erscheinungen zu akzessorischen Symptomen erklärt werden, oder aber, indem ein neues Krankheitsbild bzw. eine Unterklassifikation eines alten geschaffen wird. Die Psychopathietypen K. Schneiders sind dafür beredtes Beispiel. Dieses Vorgehen – mit gutem Recht als Etikettenschwindel zu bezeichnen – hat auch einen bedeutenden Einfluß auf die klinische Psychologie ausgeübt; vor allem im Anschluß an Kretschmer ist dieses Klassifikationsbemühen in die ältere Persönlichkeitspsychologie gelangt und hat sich bis in die neuere Entwicklung einer auf faktorenanalytischen Studien aufbauenden Persönlichkeitsforschung fortgesetzt; als besonders typisches, aber auch problematisches Beispiel kann hier der Eysencksche Versuch einer Typologie von Personen anhand der Neurotizismus/Psychotizismus-Dimensionen gelten.

Als folgenreiches Resultat der medizinischen Perspektive werden – so läßt sich zusammenfassend sagen – *erstens* Fragestellungen nur in einer bestimmten Richtung und im Kontext des bisher angesammelten medizinischen Wissens formulierbar, *zweitens* die Schwellen der Wahrnehmung anderer als biologischer (z. B. gesellschaftlicher) Bedingungsverhältnisse heraufgesetzt und *drittens* Phänomene, die die Erklärungskapazität des ›medizinischen Modells‹ überfordern, als peripher bewertet. Tendenziell führt dies alles zusammengenommen zu einer sukzessiven Verringerung der Chancen alternativer Ansätze.

ad (2) Im Hinblick auf die Forschungsorganisation impliziert das ›medizinische Modell‹ eine Ausgrenzung von alternativen Ansätzen auch dadurch, daß als relevante Forschung nur solche Ergebnisse wahrgenommen werden, die im Rahmen medizinischer Fakultäten und durch Mediziner gewonnen wurden. Dabei existiert innerhalb der Psychiatrie noch einmal ein weiterer Selektionsmodus, der die Reputation der Forschungsarbeiten danach bewertet, wie nahe sie am biomedizinisch-naturwissenschaftlichen Ideal sind: so haben Psychiater, die auf dem Gebiet der bio-chemischen oder genetischen Forschung arbeiten, das höchste Ansehen, da sie am exaktesten vorgehen und am nächsten an den paradigmatisch gesetzten *Ursachen* psychischer Störungen dran sind; Psychiater, die nur auf dem Gebiet der psychopathologischen Klassifikation arbeiten oder sich gar ›nur‹ mit Sozialpsychiatrie beschäftigen, haben hier weit geringeres Ansehen. Daran hat innerhalb der ›Community‹ auch die Forderung Dörners, »Psychiatrie ist soziale Psychiatrie oder sie ist keine Psychiatrie« (Dörner/Plog, 1972, S. 8), leider noch nicht viel geändert.

Die hier nur kurz aufgezeigten Mechanismen sind für Entwicklungen innerhalb einer paradigmatischen Wissenschaft nicht untypisch, wie viele wissenschaftssoziologische Analysen zeigen (Weingart, 1972); dabei ist es wahrscheinlich, daß *innerhalb* dieser paradigmatischen Ansätze eine Neuorientierung kaum möglich ist, da die Wahrnehmungsschwellen für andere mit dem Paradigma inkongruente Phänomene bereits unübersteigbar hoch erscheinen.

ad (3) Im Hinblick auf die Ausbildung der Psychiater und ganz allgemein der im psycho-sozialen Bereich Beschäftigten führt das ›medizinische Modell‹ *zum einen* zu einer Festigung klassifikatorischen, etikettierenden Denkens (vgl. Halleck, 1976), zu einer einseitigen Orientierung an medizinischen Techniken und zu einer im Bereich der Praxis feststellbaren Leugnungsstrategie für das, was der Patient selbst vorbringt; letzteres zeigt sich z. B. daran, daß nur die Formen der Störung (Verwirrtheit, inkohärentes Sprechen etc.), aber nicht die Inhalte zum Gegenstand der Untersuchung werden. *Zum anderen* führt das ›medizinische Modell‹ zur Herausbildung der ärztlichen Standesideologie mit ihren hierarchischen Wahrnehmungsmustern – ein Faktum, das sowohl einer interdisziplinären Zusammenarbeit als auch einer unvoreingenommenen Problemwahrnehmung im psycho-sozialen Feld entgegensteht.

Das ›medizinische Modell der Therapie‹ in der Psychopathologie

Dieses Modell setzt praktisch folgenreiche Rahmenbedingungen (1) im Hinblick auf das Verhältnis zum ›Patienten‹, (2) bezüglich der Bewertung des Erlebens und Verhaltens, (3) hinsichtlich des ›Gegenstands‹ der Behandlung und (4) für die Entwicklung therapeutischer Strategien.

ad (1) Parsons (1951) hat mit seiner Konzeptualisierung der Krankenrolle als eines gesellschaftlichen Sonderstatus zugleich auch die wesentlichen Konsequenzen des ›medizinischen Modells‹ beschrieben: der Betroffene wird für seine Krankheit nicht als verantwortlich angesehen und deshalb zeitweilig von seinen üblichen Rollenverpflichtungen entbunden. Diesen Rechten stehen die Verpflichtungen zur Krankheitseinsicht und zur Kooperation mit dem Arzt zur Seite. In bezug auf psychische Störungen wird mit der Zuschreibung der Krankenrolle zunächst die Besonderung vollzogen, der der Eintritt in ein besonderes Macht- und Gewaltverhältnis folgt. Gerechtfertigt wird dieser schwerwiegende Eingriff in das Leben des Patienten mit der »ärztlichen Fürsorgeideologie« (Jervis, 1978, S. 108), die sich darauf beruft, zum Wohle des Patienten (stellvertretend für ihn) zu handeln. In dieser »paternalistischen« (Jervis) Ideologie, die mit der latenten Unterstellung therapeutischer Allmacht verknüpft ist, liegt eine der Wurzeln des ›therapeutischen Blicks‹.

ad (2) Nur scheinbar ist das ›medizinische Modell‹ in der Psychopathologie frei von Wertungen (vgl. Falk, 1977, S. 298). Die Suche nach den häufig nur unterstellten somatischen und anlagebedingten objektiven Krankheitsmerkmalen vermag die Tatsache nur notdürftig zuzudecken, daß im Prozeß der Diagnose das Verhalten der betreffenden Person bereits so, nämlich als auffällig, abweichend, bewertet ist, wie dies die Alltagshandelnden, die Familienmitglieder und die Institutionen der sozialen Kontrolle (Polizei) schon *vor* der eigentlichen medizinischen Diagnose getan haben: das gesellschaftlich unerwünschte Verhalten wird in eine psychopathologische Krankheitskategorie umdefiniert, bewertet und damit als gesellschaftliche Devianz bestätigt und festgeschrieben, die dann mit der Zuschreibung des Krankenstatus auch noch bestraft wird.

ad (3) Gegenstand der Behandlung ist nun aber nicht das in Frage stehende Verhalten der Person, sondern im Kontext des ›medizinischen Modells‹ eine Disposition; die Verhaltensweisen werden zu Eigenschaften verdinglicht. Daß in der Person, in »ihrer Art zu denken und zu fühlen ›etwas anderes‹ sei, bleibt stets eine Hypothese. Eben weil sie so zerbrechlich ist, verweist diese Hypothese immer wieder auf Wertung der Person, und zwar der Person insgesamt, nicht nur ihres mehr oder weniger zufälligen Verhaltens.« (Jervis, 1978, S. 79). Dabei wird dieses deviante (siehe oben ad [2]) Verhalten dem Klienten »als sein natürliches individuelles ›Wesen‹ zugeschrieben: *folglich* werden alle seine Handlungen als unvermeidlich mit Devianz durchtränkte Handlungen betrachtet... Der Kodex der Devianz bezieht sich in diesem Fall auf eine *naturalistische* Ideologie. Der Einfluß des medizinischen Positivismus auf die europäische Psychiatrie und Kriminologie im letzten Jahrhundert hat so... zur Verstärkung dieser Tendenz beigetragen, daß Begriffe wie ›Hangtäter‹ oder ›degenerierter Psychopath‹ bis heute überlebt haben.« (Jervis, 1978, S. 75/76). So werden einzelne Verhaltensweisen einer Person zunächst aus ihrem lebensgeschichtlichen und situationsabhängigen Zusammenhang isoliert, zu Dispositionen verdinglicht und anschließend für das Ganze genommen; schließlich werden diese Dispositionen auch noch (unbewiesen) zu biogenetischen Merkmalen erklärt. Nicht der ganze Mensch mit seinen sozialen Bezügen, Nöten und Wünschen, sondern der Körper, seine zur ›Person‹ hypostasierten anlagebedingten Eigenschaften werden Gegenstand einer entsubjektivierenden und die Würde der ganzen Person verachtenden Behandlung.

ad (4) In den isolierenden, individualisierenden und organzentrierten Behandlungsstrategien kommen zentrale Merkmale des ›medizinischen Modells‹ in der Psychopathologie zum Ausdruck. Mit der Orientierung an der psychopathologischen

Subsumtionslogik geht ein isolierendes Falldenken und ein normativ ordnendes Klassifizieren einher, das eine situationsangemessene und lebensweltliche Bezüge erfassende Vorgehensweise ausschließt.

Als eine weitere Folge verbindet sich mit der Annahme anlagebedingter ›Neigungen‹ zu psychischen Störungen ein therapeutischer Pessimismus, der sich in den kustodialen Praktiken, der Gabe ruhigstellender Pharmaka und einer prinzipiellen Unterbewertung der individuellen Entwicklungs- und Leistungsmöglichkeiten in den stumpfsinnigen Beschäftigungen der Arbeitstherapie ausdrückt.

Das ›medizinische Modell der öffentlichen Gesundheitsversorgung‹

Dieses Modell setzt praktisch folgenreiche Rahmenbedingungen (1) für die Strategien der Gesundheitspolitik, (2) für die Definition von psychischer Krankheit und Gesundheit in der Kranken- und Sozialversicherung, (3) für die Ermittlung des Bedarfs an psycho-sozialen Versorgungseinrichtungen, (4) für die Organisation und Institutionalisierung des Systems psycho-sozialer Versorgung und (5) für die Forschungsförderung im Bereich psychischer Störungen.

Die im Hinblick auf die Gesundheitsversorgung zentralen Gesichtspunkte dieses speziellen ›medizinischen Modells‹ betreffen die *Individuumszentrierung*, die *kurative Konzeption* und die vorrangige *Medizinerverantwortlichkeit.*

ad (1) Ohne hier allgemein auf die Strategien staatlicher Sozial- und Gesundheitspolitik eingehen zu können (Ferber/Kaufmann, 1977; Badura/Gross, 1976), läßt sich eine zentrale, vom ›medizinischen Modell‹ begünstigte Strategie hervorheben: durch den Verweis auf anlagebedingte Ursachen psychischer Störungen wird die Individualisierung des Problems möglich. Diese Strategie der den Individuen zugemuteten Verhaltensänderung bzw. einer Behandlung des erkrankten Individuums zeigt sich z. B. in der Forderung nach gesundheitsgerechtem Verhalten und – im psycho-sozialen Bereich – der Förderung der Entwicklung von Verhaltensprogrammen (Rauchen, Alkoholismus, Drogen, etc.), Elterntrainings, Gesundheitsparks, etc. Damit trägt das ›medizinische Modell‹ sowohl auf ideologischer Ebene als auch durch seine konkrete Praxis dazu bei, die Administration von der möglicherweise legitimationskritischen und bestandsgefährdenden Untersuchung sozialer Ursachen zu entlasten und enthebt sie der aufwendigen Inangriffnahme einer Präventionsstrategie, die auf der Grundlage einer ursächlich ansetzenden Sozialepidemiologie zu entwickeln wäre, deren Blickrichtung nicht ausschließlich aufs Individuum zielt.

ad (2) Eng verknüpft mit dieser Individualisierungsstrategie ist die Rolle des ›medizinischen Modells‹ für die kranken- und sozialversicherungsrechtliche Definition ›psychischer Abweichung‹, die ja die Grundlage für administrative Hilfsmaßnahmen bildet (vgl. Barbara Riedmüller in diesem Band). Dies läßt sich vor allem am Rehabilitationsbegriff und am Präventionsbegriff zeigen. In der Rechtsprechung hat der medizinische Krankheitsbegriff die Konsequenz, daß ›Krankheit‹ sich immer nur auf eingetretene Folgen einer beweisbaren (d. h. praktisch durch *Mediziner* bestätigten) Abweichung bezieht und somit Prävention ausschließt. Die Verknüpfung der Individualisierung im ›medizinischen Modell‹ mit dem sozial-ökonomischen Interesse an einer möglichst kostensparenden Behandlung fließt in der juristischen Bestimmung von Krankheit zusammen: dort bezieht sie sich auf »körperliche und geistige Regelwidrigkeiten, mit der Folge entweder der Heilbehandlung oder der Arbeitsunfähigkeit«. Eng mit dem juristischen ist der versicherungsrechtliche Krankheitsbegriff verbunden, der »durch das versicherte Risiko bestimmt« ist (Peters, 1959, S. 295). Auch hier ist Prävention ausgeschlossen bis auf diejenigen Fälle,

»in denen die Beseitigung von Mängeln in fortgeschrittenem Alter nicht mehr möglich sein wird, der Betroffene vielmehr entweder nur noch beschränkt oder überhaupt nicht mehr im Arbeitsprozeß stehen kann« (Peters, 1959, S. 297): nur dort »...wird man aus wirtschaftlichen Gründen schon dann von einer Behandlungsbedürftigkeit und damit einer Krankheit im Sinne der GKV sprechen müssen, wenn diese Mängel nach allgemeiner oder medizinischer Erfahrung und Erkenntnis mit an Sicherheit grenzender Wahrscheinlichkeit zu späterer Behandlungsbedürftigkeit oder gar Arbeitsunfähigkeit führen werden« (Peters, 1959, S. 298).

Im Hinblick auf die institutionelle Einbeziehung psychischer Störungen führt das ›medizinische Modell der öffentlichen Gesundheitsversorgung‹ in ein strukturelles Dilemma: obwohl heute die Mehrzahl der Psychologen und Sozialpädagogen – zumindest verbal – das *Krank*heitsmodell ablehnen, müssen sie gleichzeitig, um Leistungen aus der GKV in Anspruch nehmen zu können, eine Erweiterung eben dieses Krankheitsmodells fordern.

Die Politik der klinisch-psychologischen Standesverbände richtet sich auf eine solche Einbeziehung psychischer Störungen in die Leistungen der GKV (sie orientieren sich dabei an dem verwaschenen WHO-Konzept), um somit ihren Gewinnanteil auf dem Gesundheitsmarkt abschöpfen zu können, was bisher ja nur den Psychoanalytikern gelungen ist.

Eine solche Entwicklung bringt jedoch mehrere problematische Folgeerscheinungen mit sich: erstens eine Verfestigung der kurativen Orientierung durch die Bezugnahme auf eingetretene Schädigungen, zweitens eine weitere Stärkung der marktmäßigen und dienstleistungsorientierten Versorgung und drittens die Gefahr einer noch weitergehenden Medizinalisierung.

ad (3) Im Hinblick auf die Ermittlung des Bedarfs an psycho-sozialen Einrichtungen stellt das ›medizinische Modell‹ die Weichen für das, was überhaupt als Problem von Klienten anerkannt wird (Modell der expertendefinierten Bedürfnisse). Ein Anknüpfen an sozialen Krisenbereichen einerseits und an individuellen Entfremdungserfahrungen andererseits wird dadurch erschwert. Folge davon kann ein völliges Vorbeigreifen der administrativen Planung an den wirklichen Problemen der Betroffenen sein (diese Gefahr ist z. B. bei den Vorschlägen der Psychiatrie-Enquête in hohem Maße gegeben).

ad (4) Für die Organisation der psycho-sozialen Versorgung bringt das ›medizinische Modell‹ zwei zentrale Folgeerscheinungen mit sich: Zum einen bietet es sich als *das* psycho-soziale Versorgungsparadigma (Somatotherapie und ›custodial care‹) für die unteren Sozialschichten an (vgl. dazu Gleiss/Seidel/Abholz, 1973). Jervis gibt für diese sozialpolitisch weitreichende Tatsache folgende Begründung:

»...für die unterprivilegierten Patienten empfiehlt es sich die alte Zwangspsychiatrie beizubehalten, bei den an Neurosen leidenden Angestellten, Technikern und Intellektuellen dagegen ist eine lange und teure Therapie wie die Psychoanalyse durch den Wert einer qualifizierten Arbeitskraft (die *wieder*herzustellen sich lohnt) gerechtfertigt« (Jervis, 1978, S. 56).

Zum zweiten trägt das ›medizinische Modell‹ zu einer noch stärkeren Festigung der Medizinerprofession bei.

So wird etwa in der Psychiatrie-Enquête noch immer der niedergelassene Nervenarzt als Säule der psycho-sozialen Versorgung betrachtet. Diese ärztliche Dominanz definiert dann auch weitgehend die Sichtweisen und Praktiken im psycho-sozialen Sektor und bestimmt die öffentlichen Thematisierungen des Problems psychischer Abweichung und verhindert damit tendenziell eine gemeindenahe, zugehende und für interpersonelle und soziale Probleme sensible Praxis. Damit aber die Forderung nach einer solchen alternativen Praxis nicht abstrakt bleibt, müssen im gemeindenahen Erfahrungsfeld neue Formen des Bezugs auf problembeladene Menschen entwickelt und damit einhergehend ein verändertes Berufsselbstverständnis erarbeitet werden.

ad (5) Im Hinblick auf die Forschungsförderung ergeben sich folgende Entwicklungstendenzen: *erstens* wird der Löwenanteil öffentlicher Forschungsmittel an medizinische Forschungseinrichtungen vergeben, *zweitens* wird Ursachenforschung mit dem hinsichtlich psychopathologischer Phänomene degenerativen Forschungsprogramm einseitig auf organische Ursachen gerichtet, und schließlich wird drittens die Therapieforschung vorrangig auf Projekte der Gesundheitsverhaltensforschung und der individuellen Behandlung und Rehabilitation gelenkt.

Das ›medizinische Modell‹ in Aktion

Das aufgeblähte Klassifikationssystem der Psychopathologie, gleich ob es – wie von der Mehrzahl der Psychiater – als kohärenter Rahmen zur Abgrenzung von Krankheitseinheiten betrachtet, oder ob es – wie von einigen skeptischen Fachvertretern – lediglich als pragmatisches Kommunikationssystem angesehen wird, hat für die darunter subsumierten Personen katastrophale Folgen.
Die im ›medizinischen Modell‹ der Psychopathologie entwickelten Symbole schaffen eine Realität, auf deren Grundlage der Psychiater allererst therapeutisch tätig werden kann; und diese symbolische Realität, mit der bizarres Verhalten und unverständliches Erleben etikettiert wird, erweist sich – ist das Etikett ›Geisteskranker‹, ›Schizophrener‹, ›Maniker‹ einmal

aufgeklebt – von ausgesprochener Handfestigkeit, wird es doch von Sonderbehandlung, Ausstoßung und Internierung gefolgt.

In der von Lemert, Goffman, Becker, Scheff, Matza, Schur, Coulter und anderen entwickelten sog. Labeling-Theory abweichenden Verhaltens sind jene Prozesse der sozialen Konstruktion von Abweichung als Zuschreibung spezifischer Identitäten präzise beschrieben worden. Das ›medizinische Modell‹ in der Psychopathologie stellt geradezu einen idealtypischen Fall dar, an dem sich zeigen läßt, wie für die Alltagshandelnden uneindeutige, störende und inkompetente Verhaltensweisen ihrer Interaktionspartner (›primäre Abweichung‹ bei Lemert oder präziser ›Residualabweichung‹ bei Scheff) in eine gesellschaftlich handhabbare Form gebracht werden. Gelingt es den Alltagshandelnden *nicht*, das ungewöhnliche Verhalten der betreffenden Person zu ›normalisieren‹ und auf verständliche Motive aus dem Wissen über das Leben des Betroffenen zurückzuführen, dann wird dieser für verrückt erklärt und damit den zuständigen Institutionen der Psychiatrie überantwortet. Statt nun aber die Person als Individuum ernst zu nehmen, bringt die über das ›medizinische Modell‹ vermittelte Handlungsperspektive den Psychiater dazu, nach signifikanten Merkmalen zu suchen, die eine Zuordnung zu den psychopathologischen Krankheitseinheiten ermöglicht; dies führt tendenziell zur kritiklosen Übernahme des schon alltagsweltlich ausgeteilten Etiketts ›verrückt‹ und leitet damit jene »Karriere des Geisteskranken« (Goffman, 1973) offiziell ein, die in den »degradation ceremonies« (Garfinkel, 1956), in den psychiatrischen Institutionen fortgesetzt wird.

Im Gegensatz zu einer Hypothese, die zurückgenommen, korrigiert oder durch eine andere Hypothese ersetzt werden kann, schafft eine Diagnose *Folgen*, die als solche nicht mehr ungeschehen gemacht werden können. Die aktenkundige Diagnose wird somit zur ersten Station im weiteren Prozeß der Krankenkarriere. Gegen diesen Prozeß der sozialen Konstruktion einer neuen ›Identität‹ durch die Diagnose (Daniels, 1970), die einer rhetorischen Auferlegung von Krankheit (Freidson) gleichkommt, befindet sich der so Etikettierte in einer double-bind Situation: »Was immer der Patient sagen mag oder auch tun mag, kann zum Symptom gemacht werden« (Freidson

1975, S. 20). Am Ende steht der in seiner Identität durch die ›Karriere‹ in den Institutionen zerbrochene Patient mit den äußeren Anzeichen der Anstaltspsychose.

Versucht man am Ende dieses Abschnittes zu einer Einschätzung der Auswirkungen der Modelldiskussion zu gelangen, so bietet sich – stark verkürzt – folgendes Bild:

Obgleich die Kontroverse in der Literatur mit unverminderter Heftigkeit andauert (Übersichten bei Keupp, 1972a, b; Klerman, 1977; und statt vieler anderer: Siegler/Osmond, 1974; Glatzel, 1977 als Vertreter des ›medizinischen Modells‹; Torrey, 1974; Szasz, 1973 als Vertreter der Kritik), ist bei einiger Distanz zum rhetorischen Ritual der Auseinandersetzung im Hinblick auf die reale Wirkungsgeschichte der Modellkritik anzumerken, daß die Psychiatrie in ihrem wissenschaftlichen Selbstverständnis davon nicht wesentlich erschüttert worden ist; zwar wurde im Zuge der ›Mental Health‹-Bewegung und der Gemeindepsychiatrie (Sommer/Ernst, 1977) eine stärkere Einbeziehung sozialer Faktoren erreicht, ohne dabei jedoch das ›medizinische Modell‹ grundsätzlich in Frage zu stellen. Die Kontroverse hat ihren Schwerpunkt in die Sozialwissenschaften hineinverlagert (in der Soziologie etwa die neue disziplinäre Spezialentwicklung ›Psychiatrische Soziologie‹ [Reimann, 1973; Brumlik, 1977] hervorgebracht) und sich somit zu einer Krise *um* das ›medizinische Modell‹ (Keupp, 1974b) und nicht zu einer Krise des ›medizinischen Modells‹, wie Falk (1977, S. 320) hervorhebt, entwickelt.

Diese relative Folgenlosigkeit läßt sich auch daran ersehen, daß diejenigen Psychiater, die sich kritisch mit ihrer Wissenschaft auseinandergesetzt haben, wie etwa Szasz und Torrey in den USA, Foudrain in den Niederlanden, Basaglia in Italien, Laing in England, Dörner und Wulff in der BRD, von den ›gatekeepers‹ (Crane 1972) ihrer ›Community‹ zum Teil heftig bekämpft oder einfach im Doppelsinne des Wortes ›links‹ liegen gelassen wurden.

Die allgemeine Wirkungsgeschichte der Psychiatriekritik, von der die Paradigmakontroverse nur *ein* Teil ist, kann hier nicht diskutiert werden; so schreiben Güse/Schmacke (1976, S. 27):

»Die tatsächliche ›Paradigmakrise‹ des biologistischen Krankheitsbegriffs der Psychiatrie wurde weniger durch wissenschaftsinterne Auseinandersetzungen über die Adäquanz von theoretischen Interpretationsschemata eingeleitet, als vielmehr dadurch, daß... psychische Krankheit als ein volkswirtschaftliches und soziales Problem von nationalem Ausmaß in einer bestimmten historischen Situation deutlich wurde.«

Gleichwohl hat die Kontroverse die Voraussetzungen geschaffen, um auf sozialmedizinische Denkfiguren (Virchow; Tuke etc.; dazu Rebell, 1976, und Waltraud Bolz/Uli Stuhr in diesem Band), die durch die ärztliche Standespolitik verschüttet wurden (vgl. Manfred Cramer in diesem Band), zurückzugreifen und hat für die innerwissenschaftliche Diskussion den Weg für die Hinwendung zu sozialwissenschaftlichen Modellen psychischer Störungen bereitet, etwa für die gegen Ende der 60er Jahre erstarkenden lerntheoretischen Formulierungen (Ullmann/Krasner, 1969; vgl. auch Keupp, 1974b) und für den aus der soziologischen Tradition kommenden, auf dem Hintergrund des ›interpretativen Paradigmas‹ (Wilson, 1973) des Symbolischen Interaktionismus (Blumer 1969) argumentierenden ›Labeling-Ansatz‹ (Lemert, 1951; Becker, 1973; Goffman, 1972; Scheff, 1973; Coulter, 1973; Matza, 1974; Keckeisen, 1974; Gove, 1970, 1975; Keupp, 1976).

Zwar hat die Paradigmakontroverse viele Anstöße für die wissenschaftliche Entwicklung geliefert (Labeling-Theorie, Anti-Psychiatrie etc.) und vielen Studenten, Therapeuten und Wissenschaftlern die Notwendigkeit alternativer Ansätze nahegebracht; in einem entscheidenden Punkt jedoch ist die Diskussion folgenlos geblieben: sie hat keine alternative Perspektive im Hinblick auf eine Reform der psycho-sozialen Versorgung eröffnet. Welcher Zusammenhang nun zwischen Modellvorstellungen und therapeutischer Praxis besteht, ist Gegenstand des nächsten Abschnittes.

5. Probleme der Institutionalisierung von Modellvorstellungen über psychische Störungen

In der folgenden Skizze will ich einen theoretischen Bezugsrahmen entwickeln, der die angesprochene Eingebundenheit therapeutischen Handelns in den institutionellen Rahmen einerseits und ihre Abhängigkeit von den wissenschaftlich entwickelten Modellvorstellungen andererseits systematisch zu erfassen erlaubt. Bei meiner Analyse beschränke ich mich auf den theoretisch rekonstruierbaren Zusammenhang zwischen den Handlungsimplikationen, die aus der Organisation der Versorgungsinstitutionen resultieren, und den Handlungsfolgen, die in Therapiemodellen angelegt werden. Als eine in diesem Rahmen nicht mögliche Konkretion, Präzisierung und Veranschaulichung der notwendigen systematischen Einbeziehung institutioneller Faktoren als konstitutive Elemente therapeutischen Handelns lassen sich die Ausführungen von Manfred Zaumseil (in diesem Band) zu den institutionellen Aspekten klinisch-psychologischer Arbeit und von Stephan Wolff (in diesem Band) zu den konkreten Institutionalisierungsbedingungen alternativer Praxis lesen.
Im Hinblick auf das Selbstverständnis der im psycho-sozialen Bereich Tätigen soll mit dieser Argumentation auch der Illusion vorgebeugt werden,

daß eine Verbesserung der psycho-sozialen Versorgung allein durch neue und verbesserte Therapietechniken oder durch eine bloße Ausweitung von therapeutischen Kapazitäten erreicht werden könnte: die systematische Institutionenanalyse kann dabei deutlich machen, daß das Problem einer umfassenden und bedürfnisgerechten psycho-sozialen Versorgung in erster Linie durch strukturelle Veränderungen der institutionellen Gegebenheiten der Psychotherapie und durch eine Abkehr von dem, was ich im folgenden den ›therapeutischen Blick‹ nennen werde, einer befriedigenden Lösung nahegebracht werden kann. Diese Überlegung geht davon aus, daß beim gegenwärtigen Zustand der psycho-sozialen Versorgung ›mehr von dem Gleichen‹ eher hinderlich für eine *bedürfnisgerechte* Versorgung sein dürfte.

Bei der Institutionalisierung stellt sich als Kernproblem die Frage, in welchem Ausmaß, in welcher Form und auf welchem Wege sich die Modellvorstellungen in die Praxis umsetzen. Weder nämlich läßt sich psychotherapeutisch-psychologisches Handeln allein durch die Bezugnahme auf die Klient-Therapeut-Beziehung, noch allein unter Zuhilfenahme des jeweiligen therapeutischen Hintergrundwissens, die Interventionstechniken oder die Charakteristika der therapeutischen Situation definieren. Ganz wesentlich wird das therapeutische Handeln mitbestimmt (eingegrenzt, geformt, in seinem Ablauf geregelt) durch die spezifischen Merkmale, Funktionen und Anforderungen der jeweiligen Institutionen, in denen sich die psychologisch-psychotherapeutische, psychiatrische oder sozialarbeiterische Praxis vollzieht. Dabei sind es nicht allein Unterschiede in den Tätigkeitsmerkmalen, die unterschiedliche Handlungsstrategien hervorbringen, sondern es sind die Organisationsstrukturen der jeweiligen Institutionen selber, die hier die Art und Weise zentraler therapeutischer Interventionen bestimmen. Weiter ist für das therapeutische Handeln von Bedeutung, welchen übergeordneten Institutionen die einzelnen Therapieeinrichtungen zugeordnet sind (Stadt; Bezirk; Kirchen; freien Trägern wie AWO, DPWV, etc.), und schließlich hängt die Auswahl therapeutischer Strategien nicht zuletzt von den Besonderheiten des öffentlichen Systems der Kranken- und Sozialversicherung (Reiners/Volkholz, 1977), den dort festgeschriebenen Definitionen von psychischer Gesundheit und Krankheit (Tennstedt, 1977) und den darin zum Ausdruck kommenden Strategien staatlicher Sozial- und Gesundheitspolitik ab (vgl. auch Barbara Riedmüller in diesem Band).

Der Beschreibung der strukturbildenden und handlungstheoretischen Implikationen therapeutischer Modellvorstellungen liegt ein behaupteter, aber selten explizierter Zusammenhang zwischen dem theoretischen Abweichungs- und Therapiemodell einerseits und der konkreten therapeutischen Praxis andererseits zugrunde; gerade darin besteht auch die *unmittelbare* praktisch-politische Bedeutung der gesamten Modelldiskussion. In diesem Abschnitt geht es darum, die *Art dieses Zusammenhanges* zu untersuchen und darauf aufbauend eine Hypothese zum Ineinandergreifen von therapeutischen Modellvorstellungen und administrativer Rationalität zu formulieren; mit dieser Hypothese sollen die praxisformenden Kräfte der Institutionen auf die Umsetzung therapeutischer Modelle verdeutlicht werden. Bei dieser Fragestellung ergibt sich zunächst das Problem, die in der Modelldiskussion entwickelten wissenschaftlichen Konzepte auf die institutionelle Praxis zu beziehen.

Im Wissenschaftssystem werden explizite Störungs- und Behandlungskonzepte entwickelt; dabei finden die in einer Gesellschaft vorgegebenen Vorstellungen über Normalität als externe Variable Eingang in die Formulierung dieser Modelle (wobei freilich Art und Ausmaß dieses Einflusses nur in einer detaillierten wissenschaftshistorischen Analyse spezifizierbar sind). Die disziplinspezifische Entwicklung solcher Modelle folgt einer internen, an den jeweiligen wissenschaftlichen Standards der ›Community‹ orientierten Entwicklung und einer modellspezifischen ›Logik‹. Für die wissenschaftlich entwikkelten Modelle werden Anwendungsregeln und Randbedingungen ihres Funktionierens formuliert. An der damit bezeichneten Nahtstelle zur Praxis taucht nun eine als *Transformationsproblem* charakterisierbare Schwierigkeit auf: die Frage, wie sich theoretisches Wissen in praktisches Handlungswissen umsetzt. Anders als Rainer Bromme (in diesem Band) betrachte ich dieses Problem nicht von der Seite der individuellen kognitiv-handlungsmäßigen Umsetzung, sondern unter dem Aspekt der *sozialen und institutionellen Implementierung wissenschaftlichen Wissens.*

In differenzierten Ansätzen (Bromme/Hömberg, 1977; Argyris/Schon, 1974; Schütz/Luckmann, 1975; Corneliessen,

1977) wird in der jüngeren Diskussion von der *Strukturverschiedenheit* wissenschaftlichen Wissens von anderen bei der Umsetzung eine wesentliche Rolle spielenden Wissensformen (politisch-ideologisches Wissen; institutionengebundenes Routinewissen der Professionen; Alltagswissen der Berufspraktiker) ausgegangen. Diese Strukturverschiedenheit impliziert, daß theoretische Modellvorstellungen nicht auf dem Ableitungswege in Handlungsanleitungen transformierbar sind. Da über die konkreten Umsetzungsvorgänge noch wenig bekannt ist, erscheint es sinnvoll, zunächst einen *Vergleich der strukturbildenden* Implikationen der einzelnen Wissensformen vorzunehmen. Die Bedeutung eines solchen Vergleichs liegt auf zwei Ebenen: *zum einen* ermöglicht er die Identifikation von gemeinsamen systematischen Voraussetzungen und Bedingungen (Barrieren und fördernde Elemente) im wissenschaftlichen Wissen wie im institutionengebundenen Praktikerwissen und läßt so den *Zusammenhang zwischen Modellvorstellungen der Theorie und aus der institutionellen Praxis abstrahierten Modellvorstellungen* deutlicher erkennbar werden; *zum anderen* ermöglicht er unter dem politisch-normativen Gesichtspunkt einer alternativen, an den Bedürfnissen Betroffener und am gesellschaftlichen Bedarf orientierter Perspektive psycho-sozialer Versorgung eine *differentielle Bewertung alternativer Therapiemodelle und Reformansätze* im Hinblick auf ihre praxisverändernden Potenzen und ihre langfristigen gesundheitspolitischen Reformperspektiven.

Aus diesem Strukturvergleich ergeben sich Möglichkeiten zu einer Verknüpfung mit dem Transformationsproblem: indem die Wissensformen der Administration mit den in den Therapiewissenschaften entwickelten Wissensformen über die in beiden implizierten, für das Handeln der Profession maßgeblichen gemeinsamen Handlungsorientierungen verbunden werden. Dazu führe ich als Bezugspunkt die Konzepte des *›therapeutischen Blicks‹* für die wissenschaftlich entwickelten und des *›administrativen Blicks‹* für die institutionsgebundenen Modellvorstellungen ein. Im Unterschied zu den im vorigen Abschnitt genannten *Perspektiven,* die jeweils spezifische Erkenntnisbeziehungen zur Wirklichkeit bezeichnen, liegt beim Konzept des ›therapeutischen‹ und des ›administrativen‹ Blicks der Schwerpunkt auf den implizierten Handlungsorientierungen, deren Träger die Berufspraktiker sind. Der ›therapeutische Blick‹ definiert sich durch einen spezifischen, im Interventionsaspekt des jeweiligen Modells angelegten Subjektbezug, der auf einer scharfen Trennungslinie zwischen den Experten auf der einen und den Klienten auf der anderen Seite beruht und letztere damit überwiegend zu Objekten von Interventionen macht. In diese asymmetrische Beziehung geht die Unterstellung der *Behandlungsbedürftigkeit* (externe Zuschreibung) des nun als »Klient«, »Patient«, »Adressat« etikettierten Mitmenschen, die auf der Expertenkompetenz beruhende *Legitimation* zur Kontrolle des Heilungsprozesses und zu seiner Beendigung und damit zur Feststellung des Behandlungserfolges sowie die *normative Erwartung* zu einem rollenkonformen Verhalten (entweder passive Krankenrolle oder aktive Mitarbeit) der zu Behandelnden ein. Dieser ›therapeutische Blick‹ findet sich in den unterschiedlichsten Ansätzen *sowohl* der medizinischen Modell-Perspektive *als auch* der sozialwissenschaftlichen Modell-Perspektive wieder. Im ›therapeutischen Blick‹ findet die *unbefragte Selbstverständlichkeit* der Existenz psychisch ›abnormen Verhaltens‹ und der fraglosen *Notwendigkeit* zu ihrer individuellen (da ja Verhalten in der Regel nur einzelnen zurechenbar ist) Behandlung ihren Ausdruck; er stellt die globale gesellschaftliche Rechtfertigung *besonderer (eben therapeutischer) Interaktionsbeziehungen* dar. Damit erweist sich der ›therapeutische Blick‹ in mehrfacher Beziehung als *politisch* (vgl. Mercer, 1965; Halleck, 1961; Scull, 1977, Zola, 1972; Güse/Schmacke, 1976; Basaglia/Basaglia-Ongaro, 1972; Kittire, 1966): *erstens* knüpft er an eine nicht hinterfragte, real gesellschaftlich gesetzte Unterscheidung von psychischer Normalität/Abnormität an und ›naturalisiert‹ damit ihre je historische Bestimmung, *zweitens* übernimmt er im Programm der Therapie (Heilung, Korrektur, Erziehung) die gesellschaftliche Wertung des in Frage stehenden Verhaltens und vollzieht die Besonderung des ›Wahnsinns‹ im Kontext vorgefundener Machtbeziehungen; *drittens* stellt er die Kontinuität zur Ausgrenzungsstrategie her, indem er durch die Experten/Klienten-Differenzierung die potentielle Selbstbetroffenheit ausschaltet und damit gemeinsamen solidarischen Problemlösungen ein außenbestimmtes und direktes Vorgehen entgegenstellt; *viertens* trägt er zu der schon oft erwähnten

Medizinalisierung und Psychiatrisierung der Gesellschaft bei, an deren Endpunkt die Psychiatrisierung der Kritik selbst steht. Schließlich trägt er *fünftens* zu einer Entpolitisierung des Phänomenbereichs bei, indem er das Verhalten von Individuen einer Gruppe als Ziel von Interventionen definiert und nicht Verhältnisse (die ja bekanntlich nicht therapierbar sind) zum Gegenstand seiner Aufmerksamkeit macht. Dieser Zusammenhang von Therapie und Politik wird nun noch offenkundiger, wenn wir den in vielen psychologischen, psychiatrischen, sozialpädagogischen Modellvorstellungen vorhandenen ›therapeutischen Blick‹ in Beziehung zum ›administrativen Blick‹ setzen. Dieser ›administrative Blick‹ ist für die meisten Institutionen, in denen Therapie betrieben wird, charakteristisch. Aus Gründen der gesellschaftlichen Funktionsbestimmung therapeutischer Institutionen und aus der organisationsbedingten Eigenrationalität institutioneller Anforderungen heraus ergibt sich ein hohes Maß struktureller Ähnlichkeit zwischen ›administrativem‹ und ›therapeutischem‹ Blick: auch der ›administrative Blick‹ geht von der Selbstverständlichkeit, ja Naturwüchsigkeit der gesellschaftlichen Normalitätsvorstellungen aus; die Notwendigkeit zu intervenieren bildet für die Institutionen gerade die Rechtfertigung ihres Bestehens. Mit der Herausbildung ihrer Organisationsstruktur entfalten sie eine administrative Handlungsrationalität, in der die ›Klienten‹ gleichsam den »störenden input« darstellen, der im Hinblick auf die institutionellen Funktionsparameter einerseits und den sozialpolitischen Auftrag andererseits mit möglichst geringem Aufwand ›verarbeitet‹ werden muß.

Ein Vergleich des ›therapeutischen‹ und des ›administrativen‹ Blicks zeigt eine hohe Koinzidenz struktureller Merkmale und verweist auf die historisch gewachsene Einheit des gesellschaftlichen »Diskurses« (Foucault) über den ›Wahnsinn‹. In dieser administrativ-therapeutischen Handlungsorientierung kommt das gesellschaftliche Einverständnis über die Funktionsbestimmungen der Institutionen und der praxisorientierten Therapiewissenschaften zum Ausdruck. Der therapeutisch-administrative Blick als Resultat strukturbildender Implikationen der Theorie und der Institutionen wird im Wege einer Wahrnehmungs- und Handlungsorientierung in der konkreten Praxis der Berufspraktiker Wirklichkeit. *Er stellt somit den Transmis-*

sionsriemen zwischen Struktur und Handlung dar. Dabei muß freilich berücksichtigt werden, daß dem ›administrativen Blick‹ im Verhältnis zum ›therapeutischen Blick‹ die sowohl übergreifendere als auch praktisch gewichtigere Rolle zukommt.

Wendet man diese Überlegungen auf die Institutionalisierung psychotherapeutischen Handelns im System psycho-sozialer Versorgung an, dann ließe sich im Sinne einer *allgemeinen Hypothese* von einer *institutionsbedingten* Vereinheitlichung auch noch so differenzierter Modellentwicklungen und Reformentwürfe durch den ›administrativ-therapeutischen‹ Blick sprechen: »Nicht die Psychiatrie bestimmt die Anstalten, sondern die Anstalten bestimmen die Psychiatrie«, formuliert Köhler (1977, S. 162) aufgrund einer historischen Analyse.

Der Grund für diese Vereinheitlichungstendenzen ist in den latenten Funktionen der psycho-sozialen Versorgungsinstitutionen zu sehen: soziale Kontrolle, Legitimation (durch Aktivitäten, die der Gesellschaft zeigen sollen, »daß etwas geschieht«), Erfüllung sozialpolitischer Aufgaben. Die Dominanz dieser Vereinheitlichungstendenzen liegt in der für die ›innere Ökonomie‹ des gesellschaftlichen Status quo notwendigen Verarbeitung des letztlich materiell bedingten psychischen Leidens begründet.

Auf einer konkreteren Ebene des institutionengebundenen Handelns der therapeutischen Professionen lassen sich zu dieser Vereinheitlichung folgende Hypothesen formulieren:

Erstens kann man von einer relativ konfliktfreien Einfügung unterschiedlichster Modellvorstellungen, vertreten durch verschiedene Therapiekonzeptionen, in das bestehende institutionelle Netz der psycho-sozialen Versorgung sprechen; diese mehr oder weniger friedliche Koexistenz dürfte auf das über Prozesse beruflicher Sozialisation hergestellte, die einzelnen Richtungen übergreifende und mit den rhetorischen Zielen der Institutionen identische Selbstverständnis bezüglich der Ziele der Therapie (des ›Heilens und Helfens‹) zurückzuführen sein.

Zum Beleg dieser Hypothese läßt sich auf der Ebene des professionellen Selbstverständnisses auf die Veröffentlichungen in den für die Praxis gedachten Zeitschriften der großen Organisationen (Ärzteblatt, DPWV-Nachrichten, etc.) und der Therapieverbände verweisen. Dort preisen die unterschiedlichen Therapieeinrichtungen ihre Ansätze unter dem Verweis auf ihre für die administrativen Zwecke brauchbarsten Eigenschaften an und bieten optimale Modifikationen für das nicht mehr problematisierte »Eingreifen«, »Entscheiden«, etc., feil.

Ein weiterer Hinweis für die Vereinheitlichungstendenzen ist z. B. darin zu sehen, daß die Institutionen der psycho-sozialen Versorgung eine eigene Fortbildungstradition (z. B. die Deutsche Konferenz für Erziehungsberatung) entwickelt haben, die einer Nachsozialisation des ›administrativen Blicks‹ für den Praktiker gleichkommt.

Zweitens zeigt sich diese Vereinheitlichung auf der Ebene des professionellen Rollenhandelns: die in der Literatur ausführlich beschriebenen Rollenkonflikte des Therapeuten zwischen theoretischem Anspruch (wissenschaftliche, ›gute‹ Therapien zu machen), Erfordernissen der Administration (Entscheidung, Klassifikation, institutionsdefinierte Erfolgskontrolle) und den Klienten (situationsgerechte, bedürfnisorientierte Problemlösung) werden *strukturell* zu Lasten des ›problematischen‹ Individuums und zugunsten der gesellschaftlichen Ordnung gelöst.

Schließlich führt *drittens* die formative Kraft institutionsgebundener Praktiken und Routinen zu einer Vereinheitlichung therapeutischer Strategien, so daß den Unterschieden verschiedener Therapieansätze im Vergleich zu den dominanten Merkmalen der Handlungsorientierung am ›therapeutisch-administrativen Blick‹ eine praktisch weniger bedeutsame Wirkung zukommt.

Die konkrete Umsetzung einzelner therapeutischer Strategien in das alltägliche Berufshandeln (Selektion, Diagnose, Intervention, etc.) wird vorrangig von den »good organizational reasons« (Garfinkel, 1967) bestimmt und läßt so die Praxis der Therapie weitgehend auf die gemeinsamen Elemente des ›therapeutischen‹ und ›administrativen‹ Blicks zusammenschrumpfen. So weisen beispielsweise Erziehungsberatungsstellen in ihrer Praxis selbst bei unterschiedlichster psychologischer Orientierung mehr Gemeinsamkeiten als Unterschiede auf: im Hinblick auf die diagnostizierenden, etikettierenden und selegierenden Praktiken werden die unterschiedlichen Therapiestrategien sekundär, die Notwendigkeit institutioneller Entscheidungsroutinen primär. Für die in Psychiatrischen Kliniken angewandte Verhaltenstherapie hat Herzog (1977) eine ähnliche Tendenz festgestellt.

Wenn diese im Rahmen des vorliegenden Aufsatzes nur durch wenige Hinweise illustrierbaren Hypothesen richtig sind, dann bildet die Verknüpfung von ›therapeutischem‹ und ›administrativem‹ Blick die Klammer, die die Einheit der Praktiken im System psycho-sozialer Versorgung herstellt.

Obwohl diese Einheit besonders prägnant am Beispiel der Praktiker des

›medizinischen Modells‹ in den Institutionen der Psychiatrie zutage tritt, so ist sie gleichwohl in der Psychologie, der Pädagogik und in der Sozialarbeit auffindbar: am Beispiel eines Dokumentationsbogens für Erziehungsberatungsstellen (Cremer/Brusten, 1976), am Beispiel des psychologisch ausgebildeten Schulberaters (Keupp, 1976), am Beispiel der Tätigkeitsbeschreibungen für Sozialarbeiter (Peters/Cremer-Schäfer, 1975) und an ihrem beruflichen Selbstverständnis (Blinkert u. a., 1976) läßt sich dies exemplarisch auch für andere Bereiche der psycho-sozialen Versorgung feststellen.

Versucht man nun, die bisherige Analyse auf die bereits weiter oben auf dem Hintergrund eines emanzipatorischen Erkenntnisinteresses (vgl. Holzkamp, 1972) formulierte Frage nach der Bewertung der erwartbaren praktischen Konsequenzen von Modellvorstellungen zu beziehen, dann entscheidet sich am Beibehalten des ›therapeutischen Blicks‹ die potentielle Alternativität der jeweiligen Ansätze. Dies läßt sich anhand eines Vergleichs verschiedener Ansätze zur Psychiatriereform verdeutlichen: dabei kann man grob vereinfacht von einer auf soziale Kontrolle, Konfliktintegration, an kostenorientierter Bedarfsdeckung und organisatorischer Effizienz ausgerichteten administrativ geplanten Reform ›von oben‹ auf der einen und einer tendenziell gegenstrukturellen, auf Selbstorganisation, offener Konfliktaustragung und bedürfnisbezogenen, dezentral von Laien und Betroffenen gemeinsam getragenen Reforminitiativen ›von unten‹ auf der anderen Seite ausgehen.

Wenn im folgenden ein Vergleich einer Psychiatriereform ›von oben‹, für die die Reformbemühungen im Anschluß an die Psychiatrie-Enquête als Beispiel dienen sollen, vorgenommen wird, so soll dies nicht mißverstanden werden, als sei es nur ein Problem der persönlichen Entscheidung in der Praxis, für die eine oder andere Konzeption zu votieren. Mit welchen oft widersprüchlichen politischen Strategien, individuellen Verhaltensänderungen, Neudefinitionen professioneller Kompetenzen und mit welchen persönlichen ›Kosten‹ die Realisation eines alternativen Projekts innerhalb (in den Nischen) des existierenden Versorgungssystems verbunden ist und an welche grundlegenden sozialstrukturellen, im Versicherungssystem und in der administrativen Organisation liegenden Schranken sie stößt, hat Stephan Wolff (in diesem Band) am Beispiel der Schwierigkeiten bei der Verwirklichung alternativer Projekte herausgestellt. Ziel *dieses* Vergleichs kann nur sein, auf einer Ebene der Rekonstruktion impliziter Voranannahmen und Handlungsvoraussetzungen auf die Fallen des ›administrativ-therapeutischen‹ Blicks bei Reformprojekten hinzuweisen und am Beispiel der

Versuche der Gemeindepsychiatrie ›von unten‹ zu zeigen, welche weitreichenden praktischen Umorientierungen gesellschaftlich zu entwickelnde Modellvorstellungen zur Folge haben können.

Das Ausgangsmaterial für die von den Ländern, Kreisen und Gemeinden zu realisierende Psychiatriereform in der BRD bildet die sog. Psychiatrie-Enquête. Sie enthält eine Mängelanalyse der psycho-sozialen Versorgung der Bevölkerung, die sich – stark verkürzt – auf folgende Bereiche bezieht:

Zustände in den Psychiatrischen Kliniken (Personalmangel, Überbelegung, überalterte Bausubstanz, etc.), Mangel an primärpräventiven ambulanten Versorgungseinrichtungen und Fehlen von ausreichend ausgebildeten Fachkräften, fehlende gemeindenahe Integration und Koordination der einzelnen Einrichtungen.

Auf diesem Hintergrund wurden eine Reihe von Reformvorschlägen entwickelt, die auf eine *bedarfsgerechte, gemeindenahe, auf primäre Prävention* und *verbesserte Rehabilitationseinrichtungen* hin ausgerichtete und *multiprofessionell* organisierte Versorgung abzielen. Die zentrale Modellvorstellung für die Definition und für die Behandlungsstrategien psychisch abweichenden Verhaltens bildet ein um soziale Faktoren erweitertes ›medizinisches Modell‹. Ohne auf bereits vorliegende kritische Einschätzungen der Psychiatrie-Enquête einzugehen (vgl. Kruckenberg, 1977; Dörner, 1977; Gaedt, 1976), ist die Form, in der die Lösungsvorschläge präsentiert werden, vorrangig von organisatorischen, administrationsbezogenen Überlegungen geprägt; die Probleme einer inhaltlichen Veränderung der Versorgungspraxis werden dabei nur am Rande aufgegriffen. In der Enquête wird das sozialpolitische Problem der Reform der psycho-sozialen Versorgung im Sinne einer wohlfahrtsstaatlichen Gesundheitspolitik angegangen, auf deren strukturbedingte Realisationsprobleme bereits vielfach verwiesen wurde (vgl. Offe/Lenhardt, 1977; Piven/Cloward, 1977). Diese Strategie, die auch für die Community-Mental-Health-Programme der Kennedy-Administration kennzeichnend war (Keupp, 1973; Sommer/Ernst, 1977), steht für eine Gemeindepsychiatrie ›von oben‹, in der das Problem unter dem Gesichtspunkt vorgeordneter Systemfunktionalitäten einer sozialtechnischen Behandlung zugänglich gemacht wird, ohne dabei eine grundsätzliche Problematisierung des Problems psychischer Störungen etwa im Sinne einer ätiologisch orientierten Sozial-Epidemiologie (vgl. dazu Irma Gleiss in diesem Band) und einer Reproblematisierung des gesellschaftlichen Verhältnisses zum ›Verrückten‹ zu erreichen bzw. aus strukturellen Gründen gesellschaftlicher Verfaßtheit erreichen zu können. Am Beispiel einer solchen Reformkonzeption läßt sich die Koinzidenz zwischen ›therapeutischem Blick‹ und ›administrativem Blick‹ demonstrieren und gleichzeitig auf die Tatsache verweisen, daß dabei ein bedürfnisgerechtes Eingehen auf psychische Krisensituationen nicht erreicht wird noch werden kann.

Am Beispiel einer Gemeindepsychiatrie, die ›von unten‹ her konzipiert ist, wie dies in Ansätzen in der italienischen Psychiatrie der Fall ist (vgl. Basaglia, 1975; Schmid, 1977; Jervis, 1978), läßt sich eine solche Abkehr vom ›therapeutischen Blick‹ beobachten: weg von einer ›Heilung‹ von ›Patienten‹ oder einer als Frühwarnsystem sozialer Kontrolle interpretierbaren Primärprävention, hin zu einer an den lebensweltlichen Kontexten ansetzenden und auf sie bezogenen und in sie wieder hineinführenden solidarischen Problemlösung, die nur durch die Kompetenz und nicht durch die Statusdifferenz des Therapeuten geprägt ist. Mit einer solchen Wendung wird auch der Begriff Therapie als Ausdruck eines besonderen Subjektbezugs besser durch den Begriff *Hilfsbedürftigkeit* (Keckeisen/Brumlik, 1976) ersetzbar, dessen Korrelat solidarische Hilfe und damit auch kollektive Neudefinition sozialer Krisensituationen darstellt.

Mit einer solchen konzeptuellen Blickverlagerung entfällt theoretisch das Problem der normativen Zuschreibung einer ›Patientenrolle‹ und der ihr entsprechende asymmetrische Subjektbezug. In den Mittelpunkt rückt das Problem der gemeinsamen Krisendefinition, die das Zentrum für die Erarbeitung von Hilfsmaßnahmen darstellt. Dabei verlagert sich die Perspektive von einer einseitigen Interventionsorientierung und den dafür erforderlichen Diagnose- und Klassifikationsmaßnahmen weg zu einer Problemanalyse; diese wiederum kann dabei nicht mehr an den allgemeinen Optimierungsproblemen der Administration orientiert sein; sondern sie bezieht sich auf die konkrete Lebenssituation der Betroffenen und bringt damit deren objektive materielle Determinanten in den Blick, im Gegensatz zu den vorrangig symptomorientierten Institutionen. Damit aber wird in der objektiven Hilfsbedürftigkeit des einzelnen ein Teil der materiellen gesellschaftlichen Objektivität sichtbar (Dreitzel, 1968), die zu einer potentiell Strukturen des gesellschaftlichen status quo problematisierenden Konfliktanalyse führt. Damit tritt aber der immer schon politisierte Gegenstand ›psychische Abweichung‹ offen, bewußt politisch, in gesellschaftliche Konfliktzonen ein: Mit der *Bedürfnisorientierung* werden die funktionalistischen, bedarfsorientierten Normen der psycho-sozialen Administration in Frage gestellt und eine problemorientierte ›Effizienz‹ organisatorisch determinierten Effizienzkriterien vorgezogen; mit dem Versuch einer *Aufhebung der Laien-Experten-Differenz* (die sowohl den Machtaspekt der Interaktionsbeziehungen als auch die wissenschaftlich entwickelten Therapiekonzepte betrifft) wird die gesellschaftliche Legitimation der institutionalisierten Herrschaft psycho-sozialer Spezialisten angezweifelt, mit dem *Konzept der Selbstorganisation* wird das Konzept der planenden Versorgungsverwaltung tangiert, mit dem Konzept einer *Entdifferenzierung von künstlich geschaffenen Spezialbereichen* (psycho-soziale Versorgung, Jugendpolitik, Familienpolitik, Wohnungs- und Städtebaupolitik) wird auf lokalhistorischer Ebene die praktische Rekonstruktion eines gesamtgesellschaftlichen Sinnzusammenhangs angezielt und damit eine Politisierung der gesellschaftlichen Ausgrenzungs-, Verwahrungs-, Kontroll- und Besänftigungspraktiken möglich.

6. Die Rolle von Modellvorstellungen bei der Entwicklung von Alternativen

In den abschließenden Bemerkungen soll das Problem der Modellvorstellungen noch einmal unter dem Gesichtspunkt ihrer wissenschafts- und gesundheitspolitischen Bedeutung aufgegriffen werden. Im Mittelpunkt steht dabei die Frage nach der gesundheitspolitischen Funktion der Modelldiskussion im Rahmen der Überlegungen zu alternativen psycho-sozialen Versorgungskonzepten. Schließlich geht es mir um eine stichwortartige Benennung möglicher Bewertungskriterien für die Formulierung alternativer Modelle.

Bei der Diskussion der Notwendigkeit von Modellvorstellungen für psychische Störungen muß zunächst analytisch zwischen zwei aufeinander bezogenen Typen von Modellen unterschieden werden: zwischen *rekonstruierenden* und zwischen *normativen;* während erstere aus historischen ideologiekritischen und wissenschaftstheoretischen Analysen in der Gesellschaft, in den Institutionen, im Alltagshandeln praktizierte Modellvorstellungen abstrahieren, geht es den an zweiter Stelle genannten Modellen um einen bewußt geplanten Entwurf für eine angestrebte Praxis. Die Leistung der rekonstruierenden Modelle liegt dabei in ihrer Aufklärungsfunktion: sie können die hinter den vorgefundenen Erscheinungsformen der Praxis verborgenen historischen und systematischen Zusammenhänge herausarbeiten und somit im Idealfall die Voraussetzungen für die Institutionalisierung einer anderen, alternativen Praxis benennen. Auf der anderen Seite derselben Medaille befinden sich die normativen Modellvorstellungen über psychische Störungen, die als Orientierungsmarken für eine alternative Handlungspraxis dienen können.

Nachdem meine bisherige Argumentation ihren Schwerpunkt in der Rekonstruktion des ›medizinischen Modells‹ hatte, will ich mich im folgenden noch andeutungsweise mit der Notwendigkeit normativer Modellvorstellungen psychischer Störungen auseinandersetzen.

Untrennbar ist der Versuch einer Entwicklung alternativer Modelle psychischer Störungen mit einer Antwort auf das Normalitäts/Abnormitätsproblem verknüpft: Dem Problem der auffälligen Verhaltensweisen und der von den Alltagshandelnden ausgegrenzten unverstehbaren und uneinfühlbaren Erlebnisweisen und Reaktionen liegt eine Realität zugrunde, die, wie Moore (1976) gegenüber Szasz nicht ganz zu Unrecht betont, nicht durch Leugnung aus der Welt geschaffen werden kann. Diese Realität der psychischen Störungen stellt sich nun auf zwei verschiedenen Ebenen gesellschaftlicher Abstraktion dar: auf der sinnlich konkreten Ebene zwischenmenschlichen Nichtverstehens und auf der Ebene gesellschaftlich signifikanter psychischer Abweichung – erkennbar an den von der Psychiatrie und ihren Institutionen umzäunten Bereichen des gesellschaftlich nicht Tolerierten. Zwischen beiden Ebenen besteht ein *struktureller* Bruch, der etwa von der Anti-Psychiatrie (vgl. zur Kritik daran Jacoby, 1975) voluntaristisch mit der bloßen Umkehrung der Gleichung: Mehrheit ist normal, Minderheit ist verrückt, ›geheilt‹ wurde. Dieser Bruch findet seinen Ausdruck in der Differenz zwischen *persönlichen* und *sozialen* Problemen (Sack, 1975). Für die Modelldiskussion bringt diese Unterscheidung folgende notwendige Differenzierungen mit sich: auf der Ebene der persönlichen (sozial verursachten, aber in einer spezifischen Lebensgeschichte erworbenen, in der konkreten lokal-historisch einmaligen Situation aktualisierten) Probleme ergibt sich die Notwendigkeit, Interventionen und ihre Ziele zu legitimieren und konkrete Handlungsstrategien zu entwerfen; auf der Ebene der sozialen Probleme (kollektive, sozial und ökonomisch verursachte, institutionell ausgegrenzte und organisiert bewachte Problemfelder) besteht die Notwendigkeit der Legitimation ›psychiatrischer Politik‹ und der Entwicklung sozial- und gesundheitspolitischer Konzepte psycho-sozialer Versorgung.

Ohne hier näher darauf eingehen zu können, läßt sich die Hauptschwierigkeit einer solchen Bestimmung von ›psychischen Störungen‹ (und psychischer Normalität, was nicht einfach das Gegenteil von Abnormität ist!) bezeichnen: sie liegt in der Notwendigkeit, eine Verbindung zwischen subjektiver Leidenserfahrung und objektiver gesellschaftlicher Bestimmung von psychischer Abweichung herstellen zu müssen. Diese Verbindung ist ein denknotwendiger Bestandteil für ein alternatives Modellkonzept, das weder absolutistisch und d. h. letztlich, gegenüber den Betroffenen abstrakt sein will, noch der Mystifikation der Abweichung (Abweichen schon allein aufgrund der Tatsache der Abweichung als subversives Ausbrechen aus den entfremdeten Zwängen des Norm-Alltags zu bezeichnen) erliegen will. In dem beständigen Zusammendenken dieser Spannung kann sich allererst ein neues Selbstverständnis der im psycho-sozialen Bereich arbeitenden Menschen als Voraussetzung der Schaffung von Alternativen herausbilden.

Zum Abschluß will ich versuchen, noch einige Postulate für die Entwicklung alternativer Modellvorstellungen über psychische Störungen zu benennen. Die bisherige Diskussion hat gezeigt, daß solche Modellvorstellungen (1) nur aus einer systematischen Reflexion der Praxis (im oben angeführten Sinne) gemeinsam mit allen Betroffenen entwickelt werden können,

(2) flexibel genug angelegt sein müssen, um situativ und damit auch bedürfnisgerecht angewandt werden zu können und (3) die Institutionalisierungsbedingungen einschließlich der politischen Wege zu ihrer Durchsetzung systematisch mit einbeziehen müssen. Diese abstrakten Forderungen lassen sich nun noch konkretisieren, wenn man an die analytische Differenzierung in Modelle der Forschung, der Therapie und der Gesundheitsversorgung anknüpft. Am Beispiel dieser drei Modelle möchte ich abschließend eine mögliche Richtung für eine solche Konkretisierung angeben:

Im Hinblick auf ein alternatives Modell der Forschung stellt sich die Forderung, Psychiatrie als Gesellschaftswissenschaft zu begreifen, in der Fachvertreter(innen) der verschiedensten Disziplinen (Medizin, Psychologie, Sozialpädagogik, Soziologie, Städteplanung, etc.) gemeinsam eine für die psycho-soziale Versorgung richtungweisende Forschungsperspektive erarbeiten und dabei nicht bloß Bruchstücke ihrer Einzeldisziplinen aneinanderstückeln. Eine weitere Forderung in bezug auf die Erfassung des Charakters der psychischen Probleme in der Umwelt, in der sie auftreten, bestünde in einer Art Aktionsforschung als Versuch, den Prozeß der sozialen Konstruktion der Abweichung zu erfahren und zu rekonstruieren.

Im Hinblick auf ein alternatives Modell der Therapie steht die Überwindung des ›therapeutischen Blicks‹ an erster Stelle; dazu ließe sich an einem psychiatrischen Krisenbegriff anknüpfen (Wolff 1976b), dem ein Begriff von solidarischer Hilfe (Brumlik/Keckeisen, 1976) korrespondiert. Weiter ließe sich Multiprofessionalität nicht als bornierte Aufteilung eines maschinengleich betrachteten Menschen begreifen, sondern als gemeinsame arbeitsplatzspezifische Kompetenz. Im Hinblick auf die öffentliche Gesundheitsversorgung ließen sich folgende alternative Strategien angeben:

(a) zugehende, dezentral und stadtteilbezogen organisierte Gemeindepsychiatrie;

(b) Entwicklung von Selbsthilfepotentialen von Gruppen die sich in einer gemeinsamen sozialen Problemlage (z. B. Arbeitslosigkeit, Drogenkonsum, etc.) befinden;

(c) Entwicklung von Modellen zur Erfassung der Bedürfnisse Betroffener, um damit vom Konzept des expertendefinierten Bedarfs abzukommen.

Voraussetzung für die Entwicklung all dieser Strategien ist eine vorgängige Sensibilisierung der im psycho-sozialen Bereich arbeitenden Berufsgruppen für die Gemeinsamkeit ihrer Problemlage und damit für die Möglichkeit einer Neureflexion der berufsspezifischen Identitäten und der Erarbeitung von Strategien zur Institutionalisierung einer alternativen, repressionsfreien psycho-sozialen Versorgung.

Literaturhinweise

Die m. E. bisher umfassendste und am besten lesbare Gesamtinformation über die kritisierten Aspekte des ›medizinischen Modells‹ in der Psychiatrie und über die Probleme einer alternativen Konzeptualisierung psychischer Störungen und die Bedingungen einer alternativen Institutionalisierung der psycho-sozialen Versorgung bietet das gerade übersetzte Werk von Jervis:

Jervis, G. *Kritisches Handbuch der Psychiatrie*, Ffm: syndikat 1978

Zur Geschichte und gesellschaftlichen Eingebundenheit der Modelldiskussion

Foucault, M. *Wahnsinn und Gesellschaft*, Ffm: suhrkamp 1969

Dörner, K. *Bürger und Irre*, Ffm: Fischer 1975

Köhler, E. *Arme und Irre*, Berlin: Wagenbach 1977

Zur innerwissenschaftlichen Paradigmakontroverse

Keupp, H. (Hrsg.) *Der Krankheitsmythos in der Psychopathologie. Darstellung einer Kontroverse*, München: Urban & Schwarzenberg 1972

Keupp, H. *Modellvorstellungen von Verhaltensstörungen: ›Medizinisches Modell‹ und mögliche Alternativen*, in: Kraiker, C. *Handbuch der Verhaltenstherapie*, München: Kindler 1974

Klerman, G. L. *Mental Illness, the Medical Model and Psychiatry*, in: Journal of Philosophy and Health, Special Issue on Mental Health 1977

Zu den Problemen der Institutionalisierung von Modellvorstellungen und zu den Modellvorstellungen der Institutionen

Mechanic, D. *Psychiatrische Versorgung und Sozialpolitik*, München: Urban & Schwarzenberg 1975

Freidson, E. *Dominanz der Experten*, München: Urban & Schwarzenberg 1975

Zur Entwicklung alternativer Modelle und Institutionen

Keckeisen, W. und Brumlik, M. *Zur Kritik und Bestimmung von Hilfsbedürftigkeit für die Sozialpädagogik*, in: Kriminologisches Journal 1976, *8*, 241 ff.

Wolff, S. *Sozialpsychologische Anmerkungen zur psychiatrischen Krisenintervention* in: Helle, H. J. (Hrsg.) Soziologenkorrespondenz zur Psychiatrischen Soziologie, 1976, *3*, S. 144-214

Schmid, S. *Freiheit heilt.* Berlin: Wagenbach 1977.

Literaturverzeichnis

AAO-Aktions-Analytische Organisation bewußter Lebenspraxis: *Das AA Modell.* Neusiedl/See: AA Verlag, Band 1, 1976.

Abendroth, W.: *Die deutschen Gewerkschaften. Weg demokratischer Integration.* Heidelberg 1954 (Nachdruck: Berlin/W.: Kollektiv-Verlag, o.J.).

Achinger, H.: *Soziologie und Sozialreform.* In: Verhandlungen des 14. Deutschen Soziologentags in Berlin 1959. Opladen: Westdeutscher Verlag, 1966.

Ackerknecht, H.: Beiträge zur Geschichte der Medizinalreform von 1848. In: *Sudhoffs Archiv für die Geschichte der Medizin,* Bd. 25, 1932.

Adorno, Th. W.: Zum Verhältnis von Psychoanalyse und Gesellschaftstheorie. In: *Psyche,* 1952, *6,* S. 1-18.

Ahmed, P. I. & Plog, S. C. (Hrsg.): *State mental hospitals. What happens when they close.* New York/London: Plenum, 1976.

Albrecht, G.: Vorüberlegungen zu einer »Theorie sozialer Probleme«. In: Ch. v. Ferber & F.-X. Kaufmann (Hrsg.): *Soziologie und Sozialpolitik.* Kölner Zeitschrift für Soziologie und Sozialpsychologie Sonderheft 19, Opladen: Westdeutscher Verlag, 1977, S. 143-185.

Amelang, M. & Tiedemann, J.: Psychologen im Beruf: Studienverlauf und Berufstätigkeit. In: *Psychologische Rundschau,* 1971, *22,* S. 151-186.

Amelang, M. & Tiedemann, J.: Psychologen im Beruf: Kritik am Studium und Fortbildungsmöglichkeiten. In: *Psychologische Rundschau,* 1972, *23,* S. 155-182.

Ammon, G.: *Dynamische Psychiatrie.* Neuwied: Luchterhand, 1973.

Andel, N.: Verteilungswirkungen der Sozialversicherung am Beispiel der Gesetzlichen Krankenversicherung. In: Dreißig, W. (Hrsg.): *Öffentliche Finanzierung und Verteilung III.* Berlin/W. 1975, S. 39ff.

Anderson, W.: Personal growth and client-centered therapy: An information processing view. In: Wexler, D. A. u. Rice, L. N. (Hrsg.): *Innovations in client-centered therapy.* New York: John Wiley, S. 21-48.

Antons, K.: Über Normen und Wertvorstellungen für die Arbeit mit Gruppen. In: *Gruppenpsychotherapie und Gruppendynamik,* 1977, *12,* 214-225.

Argyris, C.: Gefahren bei der Anwendung von Ergebnissen aus der experimentellen Sozialpsychologie. In: P. Gottwald & C. Kraiker (Hrsg.): *Zum Verhältnis von Theorie und Praxis in der Psychologie.* Sonderheft I/1976 der *Mitteilungen der GVT.*

Argyris, C. & Schon, D. A.: *Theory in practice. Increasing professional effectiveness.* San Francisco: Jossey-Bass, 1974.

AuS: Bundesminister für Arbeit und Sozialordnung (Hrsg.): *Arbeit und Sozialstatistik.*

Autorenteam: Konzeption der Psychosozialen Kontaktstelle »Der Lotse« in Hamburg–Wilhelmsburg. In: *Kongreßbericht Berlin 1977*, Sonderheft der »Mitteilungen der Deutschen Gesellschaft für Verhaltenstherapie e. V.« Tübingen, im Druck.

Badura, B. (Hrsg.): *Seminar: Angewandte Sozialforschung*. Frankfurt: Suhrkamp, 1976.

Badura, B. & Gross, P.: *Sozialpolitische Perspektiven*. München: Piper, 1976.

Balint, M.: *Therapeutische Aspekte der Regression*. Reinbek: Rowohlt, 1972.

Barabas, F. & Blanke T. & Sachße, C. & Stascheit, U.: *Jahrbuch der Sozialarbeit 1976*. Reinbek: Rowohlt, 1975.

Barber, B.: Some problems in the sociology of the professions. In: *Daedalus*, 1963, *92*, (4), S. 669-688.

Bart, P.: Depression in middle-aged women. In: Gornick, V. & Moran, B. K. (Hrsg.): *Woman in sexist society*. Studies in power and powerlessness. New York: Mentor, 1971, S. 163-186.

Basaglia, F. (Hrsg.): *Die negierte Institution oder die Gemeinschaft der Ausgeschlossenen. Ein Experiment der psychiatrischen Klinik in Görz*. Frankfurt: Suhrkamp, 1971.

Basaglia, F.: *Was ist Psychiatrie?* Frankfurt: Suhrkamp, 1975.

Basaglia, F. & Basaglia-Ongaro, F.: *Die abweichende Mehrheit. Die Ideologie der totalen sozialen Kontrolle*. Frankfurt: Suhrkamp, 1972.

Bastine, R.: Ansätze zur Formulierung von Interventionsstrategien in der Psychotherapie. In: Jankowski, P. et al. (Hrsg.): *Gesprächspsychotherapie heute. Bericht über den I. Europäischen Kongreß für Gesprächspsychotherapie*. Göttingen: Hogrefe, 1976, S. 193-207.

Baumeyer, F.: *Psychotherapeut*. Blätter zur Berufskunde. Band 3. Bundesanstalt für Arbeit (Hrsg). Bielefeld: Bertelsmann, 1972.

BDP: Nachrichten. In: *Psychologische Rundschau*, 1961, *12*, S. 147.

BDP: Nachrichten. In: *Psychologische Rundschau*, 1963, *14*, S. 138-139.

BDP: Berufsethische Verpflichtungen für Psychologen. In: BDP: *Psychologen Taschenbuch*. Frankfurt/M.: Köhler, 1968, S. 53-67.

BDP: Sektion Klinische Psychologie: *Informationsbroschüre*, 1973, Nr. 1. Köln 1973.

Beck, A. T.: *Cognitive therapy and emotional disorders*. New York: International University Press, 1976.

Beck, U. & Brater, M.: Grenzen abstrakter Arbeit. In: *Leviathan*, 1976, *2*, S. 178-215.

Beck, U. und Brater, M.: Grenzen abstrakter Arbeit. In: Dies.: Gesellschaftliche Arbeitsteilung und soziale Ungleichheit. Frankfurt: Campus, 1978. (= Beck/Brater, 1978a).

Beck, U. und Brater, M.: Berufliche Strategien. Zur marktstrategischen Bedeutung und sozialen Dynamik arbeitsteiliger Differenzierungen. In:

Dies. a.a.O. (= 1978b, zit. als: Berufl. Strategien).
Beck, U. und Brater, M.: Kritik des Berufs. In: dies. a.a.O. (= 1978c, zit. als Kritik...; identisch mit: »Beruf, Identität und Herrschaft«, 2. Teil a.a.O.).
Becker, H. S.: *Außenseiter*. Frankfurt: Fischer, 1973.
Beier, E. G.: *The silent language of psychotherapy*. Chicago: Aldine, 1966.
Ben-David, J.: Akademische Berufe und die Professionalisierung. In: Glass, D. V. & König, R. (Hrsg.): *Kölner Zeitschrift für Soziologie und Sozialpsychologie*, 1968, Sonderheft 5, S. 104-121.
Benedict, R.: Anthropology and the abnormal. In: Bergen, B. & Thomas, S. (Hrsg.): *Issues and problems in social psychiatry*. Springfield, Ill.: Thomas, 1966.
Berger, P. L. & Luckmann, Th.: *Die gesellschaftliche Konstruktion der Wirklichkeit*. Frankfurt: Fischer, 1966.
Bergold, J. B. (Hrsg.): *Psychotherapie. Zwischen Selbstentfaltung und Kontrolle*. München: Urban & Schwarzenberg, 1973.
Bergold, J.: Lerntheoretische Grundlagen für Theorie und Praxis der Psychiatrie. Berlin 1978 (Mskr.) Erscheint in: *Psychiatrie d. Gegenwart, Bd. I, 2*. Heidelberg: Springer, in Vorbereitung.
Bericht über die Lage der Psychiatrie in der Bundesrepublik Deutschland – Zur psychiatrischen und psychotherapeutisch/psychosomatischen Versorgung der Bevölkerung. Bundestagsdrucksache 7/4200, Bonn 1975.
Bericht über die Lage der Psychiatrie in der Bundesrepublik Deutschland. Anhang. Deutscher Bundestag, 7. Wahlperiode. Drucksache 7/4201, Bonn 1975.
Bierkens, P. B.: *Die Urteilsbildung in der Psychodiagnostik*. München: Barth, 1968.
Bittner, E.: Polizisten im Skid-Row-Quartier. In: Th. Luckmann & W. M. Sprondel (Hrsg.): *Berufssoziologie*. Köln: Kiepenheuer & Witsch, 1972, S. 106-124.
Blaser, A.: *Der Urteilsprozeß bei der Indikationsstellung zur Psychotherapie*. Bern: Huber, 1976.
Blessing, A., Buchetmann, G., Hilsenbeck, P. & Ostermann, R.: Anmerkung zur feministischen Therapie. In: *Frauenjahrbuch 1977*. München: Frauenoffensive, 1977.
Blinkert, B. u. a.: *Berufskrisen in der Sozialarbeit. Eine empirische Untersuchung über Verunsicherung, Anpassung und Professionalisierung von Sozialarbeitern*. Weinheim: Beltz, 1976.
Blumer, H.: Der methodologische Standort des Symbolischen Interaktionismus. In: Arbeitsgruppe Bielefelder Soziologen (Hrsg.): *Alltagswissen, Interaktion, und gesellschaftliche Wirklichkeit*. Reinbek: Rowohlt, 1973 (orig. 1969).
Boedecker, M. & Leisewitz, A.: *Intelligenz und Arbeiterbewegung*. In: Kievenheim & Leisewitz (Hrsg.), 1973.

Bogs, W. et al.: *Sozialenquete. Soziale Sicherung in der Bundesrepublik Deutschland.* Bericht der Sozialenquete-Kommission. Stuttgart: Kohlhammer, 1966.

Böhle, F. & Sauer, D.: Intensivierung der Arbeit und staatliche Sozialpolitik. In: *Leviathan*, 1975, Jg. 3, S. 49-78.

Bohnsack, R., Schliehe, F., Schneider, S.: Modelleinrichtungen in der Sozialpolitik: Experimentelle Verfahren in der Jugendhilfe. In: F.-X. Kaufmann (Hrsg.): *Bürgernahe Gestaltung der sozialen Umwelt.* Meisenheim: Anton Hain, 1977, S. 150-193.

Bordin, E. S.: *Research strategies in psychotherapy.* New York: John Wiley, 1974.

Boyer, N., Bürger, F., Johannson, F. & Koll, K.: Kreativität und Flexibilität in der verhaltenstherapeutischen Praxis. In: Deutsche Gesellschaft für Verhaltenstherapie e. V.: *Verhaltenstherapie – Praxis – Kongreßbericht Berlin 1976.* München: Geschäftsstelle der Deutschen Gesellschaft für Verhaltenstherapie e. V., Sonderheft II/1977 der »Mitteilungen der DGVT«, 1977.

Bräutigam, W.: Argumente für eine Gebietsbezeichnung »Psychoanalytische Medizin« und die Zusatzbezeichnung »Psychotherapie«. In: *Spektrum*, 1977, *6* (6), S. 234-235.

Brandstätter, J. & Bernitzke, F.: Berufliche Situation und Arbeitszufriedenheit von Psychologen in verschiedenen Tätigkeitsbereichen. In: *Psychologische Rundschau*, 1978, *29*, Heft 1, S. 1-14.

Braun, U.: Englische Anti-Psychiatrie und Gemeindepsychiatrie – Eine soziologische Diskussion sozialpsychiatrischer Versorgungsmodelle. München: Diplomarbeit am Institut für Soziologie, 1977.

Breuer, F.: Über Notwendigkeiten, Möglichkeiten und Ansatzpunkte einer Anwendung psychologischer »Handlungstheorie« auf klinisch-pädagogisch-psychologische Probleme. Münster 1975 (unveröff. Mskr.)

Breuer, F.: Aspekte der Handlungsregulation im Studium. In: F. Breuer, W. Keil, D. Kleiber, F. Meier & U. Piontkowski: *Psychologie des wissenschaftlichen Lernens.* Münster: Aschendorff, 1975, S. 11-78.

Breuer, F., Keil, W., Kleiber, D., Meier, F. & Piontkowski, U.: *Psychologie des wissenschaftlichen Lernens.* Münster: Aschendorff, 1975.

Breuer, F. & Seeger, F.: *Erfahrungen und erste Ergebnisse aus Interviews mit praktisch tätigen Psychologen in Beratung und Therapie (Beratungsstellen für Erziehungs-, Ehe-, Lebensfragen etc. und psychiatrische Landeskrankenhäuser).* Münster: unveröffentl. Manuskript, 1977.

Brewer, W. F.: There is no convincing evidence for operant or classical conditioning in adult humans. In: Weimer, W. B. u. Palermo, D. S. (Hrsg.): *Cognition and the symbolic processes.* Hillsdale: Lawrence Erlbaum, 1974, S. 1-42.

Brinkmann, H.: Prolegomena zu einer Theorie der Entstehung des neuzeitlichen Begriffs für geistige Krankheiten. In: Deppe, H. U. u. a.

(Hrsg.) *Medizin und gesellschaftlicher Fortschritt.* Köln: Pahl-Rugenstein, 1973, S. 255-267.
Brocher, T.: *Gruppendynamik und Erwachsenenbildung.* Braunschweig: Westermann, 1971.
Bröhl, M. & Esser, U.: Der »Nicht-ärztliche Psychotherapeut« und die Psychologenkammer. In: *GwG- info. Informationen der GwG,* 1975 (22), S. 34-39.
Bromme, R.: Das Theorie-Praxis-Problem als Aufgabe der allgemeinen Psychologie. In: Bergold, J. u. Jaeggi, E. (Hrsg.): *Verhaltenstherapie-Theorie.* Kongreßbericht der DGVT 1976. Sonderheft I/1977 der »Mitteilungen der DGVT«, 1977, S. 7-17.
Bromme, R. & Hömberg, E.: *Einführende Bemerkungen zum Problem der Anwendung psychologischen Wissens (Technologieproblem).* Bielefeld: Institut für Didaktik der Mathematik, 1976.
Bromme, R. u. Hömberg, E.: *Psychologie und Heuristik. Probleme der systematischen Effektivierung von Erkenntnisprozessen.* Darmstadt: Steinkopff, 1977.
Broverman, J. K., Broverman, D., Clarkson, S., Rosenkrantz, T. & Vogel, S.: Sexrole stereotypes and clinical judgement of mental health. In: *Journal of Consulting and Clinical Psychology* 1970, *34*, S. 1-7.
Brown, G., Bhrolechain, M. N. & Harris, I.: Social class and psychiatric disturbance among women in an urban population. In: *Sociology,* 1975, *9*, S. 225-254.
Brück, G. W.: Allgemeine Sozialpolitik, Köln 1976.
Brumlik, M.: Zum Gegenstand der Sozialpsychiatrie. Einige theoretische Vorerwägungen. In: *Kriminologisches Journal,* 1977, *9*, S. 81-97.
Brumlik, M. & Keckeisen, W.: Etwas fehlt. Zur Kritik und Bestimmung von Hilfsbedürftigkeit für die Sozialpädagogik. In: *Kriminologisches Journal,* 1976, *8*, S. 241-262.
Bucher, R. & Stelling, J. G.: *Becoming professional.* Beverly Hills/London: Sage Publ., 1977.
Bucher, R. & Strauss, A.: Wandlungsprozesse in Professionen. In: Luckmann, T. & Sprondel, W. M. (Hrsg.): 1972, S. 182-197.
Buchetmann, G. & Ostermann, R.: *Erst einmal zornig werden.* In: *psychologie heute,* 1977, *4*, S. 62-66.
Bujard, O. & Lange, U.: *Armut im Alter. Ursachen, Erscheinungsformen, politisch-administrative Reaktionen.* Weinheim: Beltz, 1978.
Bundesanstalt für Arbeit: Arbeitsmarktbericht 1. Halbjahr 1976. In: *Analysen,* 1976, *6* (12), S. 18-21.
Bühler, Ch. (Hrsg.): *Die Rolle der Werte in der Entwicklung der Persönlichkeit und in der Psychotherapie.* Stuttgart: Klett, 1976.
Bühler, Ch., Allen, M.: *Einführung in die Humanistische Psychologie.* Stuttgart: Klett, 1974.
Bundesminister für Bildung und Wissenschaft: *Hochschulrahmengesetz.*

Bonn: Bundesminister für Bildung und Wissenschaft, 1976.
Bunge, M.: *Scientific research II: The search for truth.* Berlin, Heidelberg, New York: Springer, 1967.
Burton, A. (Hrsg.): *What makes behavior change possible?* New York: Brunner/Mazel, 1976.
Canguilhem, G.: *Das Normale und das Pathologische.* München: Hanser, 1975.
Caplan, G.: *Support systems and community mental health: lectures on concept development.* New York: Behavioral publications, 1974a.
Caplan, G.: *A study of natural support systems.* Boston Laboratory of Community Psychiatry, Harvard Medical School, 1974b.
Caplan, G. & Killiea, M. (Hrsg.): *Support systems and mutual help.* New York: Grune & Stratton, 1976.
Casanova, A., Prévost, C. & Metzger, J. (Hrsg.): *Intellektuelle und Klassenkämpfe.* Köln: Pahl-Rugenstein, 1975.
Casriel, D.: *Die Wiederentdeckung des Gefühls – Schreitherapie und Gruppendynamik.* München: Goldmann, 1977.
Castel, R.: *Psychoanalyse und gesellschaftliche Macht.* Kronberg: Athenäum, 1976 (franz. Orig. 1973).
Chasseguet-Smirgel, J. (Hrsg.): *Psychoanalyse der weiblichen Sexualität.* Frankfurt a. M.: Suhrkamp, 1974.
Cicourel, A. V.: *The social organization of juvenile justice.* New York: John Wiley & Sons, 1968.
Cloetta, B. et al.: Berufsrelevante Einstellungen als Ziel der Lehrerbildung. In: *Zeitschrift für Pädagogik,* 1973, *19,* S. 919-939.
Cohn, R.: *Von der Psychoanalyse zur themenzentrierten Interaktion.* Stuttgart: Klett, 1975.
Conrad, P.: The discovery of hyperkinesis: Notes on the medicalization of deviant behavior. In: *Social Problems,* 1975, *23,* S. 13-23.
Cooper, D.: *Von der Notwendigkeit der Freiheit.* Frankfurt: Roter Stern, 1976.
Corbett, F. J. & Levine, M.: University involvement in the community. In: H. Mitchell (Hrsg.): *The university and the urban crisis.* New York: Behavioral Publ., 1974.
Corneliessen, W.: *Methodische Probleme bei der Untersuchung von Transferenzprozessen.* Unveröff. Ms., Krefeld 1977.
Coulter, J.: *Approaches to insanity.* London: Martin Robertson, 1973.
Cowen, E. L.: Social and community interventions. In: *Annual Review of Psychology,* 1973, *24,* S. 423-472.
Cowen, E. L.: Baby-steps toward primary prevention. In: *American Journal of Community Psychology,* 1977, *5,* S. 1-22.
Cramer, M.: Keine Angst vor Berufsverbänden. In: *DGVT-Mitteilungen,* 1977, *9,* S. 80-90.
Cramer, M. & Gottwald, P. (Hrsg.): *Verhaltenstherapie in der Diskussion.*

München: GVT-Sonderheft, 1974.
Cramer, M., Gottwald, P., Keupp, H. (Hrsg.): *Verhaltensmodifikation in der Schule*. München: GVT-Sonderheft III/1976.
Cremer, H. & Brusten, M.: Erziehungsberatung nach medizinischem Modell? Zur Kritik eines statistischen Erhebungsbogens. In: *Neue Praxis*, 1976, 6, S. 39-51.
Daheim, H.: Professionalisierung. Begriff und einige latente Makrofunktionen. In: Albrecht, G., Daheim, H. & Sack, F. (Hrsg.): *Soziologie*. Opladen: Westdeutscher Verlag, 1973, S. 232-249.
Dahmer, H.: *Libido und Gesellschaft*. Frankfurt: Suhrkamp, 1973.
Dammann, K.: Rationalisierung der Sozialarbeit. Tendenzen, Formen, Widerstand. In: F. Barabas et al. (Hrsg.): *Jahrbuch der Sozialarbeit 1978*. Reinbek: Rowohlt, 1977, S. 343-386.
Daniels, A. K.: The construction of military psychiatric diagnosis. In: H. P. Dreitzel (Hrsg.): *Patterns of communicative behavior*. London: Macmillan, 1970.
Daniels, A. K.: What troubles the trouble shooters. In: P. M. Roman & H. M. Trice (Hrsg.): *The sociology of psychotherapy*. New York: Jason Aronson, 1974, S. 191-214.
Dannecker, F. J.: *Der Krankheitsbegriff im Arbeits- und Sozialversicherungsrecht*. 1968.
Däumling, A. M.: Meditative, imaginative und expressive Verfahren im Sensitivity-Training. In: *Gruppendynamik*, 1976, 7, S. 182-189.
Davidson, G. C. und Stuart, R. B.: Behavior therapy and civil liberties. In: *American Psychologist*, 1975, *30*, S. 755-763.
Degkwitz, R. & Kindt, H.: Überlegungen zur Neuordnung der Weiterbildung im Bereich der Psychotherapie. In: *Spektrum*, 1977, 6, (6), S. 236 bis 246.
Deleuze, G. & Guattari, F.: *Anti-Ödipus. Kapitalismus und Schizophrenie*, Bd. 1. Frankfurt: Suhrkamp, 1977
Deppe, F. u. a.: *Geschichte der deutschen Gewerkschaftsbewegung*. Köln: Pahl-Rugenstein, 1977.
Deppe, F., Gerstung, K.; Roßmann, W.; Weiß, G.: *Aktuelle Probleme der Gewerkschaftsbewegung* (1966-1976). In: Deppe, F. u. a., 1977.
Deppe, H.-U.: *Arbeit, Herrschaft, Medizin*. In: Dörner, K. & Plog, U. (Hrsg.): *Sozialpsychiatrie*. Neuwied–Berlin: Sammlung Luchterhand, 1972.
Deppe, H.-U. u. a.: *Medizin und gesellschaftlicher Fortschritt*. Köln: Pahl-Rugenstein, 1973.
Deutsche Gesellschaft für soziale Psychiatrie: *Die künftige Stellung des nichtärztlichen Psychotherapeuten*. Wunstorf: Eigenverlag, 1977, S. 5 bis 15.
Devereux, G.: *Normal und Abnormal*. Frankfurt: Suhrkamp, 1974.
DGfPs: Örtliche Realisierung der Rahmenordnung für die Diplomprü-

fung in Psychologie. In: *Psychologische Rundschau*, 1975, *26*, S. 232 bis 233.
DGVT: »Es gibt keine Kompromißmöglichkeiten mehr«. In: *psychologie heute*, 1977, 4, (1).
Dingwall, R.: Accomplishing profession. In: *The Sociological Review*, 1976, *24*, S. 331-349.
Dörner, D.: *Problemlösen als Informationsverarbeitung*. Stuttgart: Kohlhammer, 1976.
Dörner, K.: *Bürger und Irre. Zur Sozialgeschichte und Wissenschaftssoziologie der Psychiatrie*. Frankfurt: Europäische Verlagsanstalt, 1969. (Taschenbuchausgabe: Frankfurt: Fischer, 1975).
Dörner, K.: Einleitung. In: K. Dörner & U. Plog (Hrsg.): *Sozialpsychiatrie*. Neuwied/Berlin: Luchterhand, 1972.
Dörner, K.: *Diagnosen der Psychiatrie. Über die Vermeidungen der Psychiatrie und Medizin*. Frankfurt: Campus, 1975.
Dörner, K.: Wege zur Selbsthilfe bei psychisch Kranken. In: *Theorie und Praxis der Sozialen Arbeit* 1977, *4*, S. 123 f. und in: *Sozialpsychiatrische Informationen* 1977, *40/41*, S. 34-40 (a).
Dörner, K.: Wie sehen wir die Enquete und was machen wir damit? In: *Mitteilungen aus der DGSP*, 1977, Nr. 12, S. 1-8 (b).
Dörner, K. & Plog, U. (Hrsg.): *Sozialpsychiatrie*. Neuwied: Luchterhand, 1972.
Dohrenwend, B. P. & Dohrenwend, B. S.: *Social status and psychological disorder: A causal inquiry*. New York: Wiley, 1969.
DOK: Bundesverband der Ortskrankenkassen (Hrsg.): *Die Ortskrankenkasse*.
Douglas, J. D. (Hrsg.): Understanding everyday life. London: Routledge und Kegan Paul, 1973.
Dreitzel, H. P.: *Das Leiden der Gesellschaft und das Leiden an der Gesellschaft*. Stuttgart: Enke, 1968.
Dührssen, A.: *Analytische Psychotherapie in Theorie, Praxis und Ergebnissen*. Göttingen: Vandenhoek & Ruprecht, 1972.
Duhl, L. J.: A social psychiatrist's point of view. In: H. E. Mitchell (Hrsg.): *The university and the urban crisis*. New York: Behavioral Publ., 1974.
Duhm, E.: Mitteilungen der Sektion Klinische Psychologie des Berufsverbandes Deutscher Psychologen e. V. In: *Zeitschrift für Klinische Psychologie*, 1972, *1*, S. 85-88.
Dullinger, K.: Unsere Irren – zu ›psychisch Kranken‹ begnadigt. In: *Vorgänge*, 1974 (13), S. 66-75.
Ehrenreich, B. & English, D.: *Hexen, Hebammen und Krankenschwestern*. München: Frauenoffensive, 1977.
Eichner, H. & Neuhaus, R.: *Soziale Dienste der Krankenkassen*. St. Augustin: Asgerd Verlag, 1976.
Eicke, D.: Die Klagen sind Anklagen. In: *psychologie heute*, 1977, 4 (11),

S. 57-61.
Eisenberg, L.: Disease and illness. Distinctions between professional and popular ideas of sickness. In: *Culture, Medicine and Psychiatry,* 1977, *1,* S. 9-23.
Eisenstadt, M. u. Kareev, Y.: Aspects of human problem solving: The use of internal representations. In: Norman, D. A. u. Rumelhart, D. E. (Hrsg.): *Explorations in cognition.* San Francisco: Freemann, 1975, S. 308-348.
Ellis, A.: *Die rational-emotive Therapie.* München: Pfeiffer, 1977.
Elias, N.: *Über den Prozeß der Zivilisation.* Frankfurt/Main: Suhrkamp, 1976.
Endler, N. S. & Magnusson, D. (Hrsg.): *Interactional psychology and personality.* New York: John Wiley & Sons, 1976.
Engel, G. L.: The need for a new medical model: A challenge for biomedicine. In: *Science,* 1977, *196,* S. 129-136.
Ernst, H.: Für Psychologen brechen schlechte Zeiten an. In: *Psychologie Heute,* 1977, Heft 8, S. 67-68.
Esser, U.: Materialien zur Ausbildungssituation. In: *GwG-info. Informationsblätter der GwG,* 1975, (21), S. 24-25.
Fabrega, H. Jr.: *Disease and social behavior. An interdisciplinary approach.* Cambridge: MIT-Press, 1975.
Fabrega, H. Jr.: Toward a theory of human disease. In: *Journal of Nervous and Mental Disease,* 1976, 162, S. 299-312.
Fairweather, G. W. & Tornatzky, L. G.: *Experimental methods for social policy.* New York: Pergamon Press, 1977.
Falk, G.: Das Pathologiemodell auffälligen und abweichenden Verhaltens. In: Freisitzer, K. & Haller, R. (Hrsg.): *Probleme des Erkenntnisfortschritts in den Wissenschaften.* Wien: vwgö, 1977.
Faltin, G. & Herz, O. (Hrsg.): *Berufsforschung und Hochschuldidaktik I.* Blickpunkt Hochschuldidaktik 32. Hamburg: Arbeitsgemeinschaft für Hochschuldidaktik e. V., 1974.
Feldman, K. A. & Newcomb, T. M.: *The impact of college on students. Vol. I und II.* San Francisco: Jossey-Bass Inc., 1970.
Fengler, J.: Gruppenhomogenität und Transfer. In: *Gruppendynamik,* 1976, *7,* S. 189-202.
Ferber, Ch. v.: *Gesundheit und Gesellschaft. Haben wir eine Gesundheitspolitik?* Stuttgart: Kohlhammer, 1971.
Ferber, Ch. v.: Soziologie und Sozialpolitik. In: Ferber, Ch. v. & Kaufmann, F.-X. (Hrsg.): Soziologie und Sozialpolitik. *K. Z. f. S. u. S.,* 1977, *Sonderheft 19,* S. 11-35.
Ferber, Ch. von & Kaufmann. F.-X. (Hrsg.): *Soziologie und Sozialpolitik.* Kölner Zeitschrift für Soziologie und Sozialpsychologie. *Sonderheft 19,* Opladen: Westdeutscher Verlag, 1977.
Fiedler, P. A.: Diagnostische und therapeutische Verwertbarkeit kogniti-

ver Verhaltensanteile. In: Hoffmann, N. (Hrsg.): *Kognitionstherapien.* Bern: Huber, 1978 (im Druck).
Fietkau, H. J.: *Die Einstellung in der Psychotherapie. Theoretische Grundlegungen und empirische Befunde am Beispiel der Gesprächspsychotherapie.* Salzburg: Otto Müller, 1977.
Fieve, R. R.: The revolution defined: it is pharmalogic. In: *Psychiatric Annals,* 1977, 7 (10), S. 10-18.
Fischer, R.: Die klassische und ich-psychologische Theorie der Depression. In: *Psyche,* 1976, *30,* S. 924-946.
Fodor, I. G.: The phobic syndrome in women. In: Franks, V. & Burtle, V. (Hrsg.): *Women in therapy.* New York 1974, S. 132-168.
Forster, R. & Pelikan, J. M.: Krankheit als Karriereprozeß – Zur Entstehung, Verteilung und Versorgung psychischer Störungen. In: *Österreichische Zeitschrift für Soziologie,* 1977 (3/4), S. 29-42.
Foucault, M.: *Psychologie und Geisteskrankheit.* Frankfurt: Suhrkamp, 1968.
Foucault, M.: *Wahnsinn und Gesellschaft.* Frankfurt: Suhrkamp, 1969.
Foucault, M.: *Geburt der Klinik.* München: Hanser, 1973.
Foucault, M.: *Mikrophysik der Macht.* Berlin: Merve, 1976.
Foudraine, J.: *Wer ist aus Holz? Neue Wege der Psychiatrie.* München: Piper, 1973.
Frank, J. D.: Restoration of morale and behavior change. In: Burton, A. (Hrsg.): *What makes behavior change possible?* New York: Brunner/Mazel, 1976, S. 3-12.
Fransella, F. & Frost, K.: *On being a woman.* A review of research how women see themselves. London: Tavistock Publications, 1977.
Free Clinic: *Du laß Dich nicht verhärten in dieser harten Zeit.* 3. Dokumentation zur aktuellen Auseinandersetzung zwischen Free Clinic und Stadt Heidelberg. Heidelberg 1977.
Freidson, E.: *Dominanz der Experten.* München–Berlin–Wien: Urban & Schwarzenberg, 1975.
Frese, M.: *Psychische Störungen bei Arbeitern.* Salzburg: Müller, 1977.
Freud, S.: *Gesammelte Werke (GW).* London: Imago Publish; Frankfurt: Fischer.
Friedrichsen & Ueckert: In: *Bericht von der Arbeitstagung Kognitive Psychologie vom 3.-5. 4. 78 in Hamburg.* Göttingen: Hogrefe, 1978.
Fülberth, G.: *Warum ist eine ausschließliche Organisierung in der GEW z. Z. nicht möglich?* In: Protokoll des Kongresses »Wissenschaft und Demokratie«; Freyberg, J. v. (Hrsg.): Köln, Pahl-Rugenstein, 1973.
Fülberth, G.: Die Entwicklung der deutschen Gewerkschaftsbewegung von den Anfängen bis 1873. In: Deppe, F. u. a., 1977.
Fürntratt, E.: Untersuchungen zum Image der Psychologie in Deutschland. In: *Psychologische Beiträge,* 1969, *11,* S. 499-542.
Fürstenau, P.: Probleme der vergleichenden Psychotherapieforschung.

In: *Psyche*, 1972, *26*, S. 423-462.

Fürstenau, P.: Über die politische Relevanz psychoanalytischer Praxis. In: *Gruppendynamik*, 1977, *8*, S. 49-65.

Fürstenberg, F.: Normenkonflikte beim Eintritt in das Berufsleben. In: T. Luckman & W. M. Sprondel (Hrsg.): *Berufssoziologie*. Köln: Kiepenheuer & Witsch, 1972, S. 276-290.

Fugger, K.: *Geschichte der deutschen Gewerkschaftsbewegung*. West-Berlin: VSA, 1971 (erste Ausgabe 1949).

Gaedt, C.: Ein Lehrstück bundesdeutscher Reformpolitik: Der Bericht über die Lage der Psychiatrie in der BRD. In: *Das Argument*, Sonderband 8, 1976.

Galperin, P. J.: Die geistige Handlung als Grundlage für die Bildung von Gedanken und Vorstellungen. In: A. N. Leontjew et al.: *Probleme der Lerntheorie*. Berlin: Volk und Wissen, 1967, S. 33-49.

Galperin, P. J.: Die Entwicklung der Untersuchungen über die Bildung geistiger Operationen. In: H. Hiebsch (Hrsg.): *Ergebnisse der sowjetischen Psychologie*. Stuttgart: Klett, 1969, S. 367-405.

Garfinkel, H.: *Studies in ethnomethodology*. Englewood Cliffs, N. J.: Prentice Hall, 1967.

Garfinkel, H.: Bedingungen für den Erfolg von Degradierungszeremonien (Orig. 1956). In: *Gruppendynamik*, 1974, *5*, S. 83-114.

Gerson, E. M.: The social character of illness: Deviance or politics. In: *Social Science and Medicine*, 1976, *10*, S. 219-224.

Geschäftsbericht der ÖTV 1972-1975. Stuttgart: ÖTV, April 1976.

Gesellschaftliche Daten 1977. Presse- und Informationsamt der Bundesregierung, Bonn 1977.

Gesundheitspolitisches Programm des Deutschen Gewerkschaftsbundes. Düsseldorf: DGB, Mai 1972.

Gibb, J. R.: Sensitivitätstraining als Mittel zur Förderung individueller Bildungsprozesse und Verbesserung zwischenmenschlicher Beziehungen. In: K. Horn (Hrsg.): *Gruppendynamik und der ›subjektive Faktor‹. Repressive Entsublimierung oder politisierende Praxis*. Frankfurt/Main: Suhrkamp, 1972, S. 139-181.

Giese, D.: Zur Kompatibilität von Gesetz und Sozialarbeit. In: H.-U. Otto & S. Schneider (Hrsg.): *Gesellschaftliche Perspektiven der Sozialarbeit 1*. Neuwied und Berlin: Luchterhand, 1973, S. 45-66.

Glaser, K.: Women's self-help-groups as an alternative to therapy. In: *Psychotherapy: Research and Practice*, 1976, *13*, (1), S. 77-81.

Glatzel, J.: *Das psychisch Abnorme: Kritische Ansätze zu einer Psychopathologie*. München: Urban & Schwarzenberg, 1977.

Glazer, N.: Die Grenzen der Sozialpolitik. In: W.-D. Narr & C. Offe (Hrsg.): *Wohlfahrtsstaat und Massenloyalität*. Köln: Kiepenheuer & Witsch, 1975, S. 335-351.

Gleiss, I.: Konservative Gehalte der Antipsychiatrie. In: *Das Argument*,

1975, Heft 89, S. 31-51.
Gleiss, I., Seidel, R. & Abholz, H.: *Soziale Psychiatrie*. Frankfurt a. M.: Fischer, 1973.
Goffman, E.: *Asyle*. Frankfurt: Suhrkamp, 1973.
Goldenberg, I. I.: The relationship of the university for the community: Implications for community mental health programs. In: H. E. Mitchell (Hrsg.): *The university and the urban crisis*. New York: Behavioral Publ., 1974.
Goode, W. J.: Professionen und die Gesellschaft. Die Struktur ihrer Beziehungen. In: Luckmann, T. & Sprondel, W. M. (Hrsg.): *Berufssoziologie*. Köln. Kiepenheuer und Witsch, 1972, S. 157-167.
Gordon, L. K.: Bureaucratic competence and success in dealing with public bureaucracies. In: *Social Problems*, 1975, *23*, S. 197-208.
Gossweiler, K.: *Ökonomie und Politik in Deutschland 1914-1932*. Berlin (Ost): VEB Deutscher Verlag der Wissenschaften, 1971.
Gottwald, P.: Forschung in der Verhaltenstherapie. In: L. J. Pongratz (Hrsg.): *Klinische Psychologie Bd. 8/2 des Handbuches der Psychologie*. Göttingen: Hogrefe, 1978, S. 1349-1427.
Gove, W. R.: Societal reactions as an explanation of mental illness: An evaluation. In: *American Sociological Review*, 1970, *35*, S. 873-884.
Grauhan, R.-R. & Hickel, R.: Krise des Steuerstaates?. In: Beilage zur Wochenzeitung Das Parlament (B 46/77), v. 19. 11. 1977, S. 3ff.
Graumann, C. F., Weinert, F. & Amelang, M.: Beruf (Psychologie in Studium und Beruf). In: Heidelberger Autorengruppe: *Steckbrief der Psychologie*. Rogge, K. E. (Hrsg.): Heidelberg: Quelle & Meyer, 1977³, S. 261-277.
Greenblatt, M. (Hrsg.): Psychiatry and the third revolution. Sonderheft von: *Psychiatric Annals*, 1977, *7* (10).
Grinker, R.: Emerging concepts of mental illness and models of treatment. The medical point of view. In: *American Journal of Psychiatry*, 1969, *125*, S. 865-869.
Groeben, N. & Scheele, B.: *Argumente für eine Psychologie des reflexiven Subjekts*. Darmstadt: Steinkopff, 1977.
Gronemeyer, R. & Bahr, H. E. (Hrsg.): *Nachbarschaft im Neubaublock. Empirische Untersuchungen zur Gemeinwesenarbeit, theoretische Studien zur Wohnsituation*. Weinheim: Beltz, 1977.
Gross, P. & Badura, P.: Sozialpolitik und soziale Dienste: Entwurf einer Theorie personenbezogener Dienstleistungen. In: Ch. v. Ferber & F.-X. Kaufmann (Hrsg.): *Soziologie und Sozialpolitik*. Kölner Zeitschrift für Soziologie und Sozialpsychologie. *Sonderheft 19*. Opladen: Westdeutscher Verlag, 1977, S. 361-385.
Grunow, D.: Rehabilitation und Administration. Probleme organisierter Hilfe für alte Menschen. In: Ch. v. Ferber & F.-X. Kaufmann (Hrsg.): *Soziologie und Sozialpolitik*. Kölner Zeitschrift für Soziologie und So-

zialpsychologie. *Sonderheft 19*. Opladen: Westdeutscher Verlag, 1977, S. 386-423.
Güse, H. G. & Schmacke, N.: *Psychiatrie zwischen bürgerlicher Revolution und Faschismus*. Band 1, Frankfurt: Fischer-Athenäum, 1976.
Güther, B.: *Arbeitslosigkeit von Hoch- und Fachhochschulabsolventen in der BRD. Informationsbericht* Nr. 28, Institut für marxistische Studien und Forschung (*IMSF*), Frankfurt/M., 1977.
Güther, B.: Intelligenz ohne Arbeit. Zur Entwicklung des akademischen Bildungs- und Beschäftigungssystems. In: *Blätter für deutsche und internationale Politik*, 1978, Heft 2, S. 205-224.
GwG: Für ein Zeugnisverweigerungsrecht aller in Beratung und Therapie Tätigen. In: *GwG-info. Informationsblätter der GwG*, 1975, (23), S. 36 bis 37.
Haak, N.: Comments on the analytical situation. In: *International Journal of Psycho-Analysis*, 1957, *38*, S. 183-195.
Habermas, J.: *Erkenntnis und Interesse*. Frankfurt: Suhrkamp, 1971.
Hacker, W.: *Allgemeine Arbeits- und Ingenieurpsychologie*. Berlin: Deutscher Verlag der Wissenschaften, 1973.
Häfner, H. & Reimann, H. & Immich, H. & Martini, H.: Inzidenz seelischer Erkrankungen in Mannheim 1965. In: *Soziale Psychiatrie*, 1969, H 4, S. 126-135.
Halleck, S. L.: *The politics of therapy*. New York: Science House, 1971.
Halleck, S. L.: The medical model and psychiatric training. In: *American Journal of Psychotherapy*, 1976, *30*, S. 219-235.
Halmos, P.: *The personal service society*. London: Constable, 1970.
Halsey, A. H. & Trow, M.: *The british academics*. London: Faber & Faber, 1971.
Harman, W. W.: Humanistic capitalism: Another alternative. In: *Journal of Humanistic Psychology*, 1974, *14*, S. 5-32.
Hartig, M.: *Probleme und Methoden der Psychotherapieforschung*. München: Urban und Schwarzenberg, 1975.
Heckhausen, H.: Die Ausbildungskapazität im Fach Psychologie: Personeller Grundbestand und Berechnungsmodell. In: Elstermann, G. (Hrsg.): *Ausbildungskapazität*. Göttingen: Schwartz & Co., 1971, S. 43-66.
Heckhausen, H.: Motiv und Motivation. In: Herrmann, T. u. a. (Hrsg.): *Handbuch psychologischer Grundbegriffe*. München: Kösel, 1977, S. 296-313.
Hegner, F. & Schmidt, E. H.: Aspekte und Probleme einer Gesellschaftspolitik für Behinderte und psychisch Gestörte in der BRD. In: von Ferber, C. (Hrsg.): *Soziologie und Sozialpolitik. Sonderheft 19* der: Kölner Zeitschrift für Soziologie und Sozialpsychologie, Opladen: Westdeutscher Verlag, 1977. S. 524-568.
Heimann, E.: *Soziale Theorie des Kapitalismus*. Tübingen 1929.

Heinrich, P. & Krüger, K. J.: Vorschlag zur Fachpsychologengliederung. In: *Psychologische Rundschau*, 1975, *26*, S. 245-255.
Helfert, M.: Ökonomisches System und das »Gleichgewicht« zwischen Kapital und Arbeit. In: *WSI-Mitteilungen*, 1977, *30*, *Sonderheft*, S. 67ff.
Hellerich, G. & Wambach, M. Max.: *Das Transformationspotential und der methodische Individualismus in der Psychiatrie-Enquête*. Referat zum wissenschaftl. Kongreß d. DVPW vom 4. bis 7. 10. 1977 in Bonn. AG 5: Gesundheitspolitik, Sozialpolitik und Politikwissenschaft, 1977.
Henkel, D. & Kohlscheen, G.: Ausbildung und Berufsbild des Klinischen Psychologen in der Diskussion. In: *psychologie heute*, 1975, *2*, (4), S. 44-49.
Henkel, D. & Roer, D.: Die Politik der klinisch-psychologischen Standesverbände. In: *Das Argument*, 1975, *17* (91), S. 387-422.
Henkel, D. & Roer, D.: Häufigkeit, Sozialverteilung und Verursachung psychischer Störungen in der BRD. In: Soziale Medizin (VII). *Argument*, 1976, *Sonderheft 12*, S. 148-190.
Herkner, H.: *Die Arbeiterfrage*. Berlin: Guttentag, 1916.
Herrmann, T.: Pädagogische Psychologie als psychologische Technologie. Im Druck 1978.
Hermsen, H.: *Analysen zur Reformentwicklung im Studienfach Psychologie*. Schulprojekte der Universität Bielefeld. Heft 19. Stuttgart: Klett, 1978.
Herzlich, C.: *Health and illness. A social psychological analysis*. London/New York: Academic Press, 1973.
Herzog, G.: Zur klinischen Wirklichkeit der Verhaltenstherapie. In: *Kritische Psychologie* (II): Argument-Sonderheft 15, 1977, S. 188-197.
Hesse, H. A.: *Berufe im Wandel*. Ein Beitrag zur Soziologie des Berufs, der Berufspolitik und des Berufsrechts. Stuttgart: Enke, 1972.
Hewitt, P. M. & Stokes, R.: Social problems, problematic situations, and quasi-theories. In: *American Sociological Review*, 1973, *38*, S. 367-374.
Hoffman, I. & Singer, P.: The incompatibility of the medical model and the therapeutic community. In: *Social Science and Medicine*, 1977, *11*, S. 425-431.
Hofstätter, P. R.: Was man vom Psychologen erwartet. In: F. P. Hardesty & H. Eyferth (Hrsg.): *Forderungen an die Psychologie*. Bern und Stuttgart: Huber, 1965, S. 252-271.
Holahan, C. J.: Social ecology. In: I. Iscoe et al. (Hrsg.): *Community psychology in transition*. New York: Halsted Press, 1977, S. 123-126 (a).
Holahan, C. J.: Community ecology: A tale of three cities. In: I. Iscoe et al. (Hrsg.): *Community psychology in transition*. New York: Halsted Press, 1977, S. 289-295 (b).
Holzkamp, K.: *Kritische Psychologie*. Frankfurt: Fischer, 1972.
Holzkamp, K.: *Sinnliche Erkenntnis – Historischer Ursprung und gesellschaftliche Funktion der Wahrnehmung*. Frankfurt a. M.: Athenäum

Fischer, 1973.
Horn, K.: Bemerkungen zur Situation des ›subjektiven Faktors‹ in der hochindustrialisierten Gesellschaft kapitalistischer Struktur. In: K. Horn (Hrsg.): *Gruppendynamik und der ›subjektive Faktor‹. Repressive Entsublimierung oder politisierende Praxis.* Frankfurt/Main: Suhrkamp, 1972, S. 17-116.
Horn, K. (Hrsg.): *Kritik der Hochschuldidaktik. Wider die bloße Anpassung von Subjektivität.* Frankfurt: Syndikat, 1978.
Horwitz, A.: Social networks and pathways to psychiatric treatment. In: *Social Forces,* 1977, *56,* S. 86-105.
Hoyos, C. Graf: *Denkschrift zur Lage der Psychologie.* Wiesbaden: Steiner, 1964.
Hoyos, C. Graf: Die Lage der Psychologen in der Bundesrepublik. In: Hardesty, F. P. & Eyferth, K. (Hrsg.): *Forderungen an die Psychologie.* Bern–Stuttgart: Huber 1965, S. 240-251.
Hoyos, C. Graf & Tack, W. H.: Vorschläge für eine neue Rahmenprüfungsordnung im Fach »Psychologie«. In: *Psychologische Rundschau,* 1970, *21,* S. 295-308.
Huber, L.: Das Problem der Sozialisation von Wissenschaftlern. In: *Neue Sammlung,* 1974, *14,* S. 2-33.
Huber, L.: Hochschule als ›Umwelt‹. In: *Blickpunkt Hochschuldidaktik,* 1975, Heft 37, S. 118-135.
Hughes, E. C.: *The sociological eye.* Chicago: Aldine, 1971.
Hurvitz, N.: Peer self-helf psychotherapy groups: Psychotherapy without psychotherapists. In: Roman, P. M. & Trice, H. M. (Hrsg.): *The sociology of psychotherapy.* New York: Aronson, 1974, S. 84-138.
Illich, I.: *Limits of medicine. Medical nemesis: The expropriation of health.* London: Marion Boyars, 1976.
Imershein, A. W.: Organizational change as a paradigma shift. In: *The Sociological Quarterly,* 1977, *18,* S. 33-43.
IMSF: *Arbeitslosigkeit von Hoch- und Fachhochschulabsolventen in der BRD.* Frankfurt: Institut für Marxistische Studien und Forschungen, 1977.
Informationsdienst Sozialarbeit: *Institutionelle Probleme stadtteilbezogener Sozialarbeit* (Zweiter Teil). Offenbach: Sozialistisches Büro, 1976.
Infratest: *Befragung von Studierenden.* Wintersemester 1973/74. Zusammenfassung wichtiger Ergebnisse. München: Broschüre, 1974.
Ingleby, D.: The job psychologists do. In: N. Armistead (Hrsg.): *Reconstructing social psychology.* Harmondsworth: Penguin, 1974, S. 314-328.
Jacoby, R.: Gesellschaftstheorie und Psychotherapie. In: *Das Argument,* 1975, Heft 89, S. 52-70.
Jaeggi, E. & Schulte, D.: Mitteilungen des DBV e. V. In: *Zeitschrift für Klinische Psychologie.* 1973, *2,* S. 158-159.
Jantzen, W.: Die berufliche und gesellschaftliche Eingliederung Behinder-

ter. In: *Argument. Jahrbuch für kritische Medizin,* 1976, Bd. 1, S. 28-43.
Jason, L. A.: Behavioral community psychology: Conceptualizations and applications. In: *Journal of Community Psychology,* 1977, *5*, S. 302-312.
Jervis, G.: *Kritisches Handbuch der Psychiatrie.* Frankfurt: Syndikat, 1978.
Jüchter, H.: *Studienreform 1966.* Bonn: VDS (Hrsg.), 1966.
Kaminski, G.: *Verhaltenstheorie und Verhaltensmodifikation.* Stuttgart: Klett, 1970.
Kaminski, G.: Rahmentheoretische Überlegungen zur Taxonomie psychodiagnostischer Prozesse. In: Pawlik, K. (Hrsg.): *Diagnose der Diagnostik.* Stuttgart: Klett, 1976, S. 45-70.
Kanfer, F. H. & Goldstein, A. P.. Einführung. In: Dies. (Hrsg.): *Möglichkeiten der Verhaltensänderung.* München/Wien/Baltimore: Urban & Schwarzenberg, 1977, S. 1-16.
Kanfer, F. H. & Phillips, J. S.: A survey of current behavior therapies and a proposal for classification. In: C. M. Franks (Hrsg.): *Behavior therapy. Appraisal and status.* New York u. a.: McGraw-Hill, 1969, S. 445 bis 475.
Kaplonek, H.: *Ein theoretischer Ansatz zum gesellschaftlichen Verursachungs- und Auswirkungszusammenhang psychischer Störungen.* Diplomarbeit. München 1977.
Karl, F.: Aktionsforschung – gesellschaftstheoretische Defizite und politische Illusionen. In: *Das Argument,* 1977, *19* (101), S. 67-78.
Katschnig, H. & Strotzka, H.: Epidemiologie der Neurosen und psychosomatischen Störungen. In: *Handbuch der Sozialmedizin.* Band II. Stuttgart: Enke, 1977, S. 272-310.
Kautsky, K.: *Die Intelligenz und die Sozialdemokratie.* In: *Die neue Zeit, XIII,* 1894/95, 2. Bd.
Keckeisen, W.: *Die gesellschaftliche Definition abweichenden Verhaltens.* München: Juventa, 1974.
Keil, W. & Piontkowski, U.: *Strukturen und Prozesse im Hochschulunterricht.* Weinheim und Basel: Beltz, 1973.
Kellert, S. R.: The lost community of community psychiatry. In: *Psychiatry,* 1971, *34*, S. 168-179.
Kelly, J. G.: Antidotes for arrogance: Training for a community psychology. In: *American Psychologist,* 1970, *25*, S. 524-531.
Kelly, J. G., Snowden, L. R. & Munoz, R. F.: Social and community interventions. In: *Annual Review of Psychology,* 1977, *28*, S. 323-361.
Kety, S. S.: From rationalization to reason. In: Ü*American Journal of Psychiatry,* 1974, *131*, S. 957-963.
Keupp, H. (Hrsg.): *Der Krankheitsmythos in der Psychopathologie.* München: Urban & Schwarzenberg, 1972 (a).
Keupp, H.: *Psychische Störungen als abweichendes Verhalten.* München–Berlin–Wien: Urban & Schwarzenberg, 1972 (b).

Keupp, H.: Prävention als neue Aufgabe der klinischen Psychologie – Erfahrungen mit dem Community Mental Health Programm in den USA. In: M. Cramer & P. Gottwald (Hrsg.): *Verhaltenstherapie in der Diskussion.* München: GVT, 1973, S. 71-89.

Keupp, H. (Hrsg.): *Verhaltensstörungen und Sozialstruktur.* München–Berlin–Wien: Urban & Schwarzenberg, 1974 (a).

Keupp, H.: Modellvorstellungen von Verhaltensstörungen. In: C. Kraiker (Hrsg.): *Handbuch der Verhaltenstherapie.* München: Kindler, 1974, S. 117-148 (b).

Keupp, H.: Anmerkungen zum Leserbrief von Herrn Eschenröde. In: *Mitteilungen der GVT*, 1974, *6* (1), S. 74-76 (c).

Keupp, H.: *Abweichung und Alltagsroutine. Die Labeling-Perspektive in Theorie und Praxis.* Hamburg: Hoffmann und Campe, 1976.

Keupp, H. & Bergold, J. B.: Probleme der Macht in der Psychotherapie unter spezieller Berücksichtigung der Verhaltenstherapie. In: C. H. Bachmann (Hrsg.): *Psychoanalyse und Verhaltenstherapie.* Frankfurt/Main: Fischer, 1972, S. 105-140.

Kickbusch, I.: The body politic. Vortrag, gehalten auf dem Kongreß der Deutschen Vereinigung für Politische Wissenschaft, 4.-7. 10. 1977 in Bonn.

Kieselbach, T.: *Politische Sozialisation in der Hochschule.* Bremen: Phil. Diss., 1977.

Kiesler, D. J.: *The process of psychotherapy: Empirical foundations and systems of analysis.* Chicago: Aldine, 1973.

Kiesler, D. J.: Experimentelle Untersuchungspläne in der Psychotherapieforschung. In: Petermann, F. u. Schmook, C. (Hrsg.): *Forschungsfragen der klinischen Psychologie.* Bern: Huber, 1977, S. 106-148.

Kievenheim, Ch. & Leisewitz, A. (Hrsg.): *Soziale Stellung und Bewußtsein der Intelligenz.* Köln: Pahl-Rugenstein, 1973.

Killilea, M.: Mutual help organisations: interpretations in the literature. In: Caplan, G. & Killilea, M. (Hrsg.) 1976, S. 37-93.

King, D. C.: The meaning of normal. In: *Yale Journal of Biology and Medicine*, 1954, *17*, S. 493-501.

Kittrie, N. N.: *The right to be different. Deviance and enforced therapy.* Baltimore/London: John Hopkins Press, 1971.

Kleiber, D.: *Information und Motivation – institutionelle und individuelle Bedingungen des Studienhandelns.* Münster: Phil. Diss., 1976.

Kleiber, D.: Galperins Handlungstheorie und ihre Anwendung in der Pädagogik. In: K. H. Braun & K. Holzkamp: *Kritische Psychologie*, Bd. 2. Köln: Pahl-Rugenstein, 1977, S. 54-60.

Kleiber, D., v. Nuland, G., Eichhard, B. & Offe, S.: Rationalemotive Therapie: Ihre Grundprinzipien und ihre Anwendung in der Praxis. In: *Mitteilungen der DGVT*, 1977, *9*, Heft 4, S. 530-563.

Klerman, G. L.: Mental illness, the medical model, and psychiatry. In:

Journal of Medicine and Philosophy, 1977, *2*, S. 220-243.
Klinge: Kostenübernahme für Maßnahmen nichtärztlicher Psychotherapeuten durch die Ersatzkassen. In: *Psychologie Heute*, 1977, *4* (1).
Kluncker, H.: Privatisierung öffentlicher Dienstleistungen – der Versuch, sozialstaatliche Errungenschaften abzubauen. In: *WSI-Mitteilungen*, 1977, 30, Sonderheft, S. 39ff.
Kobus, W.: Seelisch Behinderte. In: *Handbuch d. Sozialmedizin* (Hrsg. v. M. Blohmke u. a.), Bd. III, Stuttgart: Enke, 1976, S. 748ff.
Koch, R. H.: Diplompädagogen im Beruf. Eine empirische Untersuchung von Ausbildung und Arbeitsplätzen der ersten Generation von Diplompädagogen. In: *Neue Praxis*, 1977, Sonderheft, S. 9-51.
Köhler, E.: *Arme und Irre. Die liberale Fürsorgepolitik des Bürgertums.* Berlin: Wagenbach, 1977.
Kohlscheen, G.: Bericht über die Tagung der Arbeitsgemeinschaft europäischer Psychologenverbände am 24. und 25. 10. 1975. In: *Psychologische Rundschau*, 1976, *27*, S. 145-150.
Kohn, M. L.: *Class and conformity. A study in values.* Homewood: The Dorsey Press, 1969.
Koschorke, M.: *Unterschichten und Beratung.* Berlin: Untersuchungen aus dem evangelischen Zentralinstitut für Erziehungsberatung, 1973.
Kravetz, D. F.: Consciousness-raising groups and group psychotherapy: alternative mental health resources for women. In: *Psychotherapy: Research and Practice*, 1976, *13* (1), S. 66-71.
Kreuz, H.: Einleitung. In: R. Landwehr: *Der Bedarf an graduierten Sozialarbeitern und Sozialpädagogen in der BRD.* Münster 1977.
Krovoza, A.: *Produktion und Sozialisation.* Köln: EVA, 1976.
Kruckenberg, P.: Mängelrüge: Die psychiatrische Versorgung der BRD. In: H. v. Nussbaum (Hrsg.): *Die verordnete Krankheit.* Frankfurt: Fischer, 1977, S. 302-332.
Krüger, H. & Müller, W.: Berufsvorbereitung an der Universität. Zur Ambivalenz einer berufspraxisorientierten Ausbildungsreform. In: Interdisziplinäres Zentrum für Hochschuldidaktik der Universität Hamburg (Hrsg.): *Berufsfeldanalysen I.* Hamburg: Hochschuldidaktische Arbeitspapiere Nr. 3, 1974, S. 4-53.
Krüll, M.: *Schizophrenie und Gesellschaft.* München: Beck, 1977.
Kruse, O. u. Juhl, K.: Zur Struktur psychotherapeutischer Konzeptionen: Der Plan in der Psychotherapie. In: *Mitteilungen der Deutschen Gesellschaft für Verhaltenstherapie*, 1977, *9*, S. 193-216.
Kühn, H.: Gesamtwirtschaftlicher Bedingungswandel der Krankenhauspolitik. In: *Argument-Sonderband* 12, Berlin/W. 1976, S. 26ff. (a).
Kühn, H.: Statistische Überlegungen zur Kostenentwicklung im Gesundheitswesen. In: *Jahrbuch f. krit. Medizin*, Berlin/W. 1976, S. 179ff. (b)
Kühn, H.: Gewerkschaftliche Gesundheitspolitik im volkswirtschaftlichen Zusammenhang; Internat. Inst. f. vergl. Gesellschaftsforschg., Ber-

lin/W. 1977, teilw. abgedr. in: *ÖTV-Gesundheitsreport*, Nr. 5/1977, S. 3ff.
Kühne, H. H.: Zu Fragen eines Berufsrechts für Diplom-Psychologen für Psychotherapie. In: Kühne, H. H. & Schwaiger, H. (Hrsg.): *Zum Recht der Heilbehandlung durch Psychologen.* Bern, Stuttgart, Wien: Huber, 1976. S. 17-71.
Kuhn, Th. S.: *Die Struktur wissenschaftlicher Revolutionen.* Frankfurt: Suhrkamp, 1967.
Kuhn, Th. S.: Postscript (1969). In: Weingart, P. (Hrsg.): *Wissenschaftssoziologie Bd. 1.* Frankfurt: Fischer-Athenäum, 1972.
Laing, R. D.: *Phänomenologie der Erfahrung.* Frankfurt: Suhrkamp, 1969.
Lakatos, I.: Falsification and the methodology of scientific research programs. In: I. Lakatos & A. Musgrave (Hrsg.): *Criticism and the growth of knowledge.* Cambridge: Cambridge University Press, 1970.
Landwehr, R.: *Der Bedarf an graduierten Sozialarbeitern und Sozialpädagogen in der BRD.* Münster 1977.
Laplanche, J. & Pontalis, J.-B.: *Das Vokabular der Psychoanalyse.* Frankfurt: Suhrkamp, 1973.
Laucken, U.: *Naive Verhaltenstheorie.* Stuttgart: Klett, 1974.
Lazarus, A. A. (Hrsg.): *Angewandte Verhaltenstherapie.* Stuttgart: Klett, 1976.
Lazarus, A. A.: Has behavior therapy outlived its usefulness? In: *American Psychologist*, 1977, *32*, S. 550-554.
Leifer, R.: *In the name of mental health: the social functions of psychiatry.* New York: Science House, 1969.
Lemert, E. M.: *Social pathology.* New York: McGraw Hill, 1951.
Lenhardt, G. & Offe, C.: Staatstheorie und Sozialpolitik. Politisch-soziologische Erklärungsansätze für Funktionen und Innovationsprozesse der Sozialpolitik. In: Ch. v. Ferber & F.-X. Kaufmann (Hrsg.): *Soziologie und Sozialpolitik.* Kölner Zeitschrift für Soziologie und Sozialpsychologie. *Sonderheft 19.* Opladen: Westdeutscher Verlag, 1977, S. 98 bis 127.
Leontjew, A. N.: Das Problem der Tätigkeit in der Psychologie. In: *Sowjetwissenschaft*, 1973, *4*, S. 415-435.
Leontjew, A. N.: Tätigkeit und Bewußtsein. In: *Sowjetwissenschaft*, 1973, *5*, S. 515-531.
Leontjew, A. N.: *Probleme der Entwicklung des Psychischen.* Berlin (DDR): Volk und Wissen, 1967.
Lerner, B. u. Fiske, D. W.: Client attributes and the eye of the beholder. In: *Journal of consulting and clinical psychology*, 1973, *40*, S. 272-277.
Levine, M.: Some postulates of practice in community psychology and their implications for training. In: I. Iscoe & C. D. Spielberger (Hrsg.): *Community psychology: Perspectives in training and research.* New York: Appleton-Century-Crofts, 1970, S. 71-84.

Lévy, R.: *Der Lebenslauf als Statusbiographie.* Die weibliche Normalbiographie in makrosoziologischer Perspektive. Stuttgart: Enke, 1977.

Lidz, T.: *Skizze einer Theorie der schizophrenen Störungen.* In: Familiendynamik, 1976, *1*, S. 90-111.

Lieberman, M. A.: Change induction in small groups. In: M. R. Rosenzweig & L. W. Porter (Hrsg.): *Annual Review of Psychology*, 1976, *27*, S. 217-251.

Lieberman, M. A.: Gruppenmethoden. In: F. H. Kaufer & A. P. Goldstein: *Möglichkeiten der Verhaltensänderung.* München: Urban & Schwarzenberg, 1977, S. 503-567.

Lieberman, M. A., Yalom, I. D. & Miles, M. B.: *Encounter Groups: First Facts.* New York: Basic Book, 1973.

Limmer, H.: *Die deutsche Gewerkschaftsbewegung.* München: Olzog Verlag, 1976.

Lindsay, P. H. u. Norman, D. A.: *Human information processing.* San Francisco: Academic Press, 1977².

Lorenz, A. L.: *Psychodiagnostik in der Psychiatrie.* Zur Berufspraxis des Psychologen. Gießen: Achenbach, 1974.

Luckmann, T. & Sprondel, W. M. (Hrsg.): *Berufssoziologie.* Köln: Kiepenheuer & Witsch, 1972.

Lüscher, K.: Berufliche Sozialisation. In: T. Luckmann & W. M. Sprondel (Hrsg.): *Berufssoziologie.* Köln: Kiepenheuer & Witsch, 1972, S. 219 bis 236.

Lüth, P.: *Reforminhalte und Möglichkeiten der Realisierung. Podiumsdiskussion.* In: Deppe, H.-U. u. a., 1973.

Lüth, P.: Die Subkultur der Ärzte: Am Beispiel ihrer Körperschaften und Verbände. In: Volkholz, V., Elsner, G., Geissler, B., Kriescher-Fauchs, M. & Thoma, P. (Hrsg.): *Analyse des Gesundheitssystems.* Frankfurt/Main: Fischer, 1974.

Lucht, D.: Organisationsprobleme in der Leistungsverwaltung. In: von Ferber, C. (Hrsg.): *Soziologie und Sozialpolitik. Sonderheft 19* der: Kölner Zeitschrift für Soziologie und Sozialpsychologie, Opladen: Westdeutscher Verlag, 1977, S. 353-360.

Luhmann, N.: *Vertrauen.* Stuttgart: Enke, 1973 (c).

Luhmann, N.: Formen des Helfens im Wandel gesellschaftlicher Bedingungen. In: H.-U. Otto & S. Schneider (Hrsg.): *Gesellschaftliche Perspektiven der Sozialarbeit 1.* Neuwied und Berlin: Luchterhand, 1973, S. 21-44 (b).

Luxemburg, R.: *Massenstreik, Partei und Gewerkschaften.* In: Gesammelte Werke, Bd. IV, Berlin 1928 (Nachdruck: Berlin: Dietz Verlag, 1974).

Luz, D.: *Entwicklung eines Ansatzes zur Bedürfnisermittlung bei Klienten von Erziehungsberatungsstellen.* Diplomarbeit. München 1977.

MacDonald, K. R., Hedberg, A. G. & Cambell, L. M.: A behavioral revo-

lution in community mental health. In: *Community Mental Health Journal*, 1974, *10*, S. 228-235.
Mader, W.: Alltagswissen, Diagnose, Deutung: Zur Wirksamkeit von Wissensbeständen in Beratungssituationen. In: *Zeitschrift für Pädagogik*, 1976, *22*, S. 699-714.
Mahoney, M. J.: *Kognitive Verhaltenstherapie. Neue Entwicklungen und Integrationsschritte*. München: Pfeiffer, 1977.
Mahoney, M. J.: Reflections on the cognitive. Learning trend in psychotherapy. In: *American Psychologist*, 1977, *32*, S. 5-13.
Maiers, W.: Normalität und Pathologie des Psychischen. In: *Das Argument*, 1975, *91*, S. 457-493.
Maikowski, R., Mattes, P. & Rott, G.: *Psychologie und ihre Praxis*. Frankfurt: Fischer Taschenbuch, 1976.
Mander, A. V. & Rush, A.: *Frauentherapie*. München: Frauenoffensive, 1976.
Mantek, M.: Alkoholismus bei Frauen. *psychologie heute* 1977, 4, S. 39-46.
Margolis, E.: National Health Planning and the medical model: The case of Israel. In: *Social Science and Medicine*, 1977, *11*, S. 181-186.
Marieskind, H. & Ehrenreich, D.: Towards socialist medicine: The women's health movement. In: *Women and Health*, 1975, *6*.
Marmor, J.: Common operational factors in diverse approaches to behavior change. In: Burton, A. (Hrsg.): *What makes behavior change possible?* New York: Brunner/Mazel, 1976, S. 3-12.
Martin, D. G.: *Gesprächspsychotherapie als Lernprozeß*. Salzburg: Otto Müller, 1975.
Maslow, A.: *Psychologie des Seins – Ein Entwurf*. München: Kindler, 1973.
Masterman, M.: The nature of a paradigm. In: I. Lakatos & A. Musgrave (Hrsg.): *Criticism and the growth of knowledge*. Cambridge: Cambridge University Press, 1970.
Matza, D.: *Abweichendes Verhalten*. Heidelberg: Quelle & Meyer, 1975.
Mausbach, H.: *Reforminhalte und Möglichkeiten der Realisierung. Podiumsdiskussion*. In: Deppe, H.-U. u. a., 1973.
Mayr, H.: *Humanisierung der Arbeit durch Tarifpolitik*. In: Vetter, H. O., 1974.
McHugh, P.: *Defining the Situation*. Indianapolis: Bobbs-Merril, 1968.
McKinlay, J. B. (Hrsg.): *Processing People. Cases in organizational behaviour*. London: Holt, Rinehart & Winston, 1974.
Mechanic, D.: *Psychiatrische Versorgung und Sozialpolitik*. München: Urban & Schwarzenberg, 1975.
Mechelhoff, J.: *Keiner kann sich auf seine Leistung allein verlassen*. In: *»Metall«*, Zeitung der IG Metall für die BRD, Frankfurt/M., 7.10.1975, 27. Jg., *20*, S. 13.
Meichenbaum, D.: *Cognitive behavior modification. An integrative approach*. New York: Plenum Press, 1977.

Meier, A.: *Soziologie des Bildungswesens.* Köln: Pahl-Rugenstein, 1974.
Mercer, J. R.: Social system perspective and clinical perspective. In: *Social Problems,* 1965, *13,* S. 18-34.
»Metall«: *Rationalisierungsreserve: Angestellte. Schreibtische werden zu Fließbändern.* In: *Metall,* Zeitung der IG Metall für die BRD, Frankfurt/M., 14. 12. 1976, 28. Jg., *25/26,* S. 5.
Metzger, W.: Gestalttheorie und Gruppendynamik. In: *Gruppendynamik,* 1975, *6,* S. 311-331.
Meyer, S. & Thiele, W. & Volkholz, V.: *Gesundheitsversorgung. Daten des Gesundheitssystems der BRD.* Hamburg: VSA, 1978.
Miller, G. A.: Psychology as a means of promoting human welfare. In: *American Psychologist,* 1969, *24,* S. 1063-1075.
Miller, G. A., Galanter, E. u. Pribram, K. H.: *Strategien des Handelns.* Stuttgart: Klett, 1973.
Millerson, G.: *The qualifying associations.* A study in professionalisation. London: Routledge & Paul, 1964.
Mills, C. W.: The professional ideology of social pathologists. In: *American Journal of Sociology,* 1943, S. 165-180.
Minsel, W. R.: *Praxis der Gesprächspsychotherapie.* Wien, Köln, Graz: Hermann Böhlhaus, 1974.
Moeller, M. L.: Selbsthilfegruppen in der Psychotherapie. In: *Praxis der Psychotherapie,* 1975, *20,* S. 182-192.
Moeller, M. L.: Selbsthilfegruppen in der Psychotherapie. In: *Sozialpsychiatrische Informationen,* 1977a, *7, 42,* S. 41-51.
Moeller, M. L.: Wodurch wirken Selbsthilfegruppen? Zu einigen Therapieprinzipien der Gruppenselbstbehandlung. In: *Gruppendynamik,* 1977b, *5,* S. 337-357.
Moeller-Gambaroff, M.: Emanzipation macht Angst. In: *Kursbuch* 47,
Molitor, B.: Sozialhilfe wird weiter expandieren. In: *Arbeit und Sozialpolitik,* 1977, *31,* S. 308ff.
Moore, M. S.: Some myths about ›mental illness‹. In: *Inquiry,* 1975, *18,* S. 233-265.
Moss, G. E.: *Illness, immunity and social interaction.* New York: Wiley, 1973.
Mowrer, O. H. & A. J. Vattano: Integritätsgruppen. Ein Kontext zur Förderung von Ehrlichkeit, Verantwortung und Engagement. In: *Gruppendynamik,* 1977, *8,* S. 311-323.
Mühlen, U., Cramer, M., Keupp, H., Rüggeberg, A.: Gewerkschaftliche Organisierung versus ständische Interessenvertretung. In: Cramer, M. & Gottwald, P. (Hrsg.): *Verhaltenstherapie in der Diskussion.* München: GVT-Sonderheft, 1974, S. 90-104.
Murphy, J. M. & Leighton, A. H. (Hrsg.). *Approaches to cross-cultural Psychiatry.* New York: Cornell Univ. Press, 1965.
Murswiek, A. (Hrsg.): *Staatliche Politik im Sozialsektor.* München: Piper.

1976.
Naschold, F. u. a.: *Systemanalyse des Gesundheitswesens in Österreich.* Eine Studie über Entstehung und Bewältigung von Krankheiten im entwickelten Kapitalismus, Wien 1975. Bd. I-IV.
Naschold, F.: Strukturelle Bestimmungsfaktoren für die Kostenentwicklung im Gesundheitswesen. In: *Jahrbuch f. krit. Medizin*, Bd. 1, Berlin/W 1976, S. 196ff.
Nedelmann, C. & Horn, K.: Gesellschaftliche Aufgaben der Psychotherapie. In: *Psyche*, 1976, *30*, S. 827-853.
Neisser, U.: *Kognitive Psychologie.* Stuttgart: Klett, 1974.
Neisser, U.: *Cognition and reality.* San Francisco: Freeman, 1976.
Nietzel, M. T., Winett, R. A., MacDonald, M. L. & Davidson, W. S.: *Behavioral approaches to community psychology.* New York: Pergamon Press, 1977.
Nisbett, R. u. a.: Popular induction: Information is not necessarily informative. In: Carrol, J. S. u. Payne, J. W. (Hrsg.): *Cognition and social behavior.* Hillsdale: Lawrence-Erlbaum, 1976, S. 113-134.
Nisbett, R. E. u. DeCamp Wilson, T.: Telling more than we can know: Verbal reports on mental processes. In: *Psychological Review*, 1977, *84*, S. 231-259.
Nissen, G.: Zur Klassifikation und Genese von Dissozialität und Verwahrlosung. In: *Der Nervenarzt*, 1974, *45*, S. 30-35.
Nord, W.: A Marxist critique of humanistic psychology. In: *Journal of Humanistic Psychology*, 1977, *17*, S. 75-85.
North, M.: *Mythos und Wirklichkeit der Psychotherapie.* München/Berlin/Wien: Urban & Schwarzenberg, 1975.
Nussbaum, H. V. (Hrsg.): *Die verordnete Krankheit.* Frankfurt: S. Fischer Verlag, 1977.
O'Connor, J.: *Die Finanzkrise des Staates.* Frankfurt: Suhrkamp, 1974.
ÖTV-Jahrbuch. Stuttgart: ÖTV, 1951.
Ohm, Ch.: Ziellosigkeit als Lernziel der Gruppendynamik. *Das Argument* 1973, 78 (1-3), S. 94-122.
Osmond, H. & Siegler, M.: *Models of madness. Models of medicine.* New York: MacMillan, 1974.
Otte, M. u. Bromme, R.: Der Begriff und die Probleme seiner Aneignung. In: Bloch, J. u. a. (Hrsg.): *Grundlagenkonzepte der Wissenschaftskritik als unterrichtsstrukturierende Momente.* IPN Arbeitsberichte 29. Kiel: IPN, 1978, S. 155-195.
Ottomeyer, K.: *Ökonomische Zwänge und menschliche Beziehungen.* Reinbek: Rowohlt, 1977.
Page, I. D.: *Psychopathology – The Science of Understanding Deviance.* Chicago: Aldine, 1971.
Pagès, M.: Das Laboratorium mit flexiblen Strukturen. In: *Gruppendynamik*, 1973, *4*, S. 18-26.

Palmer, S. E.: Visual perception and world knowledge: Notes on a model of sensory-cognitive interaction. In: Norman, D. A. u. Rumelhart, D. E. (Hrsg.): *Explorations in cognition.* San Francisco: Freeman, 1975, S. 279 bis 307.

Parmentier, K.: Warten auf ein Klingelzeichen: In: *Uni*, 1977, *1* (10), S. 17 bis 20.

Parow, E.: *Psychotisches Verhalten und Umwelt.* Frankfurt: Suhrkamp, 1972.

Parsons, T.: *The social system.* Glencoe Ill.: Free Press, 1951.

Paul, G.: *Insight vs. desensitization in psychotherapy. An experiment in anxiety reduction.* Stanford: Stanford University Press, 1966.

Pawlik, K.: Zur Lage der Psychologie. In: *Psychologische Rundschau*, 1975, *26*, S. 81-111.

Pearson, G.: *The deviant imagination. Psychiatry social work and social change.* London: MacMillan, 1975.

Perspektiven der Gewerkschaft ÖTV zur Gesundheitspolitik. Gesundheitspolitische Tagung 1977, Stuttgart, Okt.

Peschke, P.: Geschichte der deutschen Sozialversicherung, Berlin/DDR, 1962.

Peters, H.: Ein Beitrag zum Begriff der Krankheit. In: K. Jantz u. a. (Hrsg.): *Sozialreform und Sozialrecht.* Berlin: Duncker & Humblot, 1959.

Peters, H.: *Moderne Fürsorge und ihre Legitimation. Eine soziologische Analyse der Sozialarbeit.* Köln/Opladen: Westdeutscher Verlag, 1968.

Peters, H. & Cremer-Schäfer, H.: *Die sanften Kontrolleure. Wie Sozialarbeiter mit Devianten umgehen.* Stuttgart: Enke, 1975.

Petrowsky, W.: *Gesundheitsdienstberufe in der Gewerkschaft Öffentliche Dienste, Transport und Verkehr (ÖTV) – Probleme gewerkschaftlicher Organisierung im Krankenhaus.* In: Gewerkschaften und Medizin 3, Berlin: VSA, 1974.

Pflanz, M. & Keupp, H.: A sociological perspective on concepts of disease. In: *International Social Science Journal*, 1977, *29*, S. 386-396.

Piontkowski, U.: Sozialisation in akademischen Institutionen. In: F. Breuer, W. Keil, D. Kleiber, F. Meier & U. Piontkowski: *Psychologie des wissenschaftlichen Lernens.* Münster: Aschendorff, 1975, S. 195 bis 284.

Piven, F. F. & Cloward, R. A.: *Regulierung der Armut. – Die Politik der öffentlichen Wohlfahrt.* Frankfurt: Suhrkamp, 1977.

Pivovarov, D. V.: Über die Wechselbeziehung der gegenständlichen und der operationalen Komponente des wissenschaftlichen Wissens. In: *Voprosy filosofii* 1977 (5), S. 89-99. (Übers. des IDM, Bielefeld).

Planungsstudie zum Bericht über die Lage der Psychiatrie in der Bundesrepublik Deutschland. Stuttgart: Heinle, Wischer und Partner Planungs GmbH, 1976.

Pörksen, N.: *Kommunale Psychiatrie*, Hamburg: Rowohlt, 1974.
Preller, L.: *Praxis und Probleme der Sozialpolitik*. 2. Halbbd., Tübingen, 1970.
Preuß, U. K.: *Legalität und Pluralismus*. Frankfurt: Suhrkamp, 1973.
Preußer, N. & Völkel, R.: Der Sozialarbeiter und sein Klient – Momente einer verwirrten Interaktion. In: Hollstein, W. & Meinhold, M. (Hrsg.): *Sozialpädagogische Modelle. Möglichkeiten der Arbeit im sozialen Bereich*. Frankfurt: Campus, 1977, S. 37-49.
Pribram, K. H.: *Languages of the brain*. Monterey: Brooks/Cole, 1977².
Prim, R. u. Tilmann, H.: *Grundlagen einer kritisch rationalen Sozialwissenschaft*. Heidelberg: Quelle und Meyer, 1973.
Programm der DAG zur Gesellschaftspolitik, Hamburg: DAG, Januar 1976.
Prokop, U.: *Weiblicher Lebenszusammenhang*. Von der Beschränktheit der Strategien und der Unangemessenheit der Wünsche. Frankfurt a. M.: Suhrkamp, 1976.
Proshansky, H. M.: Environmental psychology and the real world. In: *American Psychologist*, 1976, *31*, S. 303-310.
Raeithel, A.: Pädagogik und Mathematik. In: Boos, B. u. Krickeberg, K. (Hrsg.): *Mathematisierung der Einzelwissenschaften*. Basel: Birkhäuser Verlag, 1976, S. 98-135.
Rahmenordnung für die Diplomprüfung in der Psychologie – Beschluß der Kultusministerkonferenz vom 2. 2. 1973. In: *Psychologische Rundschau*, 1973, *24*, S. 219-226.
Rappaport, J.: *Community psychology. Values, research, and action*. New York: Holt, Rinehart & Winston, 1977.
Rauskolb, Ch.: *Lobby in Weiß. Struktur und Politik der Ärzteverbände*. Frankfurt/M.–Köln: Europäische Verlagsanstalt, 1976.
Rebell, C.: *Sozialpsychiatrie in der Industriegesellschaft*. Frankfurt: Campus, 1975.
Reimann, H.: Die Entwicklung der Psychiatrischen Soziologie. In: *Kölner Zeitschrift für Soziologie und Sozialpsychologie*, 1973, *25*, S. 336-349.
Reiners, H. & Volkholz, V. (Hrsg.): *Das Gesundheitssystem in der BRD. Eine Einführung*. Hamburg: VSA, 1977.
Reinhardt, S.: *Zum Professionalisierungsprozeß des Lehrers. Überlegungen zur Lehrer-Schüler-Interaktion und ihrer Sozialisation*. Frankfurt, 1972.
Reisman, J. M.: *Toward the integration of psychotherapy*. New York: John Wiley, 1971.
Reißn V. & Schulmeister, R.: Sozialisation in der Hochschule (Nr. 4, 1973). In: Interdisziplinäres Zentrum für Hochschuldidaktik der Universität Hamburg (Hrsg.): *Hochschuldidaktische Stichworte I*. Blickpunkt Hochschuldidaktik Heft 40. Hamburg: AHD e. V. und Interdisziplinäres Zentrum für Hochschuldidaktik der Universität Hamburg, 1976²,

S. 42-74.
Reppucci, N. D.: Social psychology of institutional change: General principles for intervention. In: *American Journal of Community Psychology*, 1973, *1*, S. 330-341.
Reppucci, N. D. & Saunders, J. T.: Social psychology and behavior modification. Problems of implementation in natural settings. In: *American Psychologist*, 1974, *29*, S. 649-660.
Report of the Task Force of Sexbias and Sexroles: Stereotyping in Psychotherapeutic Practice. In: *American Psychologist*, 1975, *30*, S. 1169-1175.
Richter, H. E.: *Die Gruppe. Hoffnung auf einen neuen Weg, sich selbst und andere zu befreien. Psychoanalyse in Kooperation mit Gruppeninitiativen.* Reinbek: Rowohlt, 1972.
Riedmüller, B.: *Bestandsanalyse Sozialpsychiatrie München.* München: unv. Ms., 1977.
Riese, H.: *Die Entwicklung des Bedarfs an Hochschulabsolventen in der Bundesrepublik Deutschland.* Wiesbaden 1967.
Riessman, F.: The helper therapy principle. In: *Social Work*, 1965, *10* (2), S. 27-32.
Rödel, U. & Guldimann, T.: *Sozialpolitik als soziale Kontrolle.* In: Guldimann, T. & Rodenstein, M. & Rödel, U. & Stille, F. & Funke, R.: Sozialpolitik als soziale Kontrolle. Starnberger Studien 2. Frankfurt: Suhrkamp, 1978 (im Erscheinen).
Rodenstein, M.: *Arbeiterselbsthilfe, Arbeiterselbstverwaltung und staatliche Krankenversicherungspolitik in Deutschland.* In: Guldimann, T. & Rodenstein, M. & Rödel, U. & Stille, F. & Funke, R.: Sozialpolitik als soziale Kontrolle. Starnberger Studien 2. Frankfurt: Suhrkamp, 1978 (im Erscheinen).
Roer, D. & Henkel, D.: *Legalisierung psychotherapeutischer Tätigkeit – aber wie?* In: *Argument*-Sonderband AS *15*; Kritische Psychologie II, 1978.
Rohde, J. J.: Der Patient im sozialen System des Krankenhauses. In: Ritter-Röhr, D. (Hrsg.): *Der Arzt, sein Patient und die Gesellschaft.* Frankfurt: Suhrkamp, 1975, S. 167-210.
Rosenhan, D. L.: The contextual nature of psychiatric diagnosis. In: *Journal of Abnormal Psychology*, 1975, *84*, S. 462-474.
Rosenmayr, L.: Über das »Anwendbarkeitsdefizit« der Soziologie. In: A. M. Becker & L. Reiter (Hrsg.): *Psychotherapie als Denken und Handeln.* München: Kindler, 1977, S. 197-224.
Rüth, W.: *Ursachen vorzeitiger Berufs- und Erwerbsunfähigkeit.* Kommission für wirtschaftlichen und sozialen Wandel. Bd. 121. Göttingen: Verlag Otto Schwarz, 1976.
Rush, A. K.: *Getting clear.* Ein Therapiehandbuch für Frauen. München: Frauenoffensive, 1977.
Sack, F.: Psychische Erkrankungen als soziales Problem. Vorwort zu:

W. Stumme: *Psychische Erkrankungen im Urteil der Bevölkerung.* München: Urban & Schwarzenberg, 1975.
Sarason, S. B.: *The psychological sense of community. Prospects for a community psychology.* San Francisco: Jossey-Bass, 1974.
Sarason, S. B.: Community psychology, networks, and Mr. Everyman. In: *American Psychologist,* 1976, *31*, S. 317-328 (a).
Sarason, S. B.: Community psychology and the anarchistic insight. In: *American Journal of Community Psychology,* 1976, 4, S. 246-259 (b)
Sarbin, T. R., Taft, R. u. Bailey, D. E.: *Clinical inference and cognitive theory.* New York: Holt, Rinehart u. Winston, 1960.
Sashkin, M., Morris, W. C. & Horst, L. A.: A comparison of social and organizational change models? Information flow and data use processes. In: *Psychological Review,* 1973, *80*, S. 510-526.
Schäfer, H. & Blohmke, M.: *Sozialmedizin.* Stuttgart: Georg Thieme Verlag, 1972.
Schank, R. u. Abelson, R.: *Scripts, plans, goals and understanding.* Hillsdale: Lawrence Erlbaum, 1977.
Scheff, T.: Negotiating reality: Notes on power in the assessment of responsibility. In: *Social Problems,* 1968, *16*, S. 3-17.
Scheff, T. J.: *Das Etikett ›Geisteskrankheit‹. Soziale Interaktion und psychische Störung.* Frankfurt: Fischer, 1973 (Orig. 1966).
Schelsky, H.: *Der selbständige und betreute Mensch.* Stuttgart: Seewald, 1976.
Scheu, U.: *Wir werden nicht als Mädchen geboren – wir werden dazu gemacht.* Reinbek: Rowohlt, 1975.
Schewe, D., Nordhorn, K. u. a.: *Übersicht über die Soziale Sicherung,* hrsg. v. Bundesministerium f. Arbeit und Sozialordnung, Bonn 1975.
Schimansky, H. Ch.: Gedanken zur Laienarbeit. In: *Sozialpsychiatrische Informationen,* Heft 28, 1975.
Schmädel, D.: Der Arztbesuch als Teilaspekt des Krankheitsverhaltens – Ansatz einer theoretischen Klärung. In: Ritter-Röhr, D. (Hrsg.): *Der Arzt, sein Patient und die Gesellschaft.* Frankfurt: Suhrkamp, 1975, S. 124-166.
Schmid, S.: *Freiheit heilt.* Berlin: Wagenbach, 1977.
Schmidbauer, W.: *Selbsterfahrung in der Gruppe.* München: List, 1977.
Schmidt, E.: *Ordnungsfaktor oder Gegenmacht – Die politische Rolle der Gewerkschaften.* Frankfurt: Suhrkamp, 1975.
Schmidt, J. & Seichter, W.: *Die deutsche Gewerkschaftsbewegung von der Mitte der neunziger Jahre des 19. Jahrhunderts bis zum Ersten Weltkrieg.* In: Deppe, F. u. a., 1977.
Scholmer, J.: *Patient und Profitmedizin,* Opladen: Westdeutscher Verlag, 1973.
Schröder, W.: *Psychologen im Beruf.* Hamburg: unveröffentl. Diplomarbeit Psychologie, 1976.

Schröter, K.: Psychoanalytischer Dialog und alltägliche Kommunikation. In: Muck, M. u. a.: *Informationen über Psychoanalyse*. Frankfurt: Suhrkamp, 1974, S. 45-64.
Schroeter, R.: *Entwicklung eines Ansatzes zur Erfassung des Verhältnisses von objektiver Lebenssituation und psychischen Störungen*. Diplomarbeit. München 1977.
Schülein, J. A.: *Selbstbetroffenheit. Über Aneignung und Vermittlung sozialwissenschaftlicher Kompetenz*. Frankfurt: Syndikat, 1977.
Schulte, D.: Informationen des Vorstandes des Deutschen Berufsverbandes der Verhaltenstherapeuten. In: *Zeitschrift für Klinische Psychologie*, 1972, *1*, S. 179-180.
Schulte, D. H.: Beitrag der Verhaltenstherapie zur Versorgung psychisch Kranker in der Bevölkerung. In: Deutscher Bundestag (Hrsg.): Drucksache 7/4201, 1975, S. 828-834.
Schulte, D.: Psychodiagnostik zur Erklärung und Modifikation von Verhalten. In: Pawlik, K. (Hrsg.): *Diagnose der Diagnostik*. Stuttgart: Klett, 1976, S. 149-176.
Schulte, D.: So könnte eine Lösung aussehen. In: *Psychologie Heute*, 1977, *4* (6), S. 66-67.
Schulte, D.: Grundlagen der Verhaltenstherapie. In: Pongratz, L. (Hrsg.): *Handbuch der Psychologie Bd. 8 Klinische Psychologie*. Göttingen: Hogrefe, 1977.
Schur, E. M.: *Radical nonintervention. Rethinking the delinquency problem*. Englewood Cliffs: Prentice Hall, 1973.
Schütz, A. & Luckmann, T.: *Strukturen der Lebenswelt*. Neuwied: Luchterhand, 1975.
Schutz, W. C.: *Freude – Gruppentherapie, Sensitivitytraining, Ich-Erweiterung*. Reinbek: Rowohlt, 1973.
Schwäbisch, L. & Siems, M.: *Anleitung zum sozialen Lernen für Paare, Gruppen und Erzieher*. Reinbek: Rowohlt Taschenbuch, 1974.
Schwaiger, H.: Zur berufsrechtlichen Stellung der Diplompsychologen für Psychotherapie im Recht der Krankheitskostenerstattung. In: Kühne, H. H. & Schwaiger, H. (Hrsg.): *Zum Recht der Heilbehandlung durch Psychologen*. Bern/Stuttgart/Wien: Huber, 1976, S. 73-227.
Scull, A. T.: *Decarceration. Community treatment and the deviant – A radical view*. Englewood Cliffs: Prentice Hall, 1977.
Searles, H. F.: *Der psychoanalytische Beitrag zur Schizophrenieforschung*. München: Kindler, 1974.
Seeger, F.: *Relevanz und Entwicklung der Psychologie:* Darmstadt: Steinkopff, 1977.
Seligman, M. E. P.: *Helplessness*. San Francisco: Freeman, 1975.
Semmler, W.: Private Produktion und öffentlicher Sektor. In: V. Brandes u. a. (Hrsg.): *Staat*. Köln/Frankfurt: EVA, 1977, S. 277ff.
Sève, L.: *Marxismus und Theorie der Persönlichkeit*. Berlin (DDR): Dietz,

1972.
Shaffer, W. F.: Heuristics for the initial diagnostic interview. In: *Eric Microfilm: ED 136152*, 1976.
Shagass, C.: The medical model in psychiatry. In: *Comprehensive Psychiatry*, 1975, *16*, S. 405-413.
Siebeck, Th.: *Zur Kostenentwicklung in der Krankenversicherung*. Bonn 1976.
Smith, M. L. u. Glass, G. V.: Meta-Analysis of psychotherapy outcome studies. In: *American Psychologist*, 1977, *32*, S. 752-60.
Snow, D. L. & Newton, P. M.: Task, social structure, and social process in the community mental health center movement. In: *American Psychologist*, 1976, *31*, S. 582-594.
Sommer, G. & Ernst, H. (Hrsg.): *Gemeindepsychologie*. München: Urban & Schwarzenberg, 1977.
Sommer, G., Kommer, B., Kommer, D., Malchow, C. & Quack, L.: Gemeindepsychologie. In: *Handbuch der Psychologie. Band 8: Klinische Psychologie*. Göttingen: Hogrefe, 1978, S. 2913-2979.
Sonderinformation für Psychologen im Bereich der Medizin. Stuttgart: ÖTV, Juni 1977.
Sozialbericht 1976, Bundestags-Drucksache 7/4953 v. 1. 4. 1976.
Spector, M. & Kitsuse, J. I.: *Constructing social problems*. Menlo Park, Calif.: Cummings, 1977.
Spiegel, D.: Going public and selfhelp. In: Caplan, G. & Killilea, M. (Hrsg.): 1976, S. 135-154.
Stadler, M. & Kleiber, D.: Anwendungsfragen der kognitiven Psychologie. In: *Bericht von der Arbeitstagung Kognitive Psychologie vom 3.-5. 4. 1978 in Hamburg*. Göttingen: Hogrefe, 1978.
Standfest, E.: Soziale Selbstverwaltung. Zum Problem der Partizipation in der Sozialpolitik. In: Ferber, C. von & Kaufmann, F.-X. (Hrsg.): 1977, a.a.O., S. 424-437.
Statistisches Bundesamt: *Statistisches Jahrbuch 1975*. Stuttgart und Mainz: Kohlhammer, 1975.
Statistisches Bundesamt Wiesbaden (Hrsg.): *Gesundheitswesen 1974-1976*. Fachserie A, Bevölkerung und Kultur, Reihe 7. Stuttgart u. Mainz: Kohlhammer, 1977.
Statistisches Bundesamt Wiesbaden (Hrsg.): *Berufe des Gesundheitswesens 1976*. Fachserie 12, Gesundheitswesen, Reihe 5. Stuttgart u. Mainz: Kohlhammer, 1978.
Staeuble, J.: Politischer Ursprung und politische Funktionen der pragmatistischen Sozialpsychologie. In: Nolte, H. & Staeuble, J.: *Zur Kritik der Sozialpsychologie*. München: Hanser Verlag, 1972.
Steiner, H.: *Soziale Strukturveränderung im modernen Kapitalismus*. Berlin (Ost), 1967.
Stellungnahme der Gewerkschaft Öffentliche Dienste, Transport und Verkehr zur Versorgung der seelisch Kranken und der geistig Behinderten.

Stuttgart: ÖTV, Mai 1972.
Stevens, J. O.: *Die Kunst der Wahrnehmung.* München: Kaiser, 1975.
Stevenson, L.: Mind, brain, and mental illness. In: *Philosophy*, 1977, *52*, S. 27-43.
Stone, L.: *Die psychoanalytische Situation.* Frankfurt: Fischer, 1973.
Straumann, P. R.: Bildungspolitische Aspekte der Ausbildung und Beschäftigung von Psychologen in der Bundesrepublik Deutschland. In: *Psychologische Rundschau*, 1974, *25*, S. 91-110.
Strotzka, H.: Übersicht über einige Grundlagen der speziellen Neurosenlehre. In: ders.: *Neurose, Charakter, soziale Umwelt.* München, Kindler, 1973.
Strupp, H. H.: The nature of the therapeutic influence and its basic ingredients. In: Burton, A. (Hrsg.): *What makes behavior change possible?* New York: Brunner/Mazel, 1976, S. 96-112.
Suckert-Wegert, K. u. a.: *Prozeßanalyse von Sprechhandlungen in der Gesprächspsychotherapie: Handlungs- und sprachtheoretischer Ansatz zur Aufklärung der Veränderungsprozesse in der GT auf der Basis der Systemanalyse.* (Unveröff. Forschungsbericht, Münster 1977).
Süddeutsche Zeitung (SZ): *Qualifizierte Kräfte etwas stärker gefragt.* 6. 12. 1977.
Sudnow, D.: *Organisiertes Sterben.* Frankfurt: Fischer, 1973.
Symonds, A.: Phobias after marriage. Women's declaration of dependance. In: *American Journal of Psychoanalysis*, 1970/71, 30 (2), S. 144-152.
Szasz, T. S.: The myth of mental illness. In: *American Psychologist*, 1960, *15*, S. 113-118 (deutsch in Keupp, 1972 b).
Szasz, T. S.: *The myth of mental illness.* New York: Harper & Row, 1961.
Szasz, T. S.: *The Ethics of Psycho-Analysis.* New York: Dell Publishing Co., 1965.
Szasz, T. S.: *The manufacture of madness: A comparative study of the inquisition and the mental health movement.* New York: Harper & Row, 1970 (Dt. 1974).
Szasz, T. S.: *Ideology and Insanity.* New York: Calder & Boyars, 1973.
Szasz, T. S.: Schizophrenia: The sacred symbol of psychiatry. In: *British Journal of Psychiatry*, 1976, *129*, S. 308-316.
Tack, W. H.: Vorschläge für eine Erweiterung der Ausbildungsmöglichkeiten im Fach »Psychologie«. In: *Psychologische Rundschau*, 1972, *23*, S. 69-74.
Tennstedt, F.: Sozialgeschichte der Sozialversicherung. In: *Handbuch der Sozialmedizin* (hrsg. v. M. Blohmke u. a.), Bd. III, Stuttgart: Enke, 1976, S. 385 ff.
Tennstedt, F.: *Ärzte, Arbeiterbewegung und die Selbstverwaltung der gesetzlichen Krankenversicherung.* Historischer Rückblick aus aktuellem Anlaß. In: Jahrbuch für Kritische Medizin Bd. 2, 1977, AS 17, S. 13-28.

Tennstedt, F.: *Geschichte der Selbstverwaltung in der Krankenversicherung von der Mitte des 19. Jahrhunderts bis zur Gründung der Bundesrepublik Deutschland.* In: Soziale Selbstverwaltung Bd. 2, Bonn–Bad Godesberg: Verlag der Ortskrankenkassen, 1977.

Tennstedt, F.: Sozialwissenschaftliche Forschung in der Sozialversicherung. In: Ferber, C. von & Kaufmann, F.-X. (Hrsg.): 1977, a.a.O., S. 483 bis 523.

Thiersch, H., Frommann, A. & Schramm, D.: Sozialpädagogische Beratung. In: H. Thiersch: *Kritik und Handeln. Interaktionistische Aspekte der Sozialpädagogik.* Neuwied/Darmstadt: Luchterhand, 1977, S. 95 bis 130.

Thom, A. & Weise, K.: *Medizin und Weltanschauung.* Leipzig: Urania, 1973.

Thorbecke, R.: Bewältigung von Krankheitsepisoden in der Familie. In: Ritter-Röhr, D. (Hrsg.): *Der Arzt, sein Patient und die Gesellschaft.* Frankfurt: Suhrkamp, 1975, S. 52-111.

Tomandl, Th.: *Von der Krankenversicherung zur sozialen Vorsorge.* Wien: Braunmühl, 1972.

Torrey, E. F.: *The death of psychiatry.* Radnor, Pa.: Chilton, 1974.

Tranchina, P., Guelfi, G. & D'Arco, A.: Analytische Praxis und antiinstitutionelle Praxis. In: *Antipsychiatrie und Wunschökonomie.* Berlin: Merve, 1976, S. 31-43.

Treutner, E. & Wolff, S. (unter Mitarbeit von W. Bonß): *Rechtsstaat und situative Verwaltung.* Frankfurt/New York: Campus, 1978.

Trickett, E. J. & Lustman, N. M.: Research, knowledge, and professional growth. In: I. Iscoe et al. (Hrsg.): *Community psychology in transition.* New York: Halsted Press, 1977, S. 185-194.

Twaddle, A. C.: The concept of the sick role and illness behavior. In: Z. J. Lipowski (Hrsg.): *Psychosocial aspects of illness behavior.* Basel: Karger, 1972, S. 162-179.

Ullmann, L. P.: Behavioral community psychology. Implications, opportunities and responsibilities. Vorwort zu: M. T. Nietzel et al.: *Behavioral approaches to community psychology.* New York: Pergamon Press, 1977, S. IX-XXVIII.

Ullmann, L. P. & Krasner, L.: *A psychological approach to abnormal behavior.* Englewood Cliffs: Prentice Hall, 1969.

Urban, H. B. u. Ford, D. H.: Some historical and conceptual perspectives on psychotherapy and behavior change. In: Bergin, A. E. u. Garfield, S. L. (Hrsg.): *Handbook of psychotherapy and behavior change: An empirical analysis.* New York: John Weley, 1971, S. 3-35.

Van den Bussche, R.: Das System der sozialen Sicherheit. In: B. Geissler & P. Thoma (Hrsg.): *Medizinsoziologie.* Frankfurt: Campus, 1975, S. 186 bis 210.

van Hoose, W. H., Kottler, J. A.: *Ethical and legal issues in counseling*

amd psychotherapy. San Francisco: Jossey Bass, 1977.
Verband Deutscher Rentenversicherung: *Statistik der Deutschen Rentenversicherung der Arbeiter und Angestellten.* Bd. 19ff., Frankfurt.
Verlag Frauenoffensive (Hrsg.): *Extra-Journal. Gewalt gegen Frauen.* München: Frauenoffensive, 1976.
Verlag Frauenoffensive (Hrsg.): *Extra-Journal. Frauenkongreß.* München: Frauenoffensive, 1977.
Vetter, H.-O. (Hrsg.): *Humanisierung der Arbeit als gesellschaftspolitische und gewerkschaftliche Aufgabe.* Frankfurt/M.–Köln: Europäische Verlagsanstalt, 1974.
Vetter, H.-O.: Wider die wölfischen Sitten der Wirtschaft. Der DGB-Vorsitzende H.-O. Vetter über das Verhältnis zwischen Universitäten und Gewerkschaften (Teil II u. Schluß). In: *Frankfurter Rundschau,* 13. 7. 1977, Nr. 159, S. 14.
Vollmar, K. B.: *Alternative Selbstorganisation auf dem Lande.* Berlin: Eduard Jakobsohn, 2. Aufl., 1977.
Volpert, W.: Die Lohnarbeitswissenschaft und die Psychologie der Arbeitstätigkeit. In: Groskurth, P. u. Volpert, W.: *Lohnarbeitspsychologie.* Frankfurt: Fischer, 1975. S. 13-195.
Vukovich, A. F.: Die Simulierung des Problemlösens auf logischen Automaten. In: F. Merz (Hrsg.): *Bericht vom 25. Kongreß der Deutschen Gesellschaft für Psychologie. Münster 1966.* Göttingen: Hogrefe, 1967, S. 62-86.
Wagner, W.: *Uni-Angst und Uni-Bluff. Wie studieren und sich nicht verlieren.* Berlin: Rotbuch, 1977.
Watzlawick, P. u. a.: *Menschliche Kommunikation.* Bern: Huber, 1969.
Watzlawick, P., Weakland, J. H., Fisch, R.: *Lösungen.* Bern, Stuttgart, Wien: Huber, 1975.
Weinert, F. E.: Schule und Beruf als institutionelle Sozialisationsbedingungen. In: C. F. Graumann (Hrsg.): *Sozialpsychologie. Handbuch der Psychologie.* Band 7/2. Göttingen: Hogrefe, 1972. S. 825-885.
Weingart, P.: *Wissensproduktion und soziale Struktur.* Frankfurt: Suhrkamp, 1976.
Weinschenk, K.: *Die kongenitale Legasthenie und ihre sozialpsychiatrischen Auswirkungen.* Bern: Huber, 1965.
Weis, O. J.: Wiedergabe eines Zitats vom West-Berliner Senator Glotz in einer Studentendiskussion. In: *Frankfurter Rundschau,* 8. 12. 1977, S. 13.
Weiß-Hartmann, A. & Hecker, W.: *Die Entwicklung der Gewerkschaftsbewegung 1945-1949.* In: Deppe, F. u. a., 1977.
Weissman, M. & Paykel, E. S.: *The depressed woman.* Chicago: University of Chicago Press, 1974.
Werner, R.: Planung und Evaluation in der Sozialpolitik: Der Beitrag sozialer Indikatoren. In: von Ferber, C. (Hrsg.): *Soziologie und Sozial-*

politik. Sonderheft 19 der: Kölner Zeitschrift für Soziologie und Sozialpsychologie, Opladen: Westdeutscher Verlag, 1977, S. 463-482.
Westmeyer, H.: Verhaltenstherapie: Anwendung von Verhaltenstheorien oder kontrollierte Praxis? Möglichkeiten und Probleme einer theoretischen Fundierung der Verhaltenstherapie. In: Kraiker, C. und Gottwald, P. (Hrsg.): *Zum Verhältnis von Theorie und Praxis in der Psychologie.* Sonderheft der Mitteilungen der DGVT, München 1976 (a).
Westmeyer, H.: Grundlagenprobleme psychologischer Diagnostik. In: Pawlik, K. (Hrsg.): *Diagnose der Diagnostik.* Stuttgart: Klett, 1976, S. 71-102 (b).
Westmeyer, H. & Hoffmann, N. (Hrsg.): *Verhaltenstherapie. Grundlegende Texte:* Hamburg: Hoffmann und Campe, 1977.
White, R. W.: The concept of healthy personality: What do we really mean? In: *Counseling Psychologist,* 1973, *4,* S. 3-12.
Widmaier, H. P.: *Bildung und Wirtschaftswachstum.* Villingen 1966.
Widmaier, H. P.: *Aspekte einer aktiven Sozialpolitik. Zur politischen Ökonomie der Sozialinvestitionen.* In *Zur Problematik der Sozialinvestitionen. Schriften des Vereins für Sozialpolitik.* NF 40, Berlin 1970, S. 9-44.
Widmaier, H. P.: Zur Theorie der Durchsetzbarkeit sozialer Bedürfnisse. In: Ferber, C. von & Kaufmann, F.-X. (Hrsg.): 1977, a.a.O., S. 438-462.
Wieland, W.: *Diagnose. Überlegungen zur Medizintheorie.* Berlin: de Gruyter, 1975.
Wildavsky, A.: Doing better and feeling worse. The political pathology of health policy. In: *Daedalus,* 1977, S. 105-123.
Wilhelmer, Bernhard: *Zur konkreten Negation der herrschenden Psychologie.* In: Klüver, J. & Wolf, F. O.: *Wissenschaftskritik und sozialistische Praxis.* Frankfurt/M.: Fischer Tb., 1973.
Wilsnack, S.: Sex role identity in female alcoholics. In: *Journal of Abnormal Psychology,* 1973, *82,* S. 253-261.
Wilson, T.: Theorien der Interaktion und Modelle soziologischer Erklärung. In: Arbeitsgruppe Bielefelder Soziologen (Hrsg.): *Alltagswissen, Interaktion und gesellschaftliche Wirklichkeit.* Band 1. Reinbek: Rowohlt, 1973.
Windheuser, J.: Sektion Klinische Psychologie – Mitgliederversammlung und Bericht über die bisherige Tätigkeit der Gutachterkommission. In: *Zeitschrift für Klinische Psychologie,* 1972, *1,* S. 274-275.
Wirtschafts- und Sozialwissenschaftliches Institut des Deutschen Gewerkschaftsbundes GmbH (WSI): *Die Gesundheitssicherung in der Bundesrepublik Deutschland – Analyse und Vorschläge zur Reform.* Köln: Bund-Verlag, 1971.
WSI-Studie: Sozialpolitik und Selbstverwaltung – Zur Demokratisierung des Sozialstaates. Herausgegeben vom Wirtschafts- und Sozialwissenschaftlichen Institut des Deutschen Gewerkschaftsbundes (Projektleiter: Standfest, E.). Köln: Bund-Verlag, 1977.

WiSta: Statistisches Bundesamt (Hrsg.). *Wirtschaft und Statistik.*
Wolff, R., und K. Hartung: Psychische Verelendung und die Politik der Psychiatrie. In: *Kursbuch* 28, hrsg. v. H. M. Enzensberger und M. Michel. Berlin: Wagenbach, 1972.
Wolff, S.: *Der rhetorische Charakter sozialer Ordnung. Selbstverständlichkeit als soziales Problem.* Berlin: Dunker & Humblot, 1976 (a).
Wolff, S.: *Sozialpsychologische Anmerkungen zur psychiatrischen Krisenintervention.* In: *Soziologenkorrespondenz*, 1976, *3*, S. 144-215 (b).
Wolff, S., Confurius, G., Heller, H., Lau, T.: Entscheidungen als praktische Herstellungen. In: *Soziale Welt*, 1977, *28*, S. 271-305.
Wolff, S.: Kommunale Psychiatrie als Stadtteilarbeit. In: *Sozialpsychiatrische Informationen*, 1978, Nr. 44/45, S. 29-46.
Wolpe, J. Conditioning is the basis of all psychotherapeutic change. In: Burton, A. (Hrsg.): *What makes behavior change possible?* New York: Brunner/Mazel, 1976, S. 58–72.
Wulff, E.: Psychopathie? Soziopathie? In: *Das Argument*, 1972, Heft 71, S. 62 ff.
Wulff, E.: *Reforminhalte und Möglichkeiten der Realisierung. Podiumsdiskussion.* In: Deppe, H.-U. u. a., 1973, S. 388-391.
Wurm, W.: *Abschaffung der Soziologie? Behaviorismus als Ideologie.* Darmstadt u. Neuwied: Sammlung Luchterhand, 1974.
Wyss, D.: *Die tiefenpsychologischen Schulen von den Anfängen bis zur Gegenwart.* Göttingen: Vandenhoek & Ruprecht, 1972.
Yalom, I. D., Liebermann, M. A.: Eine Studie über negative Auswirkungen bei Encounter-Gruppen. In: Sager, C. J., & Kaplan, H. S. (Hrsg.): *Handbuch der Ehe-, Familien- und Gruppentherapie.* München: Kindler, 1973, Bd. I, S. 272-308.
Zax, M., & Specter, G. A.: *An introduction to community psychology.* New York: Wiley, 1974.
Zetkin, C.: *Die Intellektuellenfrage. Ref. V. Kongreß der Kommunistischen Internationale, 7. Juli 1924.* In: Ausgewählte Werke, Bd. 3, Berlin: Dietz (vergriffen); Nachdruck: 2301 Brodersdorf: Ilschner, 1971.
Zeuner, B.: Zur SPD-Bindung der DGB-Gewerkschaften. In: *Probleme des Klassenkampfes*, Nr. 26, 1977.
Zola, I. K.: Medicine as an institution of social control. In: *Sociological Review*, 1972, *20*, S. 487-504.
Zuckerman, S.: Some notes on psychology in Germany. In: Lubin, B. & Levitt, E. E. (Hrsg.): *The clinical psychologist. Background, roles, and functions.* Chicago: Aldine, 1967, S. 317-320.
Zwischenbericht der Sachverständigenkommission und Stellungnahme des Bundesministeriums für Jugend, Familie und Gesundheit. Zur Enquête über die Lage der Psychiatrie in der Bundesrepublik Deutschland. Deutscher Bundestag. Bundestagsdrucksache 7/1124, Bonn 1973.

Autorenverzeichnis

Waltraud Bolz, Dr. phil., Jahrgang 1944, Studium der Psychologie, wissenschaftliche Angestellte an der Psychosomatischen Abteilung des Universitäts-Krankenhauses Hamburg. Arbeitsschwerpunkte: Vergleichende Psychotherapie (Psychoanalyse, Gesprächspsychotherapie), psychosomatische Medizin.

Rainer Bromme, Dipl.-Psych., Studium der Psychologie, Pädagogik und Philosophie in Münster, tätig am Institut für Didaktik der Mathematik an der Universität Bielefeld. Arbeitsschwerpunkte: Kognitive Steuerung von beruflichem Handeln; Theorie-Praxis-Problem; Psychologie des Problemlösens.

Manfred Cramer, Dipl.-Psych., Jahrgang 1949, Studium der Psychologie und Soziologie, arbeitete zwei Jahre als Schulpsychologe im Kinderzentrum München und seit 1977 halbtags in einer Erziehungsberatungsstelle. Promoviert gegenwärtig über das Thema: Professionalisierung der sozialen Arbeit.

Irma Gleiss, Dipl.-Psych., nach dem Studium der Psychologie zunächst als wissenschaftliche Assistentin am Psychologischen Institut der Freien Universität Berlin tätig, arbeitet seit 1977 in der Abteilung für psychosoziale Störungen des Auguste-Viktoria-Krankenhauses in Berlin. Promoviert über das Verhältnis von Sozialepidemiologie psychischer Störungen und Kritischer Psychologie.

Ernst v. Kardorff, Dipl.-Psych. und Dipl.-Soz., Jahrgang 1950, nach dem Studium in München wissenschaftlicher Assistent am Psychologischen Institut der Universität Regensburg bis Mai 1978. Arbeitsschwerpunkte: Alltagstheorien, Wissenschaftssoziologie, abweichendes Verhalten, angewandte Sozialforschung.

Heinrich Keupp, Prof. Dr. phil., Jahrgang 1943, Studium der Psychologie, Soziologie und Pädagogik, arbeitet gegenwärtig im Bereich der Sozialpsychologie am Institut für Psychologie der Universität München. Arbeitsschwerpunkte: Sozialwissenschaftliche Aspekte der psychosozialen Versorgung, Gemeindepsychologie.

Dieter Kleiber, Dr. phil., Jahrgang 1950, Studium der Psychologie in Münster, gegenwärtig Mitarbeiter bzw. Lehrbeauftragter der Universitäten Münster und Bremen. Arbeitsgebiete: Verhaltenstherapie, Didaktik, Handlungstheorie, Lernen, Wissenschafts- und Erkenntnistheorie.

Hagen Kühn, Dr. rer. oec., Jahrgang 1943, Studium der Volkswirtschaftslehre. Arbeitete als wissenschaftlicher Angestellter am Institut für medizinische Soziologie an der Universität Marburg, ist jetzt tätig am Wissenschaftszentrum Berlin. Arbeitsgebiete: Wirtschaftsentwicklung und Ökonomie und Soziologie des Gesundheitswesens.

Psychologinnengruppe München:
Helga Bilden, Dr. phil., Jahrgang 1941, Studium der Psychologie, wissenschaftliche Assistentin am Psychologischen Institut der Universität München. Arbeitsschwerpunkte: Sozialisationstheorie; psychische Störungen bei Frauen; Frauentherapie; psychosoziale Konsequenzen von Arbeitslosigkeit. Seit 1973 in der Frauenbewegung.
Annemie Blessing, Dipl.-Psych., Jahrgang 1949, gegenwärtig arbeitslos.
Renate Ostermann, Dipl.-Psych., Jahrgang 1949, Diplomarbeit über Ansätze feministischer Therapie.
Hanna Permien, Dipl.-Psych., Jahrgang 1947, arbeitet als wissenschaftliche Referentin im Deutschen Jugendinstitut München. Arbeitsschwerpunkte: Frühkindliche Sozialisation in und außerhalb der Familie, Situation berufstätiger Mütter, Weiterentwicklung des Selbsthilfekonzepts.
Cornelia Schwartz, Dipl.-Psych., Jahrgang 1949. Gegenwärtig arbeitslos. Arbeitsgebiete: Professionalisierung im Bereich der Klinischen Psychologie (Promotion); frauenspezifische Therapie und Beratung; psychotherapeutische Frauenselbsthilfegruppen.
Sonja Triendl, Studium der Germanistik und Romanistik, Jahrgang 1941. Tätig als freiberufliche Übersetzerin und Mitarbeit in der psychosozialen Beratung im Frauenzentrum München.

Barbara Riedmüller, Dr. phil., Jahrgang 1945, Studium der Soziologie, Psychologie, Pädagogik und Philosophie, arbeitet z. Z. an einer Studie über die psychosoziale Versorgung in München; Lehrtätigkeit an der Fachhochschule München, FB Sozialverwaltung. Arbeitsschwerpunkte: Gesundheits- und Sozialpolitik.

Ulrich Stuhr, Dipl.-Psych., Jahrgang 1948, arbeitet als wissenschaftlicher Angestellter in der Psychosomatischen Abteilung im Universitätskrankenhaus Hamburg. Arbeitsschwerpunkte: themenzentrierte Verhaltens- und Gruppentherapie sowie Psychotherapieforschung.

Jochen Wilkening, MA, Studium der Soziologie. Tätigkeit in einem Sonderforschungsbereich der DFG zur Berufstheorie und z. Z. beim Aufbau eines sozialpädagogischen Arbeitslosenprojekts und Begleitung einer Arbeitslosen-Selbsthilfegruppe. Forschungsinteressen: Institutionelle Probleme der Psychotherapie und Psychiatrie; Problematik von Berufshandeln und Selbsthilfearbeit; Probleme der Arbeitslosigkeit.

Barbara Winkler, Dipl.-Psych., Jahrgang 1944, arbeitet am Max-Planck-Institut für Psychiatrie in München. Mitarbeit an einem Forschungsauftrag zur Vorbereitung eines Gesetzentwurfes über den Beruf des nichtärztlichen Psychotherapeuten. Arbeitsschwerpunkte: Psychosoziale Versorgung; Verhaltensstörungen im Kindesalter; psychologische Bezugssysteme; Veränderung durch Gruppenprozesse; Sprachverhalten despressiver Patienten.

Stephan Wolff, Dr. phil., Jahrgang 1947, Studium der Psychologie und Soziologie, arbeitet im DFG-Sonderforschungsbereich für Arbeitsmarkt- und Berufsforschung, München. Arbeitsschwerpunkte: Arbeitssituation und Handlungsmöglichkeiten sozialer Berufe; gesellschaftliche Verarbeitung sozialer Probleme.

Manfred Zaumseil, Dr. med., Jahrgang 1943. Dozent für Klinische Psychologie/Verhaltenstherapie am Psychologischen Institut III der Universität Hamburg. Arbeit im Bereich der psychiatrischen Versorgung. Arbeitsschwerpunkte: Stadtteilbezogene Projektarbeit, klinische Diagnostik zur Therapieplanung, Psychosomatik, Sozialpsychiatrie.

stw 158 Norbert Elias
Über den Prozeß der Zivilisation
Soziogenetische und psychogenetische Untersuchungen
Erster Band: Wandlungen des Verhaltens in den weltlichen Oberschichten des Abendlandes
350 Seiten

stw 159 Norbert Elias
Über den Prozeß der Zivilisation
Soziogenetische und psychogenetische Untersuchungen
Zweiter Band: Wandlungen der Gesellschaft. Entwurf zu einer Theorie der Zivilisation
508 Seiten
Die Soziologie des 20. Jahrhunderts konzentriert sich vor allem auf Zustände. Die langfristigen Transformationen der Gesellschaft und Persönlichkeitsstrukturen hat sie weitgehend aus den Augen verloren. Im Werk von Norbert Elias bilden diese langfristigen Prozesse das zentrale Interesse: Wie ging eigentlich die »Zivilisation« im Abendlande vor sich? Worin bestand sie? Und welches waren ihre Antriebe, ihre Ursachen oder Motoren?
Bei Elias' Arbeit handelt es sich weder um eine Untersuchung über eine »Evolution« im Sinne des 19. Jahrhunderts noch um eine Untersuchung über einen unspezifischen »sozialen Wandel« im Sinne des 20.; seine Arbeit ist grundlegend für eine undogmatische, empirisch fundierte soziologische Theorie der sozialen Prozesse im allgemeinen und der sozialen Entwicklung im besonderen.

stw 160 Hans G. Furth
Intelligenz und Erkennen
Die Grundlagen der genetischen Erkenntnistheorie Piagets
Übersetzt von Friedhelm Herborth
384 Seiten
Hans G. Furth hat den ersten Versuch einer systematischen Darstellung der Theorie Piagets unternommen, und er hat,

wie Piaget selbst es formuliert, »diese Aufgabe außerordentlich erfolgreich gelöst«. Piaget zwingt zu einer Revolution unserer Anschauungen, wie es außer ihm in der Neuzeit nur Kopernikus, Darwin und Freud getan haben.

stw 164 Karl-Otto Apel
Transformation der Philosophie
Band 1: Sprachanalytik, Semiotik, Hermeneutik
384 Seiten

stw 165 Karl-Otto Apel
Transformation der Philosophie
Band 2: Das Apriori der Kommunikationsgemeinschaft
464 Seiten
Transformation der Philosophie meint die Transformation der Transzendentalphilosophie des Privat-Subjekts in eine Transzendentalphilosophie der Intersubjektivität.

stw 166 *Seminar: Theorien der künstlerischen Produktivität*
Entwürfe mit Beiträgen aus Literaturwissenschaft, Psychoanalyse und Marxismus
Herausgegeben von Mechthild Curtius unter Mitarbeit von Ursula Böhmer
464 Seiten
Die in diesem Band versammelten Beiträge aus westlichen und östlichen Ländern geben einen Überblick über den gegenwärtigen Stand der »Theorie« künstlerischer Produktivität und einen Ausblick auf mögliche Weiterentwicklungen dieser Theorie.

stw 176 Emile Durkheim
Soziologie und Philosophie
Mit einer Einleitung von Theodor W. Adorno
Übersetzt von Eva Moldenhauer
160 Seiten
Die Aufsätze und Diskussionsbeiträge, die unter dem Titel *Soziologie und Philosophie* zusammengestellt und zuerst 1924 veröffentlicht wurden, führen in ein für Durkheims Denken zentrales Gebiet: in die von ihm intendierte Wissenschaft der Moral, die sowohl individuelle als auch kollektive moralische – und das heißt zugleich anthropologische, psychologische und soziologische – Phänomene erfassen will.

Alphabetisches Verzeichnis der suhrkamp taschenbücher wissenschaft

Adorno, Ästhetische Theorie 2
– Drei Studien zu Hegel 110
– Einleitung in die Musiksoziologie 142
– Kierkegaard 7
– Negative Dialektik 113
– Philosophie der neuen Musik 239
– Philosophische Terminologie Bd. 1 23
– Philosophische Terminologie Bd. 2 50
– Prismen 178
Apel, Der Denkweg von Charles S. Peirce 141
– Transformation der Philosophie, Bd. 1 164
– Transformation der Philosophie, Bd. 2 165
Arnaszus, Spieltheorie und Nutzenbegriff 51
Ashby, Einführung in die Kybernetik 34
Avineri, Hegels Theorie des modernen Staates 146
Bachofen, Das Mutterrecht 135
Materialien zu Bachofens ›Das Mutterrecht‹ 136
Barth, Wahrheit und Ideologie 68
Becker, Grundlagen der Mathematik 114
Benjamin, Charles Baudelaire 47
– Der Begriff der Kunstkritik 4
– Trauerspiel 225
Materialien zu Benjamins Thesen ›Über den Begriff der Geschichte‹ 121
Bernfeld, Sisyphos 37
Bilz, Studien über Angst und Schmerz 44
– Wie frei ist der Mensch? 17
Bloch, Das Prinzip Hoffnung 3
– Geist der Utopie 35
– Naturrecht 250
– Philosophie d. Renaissance 252
– Subjekt/Objekt 251
– Tübinger Einleitung 253
Materialien zu Bloch, Prinzip Hoffnung 111
Blumenberg, Aspekte der Epochenschwelle: Cusaner und Nolaner 174
– Der Prozeß der theoretischen Neugierde 24
– Säkularisierung und Selbstbehauptung 79
Böckenförde, Staat, Gesellschaft, Freiheit 163
Böhme/van den Daele/Krohn, Experimentelle Philosophie 205
Bourdieu, Zur Soziologie der symbolischen Formen 107
Broué/Témime, Revolution und Krieg in Spanien. 2 Bde. 118
Bucharin/Deborin, Kontroversen 64
Childe, Soziale Evolution 115
Chomsky, Aspekte der Syntax-Theorie 42
– Sprache und Geist 19
– Reflexionen über die Sprache 185
Cicourel, Methode und Messung in der Soziologie 99
Condorcet, Entwurf einer historischen Darstellung der Fortschritte des menschlichen Geistes 175
Deborin/Bucharin, Kontroversen 64
Deleuze/Guattari, Anti-Ödipus 224
Denninger, Freiheitliche demokratische Grundordnung. 2 Bde. 150
Denninger/Lüderssen, Polizei und Strafprozeß 228
Derrida, Die Schrift und die Differenz 177
Durkheim, Soziologie und Philosophie 176
Eco, Das offene Kunstwerk 222
Einführung in den Strukturalismus 10
Eliade, Schamanismus 126
Elias, Über den Prozeß der Zivilisation, Bd. 1 158
– Über den Prozeß der Zivilisation, Bd. 2 159
Erikson, Der junge Mann Luther 117
– Dimensionen einer neuen Identität 100
– Gandhis Wahrheit 265
– Identität und Lebenszyklus 16
Erlich, Russischer Formalismus 21
Ethnomethodologie 71
Fetscher, Rousseaus politische Philosophie 143
Fichte, Politische Schriften 201
Foucault, Der Fall Rivière 128
– Die Ordnung der Dinge 96
– Wahnsinn und Gesellschaft 39
– Überwachen und Strafen 184
Furth, Intelligenz und Erkennen 160
Goffman, Stigma 140
Gombrich, Meditationen über ein Steckenpferd 237
Griewank, Der neuzeitliche Revolutionsbegriff 52
Guattari/Deleuze, Anti-Ödipus 224
Habermas, Erkenntnis und Interesse 1
– Theorie und Praxis 243
– Zur Rekonstruktion des Historischen Materialismus 154
Materialien zu Habermas' ›Erkenntnis und Interesse‹ 49
Hegel, Grundlinien der Philosophie des Rechts 145
– Phänomenologie des Geistes 8
Materialien zu Hegels ›Phänomenologie des Geistes‹ 9
Materialien zu Hegels Rechtsphilosophie Bd. 1 88
Materialien zu Hegels Rechtsphilosophie Bd. 2 89
Heller, u. a., Die Seele und das Leben 80
Henle, Sprache, Denken, Kultur 120
Hörmann, Meinen und Verstehen 230
Holenstein, Roman Jakobsons phänomenologischer Strukturalismus 116
Honneth/Jaeggi, Theorien des Historischen Materialismus 182
Jaeggi, Theoretische Praxis 149
Jaeggi/Honneth, Theorien des Historischen Materialismus 182
Jacobson, Das Selbst und die Welt der Objekte 242
Jakobson, Hölderlin, Klee, Brecht 162
Kant, Kritik der praktischen Vernunft 56
– Kritik der reinen Vernunft 55
– Kritik der Urteilskraft 57
– Vorkritische Schriften bis 1768 1 186
– Vorkritische Schriften bis 1768 2 187
– Schriften zur Metaphysik und Logik 1 188
– Schriften zur Metaphysik und Logik 2 189
– Die Metaphysik der Sitten 190
– Schriften zur Naturphilosophie 191
– Schriften zur Anthropologie 1 192
– Schriften zur Anthropologie 2 193
Kant zu ehren 61
Materialien zu Kants ›Kritik der praktischen Vernunft‹ 59
Materialien zu Kants ›Kritik der reinen Vernunft‹ 58
Materialien zu Kants ›Kritik der Urteilskraft‹ 60
Materialien zu Kants ›Rechtsphilosophie‹ 171
Kenny, Wittgenstein 69
Kierkegaard, Philosophische Brocken 147
– Über den Begriff der Ironie 127
Koch, Die juristische Methode im Staatsrecht 198
Körner, Erfahrung und Theorie 197
Kohut, Die Zukunft der Psychoanalyse 125
– Introspektion, Empathie und Psychoanalyse 207
– Narzißmus 157
Kojève, Hegel. Kommentar zur Phänomenologie des Geistes 97
Koselleck, Kritik und Krise 36

Kracauer, Geschichte – Vor den letzten Dingen 11
Kuhn, Die Entstehung des Neuen 236
– Die Struktur wissenschaftlicher Revolutionen 25
Lacan, Schriften 1 137
Lange, Geschichte des Materialismus 70
Laplanche/Pontalis, Das Vokabular der Psychoanalyse 7
Leach, Kultur und Kommunikation 212
Leclaire, Der psychoanalytische Prozeß 119
Lenneberg, Biologische Grundlagen der Sprache 217
Lenski, Macht und Privileg 183
Lepenies, Das Ende d. Naturgeschichte 227
Lévi-Strauss, Das wilde Denken 14
– Mythologica I, Das Rohe und das Gekochte 167
– Mythologica II, Vom Honig zur Asche 168
– Mythologica III, Der Ursprung der Tischsitten 169
– Mythologica IV, Der nackte Mensch. 2 Bde. 170
– Strukt. Anthropologie 1 226
– Traurige Tropen 240
Locke, Zwei Abhandlungen 213
Lorenzen, Methodisches Denken 73
– Konstruktive Wissenschaftstheorie 93
Lorenzer, Die Wahrheit der psychoanalytischen Erkenntnis 173
– Sprachzerstörung und Rekonstruktion 31
– Sprachspiel und Interaktionsformen 81
Lugowski, Die Form der Individualität im Roman 151
Luhmann, Theorie, Technik und Moral 206
– Zweckbegriff und Systemrationalität 12
Lukács, Der junge Hegel 33
Macpherson, Politische Theorie des Besitzindividualismus 41
Malinowski, Eine wissenschaftliche Theorie der Kultur 104
Marxismus und Ethik 75
Mead, Geist, Identität und Gesellschaft 28
Merleau-Ponty, Die Abenteuer der Dialektik 105
Miliband, Der Staat in der kapitalistischen Gesellschaft 112
Minder, Glaube, Skepsis und Rationalismus 43
Mittelstraß, Die Möglichkeit von Wissenschaft 62
Mommsen, Max Weber 53
Moore, Soziale Ursprünge von Diktatur und Demokratie 54
Morris, Pragmatische Semiotik und Handlungstheorie 179
O'Connor, Die Finanzkrise des Staates 83
Oppitz, Notwendige Beziehungen 101
Parin/Morgenthaler, Fürchte deinen Nächsten 235
Parsons, Gesellschaften 106
Parsons/Schütz, Briefwechsel 202
Peukert, Wissenschaftstheorie 231
Phänomenologie und Marxismus, Bd. 3 232
Piaget, Das moralische Urteil beim Kinde 27
– Die Bildung des Zeitbegriffs beim Kinde 77
– Einführung in die genetische Erkenntnistheorie 6
Plessner, Die verspätete Nation 66
Pontalis, Nach Freud 108
Pontalis/Laplanche, Das Vokabular der Psychoanalyse 7
Propp, Morphologie des Märchens 131
Quine, Grundzüge der Logik 65
Redlich/Freedman, Theorie und Praxis der Psychiatrie. 2 Bde. 148
Ricœur, Die Interpretation 76
Ritter, Metaphysik und Politik 199
v. Savigny, Die Philosophie der normalen Sprache 29
Schelling, Über das Wesen der menschlichen Freiheit 138
– Philosophie der Offenbarung 181
Materialien zu Schellings philosophischen Anfängen 139
Schleiermacher, Hermeneutik und Kritik 211
Scholem, Von der mystischen Gestalt der Gottheit 209
– Zur Kabbala und ihrer Symbolik 13
Schütz, Der sinnhafte Aufbau der sozialen Welt 92
Schumann, Handel mit Gerechtigkeit 214
Seminar: Abweichendes Verhalten I 84
– Abweichendes Verhalten II 85
– Abweichendes Verhalten III 86
– Angewandte Sozialforschung 153
– Dialektik, Bd. 1 234
– Entstehung von Klassengesellschaften 30
– Entstehung der antiken Klassengesellschaft 130
– Familie und Familienrecht Bd. 1 102
– Familie und Familienrecht Bd. 2 103
– Familie und Gesellschaftsstrukturen 244
– Geschichte und Theorie 98
– Gesellschaft und Homosexualität 200
– Hermeneutik und die Wissenschaften 238
– Kommunikation, Interaktion, Identität 156
– Literatur und Kunstsoziologie 245
– Medizin, Gesellschaft, Geschichte 67
– Philosophische Hermeneutik 144
– Politische Ökonomie 22
– Regelbegriff in der praktischen Semantik 94
– Religion und gesellschaftliche Entwicklung 38
– Sprache und Ethik 91
– Theorien der künstlerischen Produktivität 166
Skirbekk, Wahrheitstheorien 210
Solla Price, Little Science – Big Science 48
Spinner, Pluralismus als Erkenntnismodell 32
Sprachanalyse und Soziologie 123
Sprache, Denken, Kultur 120
Strauss, Anselm, Spiegel und Masken 109
Strauss, Leo, Naturrecht und Geschichte 216
Szondi, Das lyrische Drama des Fin de siècle 90
– Einführung in die literarische Hermeneutik 124
– Poetik und Geschichtsphilosophie I 40
– Poetik und Geschichtsphilosophie II 72
– Theorie des bürgerlichen Trauerspiels 15
– Schriften 1 219
– Schriften 2 220
Témime/Broué, Revolution und Krieg in Spanien. 2 Bde. 118
Theorietechnik und Moral 206
Touraine, Was nützt die Soziologie 133
Tugendhat, Vorlesungen zur Einführung in die sprachanalytische Philosophie 45
Uexküll, Theoretische Biologie 20
Umweltforschung – die gesteuerte Wissenschaft 215
Waldenfels, Phänomenologie und Marxismus I 195
– Phänomenologie und Marxismus II 196
– Phänomenologie und Marxismus III 232
Wahrheitstheorien 210
Watt, Der bürgerliche Roman 78
Weimann, Literaturgeschichte und Mythologie 204
Weingart, Wissensproduktion und soziale Struktur 155
Weingarten u. a., Ethnomethodologie 71
Weizsäcker, Der Gestaltkreis 18

Winch, Die Idee der Sozialwissenschaft und ihr Verhältnis zur Philosophie 95
Wittgenstein, Philosophische Grammatik 5
– Philosophische Untersuchungen 203
Wunderlich, Studien zur Sprechakttheorie 172
Zilsel, Die sozialen Ursprünge der neuzeitlichen Wissenschaft 152
Zimmer, Philosophie und Religion Indiens 26